# Déu salvi el Pep

# Déu salvi el Pep

## Retrat d'una coronació

Martí Perarnau

Traducció de Librada Piñero

CÒRNER

Penguin
Random House
Grupo Editorial

Primera edició: novembre del 2023



*Printed in Spain* – Imprès a Espanya

ISBN: 978-84-126377-4-8
Dipòsit legal: B. 17302-2023

Imprès a Liberdúplex
Sant Llorenç d'Hortons (Barcelona)

RC37748

El secret de l'èxit és que cap de nosaltres
no som tal com érem el primer dia.
PEP GUARDIOLA

El secret de l'èxit és que odiem perdre.
SCOTT CARSON

# Índex

## TEMPORADA 3: 2018-2019

Perseguint el conill vermell

**MESOS**



## TEMPORADA 4: 2019-2020

Cinc sopars i un funeral

**CINC SOPARS**



## TEMPORADA 5: 2020-2021

Sísif al cim del món. El City dels iuguslaus

**MOMENTS**

**TEMPORADA 7: 2022-2023**

«Ja està, ja està»

**ESCENES**

## EPÍLEG

# PRÒLEG

Manchester dorm als seus peus, conquerida.

El Pep passeja per l'ampli àtic des del qual es domina tota l'urbs i contempla absort la ciutat, com tantes nits des de fa set anys. Amb una copa de vi negre a la mà, va i ve per la gran sala. Mira els llums que il·luminen Deansgate, l'artèria principal de la ciutat, però la seva ment és molt lluny, als camps de futbol. Pensa com donar nous usos a vells conceptes, com afrontar els reptes que s'acosten en els partits imminents, com continuar avançant i progressant. La llum d'una espelma tenyeix de blau l'enorme vidriera de l'àtic, on es reflecteix la seva imatge solitària.

Aquest llibre retrata sense filtres tots els rostres de Guardiola, totes les arestes del seu caràcter.

L'artesà minuciós i detallista, religiosament lliurat a la recerca de la perfecció.

El guanyador en sèrie, competidor feroç, sempre lluitant per tots els títols, per menors que semblin.

L'innovador perpetu, aferrat amb idèntica força a les seves idees que als seus dubtes, a la caça del petit matís que canviarà un partit.

El director d'orquestra de caràcter iracund o bonàs, tan capaç d'aixecar un mur davant dels seus jugadors com de construir un pont cap a ells.

El tàctic genial que troba solucions en la foscor i il·lumina el camí dels seus jugadors per terrenys que ningú no ha transitat.

El Sísif entestat a coronar el cim més alt, fins i tot sabent que el destí li augura una caiguda segura.

El treballador obsessiu, esgotador per a tothom, convençut que tan sols amb més feina podrà compensar la manca de talent innat.

El líder carismàtic a qui els seus homes escolten embadalits i delectats perquè els ha demostrat mil cops que el seu és el camí de l'èxit.

L'irritable, l'iracund, el bondadós, l'apesarat, el dubitatiu, l'irònic, l'histriònic, l'estoic, l'eufòric, l'apassionat, el cerebral i, en els últims temps, també el tranquil. Tots els Guardiola que hi ha en el Pep.

La seva tercera etapa com a entrenador s'encamina cap al final. El 2016 el projecte blau celeste era pura incògnita i un desafiament colossal. Tenia davant seu un llenç en blanc sobre el qual bolcar tot el que havia après i tot el que encara li quedava per aprendre. Comptava amb els tres grans estímuls que aguditzen la creativitat: llibertat, pressió i risc. Set anys i catorze títols més tard, ja podem afirmar que a Manchester ha culminat la seva millor obra, la més costosa, difícil, complexa i esgotadora, però també la més fecunda en innovacions, la més transgressora en comportaments i la més fèrtil en paradoxes. Al City ha experimentat calamitats i turments, ha viscut remuntades èpiques, golejades sorprenents i actuacions sensacionals. Les seves set temporades han estat com la vida mateixa:

—No són els títols. És el sentiment que provoques en la gent. La transcendència consisteix en el sentiment que generes. El que importa és l'emoció que provoques!

Amb aquest llibre tanco la trilogia sobre l'entrenador català. El primer, *Herr Pep* (2014), va ser la crònica de la temporada del seu debut al Bayern, escrita des de l'interior del vestidor gràcies a què el Pep em va obrir unes portes que ha mantingut obertes des de llavors. El segon, *La metamorfosi* (2016), va narrar els dos anys següents a Múnic i es va centrar específicament en els grans canvis que Alemanya va generar en ell, i en com aquesta transformació podia materialitzar-se en el projecte que assumia a Manchester. Aquest tercer llibre descriu la manera en què va aconseguir conquerir el difícil territori anglès, un escenari hostil i aspre, imposant la seva ideologia de joc.

L'extensió, format i profunditat de cadascun dels set capítols és diferent, a imatge dels canvis que el mateix Guardiola —o potser la vida mateixa— ha aplicat any rere any. Vaig anar escrivint a mesura que succeïen els fets, en temps real, per la qual cosa al llibre queden reflectides les sensacions, els pronòstics o les previsions que vaig fer o que van fer a cada moment concret, sense revisions *a posteriori*.

Han estat set anys d'emocions a flor de pell, emocions que no ha pogut ni volgut ocultar i que continuaran. Manchester ha humanitzat el Pep en tots els sentits. La cautela dels primers mesos i les dures derrotes; l'enfonsament per la pèssima primera temporada; el pànic en els moments del tràgic atemptat del 2017; l'energia inesgotable en la seva perpètua caça de l'èxit; l'entusiasme en les victòries; el dolor per la reaparició, a cada gran derrota, de velles ferides; l'obsessió per la perfecció; l'obstinació inesgotable per escalar la muntanya una vegada i una altra; la culminació de la triple corona que festeja fumant-se un cigar a l'avinguda principal de Manchester, sota una pluja que no sembla mullar-lo...

Aquest és el retrat d'una coronació, la història d'una muntanya russa d'emocions.

Nits d'agonia, dies de glòria. Déu salvi el Pep.

MP

# TEMPORADA 1

## 2016-2017

## De debò vols ser entrenador?

## ESCENA 1

# «Recorda el seu nom: Phil Foden»

***Manchester, 12 d'octubre de 2016***

El Pep i la Cris surten a passejar per Deansgate sense que ningú hi pari la més mínima atenció. Ell ni tan sols no duu el cap cobert per passar desapercebut. Tots dos van amb abric negre i ningú no repara en ells. Només són una parella que passeja abraçada mentre busca un restaurant on brindar per la felicitat en un «sopar d'enamorats». Fins que ens trobem; nosaltres també busquem un lloc idoni per sopar. És la primera de les visites que faré a Manchester, sempre d'incògnit, ateses algunes experiències viscudes a Múnic.

La Loles i jo coincidim amb el Pep i la Cris per casualitat. Gairebé com passa a les pel·lícules, les dues parelles mirem des del carrer l'interior d'un restaurant de Deansgate, quan tot d'una ens adonem que tornem a estar junts, com tants cops als sopars de Múnic. Quatre petons i el Pep es deixa anar de seguida, sense dilació.

—Contra el Tottenham no vaig ser capaç de trobar com arreglar el que ens van fer. Hi vaig donar moltes voltes però no vaig poder. Per això vaig anul·lar el viatge a Múnic, a l'Oktoberfest, per pensar solucions. I aquests deu dies amb els jugadors a les seleccions nacionals m'han anat molt bé per reflexionar sobre el que hem estat fent bé i malament. Hem de tornar als fonaments: hem de controlar el joc. Hem de posar quatre homes al mig del camp i fer moure el rival amb la pilota.

Després d'aquesta primera declaració d'intencions, que la Cristina acull amb aquella mirada especial que sembla intuir que «s'ha acabat el sopar d'enamorats; toca sopar de futbol», el Pep comenta que hi ha massa gent passejant per Deansgate, la principal artèria comercial de Manchester, i que serà millor buscar un lloc més tranquil, un carreró petit on pugui explicar amb detall el que pretén fer a partir d'ara. És a Brazennose Street, al costat de l'estàtua d'Abraham Lincoln, on troba el lloc adequat per dibuixar a l'aire tot el que espera de la seva nova proposta, els moviments que desitja per a cada jugador, com han d'ocupar el mig del camp i, al mateix temps, desorganitzar l'equip contrari.

—He decidit jugar contra l'Everton amb el 3-4-3. Com un 3-2-2-3, com una WM. Quatre al mig del camp. Ho hem assajat sense els bons perquè estan amb les seleccions. Ho hem treballat només amb els xavals del filial. Demà ho provarem amb els grans. Farem un onze contra onze i dissabte sortirem amb el 3-4-3, a veure com va. L'objectiu és controlar el joc i tornar als bàsics: fer moure el contrari amb passades i més passades.

Fa fred i la Cristina i la Loles reclamen anar a sopar. El Pep proposa un restaurant xinès que hi ha a prop, el Wings, però quan enfilem cap allà de sobte m'agafa el braç, com si hagués recordat alguna cosa important, i comença a parlar entusiasmat, gairebé cridant.

—Escolta això. Em parlen molt de Jadon Sancho i Brahim Díaz. I sí, són molt bons. Boníssims. M'encanten. Però recorda aquest altre nom: Phil Foden. Recorda el nom de Foden. No t'enganyo, és brutal. Jugarà amb mi i serà molt aviat. De fet, si el partit de la Copa de la Lliga no fos contra el Manchester United, el faria debutar ja. És un jugador anglès, molt anglès, esquerrà, blanquet de pell, prim com una canya, amb les cames arquejades, però que protegeix molt bé la pilota i té una gran visió de joc. Foden, recorda aquest nom. Serà bestial.

El sopar a Wings és deliciós.

ESCENA 2

# El millor equip de la Premier League

## *Manchester, 15 d'octubre de 2016*

Ronald Koeman fa ensopegar el 3-2-2-3 del Pep.

Com passarà tants i tants cop d'ara endavant, el domini del City al camp és aclaparador, però el marcador final no reflecteix aquesta superioritat en el joc. La prodigiosa actuació del porter Maarten Stekelenburg ho evita.

El Pep disposa l'equip en 3-2-2-3, tal com tenia previst, tot i que dos dels titulars (Stones i Sané) no van poder participar en l'entrenament de dijous per problemes amb els vols de tornada dels partits de seleccions i, doncs, només van poder provar el nou mòdul de joc en la sessió de divendres. Malgrat el poc assaig, l'entrenador té pocs dubtes sobre la distribució dels seus homes. Bravo s'alinea com a porter; Otamendi, Stones i Clichy com a defenses; el rombe de migcampistes el componen Fernandinho, De Bruyne, Gündogan i David Silva; els extrems a cama canviada són Sané i Sterling, mentre que la punta és per a Iheanacho. A la pissarra és un 3-2-2-3 que aparenta ser com la WM de Herbert Chapman (1925) i sobre la gespa és un 3-4-3 d'inspiració cruyffista.

Al Pep el preocupen els símptomes mostrats per l'equip en els darrers partits. No tan sols la derrota contra el Tottenham, la primera patida en aquesta nova etapa, sinó també el descontrol viscut a Glasgow, en partit de Champions, contra el Celtic (3-3). El que més ràbia li fa en un partit és que el seu equip no controli el joc, i això és el que va passar els darrers cent vuitanta minuts disputats, per això ha canviat de sistema dels 4-3-3 canònic amb què va començar la temporada a aquest 3-4-3 amb què pretén «controlar el joc». Quatre migcampistes i a moure la pilota per desordenar el rival.

El propòsit es compleix àmpliament. Davant la mirada atenta de Sir Alex Ferguson, el City fa sis-centes seixanta-una passades davant de les dues-centes cinquanta-cinc de l'Everton, toca la pilota el doble de vegades que el seu oponent (vuit-centes setanta-vuit per quatre-centes setanta-vuit), remata dinou cops per tan sols tres dels visitants, fa tretze serveis de córner per un dels rivals i té la possessió de la pilota durant gairebé el 73 % del partit. Koeman, que va conèixer bé Cruyff i va ser company del Pep molts anys al Barcelona, sap que el seu equip patirà a l'Etihad Stadium i l'organitza en diverses capes defensives amb les quals mirar d'entorpir els avanços locals. A cada atac del City hi ha sempre vuit jugadors de l'Everton protegint el seu porter, cosa que al final es tradueix en quaranta-nou pilotes repel·lides pels visitants des de la seva àrea per allunyar el perill.

Malgrat aquestes mesures de protecció, l'equip del Pep controla el joc amb fluïdesa, construeix bones accions d'atac i disposa d'unes quantes ocasions de gol clares que salva el porter Stekelenburg. El joc no només és fluït, harmònic i ofensiu, sinó que enfervoreix els aficionats, que gaudeixen amb l'exhibició. Però la superioritat no es tradueix en gol, ni tan sols quan al minut 43 De Bruyne disposa d'un penal a favor, comès per Jagielka sobre Silva. El belga fa un xut potent a mitja altura, a l'esquerra del porter, però Stekelenburg aconsegueix rebutjar-lo amb les dues mans gràcies a una estirada esplèndida.

Quan més a prop sembla el gol local, arriba el gol visitant. Succeeix, com assenyala el Pep tantes vegades, per una mala vigilància dels allunyats. El City estreny la sortida de l'Everton i fins i tot Otamendi s'avança per pressionar Lukaku a prop de l'àrea visitant, però el davanter belga s'escapa del marcatge i corre endavant. La pilota vola ràpid cap al mig del camp, on Stones prova de tallar, sense èxit, la devolució de Bolasie a Lukaku, que es queda a camp obert per córrer davant del fràgil Clichy. Agafats a contrapeu, Otamendi i Fernandinho tornen a tota velocitat però no aconsegueixen impedir que Lukaku creui la pilota davant de Claudio Bravo. Aquesta acció es repetirà molts cops al llarg de la temporada i, tot i que en menor mesura, també en les posteriors. La gestió dels allunyats quan el City domina l'àrea rival costarà molt de temps i molts de gols dolorosos. Només a partir del 2020, quan Rúben Dias i Rodrigo Hernández s'hagin instal·lat a l'equip, aquesta mancança es manifestarà més esporàdicament, tot i que mai no s'arribarà a evitar del tot el contraatac d'un bon equip rival.

Després del cop rebut, l'equip del Pep continua lluitant per buscar l'empat. Tot just cinc minuts després, Jagielka fa un altre penal, aquest cop sobre Agüero, que s'encarrega de llançar-lo. Ho fa exactament igual que KDB, al mateix lloc, amb la mateixa potència i a la mateixa altura. Stekelenburg respon igual, estirant-se amb tota la seva alçada (fa 1,97) i rebutjant de nou amb les dues mans. El porter neerlandès continuarà la seva exhibició aturant més rematades perilloses, en especial una de KDB des de fora de l'àrea que s'acaba estavellant al pal de la porteria, però no podrà evitar el cop de cap a boca de canó de Nolito que significarà l'empat definitiu.

L'Everton celebra com un gran triomf el punt que ha arrencat a l'Etihad, mentre que el City reacciona davant l'empat com si es tractés d'un gran fracàs. El Pep queda abatut: ja són tres els partits seguits que no guanyen i, a més, quatre dies després visita el Camp Nou en partit de Champions contra el Barcelona de Messi. La seva proposta 3-4-3 ha demostrat ser brillant, harmònica i capaç de controlar el joc, però no eficaç i, com passa sempre en futbol, els resultats són els qui decideixen si un sistema de joc és apropiat o no. De camí als vestidors, Dome Torrent desitja sort a Koeman per a la resta de la temporada, i l'entrenador de l'Everton respon entre riures: «Avui hem tingut tota la sort de l'any. Dubto que ens quedin més dosis de sort...».

Koeman és rotund en la seva anàlisi del partit: «El City és el millor equip contra el qual he jugat en la meva carrera d'entrenador. Quan he vist que sortien amb tres defenses he dit al vestidor que jugaríem amb tres puntes per mirar de caçar les segones pilotes, però els primers vint minuts no n'hem tocat ni una. El joc del City ha estat brillant: *high pressing, high tempo*. Però la meva defensa ha estat heroica i el nostre porter ha fet el millor partit de la seva vida. El City és el millor equip de la Premier League: si mires com ataquen, com es mouen, com controlen el mig del camp, com recuperen la pilota... I ho han fet des del minut 1 fins al 95, sense parar. Ha estat increïble. És futbol europeu del més alt nivell. No serà fàcil, però jugant així poden guanyar fins i tot el Barça. Ho repetiré perquè li quedi clar a tothom: el City és el millor equip contra el qual he jugat en tota la meva carrera d'entrenador».

A la sortida de l'estadi li transmeto al Pep les paraules de Koeman i reacciona amb eufòria:

—Això ha dit??? Hosti, que maco que és el Ronald. Aquesta és la millor recompensa de totes. Ni trofeus, ni títols. El millor que hi ha és que t'admiri la gent que t'estimes.

L'endemà al matí, el cos tècnic debat extensament abans de l'entrenament de recuperació. Ja preparen el partit de Champions contra el Barcelona. No hi haurà 3-4-3 perquè a l'ambient es respira que els jugadors no s'han sentir còmodes, tot i que el joc davant de l'Everton ha estat brillant.

Domènec Torrent fa la primera proposta:

—Al Camp Nou hem de tenir sempre un home més en defensa. No podem anar amb línia de tres perquè ens mataran. Hem de ser un més, o sigui, quatre, perquè segur que ells atacaran amb tres.

El Pep és encara més rotund:

—Hem de tenir un home més en defensa i també un home més al mig del camp. Només així podrem intentar que la pilota sigui nostra. Si no, impossible. Ells tindran a dalt «la bèstia». A veure com l'aturem...

Queda acordat el plantejament per al partit de retorn de Guardiola a l'estadi on va obtenir els seus grans èxits: quatre en defensa i guanyar la superioritat al mig del camp. Frenar Messi ja serà un altre tema.

L'entrenament dominical —al qual assisteix amb molt d'interès un bon amic del Pep, l'alemany Michael Reschke, cap de caçatalents del Bayern— es limita a uns jocs de posició dels suplents, així que aprofito per regalar un exemplar del meu llibre *La metamorfosi*, acabat de publicar, a dos membres del cos tècnic a qui encara no coneixia: Xabier Mancisidor, l'entrenador de porters, un basc seriós i rigorós; i Mikel Arteta, aspirant a futur gran entrenador, que ha penjat les botes com a jugador i de seguida ha començat a exercir d'ajudant del Pep. M'interessa saber quina percepció té Arteta de la impressionant ciutat esportiva del City perquè la seva opinió revelarà sense embuts la filosofia que el conduirà a l'elit dels tècnics mundials d'aquí uns anys:

—Són unes instal·lacions bestials, però cal omplir-les de substància, i això ho fan les persones. Els clubs són les persones.

A Manchester llueix el sol i això em permet fer una agradable passejada pels camps d'entrenament amb Manel Estiarte, durant la qual parlem del cos tècnic.

—Estem molt contents. Dome Torrent és esplèndid, Carles Planchart és una persona molt humil que sempre ajuda al màxim, i Mikel Arteta serà molt bon entrenador. Té el cap molt ben moblat.

Li pregunto pel Pep, per si els tres anys de contracte que ha signat seran prou per conquerir el futbol anglès i, sobretot, per construir un llegat ferm al Manchester City.

—Al Pep li queden sis, vuit, deu anys com a entrenador. Segurament seran més aviat sis que no pas deu, tot i que amb ell no se sap mai. No fa plans a llarg termini, així que no ho podem saber. Amb ell s'ha d'estar al dia a dia i no mirar més enllà.

També parlem del llibre que tenim entre mans, *La metamorfosi*, que detalla els canvis que va provocar Alemanya en el Pep, i de la influència que tindran en aquesta nova etapa a Anglaterra.

—Múnic va ser una gran experiència per al Pep —reconeix Estiarte— perquè era la seva primera vegada com entrenador a l'estranger, fora de l'entorn del Barcelona. Aquesta mena d'experiències avesen i ajuden molt, et fan madurar ràpid. Si el Pep va permetre que entressis al vestidor del Bayern per escriure els llibres va ser perquè a Múnic tot era una novetat i una aventura i això va facilitar que acceptés coses que a Barcelona no va acceptar mai.

Em sembla que és el moment oportú de fer-li saber les meves intencions.

—Ara és impossible saber quant de temps serà a Manchester, el Pep, però si el projecte dura crec que escriuré un altre llibre, el darrer sobre ell.

La reacció d'Estiarte és la que m'imaginava:

—Lògic. El que toca és una trilogia.

Fins aleshores, els inicis de Guardiola al City han estat brillants.

ESCENA 3

# Al sofà del Pep...

***Quatre mesos abans... Barcelona, 27 de juny de 2016***

Seiem al sofà del Pep, mirant el televisor.

L'aparell fa estona que està apagat.

El sofà és gris i ampli, però estem l'un enganxat a l'altre, callats, mirant un televisor apagat.

En un racó hi ha vuitanta-set caixes i quinze maletes que la setmana següent viatjaran a Manchester en el trasllat.

Li he demanat com serà el seu Manchester City i no respon. A la sala hi ha un silenci espès. L'escena se'm fa eterna, inacabable, fins que ell decideix trencar el silenci.

—No ho visualitzo. Encara no m'imagino com serà l'equip, ni com jugarem, perquè encara no sé quins jugadors tindré.

És el primer cop que visito el Pep al seu pis de Barcelona. Ens hem assegut en un sofà gris molt còmode i no ens en movem en les quatre hores següents, mentre bevem un parell de litres d'aigua. L'endemà el doctor Albert Estiarte té previst fer-li la revisió mèdica anual, així que no pot prendre aliments sòlids. Des del sofà veiem com Itàlia elimina Espanya (2-0) a l'Eurocopa de nacions i el Pep expressa la seva fascinació per l'estil de joc que imposa Antonio Conte a la selecció *azzurra*.

—Conte practica un joc de posició excepcional. No és el model ortodox a què estem acostumats, sinó un joc de posició vertical, però ho fa d'allò més bé.

El Pep està convençut que en la propera dècada abundaran les innovacions al futbol i és per aquest motiu que es mostra tan obert a absorbir idees d'altres entrenadors.

—No et pots quedar aturat. El futbol canvia i cal evolucionar sense parar. Fixa-t'hi! Itàlia practicant joc de posició! És diferent del que practica el meu equip, d'acord, però el juga. I això és admirable en Conte i en els seus jugadors: Buffon, Bonucci, Chiellini...

Al Pep el fascina l'entrenador italià perquè li veu passió per la feina, agressivitat per aconseguir la pilota, un futbol intens i competitivitat constant. No té dubtes que el Chelsea de Conte serà el màxim favorit per guanyar la Premier League que està a punt de començar, ja que té un gran entrenador, magnífics jugadors i un calendari sense competicions europees que li permetrà entrenar a fons i preparar bé els partits. I el sistema de joc que implantarà Conte, el 5-3-2, té un altre avantatge: necessita menys temps d'aprenentatge i implantació que el model de Guardiola, que és més complex d'absorbir. Per tot això, el Pep veu favorit el Chelsea.

—Atacar un 5-3-2 sempre és un malson.

Sobretot si no tens clar com serà el teu equip.

—Et soc sincer: encara no visualitzo el meu equip. No sé amb qui jugarem. Només sé que hi ha bona gent, segons m'ha dit el Txiki [Begiristain, el director esportiu]. M'ha parlat molt bé de Fernandinho, que és molt polivalent i pot ser una peça molt important, i de Fernando, que és un excel·lent company, però encara no tinc clar qui podrem fitxar, ni si la plantilla es mantindrà tal com està. Per això no aconsegueixo visualitzar com serà el meu equip.

La pantalla del televisor apagat reflecteix una ganyota una mica trista del Pep. Recordo una frase que em va dir l'estiu del 2014 a Múnic després que els dirigents del Bayern venguessin Toni Kroos malgrat l'oposició rotunda de Guardiola: «Quan estàs negociant amb un club t'ho prometen tot. Quan ja has fitxat, tot queda en l'oblit, però tu ja estàs atrapat». La ganyota que veig aquella tarda em dona a entendre que al Pep li devien prometre una renovació de la plantilla, però que potser ara el Manchester City ha decidit que només sigui una renovació parcial i més lleugera. Si el Pep no visualitza encara el seu equip és perquè hi ha massa incògnites per resoldre en les properes setmanes. Tot d'una, s'anima i deixa anar:

—Qui no corri i salti com una fera se n'anirà fora, i al seu lloc jugarà un xaval, que al planter hi ha xavals molt bons.

Hores després, en el viatge de tornada a casa, començo a escriure aquest dietari. Les anotacions es van anar succeint durant set anys. Vaig escriure tot el que vaig observar o escoltar, tant els dies de pessimisme com els d'alegria desbordant, vaig mirar tots els partits, oficials i amistosos, vaig assistir als entrenaments i a les reunions i vaig omplir centenars de pàgines amb les dades més rellevants: els mòduls de joc, les variants tàctiques, la manera de picar els córners, la manera de defensar-los, els contraatacs realitzats i com havien acabat, els contraatacs patits, i qualsevol detall tècnic o tàctic, fins omplir set llibretes enormes. Parlava sovint amb el Pep i amb la majoria dels seus ajudants, gairebé sempre després dels partits més que no pas els dies previs. Vaig dibuixar l'evolució tàctica de l'equip i vaig mirar d'entendre què passava a l'ànima de l'equip i al cor dels jugadors, amb el propòsit que aquest llibre retratés amb precisió el llegat del Pep a Manchester.

Dos dies més tard, el Pep va rebre els resultats de la revisió mèdica: té una salut de ferro, tot i que l'hèrnia de l'esquena li farà mal tota la vida.

## ESCENA 4

# No podem fer els canvis que voldries a la plantilla

***Manchester, 3 de juliol de 2016***

La plantilla que hereta Guardiola compta amb dotze jugadors que superen els trenta anys, és a dir, més de la meitat de l'equip ha superat la trentena. I això no és tot: disset dels jugadors ja han fet els vint-i-vuit i només quatre en tenen vint-i-cinc o menys. És obvi que la plantilla necessita una renovació radical i un rejoveniment complet, en vista de l'exigència competitiva que es pretén implantar.

En una reunió celebrada a Dubai a començaments del mes de juny, l'entrenador va demanar a Khaldoon Al Mubarak i a Txiki Begiristain que es contractessin deu jugadors nous, però el club va accedir a fitxar-ne tan sols la meitat. L'entitat tenia els seus motius, per descomptat. Volia respectar els contractes en vigor, mantenir una massa salarial moderada i, per damunt de tot, continuar amb una política d'amortitzacions equilibrada que permetés fer front a fitxatges costosos a mitjà termini. La direcció del club afrontava la contractació de Guardiola com un projecte de llarga durada que exigiria grans desemborsaments de diners per substituir amb garanties la «generació d'or» (Agüero, Silva, Kompany, Hart, Fernandinho, Touré...) i portar el City a una dimensió superior. Els dirigents assumien que la primera temporada del Pep a Manchester seria pràcticament de transició, amb la finalitat d'exhaurir els contractes en vigor i les amortitzacions pendents i després obrir una finestra d'oportunitats en la qual ja es podrien fer inversions de gran volada.

El Pep va entendre la idea i la va acceptar, tot i que no era ni molt menys el que ell havia somniat. Havia demanat un porter, dos laterals, dos defenses, dos mitjos, dos extrems i un punta, però va haver d'acceptar un porter, un defensa, un mig i dos extrems. La rebaixa va ser majúscula. Una retallada del 50 %.

Els triats tampoc no van ser exactament els que ell havia indicat. El porter amb què somniava era Marc-André ter Stegen, però el Barcelona es va negar en rodó a vendre'l, tot i el desig manifest del jugador de marxar. El Barça va facilitar la sortida de Claudio Bravo, que de fet havia estat el seu porter titular durant la temporada anterior. Sobre el paper el seu perfil era just el que el City buscava en un porter. Tampoc no va aconseguir contractar Aymeric Laporte com a defensa esquerrà. Sí que va aconseguir tres noms molt desitjats: John Stones com a defensa dretà, que aportaria una magnífica sortida a la pilota; Ilkay Gündogan, amb qui ja somniava al Bayern, i a qui va triar per ser guia i metrònom de l'equip; i Leroy Sané, el prometedor extrem del Schalke 04, en qui el Pep tenia l'esperança de trobar un altre Robben. La direcció esportiva del club va trobar en el veterà Nolito un extrem de baix cost amb qui completar les incorporacions.

Tot el que va passar després, durant la primera temporada de Guardiola al City, va ser coherent amb aquesta decisió estratègica del club d'endarrerir la renovació de l'equip. Va ser una temporada de pura transició econòmica i esportiva en la qual es van aguditzar les carències i els defectes de la plantilla. La porteria no va quedar ben coberta, en la defensa es va trobar a faltar un esquerrà amb garanties, en els laterals es va fer palès un dèficit majúscul de qualitat tècnica i energia física, la greu lesió de Gündogan al desembre va disminuir el potencial al mig del camp, el nivell de Nolito va caure massa després d'un inici prometedor i les dificultats per marcar gols van obligar a incorporar un davanter al mercat d'hivern [de fet, Gabriel Jesús va ser fitxat a l'agost, però el van mantenir al Palmeiras fins el gener del 2017]. Tot el que va passar era molt previsible, donada l'estratègia adoptada pel club. Però el fet que fos coherent no va reduir gens el neguit del Pep al llarg de la temporada, que per a ell acabaria sent no només de transició, sinó d'amargura.

La retallada del 50 % dels seus plans va fer que Guardiola es presentés a Manchester amb més prudència que de costum. Si a Múnic havia constatat que el perfil baix és idoni per a un entrenador, a Anglaterra provaria d'abaixar-lo encara més, tot i que no seria feina fàcil.

L'objectiu bàsic de la presentació del nou entrenador va ser guanyar-se la proximitat dels aficionats. Per damunt de qualsevol altre propòsit, el club pretenia que nasqués una connexió estreta entre Guardiola i l'afició. El disseny de l'acte de presentació va buscar allunyar la figura del Pep de conceptes grandiloqüents, com si fos un messies del futbol o el salvador del club, i convertir-lo en una peça més d'una maquinària que ja funcionava a un ritme excel·lent. Al Pep li van agradar l'estil informal de l'acte, el seu esperit festiu i senzill i les preguntes dels aficionats. L'entrenador es va mostrar moderat en tot el que va dir i també il·lusionat per conèixer les grans virtuts del campionat anglès, amb els seus escenaris llegendaris i desafiants i aquells rivals poderosos i formidables.

El Pep va explicar clarament quina era la seva prioritat:

—El meu objectiu principal és crear un veritable esperit d'equip. —I després, com a conseqüència d'això, va afegir—: Volem jugar tan bé que els aficionats gaudeixin veient l'equip. L'objectiu és jugar bé, però abans hem de crear una cosa especial entre nosaltres, un veritable esperit d'equip.

L'ordre de les prioritats no era aleatori. Primer, crear esperit d'equip; segon, jugar bé. Tan sols si s'acompleix el primer punt serà factible el segon. D'aquesta manera, l'esperit d'equip va quedar establert com a centre del nou univers *citizen*. Si a la cèlebre «piràmide de l'èxit» que en el seu dia havia dissenyat John Wooden, el llegendari entrenador de bàsquet nord-americà, el «Team Spirit» figurava en una zona intermèdia, el Guardiola que arriba a Manchester el situa a la base de la seva piràmide.

El motiu havia quedat exposat pocs mesos abans, quan el City entrenat per Manuel Pellegrini havia arribat a les semifinals de la Champions League i havia caigut contra el Reial Madrid. Allò va ser una fita històrica per al club, però també va revelar una perillosa absència de caràcter competitiu. Els jugadors es van mostrar apàtics, com si els faltés energia física i, sobretot, mental. Khaldoon Al Mubarak, president del club, ho va reconèixer sense vacillar: «No m'importa perdre contra el Reial Madrid, però volia sentir que donàvem el cent per cent i no crec que ho hàgim fet», va dir a la televisió del club. Els directius van quedar profundament alarmats per aquesta apatia, per això, d'acord amb Guardiola, van fixar com a gran propòsit, avantposat a qualsevol altre, construir un veritable esperit d'equip.

Només des d'aquest punt de partida es podrà pensar després a jugar bé:

—Vull que la gent se senti orgullosa de veure com juga el Manchester City. Que els aficionats vinguin al camp. Que passin dues hores mirant el partit i en tornar a casa pensin que hem jugat bé. El repte més gran és jugar bé. El resultat serà conseqüència d'aquestes dues prioritats —va repetir—. Primer, esperit d'equip; segon, jugar bé. I després, guanyar un partit, després un altre i després un altre.

A canvi de reduir les pretensions del Pep a la meitat, la directiva del club va intentar protegir-lo i moderar les expectatives que es podien generar a curt termini.

—No dubto que el Pep transformarà el nostre equip i el conduirà a un altre nivell —va explicar Khaldoon—. Tenim moltes expectatives gràcies a la seva passió i el seu compromís. Els nostres grans objectius per als propers anys són lluitar cada temporada per guanyar la Premier League i, per descomptat, intentar-ho a la Champions.

Ferran Soriano, el conseller delegat, va concretar encara més quines expectatives podien ser raonables:

—Volem estar en condicions de competir per tot en els mesos en què es decideixen els títols.

Evidentment, després d'haver retallat dràsticament els plans de renovació de la plantilla, el club protegia el Pep de l'eufòria dels aficionats, però això no volia dir que expliqués en públic fins a quin punt havia frustrat les esperances inicials del nou entrenador.

Domènec Torrent, segon entrenador del Pep, va recórrer a una de les seves passions, la literatura sobre l'art militar, per resumir amb certa fredor el que passaria aquella temporada arran de la decisió del club:

—Els millors generals poden guanyar les batalles més importants, però per fer-ho necessiten disposar de les millors armes.

ESCENA 5

# Un inici brillant

*Swansea, 24 de setembre de 2016*

El City guanya els deu primers partits oficials amb Pep Guardiola al davant.

Deu de deu, amb trenta gols a favor i tan sols sis en contra. És un inici brillant, espectacular, molt millor del que s'imaginava l'entrenador després de no poder renovar la plantilla de soca-rel. A més, els dos objectius prioritaris, crear esperit d'equip i jugar bé, es van acomplint amb rotunditat. No hi ha dia en què algun jugador no esmenti «l'esperit d'equip». Pel que fa al joc, els elogis es multipliquen perquè el Manchester City es mostra imponent en la seva proposta.

El camí havia començat a finals de juny a Múnic. Tant Rummenigge com Guardiola havien coincidit que fora bo obrir la nova etapa amb un partit amistós que unís el nou Bayern entrenat per Carlo Ancelotti amb el nou City del Pep. El 20 de juliol es van trobar a l'Allianz Arena, on desenes de milers d'aficionats van aplaudir el seu antic entrenador. Per al partit, el Pep no disposava encara dels seus millors jugadors, que havien disputat l'Eurocopa de seleccions, i va aprofitar per alinear joves com Maffeo, Adarabioyo, Angeliño, Barker, Iheanacho, Celina o Bytyqi, a més d'un mitjapunta ros amb cara de nen que es deia Zíntxenko de cognom. Ja des de la composició de l'equip va dominar el Bayern, incomparablement més fort, amb Lahm, Alaba, Xabi Alonso, Ribéry, Rafinha, Bernat i Javi Martínez en el seu onze titular. El partit va començar amb mitja hora de retard perquè l'autobús dels visitants va quedar atrapat en un embús de trànsit camí de l'estadi.

La victòria local per 1-0 (el xut d'Ozturk va ser desviat a la xarxa per Clichy) va ser el més anecdòtic d'unes jornades en què l'afició del Bayern va confirmar la veracitat del seu crit «*Einmal Bayern, Immer Bayern*» (Un cop Bayern, sempre Bayern). L'endemà, milers d'aficionats bàvars van acudir a l'entrenament a la ciutat esportiva de Säbener Strasse per presenciar els exercicis que practicaven els del Manchester City, senzillament perquè allà hi havia Guardiola. Aquest, i no un altre, va ser el millor record que li va quedar al Pep de Múnic: l'afecte indiscutible dels aficionats.

Dos jugadors amb excés de pes van entelar el bon humor de l'entrenador. El lector ha de saber que el control del pes corporal és una de les premisses a partir de les quals el Pep construeix la preparació dels seus equips. Ho va mostrar al Barça i ho va confirmar al Bayern. Per aquest motiu va sol·licitar al City una taula detallada del pes de cada jugador abans de començar les vacances d'estiu i va establir, d'acord amb la direcció esportiva, una forquilla flexible per a cadascun d'ells. Txiki Begiristain es va encarregar d'enviar aquestes dades a cada futbolista, i els va demanar que tornessin de vacances en bones condicions físiques per integrar-se a l'entrenament col·lectiu i amb el pes dins de la forquilla indicada.

Soc al camp d'entrenament de Säbener Strasse i a simple vista s'aprecia que hi ha dos jugadors amb sobrepès. No paren d'esbufegar mentre intenten fer els exercicis que indica Lorenzo Buenaventura. Tots dos han tornat amb sis quilos de més, cosa que per al Pep és el detonant per accelerar la contractació d'un especialista en nutrició que posi ordre sobre el tema. Després de sospesar uns quants candidats, l'elegida serà Sílvia Tremoleda, una magnífica professional catalana que els dos anys següents crearà els patrons i les pautes nutricionals, així com les tipologies de menús, que faran possible que els jugadors afinin el seu perfil corporal alhora que gaudeixin amb els aliments que prenen a la ciutat esportiva.

Els primers temps del Pep al nou club no van ser gaire diferents als que havia viscut al Bayern. Temps d'ensenyament i aprenentatge, temps difícils. Difícil comprensió, difícil assimilació. En les seves primeres passes, al City del Pep li cal canviar bona part dels seus costums i trets. Ha d'aprendre un nou model de joc, adquirir una altra dinàmica rítmica, guanyar més cohesió, extreure un caràcter competitiu que ha deixat en evidència moltes febleses i aconseguir regularitat en el rendiment. En definitiva, el Pep i el seu cos tècnic no només han de construir un esperit i una cultura col·lectius, sinó erigir una identitat nova.

És molt el programari que s'ha d'introduir a l'equip, la qual cosa requereix paciència perquè el procés s'assimili correctament i sense exageracions. En aquest procés que vol implantar no hi ha dreceres. Els gran arbres no creixen a la velocitat que un desitja, sinó a la que dicta la natura. El Pep ho sap, per molt que encara es desanimi quan l'aprenentatge pateix alguna ensopegada, però ja va prenent consciència que si vol arribar lluny amb aquest equip haurà de caminar a poc a poc. Li vaig preguntar quin balanç feia de les seves primeres setmanes a Manchester i va respondre amb concisió:

—Tenim molt marge de millora i molta innovació per aplicar.

Després d'una gira breu i accidentada per la Xina en la qual el partit contra el Manchester United de José Mourinho es va suspendre a causa de la climatologia i el disputat contra el Borussia Dortmund va acabar en empat (i victòria *citizen* a la tanda de penals), el Pep ja s'havia format una opinió prou precisa del perfil de cada jugador. Coneixia els seus trets tecnicotàctics, el seu comportament quant a cura corporal o rehabilitació de lesions, com s'entrenava, es cuidava i es recuperava, i també bona part de les ambicions de cadascun. L'entrenador havia aconseguit modificar radicalment el servei mèdic i de fisioteràpia del club i havia incorporat un cos de nutricionistes de primer nivell, havia dut nous preparadors físics i analistes de vídeo. Les instal·lacions de la ciutat esportiva eren extraordinàries. Només faltava que tota aquella maquinària funcionés a l'uníson i amb harmonia per intentar construir l'esperit d'equip i fer-ho a partir d'una ètica de treball estricta i des de la màxima exigència. Com diu Arteta: «Els clubs són les persones». El Pep entenia que si aconseguia generar un hàbitat d'aquesta mena, els bons resultats arribarien, fins i tot si la primera temporada acabava sent únicament una transició cap a la renovació total. Més que el currículum, a l'entrenador li importava l'actitud del jugador, el seu desig de trencar inèrcies i costums relacionats amb l'apatia. Volia gent afamada, amb ganes d'aportar dinàmiques i hàbits positius. De seguida va deixar clar a tots els seus homes que ningú no tenia el lloc assegurat i, al mateix temps, que qualsevol d'ells podia accedir a una plaça a l'equip titular.

Durant el mes d'agost es resolen les cessions de diversos jugadors, com Cenayer, Nasri, Bony i també la de l'icònic Joe Hart, en qui el Pep no veia les característiques que desitja en un porter. Hart era un gran porter, però el seu joc de peus era discret i l'entrenador hi va parlar amb sinceritat; això va motivar la marxa del jugador, que hauria desitjat una altra decisió, tot i que després sempre va tenir bones paraules cap al Pep precisament perquè ell li havia parlat amb franquesa. Amb la sortida d'aquests jugadors i l'arribada de Bravo, Stones, Gündogan, Sané i Nolito la plantilla va quedar formada per vint-i-tres homes, encara que els disponibles fossin només vint perquè Gündogan, Kompany i Sané arrossegaven lesions de la temporada anterior.

L'estrena a la Premier Legue semblava senzilla, amb la visita del Sunderland de David Moyes a l'Etihad Stadium. El Pep va alinear un 4-3-3 clàssic, amb Willy Caballero a la porteria, Stones i Kolarov de defenses, Fernandinho de mig centre i amb Sagna i Clichy, els laterals, molt a prop seu, replicant el format innovador que havia implantat al Bayern. Per davant d'aquests cinc jugadors, De Bruyne i David Silva podien moure's amb llibertat entre línies, mentre que Sterling i Nolito se subjectaven com a extrems i Agüero ocupava la punta de l'atac. En aquesta primera composició, Guardiola posava en marxa quatre dels seus grans fonaments de joc:

1. Defenses amb bona sortida de pilota.
2. Laterals interioritzats.
3. Interiors lliures.
4. Extrems oberts i subjectes a la banda.

## 1. DEFENSES

Els defenses centrals de Guardiola han de defensar la seva àrea com qualsevol defensa, amb les seves mateixes habilitats, però han de ser excel·lents en el *build-up*, la sortida de la pilota. Sense això, el joc de posició queda curtcircuitat i no es pot arribar a camp contrari i sotmetre el rival. Els defenses construeixen el bastiment de l'atac, són els qui marquen la ruta a seguir i inicien el viatge de l'equip fins a l'àrea contrària. Han de saber conviure amb un altre risc: un cop han aconseguit l'objectiu que l'equip s'assenti en camp contrari, han de romandre a prop del cercle central, a cinquanta metres del seu porter, per continuar empenyent des de dalt. Han de ser ràpids, agosarats i capaços d'assumir el risc.

Tot i que Otamendi té molt més ofici com a defensa que Kolarov, no pot competir amb el serbi quant a qualitat de les seves passades, per la qual cosa l'entrenador prefereix debutar amb Kolarov per aprofitar el seu excel·lent peu esquerre [per aquest motiu el Pep havia insistit, sense èxit, en la contractació d'Aymeric Laporte]. Així, la sortida es pot fer per la dreta amb Stones, fitxat precisament per la seva qualitat en el toc de pilota, o per l'esquerra amb Kolarov. En els partits següents la parella de Stones anirà alternant entre Otamendi i Kolarov; un defensa millor, l'altre mou millor la pilota.

## 2. LATERALS

Els laterals són peces essencials del joc. Ja no podem continuar veient-los com els paios que defensen per la banda i de tant en tant pugen a atacar pel carril. Ara han de ser migcampistes que es moguin entre el suport al mig centre a la zona central i el desplegament a la banda per defensar quan calgui.

Això és el que opina el Pep quan arriba a Manchester. Però el que s'hi troba són quatre jugadors que no s'ajusten al seu concepte del que ha de ser un lateral. Bacary Sagna, Pablo Zabaleta, Gaël Clichy i Aleksandar Kolarov tenen moltíssima experiència, però difícilment seran aquests laterals-migcampistes que donen suport al mig centre. En aquest sentit, no es poden comparar amb el quartet Lahm, Alaba, Rafinha, Bernat que tenia al Bayern. Els «laterals interioritzats» o «laterals invertits» són el que «ens permet jugar amb cinc davanters». «És clau que els laterals es tanquin a prop del mig centre formant una línia de tres perquè això empeny els migcampistes interiors cap endavant i poden tenir més arribada. Jugant amb laterals-interiors puc pensar a tenir migcampistes amb menys toc i més arribada, més rematadors, perquè sempre tindran les espatlles cobertes».

## 3. INTERIORS

El Pep pensa en Ilkay Gündogan com la seva millor opció per ocupar el paper de mig centre de posició. Guardiola jugava de mig centre i això defineix completament el tipus de mitjos centre que ara tria i alinea com a entrenador: Sergio Busquets i Yayá Touré al Barcelona; Philipp Lahm i Xabi Alonso al Bayern. Va ser molt significatiu que Gündogan fos la seva primera incorporació per al City perquè és la mena de migcampista que facilita la «construcció del joc» a la zona del mig camp, la qual cosa permet que els seus companys «viatgin junts» fins a la zona d'atac, i també és capaç de conduir per atreure rivals o fer una seqüència de passades i desorganitzar l'oponent. A més, els seus trets mixtos li permeten ser mig centre i també interior.

Una antiga lesió a l'esquena li impedeix estar disponible les primeres setmanes de la temporada i, ja que Touré no està en una condició física competitiva, l'entrenador tria Fernandinho com a mig centre. «Fernandinho té tanta qualitat que pot jugar en deu posicions», diu l'entrenador. Els mesos següents és comprovarà la veritat d'aquesta afirmació.

A partir d'aquest pivot, els interiors que disposa el Pep no tan sols tenen qualitats extraordinàries, sinó que són complementaris: David Silva simbolitza la pausa en el joc, mentre que Kevin de Bruyne és el vertigen. Els concedeix plena llibertat per moure's a totes les zones de construcció, per ajuntar-se a qualsevol lloc de l'atac, per buscar el gol i marcar el ritme de joc en cada moment. Són dos «electrons lliures» amb què el City ha de bombardejar el rival. I, a partir del que ells generin, els davanters hauran de trobar facilitats per buscar el gol a la porteria contrària.

## 4. EXTREMS

Després del seu pas per Alemanya, el concepte que Guardiola tenia dels extrems ha canviat. Si al Barça eren els encarregats d'obrir el camp perquè la defensa rival s'estirés al màxim d'ample i així poder generar accions de perill per dins —per alguna cosa allà tenia un Messi imparable en la finalització—, al Bayern va trobar una font de qualitats en el joc per fora gràcies a les habilitats driblant de Robben, Ribéry, Coman o Douglas Costa. A Manchester vol combinar les dues facetes: jugar amb extrems molt oberts, enganxats a la banda, armats de paciència fins que els arribi la pilota per afrontar el duel individual per fora; i, en aquest punt, els vol atrevits i disposats a driblar per assolir posicions de gol o de passada de gol.

—En el meu model de joc, un extrem és algú que s'ha de passar molts minuts sol, en una banda, pràcticament sense moure's, sense tocar la pilota, sense intervenir. Esperant. Com un porter, que pot estar quaranta minuts sense tocar la pilota i tot d'una ha de fer una intervenció gairebé miraculosa. Als meus equips, un extrem és com un porter: un paio especial.

En el seu pla de joc ideal, el Pep confia que el seu porter decidirà l'orientació inicial del joc, els defenses sortiran amb la pilota jugant fins a situar l'equip a camp contrari, el mig centre i els dos interiors alliberats l'assentaran a prop de l'àrea rival i els extrems gestionaran l'espera de la pilota per fer la darrera passada cap al gol. Contra el Sunderland, però, les coses no són tan meravelloses com en la teoria. Willy Caballero no domina el joc amb els peus i els atacants estan lluny de l'eficàcia que se'ls pressuposa. Tot i que Agüero transforma un penal als tres minuts de partit, el City s'encalla davant de la defensa visitant, tancada a la seva àrea. A vint minuts del final, la defensa local està del tot descoordinada i el Sunderland aconsegueix un empat que amenaça de desgraciar l'estrena de Guardiola a Anglaterra. Però quan el partit està agonitzant, Jesús Navas, exercint a la perfecció el seu paper de driblador, aconsegueix posar una pilota a la boca del gol rival i un defensa del Sunderland, Paddy McNair, la introdueix en pròpia porta per evitar que ho faci Fabian Delph. Un triomf agònic en el debut, però triomf al cap i a la fi.

Un parell d'hores després, quan ja s'ha recuperat de l'emoció, parlo amb el Pep. La seva anàlisi és clara:

—Hem començat molt bé, amb una sortida de pilota estel·lar. Hem fallat una mica en atac: hauríem d'haver atacat més als centrals rivals. Però és un bon primer pas.

L'endemà al matí, el Pep analitza el partit al seu despatx en companyia de Domènec Torrent i Mikel Arteta i llança una afirmació rotunda:

—El partit el va guanyar el Dome amb la seva proposta de passar a defensa de tres. Quan vam canviar Clichy per Iheanacho, vam trencar el Sunderland.

Al Pep mai no li ha costat reconèixer els mèrits dels seus col·laboradors, tal com fa aquell dia. Quan el City estava encallat en el seu debut, demana alguna proposta de canvi tàctic a Torrent, que li suggereix que sobra un home al darrere. El Pep assenteix, fa el canvi i es guanya el partit. Per això li agrada reconèixer davant del jove Arteta que el mèrit ha estat del segon entrenador. Aquesta mena de reconeixements també forma part del procés de crear un esperit d'equip.

Avui el Pep està content, fins al punt que li ve de gust comentar les proeses d'una de les seves ídols dels Jocs Olímpics que s'estan celebrant a Rio de Janeiro: «Molt fan de Ledecky!!!». Sí, el Pep és fan acèrrim de Katie Ledecky, la nedadora superlativa dels Estats Units que acumula títols olímpics i mundials des dels dos-cents fins als mil cinc-cents metres lliures. El Pep sempre recorda que Ledecky es lleva cada dia abans de les cinc del matí, faci fred o calor, i des de fa un munt d'anys, per entrenar-se amb agonia. «Això seu sí que té mèrit».

Els nou partits següents acaben amb victòria. El nivell col·lectiu del joc també progressa. Hi ha victòries àmplies, com el 0-5 davant l'Steaua de Bucarest, en partit de la fase prèvia de Champions League, amb triplet d'Agüero, que a més falla dos penals, i quatre xuts als pals. O com el triomf per 1-4 a l'Stoke Britannia Stadium, allà on els *pundits* anglesos, els experts, havien pronosticat que el projecte s'ofegaria a causa del vent que impera a la zona. En lloc d'ofegar-se, Guardiola surt del desafiament reforçat. Quan ho comentem, recorda amb ironia el que van dir els analistes:

—El vent no ens ha aturat. Ja saps: «Blowin' in the Wind». Bonic a la vista i eficaç.

A Stoke ha sonat per primer cop la seva cançó. Els aficionats *skyblues* han entonat el «We've Got Guardiola», un càntic la lletra del qual han adaptat per mostrar el seu afecte al nou entrenador:

*Coz we've got Guardiola, yes it's Guardiola, baby it's Guardiola.*
*So glad you're mine.*
Perquè tenim Guardiola, sí, és Guardiola, ei, és Guardiola.
Que bé que siguis meu.

Els dos triomfs següents són més discrets: 1-0 per liquidar l'Steaua a Champions i 3-1 al West Ham. Després hi ha una aturada per la convocatòria de seleccions nacionals. És el moment que el Pep ens faci un balanç del seu primer mes al capdavant de l'equip.

—Estem molt contents. Està anant molt millor del que esperàvem. A veure si tornen tots sans de les seleccions i podem preparar bé el partit més important de l'any, que és el de Champions contra el Borussia Mönchengladbach. Serà el veritable rival per passar a vuitens de final. Crec que això sortirà bé i que a Manchester aconseguirem construir alguna cosa gran.

No és estrany que qualifiqui el partit programat per al 14 de setembre com el més important. El City ha estat inclòs en un grup de Champions League al costat del FC Barcelona, el Celtic de Glasgow i el Borussia Mönchengladbach. Sembla obvi que el Pep entén que el Barça de Messi és inabordable i que l'equip escocès és assequible, així que se centra en els alemanys. Si és capaç de guanyar com a mínim un dels dos partits contra el Gladbach, l'accés a vuitens de final sembla més que probable.

Quatre dies abans d'aquest partit transcendental, marcat en vermell a la pissarra del seu despatx, Guardiola té un altre gran desafiament a la vista a Old Trafford. És un partit que afronta amb molta tensió perquè es tracta del seu primer derbi, perquè l'entrenador contrari és ni més ni menys que el seu rival José Mourinho i perquè Sergio Agüero no podrà jugar per sanció. El partit anterior va picar amb el colze esquerre la cara de Winston Reid, defensa del West Ham, però l'àrbitre del partit no va veure l'acció ni la va penalitzar. Tot i això, cinc dies després la federació anglesa va sancionar el davanter argentí amb tres partits de càstig per «conducta violenta». La suma de factors fa que el Pep afronti el derbi en un estat de nerviosisme màxim. És conscient que el partit d'Old Trafford no tindrà res a veure amb la placidesa dels triomfs previs.

El Manchester United forma en 4-2-3-1, amb Pogba i Fellaini cobrint les espatlles a Mkhitaryan, Rooney i Lingard, a més d'Ibrahimovic en punta. Davant seu, Guardiola alinea el seu 4-3-3 habitual i fa debutar Claudio Bravo a la porteria. Stones i Otamendi són els defenses, i Sagna i Kolarov els laterals, aquest cop oberts. El mig del camp l'ocupen tres homes: Fernandinho, De Bruyne i Silva; Sterling i Nolito són els extrems i Iheanacho, el davanter en punta.

El City es planta amb valentia al terreny del seu poderós veí i en mitja hora aconsegueix dos gols d'avantatge. De Bruyne aprofita una passada llarga que Kolarov llança des de la línia defensiva i que Iheanacho allarga de cap després de guanyar el salt a Bailly. El belga s'avança a Blind, li pren una pilota que semblava clara per al defensa i bat De Gea des de la frontal de l'àrea. És un gol sorprenent en el joc *citizen* que no sorgeix a partir d'una seqüència de passades, sinó d'una passada llarga, molt llarga, de més de seixanta metres, iniciada a la línia defensiva, i que aprofita dos instants de picardia de Kelechi i KDB. Minuts més tard, els mateixos jugadors protagonitzen el segon gol: De Bruyne dispara al pal i Iheanacho, del tot sol a l'àrea petita, remata a gol. Mourinho no pot estar precisament satisfet del rendiment dels seus defenses però tampoc d'ell mateix: David Silva, i molt especialment Kevin de Bruyne, desmunten una vegada i una altra el mig del camp local, on Fellaini s'ofega provant de perseguir els dos electrons lliures i Pogba no entén què està passant. La superioritat visitant es basa en el triomf clar de Silva i KDB sobre el lent i desconcertat doble pivot central dels locals. Sobretot De Bruyne es mou per totes les zones d'atac i provoca que cap dels defensors no aconsegueixi ocupar-se d'ell de forma efectiva.

La placidesa del domini visitant, però, es trenca als quaranta-dos minuts gràcies a una errada de Bravo, el porter debutant. En el llançament d'una falta llunyana sobre l'àrea del City, el xilè mira d'atrapar la pilota que Stones està a punt de rematar de cap, però tan sols aconsegueix regalar l'esfèrica a Ibrahimovic, que retalla distàncies. Serà la primera de les moltes errades que acumularà Bravo en els mesos següents. Sense anar més lluny, cinc minuts després Ibrahimovic està a punt d'aprofitar una nova indecisió del porter però Stones ho impedeix. I tot just començada la segona part, Bravo controla malament amb els peus i acaba disputant un perillós duel per la pilota amb Rooney que no acaba en penal per mil·límetres. L'equip es mostra agitat per la inseguretat del seu porter.

[*Nota per al lector*: Al llarg de tot el llibre citaré sovint errors que s'han produït en el joc. En fer-ho no pretenc en cap cas criticar ni deixar en evidència el jugador, l'entrenador o l'equip que els va cometre, sinó simplement esmentar quines accions van ser decisives en un partit. Concebo l'error com a element essencial de l'esport, tal com predicava Johan Cruyff, que entenia que el futbol seria un joc anodí si no existís l'error. Cruyff considerava l'error com un preu a pagar en la recerca de l'excel·lència. Al llibre assenyalo els errors fent servir aquesta perspectiva que ens va ensenyar el geni neerlandès].

Guardiola i Domènec Torrent conversen a la banqueta.

—Dome, he de canviar alguna cosa. Ens estan dominant.

El seu ajudant identifica un problema més important que les errades de Bravo:

—Des que ha entrat Ander Herrera [al descans, per Mkhitaryan], estem en desavantatge al mig del camp.

Tots dos conclouen que aquesta inferioritat s'ha de solucionar de seguida o corren el risc de perdre l'avantatge aconseguit. Surt del camp Iheanacho i entra Fernando, que se situa com a mig centre. Fernandinho s'avança a l'altura de KDB, mentre que Silva es converteix en el punta de l'equip. A l'instant, la superioritat local al mig del camp desapareix i el joc s'equilibra. En el terreny tàctic Mourinho ha fet un bon moviment, però Guardiola ha replicat amb un bon antídot.

El Pep vol sentenciar i introdueix un dels seus fitxatges, Leroy Sané, que també debuta, recuperat d'una antiga lesió. El jove alemany salta a Old Trafford com si aquell fos el darrer partit de la seva vida. Juga al 120 % i al primer esprint ja panteixa, ofegat.

—És habitual en algú que fa mesos que no juga —ens dirà Dome Torrent hores després—. El Leroy ha sortir embogit, amb unes ganes tremendes de demostrar com de bo és, i ha cremat tota l'energia en la primera acció. S'ha buidat. Però no se l'ha de jutjar per això d'avui. El Leroy és molt bo i ens donarà moltes alegries.

No cal dir que a Old Trafford no aconsegueix demostrar aquesta qualitat més que en un atac fulgurant que fa per la banda dreta i que De Bruyne culmina amb un xut excel·lent que s'estavella al pal local. Els darrers vint minuts del partit tenen dues parts molt diferenciades: primer el City acumula fins a set ocasions clares de rematada, que no es converteixen en gol, després Mourinho introdueix un nou davanter (Martial substitueix Shaw) i el Manchester United bombardeja l'àrea visitant. Guardiola ordena la defensa de cinc homes per lligar de mans els quatre atacants locals i quan Fellaini també abandona el mig del camp per convertir-se en el cinquè rematador, el Pep fa entrar Zabaleta en lloc de KDB i conserva el resultat amb sis defenses.

El triomf final desferma les emocions de l'entrenador. La presència imponent d'Old Trafford no ha trencat la ratxa de triomfs, el retrobament amb Mourinho ha estat afable i ple de bons gestos entre tots dos, i l'absència d'Agüero no ha desmanegat l'equip. Hi ha dos aspectes, però, que el martiritzen: les errades de Claudio Bravo i la sensació de fragilitat anímica que durant uns minuts han mostrat Stones, Otamendi i els laterals i que ha contagiat tot l'equip.

Malgrat tot, surt de l'estadi radiant i comenta amb Dome Torrent que, tot i les irregularitats, el joc ha estat esplèndid.

—I ho hem fet amb vuit jugadors de l'any passat.

El que més el satisfà és el coratge defensiu demostrat durant els últims deu minuts, quan els locals han bombardejat l'àrea:

—Hem defensat com bèsties. M'encanta!

Tot i no haver jugat el derbi, Gaël Clichy explica amb precisió el que els ha demanat l'entrenador:

—Per ser ofensius com vol el Pep, als defenses ens exigeix que donem suport constantment en la recuperació de la pilota. Això és nou per a nosaltres perquè abans jugàvem molt oberts i encaixàvem molts gols de contraatac. El Pep està intentant que siguem molt ofensius i al mateix temps estiguem molt ben organitzats en defensa.

Defensar bé ha estat una de les grans obsessions de Guardiola des que és entrenador. No en va sempre mostra amb satisfacció el bon resultat defensiu dels seus equips. Al FC Barcelona va encaixar una mitjana de 0,73 gols per partit en un total de 247 partits. En les seves quatre temporades al capdavant de l'equip català sempre va ser l'equip menys golejat de la Lliga, tant en els tres títols conquerits com en el curs en què va quedar segon per darrere del Reial Madrid de Mourinho. Al Bayern de Múnic va disputar 161 partits i va rebre 0,69 gols per partit, una ràtio encara millor que el va convertir en l'equip menys golejat en les tres temporades. Així doncs, el balanç de Guardiola fins al moment mostra que els seus equips han estat sempre els menys golejats dels set campionats de lliga que ell ha dirigit. Aquest és el seu màxim orgull.

—Tothom es fixa en les meves dades ofensives, però les que més m'interessen a mi són les defensives. La defensa reflecteix la teva feina com a entrenador.

Comento amb ell la bellesa del duel de moviments tàctics que ha mantingut amb Mourinho i que les diverses modificacions que ha dut a terme al llarg del partit han estat positives. El Pep recorre a una de les seves conviccions principals:

—La tàctica no és combinar números, sinó saber què fer en cada moment.

Dimecres, 14 de setembre el City disputa el partit més important de l'any, al seu estadi, contra el Borussia Mönchengladbach. Les opcions d'arribar a vuitens de final de la Champions League comporten inevitablement obtenir un bon resultat contra els alemanys. És la segona temporada consecutiva que els dos equips coincideixen a la fase de grups europea. El curs anterior es va acabar amb doble triomf *citizen:* per 1-2 a Mönchengladbach i per 4-2 a Manchester.

De fet, el partit estava programat per a dimarts 13, però des d'hores abans una tempesta monumental va assolar la ciutat anglesa. El Metrolink que transportava els aficionats a l'Etihad Stadium va deixar de funcionar, la gespa no podia absorbir els litres d'aigua que queien i els llamps il·luminaven la tarda. La UEFA es va veure obligada a posposar el partit a l'endemà, quan les condicions climatològiques permeten que se celebri. Mentrestant, al Camp Nou el Barcelona de Messi goleja el Celtic de Glasgow (7-0), cosa que sembla confirmar que el gran pols per la segona plaça del grup serà entre el City i el Gladbach. És una confirmació que augmenta el nerviosisme del Pep.

L'entrenador introdueix canvis respecte del derbi. Zabaleta entra de lateral en lloc de Sagna; Gündogan debuta per fi substituint com a interior David Silva, que s'havia lesionat a Old Trafford, i en atac, Agüero surt de punta en lloc d'Iheanacho, mentre que Navas s'afiança com a extrem dret en lloc de Nolito. El partit és un monòleg *citizen* i un festival Agüero. El jugador obre el marcador aviat avançant-se a Christensen, el defensa que el marca, en una centrada rasa de Kolarov des de l'esquerra. A la mitja hora de joc, el Kun converteix en gol un penal assenyalat per falta de Kramer sobre Gündogan. Xuta la pilota a la dreta del porter Sommer, que es llança cap a l'altra banda. I al minut 76 aprofita una passada excel·lent de Sterling a l'espai per driblar el porter i anotar un nou *hat-trick*. És el segon que aconsegueix a la Champions en menys d'un mes (0-5 a Bucarest, davant de l'Steaua, el 16 d'agost) i el tercer de la seva carrera en aquesta competició europea (3-2 al Bayern, el 25 de novembre del 2014).

Agüero és el reflex del domini local, que acumula vint-i-tres rematades per les només tres dels visitants. Malgrat els nervis que tenallen Guardiola fins al xiulet final, l'entrenador comença a trobar una estructura que li agrada. La parella Stones-Otamendi es va assentant al darrere; Kolarov demostra prou qualitat per anar alternant de lateral per fora o per dins; Fernandinho, De Bruyne i Silva/Gündogan apunten a ser un gran mig del camp; i a Agüero no li cal presentació com a golejador. Les carències es troben al lateral dret, on no hi ha prou qualitat tècnica, i als extrems, posicions on veu massa dubtes. Nolito havia començat molt bé, però s'ha anat apagant. Navas és intel·ligent i té bona condició física, però el Pep no està segur del seu nivell. Sterling sembla que sabrà aguantar per fora al temps que participa de suport en punta, com ha demostrat a Old Trafford i també contra el Gladbach. Hi ha molta confiança dipositada en Sané, tot i el seu mal debut. En el partit d'avui ha jugat els últims deu minuts i ha fet una acció més que brillant combinant amb KDB, driblant Christensen dins de l'àrea i regalant el quart gol a Iheanacho, amb túnel inclòs a Kramer. Ha estat una successió de moviments que apunten que ha estat un gran fitxatge.

El Pep busca el seu nou tàndem Robben/Ribéry. Ho seran Sané i Sterling?

—És un procés difícil. No es tracta de parlar-ne i creure que l'endemà ja ens sortirà bé. També hi influeix l'ego, per això un noi de divuit anys que sigui humil i ràpid sovint triomfa. Però abans cal convence'l. Espera allà fora, ben lluny. Espera i espera, que ja t'arribarà el moment. Ara bé, quan aquest moment arribi, aleshores reflexiona: quants rivals has de driblar ara? Quants? Només un. És clar, hem generat tot aquest engranatge perquè tu, l'extrem, només hagis de driblar un oponent, de vegades cap ni un. En canvi, si jugues sense pensar i et fiques per dins, quants n'has de driblar? Quatre!

Al cap de pocs minuts sobre la gespa, Sané ha fet precisament això: esperar el seu moment, driblar el seu únic oponent i regalar un gol al company. El cos tècnic està satisfet, però es mostra prudent. Són set victòries en els primers set partits, amb triomf a Old Trafford i aquesta golejada al rival directe a Champions. El joc de l'equip encara té llacunes importants i posicions per millorar, però ha assolit una bona velocitat de creuer. El Pep i el Domènec ho repeteixen sense parar: «Estem funcionant amb vuit jugadors que ja eren aquí l'any passat i només tres jugadors nous. És un senyal molt positiu de com de bé estan assimilant el procés cap al nou model de joc». Només hi ha un factor que enterboleix l'ambient. El Pep va decidir que Yayá Touré no formés part de la llista d'inscrits a la Champions League perquè considerava que el jugador no estava en les condicions idònies per competir, tant per excés de pes com per displicència en els entrenaments. El representant de Touré, Dimitri Seluk, va reaccionar amb unes dures declaracions contra l'entrenador, i Guardiola es va refermar en la seva decisió: «Com a entrenador no puc acceptar que el representant de cada jugador que no juga surti en premsa criticant cada decisió», dirà el Pep. Yayá Touré no tornarà a jugar al City fins que el seu representant es disculpi amb el club.

La culminació d'aquesta primera etapa s'assoleix el 17 de setembre amb el triomf a casa contra el Bournemouth, entrenat per Eddie Howe. Ja als cinc segons de partit, De Bruyne xuta a porta amb encert, però el porter polonès Artur Boruc evita el gol. Els noranta minuts següents, el City remata vint cops, onze dels quals a porteria, i obté una victòria contundent per 4-0. El partit evidencia tres trets fonamentals que encara no havien aparegut en els enfrontaments anteriors: el contraatac ben culminat, el gol de falta directa i l'arribada des de segona línia dels interiors per rematar. En aquesta cinquena jornada de Premier League els tres factors broten damunt la gespa de l'Etihad, i ho fan de forma brillant.

Kevin de Bruyne marca el primer gol. Disposa d'un llançament de falta directa prop de l'àrea rival i dispara arran de terra, la barrera salta i deixa l'espai necessari perquè la pilota passi per sota dels peus dels jugadors i entri a la porteria visitant. El Pep, eufòric, es gira cap a Dome Torrent i l'abraça, assenyalant-lo com l'autor d'aquesta argúcia tàctica. Fins aquell dia, De Bruyne havia tret diverses faltes directes sense èxit, tot i que en dues, llançades des de zones laterals, havia facilitat dos gols de cap (Agüero i Fernandinho).

El següent factor que brota amb una exuberància aclaparadora és el contraatac ràpid, precís i eficaç. En els dos casos Iheanacho aconsegueix la pilota en zones mitjanes i, a través de Nolito primer i de forma directa després, la regala a De Bruyne, ubicat a l'eix central de l'equip. El belga de galtes rosades mostra en aquells moments una de les seves millors qualitats: la conducció ràpida i la passada precisa. Gairebé sembla que no toqui la pilota en aquells metres en què avança imparable. En el primer gol a contraatac, KDB cedeix l'esfèrica a Sterling perquè ell la creui al costat contrari i Iheanacho faci gol. En el següent, De Bruyne la passa a Iheanacho perquè la creui a l'altre costat i Sterling marqui. Un gol és el clon de l'altre, només que amb assistents i rematadors intercanviats. Guardiola els celebra en gran, conscient que aquesta arma, el contraatac, pot ser molt important al seu nou equip, sobretot comptant amb la qualitat excepcional de passada i de conducció del belga. Mentrestant, sense fer gaire soroll, Kelechi Iheanacho ha marcat el seu desè gol a la Premier League havent rematat catorze cops. Una ràtio impressionant.

El tercer gran factor que sorgeix del partit és l'aparició de Gündogan a zones de rematada. Al Borussia Dortmund, el migcampista alemany no s'havia distingit per la seva fertilitat golejadora, ja que tan sols havia fet quinze gols en cent cinquanta-set partits. Avui, en la seva estrena a la Premier League, també estrena el seu compte golejador amb el City. Des de la zona interior esquerra, De Bruyne observa l'arribada de Gündogan pel centre de l'àrea rival, neta de defenses gràcies a una intel·ligent «esbandida» d'Iheanacho, i serveix una pilota al seu company perquè afuselli Boruc i obtingui el quart gol local. Aquesta aparició de Gündogan pot ser un altre element diferencial en el joc de l'equip. Guardiola ho intuïa, però ara ho confirma.

Per damunt de la golejada, de la ratxa de victòries, de l'avenç col·lectiu i dels tres factors que poden determinar el joc de l'equip, l'entrenador assenyala un futbolista:

—El partit del Kevin ha estat excepcional. Sense la pilota és un lluitador i amb la pilota és clarivident, ho veu tot.

No hi ha dubte que el Pep ha triat el seu home. Al Barça va ser Xavi, al Bayern va ser Lahm. Al Manchester City creu que serà De Bruyne.

El Liberty Stadium del Swansea acull dos cops l'equip del Pep en a penes tres dies (21 i 24 de setembre), primer en partit de Copa de la Lliga i després en competició de lliga. El doble duel es liquida amb doble victòria del City, però deixa dos lesionats. El capità Vincent Kompany, que s'havia trencat la cuixa dreta a començaments de maig, ha tornat al joc després de perdre's l'Eurocopa de nacions i estar gairebé cinc mesos de baixa. Però en el minut 93 de partit, just en l'acció on Sigurdsson anota el gol local que escurça distàncies (1-2), el defensa belga es fa una altra lesió, la sisena en dotze mesos, aquest cop a l'engonal. Amargat per tantes desgràcies, Kompany abandona el terreny de joc mentre els seus companys posen la pilota en circulació des del centre. El Pep ja ha fet els tres canvis permesos i Kompany no aguanta ni un segon més. L'entrenador ni tan sols s'adona que s'ha quedat amb deu jugadors, però l'àrbitre assenyala immediatament el final de partit i la baixa no té conseqüències immediates. No ha estat un triomf senzill per al City, sobretot perquè ha jugat amb l'alineació de reserva, entre ells cinc futbolistes menors de vint anys (Angeliño, Adarabioyo, Brahim Díaz, Aleix García i Iheanacho).

La segona lesió es produeix en el segon partit contra el Swansea i és més rellevant. En el minut 79 de partit, ja amb el definitiu 1-3 que dona la victòria al City, els isquiotibials de Kevin de Bruyne pateixen una petita contractura. La lesió posa el contrapunt a una actuació brillant del Kun Agüero, que aconsegueix els dos primers gols, amb els quals en suma ja onze en tot just sis partits disputats (se n'ha perdut tres per sanció). La seva eficàcia ha estat molt elevada, per molt que quatre dels gols hagin estat fruit de sis penals llançats, i en conseqüència el Pep ha comunicat que la renovació del contracte del davanter està en la fase final.

El tercer gol de l'equip, obra de Sterling, ha nascut també en un contraatac ràpid i precís liderat per KDB, la qual cosa aprofundeix en la tesi que Guardiola comença a construir: el seu equip pot ser un mestre del contraatac si De Bruyne pivota aquestes accions. Al mateix temps, l'entrenador també s'adona de les carències de jugadors com Bacary Sagna, autor en només tres minuts d'una bona passada de gol a Agüero i d'una relliscada inoportuna que facilita el gol local, obra de Llorente. Amb sis victòries seguides en els primers sis partits de lliga, Guardiola iguala el rècord històric de la Premier League per a un entrenador debutant, que ostentava Carlo Ancelotti amb el Chelsea des del 2009.

La tornada del País de Gal·les a Manchester, abans de viatjar a Glasgow per enfrontar-se al Celtic, és un bon moment per revisar amb el Pep el que s'ha aconseguit. El Mancity ha disputat deu partits i els ha guanyat tots, ha marcat trenta gols i n'ha encaixat només sis. A més, ha rematat onze cops als pals. Guardiola no havia aconseguit un inici tan indiscutiblement demolidor ni al Barcelona ni al Bayern. Pot estar més que satisfet. Parla amb el seu fill Màrius i decideixen que la propera aturada de seleccions nacionals seria el moment ideal per tornar a Múnic. Així el Màrius es podrà retrobar amb els bons amics que va fer a la ciutat bàvara i el Pep podrà celebrar l'Oktoberfest. En saber-ho, Domènec Torrent s'apunta a l'excursió amb el seu fill Arnau. Reserven vols per al 2 d'octubre.

Els deu triomfs consecutius permeten amenaçar un rècord històric del futbol anglès. Si dimecres següent aconsegueix guanyar al Celtic Park, el City haurà igualat la marca d'onze victòries seguides que ostenta el Tottenham Hotspur des de la temporada 1960-1961. Aquell equip, dirigit pel llegendari Bill Nicholson, va derrotar onze rivals consecutius i va anotar trenta-sis gols, a més de conquerir el títol de lliga. Casualment, qui va truncar aquella ratxa va ser el Manchester City de l'època, que el 10 d'octubre del 1960 va empatar a White Hart Lane (1-1) amb un onze en el qual figuraven dues llegendes del club: el porter alemany Bert Trautmann i el gran Denis Law. Ara Guardiola està en condicions d'igualar la històrica ratxa dels Spurs.

El pronòstic meteorològic anuncia fred i vent a tot Escòcia per a dimecres.

ESCENA 6

# La primera gran crisi

## *West Bromwich, 29 d'octubre de 2016*

Avui fa un mes de la visita a Glasgow. Tan sols un mes, però el Pep ha envellit anys en aquest mes durant el qual no ha aconseguit ni una sola victòria. Després del formidable inici dels deu triomfs consecutius, ha arribat aquest mes negre en què ha sumat tres empats i tres derrotes. Encara bo que marxa alleujat de The Hawthorns, l'estadi del West Bromwich Albion, després de recuperar el gust oblidat de la victòria.

Malgrat aquest octubre desagradable, el Manchester City encara va líder de la Premier League, amb els mateixos punts (23) que l'Arsenal i el Liverpool, i un més que el Chelsea. És el màxim golejador del campionat amb vint-i-quatre gols, els mateixos que el Liverpool, i tan sols nou d'encaixats. No és el conjunt menys golejat perquè el Tottenham només n'ha rebut cinc, tot i que només n'ha marcat catorze, deu menys que els *citizen*. Malgrat els entrebancs més recents és un bon balanç. Les lligues es perden en les vuit primeres jornades, argumenta sempre Guardiola, així que sobre el paper no hauria de queixar-se perquè després de deu jornades es manté al capdavant de la taula. La cosa, però, no va així: l'entrenador està molt preocupat.

Pel cos tècnic del City s'ha estès una aprensió profunda. Han viscut la seva primera gran crisi de resultats i el Pep pateix fins i tot pel seu lloc al capdavant de l'equip. Han estat sis partits consecutius sense guanyar i tots sis han estat durs i cruels: l'empat intempestiu a Glasgow, la derrota al camp del Tottenham, l'empat amarg contra l'Everton a l'Etihad Stadium, la golejada patida al Camp Nou contra el Barça, un altre trist empat a casa contra el Southampton i l'eliminació de la Copa de la Lliga, ni més ni menys que a mans del gran rival de la ciutat, el Manchester United. Sis partits sense guanyar, una crisi inèdita per a Guardiola, que avui ha aconseguit aturar l'hemorràgia amb un triomf brillant, però que en només setanta-dues hores s'enfronta a un desafiament majúscul: el Barcelona visita Manchester en partit de Champions League. Veig el Pep profundament preocupat:

—Si dimarts perdem, em clavaran una coça al cul que m'hauràs d'anar a recollir a trossets a Austràlia...

Una altra derrota àmplia contra el Barça podria fer que l'acomiadessin del Manchester City. El seu primer acomiadament com a entrenador. No havia vist mai el Pep en una situació tan límit.

El mes negre va començar una nit freda de setembre a Glasgow. Si algú esperava que el Celtic de Brendan Rodgers, malferit després d'encaixar un dolorós 7-0 contra el Barça, jugués amb por contra el City, es va equivocar de ple. Ni tan sols el Pep, que gastava prudència amb qualsevol rival, no s'esperava un vendaval com aquell. El Celtic surt a jugar amb una agressivitat inusitada que enganxa el City absolutament desprevingut. Durant els deu primers minuts no només s'avança al marcador, sinó que amenaça de golejar Claudio Bravo. El Pep i els seus homes estan bloquejats davant de l'huracà blanc-i-verd.

Sobreposant-se, Fernandinho aconsegueix empatar aviat, però els locals es tornen a avançar de seguida amb un autogol de Sterling, que al seu torn aconsegueix equilibrar el marcador quan s'acosta la mitja hora de joc. És el partit més complicat que viu el City en molt de temps. Podríem pensar que les absències de De Bruyne per lesió i de Stones al mig de la defensa per rotació pesen, però de fet es tracta d'una cosa més profunda que Guardiola comença a intuir, tot i que no ho verbalitzarà encara. L'entrenador comença a pensar que les limitacions evidents de l'equip, pròpies de la plantilla existent, s'aguditzen fins a l'extrem en escenaris de tensió. El nivell dels laterals és discret, el dels defenses és limitat, el mig del camp encara no és capaç de dominar el joc com vol l'entrenador i l'eficàcia rematadora no és elevada. Però per damunt de tot, en partits tensos i agressius, l'equip encara no ha demostrat el caràcter competitiu que el Pep exigeix. Hi ha esperit d'equip, sí, però l'equip no té un caràcter fort.

La fortalesa de caràcter és un tret imprescindible per a qualsevol equip que pretengui ser important. La història de l'esport està plena de casos en què el caràcter resilient i poderós d'un equip li ha permès escalar cims impensables, superiors als que, per qualitat, podria haver aspirat. I també coneixem molts exemples de conjunts que mai no van arribar a dalt de tot malgrat posseir qualitat de sobres per fer-ho. Fins avui, el Pep ha dirigit dos equips, Barça i Bayern, en els quals la personalitat individual i col·lectiva dels seus jugadors estava, com a mínim, al mateix nivell que la seva qualitat. Dos equips forts i durs, capaços de suportar el dolor agut dels moments de tensió, capaços de sobreposar-se a un marcador advers, capaços de mantenir-se serens enmig d'ambients volcànics, capaços d'aguantar drets en rebre un cop a la mandíbula. Ja ho sabeu, tothom té un pla fins que rep un cop de puny a la boca. En aquest moment és quan els grans equips aconsegueixen aguantar drets.

Però avui, al Celtic Park, l'entrenador es comença a preocupar. Al seu equip hi ha homes experimentats com Bravo, Zabaleta, Otamendi, Kolarov, Clichy, Fernandinho, Silva, Gündogan o Agüero, però tots semblen superats per l'energia emocional dels locals. El partit acaba en empat a tres gols, i el City fins i tot el podria haver guanyat en els darrers minuts. Més que per l'ensopegada, Guardiola marxa de Glasgow preocupat per la sensació que la corba d'aprenentatge que l'equip havia assumit s'ha estancat. Al cap de quatre dies en tindrà la confirmació a White Hart Lane.

Serà la seva derrota oficial. El Tottenham de Mauricio Pochettino va segon a la Premier League després de sis jornades, però un diumenge assolellat i calorós (2 d'octubre) aconsegueix superar amb claredat el líder de la competició. Danny Rose fa una centrada i Kolarov la remata en pròpia porta. És el segon gol que un jugador *citizen* remata en pròpia porta en dos partits seguits i el cinquè que es rep en els darrers set partits a causa d'una errada defensiva flagrant. El compte d'errades s'incrementarà amb un altre a la mitja hora, quan una successió de males rebutjades i mals marcatges de Kolarov, Fernando, Zabaleta i Otamendi desemboca en el segon gol local, una combinació precisa entre Son i Delle Alli. Tot i que Agüero fa un xut al pal, el City només aconsegueix imposar-se en moments puntuals, però sense mostrar capacitat de remuntada, i fins i tot Claudio Bravo mitiga el marcador en rebutjar un penal llançat per Lamela quan es compleix una hora de partit.

La derrota deixa mal gust de boca en el cos tècnic, però encara és aviat per saber si els problemes són estructurals o simples accidents conjunturals. Per si de cas, Guardiola i Torrent decideixen suspendre el viatge a Múnic i no celebrar l'Oktoberfest. Pensen que les imatges seves bevent cervesa a Baviera es podrien mal interpretar, així que tornen a Manchester amb el propòsit d'aprofitar l'aturada de seleccions per reformular el joc.

L'endemà parlo amb el Pep durant l'esmorzar i li comento que vaig tenir la sensació que els seus jugadors estaven mentalment cansats de la batalla de Glasgow, com si se'ls haguessin exhaurit les bateries. És un factor habitual en els equips d'elit que disputen partits cada tres dies. Quan s'acumulen els patits agres, durs i difícils, sovint els jugadors manifesten una fatiga cognitiva que els impedeix rendir. Però el Pep ho atribueix més aviat a un problema de joc:

—Tenim molts problemes a les segones jugades i també amb les pilotes llargues que llancen contra la nostra àrea quan pressionem molt amunt. No som bons rebutjant aquestes pilotes.

Sobre aquest tema comentem el que l'excel·lent entrenador José Luis Mendilibar ha dit en una entrevista amb el periodista Axel Torres: «Sabem que hi ha equips que sempre llançaran pilotes llargues que no val la pena anar a buscar a dalt. En aquests casos, el que fem és jugar-nos-la defenses contra davanters. Per què? Perquè si envio un dels meus migcampistes a rebutjar de cap la pilota llarga (que és el que se sol fer), la rebutjada anirà a parar a mans del rival de totes passades, perquè és així, perquè les segones jugades costen d'impedir i a més allà davant no hi ha gent del meu equip per recuperar la pilota. Aleshores, el que faig és que sigui un dels centrals qui s'encarregui del cop de cap i de rebutjar aquesta mena de pilotes i que els migcampistes s'avancin una mica per mirar de recuperar el rebuig i evitar la segona jugada del rival. I el forat que deixa el meu central l'ocupa el lateral que hi hagi més a prop».

La idea de Mendilibar és atractiva, diu el Pep:

—La seva reflexió és molt interessant, hi donaré una volta. Jo sempre envio a rebutjar de cap el meu mig centre i deixo els centrals enrere per vigilar les pilotes a l'esquena, però és cert que ens roben la majoria de segones pilotes, sobretot si el rival juga 4-3-3. En aquest cas, el seu mig centre agafa totes les pilotes perquè nosaltres no juguem amb un mitjapunta que pugui intentar disputar-les. De vegades ho podem arreglar posant un rombe al mig, perquè allà comencem a guanyar nosaltres les segones pilotes. És un tema per pensar. De tot se n'aprèn, i dels bons com Mendilibar, encara més.

Centrats en aspectes del joc, li comento que la meva impressió després dels duels contra el Celtic i el Tottenham és que aquesta mena d'equips que mosseguen a les zones centrals estan pressionant fort i augmentaran el desafiament.

—És probable, perquè també tenim molts problemes amb la sortida de la pilota, sobretot en camps no gaire grans, i els rivals se'ns tiren a sobre. A més, en no tenir davanters alts que serveixin de referència de lluny, se'ns complica encara més. A això també li hauré de donar una volta.

Li pregunto pel seu grau de preocupació després dels dos últims resultats.

—La veritat és que quan jugues dotze partits i només en perds un, i contra els Spurs, i n'empates un altre, el balanç no està gens malament. N'hem jugat set de lliga i n'hem guanyat sis, que tampoc no està gens malament. Però s'ha d'anar més enllà. De la mateixa manera que vaig trigar un temps a aprendre com és el futbol alemany i la potència dels seus contraatacs, aquí passa igual. Encara no entenc el futbol anglès. Quan el Tottenham ens ha deixat sortir jugant els hem passat per sobre, però quan ens han pressionat home contra home hem patit molt, com ja ens va passar contra el Celtic. En fi, res que no ens imaginéssim. Són coses que ens han de passar si hi volem trobar solucions. Per sort ara tenim deu dies per davant per refrescar la memòria i saber què hem de fer. Ens anirà molt bé aquesta aturada de seleccions. Segur que trobarem les claus per fer un pas més.

El cos tècnic empra els deu dies a reformatar el mòdul de joc i triar el 3-4-3 amb què decideix enfrontar-se a l'Everton. I també a reconèixer en detall com són els jovenets de l'Academy del City. Una setmana i mitja entrenant Jadon Sancho, Phil Foden, Brahim Díaz, Lukas i Felix Nmecha, Tosin Adarabioyo o Rabbi Matondo, entre d'altres. Joves ben preparats.

—Foden, recorda aquest nom. Serà bestial.

El 3-4-3 que el Pep presenta contra l'Everton permet tenir superioritat al mig del camp (Fernandinho, Gündogan, KDB i Silva), facilita un *build-up* amb més vies de sortida i potencia el valor dels extrems (Sané i Sterling, a cama canviada). El City es mostra potent, elàstic i elèctric, ben diferent de l'equip que es va pansir els dos últims partits. Si el 3-4-3 pretenia donar cara i ulls a l'equip per poder dominar el rival, la proposta és brillant. El resultat, però, no ho és. L'Everton, amagat a la seva àrea, arrabassa un empat de l'Etihad Stadium i deixa el Pep amb una altra ferida al cos.

No hi ha temps per lamentar-se perquè en tres dies s'ha de jugar a Barcelona.

—Hem de tenir un home més en defensa i un home més al mig del camp. Només així podem intentar que la pilota sigui nostra. Si no, impossible. A dalt ells tindran «la bèstia». A veure com l'aturem...

Tenir un més en defensa i un més al mig del camp al Camp Nou equival a ajornar el 3-4-3 i substituir-lo per un 4-4-2 amb migcampistes en rombe. Si es volen mantenir els dos extrems, sobra el davanter en punta. Aquest és el pla que el Pep, Torrent i Arteta dissenyen a tres dies d'enfrontar-se amb la davantera més poderosa del moment: Neymar, Messi i Luis Suárez.

Efectivament, dimecres 19 d'octubre Sergio Agüero s'asseu a la banqueta del Camp Nou. El Pep juga sense davanter en punta, amb De Bruyne al vèrtex superior del rombe central, per davant de Fernandinho, Gündogan i Silva. Als costats del belga, Sterling i Nolito. La defensa és de quatre homes: Zabaleta, Otamendi, Stones i Kolarov. Ja abans de començar el partit abunden les crítiques a l'entrenador per no alinear Agüero, tot i que els crítics, òbviament, semblen desconèixer els motius tàctics d'aquesta decisió.

El partit acaba amb una victòria aclaparadora del Barcelona per 4-0, malgrat que el desenvolupament del joc ha estat molt més igualat del que indica el marcador. El City s'ha presentat al Camp Nou sense la por escènica que havia mostrat a Glasgow i ha dominat la pilota moltes estones del partit, per molt que al final hagi estat el Barça qui l'hagi tinguda més temps. Tot just és el tercer cop en la carrera de Guardiola que el seu equip té una possessió de pilota inferior a la del rival: el 2010, dirigint el Barcelona, va tenir el 49,2 % contra el Getafe al Camp Nou i va guanyar 2-1; el 2015 va tenir el 49,9 % contra el Borussia a Dortmund i també va guanyar 0-1; avui l'ha tinguda el 47,2 % davant del Barça. Després de 422 partits com a entrenador, només en aquestes tres ocasions ha tingut menys temps de possessió de l'esfèrica que l'equip contrari.

L'eficàcia golejadora del trident atacant del Barcelona es manifesta en tota la seva magnitud, amb *hat-trick* de Messi i gol de Neymar, a part d'un penal llançat pel brasiler que és rebutjat per Willy Caballero i unes quantes galopades de Luis Suárez que acaben en rematades perilloses. Sens dubte el primer gol marca els ànims. Mentre el City es mostrava valent i dominava el joc, una acció ridícula acaba en el primer gol local. Zabaleta talla una internada d'Iniesta dins de l'àrea i la pilota queda als peus de Fernandinho, que rellisca en anar a rebutjar-la, cau a plom sobre la gespa i la deixa davant de Messi, que marca el gol a plaer. És un gol entre ridícul i absurd pel tipus d'acció que el propicia, però el futbol és així, i amb prou feines ha passat un quart d'hora de partit.

En lloc d'enfonsar-se, aquest cop el City mostra personalitat. Vol la pilota, la mou amb encert i genera successives ocasions de gol que Ter Stegen evita. El porter alemany s'erigeix en el millor jugador del Barcelona després de repel·lir rematades de De Bruyne, Nolito i Gündogan que semblaven cridades a ser el gol de l'empat. Més clar encara, al minut 45 és Stones qui remata de cap una falta lateral que semblava fàcil de convertir en gol. I als quaranta-set minuts, el lateral Digne desvia amb la mà una centrada de Sterling, però la infracció dins de l'àrea no és assenyalada.

Al vestidor, el Pep repeteix el discurs de les hores prèvies: «Sigueu valents, o patiu pel resultat. Demaneu la pilota, acumuleu passades». El seu equip ha donat una imatge impecable encara que vagi per darrere en el marcador. De Bruyne, que ha optat per deixar el vèrtex superior del rombe central a Silva, alterna la posició d'extrem dret amb Sterling i des d'allà creua una vegada i una altra la defensa barcelonista buscant l'empat. Però, si la relliscada de Fernandinho ha suposat una bufetada, al minut 52 arriba una cosa pitjor. Claudio Bravo falla una passada i, des de fora de l'àrea, desvia amb les mans una rematada de Luis Suárez. L'expulsió és inequívoca, la qual cosa trenca tot el pla de joc visitant, encara més perquè al mateix temps es lesiona Zabaleta. L'entrenador treu Nolito perquè

Caballero ocupi la porteria i Clichy supleix el lateral lesionat. Tota la línia defensiva ha de fer una passa a la dreta, Otamendi ocupa el lateral i Kolarov la posició de defensa esquerre. Mala peça al teler.

Mala peça al teler perquè el City es veu desbordat per un Messi pletòric que, aprofitant la superioritat numèrica, suma dos gols més en tan sols vuit minuts. Fins i tot així, els visitants continuen entestats en el seu pla de joc i aconsegueixen acumular rematades perilloses contra la porteria de Ter Stegen, gairebé totes generades per De Bruyne. També Neymar té dues grans ocasions, salvades per Caballero, penal inclòs, fins que a la tercera, amb una magnífica successió de driblatges, fa pujar el quart gol al marcador.

És un cop molt dur per a Guardiola i el seu pla, tot i que el joc mostrat hagi estat molt més interessant que el de partits anteriors en què va guanyar. No obstant això, el resultat és el gran dictador del futbol i no admet cap altre argument. A la roda de premsa posterior, el Pep reivindica el joc per damunt del resultat sofert, però només aconsegueix que els seus crítics, que són molts, se'n riguin:

—Jo soc el responsable de la derrota perquè soc el responsable d'aquest equip. Però no canviaré d'idea. Me n'aniré a casa abans que canviar d'idea.

Li insisteixen, com ja va passar tants cops a Múnic, sobre canviar d'estil.

—Amb aquesta idea he guanyat vint-i-un títols en set temporades. Són tres títols per temporada. No, no canviaré. No és que no hagi pensat alternatives, però cap no em sembla millor solució que la que proposo. Si en el futur em va malament, me n'aniré del club, però crec que la forma com juguem és la més idònia per guanyar.

Per si de cas, recorre al que Koeman va dir d'ell quatre dies abans:

—A l'Everton, un dels meus amics, Ronald Koeman, va dir que mai no s'havia enfrontat a un equip que jugués a futbol com el Manchester City. Aquest és el millor elogi que puc rebre.

El Pep suma quatre partits seguits sense guanyar. És el tercer cop que li passa en la seva carrera com tècnic. Durant el sopar a l'hotel Vela, amb el mar als peus i la ciutat de Barcelona il·luminada en la llunyania, el Pep pren una copa de vi negre i brinda per la seva idea futbolística. Al costat del Pere, el seu germà, i dels seus ajudants tècnics Torrent, Arteta i Planchart, reivindica amb més energia el valor d'aquestes idees.

—Nosaltres hem guanyat molt, moltíssim, però jo no vull que se'ns admiri només perquè guanyem, sinó per com juguem. La història del futbol ens demostra que no tan sols s'admira els guanyadors: l'Hongria del 54, l'Holanda del 74, el Brasil del 82... Van perdre, però tothom les admira. La fidelitat a una idea, a una ètica i a un mateix és més important que la més gran de les victòries. Amb els trofeus acumules més trossos de metall però amb el joc guanyes el cor de la gent. No abaixeu els braços. Seguirem endavant amb la nostra idea.

Les paraules del Pep són un veritable manifest ideològic que cala en el cos tècnic malgrat l'estat anímic depriment amb què han encarat el sopar. Vol guanyar amb el Manchester City i no pensa apartar-se del camí traçat, per més dificultats que apareguin. El que més li importa és guanyar, però per fer-ho creu que ha de jugar tal com li dicten les seves idees. El Pep respecta la resta d'idees i estils de joc, però sent que la seva és la que més l'acosta a la victòria i a les emocions de la gent.

L'endemà al matí la direcció esportiva del FC Barcelona celebra una reunió ordinària. Els darrers deu anys, el Barça ha estat el gran dominador del futbol espanyol i de bona part de l'europeu. Entre el 2006 i el 2015, l'equip ha conquerit quatre títols de Champions League (un amb Rijkaard, dos amb Guardiola, un amb Luis Enrique) i sis campionats de lliga. Per damunt d'això, ha deixat una marca indeleble en la història del futbol gràcies al joc que ha desenvolupat. Amb tot, dotze hores després d'esclafar el City 4-0, al nucli dur del Barça hi ha una preocupació profunda pel que van veure la nit anterior. Un dels membres de la direcció esportiva em fa un resum del que s'ha dit a la reunió: «El City ha mostrat una veritable identitat de joc i nosaltres no. Ells han perdut el partit, però nosaltres podem perdre la nostra identitat».

En aquell moment, el 20 d'octubre de 2016, ningú no es podia imaginar que aquesta reflexió es compliria de manera tan demolidora en el futur. Per a bé en el cas del Manchester City, per a mal en el cas del FC Barcelona.

En sortir del Camp Nou van preguntar a Nolito sobre quin missatge havia donat l'entrenador al vestidor després d'un partit tan dur i el jugador es va limitar a dir que no havia entès ni una sola paraula perquè el Pep havia parlat en anglès. A ningú no li passa per alt el comentari del jugador.

El retorn a l'Etihad Stadium per rebre el Southampton en partit de lliga suposa també el retorn al 3-4-3. I de nou un empat (1-1) posa el contrapunt amarg a un joc ben trenat i harmònic. L'equip del Pep està afinat a totes les zones, mou la pilota amb precisió, conquereix sense dificultat el mig del camp, aquest cop disposat en rectangle, amb Fernandinho i Gündogan a la base inferior i Silva i De Bruyne a la zona alta. Sané i Sterling són els extrems, a cama canviada, i Agüero torna a la punta de l'atac. Els tres defenses són Stones, Kompany i Kolarov. Tot és dolç i amable aquell diumenge assolellat fins que Stones comet una errada calamitosa en una cessió al seu porter. És el minut 26 i Nathan Redmond, el veloç davanter del Southampton, no perdona l'errada, l'enèsima, de la línia defensiva.

Toca remar de nou contra corrent, com en els quatre partits anteriors, i encara més quan l'àrbitre assistent anul·la el gol de l'empat aconseguit per Stones per un fora de joc inexistent. La falta lateral la treu magistralment KDB i la remata el defensa anglès amb precisió, però al fons s'aixeca un banderí groc que anul·la el gol.

El segon temps és tot del City, que al minut 54 aconsegueix empatar gràcies a un remat d'Iheanacho —que substitueix De Bruyne al descans— digne del Kun Agüero. La darrera mitja hora és un assalt directe del quadre local, però totes les rematades són desviades per Fraser Forster, l'imponent porter (2,01 metres d'alçada) del Southampton. L'equip de Guardiola ha ensopegat per cinquè cop consecutiu i en acabar el partit els seus integrants es reuneixen al mig del camp per intentar recompondre l'ànim, apellar de nou a l'esperit d'equip i reconfortar-se en un altre dia amarg. El resultat té una altra nota negativa per al Pep: el 3-2-2-3 en què tant confia ha demostrat ser idoni perquè flueixi el tipus de joc que ell desitja, però per segona vegada ha desembocat en un resultat no positiu.

Per visitar Old Trafford en partit de Copa de la Lliga, l'entrenador torna al 4-3-3:

—La nostra obligació és conèixer el nostre rival i adaptar la nostra tàctica a les seves característiques. Cada jugador ha de conèixer aquesta realitat de l'oponent i saber què haurà de fer en cada circumstància.

A més del rival, hi ha un altre motiu que explica el canvi de mòdul. El Pep decideix alinear un equip format per jugadors amb poca presència a les alineacions, com Maffeo, Clichy, Aleix García, Fernando o Jesús Navas. El duel local es resol a favor del Manchester United gràcies a un gol de Juan Mata, tot i que els noranta minuts estan molt equilibrats en domini, ocasions, rematades i passades. Al final s'imposa el pes d'Ibrahimovic, Rashford, Mata i Pogba i, si bé el Pep valora la bona prestació dels seus jugadors menys habituals, no pot obviar que es tracta del sisè partit consecutiu sense guanyar. Mai abans no havia viscut una ratxa tan llarga de resultats negatius.

Dissabte 29 d'octubre es presenta a The Hawthorns amb els seus millors homes, excepte De Bruyne, que seu a la banqueta. Tot i que al cap de quatre dies rebrà el Barça a Manchester, el Pep no es pot permetre una altra ensopegada si vol mantenir el lideratge a la Premier League, així que s'enfronta al West Bromwich Albion gairebé amb la seva alineació de gala. Només sorprèn amb el paper de Fernando com a lateral dret. Davant del 5-4-1 dels locals, el City presenta un 2-3-2-3 en la sortida de la pilota i un 2-4-4 en establir-se a camp contrari. Fernando i Kolarov es tanquen al costat de Fernandinho al mig del camp i deixen a l'esquena el tàndem Otamendi-Stones. Aquesta primera estructura d'avançament possibilita una possessió de pilota de ni més ni menys que el 81 % durant la primera part, xifra que es redueix al 70 % al final del partit. En poques paraules, el City esclafa el WBA, no només pel 0-4 del marcador, sinó per la infinitat d'ocasions de gol que construeix (fins a 21 rematades). Després de sis partits sense marcar, Sergio Agüero aconsegueix un doblet, igual que Gündogan, que a la seva excel·lent prestació construint joc està afegint una inèdita habilitat com a rematador. Per fi l'equip pot celebrar un triomf sense estar-se de res. Malgrat la successió d'ensopegades es manté en el primer lloc del campionat, però el Pep no té ganes de celebracions i prefereix mantenir un to baix durant la roda de premsa: «El problema quan no guanyes un partit no són tan sols els punts que perds, sinó la pèrdua de confiança que pateixes per afrontar el següent. Encara que hagis jugat bé i hagis fet les coses molt bé, quan no guanyes tots els teus arguments sonen a excusa».

Sortim de The Hawthorns i comprovo que el Pep no està per celebracions. Amb prou feines vol parlar de l'incontestable triomf. Només pensa en l'enfrontament imminent amb el Barcelona. Mai abans l'he vist tan aclaparat per un partit, potser perquè torna a tenir la sensació que el seu futur a la banqueta penja d'un fil. Anys enrere, l'estiu del 2008, ja li va passar al FC Barcelona, després de perdre en el seu debut contra el Numància (1-0) i empatar a casa amb el Racing de Santander (1-1). En aquella ocasió va tenir Cruyff com a padrí aguantant-li el front davant dels qui demanaven el seu cap. Ara és Begiristain qui li dona suport, però encara no sabem si el Txiki tindrà al City la força i la jerarquia que el Johan tenia al Barça. Al Pep li tremola una mica la veu en acomiadar-se:

—Si dimarts perdem, em clavaran una coça al cul que m'hauràs d'anar a recollir a trossets a Austràlia...

## ESCENA 7

# «Ha estat una tortura»

***Düsseldorf, 23 de novembre de 2016***

—He viscut aquests dos últims mesos amb una angoixa molt forta.

El Pep ho deixa anar sense variar l'expressió, tocant-se el pit. Li ha sortit de les entranyes, com qui vomita.

—Des de l'empat de Glasgow, això ha estat una tortura.

Només ara, quan ja ho ha dit, es decideix a tastar el vi. Ha alliberat els dimonis que el tenallaven des del setembre, quan es va iniciar la fase de grups de Champions League. Nervis i ansietat al començament; angoixa i tortura després. Dos mesos de mil dimonis durant els quals només la família ha estat al cas de la intensitat real d'aquesta angoixa que se li aferrava als budells i que li ha impedit dormir nit rere nit.

L'empat aconseguit en la freda nit alemanya és un alleujament gegantí per a Guardiola. L'equip ja està classificat per a vuitens de final de Champions League, el mínim imprescindible i exigible a un equip que, no obstant això, està mal cosit per totes bandes. La línia defensiva és un flam, com es comprova al partit contra el Borussia Mönchengladbach. Els laterals que en teoria havien de ser titulars, Sagna i Clichy, s'asseuen a la banqueta i fins i tot quan el Pep decideix canviar la defensa de tres per la de quatre prefereix endarrerir Jesús Navas al lloc de lateral. Al mig de la defensa, la lentitud d'Otamendi, la manca de contundència de Stones en els uns contra uns i les carències en marcatge de Kolarov són tres defectes que no paren de castigar l'equip, que ha encaixat gols en onze dels últims dotze partits. El mig del camp tampoc no funciona amb l'harmonia que l'entrenador somniava quan va aconseguir ajuntar Fernandinho, Gündogan, De Bruyne i Silva. El brasiler està fent la seva conversió definitiva a mig centre posicional, però és precisament en aquesta conversió on troba més dificultats per assentar-se. En altres paraules, Fernandinho sol perdre la posició massa vegades. És molt eficaç en els uns contra uns, en les entrades, en el marcatge defensiu, en l'energia per executar transicions i té bon peu, però les seves pèrdues de posició castiguen l'equip. Gündogan es multiplica per compensar aquest problema, però es troba amb una altra dificultat: a De Bruyne el supera la seva ànima de jugador vertiginós, la seva tendència a anar-se'n per la banda, la qual cosa deixa despullada la seva posició d'interior, ja que a David Silva cada cop li agrada més trepitjar l'àrea rival. Així, les teòriques superioritats al mig del camp que el City pot aconseguir amb aquests quatre grans jugadors es dilueixen a causa d'aquestes tendències naturals de cadascun d'ells. El resultat és que l'equip no aconsegueix controlar amb mà de ferro alguns partits rellevants, com el de Mönchengladbach de finals de novembre. I a la línia d'atac el Pep no ha aconseguit acompanyants amb substància per a Agüero, l'únic intocable. Sterling apunta alt, i de fet és qui més minuts de joc acumula, però el bon rendiment inicial de Nolito s'ha volatilitzat, potser perquè el seu catàleg de fintes i driblatges és molt limitat i els defenses rivals ja se'l coneixen. Leroy Sané no acaba d'enlairar-se: tan sols ha jugat tres partits de titular i amb el d'avui suma zero minuts en els darrers cinc matxs. A Mönchengladbach l'extrem triat ha estat Jesús Navas, que no és extraordinari però mai no rendeix malament, de manera que el Pep li concedeix cada dia més protagonisme. L'endemà comento això amb Juanma Lillo, i també el bon paper de Navas jugant de lateral, i la seva resposta resumeix bé el moment en què es troba el jugador andalús: «El Pep està encantat amb Navas, al cent per cent. No perd pilotes i tot ho fa bé».

El Borussia Mönchengladbach despulla les carències del City. L'empat final (1-1) atorga la classificació matemàtica als del Pep, que només s'han vist aclaparats en el minut 22, quan Raffael ha aprofitat una acció tova de Stones —agafat i tirat a terra per Stindl— per marcar el gol local. A partir d'aquí, el City ha patit uns minuts d'inquietud en què s'ha mostrat malapte i nerviós. Guardiola ho ha resolt col·locant Navas de lateral i passant a una defensa de quatre elements, cosa que al seu torn ha portat De Bruyne a ubicar-se a la zona de l'extrem dret. Precisament ha estat ell qui, aprofundint a l'àrea rival per aquesta banda, ha fet la passada de gol a Silva perquè empatés al minut 45. Les expulsions consecutives de Stindl i Fernandinho han implicat successives modificacions per part del Pep, que primer ha col·locat per dins Navas i Kolarov al costat del mig centre, KDB i Gündogan d'interiors i Sterling i Silva d'extrems; després ha situat Sagna i Kolarov de laterals per fora i ha poblat el mig del camp amb Gündogan, KDB, Navas i Silva, i ha deixat el Kun Agüero sol en punta. Deu contra deu, el City ha generat tres ocasions de gol excel·lents que no ha materialitzat, però en definitiva l'empat ja servia al seu propòsit, així que s'ha celebrat al vestidor.

Al sopar de l'equip a l'hotel Meliá de Düsseldorf, Guardiola és del tot conscient que els problemes que pateix l'equip no tenen gaire solució a curt termini. Només ha pogut renovar mitja plantilla i hi ha carències estructurals greus que no es poden maquillar amb moviments tàctics. Però ha guanyat temps fins al febrer, com a mínim en la competició europea. És aleshores quan confessa l'angoixa amb la qual ha conviscut:

—Des de l'empat de Glasgow això ha estat una tortura. Bé, més aviat des del sorteig de la Champions i l'obligació de classificar-nos per a vuitens de final. He viscut aquests dos últims mesos amb una angoixa molt forta. —Assegut al costat de Domènec Torrent i Mikel Arteta, s'esplaia de gust—. Per sort, n'hi ha hagut prou amb un empat. Hem perdut fluïdesa, hem perdut seguretat en la sortida de la pilota, no ens atrevim a jugar… Només ens hi atrevim quan ja anem perdent. Llavors sí, llavors som un equip atrevit com el mostre Bayern. Ens deixem anar i creem un munt d'ocasions i juguem bé. Però quan no ens deixem anar ens costa molt i juguem engarrotats. Crec que em passarà una mica el que em va passar al Bayern: costarà trobar l'equilibri entre tenir el control i deixar-nos anar. Però bé, ja ens hem garantit dos partits de Champions el febrer i ara ens podem centrar en la Premier League.

Torrent aprofita per analitzar la situació a la Premier:

—El Chelsea i el Liverpool estan molt forts. Ara bé, cal tenir en compte un factor que no és menor: nosaltres hem jugat set partits més que ells en tres mesos i mig; els dos de fase prèvia contra l'Steaua i els cinc de la fase de grups. Són set partits més que el Chelsea i el Liverpool en només catorze setmanes. I anem pràcticament empatats. Això és bon senyal.

El Pep remata la nit:

—Doncs a veure si no se'ns escapen i podem arribar al març i l'abril ben juntets els tres equips i llançar l'assalt final.

Durant el mes de novembre, el City ha deixat escapar el lideratge de la Premier League. Després de guanyar 0-4 al WBA l'últim dissabte d'octubre, ocupava la primera posició de la taula, però després va perdre dos punts a casa, quan el Middlesbrough va empatar en el minut 91 en una nova errada defensiva, aquest cop en el marcatge de Clichy sobre De Roon. El partit va ser de domini absolut dels locals, que van rematar vint-i-cinc cops i van triplicar el nombre de passades dels visitants. Una meravellosa passada bombada de KDB per al gol d'Agüero començaria a instaurar-se com a «marca de la casa» del formidable interior belga, però no seria prou per mantenir el lideratge abans d'una altra pausa per convocatòria de seleccions. A la tornada, el City va visitar Selhurst Park i va obtenir un bon triomf (1-2) que li permetria arribar a finals de novembre empatat amb el Liverpool de Klopp i a un sol punt del Chelsea de Conte, líder amb vint-i-vuit. El partit contra el Crystal Palace va veure el retorn de tres jugadors *citizen*: Bacary Sagna, absent des de finals de setembre per lesió; Yayá Touré, que no jugava des del 24 d'agost, castigat pel Pep; i el capità Vincent Kompany, víctima d'infinitat de lesions, que amb prou feines havia disputat 213 minuts en 19 partits. Aquests dos últims van ser grans protagonistes del partit. Kompany perquè als 25 minuts, en un xoc, Claudio Bravo el va deixar fora de combat involuntàriament. Touré perquè marcaria els dos gols de la victòria, el primer en una deliciosa paret amb Nolito, el segon en una rematada còmoda dins de l'àrea després d'un servei de córner llançat per KDB arran de gespa.

La reaparició de Yayá Touré havia necessitat una premissa exigida pel Pep setmanes enrere. El jugador la va acomplir el 4 de novembre en disculpar-se davant del club i de l'entrenador en un comunicat on deia: «Vull demanar disculpes, en nom meu i dels qui em representen, a l'equip directiu i a tothom qui treballa al club, pels malentesos del passat. Aquelles declaracions [les del seu representant, Dimitri Seluk] no representen els meus punts de vista sobre el club ni sobre les persones que hi treballen. No sento més que respecte pel Manchester City i només desitjo el millor per al club». Tot i que la disculpa no la va fer personalment Seluk, i tot i que Touré va emprar alguns eufemismes, Guardiola va donar el conflicte per acabat i a la primera oportunitat que va tenir, a Selhurst Park, va treure el futbolista com a titular.

Poques setmanes abans, el Pep havia viscut la seva primera pilota de partit: la visita del Barça a l'Etihad Stadium. Era un tot o res. Una altra derrota, intuïa l'entrenador, podia ser la fi del projecte. Però precisament aquesta transcendència va donar ales a l'equip, que l'1 de novembre va vèncer per 3-1 el formidable equip de Messi, Neymar i Luis Suárez. Tot i el que indicava el marcador, el partit va ser dificilíssim per als de Guardiola, que van pressionar fort la sortida de la pilota del Barcelona, amb Sterling, Agüero i De Bruyne en punta, agressius i punyents. Fernandinho, Gündogan i Silva van formar el mig del camp, Zabaleta i Kolarov van fer de laterals, i Otamendi i Stones, de defenses. L'agressivitat local podria haver obtingut recompensa als deu minuts en una falta de Digne sobre Sterling dins de l'àrea que no es va assenyalar com a penal, però el que va passar va ser just el contrari. Messi va capturar a prop de la seva àrea una pilota rematada per Agüero i refusada per Umiti, va fer una passada el llarg a Neymar, amb prou feines vigilat per Gündogan, i el contraatac va ser culminat pel mateix Messi, a qui KDB no va poder obstaculitzar. En vint minuts, Guardiola estava amb la corda al coll. I encara hi va estar més els vint minuts següents, quan al City li va agafar l'enèsim atac de nervis i va propiciar que el Barça obtingués un domini aclaparador que no es va traduir en més gols perquè Willy Caballero es va agegantar a la porteria.

Però com que el futbol és un esport d'errades, n'hi va haver prou amb una dels visitants en una sortida de pilota perquè Agüero recuperés l'esfèrica i la cedís a Sterling, que la va tornar al mig de l'àrea a punt per l'arribada de Gündogan, que va anotar l'empat al minut 38. No, el resultat no s'ajustava al que s'havia vist damunt la gespa, on el Barcelona havia tingut un 72 % de possessió de pilota mentre el City perseguia ombres, per molt que ho fes amb una fe i una tenacitat encomiables. Amb tot, l'equip del Pep va anar a més i el minut 50 va aconseguir el 2-1 gràcies a un bon xut de falta de KDB que Ter Stegen no va aconseguir veure, tapat per una densa barrera de companys i rivals. Amb el públic entusiasmat i l'equip feliç, les ocasions de gol van augmentar, però ni Agüero dos cops ni KDB en un contraatac no van aconseguir materialitzar-lo, com tampoc no ho va aconseguir André Gomes en disparar al pal després d'una errada greu de Stones. Seria Gündogan, cada cop més afinat en la seva faceta de golejador arribant des del mig del camp, qui culminaria una magnífica acció d'Agüero, continuada per KDB i servida per Navas. El 3-1 era la superació del gran obstacle, el segon gran triomf del Pep al City després de guanyar el derbi a Old Trafford, i també la victòria que necessitaven els jugadors per convence's de la seva vàlua.

Aquella nit, després de vèncer el Barcelona, el Pep continuava profundament angoixat, com des que havien empatat a Glasgow, però ja no sentia la corda al coll i respirava una mica millor.

—Quina alegria! Quina alegria! Si a la primera part ens arriben a fer el segon gol, ara mateix seria a Austràlia. Però el futbol ja les té, aquestes coses. Els primers trenta minuts han estat un espectacle del Barça, un espectacle de collons. No hi havia manera de fotre'ls-hi mà. Però a la segona part, després de l'empat, ens hem animat i la nostra necessitat de sumar punts ha marcat la diferència. Fins i tot podríem haver fet més gols. Això ens dona vida. Si no fem l'idiota, ja gairebé ho tenim. I si aconseguim classificar-nos, tindrem pau i tranquil·litat d'esperit.

Després arribaria la cita de Mönchengladbach, l'empat suficient i la classificació confirmada. Pep s'havia desfet de l'angoixa interior i ja podia dormir tranquil. O això creia ell...

## ESCENA 8

# Bevent del calze amarg

***Manchester, 5 de desembre de 2016***

Després del feliç inici, després de superar la primera crisi i haver salvat la pilota de partit contra el Barcelona i després d'haver-se tret de sobre a Mönchengladbach, l'angoixa que li oprimia el pit, el Pep encara no ha aconseguit l'estabilitat que creu merèixer en aquest procés. Beu d'un calze amarg, amb dies i nits molt més durs i aspres del que imaginava quan va decidir vestir-se de blau cel. Comento amb ell aquesta amargura que està vivint i, com fa ben sovint, recorre a unes paraules que li han agradat d'algú a qui ha llegit o escoltat.

—He llegit una entrevista molt bona a Gregg Popovich on diu que la gent vol victòries ràpides i que no són conscients de com costa crear i construir un equip victoriós. Paciència, hem de tenir paciència.

Estadísticament, és el pitjor moment de la carrera de Guardiola. Després de vèncer a l'estadi del Burnley (1-2) i perdre a casa contra el Chelsea (1-3), el seu equip està a set punts del líder. Ha jugat vint-i-quatre partits, amb catorze victòries, sis empats i quatre derrotes. Ha marcat cinquanta gols i n'ha encaixat vint-i-set. Són males ràtios, tenint en compte el que sol ser habitual als seus equips (2,08 a favor; 1,12 en contra). La ràtio de victòries a la Premier és del 64,3 %, i a Champions, d'un discret 50 %. El Pep demana paciència però està profundament aclaparat.

Al seu costat hi ha Manel Estiarte, sempre discret en segon pla però sempre perspicaç per analitzar amb fredor el moment que es viu.

—Li dic al Pep que estigui tranquil i que no compari el tercer any del Bayern amb això d'ara. El joc del Bayern no sempre va ser tan meravellós com el tercer any. Al principi fins i tot jugàvem pitjor que el City d'ara, però no ens en recordem perquè la memòria és molt dèbil. El que canviava era que a Múnic molts cops guanyàvem per la qualitat individual dels jugadors. Allà guanyàvem molts partits a l'últim minut gràcies a la genialitat d'un jugador. Aquí no tenim tanta qualitat i no hem tingut una miqueta de sort ni un sol dia. Contra el Chelsea podríem haver guanyat perfectament 3-1 i en canvi va ser un 1-3, després que ells es passessin seixanta minuts sense xutar a porta més que una vegada.

Estiarte és capaç d'abstreure's de les emocions que afloren amb els resultats i manté la mirada fixa en el camí, sense distreure's. Per a ell, el concepte *procés* és clau.

—El que importa de debò és que estem treballant bé, que aquí tothom rema a favor del projecte i que anem pel bon camí. Lluitar per la Premier serà molt difícil, però ho intentarem. Més difícil serà la Champions, encara que si el sorteig és benèvol potser hi haurà una oportunitat. Però el que és fonamental és que el procés que estem seguint és el correcte. Quan els resultats no són els que desitges, potser costa de creure en el procés, però és el que cal fer: donar menys valor al resultat i sospesar si el procés està sent bo o no. I ho està sent, així que no hi ha excuses: s'ha de continuar per aquest camí. I encara més: si haguéssim tingut una mica de sort en algun partit, ni tan sols no estaríem parlant del procés, sinó que hauria estat una adaptació brutalment ràpida de l'equip al joc del Pep.

Aquest punt de vista del procés no significa que no s'adoni dels defectes i les carències que han aflorat.

—És clar, no ens hem d'enganyar. Hi ha posicions al camp en les quals flaquegem. I els fitxatges encara no han despertat. John Stones, per exemple, està passant un mal moment personal, però hem de tenir en compte que només té vint-i-un anys i posseeix molta qualitat. El Pep està molt preocupat perquè s'acusa que els fitxatges que va fer no estan rendint bé, però jo li dic que no es preocupi. Stones sortirà bé, Sané també, encara que sigui a poc a poc; de fet, ja comencem a veure alguna coseta seva que apunta molt bé. I Gündogan és molt bo. Ara per ara, cap d'ells no està rendint al seu veritable nivell, però cal tenir paciència. Rendiran bé. Li dic al Pep que no s'ha d'acusar de res, al cap i a la fi era imprescindible fitxar i no vam fer cap disbarat, no vam pagar cap barbaritat per ningú.

El temps, gran escultor, ens dirà si Estiarte té raó en el seu punt de vista a mitjà termini, en la seva aposta pel procés i en la seva visió sobre els jugadors que va fitxar el Pep. De moment, el calze que beuen és molt amarg...

## ESCENA 9

# Vull ser entrenador?

***Manchester, 16 de gener de 2017***

El seu primer Nadal a Manchester ha estat fosc i cruel. No l'ha oblidat, no l'oblidarà mai. Derrota a casa contra el Chelsea (1-3), empat contra el Celtic (1-1), pallissa del Leicester (4-2), derrota a Anfield (1-0), desfeta a Goodison Park a mans de l'Everton (4-0)... Malson de Nadal. L'única cosa bona que li ha passat ha estat remuntar el gol primerenc de l'Arsenal a l'Etihad Stadium i guanyar per 2-1 un partit que perdia al descans, cosa que el City no aconseguia des del novembre del 2012. Poca alegria per a tant de daltabaix.

El Pep està enfonsat. L'equip està enfonsat. L'alegre brillantor dels primers mesos triomfals s'ha transformat en un fang enganxifós adherit a les botes. El City no pot moure les cames, tenallat el seu entrenador per les derrotes i els jugadors per la síndrome que va definir Marcelo Bielsa: «La derrota ens fa pudents». Durant l'hivern del 2016 sembla que al vestidor tot fa pudor. Al Pep li passa pel cap abandonar. Renunciar... En la derrota li troba menys sentit a continuar lluitant com a entrenador.

Gündogan s'ha trencat els lligaments creuats del genoll. Adeu a la temporada. El projecte del Pep té Gündogan com a pilar fonamental sobre el qual edificar l'èxit. Sense Gündo, el projecte trontolla. Kompany, el capità, no es recupera de les successives lesions. Sané i Fernando també han caigut lesionats. Agüero i Fernandinho assumeixen sancions de quatre partits cadascun. Els analistes critiquen amb duresa l'entrenador i li assenyalen la porta del carrer: «*Go home*» és el missatge unànime que es repeteix com una lletania. El City va primer de la Premier, fora de llocs de Champions, a deu punts del líder, el Chelsea. Per primer cop en la seva carrera d'entrenador, el Pep no podrà lluitar pel títol de lliga. A començaments d'any diu, amb un punt de sarcasme però ben convençut: «He començat la fi de la meva carrera». Tan sols fa set temporades i mitja que és entrenador i ja pensa en l'adeu... Pensa en el que li va dir Lillo: «Pep, et calen moltes més derrotes per saber si de debò vols ser entrenador».

Recordo bé el moment en què Juanma Lillo li va fer aquest comentari prenent cafè a Múnic el març del 2016, poques hores després que el Bayern eliminés la Juventus en un partit agònic de Champions League. El Pep també ho recorda bé. El seu equip havia estat a un minut de l'eliminació i Lillo va voler rebaixar l'eufòria del moment i exposar la crua realitat de l'esport. Ara, tan sols nou mesos més tard, el Pep s'enfronta a aquell mirall.

—Lillo no és l'únic que m'ho ha dit. També el Dome [Torrent] fa temps que em diu que només mesuraré la meva voluntat real quan arribin les derrotes.

I les derrotes han arribat. Copioses com la pluja, dures com pedres. Habituat a no perdre gairebé mai (un 8,5 % dels partits al Barcelona, un 11,8 % al Bayern), el dolor s'ha disparat a Manchester, on ja acumula un 22,5 % de partits perduts. Cadascun és una punyalada en un cor no acostumat. El Pep ha d'aprendre a conviure amb la derrota, amb el dolor físic que li provoca cada caiguda. Haurà d'esbrinar, a força de derrotes, si de debò vol ser entrenador.

Una nit d'aquell desembre, puja les escales i es presenta al pis de Dome Torrent amb una ampolla de vi negre. Són veïns al número 1 de Deansgate, un edifici alt que presideix la gran artèria de la ciutat i on també viu gran part del cos tècnic de l'equip: Txiki Begiristain és al pis onzè, Torrent al desè, el Pep al novè i Mikel Arteta al vuitè. El Dome obre l'ampolla i s'asseuen al sofà. Parlen i beuen fins la matinada. No parlen de futbol, sinó de la vida, per molt que de vegades siguin sinònims. Els fills, les escoles, els pares, les malalties... Per primer cop en molts anys la pilota no protagonitza la conversa. El Pep té quaranta-cinc anys, el Dome gairebé deu més. Totes les preocupacions que sent el Pep per la família i les coses quotidianes el Dome ja les va sentir fa uns anys. Parlen com dos amics, amb la diferència d'edat i d'experiències de cadascun. Parlen de la vida i així s'obliden del futbol. I durant aquell Nadal amarg, cada cop que la competició ho permet, el Pep i el Dome repeteixen la vetllada.

Obren una ampolla de vi negre i brinden per aquelles converses íntimes allunyades de la pilota. Així, sense més, sense grans frases ni aforismes, és com el Pep es va allunyant de la frustració del fang, de la pesadesa pudent de la derrota, i comença a valorar el procés que està vivint. Així es recupera per tirar endavant...

En el futur hi haurà resultats bons o dolents, però en cada cas el Pep comença a rebaixar-ne la transcendència quasi vital, perquè hi atribuïa un valor moral exagerat, com si el món l'hagués de jutjar únicament en funció dels triomfs i, doncs, fos imprescindible guanyar sempre. A poc a poc va entenent que cal relativitzar el valor de la victòria i de la derrota, que ha d'atorgar més valor al camí que a la meta [el «procés» de què parlava Estiarte], que no ha de tenir por de la derrota, sinó de trair-se a ell mateix.

Temps després, oblidat el malson nadalenc però molt presents les tertúlies amb el Dome i el pronòstic de Lillo, el Pep recuperarà l'energia i l'ànim i oblidarà els dimonis que el temptaven de renunciar.

—A mi la derrota em suposava enfonsar-me. Bé, no puc parlar en passat perquè encara m'enfonso una mica amb cada derrota. És com un clic que m'enfonsa. No hi estic acostumat. Això és part del meu procés de formació: he d'assumir que l'esport és això, que la derrota és normal. Ho sé, però encara em costa d'acceptar.

## ESCENA 10

# Arriba Jesús, es regira el Kun

*Manchester, 19 de gener de 2017*

El problema del Pep amb Agüero es resumeix molt breument: el Kun és l'ídol indiscutible de la part blava del Manchester i s'ha acomodat.

El Pep no vol jugadors acomodats a la seva plantilla. No entén el futbol com un joc de 10+1. Si de cas, el 10+1 se li pot permetre a Messi, que és un jugador fora de catàleg. Però no al Kun.

Sergio Agüero és molt bo, un gran golejador, un mite mancunià gràcies al gol èpic del minut 93,20 d'aquell final agònic de la Premier 2011-2012, un depredador de l'àrea, exquisit en les finalitzacions i un munt de virtuts més. Però no és Messi i el Pep no accepta que al seu equip juguin 10+1. No accepta que s'hagi acomodat i li exigeix un compromís similar al que demana a De Bruyne, Fernandinho o Sterling.

Agüero està a gust amb Guardiola i viceversa. No hi ha cap distanciament entre ells, ni en el pla futbolístic ni en el personal. La seva relació és òptima i afectuosa, res a veure amb la que el Pep va mantenir amb Ibrahimovic o Mandzukic. Però l'entrenador vol que el rendiment del seu davanter sigui molt millor i, sobretot, que es comprometi a fons amb l'esperit col·lectiu que estan construint els seus companys.

Per Nadal fan números i comproven que Agüero ha marcat trenta-tres gols en els darrers trenta-quatre partits de Premier League. És un gran botí, però també és cert que l'han expulsat dos cops, la qual cosa li ha costat set partits de sanció. El City no es pot permetre que el seu golejador cometi aquesta mena de bestieses. En la seva absència, l'entrenador, buscant solucions transitòries, ha col·locat en punta Iheanacho, Nolito, De Bruyne i fins i tot Sterling.

Quan Agüero es reincorpora, la dinàmica de joc no millora i a mitjan gener el City és sotmès per l'Everton. El 4-0 que li clava l'equip de Ronald Koeman és la pitjor derrota patida per Guardiola en un partit de lliga en tota la seva carrera. Sobre la gespa de Goodison Park, el seu equip és un boxejador noquejat. El porter no aconsegueix aturar cap pilota perillosa i l'equip torna a encaixar gol en el primer xut de l'equip rival (ja és la quarta vegada que passa en els darrers set partits). La defensa és caòtica, la transició defensiva és horrorosa i la fragilitat emocional del col·lectiu és marcada. La reaparició d'Agüero no aporta res a l'equip: ni gol, ni agressivitat en la pressió.

Gabriel Jesús ja s'ha incorporat al Manchester City i s'està entrenant amb l'equip a ple rendiment. Es tracta del davanter brasiler més prometedor del moment. Només té dinou anys i va ser contractat per Txiki Begiristain l'agost anterior per trenta milions d'euros, però amb la condició que es quedés cedit al Palmeiras fins el desembre. Complert l'acord, Jesús va arribar a Manchester a començaments de gener però han calgut dues setmanes perquè li concedissin el permís de treball.

El Pep està encantat amb el jove brasiler perquè mostra tot el que ell busca en un davanter: agressivitat màxima, pressió infatigable i cooperació absoluta amb els companys. Només té el dubte de saber si la seva eficàcia golejadora serà semblant a la d'Agüero. El Pep segueix confiant en el Kun però no pensa permetre que continuï acomodat. Gabriel Jesús ha de ser l'esperó que desperti el gran ídol local.

I, com sembla lògic pensar, l'arribada de Jesús regira el Kun. El Pep no només n'és conscient, sinó que és justament el que busca. Fa setmanes es va desfer en elogis cap a Agüero però també va apuntar això: «El Sergio ha estat molt important per a nosaltres. És un jugador especial. Vull que tingui clar que és molt important per a nosaltres. El necessitem. El necessitem molt. Quan ell té un comportament agressiu al camp, quan mostra set de gol i de pressionar, en aquell moment el Sergio és immens». Però quan no mostra aquest comportament, aleshores l'equip és un 10+1.

El Pep vol fer debutar Gabriel Jesús ja, tot i que no desitja fer seure a la banqueta el Kun. Vol que convisquin en positiu, que competeixin, sí, però també que cooperin perquè finalment l'equip jugui amb onze futbolistes. Com tants altres cops ha fet, Guardiola intenta resoldre el conflicte sopant.

La cita és a la pizzeria Salvi's, al centre de la ciutat. Es tracta d'un petit local amb finestrals, al número 19 de John Dalton Street, on es menja molt bé. No és el restaurant habitual del Pep, que sol reunir-se amb amics a un altre Salvi's, el de Corn Exchange, més reservat i discret. Em fa la impressió que l'elecció de la pizzeria, tan cèntrica i visible per a qualsevol passejant, molt a prop de la concorreguda plaça de l'Ajuntament, no ha estat casual, sinó premeditada per part del representant d'Agüero, que busca exposar al públic que hi ha un conflicte però que, al mateix temps, estan disposats a arribar a un acord amb Guardiola.

El sopar no té massa secrets. Agüero desitja continuar a Manchester uns quants anys més i pretén mantenir l'estatus adquirit de gran figura de l'equip. Guardiola no se'n vol desfer ni rebaixar-li l'estatus però exigeix molt més compromís a favor del col·lectiu. Vol que trenqui la zona de confort en què s'ha instal·lat i es converteixi en el primer defensor de l'equip. El Pep sempre ha cregut que la defensa comença en l'atac, en davanters agressius que entorpeixin la sortida del rival i facilitin la vida als companys. Agüero, ídol absolut de fans i club, aposentat en la glòria, golejador espectacular però acomodat, sent que ja no pot oferir més. El Pep discrepa i en vol més. Li exigeix que rendeixi més i millor. Més gols, per descomptat, però sobretot molta més participació en el joc, i això inclou molt especialment la pressió contra els defenses contraris. Al Kun el preocupava sentir que l'entrenador no comptava amb ell, ara que a l'equip hi havia un recanvi jove i impulsiu, però el Pep no li diu això, sinó el contrari: compta amb ell però vol un Agüero 2.0 molt millor i participatiu.

—Sergio, de vegades hi ets i de vegades no. Això no pot ser. Hi has de ser sempre. I si només aguantes una hora, aquella hora juga a totes. No vull mig Kun, vull el millor Kun.

Dos dies més tard, Agüero és el davanter centre del City que empata a casa amb el Tottenham (2-2). Gabriel Jesús debuta al minut 82, substituint Sterling, però set dies després ja és titular en el triomf contra el Crystal Palace en partit de l'FA Cup (0-3) i el seu bon rendiment li torna a atorgar la titularitat en el triomf aclaparador contra el West Ham a Londres (0-4). Des de la banqueta, Agüero observa com el seu company marca i assisteix. Al cap de quatre dies es repeteix la història: Gabriel Jesús marca els dos gols del triomf contra el Swansea (2-1) i Agüero només abandona la banqueta en el minut 83. Si Guardiola buscava que el Kun entengués el missatge, sembla evident que les coses han quedat clares: o s'espavila o serà el suplent del nou golejador.

## ESCENA 11

# Qui no estudiï anglès no jugarà

*Manchester, 2 de febrer de 2017*

Com sempre, el Pep aprofita els bons moments per estirar les orelles a algú. Els dies dolents no s'ha d'esbroncar mai ningú, sinó tenir paraules d'ànim i donar suport als qui han patit una ensopegada. És els dies bons quan l'entrenador decideix assenyalar un defecte, una carència o un detall que cal millorar. Així que aquest cop tria el matí de l'endemà d'una gran victòria a l'estadi del West Ham (0-4), on Gabriel Jesús protagonitza un debut impactant: és el primer jugador de la història del City a marcar un gol i donar assistència de gol en el partit en què debuta. El brasiler transmet una energia gairebé elèctrica a l'equip, que als quaranta minuts ja domina el marcador amb tres gols d'avantatge. El Pep ha fet una combinació molt extrema, ja que a l'alineació conviuen veterans com Caballero, Sagna, Kolarov, Touré i Silva amb nois molt joves com Stones, Sterling, Sané i Gabriel Jesús. Fins al minut 70, Sergio Agüero romandrà a la banqueta i tan sols entrarà en joc quan el partit ja estigui rematat. Amb això el Pep no fa broma: si Agüero no fa un salt endavant quant a esforç i compromís, la punta de l'atac serà per a Gabriel Jesús.

La victòria a Londres crea l'ambient idoni perquè l'endemà l'entrenador convoqui sis jugadors per a un assumpte inesperat:

—Nois, cal integrar-se en la cultura del país on vius i que et dona de menjar. I per a això el primer que cal és aprendre'n l'idioma.

Tots sis saben a què es refereix el Pep. Cap d'ells no va a les classes particulars amb professor d'anglès que el club organitza des de fa anys. El professor acudeix pràcticament cada dia de la setmana a la ciutat esportiva per ajudar els jugadors estrangers en l'aprenentatge o el perfeccionament de la llengua. N'hi ha que han aprofitat molt bé l'oportunitat, com Fernandinho, Zabaleta o Caballero, i també Fernando o David Silva, en menor grau. D'altres, en canvi, ni tan sols no s'han dignat a acudir a una sola cita amb el professor i no saben pronunciar més que mitja dotzena de paraules en anglès.

No hi ha res que molesti més Guardiola que un jugador que no vol integrar-se en l'entorn del país i de la ciutat on viu. L'entrenador entén que parlar l'idioma del país no només és necessari per poder conversar amb els companys, per poder menjar amb ells, per poder intercanviar emocions i problemes o simplement per poder entendre les instruccions de l'entrenador, sinó que adaptar-se a fons al context en què es mou és beneficiós per al jugador. Recorda de bon grat la iniciativa anual del Bayern en què cada jugador acudeix a una trobada amb aficionats del club en algun punt d'Alemanya. Recorda que ell va fer tot el possible per aprendre alemany i poder-lo parlar amb els jugadors del Bayern, amb els seus dirigents o amb els periodistes. De vegades el van criticar per fer-ho, ja que el seu alemany no era tan fluït per articular una resposta precisa en temes polèmics o tàctics, però el Pep es va entestar fins al darrer minut a mostrar-se plenament integrat a Múnic.

Per aquest motiu no comprèn que hi hagi futbolistes que faci temps que viuen a Manchester i amb prou feines sàpiguen dir «bon dia» en anglès. La reunió amb els sis jugadors és breu i acaba amb una frase tallant i que el Pep llança com a amenaça que no pensa complir: «Qui no estudiï anglès no jugarà». En endavant, n'hi haurà que acceptaran el consell, assistiran a les classes del professor i aprofundiran en la seva integració a Manchester. D'altres no en faran cas. Cadascú és amo del seu destí…

ESCENA 12

# No tenim caràcter

### *Niça, 16 de març de 2017*

El seient de l'aeroport de Niça sembla un poltre. De color marró vermellós i dur com una pedra, li martiritza l'hèrnia discal que fa anys que pateix. El Pep està demacrat, amb els ulls enfonsats, símptoma de no haver dormit. Podria ser un dia bonic a la Costa Blava francesa però és el despertar agre d'un malson. L'espera del vol que el retornarà a Manchester es fa interminable i se suma a una nit d'insomni.

Està fora d'Europa pel doble valor dels gols. Un altre cop, com li va passar amb el Bayern un any enrere, a les semifinals contra l'Atlètic de Madrid. En aquesta ocasió ha estat el Mònaco —que, sorprenentment arribarà a semifinals, on caurà davant de la Juventus—, que segueix endavant després d'un 6-6 que ha deixat sense respiració a tothom qui ha assistit als cent vuitanta minuts d'eliminatòria. Tres setmanes abans, a l'Etihad Stadium, va viure un partit colossal que va culminar amb triomf local per 5-3. Una muntanya russa d'emocions, una ruleta esgotadora, una disbauxa de partit.

Exactament tres setmanes abans, el Pep era en un altre aeroport, el de Manchester, preparat per volar a Abu Dhabi camí d'uns dies de vacances. Si quan era al Bayern aprofitava totes les convocatòries de seleccions per entrenar els juvenils, al City ha decidit que no ho farà: ho aprofitarà per viatjar en busca de sol i golf, ja sigui a Tailàndia, al Marroc, a les Maldives o a Abu Dhabi. Assegut en una altra sala d'espera era un bon moment per repassar el partit viscut dues hores abans.

—Quin partidàs! Quantes emocions!

Ha estat una nit històrica per al club pel coratge que els jugadors han demostrat sobre la gespa. Ha estat un homenatge explícit a Johan Cruyff, amb dos equips desfermats, sense regnes, marcant gols sense parar. Ha estat una allau d'ambició atacant, una trobada grandiosa que ha recordat el Bayern-Juventus de la Champions anterior, també a vuitens de final, quan els italians es van avançar amb dos gols i els muniquesos de Guardiola van aconseguir empatar a l'últim minut i donar el cop de gràcia en la pròrroga.

—Hem estat forts, encara que siguem un club amb molt poca confiança en nosaltres mateixos. Aquesta exhibició ens donarà molta energia per al futur, ja ho veuràs. Corregirem els errors. A veure si l'any que ve podem fitxar alguns defenses potents, per poder millorar. Enguany només podem substituir...

El Pep s'ha emocionat durant la bogeria dels noranta minuts contra el Mònaco de Leonardo Jardim. El gol inicial de Sterling, l'empat de Falcao, el penal a Agüero no assenyalat per l'àrbitre espanyol Mateu Lahoz, l'escapada i el gol d'un Mbappé de divuit anys que promet ser figura mundial, el difícil paper de Fernandinho com a lateral esquerre, el penal que Willy Caballero atura a Falcao que evita que el Mònaco s'escapi irremissiblement, l'empat d'Agüero, el canvi de Zabaleta per un Fernandinho que aconseguirà tallar els contracops visitants, el nou gol de Falcao, el nou empat d'Agüero i, finalment, els gols de Stones i Sané que fan pujar el 5-3 definitiu, no sense que Caballero impedeixi un gol a boca de canó de Falcao en els minuts finals. Els seus jugadors, i també els del Mònaco, han estat valents, agressius, ferotges en atac i s'han vist superats en defensa; han estat un poltres desbocats, capaços del millor i del pitjor. Han destil·lat aquell «esperit d'equip» que el Pep va presentar com a propòsit essencial del projecte. Està orgullós dels seus jugadors, però fins i tot en aquest moment d'eufòria es mostra escèptic sobre el partit de tornada:

—Hem d'anar a Mònaco a marcar gols perquè ells segur que en faran dos com a mínim, segur, perquè són unes bèsties de collons. Ara mateix contractaria cinc d'aquestes bèsties.

No diu noms, però em semblen evidents: Sidibé, Mendy, Fabinho, Bernardo Silva i Mbappé. Tot Europa ha vist la qualitat d'aquests cinc jugadors. I també ha vist el penós nivell d'arbitratge de Mateu Lahoz:

—No em facis parlar... En aquest nivell de competició en què hi ha tan poca diferència entre els equips, qualsevol detall et mata.

Han passat vint dies, ha canviat l'aeroport, el resultat, l'estat d'ànim. Niça, els seients marrons, les ulleres, l'insomni, la desesperació... La nit anterior, les cares pàl·lides i tenallades dels seus futbolistes quan sonava l'himne de la Champions reflectien la por pel que pogués passar. Reflectien la manca de caràcter per superar els desafiaments de la més alta competició.

—Ho he intentat, però no he sabut donar-los el caràcter que cal per guanyar aquests partits...

El Mònaco ha desarborat el City en la primera meitat del partit. L'equip de Guardiola s'ha mostrat tou al darrere i ha perdut a dalt, amb Agüero fallant en els controls, i ha anat al descans havent cedit tot l'avantatge (2-0) i mostrant una cara impròpia d'un equip que semblava haver guanyat ambició i coratge per lluitar en qualsevol escenari. El segon temps ha estat molt millor: el City ha acumulat ocasions que ni Agüero ni Sané no han materialitzat, fins que al minut 70 ha arribat el gol que tornava el somriure als *citizen*: Sané ha obtingut el 2-1 que semblava donar-los el pas a quarts de final. Però la il·lusió s'ha evaporat al cap de sis minuts, quan Bakayoko ha signat el 3-1 que eliminava el City. Abatut al seient de l'aeroport, el Pep reflexiona en veu alta:

—No sé si és pitjor això o allò del 0-4 del Madrid contra el Bayern. Aquell cop a Múnic em vaig passar els tres dies previs dedicat només a l'esperit dels jugadors, a atacar i atacar, però després del primer gol vam caure completament. En canvi, aquí...

Li dic que el que ha passat no el pot sorprendre; al cap i a la fi no ha pogut fer la revolució que pretenia a la plantilla. Necessita temps i, sobretot, que s'incorporin cames joves i esperits valents.

—Serveix més el caràcter que les estadístiques. I no he sabut transmetre'ls caràcter perquè no tinguin por en els grans escenaris. No s'ho creuen. Noto que tenen por a jugar, que no se senten còmodes sent actius, que estan millor sent reactius. Sembla que no vulguin ser protagonistes. Em pensava que podria fer aflorar aquesta qualitat en ells, però no n'he estat capaç.

Ara bé, tot just estem a mitjan març i encara hi ha desafiaments per completar.

—Ara toca aixecar-se i lluitar per ficar-nos en la següent Champions, que no és fàcil ni està assegurat. Avui estem molt malament d'ànims, però demà estarem més bé i ens acabarem recuperant. Remuntarem els ànims, tirarem endavant i en el futur viurem dies brillants, n'estic segur.

Li recordo que el seu mestre Cruyff va passar una primera temporada horrible al Barcelona, el 1989, i que va resistir les pressions fins que va acabar imposant la seva visió del joc.

—L'única cosa que em tortura és que crec que no estem tan lluny del que busquem. De vegades juguem molt bé una estona, fem coses que ni al Bayern no aconseguíem. Però a les àrees som germanetes de la caritat, tant en una com en l'altra. Ens costa molt fer gol i en canvi costa molt poc que ens en facin a nosaltres.

L'avió s'enlaira rumb a Manchester, on al cap de quatre dies arribarà el Liverpool, abans de visitar l'Arsenal i el Chelsea. Són tres dels grans competidors de la Premier i l'equip està abatut per la caiguda de Mònaco i minvat per les lesions de Gündogan i Gabriel Jesús. El prometedor davanter brasiler, lesionat a Bournemouth el 13 de febrer, tan sols ha pogut jugar tres partits d'ençà de la seva incorporació.

En endavant, els bons i els mals resultats s'aniran alternant. Si després del cop de Mònaco s'esperava que l'equip es presentés tou i desmolaritzat, la veritat és que es va mostrar valent i agressiu. Primer va aconseguir empatar amb el Liverpool (1-1), resultat que va omplir d'orgull el Pep: «És un dels dies més feliços de la meva vida com a entrenador. Estic molt orgullós d'aquests jugadors. A l'entrenament d'ahir ningú no va badar boca perquè encara estaven traumatitzats per Mònaco, però avui han demostrat que donen suport a la meva idea de joc». El bon partit confirma que el camí és molt lent però correcte i que conduirà aquest equip cap a l'èxit. El Pep està sumant jugadors a la seva causa: després de Sané, Gündogan i Gabriel Jesús, ara Stones ha fet un pas endavant. Quin tros de jugador! No sé si serà capaç de convertir-se en un defensa del nivell de Gerard Piqué (potser necessitarà un Carles Puyol al costat), però té un coratge admirable. A Mònaco va conduir la pilota envoltat de lleons i contra el Liverpool ho ha tornat a fer. L'entrenador opina igual:

—Stones ha demostrat tenir més personalitat que ningú. A mi em costa molt jugar de central i ell té més pilotes que ningú. —El

Pep alterna aquest comentari amb un altre en què assenyala els defectes que veu en el seu equip—: Hem creat moltes ocasions clares i no les hem convertit en gol. Per aquest motiu no podem competir amb els equips de màxim nivell. Hem creat molt i hem concedit poc, però no hem guanyat, i això no és cap novetat. Dit això, també et dic que, per com hem atacat i com hem corregut fins al darrer minut, vull estar molt de temps amb aquests nois.

Les setmanes següents, el City empatarà al camp de l'Arsenal (2-2) i perdrà a l'estadi del líder, el Chelsea (2-1), que de la mà d'Antonio Conte es dispararà a conquerir el títol de manera brillant. A començaments d'abril, el City suma vint-i-quatre gols aconseguits en centrades rases des de fora l'àrea, tot un símbol de l'estil de joc que busca el Pep, però també acumula vint-i-un anys sense aconseguir remuntar fora de casa un partit que vagi perdent al descans. Han estat 95 partits i només en onze ha aconseguit empatar-los. Un altre reflex que Guardiola ha d'incorporar jugadors de caràcter fort per afrontar l'exigència competitiva, més encara quan a finals d'abril l'equip és eliminat a semifinals de l'FA Cup per l'Arsenal (2-1). Per primer cop en la seva carrera com a entrenador, Guardiola acabarà una temporada sense aixecar cap trofeu. Entrava en els plans que fos així, però és dur que s'hagi confirmat. El club no va fer la revolució de plantilla que exigia l'entrenador i l'haurà de completar l'estiu següent.

Durant aquelles setmanes parlo amb Manel Estiarte sobre les debilitats en el caràcter de l'equip i la necessitat de fer una renovació de jugadors.

—Sabíem que per tirar endavant el projecte necessitàvem dos anys, la qual cosa és bastant lògica, però voldríem haver guanyat un títol enguany perquè el procés hauria estat menys pesat. Ara haurem de completar la renovació de la plantilla.

Comentem en detall aquesta renovació i Estiarte fixa els objectius en cinc jugadors.

—La temporada vinent han d'arribar un porter, dos laterals, un mig i un davanter.

En algunes posicions hi ha noms ja definits, mentre que en altres encara hi ha molts interrogants. A la porteria dependrà de si Claudio Bravo desitja continuar malgrat estar passant-s'ho tan malament. El City necessita fitxar un gran porter i, segons sigui la postura de Bravo, això influirà en la continuïtat o no de Willy Caballero. Als laterals no hi ha dubtes: arribaran un o dos titulars del

Mònaco o bé Walker, del Tottenham, perquè Sagna i Clichy marxaran. També hi pot haver la incorporació d'un defensa si la recuperació intermitent de Kompany no permet comptar-hi regularment. I, sens dubte, ha d'arribar un migcampista. Silva, Touré i Fernandinho superen la trentena, Fernando se'n va i Bernardo Silva és l'assenyalat pel Pep com a objectiu principal:

—Tothom vol fitxar mig Mònaco —apunta Estiarte—, però això costarà molts diners.

A l'atac se n'aniran Navas, Nolito i Iheanacho, de manera que quedaran tres davanters joves (Sané, Sterling i Jesús) més Agüero. Cal algú altre. En resum, entre cinc i sis incorporacions per completar una renovació que el club no va voler fer de cop l'estiu del 2016. Ara sí, el Pep no té dubtes que el club complirà la seva paraula: a Abu Dhabi el xeic Mansour, màxim accionista del club, li'n va donar garanties.

Abans que conclogui el mes d'abril torno a revisar amb Guardiola les seves expectatives, ja enfocades en el nou curs.

—Necessitem més temps. Encara no podem competir amb solvència contra els grans de la lliga anglesa ni a Europa. A veure si ho aconseguim l'any que ve. És un equip molt veterà, que fa molts anys que està junt. Juguem a Mònaco amb nou futbolistes que ja eren al club fa temps i no hem pogut renovar l'equip. No hem aconseguit canviar tot el que volíem de l'equip, només algunes coses. N'hi ha que les fem millor del que ens pensem, però som tous a les àrees, poc contundents, i això et penalitza molt. Però ho aconseguirem. No vaig venir a Manchester per sis mesos, sinó per tres anys, i costarà més o menys, però al final ho tirarem endavant, sens dubte.

Quan hagin transcorregut les negociacions i els mesos pertinents, les paraules d'Estiarte i Guardiola quedaran confirmades pels fitxatges que executarà el director esportiu, Txiki Begiristain. Ederson serà el nou porter de l'equip; Walker, Danilo i Mendy, els nous laterals; Bernardo Silva, el jugador que pugui alinear-se com a migcampista o com a davanter; i, ja al gener del 2018, també arribarà un defensa nou, Aymeric Laporte. A ells s'uniran tres joves, Phil Foden, Brahim Díaz i Oleksandr Zíntxenko, amb els quals es completarà la renovació radical de la plantilla.

## ESCENA 13

# Mur o pont?

***Manchester, 8 de maig de 2017***

—Von Karajan o Bernstein? Qui vols ser?

La pregunta queda damunt la taula de la *trattoria* Salvi's de Corn Exchange. El Pep duu gairebé un any a Manchester i continua batallant en terrenys inèdits per a ell: eliminat a la Champions, a l'FA Cup i a la Copa de la Lliga, lluita per classificar l'equip entre els quatre primers de la Premier League en estreta pugna amb el Liverpool i l'Arsenal. La primera temporada ha resultat molt més desventurada del que es preveia. La plantilla heretada està lluny del que ell pretenia, més de mig equip supera de llarg la trentena i els nous reforços encara no han despuntat (Sané, Gabriel Jesús, Stones) o senzillament han estat una decepció (Bravo, Nolito). El Pep s'ha refet de l'ensorrament anímic patit durant l'hivern i busca acabar bé la temporada per esborrar-la aviat de la ment i començar un curs nou amb jugadors nous, sang fresca i jove i l'esperança d'imposar per fi el seu estil de joc.

Es tracta d'un dinar familiar on no es tractaran temes transcendents. El que més interessa al Pep, a més de menjar-se un deliciós plat de pasta italiana, és enviar un vídeo de felicitació a Luis Enrique, que aquell dia fa anys. Durant les postres parlem de música i dels perfils psicològics de dos dels millors director d'orquestra del segle XX, Herbert von Karajan i Leonard Bernstein. Tot i no ser especialistes en música clàssica, el Pep i la seva esposa Cristina es mostren molt interessats en aquests retrats.

—Von Karajan —comento— era un geni que dirigia l'orquestra amb els ulls tancats perquè se sabia les partitures de memòria. No li calia consultar-les. Per això en la majoria d'imatges seves que hi ha apareix amb els ulls tancats. En canvi, Bernstein, un altre geni, era tot el contrari: ulls grans, gestos grans, amplitud de moviments i una energia vital desbordant.

Els retrats de tots dos mostren dues maneres diametralment oposades de dirigir una orquestra simfònica, però en els dos casos des de la genialitat creativa i l'excel·lència artística. El que més crida l'atenció són els estils de direcció de cadascun d'ells.

—Von Karajan era un geni que aixecava un mur infranquejable entre ell i l'orquestra. Ho feia perquè creia que la millor música brollaria des d'aquest mur que separava director i músics. Bernstein, en canvi, era un geni que construïa un pont entre ell i l'orquestra per aconseguir que la música fluís per aquest pont.

Al Pep se li il·lumina la mirada en aquell reservat fosc de la *trattoria*. Fa el posat de quan està a punt de digerir una idea nova. He vist molts cops aquest rostre esmolat, disposat a capturar una presa. Per confirmar que ha entès bé les diferències d'estil, repeteix el concepte, resumit:

—O sigui, Karajan va construir un mur per separar-se de l'orquestra i Bernstein un pont per acostar-s'hi?

—Exacte.

El Pep somriu...

El lector endevinarà sens dubte el que va passar després. Ja eren massa els cops que Guardiola sentia dir que havia de construir un cercle empàtic amb els seus jugadors, una proximitat que semblava mancar en les seves relacions dins del vestidor. Havia passat a Barcelona i també a Múnic, on en els últims temps ja va començar a canviar en entendre fins a quin punt l'estimaven aquells jugadors del Bayern que aparentaven ser freds. Havia arribat a Manchester amb la intenció ferma de canviar aquest tret del seu comportament, però l'acidesa de la competició, l'amargor pels resultats, l'ensorrament anímic que va patir per Nadal i les baixes expectatives amb què va afrontar el final de temporada el van allunyar del seu propòsit original. No, no havia creat una veritable sintonia amb els seus jugadors, no havia trencat aquella closca protectora que li impedia entregar-se a ells sense por ni reticències. El Pep continuava dirigint des d'un mur que el separava dels seus jugadors. I veia, sabia, escoltava, sentia, que necessitava enderrocar aquell mur de fredor i construir un pont cap als seus futbolistes. Ho sabia. Només li faltava fer-ho...

Els retrats de Von Karajan i Bernstein van ser un pas més en el seu afany per enderrocar el mur i construir un pont. Mesos més tard, quan va començar la seva segona temporada al capdavant del City, el Pep va començar a deixar de ser Von Karajan i es va proposar ser més Bernstein.

## ESCENA 14

# L'atemptat

***Manchester, 22 de maig de 2017***

Per a Pep Guardiola, la seva primera temporada al futbol anglès va acabar el dia abans, el 21 de maig, a Watford, amb un agradable triomf per 0-5 en què la majoria de les peces del procés van començar a encaixar amb harmonia. Quinze gols a favor i dos en contra són el balanç dels quatre triomfs amb què el City va completar el mes de maig i va aconseguir redreçar un curs desgraciat en el qual havia caigut eliminat a les tres competicions i no aconseguiria cap títol. El bon final a la lliga permet la classificació directa per a la següent Champions, gràcies als dos punts d'avantatge adquirits sobre el Liverpool de Klopp, tot i que l'equip acaba allunyat del Chelsea campió i del Tottenham subcampió.

El primer any del Pep a Manchester ha estat tempestuós. El procés que volia dur a terme ja va començar amb grans dificultats degut a la retallada per part del club del 50 % dels fitxatges, va continuar alegre i feliç, però es va tòrcer aviat. Els alts i baixos emocionals el van fer dubtar sobre si continuar o no en aquesta tasca ferotge de dirigir equips. Va viure torturat i angoixat, va sentir l'aspresa de la soga al coll, va salvar una pilota de partit decisiva, va aguantar un hivern penós durant el qual va patir derrotes agudes i cruels, va passar un Nadal amarg, bevent sense parar d'un calze agre, va creure remuntar, va creure baixar a l'infern, va sucumbir al desànim, va revifar, va caure malparat a Mònaco, on va confirmar els problemes de caràcter del seu equip a l'hora d'afrontar desafiaments intensos, i va acabar la temporada amb millors sensacions i la convicció que tota la sèrie de proves que havia viscut els dotze mesos anteriors l'havien convençut de perseverar en l'intent. Sí, havia valgut la pena: volia ser entrenador.

ϒ

I, de sobte, bum, una explosió fortíssima, tremenda, un pànic inèdit, una por esfereïdora, el buit, l'horror...

L'edifici sencer ha tremolat. Són dos quarts d'onze de la nit. El Pep i el Màrius han decidit no sopar fins que la Cristina, la Maria i la Valentina no tornin del concert d'Ariana Grande al Manchester Arena, a un pas de casa seva. Tot tremola davant d'una onada expansiva que trenca vidres i sembla el terror. Un atemptat, pensa el Pep. Baixen volant els deu pisos de l'edifici i comencen a caminar cap a la catedral. Al Pep li sona el mòbil. És la Cristina.

—No sé què ha passat. Venim corrent cap a casa.

La comunicació es talla, els telèfons deixen de funcionar. El Pep respira fondo, s'atura i espera a prop de casa. Passen uns minuts eterns fins que la Cristina torna a trucar.

—Estem bé. Som fora, som fora.

Un terrorista s'ha suïcidat a l'entrada del Manchester Arena en el moment en què acabava el concert, quan el vestíbul estava ple de persones que sortien i d'altres que anaven a recollir els seus familiars. Hi ha vint-i-tres morts i cent setze ferits. La Cristina i les nenes se n'han salvat perquè la Valentina estava baldada i s'adormia cap al final del concert, així que la seva mare ha decidit no quedar-se als bisos d'Ariana Grande. La Maria, la germana gran, ha acceptat marxar abans d'hora sense dir ni piu perquè la seva germana petita ja no aguantava més. Totes tres han creuat el vestíbul un minut abans que el terrorista fes esclatar la bomba que duia enganxada al cos. Per temps que passi, la Cristina, el Pep i els seus fills no oblidaran mai aquelles hores...

L'endemà, la Cristina i el Pep assistiran discretament als actes en memòria de les víctimes a Albert Square. Els emocionarà en especial el poema «Choose Love» que llegeix Tony Walsh, un poema llarg i vibrant que comença dient: «*This is the place...*» i acaba amb un «*Always remember. Never forget. Forever Manchester. Choose Love*». Profundament emocionats, se senten més ciutadans de Manchester que mai.

«*This is the place*». Manchester. Aquest és el lloc on ha decidit viure.

## RESUM D'ESTADÍSTIQUES 2016-2017

| | P | V | E | D | GF | GC |
|---|---|---|---|---|---|---|
| Premier League<br>*Tercer* | 38 | 23 | 9 | 6 | 80 | 39 |
| Copa de la Lliga<br>*Quarta ronda* | 2 | 1 | 0 | 1 | 2 | 2 |
| FA Cup<br>*Semifinal* | 6 | 1 | 1 | 1 | 16 | 1 |
| Champions League<br>*Vuitens de final* | 10 | 5 | 3 | 2 | 24 | 16 |
| **Total** | **56** | **33** | **13** | **10** | **122** | **60** |

## DADES

58,9 % Percentatge de victòries a la temporada
60,5 % Percentatge de victòries a la Premier League (al Barça 81,6 %; al Bayern 85,3 %)
2,17 Gols a favor a la temporada (Barça 2,58; Bayern 2,46)
2,10 Gols a favor a la Premier League
1,07 Gols en contra a la temporada (Barça 0,73; Bayern 0,69)
1,02 Gols en contra a la Premier League
62 Diferència de gols a favor a la temporada
78 Punts a la Premier League (Chelsea campió, 93 punts)
20 Rematades al pal a la Premier League (9 de De Bruyne)
63,3 % Possessió de pilota a la temporada (Barça 66,1 %; Bayern 70,5 %)
65,0 % Possessió de pilota a la Premier League
77,9 % Màxima possessió de pilota (contra el Leicester, desembre del 2016)
34,6 % Mínima possessió de pilota (contra el Barça, novembre del 2016)
597 Mitjana de passades per partit
718 Màxim nombre de passades (contra el Sunderland, març del 2017)
86 % Passades encertades per partit
15,7 Rematades per partit / 5,6 a porteria
8,3 Rematades en contra per partit / 3 a porteria
6 Victòries consecutives a la Premier League (Barça 16; Bayern 19)
33 Màxim golejador: Sergio Agüero (20 a la Premier League)
19 Màxim assistent: Kevin de Bruyne (18 a la Premier League)
49 Més partits jugats: Kevin de Bruyne (36 a la Premier League)
5-0 Major victòria (contra el Crystal Palace, el Norwich, l'Steaua Bucarest i el West Ham)
4-0 Major derrota (contra l'Everton i el Barça)

## TEMPORADA 2

2017-2018

# Els centurions

ACTE 1

# «Hem comprat energia»

## *Barcelona / Manchester*
## *Juny, juliol, agost i setembre de 2017*

Sol i golf. Aquest ha estat el pla de Guardiola durant les vacances d'estiu.

El sol i el golf són el seu gran aliment emocional, el que li carrega les piles per afrontar els nous desafiaments. El sol és un bé escàs a Manchester, així que el Pep aprofita la més mínima oportunitat per viatjar a buscar-lo i, si és possible, acompanyar-ho amb uns bons forats.

Durant les vacances també hi ha futbol. Txiki Begiristain truca a diari per explicar les dificultats que sorgeixen en matèria de fitxatges. El club es va comprometre a renovar l'altre 50 % de la plantilla que no va canviar la temporada anterior, de manera que l'estiu del director esportiu és frenètic. Nou jugadors del primer equip són baixa (Willy Caballero, Sagna, Zabaleta, Clichy, Kolarov, Iheanacho, Nolito, Fernando i Navas) i una dotzena de futbolistes de menys nivell són cedits o traspassats a altres clubs. Entre ells destaca el jove Jadon Sancho, una de les tres perles de l'acadèmia, que durant les negociacions per renovar el seu contracte ha exigit garanties de jugar al primer equip, cosa que Guardiola no està disposat a concedir, per molta qualitat que tingui el jugador. Com a conseqüència d'això, Sancho ha fitxat pel Borussia Dortmund, que li ha atorgat fitxa del seu primer equip, amb una compensació petita per al City (deu milions d'euros). El Pep hauria preferit conservar l'extrem de disset anys i cuinar-lo a foc lent, com vol fer amb Brahim Díaz i Phil Foden, que se sumaran als entrenaments de l'equip. Entre forat i forat, torno a parlar amb el Pep de Foden i se li il·luminen els ulls.

—Foden és un geni. Serà estel·lar. És dels millors jugadors joves que he vist mai. Farà la pretemporada amb nosaltres i jugarà els grans amistosos que tenim programats. I, si rendeix bé, es quedarà al primer equip. És boníssim.

Joves al marge, l'entrenador ha fixat cinc objectius fonamentals per renovar definitivament la plantilla: un porter, dos laterals, un migcampista i un davanter. Amb un degoteig lent però continuat, el Txiki l'informa del tancament de les incorporacions. Han fitxat el porter que va proposar Xabi Mancisidor, l'entrenador de porters. Ederson Santana de Moraes ha costat quaranta milions d'euros, però el club entén que és una ganga perquè es tracta d'un porter amb un potencial extraordinari a qui el Pep va conèixer un any i escaig abans, quan el seu Bayern es va enfrontar al Benfica. La idea de Begiristain i Mancisidor és que Edersen pot cobrir a la perfecció el perfil que necessita Guardiola, la qual cosa evita entrar en una pugna milionària per porters de més renom, com ara l'italià Donnarumma.

Una setmana abans, quan el Pep encara era a Manchester esperant que els seus fills acabessin el curs escolar, el club va signar la contractació de Bernardo Silva. Aquesta incorporació va suposar l'alegria de l'estiu per a l'entrenador, que pensa en ell per ubicar-lo d'extrem a cama canviada, però també de possible fals 9 quan sorgeixi l'oportunitat. El Pep s'havia enamorat del talent de Bernardo, en qui advertia trets de jugador genial. D'entre tots els humans, Bernardo podria ser qui més s'acostés a Messi, tot i que a l'entrenador mai no li ha passat pel cap comparar-los. La distància entre tots dos és enorme, però al Pep l'entusiasma disposar d'un futbolista versàtil a qui creu capaç de conduir encara més amunt en el seu rendiment i que per perfil i naturalesa està cridat a substituir David Silva.

Fitxats el porter i el davanter, el Txiki s'ocupa de la contractació dels laterals, ja que a començaments de juny els quatre de la temporada anterior ja no hi són. Els clubs venedors, que en són conscients, apugen els preus fins a nivells gairebé inacceptables, especialment quan la contractació de Dani Alves s'espatlla en l'últim moment i el jugador fitxa pel PSG. Finalment Kyle Walker, Danilo Luiz da Silva i Benjamin Mendy són contractats per un total de cent quaranta milions d'euros. S'incorporen, doncs, dos jugadors d'una condició física superlativa (Walker i Mendy) i un altre de qualitat tècnica elevada (Danilo), que ja havia enlluernat el Pep en enfrontar-se al Bayern vestint la samarreta del Porto l'abril del 2015.

El director esportiu no té permís per fitxar més. És cert que un mes abans el president Khaldoon Al Mubarak es va presentar davant tota la plantilla i els va dir: «Fa uns anys us vaig prometre que construiria aquesta ciutat esportiva, i aquí la teniu. Ara us prometo que farem un equip de primer nivell mundial». Però el pressupost té un límit establert que el Txiki ja ha sobrepassat. Tot i això, se les compon per completar una altra contractació, la del jove mig centre brasiler Douglas Luiz. Les seves qualitats agraden a l'entrenador, que està disposat a comptar amb ell, però les autoritats laborals no li concedeixen el permís de treball preceptiu i el jugador ha de ser cedit al Girona. El disseny final de la plantilla dista lleugerament dels cinc objectius marcats pel Pep: no ha aconseguit el migcampista extra que desitjava, però té un lateral més dels previstos; tampoc no pot contractar el defensa esquerrà que necessita l'equip i Txiki Begiristain li demana que esperi a la següent finestra de contractacions, quan disposarà de més pressupost. De mutu acord decideixen afrontar la primera meitat de la temporada amb el retorn de dos jugadors que estaven cedits: el defensa Mangala reforçarà el centre de la defensa, on només hi ha tres homes (Stones, Otamendi i Kompany), i el jove Zíntxenko tindrà alguna oportunitat al mig del camp. S'han acabat les vacances. Comença la feina.

## «LA PILOTA ÉS MEVA. EM PERTANY».

—No en diguis feina. L'entrenament no és treballar, és practicar.

Les paraules són molt importants per a Paco Seirul·lo. Si emprem paraules o termes imprecisos, inexactes o no adequats als conceptes que volem expressar, només aconseguim confondre l'interlocutor, i a nosaltres mateixos. Per aquest motiu, Paco Seirul·lo s'exigeix la màxima precisió en l'ús de les paraules.

Seireul·lo és una peça cabdal en els èxits del FC Barcelona des de l'aparició de Johan Cruyff. Primer va exercir com a preparador físic, no només del gran mestre neerlandès, sinó també amb Louis van

Gaal, amb els següents entrenadors que va tenir el club i finalment amb Frank Rijkaard. L'arribada de Guardiola al primer equip el 2008 va suposar un salt qualitatiu per a Seirul·lo, que va mantenir la direcció de la preparació i va afegir la direcció de metodologia del club. El Pep va voler que la visió del futbol que el Paco havia desenvolupat durant vint anys s'implantés plenament no tan sols al primer equip, sinó a totes les categories inferiors. Així es va fer fins que la marxa de Guardiola, tip del menyspreu patit per part del president Sandro Rosell, va propiciar una lenta però imparable marginació de Seirul·lo a posicions allunyades dels camps d'entrenament i de la competició.

El juny del 2017, amb Ernesto Valverde com a nou entrenador del Barça, Seirul·lo havia represès el contacte estret amb el primer equip, en especial amb el nucli principal de jugadors que havien constituït el gran equip de Guardiola, és a dir, Iniesta, Busquets, Messi, Piqué i Mascherano. I havia desenvolupat, amb la col·laboració de Joan Vilà, una minuciosa aproximació al joc que havia practicat el Barcelona, fonamentalment durant l'etapa en què el Pep havia estat al capdavant. Si com a preparador físic va dissenyar una metodologia pròpia, els Microcicles estructurats, així com les SSP (Situacions simuladores preferencials), com a director de metodologia va ampliar horitzons i es va introduir en tots els arcans del joc fins a dibuixar els Espais de Fase com a eix principal de la seva visió tàctica del futbol.

Aprofitant que Guardiola era a Barcelona en acabar el seu primer curs a Manchester, vam conversar extensament amb Seirul·lo i Vilà per refrescar conceptes del joc. Durant la temporada el Pep no té temps de fer-ho però per vacances sempre li agrada retornar a les fons del coneixement i absorbir idees noves o velles. I això va ser el que ens va dir Seirul·lo, emprant en tot moment les paraules adequades:

—Les quatre fases del joc, o les sis, si s'afegeixen les accions a pilota aturada, no existeixen. El futbol és un i només un. De vegades disposo de la pilota i de vegades no en disposo i intento recuperar-la. Quan disposo de la pilota, de vegades ataco i de vegades em defenso. I quan no en disposo, el mateix. Sense ella, de vegades em defenso però d'altres ataco. El que sí que faig en la meva concepció del joc és portar sempre la iniciativa. Jo entenc que la pilota és meva, que em pertany, i quan la té el contrari no vaig a robar-la, sinó a recuperar el que és meu. Robar-la significaria que no concebo la pilota com una cosa pròpia, sinó aliena, i no és el cas, ben al contrari.

»Nosaltres visualitzem el terreny de joc amb quatre zones d'avanç, que si les enumerem des de la nostra porteria cap a la contrària es denominen així: Alarma (la més propera a la nostra porteria), Benestar, Control i Definició (la més propera a la porteria contrària). Per tant, a mesura que avancem verticalment pel camp passem d'alarma a benestar, després a control i finalment a definició. Aquest avanç el podem fer per algun dels quatre [o cinc] passadissos verticals que observem sobre el terreny de joc. I, al seu torn, en tot moment identifiquem tres zones en les quals es mouen els jugadors, segons la seva proximitat: Intervenció, Ajuda mútua i Cooperació.

»Així, definim el que és PECS: Pilota, Espai, Companys i Suport. Són quatre elements essencials que condicionen el desenvolupament del joc, que posseeix nombroses variables com ara la situació dels jugadors i la pilota, la distància entre companys i respecte de la pilota, així com respecte dels rivals, més les respectives trajectòries, l'orientació i l'organització. Tot això ens condueix a definir els Espais de Fase com a element nuclear del joc, entenent que en el joc sempre ens estem reorganitzant. Cada centèsima de segon ens duu a una nova reorganització perquè el nostre joc no és una associació de jugades, sinó una successió estocàstica d'Espais de Fase.[1]

»El nostre equip s'organitza a través dels Espais de Fase descrits, amb totes les seves variables, zones, passadissos i elements definits. I ho fa mitjançant jugadors universals on tots fan de tot i sempre s'estan reorganitzant. Busquem tenir en tot moment alguna superioritat, sigui numèrica, posicional, socioafectiva, qualitativa o dinàmica (espai-temporal). I concebem el nostre com un Joc d'Intenció, les sigles del qual resumiríem en les 4P: Percepció, Posició, Possessió i Pressió (per recuperar la pilota). I tot això ho practiquem a l'entrenament. L'entrenament no és treballar, és practicar els successius Espais de Fase i les nostres reorganitzacions.

1. L'any 2013, Paco Seirul·lo va desenvolupar, amb la col·laboració de Joan Vilà i Marcel Sans, el corpus ideològic dels Espais de Fase (EdF), concepte que prové de la física i que explica el comportament intern dels sistemes complexos. La teoria dels EdF proposa observar el joc des de la variabilitat interna dels equips, tenint en compte la complexitat dels esdeveniments que tenen lloc en el futbol. (Definició extreta del llibre *Espacios de Fase. Cómo Seirul·lo cambió la táctica para siempre*, publicat per Agustín Peraita el 2020).

## «HEM DE FER MOLTES MÉS PASSADES».

La concepció del joc que ha desenvolupat Seirul·lo estimula Guardiola a impulsar millores en la seva segona temporada. El concepte que «la pilota és nostra i no la robem, tan sols recuperem el que és nostre» ressona al seu cervell mentre planifica la pretemporada. El Pep no és amant de les estadístiques, però hi ha una dada que li fa mal als ulls: el seu primer City ha fet de mitjana 579 passades per partit, amb un 86 % d'encert, la qual cosa a primera vista no sembla gens malament, però quan ho compara amb l'any anterior observa que l'equip dirigit per Manuel Pellegrini va fer 539 passades amb un 83 % d'encert. Les diferències són minses. Al Bayern de Múnic la mitjana va ser de 726 passades (87,9 % d'encert), que suposa una diferència abismal. És a dir, en aquest terreny l'equip ha progressat una mica respecte de l'any anterior però està llunyíssim de l'excel·lència obtinguda al Bayern. Amb aquesta comparativa, el Pep fixa un dels seus objectius fonamentals per a la segona temporada:

—Hem de fer moltes més passades. Passades, passades, passades. Com més passades acumulem, menys ocasions de perill concedirem. Si tenim la pilota i ens la passem entre nosaltres, el rival estarà més lluny de fer-nos mal i serem nosaltres qui portem la iniciativa. Hem d'aconseguir sumar moltes més passades.

El seu propòsit es difon pels camps d'entrenament des del primer dia de pretemporada, que per al Pep té un component tàctic aclaparador. Ben engreixada la coordinació amb Lorenzo Buenaventura, el cap dels preparadors físics, les sessions preparatòries a la ciutat esportiva s'enfoquen en el desenvolupament de conceptes tàctics, jocs de posició, recerca del tercer home, conservacions de pilota i altres eines del model de joc que està implantant. La millora de la condició física dels jugadors camina sempre darrere del desenvolupament de la seva condició tàctica. Aquesta és la seva filosofia i l'aplica al peu de la lletra. Buenaventura calcula que el 90 % de l'entrenament efectuat durant la pretemporada es realitza amb pilota, mentre que l'altre 10 % es dedica bàsicament a entrenament preventiu. Totes les setmanes es distingeixen per trams d'entrenament preventiu, altres de càrregues individuals i unes quantes sessions generals amb les quals el preparador busca igualar i ajustar les capacitats dels jugadors. El nucli bàsic consisteix en el perfeccionament dels fonaments del joc que proposa l'entrenador.

—Els conceptes tàctics s'aprenen jugant perquè el que és real és el joc. L'entrenament consisteix en què prenguin decisions. Als jugadors els convencem dels conceptes tàctics entrenant —explica.

El Pep ha fixat en vint mesos el temps mínim per aconseguir imbuir aquesta filosofia complexa en els seus homes, però és possible que necessiti més temps perquè ho ha de fer mentre competeix pels títols que hi ha en joc. Això no és una escola d'aprenentatge tàctic en abstracte, sinó un equip que ha de lluitar per la victòria. El Pep mai no aparta la mirada de l'objectiu de competir pels triomfs. Si no guanya l'acomiadaran, per molt que l'equip jugui com els àngels. Així doncs, l'aprenentatge haurà d'anar compassat amb la lluita pels títols, de manera que molt probablement el Pep haurà de concedir temps extra al seu propi projecte si vol triomfar de veritat.

Sembla evident, i així vaig reflectir-ho al llibre *La metamorfosi*, que amb tres anys no n'hi haurà prou per aconseguir tots els propòsits. L'estiu del 2016 ho vaig plantejar de la manera següent: «El seu no és un projecte reactiu que prioritzi l'aprofitament dels espais que deixa l'oponent, ni està enfocat a destruir el joc rival, sinó que és un model proactiu i constructiu. És un model d'atac que es basa en l'edificació lenta i segura d'una estructura de joc, incloent una bona organització defensiva com a mesura de protecció. Els jugadors del City han d'aprendre sense preses, amb calma i paciència, ja que només així entendran de debò quines són les exigències del joc de posició i podran practicar-lo amb excel·lència.

»Una qüestió ben diferent és que els objectius de Guardiola i el City siguin tan ambiciosos que amb tres anys no n'hi hagi prou per assolir-los. Així és: amb tres anys potser no n'hi haurà prou perquè Pep Guardiola pugui completar un projecte tan exhaustiu com el que ha iniciat, en el qual pretén implantar un model de joc definit i detallat, construir una cultura (un esperit) d'equip competitiu i solidari, dotar-se d'una identitat futbolística irrefutable, dissenyar un «idioma» propi en tota l'acadèmia i guanyar títols. Són molts objectius simultanis en un entorn de rivalitat i exigència enormes, així que entenc que no és descabellat imaginar Guardiola inhibint-se de les seves pròpies pautes d'actuació i quedant-se a Manchester més temps de l'esperat».

Dotze mesos després, tot això continua vigent mentre el Pep conclou una pretemporada breu però intensa en què s'ha centrat en la transmissió als seus jugadors de més i millors conceptes tàctics. Passades, passades i més passades. Aquest és el propòsit del nou curs.

Aquesta tarda, a Manchester, el sol pica amb força, i Manel Estiarte, un altre addicte a prendre el sol, ho aprofita per gaudir d'un cafè *ristretto* en una terrassa de Corn Exchange, a prop de Deansgate. Té la maleta a punt per viatjar als Estats Units, on l'equip disputarà tres partits amistosos i complirà un bon nombre d'actes comercials. El cafè permet compartir les idees que se sospesen en aquest inici de temporada.

—La primera temporada ha tingut un punt de frustració perquè hem creat moltes ocasions que no hem transformat en gol i, en canvi, els rivals ens n'han fet un a la primera que han tingut. Hauríem d'haver aprofitat molt millor les ocasions que hem tingut, però no ho hem fet.

Però la seva anàlisi va molt més enllà del simple encert o desencert.

—Hi ha un factor important, i és que el futbol anglès encara percep el Pep com un element d'agressió, per molt que aquesta no sigui la nostra intenció de cap de les maneres. Però és molt evident. Veuen el Pep com una agressió als seus costums, a les seves tradicions i a la seva manera de fer les coses. Els *pundits* [analistes], els àrbitres, la premsa... Tothom el percep com una agressió a l'*statu quo*. Quan vam arribar al Barcelona ens va passar una cosa semblant, però allà vam marcar molts més gols i ho vam solucionar. Aquí de moment no ho hem aconseguit. Al contrari: tot el que podia sortir malament hi ha sortit, tot ens ha anat en contra, totes les monedes llançades a l'aire han caigut en contra nostra. La samarreta del club encara no té pes a Anglaterra. No és la samarreta del Barça o del Bayern, ni la del Manchester United. Només cal veure la diferència de criteri que hi ha segons qui jugui. A més, a Anglaterra no hi ha l'hàbit que el club intervingui activament opinant sobre els arbitratges, els rivals o qualsevol altre assumpte. I això deixa el Pep sempre sol davant dels qui l'esperen per disparar-li. En qualsevol cas, el que més importa no és això, ni la sort, ni les diferències de criteri arbitral, ni els dies en què tot es torça. El que importa és que els jugadors tenen la motivació pels núvols i estan amb el Pep a mort, així que ho tinc molt clar: aquí no aconseguirem convèncer ningú parlant. Hem de fer el nostre procés i guanyar.

Procés, procés i procés...

Houston, Los Angeles i Nashville són els escenaris dels tres partits amistosos que el City disputa com a preparació. Davant seu, tres grans rivals: Manchester United, contra qui perd 2-0, Reial Madrid i Tottenham, als quals venç 4-1 i 3-0, respectivament, abans de derrotar el West Ham 3-0 a Reykjavík.

El Pep aprofita els quatre amistosos per posar en pràctica una de les idees que més li agraden després d'haver-la experimentat a Múnic, i que pretén emprar durant la temporada. Es tracta de jugar amb tres defenses per organitzar la sortida de pilota amb tres homes.

—Això em permet que les passades entre ells siguin curtes i tenses, sense risc. Cobrim tota l'amplada del camp amb ells tres i sortim des d'enrere netament.

Aquesta sortida de tres es pot confeccionar amb tres defenses purs, amb dos defenses i un dels laterals o bé endarrerint el mig centre i ubicant-lo entre els dos defenses. En el primer partit, Guardiola fa servir aquesta darrera versió amb Yayá Touré incrustat entre Kompany i Adarabioyo. En canvi, per als tres partits següents tria la versió dels tres defenses. Kompany, Stones i Otamendi formen en tots tres partits en el que suposa una interessant declaració d'intencions. El Pep vol jugar un 3-3-2-2.

Tres defenses a la primera línia, un mig centre i dos laterals a la segona. Aquesta és la idea bàsica, que es completa per davant amb dos interiors amb llibertat de moviments i dos davanters en punta. La disposició compleix gairebé tots els fonaments que busca l'entrenador. Els tres defenses garanteixen una bona estructura defensiva i una sortida de pilota segura i precisa. El mig centre i els laterals interioritzats componen el «mur de seguretat» que vol per a la zona central, una mena de tallafocs dels contracops rivals. D'aquesta manera els dos interiors guanyen la capacitat de convertir-se en «electrons lliures» per construir les ocasions de perill que han de culminar els dos davanters. Però no hi ha extrems. En la seva absència, hauran de ser els laterals els qui ocupin les posicions exteriors en atac. Tot i que aquest desdoblament suposarà un gran esforç físic per a ells, al cap i a la fi s'ha contractat tres dels millor especialistes, posseïdors d'una condició física superlativa. El Pep assumeix que sobretot Walker i Mendy seran capaços de realitzar aquesta triple funció: ser defenses sense pilota, ser mitjos centre durant l'assentament en camp contrari i ser extrem durant la finalització.

La disposició es modula en funció dels moments de cada partit. De vegades el 3-3-2-2 pren forma de 3-1-4-2 si els laterals pugen un nivell, o de 3-4-3 en rombe si un dels laterals s'ubica com a extrem, mentre que sense pilota es bascula entre el 4-1-4-1 i el 5-4-1. Els jugadors se senten còmodes amb aquesta disposició bàsica del 3-3-2-2, en la qual Agüero i Gabriel Jesús componen la línia d'atac i De Bruyne i Silva la dels interiors alliberats, posició en la qual Phil Foden gaudeix de les seves primeres oportunitats. El jove esquerrà es mostra atrevit i creatiu, millor a la zona dreta que a l'esquerra. Tota l'expedició el veu com un recanvi de David Silva a llarg termini. A la porteria, Ederson confirma la seva categoria i proporciona una sensació de seguretat que l'equip no tenia la temporada anterior. Els menys satisfets de la gira són Sané i Sterling que, tot i disposar de minuts, no ho fan en les posicions en què ho van fer el curs anterior. A Sterling el col·loquen de segon punta i a Sané, de carriler esquerre, on no rendeix bé. És l'única nota no positiva del viatge pels Estats Units. En tornar a Manchester, el Pep m'explica les seves sensacions inicials:

—Hem estat bé. Hem comprat energia per fora i tenim molt de joc per dins. Em diverteixo molt als entrenaments veient com de bé juguen. Hem jugat bons amistosos, només falta que continuem així quan hi hagi pressió. Si ho aconseguim, ningú no jugarà a futbol com nosaltres. Si no, no trigaran a despatxar-me.

El Pep és així. És de pocs termes mitjans...

L'estrena a la Premier League compleix tots els propòsits de l'entrenador, que manté la línia de tres defenses (Kompany, Stones, Otamendi) i el «mur» central amb Fernandinho com a pivot i els laterals Walker i Danilo als costats, exercint la triple funció de defenses, contencions i extrems. «Serà molt exigent per als laterals», reflexiona el Pep, però vol continuar endavant amb aquesta idea perquè facilita la llibertat de moviments de Silva i De Bruyne. En punta Agüero i Gabriel Jesús es coordinen amb una harmonia inesperada. A Agüero se'l veu fi, més àgil que de costum i molt compromès amb la pressió contra el rival. La convivència amb Gabriel Jesús sembla haver desembocat en un Kun millor.

El Brighton espera molt endarrerit, en formació de 4-4-2, que ràpidament es desplega en una línia defensiva de sis homes contra la qual el City colpeja una vegada i una altra, incorporant molt amunt un i altre lateral en funció del costat on es desenvolupa l'acció. L'equip del Pep amassa un munt de passades, fins a un total de 768, cinquanta més que el màxim aconseguit la temporada anterior (718 contra el Sunderland), i té la pilota en propietat més del 78 % del temps, però les dues línies del Brighton, molt juntes, dificulten la consecució del gol, que arriba al final i per partida doble. El City debuta amb victòria, amb bones vibracions i amb tots els propòsits de Guardiola ben complerts.

L'estrena va seguida de dos partits durs, no tant per la categoria dels rivals com per la seva estructura defensiva. Tant l'Everton com el Bournemouth són conscients que aquest nou City és molt més perillós, directe i vertical que l'anterior, així que es dediquen a dues tasques: compactar les línies a prop de la seva àrea i ser agressius en la pressió al contrari. El Pep s'enfronta a l'Everton amb el 3-3-2-2, amb Sané ocupant la funció de lateral-extrem esquerre, en un calc del partit anterior si no fos perquè en aquesta ocasió el rival s'avança en el marcador gràcies a un gol de Wayne Rooney que arriba després d'una rematada al pal de David Silva. Les complicacions augmenten en ser expulsat Walker per doble amonestació, de manera que després del descans el Pep fa uns quants canvis fins col·locar l'equip en un atípic 2-3-3-1, amb dos defenses (Kompany i Otamendi), un rombe al mig del camp (amb De Bruyne al vèrtex inferior, Sterling al superior i els dos Silva als costats), Agüero de punta i Danilo i Fernandinho de laterals-extrems. Complicada missió que es resol al minut 82 amb una bona centrada de Danilo que Sterling remata a gol, en un segon temps de domini absolut del City malgrat jugar amb un home menys.

Cinc dies més tard, el Bournemouth que dirigeix el jove i brillant Eddie Howe juga amb una agressivitat formidable i ben aviat obté el premi marcant en una rematada extraordinària de Charlie Daniels, gol que de seguida troba la rèplica en un altre de Gabriel Jesús. Aquest cop el Pep ha aparcat el 3-3-2-2 i es presenta amb tan sols dos defenses (Kompany i Otamendi), mentre que Danilo, Fernandinho i el debutant Mendy formen la línia mitjana amb el suport de De Bruyne, a qui l'entrenador encomana de nou la tasca de donar continuïtat al joc en camp contrari. Tot i el gol encaixat, el domini és clarament *citizen* amb 604 passades i 19 rematades, amb els dos Silva movent-se per dins, Sterling i Jesús trepitjant l'àrea i els laterals aportant profunditat en desdoblar-se als extrems. Amb el pas dels minuts, l'augment de l'angoixa per l'empat que reflecteix el marcador i l'entrada al camp de Sané i Agüero fan que el City desplegui el seu domini aclaparador en forma de 2-1-3-4 fins que el minut 97 Sterling aconsegueix el gol i s'abraça als seguidors de la graderia, cosa que en provoca l'expulsió per doble amonestació. Això, però, no enterboleix una victòria agònica que dona ales a l'esperit d'equip que havia començat a forjar-se la temprada anterior. El City comença a tenir la sensació que no només juga bé, sinó que és capaç de remuntar qualsevol dificultat. Les dinàmiques guanyadores sempre comencen amb un pas petit.

La primera setmana de competició del setembre deixa veure un City intractable: marca quinze gols i no n'encaixa cap; en set dies escombra el Liverpool, el Feyenoord i el Watford. Premier o Champions League, tant és: l'equip vola, goleja i manté la seva porteria a zero, fins i tot si Claudio Bravo l'ha d'ocupar provisionalment quan Ederson pateix una ferida profunda com a conseqüència d'una puntada de peu de Sadio Mané.

Guardiola suavitza la proposta del 3-3-2-2 perquè n'adverteix també els inconvenients. Aporta molta solidesa defensiva, permet alliberar els interiors i jugar amb dos davanters en punta, però exigeix un desgast immens dels laterals, atorga un paper secundari als extrems de la plantilla —cosa que trenca un dels fonaments apresos a Múnic— i afavoreix l'embús a l'àrea rival quan l'altre equip hi amuntega defenses. Per al Pep, aquest és un dilema que intenta resoldre amb paciència. Manté el 3-3-2-2 contra el Liverpool de Klopp, però no es deixa enlluernar per la golejada que aconsegueix (5-0). El joc de l'equip no és tan fluït com en partits anteriors i sembla evident que les 730 passades acumulades s'expliquen per la superioritat numèrica posterior a l'expulsió de Mané als trenta-set minuts per una agressió a Ederson. A més, a finals d'agost Kompany ha patit un altre accident muscular al bessó que els metges diagnostiquen com de lenta recuperació, de manera que ara costa alinear tres defenses quan només n'hi ha dos de disponibles (Stones i Otamendi) més el reforç de Danilo. De moment, Mangala, retornat de la seva cessió al València, està unes quantes passes per darrere del que el Pep exigeix a un defensa.

El 2-3-2-3 arriba en els dos partits següents, que el City resol amb les respectives golejades com a visitant: 0-4 al Feyenoord a la Champions i 0-6 al Watford a la Premier, la més gran fins aleshores de Guardiola a Anglaterra. Però és una disposició que al començament torna a ser un 3-3-2-2, ja que Fernandinho s'endarrereix entre els dos defenses i David Silva també baixa un graó per situar-se entre els dos laterals. D'aquesta manera, l'entrenador aconsegueix mantenir la distribució desitjada durant la sortida de la pilota i la modifica quan es creua el cercle central, on els dos jugadors que han baixat una línia tornen a pujar-la. Aquesta flexibilitat facilita la incorporació d'un extrem, Bernardo Silva contra els neerlandesos i Sterling contra el Watford, la qual cosa afegeix pressió. En conjunt, són dues molt bones exhibicions de joc, i s'hi suma la feliç tornada de Gündogan després de la greu lesió de la temporada anterior. L'equip domina, controla el joc, és eficaç, pressiona a dalt i concedeix poquíssim. I una setmana més tard continua volant. Primer elimina el WBA a la Copa de la Lliga (1-2), partit en què el Pep aprofita per donar minuts de joc a Mangala, Delph, Yayá Touré i Gündogan. I just després goleja el Crystal Palace (5-0) en un partit que tindrà conseqüències gegantines per al futur de la temporada.

L'entrenador repeteix el mòdul flexible exhibit contra el Watford, encara que aquest cop situa Sterling i Sané com a acompanyants del Kun a l'atac, ben oberts i a cama natural. Gabriel Jesús espera a la banqueta. La dinàmica de joc es manté, amb Fernandinho formant al costat de Stones i Otamendi a la sortida de la pilota i amb Silva entre Walker i Mendy a la segona línia i, en baixar també Sané juntament amb KDB, es torna a dibuixar el 3-3-2-2. Creuada la línia de mitjos, l'equip es desplega en 2-3-2-3 i s'enfronta a un rígid 4-4-2 dels londinencs, que tanquen bé els passadissos verticals. Sané i Sterling no triguen a canviar de banda i passen a jugar a cama canviada, però costa penetrar en un equip que des de fa uns dies ha passat a ser dirigit per l'experimentat Roy Hodgson.

I aleshores succeeix la desgràcia. En el minut 27 Benjamin Mendy xoca amb Andros Townsend i es queixa d'un cop dur a la tíbia esquerra, cosa que l'obliga a abandonar el camp. El Pep fa entrar

Danilo en lloc seu i torna a permutar els extrems: Sané torna a l'esquerra per donar profunditat per fora. Malgrat el domini indiscutible (set-centes vint-i-quatre passades, 72 % de possessió), el marcador no s'obre fins el minut 44, gràcies al mateix Sané, però es multiplicarà per cinc en un segon temps de domini aclaparador durant el qual Danilo ocupa el lateral dret, amb Walker i Otamendi de defenses, mentre que a l'esquerra entra Fabian Delph, un migcampista de bon peu que, a més, ajuda Fernandinho en la sortida de la pilota i marca el cinquè gol.

El City és el primer equip anglès a guanyar tres partits seguits per cinc o més gols des que ho aconseguís el Blackburn Rovers la temporada 1958-1959, però al vestidor la cara del doctor Eduard Mauri no delata res de bo. Es tem el pitjor per al genoll de Mendy. A Guardiola li canvia la cara. L'energia que han comprat per a fora està en perill...

## ACTE 2

# Del 3-3-2-2 al 2-3-2-3 per dues lesions

***Manchester / Nàpols / Huddersfield***
***Setembre, octubre i novembre de 2017***

Des del primer dia de la temporada, una càmera de vídeo enregistra la major part del que passa al vestidor del Manchester City. A començaments d'estiu, Manel Estiarte m'explica el projecte:

—El club ha rebut una oferta econòmica molt interessant d'Amazon i el Pep ha acceptat obrir la porta del vestidor. Fa uns anys això hauria estat inimaginable, però després de l'experiència a Múnic amb els teus llibres, el Pep ha entès que aquesta mena de projectes són positius. Quan mostres tot el que passa dins l'equip tens molt poc a perdre. Hi ha coses que fem malament, però tant és que es vegin, i les coses que fem bé ho compensen. El resultat final és que l'aficionat pot entendre millor el que passa en un vestidor d'elit.

Així doncs, una càmera d'Amazon Prime Video registra tot el que passa durant la segona temporada del Pep a Anglaterra, contingut que es pot veure resumit i compactat en el magnífic documental *All or Nothing,* que s'emetrà a partir de l'agost del 2018.

Les lesions tindran cert pes al documental; al cap i a la fi, són part consubstancial de la vida d'un equip de futbol. Les lesions són tan importants com l'entrenament, la planificació, la tàctica i l'anàlisi del rival. Són un dels factors que determinen el rendiment final del conjunt, en funció de la seva gravetat i la seva influència com a curtcircuitadors dels plans i les dinàmiques de l'equip. Els incidents lesionals poden ser previsibles o imprevisibles. Aquests últims són els que es produeixen durant el joc, bé sigui durant els partits o els entrenaments,[2] on els cops, els xocs i la fortuna tenen una incidència elevada. Els incidents previsibles són els que estan definits per l'historial de lesions d'un futbolista, per la càrrega desmesurada d'entrenament o pel nombre excessiu d'esforços competitius a què es veu sotmès. Lorenzo Buenaventura, el preparador físic del City, m'explica que «un equip d'alt nivell no ha de tenir més d'un o dos jugadors amb risc alt de lesions, i han de ser jugadors titulars, no suplents. Tenir més de dos jugadors titulars amb patrons de risc alt és massa perillós per a la salut de l'equip». És evident que una successió de lesions dins d'un equip, siguin previsibles o imprevisibles, augmenta el risc de patir nous incidents en altres jugadors, ja que el nucli de futbolistes sans ha d'afrontar més exigències davant la baixa dels seus companys, cosa que al seu torn multiplica el risc de noves caigudes.

El capità Vincent Kompany s'ha lesionat un altre cop al bessó a finals d'agost i els metges no preveuen que pugui tornar a jugar abans de mitjan novembre. Dos mesos i mig sense el capità o, el que és el mateix, amb només dos defenses de primer nivell (Stones i Otamendi). Kompany té un patró lesional de risc alt. Des que va fitxar pel City l'estiu del 2008 fins que marxi el 2019, el capità haurà patit vint-i-tres lesions en onze temporades, la majoria als bessons i els panxells, però també a l'engonal, els isquiotibials, el genoll, els abductors i els quàdriceps. El perfil corporal de Kompany és extraordinari per a un defensa, però amb el pas del temps s'ha anat fent més fràgil, fins a sumar vuit-cents vuitanta dies de baixa a l'equip *citizen*, amb el qual haurà disputat dos-cents seixanta-cinc partits, però se n'haurà perdut ni més ni menys que cent cinquanta-dos.

El diagnòstic del metge sobre el nou incident patit pel capità més els precedents sobre la seva fragilitat obliguen l'entrenador a aparcar la idea de jugar amb tres defenses, simplement perquè no disposa d'ells. Al cap de quatre dies els problemes s'agreugen molt quan el doctor Ramon Cugat confirma a Barcelona que Benjamin Mendy pateix un trencament del lligament creuat del genoll esquerre. Mendy ha jugat tres-cents vuitanta-set minuts però serà baixa la

2. L'estudi realitzat per Ekstrand, Hägglund i Waldén per a la UEFA el 2011 sobre patrons lesionals conclou que a cada equip es produeixen unes cinquanta lesions per temporada, és a dir, dues per jugador aproximadament, de les quals el 57 % s'originen als partits i el 43 % als entrenaments.

resta de la temporada. És l'únic lateral esquerre pur de l'equip, un dels grans fitxatges del curs, l'energia atòmica personificada i peça essencial en la disposició tàctica que ha dissenyat el Pep. Però s'ha trencat sense remei i, amb ell, la proposta tàctica de l'entrenador es fa inviable i s'esvaeix.

Amb el lligament de Mendy també s'han trencat els plans del Pep. L'estructura de tres defenses i dos laterals-extrems al costat del mig centre no es pot aguantar més temps davant de dues baixes tan sensibles. I canviar la configuració de les dues primeres línies significa que s'hauran de remodelar també les dues línies següents. El 3-3-2-2 ha deixat d'existir al voltant de dos quarts de quatre de la tarda del dissabte 23 de setembre del 2017. El Pep ho confirma:

—Ens trenca tots els plans. Fins ara hem fet molts gols en aquest inici de temporada (27 en vuit partits) perquè Mendy ens donava l'amplitud. Teníem dos coets, Walker i Mendy, amunt i avall sense parar. Te'n recordes, que a Múnic et vaig dir que veia els laterals com a migcampistes per dins? Continuo pensant el mateix, però si tens dos coets per fora els has de fer servir. Walker i Mendy són dos laterals que podríem anomenar «antics», dels d'abans. Rectes corrent tota la banda, amunt i avall, donant amplitud a l'equip. Unes bèsties defensant i uns coets atacant. Sense Mendy se'ns ha trencat el pla per la meitat i hem de canviar la idea. Danilo és una altra mena de lateral. Pot anar per fora però, en ser dretà, tindrà tendència a tallar cap a dins, és inevitable. I Delph, a qui veig com a substitut de Mendy, no té les seves cames i l'haurem de reconvertir. És un altre perfil. És un migcampista amb bona arribada que haurà d'aprendre a defensar però a qui no podem demanar miracles. És a dir, qui ens donarà ara amplitud per l'esquerra?

Al Pep no li cal pensar-ho massa. L'amplitud en atac l'haurà d'aportar Leroy Sané. La solució es troba en els mateixos fonaments del seu joc, un dels quals s'expressa en forma d'extrems oberts per guanyar aquesta amplitud. Si no disposa d'un coet com Mendy, col·locarà un altre coet com Sané, però en aquest cas només en la direcció de l'atac. No pot pretendre que el jove extrem alemany assumeixi també les funcions defensives que realitzava el lateral francès.

Per tot això, el Pep adopta el 2-3-2-3, el mètode italià, per salvar una part del que fins ara ha funcionat. Distribueix l'equip en quatre línies: dos defenses ocupen la primera; els dos laterals es tanquen a prop del mig centre formant un mur central; dos interiors ocupen els espais intermedis entre rivals; i la darrera línia està integrada per un punta que de vegades jugarà endarrerit, com a fals 9, més dos extrems a cama natural. Amb un matís: la línia de tres mitjos serà diferent de la que es formava quan jugava Mendy. Ara tindrà trets asimètrics. El lateral dret (Walker o Danilo) continuarà atacant per fora però l'esquerre (Delph) es tancarà per dins amb Fernandinho, i deixarà l'atac pel seu costat en mans de Sané. És una asimetria ben coordinada: a l'esquerra és profunda amb l'extrem (Sané) i interioritza el lateral (Delph); a la dreta és el lateral (Walker) qui dona profunditat, mentre l'extrem (Sterling) talla cap a dins. A canvi, Guardiola sacrifica el doble 9, la dupla Agüero-Gabriel Jesús.

El 2-3-2-3 és conegut per ser el mòdul de joc implantat a la selecció italiana per Vittorio Pozzo i Carlo Carcano a partir del 1925 que va dur els *azzurri* a conquerir la Copa del Món del 1934 i el 1938 i l'or olímpic del 1936. Històricament, aquest 2-3-2-3 va rebre el nom de «Mètode» i va estar a la base de l'extraordinari èxit italià a la dècada dels anys trenta. Pozzo i Carcano van buscar amb aquest mòdul mantenir el pilar bàsic de la Piràmide de Cambridge, els dos defenses i els tres mitjos, però reduint l'exposició a l'atac, en desdoblar la línia de cinc atacants en dos interiors i tres davanters.

El 2-3-2-3 de Guardiola desenvolupa una dinàmica de joc molt especial. Quan l'equip s'ha assentat en cap contrari, i per tant el *build-up* ja ha acabat, la inèrcia atacant s'harmonitza amb l'expectativa defensiva, de manera que els comportaments de la primera i la darrera línia són molt similars: els dos defenses i els dos extrems es queden gairebé quiets, a l'espera que passin coses. Són els sis homes interiors de les files intermèdies els qui fan circular la pilota fins trobar els espais per on batre l'oponent. Aquests sis homes (mig centre, laterals, interiors i punta) modifiquen les seves posicions de sortida i també els moviments que realitzen en funció del tipus de rival a qui s'enfronten, de manera que en ocasions fa la impressió que el City es distribueix de manera diferent, però en realitat no canvia el concepte fonamental del 2-3-2-3. Sis homes centrats mouen la pilota i els altres quatre resten a l'espera d'entrar en acció, bé com a punts de suport, bé per finalitzar les jugades.

Els interiors amassen les seqüències de passades i el mig centre i el davanter en punta són els vèrtexs d'un hexàgon que constantment es descompon en petites o grans triangulacions per desorganitzar el rival. Diferencio entre petites i grans triangulacions per una raó molt evident. L'equip desplega triangles petits a la seva zona esquerra i triangles grans a la dreta. Ho fa així per les característiques dels jugadors: a l'esquerra, David Silva (i en la seva absència Gündogan) construeix seqüències llargues de passades curtes que permeten anar avançant posicions juntament amb el lateral i l'extrem; a la dreta, De Bruyne (i en la seva absència Bernardo o Foden) prefereix espais més amplis sobre els quals triangular juntament amb el seu lateral i el seu extrem. D'aquesta manera, si bé la mida de les triangulacions al costat esquerre és molt diferent de les del costat dret, els processos creatius són molt semblants. Per davant de la pilota, els dos extrems esperen el moment d'entrar en acció, mentre que per darrere, el mateix mig centre i els laterals, a més dels dos defenses en posició lleugerament endarrerida, componen l'estructura de protecció dels contraatacs rivals.

En definitiva, el 2-3-2-3 de Guardiola parteix del fonament bàsic de la piràmide i en moments d'atac massiu acaba desplegat en el seu màxim exponent del 2-3-5. El desplegament del mòdul permet al City dominar el terreny adversari, establir una plataforma per protegir-se dels contraatacs gràcies als cinc homes que queden per darrere de la pilota, exercir una pressió circulatòria de pilota potent a la zona central del camp gràcies als sis jugadors centrats, avançant mitjançant triangulacions dispars, i aconsegueix tenir una línia final formada en no poques ocasions per cinc atacants.

Els jugadors del Pep es reconeixen en aquest 2-3-2-3, identifiquen les posicions a ulls clucs i se senten potenciats dins d'un mòdul de joc que els dona fluïdesa i llibertat, encara que conservant un compromís col·lectiu elevat. Amb la pilota en el seu poder més del 70 % del temps, el 2-3-2-3 es revela eficaç i gairebé imparable, al temps que admet nombroses variants. El setembre del 2017 es tanca amb aquest gran canvi tàctic i amb dos triomfs importants que se sumen als cinc anteriors: 2-0 contra el Shakhtar a Champions i 0-1 contra el campió vigent, el Chelsea, amb un gol de Kevin de Bruyne, el jugador de qui el club de Stamford Bridge s'havia desfet l'hivern del 2012 després d'haver-lo fet jugar tan sols tres partits.

El mes d'octubre, el 2-3-2-3 és l'únic mòdul de joc que fa servir l'equip. Sigui per enfrontar el 5-4-1 del Burnley o el WBA o davant d'un «4-3-3 mirall» com el del Nàpols, el conjunt de Guardiola manté la mateixa manera de distribuir-se sobre el terreny de joc i també la seva estructura principal, composta per vuit jugadors inamovibles: Ederson, Walker, Stones, Otamendi, Delph, Fernandinho, De Bruyne i Silva. Només hi ha permutes a la davantera entre els cinc atacants de la plantilla. A poc a poc, Bernardo Silva va tenint més minuts en el seu lent procés d'adaptació i l'alemany Gündogan prossegueix la seva reaparició gradual, a l'espera que rendeixi com en els seus millors temps del Borussia Dortmund. Per a sorpresa general, Fabian Delph ofereix un rendiment excel·lent com a lateral interioritzat. Amb ell d'acompanyant de Fernandinho en l'organització del joc, l'equip agafa una velocitat de creuer imparable, en la qual Sané s'erigeix en protagonista de formidables accions d'atac. Per un accident. Guardiola ha hagut d'abandonar els seus plans originals, trencar la dupla atacant, improvisar un lateral i donar plaça fixa a Sané, però el rendiment col·lectiu supera qualsevol expectativa. L'equip completa el mes d'octubre mantenint-se invicte, amb quatre victòries i mitja (empata a la Copa de la Lliga amb els Wolves, als quals elimina als penals) que s'afegeixen a les nou anteriors.

El formidable partit contra el Nàpols de Maurizio Sarri a mitjan octubre mostra les virtuts i els defectes del City: una primera mitja hora que talla l'alè, amb dos gols, un xut al pal i una rematada de Gabriel Jesús que no aconsegueix introduir-se del tot a la porteria de Pepe Reina resumeixen una exhibició formidable de joc. Però després arriba mitja hora de descontrol en què els italians frenen l'allau i, acte seguit, arriben a superar el City durant un tram en el qual fins i tot Ederson atura un penal. En acabar el partit, Guardiola diu: «Mai no m'havia enfrontat a un equip tan bo [en la facilitat de sumar passades curtes i encertades] com aquest Nàpols». John Stones encadena el seu segon partit consecutiu fregant l'encert ple en les passades (cent vuit de cent nou passades contra l'Stoke; vuitanta-tres de vuitanta-cinc contra el Nàpols) i l'entrenador el felicita en públic: «El John ha fet un gran pas endavant en el seu rendiment». Txiki Begiristain va més lluny: «El John ja és un dels millors centrals del món i en el futur serà el millor». Tampoc no oblida que Gabriel Jesús ha estat implicat d'una manera o altra en vint-i-un gols dels vint partits en què ha estat titular, i que ha anotat els darrers deu gols al primer toc.

La golejada aclaparadora contra l'Stoke City (7-2) remet a una dada del 1894, quan l'Everton va arrancar la lliga amb 30 gols en els primers vuit partits. El City n'ha obtingut vint-i-nou, la segona màxima anotació de la història, mentre que Guardiola arriba als seus primers 300 partits de lliga com a entrenador, en els quals ha obtingut un 76 % de victòries i una mitjana de 2,58 gols favorables per partit. Contra el Burnley, Sergio Agüero iguala el rècord anotador del club, amb cent setanta-set gols obtinguts en dos-cents cinquanta-nou partits. El llegendari Eric Brook va necessitar molts més partits, en concret 493, entre els anys 1928 i 1939. En aquest punt, l'equip iguala el nombre de victòries consecutives del club (onze) i pocs dies més tard, contra el West Bromwich, trenca uns quants rècords històrics de la Premier League: suma vuit-centes quaranta-tres passades i mil cent onze tocs de pilota, acumula un 78,2 % de possessió i tanca les deu primeres jornades del campionat amb vint-i-vuit punts sobre trenta, el millor inici de lliga de la història.

Domènec Torrent, segon entrenador del Pep des del 2013, exposa que ell ha vingut a Anglaterra per aportar i sumar, «no per canviar el futbol anglès ni per donar lliçons a ningú; només per aportar noves idees». Dome és rotund. «Deixa que ho repeteixi perquè ningú no es confongui: el Pep no és cap messies que va evangelitzant el món del futbol per canviar-lo. Ell només vol proposar el seu joc, aprendre dels qui juguen diferent i intentar sumar i aportar riquesa al joc». Durant aquestes setmanes, Sané i Sterling s'alternen a les bandes, de vegades jugant a cama natural per donar amplitud, de vegades a cama canviada per buscar la rematada directa. El rendiment de Sané és altíssim: ha marcat vuit gols i ha donat cinc assistències en els quinze partits que ha disputat. En acabar els entrenaments, Mikel Arteta dedica sempre molts minuts a realitzar tasques específiques d'atac amb Sané, Sterling i Gabriel Jesús, i aquesta feina està donant bons fruits. Guardiola manté l'asimetria dels seus laterals, però en alguns partits Walker i Delph es mostren en paral·lel per dins, i deixen l'atac per fora als extrems. La raó d'aquests canvis resideix únicament en el perfil específic de l'equip rival.

En moments difícils, el Pep afegeix matisos al 2-3-2-3 i desplega l'equip en forma de 2-1-4-3 o bé de 2-4-4 i, per descomptat, també en forma de piràmide (2-3-5) si és inevitable un atac desaforat. En tots els casos, De Bruyne i David Silva adopten papers diversos: poden exercir des de mig centre únic a interior, mitjapunta o extrem, segons les necessitats puntuals. Al seu torn, Bernardo Silva guanya protagonisme en una doble funció d'extrem i interior que exerceix d'allò més bé.

El novembre, el City també es manté invicte i suma sis victòries més, cosa que va augmentant la seva llista de rècords parcials. Durant vint-i-cinc minuts pateix un martiri contra el Nàpols, però després d'encaixar el primer gol es refà i remunta amb solvència, beneficiat també per la important baixa del lateral esquerre napolità Faouzi Ghoulam, fins acabar dominant i sotmetent un gran rival per 2-4. És la primera victòria d'un equip anglès en partit de Champions League a San Paolo, estadi on els napolitans no perdien des del mes d'abril. Sergio Agüero marca el seu gol número 178 i es converteix en màxim golejador històric del club (264 partits, 0,67 gols per partit).

Quan no té la pilota, l'equip se sol distribuir en 4-1-4-1, moment en què Fernandinho ha de mostrar el seu excel·lent joc aeri defensiu. Ja que l'equip només passa un 28 % del temps de joc sense la pilota, la variabilitat de l'organització defensiva no és elevada. La xifra de xuts que es concedeix al rival és reduïda: 6,2 rematades per partit de mitjana (per 8,2 la temporada anterior), de les quals tan sols 2,2 van dirigides entre els tres pals, de llarg la xifra més baixa del campionat. El 3-1 davant de l'Arsenal segella el millor inici de la història de la Premier League i també el millor de Guardiola en la seva carrera: onze partits, deu victòries, un empat, trenta-vuit gols a favor i set en contra. Els jugadors se senten còmodes amb el mòdul de joc emprat, que els permet rendir sense arriscar-se, conscients que cada posició estarà ocupada en tot moment per algun company, i se saben capaços de combinar amb harmonia l'audàcia agressiva en atac amb els moments de control que exigeix qualsevol partit. Ningú no destaca més en aquesta duplicitat de ritmes que De Bruyne, que veu la seva naturalesa interna potenciada per la llibertat que se li concedeix com a interior per trepitjar qualsevol zona del camp. Multijugador capaç d'ocupar sis posicions diferents al mòdul, KDB està tenint una temporada monumental, completant partits en què ha imposat la seva jerarquia i control, dominant totes les fases del joc i portant l'equip a cotes d'excel·lència insospitades. És el triomf de la naturalesa del jugador per damunt del clixé de les posicions fixes. De Bruyne és el triomf de la mobilitat permanent.

A mitjan novembre, John Stones pateix un trencament fibril·lar als isquiotibials, un dels pocs que pateix l'equip en tota la temporada. La lesió trenca també la fins aleshores inexpugnable dupla Stones-Otamendi, una de les bases de l'impactant inici de temporada. Per casualitat, la baixa de Stones es produeix el mateix dia que torna el capità Kompany després d'una absència de setanta-set dies. D'aquesta manera, Kompany es converteix en parella d'Otamendi, i alterna el paper amb Mangala, a qui el Pep promou també a la titularitat en alguns partits, vista la fragilitat congènita del capità. A partir d'aquest moment, Otamendi protagonitza algunes actuacions superbes en àmbits com la posició, l'anticipació, la conducció i la passada. El cos tècnic del City atribueix la millora a l'ambició personal del jugador per progressar i també a dos altres factors: l'equip està ben situat al camp, oferint línies de passada; i la feina en els jocs de posició ha assolit l'excel·lència. Dome Torrent explica aquest creixement inesperat d'Otamendi: «Els jugadors tenen al seu interior un estil i un joc que de vegades no saben que posseeixen. Però si s'aconsegueix generar un entorn favorable, de sobte, per a sorpresa de tots, surt de dins seu una manera de jugar que no es creia possible. És el que està passant amb Otamendi, que ara és un mestre en els jocs de posició i en els rondos».

Precisament Otamendi serà el protagonista del primer gol a pilota aturada que encaixi l'equip en tota la temporada. Succeeix contra el Huddersfield, en un servei de córner que el defensa argentí introdueix en pròpia porteria en el minut 45. És un mal presagi, ja que des de l'abril del 1995 l'equip de Manchester no ha aconseguit remuntar ni un sol partit fora de casa quan el marcador li era desfavorable a la mitja part. En un segon temps angoixant, el Huddersfield es defensa amb un impenetrable 5-4-1. En aquest període els *citizen* fan dues-centes noranta-cinc passades per tan sols setze dels locals (85 % de possessió) i quan l'empat sembla definitiu sorgeix el «factor Sterling», un fenomen que recorda el de la «Zona Cesarini».[3] El jove davanter anglès aconsegueix el gol de la victòria al

3. L'italoargentí Renato Cesarini posseïa la peculiar habilitat de marcar gols en els darrers minuts dels partits, cosa que es va passar a conèixer com a «Zona Cesarini». El mateix jugador va explicar que aquest sobrenom va néixer a Torí el 13 de desembre del 1931, quan Itàlia va aconseguir vèncer Hongria per 3-2 en partit de Copa Dr. Gerö. Per Itàlia havien marcat Julio Libonatti i Raimundo Orsi, però els hongaresos van empatar gràcies a dos gols d'István Avar. Al minut 90 «vaig tirar molt fort, a l'esquerra del porter que, bravíssim, encara va tenir temps de llançar-se cap al costat correcte, però va arribar massa tard. La pilota se li va escapar; va poder tocar-la amb les mans però, de tan fort com l'havia colpejada jo, no la va poder aturar. Vam guanyar 3 a 2 i ni tan sols no hi va haver temps de tornar a posar la pilota al mig del camp. Els hongaresos es van enrabiar molt; jo i tots els companys estàvem radiants. Vaig rebre molts elogis. S'havia descobert l'anomenada «Zona Cesarini».

minut 84, igual com l'havia aconseguit cinc dies abans contra el Feyernoord (minut 85) i com ho faria tres dies després contra el Southampton (minut 96), a més dels aconseguits en setmanes anteriors davant de l'Everton (minut 82) i el Bournemouth (minut 96). Si Sané destaca en un vessant, Sterling ho fa en un altre, però amb la mateixa eficàcia. La temporada anterior havia sumat onze gols en quaranta-set partits; aquesta ja duu els mateixos en només 17 partits. La millora és geomètrica.

No obstant això, el cos tècnic sempre en vol més. Després de guanyar per 1-0 al Feyenoord a Champions, l'equip s'ha classificat matemàticament com a primer de grup i suma vint-i-cinc partits invicte al curs, però Dome Torrent està descontent amb la manera d'enfrontar defenses molt poblades: «Crec que contra defenses tan tancades com la d'avui no l'encertem si fem jugar els extrems a cama canviada. Han d'anar a cama natural perquè si no ens embussem nosaltres mateixos». Avui s'ha complert la victòria número cinquanta del Pep al City i també el debut de Phil Foden en partit oficial. És el tercer jugador de la història a jugar a la Champions havent nascut l'any 2000 i el més jove del City a fer-ho. Els minuts finals també debuta Brahim Díaz, l'altra jove promesa.

El 5-4-1 s'ha erigit en l'antídot que tots els rivals plantegen com a proposta «anti-City». El Southampton de Mauricio Pellegrino es defensa amb deu homes dins de la seva pròpia àrea i la idea li somriu fins el minut 96, quan per tercer partit consecutiu Sterling aconsegueix el gol de la victòria quan el rellotge ja marcava l'hora. Sobre la gespa de l'Etihad Stadium es desferma la bogeria...

## ACTE 3

# El Shark Team, divuit victòries consecutives

***Manchester / Londres***
***Desembre de 2017***

Aquest matí Txiki Begiristain ha convidat el metge a prendre cafè. Només han passat onze hores des de l'agònic triomf contra el Southampton. El director esportiu vol saber de primera mà si el que va fer Benjamin Mendy la nit abans pot tenir alguna conseqüència en la recuperació del seu genoll. El doctor Mauri pensa que no, però no és possible afirmar-ho amb certesa absoluta.

La nit abans es va produir un esclat de bogeria col·lectiva l'instant que Raheem Sterling va aconseguir el gol de la victòria davant d'un Southampton ple d'excel·lents futbolistes com Virgil van Dijk, Pierre Hojbjerg, Oriol Romeu, Fraser Forster, Ryan Bertrand o Nathan Redmond, entre d'altres. El City va aconseguir avançar-se en una falta llançada per KDB que Van Dijk va anotar en pròpia porta, però no va aconseguir ampliar el marcador en les nombroses ocasions que va generar, en les quals tant Gündogan com Gabriel Jesús es van mostrar desafinats a l'hora de finalitzar. Els del sud van empatar quan faltava un quart d'hora gràcies a Oriol Romeu, cosa que va obligar els locals a intentar remuntar a la desesperada per conservar la seva trajectòria brillant al campionat. No va ser fins al minut 96 que Sterling va aconseguir, mitjançant un xut corbat a l'esquadra esquerra de Forster, el gol del triomf, el cinquè que feia en els minuts finals d'un partit, el tercer consecutiu.

Les emocions van saltar pels aires a l'Etihad Stadium. Guardiola i el cos tècnic en ple van envair el camp saltant i abraçant-se. En un costat, Sterling va caure sepultat pels seus companys, titulars i suplents barrejats en una pinya eufòrica a la qual s'havia sumat Benjamin Mendy, que va llançar les crosses a un costat i va córrer pel camp com si no estigués operat del genoll. Mendy és el gran animador del vestidor, fins i tot més des que va patir la greu lesió al lligament creuat. Quan encara era al quiròfan va començar a enviar vídeos amb missatges de suport als seus companys que s'han anat repetint sense parar, cada cop amb més bromes i bon humor, fins desembocar en el sobrenom que adopta l'equip: *Shark Team* (Equip Tauró). El club no va trigar a llançar samarretes i marxandatge amb aquest nom i la imatge d'un tauró amb la gola oberta, al temps que les graderies de l'estadi es poblaven de taurons inflables. «Som el gran tauró i quan els equips neden al nostre costat ens els cruspim», va profetitzar Mendy a finals de setembre, i dos mesos més tard el tauró es mostrava insaciable.

Encara emocionat pel triomf, el dotzè consecutiu a la lliga, Guardiola fa broma davant dels periodistes sobre l'esprint de Mendy:

—Mendy és boig. Té una lesió de sis mesos i es posa a córrer... Un desastre!

Ho diu fent broma, però aquella nit Txiki Begiristain se'n va a dormir amb certa preocupació i vol saber l'opinió del metge. De la xerrada que mantenen tots dos, però, no se'n deriva cap conclusió contundent més enllà que demanaran a Mendy que moderi els esforços i eviti riscos innecessaris com els que va córrer el dia abans.

Nou partits el mes de desembre suposen un repte elevat que el Pep pretén afrontar amb rotacions freqüents (Mangala entra en joc, cosa que permet protegir Kompany), però mantenint l'estructura modular 2-3-1-3. El primer adversari és el West Ham, que també «planta l'autobús», un 5-4-1 estret i atapeït que facilita que el City arribi a estones amb el 80 % de possessió, però que no aconsegueixi generar oportunitats clares de gol. Els exemples recents del Feyenoord, Huddersfield i Southampton, equips que es van emmurallar contra els del Pep, estan creant escola i continuaran fent-ho més endavant, quan altres rivals adoptin la mateixa estructura defensiva contra els *citizen*.

El West Ham aprofita un punt dèbil local als córners que van dirigits al primer pal i s'avança amb un cop de cap d'Ogbonna al minut 44 —només és el segon gol encaixat a la temporada en un servei de córner—, i després d'això es tanca darrere d'un mur defensiu que costa moltíssim traspassar. Primer Otamendi i finalment

David Silva en una rematada acromàtica aconsegueixen el triomf, el tretzè consecutiu, que iguala el rècord històric de la lliga, en poder del Sunderland Preston des de les temporades 1891-1892 i 1892-1893. L'equip suma quaranta-tres punts en quinze partits, rècords de la Premier League i el millor registre de Guardiola en tota la seva carrera. Tot i aquesta glòria momentània, l'entrenador es mostra molt preocupat per les dificultats que està trobant per trencar els panys rivals i reflexiona sobre com s'ha d'atacar equips tan tancats:

—En els últims partits he après que contra els equips que planten l'autobús s'ha d'atacar d'una manera una mica diferent. Ho estem fent amb dos números 9 (Gabriel i el Kun) per dins més dos extrems oberts i amb Kevin i David (Silva) servint pilotes. Aquesta experiència ens servirà per aplicar-la en el futur.

Sent líder còmode a la Pemier i estant ja classificat com a primer de grup a la Champions, la visita al Shakhtar ucraïnès en un partit intranscendent fa inevitables les rotacions. L'entrenador tria un 3-4-3 en el qual Fernandinho juga a la línia de tres defenses, juntament amb Adarabioyo i Mangala, i com a mig centre alinea Yayá Touré, que des dels amistosos de l'estiu únicament ha jugat doscents set minuts en tres partits. Més encara, el Pep situa el jovenís-sim Foden de lateral-extrem perquè en els moments sense pilota l'equip es desplegui en 5-2-3, i la darrera mitja hora introdueix Brahim Díaz perquè foguegi. En aquest escàs període intenta 18 driblatges, dels quals n'encerta vuit, una quantitat astoradora.

La primera derrota oficial de la temporada (2-1) té lloc la nit del 6 de desembre a Donetsk, on l'equip tanca una ratxa de vint-i-vuit partits invicte (vint-i-tres en aquell curs i cinc en l'anterior), dels quals vint-i-quatre han estat victòries. Al Pep no l'ha preocupat gens celebrar el seu partit número cent a Champions League amb una derrota intranscendent. Prefereix haver rotat i experimentat amb els canvis que sumar un triomf més a un palmarès que ja és el millor de la història de la competició, amb seixanta-una victòries, vint-i-tres empats i setze derrotes. Per darrere seu figuren grans entrenadors com Mourinho (cinquanta-quatre victòries), Ferguson (cinquanta-tres) o Ancelotti (cinquanta).

Mourinho precisament és l'amfitrió del següent partit *citizen*, quatre dies més tard, a Old Trafford. I Sterling és la gran novetat perquè no juga a la banda, sinó com a fals 9, mentre que Sané s'alinea com a extrem dret i Gabriel Jesús com a esquerre. De fet, no comencen així el partit però als tres minuts exactes fan els canvis pertinents i passen a ocupar aquestes posicions, cosa que durant llargs minuts provocarà el desconcert local. També el Manchester United *parks the bus*, planta l'autobús, i això facilita un domini aclaparador del City que fins el minut 54, moment en què marca el gol del triomf definitiu (1-2), és del 72 % de possessió de pilota, la dada més alta per a un equip visitant de la història d'Old Trafford.

Durant un primer temps amb el 75 % de possessió per als de Guardiola, Sterling ofereix un recital de comprensió de la funció de fals 9. El Manchester United fa quaranta partits que no perd al seu estadi, quinze mesos exactes, justament des del primer derbi del Pep. Igual que aquell dia, avui també venç el City per 1-2, encara que el partit deixa més detalls que el simple triomf *citizen*. El seu domini és aclaparador, ja que fins i tot és capaç de superar el rival en nombre de duels aeris (dinou contra catorze), i això que l'alçada mitjana dels jugadors beneficia el Manchester United en sis centímetres. Tot i això, Ederson ha de realitzar tres molt bones intervencions i Delph comet dos cops el mateix error de no rebutjar amb encert una pilota llançada des de lluny, en una de les quals Rashford aconsegueix empatar el gol inicial de Silva. Al descans, Kompany s'ha de retirar, afectat d'una molèstia muscular, i això fa que Fernandinho s'endarrereixi a la defensa i Gündogan entri de mig centre. Una vegada aconseguit el gol del triomf gràcies a una rematada a boca de canó d'Otamendi, l'entrenador introdueix Mangala en lloc de Gabriel Jesús i recompon totes les línies: els defenses són Otamendi i Mangala; la mitja la formen Walker, Fernandinho i Delph; els interiors són Gündogan i De Bruyne, amb Sanée i Sterling als extrems i David Silva com a fals 9.

El triomf al derbi atorga 11 punts d'avantatge al City sobre l'equip de Mourinho, catorze sobre el Chelsea i setze sobre el Liverpool quan tan sols s'han disputat setze jornades. La d'avui suposa la catorzena victòria seguida a Premier League, rècord de la competició. Guardiola suma el seu novè triomf davant Mourinho en vint enfrontaments (quatre empats, set derrotes), i el segon a Old Trafford. La festa al vestidor és colossal. Graeme Sousness, estrella del gran Liverpool dels anys setanta, diu com a colofó: «Ni a la millor època del nostre Liverpool no vam aconseguir dominar Old Trafford com avui ho ha fet el City».

Sense solució de continuïtat, la marxa triomfal continua al llarg de l'últim mes del 2017. Tres dies després, David Silva fa el seu millor partit de la temporada en la victòria contra el Swansea per 0-4. Abans de començar, Mikel Arteta s'adreça a Guardiola:

—Pep, ni t'imagines com estan: han escalfat com bèsties.

El quinzè triomf consecutiu a Premier League esborra de la llista de rècords ni més ni menys que els «invencibles» de l'Arsenal 2003-2004. L'equip encerta vuit-centes trenta-una passades, fa mil sis tocs, té la pilota el 78,2 % del temps i venç amb tanta comoditat que pot oferir minuts de rodatge a Touré i Zíntxenko. L'entrenador del Swansea, Paul Clement, no té manies a l'hora de donar la seva opinió: «Si ets aficionat del City, és una meravella veure'ls jugar. És un dels millors equips que he vist mai».

L'exhibició de Silva ha estat memorable, però l'endemà viu un moment duríssim en produir-se el naixement de forma prematura del seu fill Mateo, amb només sis mesos de gestació. El 16 de desembre l'equip li dedica una victòria incontestable per 4-1 sobre el Tottenham de Mauricio Pochettino, triomf que supera el rècord anterior —el City ha guanyat tots els rivals del segon al novè lloc de la classificació— i que inaugura una etapa extraordinària de Kevin de Bruyne com a motor del City. Durant els següents tres mesos, coincidint amb nombroses absències obligades de Silva, el belga es convertirà en líder suprem de l'equip en totes les facetes fins conquerir un pes i una jerarquia monumentals. Contra els Spurs, KDB ho fa tot: pressiona, recupera, dirigeix, condueix, passa, remata i marca. És un fals 8, un *free 8*, amb llibertat absoluta de moviments. Tal actuació superlativa li suposa tornar a ser nomenat millor jugador del partit, com ja havia succeït en els enfrontaments contra el Chelsea, el Manchester United, el Liverpool o l'Arsenal... «No tinc paraules per definir el que el Kevin ha fet avui», diu el Pep en sortir de l'estadi. Abans, al vestidor, tothom posa amb una samarreta en homenatge a l'absent David Silva, inclòs el jovenet Phil Foden, el noi anglès que precisament està cridat a ser l'hereu de l'espanyol i que en aquell partit ha debutat a la Premier, exactament el mateix dia, vint-i-set anys més tard, que ho va fer Guardiola a la Liga espanyola. No ha estat casualitat. El Pep s'ha convertit en mentor de Foden i el vol dur a dalt de tot del futbol anglès.

I també vol revisar alguns detalls:

—Aquesta manera de jugar és la millor per al nostre perfil de jugador perquè els dona certeses i fa que tinguin pocs dubtes al camp. Però demà revisaré el partit i intentarem corregir algunes cosetes.

Ni en el triomf permanent no es relaxa...

Per visitar el Leicester a la Copa de la Lliga, l'entrenador tria un equip que combina alguns veterans amb molts joves (Zíntxenko, Adarabioyo, Foden, Brahim i, a la pròrroga, Nmecha i Dele-Bashiru). Així, al costat de Bravo i Touré (tots dos de trenta-quatre anys), alineen vuit jugadors de menys de vint-i-un anys. El joc és similar al del primer equip però interpretat per solistes menors. Tot i això, s'aconsegueix dominar el Leicester i només es cedeix l'empat als noranta-set minuts després del penal. El City defensa bé el resultat a la pròrroga i supera ronda a la tanda de penals en detenir Bravo el llançament de Mahrez, com ja havia fet per partida doble a l'eliminatòria anterior, contra els Wolves. Bravo ofereix molta seguretat aturant penals i atorga el pas a la semifinal de la competició. Al vestidor, un membre del cos tècnic bateja aquest equip com el *Zíntxenko's Team*, el germà petit del *Shark Team*.

Dos dies abans de Nadal, Bravo fa la primera de les seves nombroses tornades a Manchester per ajudar l'equip. Davant del 5-4-1 del Bournemouth, amb les línies molt compactades i sense cedir cap espai lliure, Guardiola alinea d'entrada «el mag» i dibuixa un rombe al mig del camp (amb Fernandinho al vèrtex inferior, Sterling al superior i KDB i Silva als costats). Al segon temps, el joc, amb el 80 % de possessió, és formidable i esclafa els visitants. Sembla que l'afició ja ha entès els propòsits del joc, perquè aplaudeix accions com una passada enrere d'Otamendi a Ederson per rellançar la jugada pel costat oposat o qualsevol recuperació de pilota propiciada per una pressió elevada. Per primer cop a la seva carrera, el Kun Agüero aconsegueix dos gols de cap en un mateix partit.

El City tanca l'any 2017 al seu estadi amb un balanç excel·lent: vint-i-sis partits, zero derrotes. Suma 101 gols, i això el converteix en el primer equip anglès a superar la centena en un any natural des del 1982 (Liverpool, cent seixanta). Al tancament de la primera volta del campionat presenta un balanç de divuit victòries i un empat, amb seixanta gols favorables (3,1 de mitjana), dotze en contra (0,6) i cinquanta-cinc punts de cinquanta-set possibles. Són dades contundents, però voldria dedicar unes línies a un detall que em sembla rellevant: el nombre de seqüències de deu o més passades que fa l'equip en funció del context del partit. Si va guanyant, aquest nombre de seqüències ascendeix al 13,4 % del temps de joc, però si va perdent es redueix al 6,8 %. És a dir, el nombre de passades continuades és el doble en moments positius que en moments negatius, la qual cosa indica clarament la voluntat de fer servir la passada com a element de control del joc. Quan el City va guanyant, aquestes seqüències de passada acaben en rematada a la porteria rival en el 9 % dels casos, mentre que si va perdent el percentatge puja, òbviament, fins al 27 %, el triple. En un escenari oposat al de fa un any, el Pep arriba entusiasmat a Nadal, moment en què el seu equip té un avantatge de 13 punts sobre el Manchester United, el més gran que mai s'ha produït a Anglaterra entre primer i segon classificat:

—Aquest vestidor és un somni.

L'avantatge encara augmentarà més el 27 de desembre, amb la divuitena victòria consecutiva. Quan Kompany es lesiona al minut 3 de partit a St James' Park, l'entrenador sorprèn amb un moviment inesperat en introduir Gabriel Jesús i formar un «doble 9». La disposició és 2-3-1-4, amb Fernandinho alternant la funció de defensa i de mig centre, ja que l'equip local es tanca en el ja habitual 5-4-1. Otamendi fa més passades (cent vint-i-dues) que tot el Newcastle junt (cent quinze) i el City fixa un rècord inigualat: cinquanta-vuit punts sobre seixanta en els primers vint partits de campionat (dinou victòries i un empat), amb seixanta-un gols a favor per dotze en contra, el millor inici de la història a qualsevol de les cinc grans lligues europees. De les dinou victòries del *Shark Team*, onze han estat fora de casa. L'avantatge sobre el Manchester United s'incrementa a quinze punts i a setze sobre el Chelsea, el vigent campió.

Hi ha pocs dubtes que el títol serà blau cel, encara que, inevitablement, la fatiga comença a treure el nas entre els jugadors. Per primer cop a la temporada, el City no ha aconseguit marcar gol a la segona part d'un partit. Sense temps per recuperar-se, viatgen a Londres, on el darrer dia de l'any el Crystal Palace aconsegueix detenir la locomotora blava i empata a zero. Amb Silva absent, De Bruyne està esgotat i Sané imprecís, cosa comuna en tots els camps anglesos: el 29 % dels empats a zero del campionat es produeixen la darrera setmana de l'any, la del Boxing Day, la més carregada de compromisos, amb el 13 % del total de partits de la temporada.

Aquests empats són fruit de la fatiga mental i el cansament físic general per tal estrès competitiu.

Guardiola mou les peces, modifica papers i aconsegueix sotmetre un Palace plantat en 4-5-1 que tapa tots els passadissos, però no aconsegueix que els seus atacants inaugurin l'any natural marcant com a visitant (contra l'Everton). El pitjor no és l'empat, que tanca la ratxa de divuit victòries consecutives del City a la Premier League, sinó les lesions que s'acumulen. Gabriel Jesús pateix un esquinç del lligament col·lateral del genoll esquerre que el mantindrà fora de combat fins a finals de febrer; Kompany serà baixa tres setmanes més per una distensió al panxell; i De Bruyne té un cop fortíssim al turmell. Aquesta darrera és la quarta entrada d'agressivitat extrema que pateixen jugadors del City en els últims partits: Delle Alli «va caçar» De Bruye, Kane va fer el mateix amb Sterling, com Murphy amb Gündogan, i avui ha estat el torn de Puncheon sobre KDB. L'entrenador fa una crida als àrbitres perquè «protegeixin els jugadors. No els meus, sinó tots els jugadors de tots els equips». No l'escoltaran…

Tot i la duresa amb què s'expressen alguns jugadors sobre el camp, sembla difícil que puguin aturar la marxa del City a la lliga. Quan comença el 2018, el Liverpool va a divuit punts del líder i es reforça amb un jugador que també Guardiola desitjava: Virgil van Dijk, el formidable defensa del Southampton. El Liverpool paga els setanta-cinc milions de lliures (vuitanta-cinc milions d'euros) que exigeix el club del sud d'Anglaterra, la qual cosa elimina el City de la licitació. Així les coses, Begiristain s'adreça a l'Athletic de Bilbao i abona els seixanta-cinc milions d'euros que costa contractar Aymeric Laporte. Per fi el Pep té el defensa esquerrà que anhelava.

## ACTE 4

# El primer títol de l'era Pep

***Liverpool / Manchester / Basilea / Londres***
***Gener, febrer i març de 2018***

El gener es produeix la primera derrota a la lliga. A Anfield havia de ser.

És un 4-3 vibrant, amb ni més ni menys que quatre greus errades defensives per part de la defensa *citizen* que sentencien la seva sort. La tradicional «boca de llop» (4-3+2-1) amb què Klopp pressiona i espera els equips de Guardiola torna a donar fruits, però sobretot evidencia una carència emocional dels homes del City, una tendència gairebé congènita a entrar en pànic en determinats moments de la temporada. A Liverpool són nou minuts de col·lapse que culminen en tres gols successius dels *reds*. Stones, Otamendi i Ederson, tres dels millors homes de la temporada, fallen estrepitosament.

Poc després de començar el partit, Fernandinho perd una pilota a la sortida, Stones no tanca bé el passadís que s'ha obert i Oxla-de-Chamberlain xuta des de lluny, però tan creuat que Ederson no pot aturar el gol. Malgrat això, el líder es manté ferm, practica el joc que l'ha enlairat durant tot el curs i genera ocasions de perill, replicades pel Liverpool amb contraatacs ferotges. L'equip de Klopp es tanca molt bé per dins però es mostra vulnerable pels costats, precisament la zona on al minut 40 Sané controla la pilota amb el pit, dribla dos contraris i l'envia a la xarxa amb una rematada al pal més proper. L'empat del descans tan sols reflecteix la realitat del campionat: un Liverpool molt poderós en la seva especialitat i un City dominant amb la pilota, encara que amb menys encert que de costum en les passades (83 %). Des del minut 30 és Danilo qui ocupa el lateral esquerre, ja que Delph ha patit una lesió al genoll dret que es pronostica amb diverses setmanes de baixa.

El segon temps s'obre amb un cop de cap d'Otamendi al travesser després d'un servei de córner, però quan tot sembla desenvolupar-se segons els plans del Pep arriben nou minuts de pànic per als seus defenses, els que van del 59 al 68. Primer, Firmino guanya Stones en el cos a cos a l'àrea i després bat Ederson. Als pocs segons, error greu de Fernandinho a la sortida que regala la pilota a Mané, que remata al pal. I immediatament després, Otamendi falla una entrada tova sobre Salah, que aconsegueix cedir a Mané perquè aquest cop encerti la rematada. El festival de l'horror conclou amb un rebuig d'Ederson als peus de Salah, que només ha de xutar una pilota bombada per obtenir el quart gol local. La derrota del líder es confirma malgrat els dos gols de Bernardo (minut 84) i Gündogan (minut 91). És la primera derrota del City en aquesta Premier League després de vint-i-tres partits, dels quals n'ha guanyat vint i n'ha empatat dos, amb un total de seixanta-dos dels seixanta-nou punts possibles, amb la qual cosa iguala el millor resultat del futbol anglès (Tottenham 1960-1961 i Chelsea 2005-2006). Feia un any exacte que l'equip del Pep no encaixava quatre gols a la lliga i també va passar a Liverpool, a Goodison Park, quan l'Everton els va guanyar per 4-0. L'invicte a la Premier ha durat dos-cents vuitanta-tres dies, des del 5 d'abril del 2017, durant els quals ha disputat trenta partits, amb vint-i-sis victòries i quatre empats. Klopp s'avança sobre guardiola en el seu duel personal, ja que suma la sisena victòria en dotze enfrontaments (un empat i cinc victòries).

Abans i després del xoc d'Anfield, tot el mes de gener del 2018 està ple de triomfs per al City. L'any s'obre el 2 de gener a l'Etihad, on als 38 segons de partit Sterling remata una passada de la mort de Sané, el gol més ràpid del campionat en curs. Stones ha tornat a l'equip un cop recuperat del gran trencament d'isquiotibials. Els jugadors estan tan fatigats que per primera i única vegada a la temporada Guardiola decideix no fer la seva xerrada prèvia al partit: «No estan perquè els ompli el cap. Estan esgotats. Deixem que com a mínim tinguin el cap fresc», justifica el Pep.

Quatre dies més tard eliminen el Burnley a l'FA Cup (4-1), però una errada grollera de Stones enterboleix el seu retorn, ja que regala als visitants el gol que obre el marcador. El Pep el defensa sense pal·liatius: «El que importa no és la seva errada, sinó la seva reacció. En comptes d'arronsar-se, desanimar-se i deixar de voler la pilota, el John s'ha crescut. I això sí que és admirable. No són les errades el que importa, sinó com reacciones i t'adaptes després de cometre-les». Després del descans, una doble picardia entre Gündogan i Agüero facilita la remuntada *citizen*, culminada per Sané i Bernardo. Un jugador destaca per damunt dels altres, David Silva, però l'atenció al seu fill, nascut prematur i en estat molt delicat, l'obliga a abandonar l'equip constantment. Silva ni tan sols no es pot entrenar i només quan la situació del seu fill ho permet torna per sumar el seu esforç al dels seus companys.

Aquestes intermitències obligades faciliten la recuperació completa de Gündogan, que així pot acumular minuts de joc i anar assolint de nou una bona forma física. Degut a la forta pressió que exerceix i al seu atreviment, el Bristol és un dels equips que més problemes planteja a la doble semifinal de Copa de la Lliga. L'equip del Pep guanya a casa per 2-1 amb un gol d'Agüero al minut 91, i a Bristol per 2-3 amb un gol tardà de KDB. Guardiola compleix el seu partit número cinc-cents com a entrenador amb un balanç contundent: tres-centes seixanta-cinc victòries (73 %), vuitanta-tres empats, cinquanta-dues derrotes, mil dos-cents cinquanta-dos gols favorables (2,50) i tres-cents vuitanta-un en contra (0,76). Ho celebra doblement perquè aquesta victòria el condueix a la seva primera final com a entrenador a Anglaterra. Al seu torn, David Silva assoleix una fita més que curiosa: és la seva vint-i-quatrena victòria en vint-i-quatre partits consecutius, la ratxa de triomfs més llarga del futbol anglès des del 1863.

Els darrers dies de gener, oblidada ja la derrota a Anfield, permeten gaudir de l'onzè *hat-trick* d'Agüero, aconseguit contra el Newcastle d'una manera perfecta: el primer gol, de cap; el segon, amb la cama dreta; i el tercer, amb l'esquerra. El Kun celebra també el seu partit número dos-cents amb el City, mentre que Guardiola fa debutar Brahim Díaz a la lliga. Al següent partit, contra el Cardiff a l'FA Cup, De Bruyne marca gol de falta directa xutant ras per sota de la barrera i el dedica a Dome Torrent i Carles Planchart: «Ha estat gràcies a l'equip d'analistes. M'han avisat que els de la barrera del Cardiff sempre salten a les faltes». També s'acaba produint un altre fet que s'intuïa: en una entrada brutal, un rival «caça» Sané mentre feia un dels seus esprints. Té el turmell com una pilota de golf. El Pep s'indigna amb l'arbitratge i torna a exigir que es protegeixi els futbolistes: «Els àrbitres hi són per protegir el jugador». Continuen sense escoltar-lo...

Ha arribat Laporte i se n'ha anat Mangala, cedit a l'Everton. N'hi ha prou amb un entrenament i unes quantes passades llargues perquè Guardiola s'entusiasmi amb el peu esquerre de Laporte. «És una barbaritat. Té una forma de copejar impressionant, sec, profund i precís. El Pep s'ha enamorat a primera vista d'aquesta manera de copejar. Demà serà titular», em diu Estiarte en acabar l'entrenament. L'endemà, sense més preparació, Laporte és titular en el triomf contra el West Bromwich Albion (3-0) i juga un partit esplèndid. De Bruyne marca el gol número cent de l'equip a la temporada, just el dia en què superen la puntuació de la temporada prèvia: si en tota la lliga anterior van aconseguir 66 punts, en només vint-i-cinc partits de l'actual ja en porten 68. El City va camí de batre rècords. Continuen les accions brutals de jugadors rivals: De Bruyne, Brahim i Walker pateixen entrades escandalosament agressives de McLean, Phillips i Nyom, però l'àrbitre les liquida amb simples targetes grogues, amb la qual cosa augmenta la permissivitat. Les derrotes del Manchester United i del Chelsea apugen la diferència a 15 i 18 punts, respectivament, i això fa que el cos tècnic inauguri un compte enrere: només falten vuit victòries per assegurar el títol de lliga. Dome Torrent em diu: «El teu proper llibre sobre el Pep s'haurà de titular *Aprenentatge i perseverança*».

El 25 de febrer del 2018 Guardiola conquereix a Wembley el seu primer trofeu al futbol anglès. Wembley és un dels seus estadis fetitxe. Com a jugador va guanyar la Copa d'Europa del 1992 a l'antic estadi, quan només tenia vint anys. Com a entrenador va conquerir la Champions League del 2011. Aquesta tercera final que disputa al llegendari recinte també li permetrà somriure perquè el City derrota l'Arsenal d'Arsène Wenger per 3-0.

Abans d'aixecar aquest primer trofeu, l'equip ha disputat quatre partits el febrer. El dia 3 un altre gol a pilota parada fa que Guardiola feliciti públicament Dome Torrent, després que Danilo emboqui una rematada després d'un servei de córner a Burnley. Encara que el marcador acaba en empat, fruit d'una enorme quantitat d'ocasions de gol malbaratades, l'actuació del City és brillant, amb un Gündogan extraordinari. El domini ha estat absolut, amb vint rematades perilloses i un joc excepcional, però també amb errades colossals en la finalització de les accions, gols fallats a porta buida i un empat inesperat del Burnley en el tram final. El Pep valora el joc demostrat: «Hem jugat molt bé. Pot ser que la gent pensi una altra cosa perquè hem empatat, però gairebé tot ha estat perfecte. El *build-up*, la defensa de les pilotes llargues, les segones pilotes, el coratge en el joc… però hem fallat massa gols…».

Això el martiritza. Tenim una llarga conversa sobre el joc i els gols. Li dic que dona gust veure jugar l'equip. Ell també n'està molt satisfet:

—Caurem a Europa. No hi ha res a fer!!! Però sempre tindrem la sensació que som un espectacle, que ningú, i dic ningú, juga tan bé a futbol com nosaltres. Però no n'hi haurà prou. No guanyem els duels contra els defenses i així és impossible guanyar a Europa… Messi, Luis Suárez, Cristiano, Neymar, Mbappé sí que els guanyen i no perdonen. Ells necessiten mitja ocasió per guanyar i nosaltres, dues dotzenes.

Replico que quan els davanters estiguin més frescos es millorarà aquest factor, però no el convenço.

—Alguns gols, fins i tot estant cansats, s'han de fer… No demano el que fa Messi ni això de Danilo, que ha estat un golàs, però si ets a l'àrea petita i estàs sol, fes gol… I llavors sí que pots guanyar coses… Sense això no tindrem cap opció.

El lector ha de saber que el Pep gairebé sempre és així en privat. Per naturalesa mai no és optimista, sinó tot el contrari. Quan acaben els partits, al marge del resultat, tendeix a valorar molt més els aspectes negatius que els positius. Així que acabo la conversa tornant a les coses positives. Li dic que els joves estan jugant a un gran nivell.

—Són una meravella. Bernardo, Foden, Brahim. I Zíntxenko, que ha donat la vida, amb tots els problemes que hem tingut darrere. El noi és una joia.

Manel Estiarte, que sempre està atent al més mínim detall, intervé en la conversa.

—Mira, Pep, hem jugat fabulosament bé. Crec que ha estat un dels partits que hem jugat millor. La sortida de pilota ha estat d'escàndol. Això d'avui jo ho he vist ben poques vegades en un partit d'alt nivell. Que ens han faltat uns quants centímetres per encertar? Sí, sens dubte. Però no t'has d'angoixar. Juguem extraordinàriament bé i el que hem de fer és no angoixar-nos i seguir en aquesta línia.

Guardiola decideix concedir quatre dies lliures a tota la plantilla, inclòs l'equip tècnic. «Que tothom descansi i s'oblidi del futbol, que netegin la ment i tornin frescos». No només les cames i la ment estan fatigades, sinó que hi ha mitja dotzena de jugadors lesionats: Stones, Delph, Gabriel Jesús, Sané, Foden i Mendy, a més de les anades i vingudes de David Silva a la clínica on el seu fill millora molt a poc a poc. A Burnley ni tan sols no s'ha pogut completar la banqueta. Cap de les lesions no és muscular; totes les baixes són fruit de traumatismes articulars, bé per entrades violentes, bé per accidents del joc. El doctor Edu Mauri està angoixat: «Estem fent tot el que humanament podem per recuperar-los perquè el Pep tingui jugadors a la seva disposició». No m'oblido de Xabier Mancisidor, l'entrenador de porters, amb qui a la sortida de Turf Moor comento l'excepcional rendiment d'Ederson, autor de dues intervencions superbes: «Està molt bé, però confio que encara millori més i sigui *top-5* del món. N'estem molt contents i crec que el Pep també n'està».

Ara que el Pep ja ha desconnectat de la conversa i ha tornat al seu món interior d'anàlisi dels partits, Estiarte aprofita el viatge de tornada a Manchester per explicar-me les prioritats que han fixat pel que queda de temporada:

—N'hem estat parlant tot el cos tècnic i ho tenim molt clar. L'objectiu és la Premier League. La resta és secundari. A la Champions serà molt difícil arribar lluny. Hem de fer la nostra feina i punt. O sigui, eliminar el Basilea i després ja ho veurem. Dependrà de moltes coses, sobretot del sorteig, però no ens preocuparem per la Champions. L'objectiu és arribar a quarts de final i ja està. Els torneigs de copa depenen dels detalls, per això ens hem de centrar en la lliga. A rematar-la bé, a guanyar-la i, si és possible, fer-ho amb la jerarquia que hem demostrat fins ara i jugant bé. En endavant probablement no guanyarem tants partits seguits perquè molts rivals s'hi estan jugant la vida. Guanyar-ne divuit de consecutius ha estat bestial i ara no podem somniar a repetir res de semblant, però s'ha de guanyar el títol i deixar l'empremta d'un gran campió.

Al cap de set dies la distància respecte del Manchester United creix fins als 16 punts, després que el City venci el Leicester per 5-1 en un segon temps formidable. El Kun Agüero marca quatre gols (el quart, sensacional, des de fora de l'àrea) i es distingeix per bastants més coses: és cert que havia marcat als set partits anteriors, però sobretot ha assolit l'harmonia amb el joc col·lectiu. Flota, es mou entre posicions properes als seus migcampistes i ha aconseguit comprendre el que el Pep n'espera: «Bàsicament, al Kun el necessitem per marcar gols, però també pel joc. Està molt involucrat en el joc», conclou l'entrenador. El doctor Mauri ha tingut èxit i tornen Foden i Stones. L'estat de forma de Gündogan, Bernardo i KDB és altíssim, però el Pep s'afanya a assenyalar un defecte que ha percebut sobre el camp: «En el primer temps no hem jugat ràpid perquè no ocupàvem les posicions adequades. A la segona part ens hem col·locat millor i hem dominat bé». Li comento que el joc a la segona part ha estat majestuós, però ja sabeu com és el Pep...

—Perquè ens admirin hem d'aixecar trofeus...

El títol de campió de lliga és molt a prop, encara que tot just s'ha disputat la vint-i-setena jornada. A mitja tarda del diumenge, el Manchester United cau per 1-0 contra el Newcastle i José Mourinho s'afanya a concedir el títol al seu rival ciutadà... Domènec Torrent envia als seus amics de WhatsApp la imatge d'una diana amb un dard clavat al centre.

Tres gols en els primers quatre xuts a porteria sentencien el Fussball Club Basel en l'anada de vuitens de Champions. Sobre el Saint Jakob-Park, Gündogan torna a ser el qui va enamorar anys enrere a Dortmund, fins al punt que els aficionats del City el bategen com a *Silky* Gündogan (Gündogan el Sedós). El City obté la victòria més gran d'un equip anglès fora de casa en partit de Champions i sotmet el Basilea amb un 74 % de possessió. El doctor Mauri ha aconseguit recuperar un altre jugador, Sané, però es manté molt prudent, tal com m'explica Manel Estiarte:

—Ja hem recuperat del tot Stones i Foden. Sané volia accelerar per ser titular a Champions però el doctor no ha volgut perquè encara no s'ha completat el protocol necessari per a la recuperació, que en el cas de Sané és més delicada perquè aquest noi agafa molta velocitat a camp obert i donar-li l'alta abans d'hora podria ser arriscat. És jove i vol jugar, però li hem dit que cal anar amb calma.

Així doncs, Sané juga només la darrera mitja hora contra el Basilea, igual que David Silva, que augmenta a vint-i-vuit la ratxa de partits consecutius jugats i guanyats. Delph serà el següent a incorporar-se, però a Gabriel Jesús encara li queda: «D'aquí deu dies es podrà incorporar, justet per a la final de la Copa de la Lliga, però no per jugar d'entrada. Estarà a punt pel mes de març. Mendy també va bé però no podem comptar amb ell perquè a finals d'abril, quan torni a l'equip, no tindrà ritme de competició —valora Estiarte, que explica quina és la prioritat en aquest àmbit: «El més important ara ja no és recuperar lesionats, que això ja està encarat, sinó aconseguir que no caigui ningú més».

Al cap de quatre dies, el City és eliminat de l'FA Cup pel Wigan. Ha estat una eliminació bastant surrealista perquè han tingut la pilota el 82 % del temps però han malgastat fins a cinc bones ocasions de gol i Delph ha comès un greu error just abans del descans que li ha valgut l'expulsió. Malgrat jugar amb deu, l'equip ha continuat dominant (83 % de possessió a la segona part), distribuït en 2-3-2-2 fins que Danilo ha passat a jugar d'extrem dretà en un 2-2-2-3. El City ha encadenat 845 passades, ha rematat 27 cops i ha fet 15 serveis de córner, però una errada grollera de Walker en deixar passar una pilota ha permès que el mític Will Grigg avancés els locals i infligís la tercera derrota del curs al City, en el seu tercer partit de la temporada sense marcar.

L'ensopegada no sembla afectar el quadre *citizen* de cara a la final de la Copa de la Lliga que l'enfronta a l'Arsenal l'últim diumenge de febrer, a Wembley, on el Pep i sis mil aficionats *citizen* llueixen llaços grocs a la solapa malgrat les amenaces de la federació anglesa. Sterling té molèsties musculars des del partit contra el Basilea, així que el Pep situa De Bruyne d'extrem dret en el ja tradicional 2-3-2-3. El belga es mou pels passadissos interns i deixa l'exterior per a Walker, mentre que Danilo com a lateral esquerre interioritza els seus moviments en la que potser sigui la seva millor actuació de la temporada. Si bé durant el primer temps els jugadors del Pep estan engarrotats i nerviosos (el rombe Fernandinho, De Bruyne, Silva, Gündogan no funciona), duen a terme una excel·lent segona meitat. La lesió de Fernandinho reconverteix Gündogan en mig centre amb el suport de KDB. L'equip pressiona alt l'Arsenal, controla la pilota i ataca amb correcció, sense permetre que els de Wenger tinguin la més mínima oportunitat en aquesta segona part: zero ocasions de gol, en gran part per una actuació superba de Kompany. Agüero obre el marcador a passada directa del porter Claudio Bravo, amb Kompany i Silva assegurant el títol, el cinquè del City en aquesta competició (1970, 1976, 2014, 2016, 2018). Després de vuit setmanes de baixa, Gabriel Jesús torna a jugar uns minuts.

Per fi, vint mesos després d'arribar a Manchester, Guardiola conquereix el seu primer trofeu al futbol anglès, el vint-i-dosè de la seva carrera com a tècnic, encara que no puja a recollir la copa amb els seus jugadors: «Veure-ho des de la gespa és més bonic», em diu. Hi ha poc temps per a celebracions. A les onze de la nit ja estan de tornada a casa. El dilluns el dediquen a recuperar-se de l'esforç mentre els suplents fan exercicis de força explosiva. Dimarts hi ha descans general, dimecres entrenament per a tothom i viatge a Londres perquè dijous tornen a jugar contra l'Arsenal en partit de lliga. A aquestes alçades de la temporada, la gestió de la recuperació és vital per resistir els esforços.

A l'Emirates Stadium, el City venç de nou pel mateix resultat (0-3). El partit número cent de Guardiola a Manchester (66 victòries, 21 empats, 13 derrotes) es resol en 33 minuts amb tres gols fabulosos: un eslàlom de Sané, que dribla quatre rivals, que Bernardo culmina amb un xut parabòlic a l'esquadra; un altre doble driblatge de Sané que Agüero prolonga per a Silva, que encasta la pilota per l'angle cec després de canviar-se-la de peu, i una combinació llarga al primer toc amb intervenció d'Agüero, De Bruyne i Walker que remata Sané. El jove alemany guanya les nou accions d'atac en què intervé a la primera part, marca un gol, fa una assistència i una preassitència. El Sané que el Pep havia presagiat un any i mig abans es consolida com a gran estrella. Està en un moment de forma exuberant. L'Arsenal es veu incapaç de frenar el vendaval que l'atordeix: per primer cop rep tres gols a casa durant el primer temps d'un partit. El City ha marcat els darrers sis xuts que ha fet contra l'equip de Wenger. El segon temps és diferent. Els jugadors *citizen* surten del vestidor amb un to baix que fa enfadar el seu entrenador: «L'inici del segon temps ha estat un horror». Ederson atura un penal llançat per Aubameyang, l'onzè que salva un porter del City dels últims dinou llançaments, sense comptar les tandes de penals. L'equip suma ja 82 gols en 28 partits de lliga, dos més que en tot el campionat anterior.

Setanta-dues hores més tard, els de Guardiola reben el campió. Per a sorpresa de molts, el Chelsea planta l'autobús, cosa que Antonio Conte justifica amb l'argument següent: «Ara mateix costa molt jugar contra el City. Són molt forts, tenen una qualitat fantàstica. Si els concedeixes espais entre línies et fan tres o quatre gols». El City aprofita el 5-4-1 del Chelsea, amb Eden Hazard com a nàufrag al cercle central, per acumular passades, i bat el rècord històric, amb nou-centes dues passades encertades de nou-centes setanta-cinc d'intentades (93 %). Ubicat com a mig centre per l'absència de Fernandinho, Gündogan «el Sedós» fa cent setanta-quatre passades i també supera el rècord del futbol anglès. Per primer cop des del 2004, el Chelsea es queda sense xutar a porta en un partit. El Pep està molt satisfet: «No hem concedit cap xut entre els tres pals. Hem fet un gran partit contra els campions». A la doble victòria de lliga davant de l'Arsenal, el City n'afegeix una altra contra el Chelsea. Amb els 78 punts que acumula en aquesta vint-i-novena jornada, el City hauria estat campió de lliga el 1989, el 1997 i el 1998. El Pep em parla molt bé d'Agüero: «Té fam. En els dos últims mesos ha estat la millor versió possible del Kun».

La quarta derrota del curs, i la primera a l'Etihad Stadium, té lloc el 7 de març, quan el FC Basilea venç per 1-2 en un partit de Champions que s'havia convertit en intranscendent per l'àmplia victòria de l'anada. Guardiola alinea el *Zíntxenko's Team* i l'equip es mostra espès i obtús, potser perquè ni Stones, ni Yayá Touré —en les seves darreres setmanes com a futbolista—, ni Foden, ni Zíntxenko no es troben en un bon moment de forma. Si bé l'equip fa moltes passades (978, rècord de la Champions), ho fa a zones intranscendents. L'ensopegada suposa caure per primera vegada a casa després de trenta-sis partits consecutius, amb vint-i-nou victòries i set empats. «La nostra segona part —reconeix el Pep— ha estat molt pobra».

Diumenge 11 de març el camp d'entrenament número 1 del City viu un moment que pot ser crucial per al tram final del curs: el Kun Agüero pateix un cop molt dur al genoll dret que li afecta la zona del menisc. El pronòstic del doctor Mauri no és concloent perquè no defineix si podrà continuar jugant o no. L'endemà un doblet del *mag* David Silva trenca el 5-4-1 presentat pel Stoke City. Els del Pep surten de la ciutat veïna de Newcastle amb 16 punts d'avantatge sobre el Manchester United i 20 sobre el Tottenham, havent sumat vint-i-sis victòries de lliga i havent recuperat el millor Sterling. Però la baixa d'Agüero pesa a l'ànim col·lectiu quan Guardiola i els seus emprenen el viatge rumb al sol d'Abu Dhabi per a un petit *stage*, regal de la peculiaritat del calendari anglès, que atorga ni més ni menys que dinou dies de descans entre la trentena i la trenta-unena jornada de Premier League.

El darrer dia de març arriba una altra exhibició del City, aquest cop a Goodison Park. En guanyar per 1-3 l'Everton d'Allardyce, els *citizen* sumen un altre detall: són el tercer equip de la història (després del Chelsea i el Manchester United) a vèncer tots els seus competidors del campionat. També és el triomf número cinquanta de Guardiola a la Premier (en seixanta-nou partits disputats). Un sorprenent 83 % de possessió, amb trams del 90 %, resumeix l'exhibició de joc, en la qual destaquen Silva i Sané, que assoleixen a l'uníson la seva onzena assistència de gol, mentre que De Bruyne s'enfila fins les quinze. Com a assaig del partit de Champions League contra el Liverpool, Guardiola prova Laporte de lateral esquerre, ja que Delph continua de baixa a causa del genoll. A la sortida de pilota, el City se situa amb tres defenses (Otamendi, Kompany i Laporte), però quan la pilota creua el cercle central Laporte es converteix en lateral esquerre pel carril exterior. El seu rendiment individual creix cada dia, al temps que l'equip assoleix una nova osca. Després de trenta-un partits de lliga (amb vint-i-set victòries, tres empats i una derrota), supera el nombre absolut de victòries aconseguides per l'Arsenal dels «invencibles» en tot el curs 2003-2004.

ACTE 5

# 6 dies negres i tots els rècords

***Liverpool / Manchester / Londres***
***Abril i maig de 2018***

Amb el títol de lliga a tocar dels dits, Guardiola té davant seu un altre desafiament majúscul: ni més ni menys que el Liverpool de Jürgen Klopp a quarts de final de la Champions League, el rival amb qui té pitjor balanç en les seves dues primeres temporades a Anglaterra: dues derrotes, un empat i un únic triomf. El Pep encara no ha trobat l'antídot per enfrontar el *gegenpressing* de Klopp, per molt que en conegui tots els secrets des que el va patir a Alemanya. Aquesta «contrapressió» consisteix bàsicament a provocar el rival perquè penetri en una mena de «boca de llop», uns braços oberts que el Liverpool dibuixa amb un 4-3+2-1. Klopp convida l'oponent a entrar confiat pel centre d'aquesta estructura i quan ho aconsegueix tanca les extremitats en una abraçada mortal. El Liverpool recupera la pilota a pocs metres de l'àrea rival i la fulmina. Si l'oponent no accepta la invitació i marxa per un costat, Klopp ha preparat també una rèplica, ja que a les bandes sempre aconsegueix superioritat de dos contra un. El seu *gegenpressing* és simple però molt eficaç. Guardiola va aconseguir batre Klopp en quatre dels vuit enfrontaments que van protagonitzar el Bayern de Múnic i el Borussia Dortmund, en va empatar un altre i en va perdre tres més. Va rebre molta informació sobre com afrontar la «boca de llop», però continua sent una proposta dificilíssima d'encarar, sobretot perquè Klopp ha aconseguit refinar el mètode gràcies a la presència de jugadors formidables com Salah, Firmino i Mané, autèntics llops amb pell d'ovella.

Guardiola decideix preparar el partit d'Anfield amb un canvi de mòdul i aparcar el 2-3-2-3. La baixa d'Agüero contribueix a la decisió però no n'és la raó principal. Hi ha un poderós motiu psicològic que Dome Torrent em va explicar fa anys a Múnic, després que el Bayern empatés a zero en camp del Shakhtar Donetsk: «A Champions ens hem passat de control als partits fora de casa. El 0-4 del Reial Madrid ens va fer mal i ara ens n'hem anat a l'altre extrem». És inevitable que el Pep encara estigui influenciat per aquella vivència. Les persones som les ferides que han patit.

L'entrenador tria Gündogan buscant un control més gran de la pilota que permeti salvar l'escull del *gegenpressing* de Klopp, però no dona resultat. De nou, el rombe del mig del camp (Fernandinho, KDB, Silva, Gündogan) ofereix un baix rendiment. I de nou tres greus errors en l'organització defensiva maten el City en la batalla. Altra vegada vint minuts de pànic emocional a Anfield (del 12 al 31) desorganitzen totes les línies *citizen* i deixen l'eliminatòria gairebé sentenciada amb tres gols de Salah, Oxlade-Chamberlain i Firmino. Sí, el City domina completament el joc a la segona meitat (71 % de possessió), però és un domini infructuós, sense ocasions reals de perill, senzillament perquè el Liverpool es tanca per conservar el resultat i atapeeix la seva àrea de jugadors fins convertir-la en una malla impenetrable. El minut 83 s'anul·la un gol legal de Gabriel Jesús per fora de joc que no era, ja que Lovren feia correcta la seva posició.

I als pocs dies, una altra bufetada, aquest cop a l'Etihad Stadium.

És el derbi de Manchester. Una victòria atorgaria matemàticament el títol de lliga als de Guardiola, que torna al seu 2-3-2-3 habitual, tot i que aquest cop amb Sterling de fals 9 entre Bernardo i Sané, amb Gündogan i Silva d'interiors. Walker, KDB, Gabriel Jesús i Agüero —amb el menisc fissurat— es queden a la banqueta. Un primer temps aclaparador dona avantatge al City per 2-0, malgrat que Sterling falla tres duels en solitari contra De Gea. El balanç parla per si sol: nou rematades del City per cap del United. Al descans, el marcador podria haver estat un 4-0 si Sterling hagués finalitzat correctament algunes de les nombroses meravelles que ha creat. El Pep comença a desesperar-se amb ell perquè en una mateixa acció mostra dues cares diametralment oposades. Sterling és capaç de fer una jugada extraordinària, però també d'acabar-la d'una manera horrible.

Aquesta temporada ha batut el seu rècord personal de gols però probablement també ha superat el de fallar gols senzills.

Al descans, la Premier League sembla liquidada, però n'hi ha prou amb quinze minuts de desconcentració col·lectiva perquè l'equip de Mourinho doni la volta al partit i freni els càntics de victòria. És la primera derrota del City a l'Etihad en tot el campionat de lliga (2-3), la segona en què un equip del Pep encaixa tres gols des del 2015, i la segona en tota la Premier. Però sobretot és una gran decepció per a l'aficionat *citizen*, que somniava de conquerir el títol a casa i contra el gran rival. Però el derbi deixa una ferida encara pitjor: Ashley Young fa una entrada brutal sobre Sergio Agüero dins de l'àrea que el col·legiat obvia sense assenyalar penal ni amonestar el jugador visitant, i li trenca definitivament el menisc al jugador argentí, que haurà de ser intervingut quirúrgicament. S'ha acabat la temporada per a Agüero. No és el millor remei per rebre el Liverpool a Champions.

Per a aquesta batalla que sembla inabastable, només tres dies després, Guardiola canvia novament de mòdul, aquest cop per presentar un 2-1-4-3 agressiu i d'altíssim risc. Otamendi i Laporte s'ubiquen com a defenses, amb Fernandinho per davant; a la línia atacant hi ha Bernardo, Jesús i Sané. Un gol del brasiler al minut 2 dona pas a un domini absolut del City, que viu quatre moments decisius més en el primer temps: una mà flagrant de Milner a xut de Bernardo, una altra de Robertson en un duel aeri amb Sterling, un xut de Bernardo al travesser i un gol de Sané anul·lat per fora de joc tot i que la pilota procedia de Milner. Tres dels quatre són errors gravíssims de l'àrbitre espanyol Mateu Lahoz, de rostre molt sever amb les protestes dels jugadors però nefast en l'observació de les infraccions. En el seu balanç com a jutge s'han d'anotar dos penals no assenyalats i un gol legal anul·lat.

El domini del City al primer temps ha estat absolut, amb un atac desaforat per l'esquerra gràcies al tàndem Silva-Sané i amb les finalitzacions per la dreta, amb Bernardo. Mentre Jesús se les té amb els defenses visitants, Sterling es mou lliurement per totes les zones d'atac i causa maldecaps a l'equip de Klopp. La fase inicial del joc recau sobre De Bruyne, que acosta la pilota des de darrere en companyia de Fernandinho. Però la no materialització de les ocasions creades, l'expulsió de Guardiola al descans per protestar les decisions arbitrals i una pilota que, a l'hora de partit, se li escapa a Ederson en un contracop *red* liquiden l'eliminatòria. El City queda fora de les desitjades semifinals europees i segella una setmana negra. Un nou error d'Otamendi al minut 76 regala el gol de la victòria a Firmino. Durant quaranta-cinc minuts, el City ha flirtejat amb la proesa però al final ha caigut pel precipici... En el còmput dels cent vuitanta minuts, el Liverpool s'ha defensat millor i ha estat més eficaç rematant. El City ha creat més oportunitats de gol, però entre els errors propis i les espantoses decisions arbitrals no ha aconseguit superar el seu rival. Guardiola analitza amb satisfacció el coratge dels seus jugadors, però amb preocupació els alts i baixos en la concentració defensiva. Parlo amb ell sobre els motius d'aquests alts i baixos i també sobre les golejades que es produeixen a Champions League, i la seva resposta és breu però aclaridora:[4]

—És totalment psicològic.

Quatre dies més tard, l'equip torna a la normalitat del 2-3-2-3 a Wembley, l'estadi on provisionalment juga el Tottenham mentre reconstrueix White Hart Lane. La pressió forta, l'encert en la recuperació de la pilota i el domini del joc són aclaparadors a favor dels del Pep, però al descans, després de nou xuts a porta, el marcador reflecteix un sobri 1-2 que no fa honor al desplegament damunt la gespa del City, que ha minimitzat els Spurs. El domini és molt minso per a un domini tan aclaparador, i els fantasmes dels darrers partits truquen a la porta del City. La pregunta que ens fem al descans és si l'equip sabrà resistir l'envestida local o li tornarà a passar com en els dos partits anteriors i la seva fragilitat emocional propiciarà una altra remuntada de l'oponent. Guardiola respon substituint Sané per Otamendi per plantejar una defensa amb tres defenses (Otamendi-Kompany-Laporte) i distribuir-se en 5-3-2 en el minut 64, després d'un quart d'hora de domini local. El canvi de mòdul frena en sec els Spurs i regala ocasions d'or que Sterling i Jesús malbaraten fins que finalment l'atacant anglès sentencia el partit (1-3) amb el seu dissetè gol de lliga (vint-i-dosè en totes les competicions), el seu rècord personal. És un gran resultat per a Sterling, que necessita 3,5 rematades

4. En aquesta edició de Champions, el Barcelona va vèncer per 3-0 el Chelsea i per 4-1 la Roma, però els italians van remuntar a la tornada per 3-0 i van eliminar l'equip de Messi. El Reial Madrid va guanyar 3-0 la Juventus però va perdre 3-1 a Torí, i a semifinals el Liverpool guanyarà la Roma 5-2 però a la tornada perdrà 4-2.

per marcar gol, una ràtio fins i tot millor que la de Salah al Liverpool (quatre rematades). Sterling ha progressat molt, ja que el curs anterior necessitava 7,6 rematades per cada gol anotat, però al cos tècnic ningú no s'enganya: Sterling marca molts gols però comet errors monumentals davant dels porters rivals, sobretot quan disposa de temps per pensar i decidir. Quan pensa, executa molt pitjor que quan no té temps i ha de rematar per intuïció.

A quinze minuts del final del partit, Guardiola apuntala el resultat amb una altra modificació i passa a un 5-4-1 que resulta inexpugnable. El Tottenham portava catorze partits sense perdre (des del desembre del 2017) i no rebia tres gols al seu estadi des del març del 2015. El City suma un altre gran escenari a les seves victòries de la temporada després de vèncer a Stamford Bridge, Old Trafford, Emirates i ara Wembley, amb triomfs en els dos enfrontaments amb el Chelsea, l'Arsenal i el Tottenham i en un d'ells amb el Manchester United i el Liverpool. En el balanç d'enfrontaments entre els sis grans de la Premier, el Pep ha guanyat vuit dels deu partits disputats, ha sumat vint-i-quatre dels trenta punts en joc, amb vint-i-set gols a favor i onze en contra. Ha estat un dels grans canvis respecte de la temporada anterior, on només va aconseguir sis d'aquests trenta punts en joc.

A les deu de la nit d'aquest dissabte 14 d'abril, el City encara no és campió de la Premier League. Ho serà l'endemà. A la mateixa hora en què Guardiola juga a golf amb Tommy Fleetwood (quart a l'US Open 2017), Jay Rodriguez remata de cap una pilota a la xarxa d'Old Trafford i dona la victòria al WBA davant del Manchester United. Si tres mil aficionats del United havien embogit la setmana abans a l'Etihan quan el seu equip havia impedit que el City conquerís al seu estadi la setena lliga de la seva història, ara són més de setanta mil els aficionats del United que viuen un malson a Old Trafford en posar el títol en safata als seus rivals de ciutat.

El City del Pep és campió.

Arriba el moment de pensar una mica més enllà. Queden cinc jornades de lliga i Guardiola no es conforma amb el títol.

El divendres 20 d'abril a primera hora del matí reuneix els jugadors a la sala de la ciutat esportiva on acostumen a repassar els vídeos dels equips rivals.

—Nois, hem fet una temporada extraordinària, però tinc experiència al Barça i el Bayern de guanyar la lliga i relaxar-nos després. I us dic que és una sensació trista guanyar la lliga i perdre els últims partits.

Aquest cop el vídeo no mostra accions dels contrincants, sinó unes imatges senzilles amb tres xifres. El rècord de punts, el rècord de victòries i el rècord de gols de la història de la Premier League. Tots tres pertanyen al Chelsea, encara que de diferents temporades, sota el comandament de José Mourinho, Antonio Conte i Carlo Ancelotti. El vídeo conté moltes altres xifres: nombre de victòries fora de casa, diferència de gols, diferència de punts amb el segon classificat, i així fins a deu apartats, però el Pep s'atura només en els tres primers: punts, victòries i gols.

—Ara podem fer història. Podem superar aquests tres rècords i passar a la història del futbol anglès per sempre. I si batem aquests tres rècords, tots els altres cauran sols. Què us en sembla?

El 22 d'abril, un resplendent Etihad Stadium rep els campions, que guanyen el Swansea en una altra gran exhibició de joc culminada amb cinc gols excel·lents marcats pels cinc atacants de l'equip: Silva, Sterling, De Bruyne, Bernardo i Gabriel Jesús. Com tants cops a la temporada, el rival es tanca en un 5-4-1 i regala la pilota al seu contrincant. Durant el primer quart d'hora el City fa cent setanta-quatre passades per tan sols vint del Swansea, un repartiment del 90 % contra el 10 %. Els *citizen* ataquen especialment pel costat esquerre, on hi ha Laporte, Delph, Silva, Sterling i fins i tot De Bruyne, mentre que Bernardo i Danilo es mouen per la dreta. Al descans, l'equip ha batut el rècord de passades de la història de la Premier League en un primer temps: cinc-centes vuitanta-dues passades, amb un 93 % d'encert i un 86 % de possessió. Quan falta un quart d'hora, Benjamin Mendy torna al futbol després de sis mesos menys un dia d'absència. El seu retorn és extremadament tímid però suposa una notícia excel·lent, mentre Yayá Touré continua protagonitzant el seu «Farewell Tour». El rècord de més nombre de passades de la història del futbol anglès queda establert en nou-centes quaranta-dues encertades de mil quinze de fetes.

Aprofito l'alegre jornada per valorar la temporada amb Estiarte, per molt que encara no hagi acabat i encara quedi pendent batre els rècords:

—Estem molt satisfets. Guanyar aquesta Premier ha estat una de les alegries més grans de sempre. El joc de l'equip ha estat espectacular, similar al que vam aconseguir al Barça i el tercer any al Bayern. Ara ja només queda lluitar pels rècords i afrontar els nous fitxatges.

Li pregunto per això.

—Un atacant, sens dubte. Crec que anirem a buscar Riyad Mahrez, que al Pep li agrada molt. I potser necessitarem un mig centre. Algú com Jorginho o Fred. Hi ha jugadors que diuen que Hazard els ha comentat que vol venir, però jo no ho veig gens clar...

Estiarte afegeix un detall que em sembla molt revelador de la ment planificadora de Guardiola:

—El Pep ja té preparada la primera xerrada de la propera temporada. Els dirà alguna cosa com ara: «Nois, ja ens coneixem. Jo us conec i vosaltres em coneixeu. Les virtuts i els defectes. I els cops d'efecte. Per tant, hem d'aprendre a ser totalment intensos i competitius encara que no hi hagi grans novetats ni incorporacions. Així que ara i durant tota la temporada hem d'empènyer molt i ser molt fins per tornar a guanyar». Està bastant clar que la que ve serà una temporada complicada. Pocs reforços i molts rivals que ens voldran guanyar.

El 29 d'abril, tres assistències de Sterling faciliten un nou triomf, aquest cop en terreny del West Ham, on el City fa l'enèsima exhibició de joc del curs, mantenint el 2-3-2-3 que tan còmodes fa sentir els jugadors. A centrada de KDB, el seu antic company Pablo Zabaleta anota en pròpia porta el segon gol del partit, que suposa també el número cent dels *citizen* a la lliga en curs. És el primer equip del futbol anglès a superar aquesta quota en dues temporades diferents: en va marcar cent dos la 2013-2014 i de moment en duu els mateixos en l'actual. Els cent tres gols del Chelsea, plusmarca vigent, estan seriosament amenaçats. Guardiola fa debutar a Premier el jove Lukas Nmecha, mentre que Yayá Touré continua fent petits recitals de vint minuts en els quals fa passades, ajunta rivals i mostra com de gran futbolista va ser. Després de trenta-cinc partits i trenta victòries (iguala el rècord històric del Chelsea), de les quals quinze han estat fora de casa (també iguala el Chelsea), l'equip suma noranta-tres punts i presenta altres detalls aclaparadors. A la llista de màxims assistents del campionat, els primers quatre llocs són per a jugadors *citizen*: KDB (setze), Sané (quinze), Silva (onze) i Sterling (onze). Mai abans cap equip no havia aconseguit que quatre dels seus jugadors superessin les deu assistències en una temporada. Sané (deu gols i quinze assistències) i Sterling (divuit i onze) són també els dos únics futbolistes d'aquest torneig amb nombres de dues xifres, amb David Silva molt a prop (nou gols i onze assistències) tot i haver disputat només vint-i-nou partits. El City ha anotat quatre o més gols en deu partits de lliga.

Després d'empatar a zero contra el Huddersfield en un duel que és com xocar contínuament contra una paret de formigó, l'equip s'acomiada de l'Etihad Stadium amb un triomf contra el Brighton (3-1). El segon gol, obra de Bernardo, supera el rècord absolut de gols de la Premier, amb cent quatre. El tercer, anotat per Fernandinho, és el vint-i-tresè de la temporada a pilota aturada, una xifra colossal. El triomf suposa també batre el rècord absolut de punts, ja que n'acumula noranta-set, i el de victòries al campionat, amb trenta-una. Les tres plusmarques que havia fixat el Pep com a objectius han estat superades per un campió que duu vint punts de distància sobre el Manchester United, vint-i-tres sobre els Spurs, vint-i-cinc sobre el Liverpool, vint-i-set sobre el Chelsea i trenta-set sobre l'Arsenal. Però l'entrenador es mostra inconformista quan hi parlo:

—Estic molt content amb els rècords, que són només una conseqüència de com de bé hem jugat enguany. Però ara vull els cent punts. Vull els cent perquè sigui una lliga perfecta. Però amb cent punts no estarem entre els millors de la història del futbol anglès. Haurem de guanyar més lligues. Per estar al nivell del Manchester United de Ferguson i del Liverpool dels vuitanta hem de guanyar més títols. Pel que fa a rècords i estadístiques ja som els millors de sempre, però hem de ser encara millors. Jo necessito urgentment unes vacances, però abans hem d'aconseguir els cent punts.

El 13 de maig, en una tarda assolellada sobre la badia de Southampton, acaba la temporada del Manchester City. La seva excepcional trajectòria de lliga no podia acabar sinó de manera històrica. El mateix dia que es complien sis anys (13 de maig de 2012) del gol èpic de Sergio Agüero que donava al club la seva primera lliga del segle XXI, i en el mateix minut del temps de descompte (93,20 i 93,02), Gabriel Jesús controla amb el peu esquerre una pilota llançada des de cinquanta metres per De Bruyne i amb una suau vaselina executada amb el peu dret suma el punt número cent a la taula del City, cosa que desencadena l'apoteosi *citizen*. Totes les plusmarques han caigut fetes miques. L'equip del Pep escriu amb lletres d'or el seu nom en la història del futbol anglès.

Quatre dies més tard es fa oficial la renovació de contracte del Pep. Havia signat per a tres temporades (2016-2019) i s'acaba de comprometre per a dues més, fins el 2021. Era obvi que necessitava més temps per desenvolupar el joc que pretén i construir un veritable llegat.

## 100 PUNTS I MÉS

Mai abans un equip havia tiranitzat la Premier League com ho ha fet el Manchester City aquesta temporada, ni ho havia fet practicant un joc que compaginés amb tanta harmonia l'excel·lència i l'efectivitat. A Anglaterra la unanimitat és absoluta: el City de Guardiola ha entrat de propi dret en l'honorable llista dels millors campions de la història de la lliga anglesa. I, si bé afronta desafiaments importants en el futur, s'endevinen pocs frens per a un equip afamat i disposat a corregir les seves carències, que en té, per molt aclaparador que hagi estat el seu domini.

El Manchester City dels Centurions, el dels cent punts i tots els rècords, ha estat també el del *beautiful football*, sobrenom que als anglesos els agrada donar al joc que practica Guardiola. Com un torrent, totes les dades estadístiques han somrigut a l'equip blau, líder en qualsevol faceta escrutada, encara que res no reflecteix millor aquest domini que dos detalls. Al llarg dels tres mil quatre-cents vint minuts teòrics de campionat (de fet, han estat més de tres mil sis-cents), l'equip del Pep només ha anat per darrere al marcador durant cent cinquanta-tres minuts, un minúscul 4,47 % del temps total de competició. El segon detall impactarà més el lector, bàsicament perquè es tracta d'una hipòtesi inimaginable per absurda: si el City hagués jugat sense porter els dinou partits disputats al seu estadi i totes les rematades rivals entre els tres pals s'haguessin transformat en gol, l'equip hauria estat igualment campió de la Premier 2017-2018… Sí, és impressionant, ja que, al marge de ser una hipòtesi impossible, si l'equip hagués jugat només amb deu futbolistes de camp i sense porter les rematades entre els tres pals que van fer els seus oponents haurien suposat trenta-nou gols més encaixats, la qual cosa hauria dignificat sumar divuit punts menys, és a dir, un total de vuitanta-dos, un més que el subcampió, el Manchester United. Que serveixi aquesta reducció a l'absurd com a símbol del domini dels Centurions.

Des de l'octubre del 2017 hi ha una afirmació que s'ha repetit sense parar: els estadis anglesos mai no havien presenciat un futbol de tantíssima qualitat. L'opinió de Gary Lineker n'és un bon resum: «La temporada del City ha estat fantàstica, no només per la manera emfàtica de guanyar la lliga, sinó per l'estil de futbol tan alegre que ha practicat. Ha estat una alenada d'aire fresc: futbol d'atac, obert i aventurer, amb jugadors realment bons. Per al futbol anglès, Guardiola és genial. Molta gent va dir que no podria jugar a la Premier League amb el seu estil. M'alegra que el seu estil de joc s'hagi imposat i que ell s'hagi mantingut fidel als seus principis. No només ha demostrat que pot guanyar amb aquest estil, sinó que és bonic de veure».

Sens dubte, un factor crucial de l'èxit de la temporada ha estat la contractació de futbolistes com Ederson, Walker, Laporte o Bernardo; l'aprenentatge dels fonaments d'aquest tipus de joc per part d'homes com Otamendi, Agüero, Fernandinho o Kompany; i la consolidació de jugadors que, tot i les seves llacunes, estan cridats a continuar progressant, com ara Sané, Sterling o Laporte. Per sobre de tots ells ha destacat Kevin de Bruyne, que ha protagonitzat una revolució personal en assumir el lideratge indiscutible de l'equip davant de les absències reiterades de David Silva. El City de Guardiola no hauria assolit el nivell que té sense De Bruyne, el jugador que ha tingut més impacte en la temporada.

Guanyar el títol cinc jornades abans del final iguala el que van aconseguir el Manchester United el 1908 i el 2001 i l'Everton el 1985. La resta de rècords històrics han estat escombrats, tant si es miren per punts com per gols, rematades a favor o en contra, victòries a domicili, gols esperats, possessió de pilota, nombre de passades, encert de les passades i victòries consecutives. Tot ha caigut polvoritzat. A la memòria dels aficionats, però, quedarà una cosa molt més important que les xifres i les dades: l'excepcionalitat d'un joc superb i brillant del qual Terry Venables diu això: «Hem presenciat a Anglaterra el més significatiu dels seus èxits, aconseguit amb l'estil català de joc: fluït, entretingut i guanyador».

## TOTS ELS RÈCORDS

- Major nombre de punts a la història de la Primera divisió anglesa: 100 punts. Anterior: Liverpool, 98 punts el 1978-1979.
- Més victòries: 32 de 38 partits. Anterior: Tottenham, 31 de 42 partits el 1960-1961.
- Major nombre de punts a la Premier League: 100 punts. Anterior: Chelsea, 95 punts el 2004-2005.
- Major marge sobre el segon: 19 punts. Anterior: Manchester United, 18 punts el 1999-2000.
- Més victòries: 32 de 38 partits. Anterior: Chelsea, 30 de 38 el 2016-2017.
- Victòries consecutives: 18 (des del 26 d'agost al 27 de desembre del 2017). Anterior: Chelsea, 13 victòries el 2016-2017. [Arsenal, 14 victòries entre el febrer i l'agost del 2002, en dues temporades diferents].
- Més victòries fora de casa: 16 victòries de 19 partits. Anterior: Chelsea, 15 de 19 el 2004-2005.
- Més punts fora de casa: 50 punts. Anterior: Chelsea, 48 el 2004-2005.
- Més gols marcats: 106 gols. Anterior: Chelsea, 103 el 2009-2010.
- Major diferència de gols: +79 (106-27). Anterior: Chelsea, +71 el 2009-2010.
- Minuts per darrere al marcador: 153 minuts. Anterior: Arsenal, 170 minuts el 1998-1999.
- Major possessió de pilota al campionat: 71,9 %. Anterior: Manchester City, 65 % el 2016-2017.
- Major possessió de pilota en un partit: 82,95 % (22 d'abril de 2018, contra el Swansea). Anterior: Manchester City, 82,28 % (13 de maig de 2012, contra el Queens Park Rangers).
- Més passades al campionat: 28 242 passades. Anterior: Manchester City, 22 705 el 2016-2017.
- Més passades en un partit: 942 passades (22 d'abril de 2018, contra el Swansea). Anterior: Manchester City, 905 (31 de març de 2018, davant de l'Everton).

## ELS FONAMENTS DEL JOC

En el trajecte Barcelona-Múnic-Manchester, el tècnic català no ha canviat els fonaments del seu joc, que es manifesten al voltant de l'esfèrica: portar la iniciativa, tenir la pilota per atacar, per organitzar-se, per defensar-se, per desorganitzar el rival i per guanyar. La idea del Pep és que «només hi ha una pilota, i és nostra! Si la tenim, juguem. Ens la passem i juguem. Si no la tenim, la recuperem. La pilota és nostra, així que quan la perdem ens estan prenent una cosa nostra i l'hem de recuperar. Nosaltres no robem la pilota, només recuperem el que és nostre». [El lector advertirà la influència ideològica de Paco Seirul·lo].

La pilota per guanyar i la pilota per defensar-se. Una manera de jugar que guanya bastant sovint però que no és l'única possible, ni conté cap «veritat absoluta» (Torrent *dixit*). Una manera de jugar que es va haver d'adaptar al joc directe anglès i als seus contraatacs exteriors. Com en el seu moment va explicar Juanma Lillo, «a Anglaterra uns i altres van al contracop mutu successivament, sense parar. És un futbol de contracop perquè abans no hi ha hagut una seqüència de passades que ho impedeixi. Els jugadors corren per fora i en tenen prou amb un suport interior per contraatacar així».[5]

Guardiola va dedicar tota la primera temporada a Manchester a introduir els seus futbolistes en els fonaments, al temps que assumia la disputa de les competicions i l'aprenentatge propi dels trets anglesos: els contraatacs mutus i successius, les segones pilotes, el joc en llarg i en alt, les entrades despietades, la permissivitat arbitral i un tret diferencial important: els equips anglesos posseeixen un mecanisme psicològic de lluita que els anima a continuar batallant encara que el marcador els sigui molt desfavorable. Amb un 2-0 a favor, en altres països es pot donar per sentenciat gairebé qualsevol partit. Als camps de la Premier, cap resultat no garanteix l'armistici —és sabut que els anglesos van a la guerra amb «esperit esportiu» i practiquen esport amb «esperit guerrer». Guardiola ho va patir en grau superlatiu durant la seva primera temporada, on ni amb 2-0, ni tan sols amb 3-0, els partits no semblaven assegurats. El Pep ha dit

5. Perarnau, Martí. *Pep Guardiola. La metamorfosi.* Córner Editorial, Barcelona, pàg. 445.

molts cops als seus jugadors que calia trencar aquesta dinàmica psicològica i trencar la resistència dels rivals per evitar ensurts com els patits la temporada 2016-2017. Aquest és el motiu pel qual hem vist el City guanyar ni més ni menys que disset partits per tres o més gols de diferència aquesta segona temporada, amb el desglossament següent: cinc partits per cinc o més gols, cinc per quatre gols de diferència; i set per tres gols, a més d'altres deu partits en què també va marcar tres gols o més. En total, dels cinquanta-set partits oficials disputats, només en cinc l'equip no ha marcat. Són dades eloqüents del que l'entrenador va demanar al seu vestidor: no només avançar-se al marcador, sinó fer-ho de manera determinant i prou àmplia per trencar qualsevol resistència psicològica dels rivals.

És indiscutible que no sempre l'execució d'aquests fonaments del joc ha estat excepcional o superlativa. El City ha delatat carències en les quals ha de millorar, tant en organització col·lectiva com, molt especialment, en maduresa psicològica. N'hi ha prou de veure les enormes dificultats que va tenir en les dues visites a Anfield per entendre que l'equip continua tenint assignatures pendents.

## UN 25 % MÉS DE PASSADES

En cap fonament del joc s'ha avançat tant com en la passada, on el canvi de la primera temporada a la segona ha estat exponencial.

—Has de passar la pilota. Passar i passar. I una altra passada. Una passada extra i una altra passada extra. Aquesta passada extra sempre t'ajuda a aconseguir el teu objectiu.

Durant la major part de la temporada, el Manchester City ha estat una màquina de precisió amb alta efectivitat rematadora: ha xutat dues-centes seixanta-cinc vegades a porteria, de les quals ha obtingut cent sis gols i ha estavellat vint-i-tres pilotes als pals. És a dir, el 40 % de les seves rematades a porta han acabat en gol i un 8,6 % més han acabat als pals. Pel que fa al total de rematades (sis-centes seixanta-cinc), l'eficàcia també és altíssima: el 15,9 % dels xuts han acabat en gol. Però per damunt d'aquesta eficàcia en la rematada, ha estat en les passades on la millora ha estat majúscula.

La temporada 2016-2017, l'equip va fer cinc-centes noranta-set passades per partit, amb un 86 % d'encert. Va estar lluny de la mitjana del Bayern de Guardiola, de set-centes vint-i-sis passades per partit i un 87,9 % d'encert. Això ha canviat radicalment en el curs que acaba de finalitzar, ja que l'equip del Pep se n'ha anat fins a les set-centes quaranta-tres passades per partit, amb un 89 % d'encert. Per contextualitzar aquesta mitjana, recordem que en un dels partits culminants del Barcelona de Guardiola, la conquesta de la Champions League 2011 contra el Manchester United d'Alex Ferguson, va comptabilitzar set-centes setanta-set passades i un 90 % d'encert.

L'increment resulta tan significatiu com estrepitós: augmentar de cinc-centes noranta-set a set-centes quaranta-tres significa que la mitjana ha estat de gairebé cent cinquanta passades més per partit. Aquest 24,4 % d'augment és majúscul, però de fet tan sols situa l'equip de Guardiola on pretenia l'entrenador: en una posició dominant durant els partits. En el total de la lliga han acumulat vint-i-vuit mil dues-centes quaranta-dues passades, que són quatre mil set-centes quinze més que el segon de la taula, l'Arsenal; i vuit mil cent setanta-nou més que el Manchester United, és a dir, dues-centes quinze passades més per partit que l'equip de Mourinho. Aquestes dades no tenen més valor que el de certificar l'estil de joc triat per cada tècnic.

El City ha anat trencant gradualment totes les barreres en nombre de passades, encerts d'aquestes passades i possessió de pilota. Si a la desena jornada de lliga (octubre del 2017) va arribar a les vuit-centes quaranta-tres al camp del West Bromwich Albion, a la vint-i-novena jornada (març del 2018) va sumar nou-centes dues passades contra el Chelsea d'Antonio Conte, i a la trenta-quatrena se'n va anar fins les nou-centes quaranta-dues passades encertades contra el Swansea. En aquesta data, el 22 d'abril, es va convertir en el primer equip anglès de la història a trencar la barrera de les mil passades durant un partit, concretament mil quinze, de les quals el 92,8 % van ser encertades (d'aquí que el rècord hagi quedat fixat en nou-centes quaranta-dues passades encertades). No obstant això, la xifra obtinguda encara no supera l'aconseguida pel Bayern de Guardiola el 2014, quan va fer mil sis passades correctes de mil setanta-vuit intentades davant de l'Hertha Berlín. De la mateixa manera, si bé Ilkay Gündogan en va acumular cent setanta-quatre d'encertades contra el Chelsea, rècord del campionat anglès, encara és lluny de les cent noranta-sis sumades per Xabi Alonso amb el Bayern a la Bundesliga. El City també va establir una plusmarca de passades a Champions League quan el 7 de març va encertar nou-centes setanta-vuit combinacions contra el Basilea al partit que va sentenciar l'eliminatòria (0-4).

La repetició de la passada per establir seqüències llargues que permetin organitzar-se és un dels fonaments de Guardiola, i aquesta temporada ha aconseguit inculcar-lo a fons malgrat el tradicional ritme frenètic del joc anglès. El City no repudia aquest joc directe, ben al contrari. De fet, li agrada atacar amb velocitat, sigui a través de l'enviament llarg del porter al davanter, acció que ha permès aconseguir dos gols, sigui mitjançant galopades dels seus jugadors més ràpids (Sané, Sterling, KDB, Gabriel Jesús...). Però és indubtable que la interiorització de les seqüències de passada ha estat l'avenç més significatiu de l'any.

Repetir passada és un element clau en el joc de posició, ja que genera efectes posicionals, organitzatius i emocionals molt potents, si bé s'han de donar determinades condicions perquè sigui productiu. Repetir passada no és jugar a fer passades, sinó fer-ho amb una intenció clara. Per a això, als partits s'han de donar unes condicions prèvies i un context determinat. Per exemple, un rival que prefereixi córrer pocs riscos (*park-the-bus*) i un marcador favorable. En casos així, s'exagera la repetició de passades perquè aconsegueix un efecte demolidor en l'oponent. Quan el City repeteix passades com si estigués en un rondo, el rival acaba inevitablement superat mitjançant una simple triangulació, i a partir del segon cop que és burlat desisteix de pressionar i a cada nova repetició queda fixat, desorientat o superat. Cada repetició de passada produeix, per tant, tres efectes: els oponents propers queden fixats, els allunyats es desorganitzen i l'adversari queda «endormiscat», víctima de la frustració. El City «dorm» el rival i fins al moment només l'elèctric Liverpool de Jürgen Klopp ha aconseguit evitar tal efecte narcotitzant.

L'equip s'ha distingit també per altres trets interessants. Ha emprat set sortides de pilota diferents per iniciar el joc. Ha obtingut els mateixos punts a casa que fora (cinquanta), amb la mateixa estructura de setze victòries, dos empats i una derrota. Ha convertit la transició defensa-atac en un element fonamental. Ha aconseguit vint-i-tres gols a pilota aturada: setze en serveis de córner (8 % dels llançats) i set en llançaments de falta (dues de directes, cinc d'indirectes), a part de sis gols de penal. La temporada anterior va sumar quinze gols (set + vuit). Ha encaixat quatre gols a pilota aturada: dos de córner (1,9 dels llançats), un d'ells en pròpia porta; i dos de falta, una de directa i una altra d'indirecta. La temporada anterior va encaixar nou gols a pilota aturada.

## ELS SEGÜENTS DESAFIAMENTS

Per al futur es dibuixa un gran repte que Guardiola m'assenyala quan parlem de la propera temporada:

—Ens hem de centrar en les competicions angleses molt més que en la Champions League. Hem d'intentar revalidar el títol de Premier League. Aquest serà el nostre objectiu.

Els tres últims campions —Chelsea, Leicester i Chelsea, successivament— no només no han optat a aquesta revàlida, sinó que ni tan sols no han aconseguit classificar-se entre els quatre primers l'any següent de guanyar. Això és un indicatiu extraordinari de la dificultat de la competició anglesa i atorga valor a fixar aquest objectiu com a prioritat absoluta del City. Ningú no pot dubtar que el següent campionat serà més renyit, bàsicament perquè els cinc «grans» es reforçaran i intentaran evitar una nova desfilada del conjunt de Guardiola, i els «petits» faran servir més l'estratègia d'aparcar l'autobús quan s'enfrontin al City, que necessitarà molta finesa per desembussar partits que es juguin en espais molt reduïts.

Per aconseguir-ho, Guardiola ja ha comunicat als seus jugadors quina és la premissa fonamental: mantenir el mateix grau d'ambició que la temporada que tot just ha acabat. Aquesta és la condició *sine qua non* per superar el desafiament, però hi ha altres àmbits en els quals l'equip ha de millorar: madurar en el terreny emocional i evitar moments de pànic; encertar en la manera d'enfrontar-se a la seva gran nèmesi, el Liverpool de Jügen Klopp; prosseguir en la millora individual de jugadors amb gran potencial com Ederson, Stones, Laporte, Walker, Mendy o Sané; augmentar el nivell mitjà de l'equip amb les dues incorporacions ja programades: un mig centre que substitueixi Yayá Touré i un sisè atacant (Mahrez com a objectiu); introduir la variant dels extrems jugant a cama canviada (fins al moment, el millor rendiment s'ha obtingut amb extrems que jugaven a cama natural); elevar el rendiment rematador de Gabriel Jesús, que tot i mostrar un 59 % d'encerts sembla tenir un ampli marge de correcció; i molt especialment intentar millorar el nivell d'eficiència de Raheem Sterling, que malgrat el gran avenç viscut aquesta temporada (cinquè màxim golejador de la Premier, duplicant les seves xifres anteriors) té també un gran marge de millora.

El projecte de Guardiola es troba a mig camí. Els seus jugadors pensen en aquesta mateixa direcció. Ilkay Gündogan, el primer fitxatge del Pep, és clar: «Això és un viatge i encara no hem arribat on volem, però estem contents del punt on som. Encara ens queda molt per millorar». L'altre futbolista emblemàtic per a Guardiola, el belga Kevin de Bruyne, resumeix el sentiment generalitzat de la plantilla i els aficionats: «La gent et jutja pels trofeus i les estadístiques perquè això és el més important. Però les estadístiques són només una part de la història. Per a mi, la bellesa és en el camí, no en la destinació. Per això valoro tant el que hem fet aquesta temporada».

Poquíssimes vegades a la seva carrera com a entrenador, que aleshores compleix la seva desena temporada, Guardiola ha estat més feliç que a Manchester, on es reuneixen les condicions idònies per a aquesta plenitud: una directiva que li dona suport sense fissures, uns futbolistes entregats a la seva idea de joc, un cos tècnic fidel i homogeni que rema en la mateixa direcció i una afició que canta la seva alegria per tenir-lo com a líder: «*We've got Guardiola!*» («¡Tenim Guardiola!»). El mateix Pep ho expressa així: «La gent diu que només tenim diners. El que tenim és passió, grans treballadors i una gran estructura de club». La paraula predominant aquestes primeres dues temporades ha estat *procés*, però ara n'hi ha una altra que comença a prendre força: *llegat*.

El Pep és feliç a Manchester. Fins i tot ho va ser la temporada anterior, quan gairebé tot va sortir malament. Imagineu enguany, que gairebé tot ha sortit bé...

## RESUM D'ESTADÍSTIQUES 2017-2018

| | P | V | E | D | GF | GC |
|---|---|---|---|---|---|---|
| Premier League<br>*Campió* | 38 | 32 | 4 | 2 | 106 | 27 |
| Copa de la Lliga<br>*Campió* | 6 | 4 | 2 | 0 | 11 | 5 |
| FA Cup<br>*Cinquena ronda* | 3 | 2 | 0 | 1 | 6 | 2 |
| Champions League<br>*Quarts de final* | 10 | 6 | 0 | 4 | 20 | 12 |
| **Total** | **57** | **44** | **6** | **7** | **143** | **46** |

## DADES

| | |
|---|---|
| 77,2 % | Percentatge de victòries a la temporada |
| 84,2 % | Percentatge de victòries a la Premier League |
| 2,51 | Gols a favor a la temporada |
| 2,79 | Gols a favor a la Premier League |
| 0,81 | Gols en contra a la temporada |
| 0,71 | Gols en contra a la Premier League |
| 97 | Diferència de gols a favor a la temporada |
| 100 | Punts a la Premier League |
| 23 | Rematades al pal a la Premier League (4 de De Bruyne i Sterling) |
| 66,2 % | Possessió de pilota a la temporada |
| 71,9 % | Possessió de pilota a la Premier League |
| 83 % | Màxima possessió de pilota (contra el Swansea, abril del 2018) |
| 51 % | Mínima possessió de pilota (contra el Nàpols, novembre del 2017) |
| 743 | Mitjana de passades per partit |
| 978 | Màxim nombre de passades (contra el FC Basilea, març del 2018) |
| 89 % | Passades encertades per partit |
| 17,5 | Rematades per partit / 7 a porteria |
| 6,2 | Rematades en contra per partit / 2,2 a porteria |
| 18 | Victòries consecutives a la Premier League |
| 30 | Màxim golejador: Sergio Agüero (21 a la Premier League) |
| 21 | Màxim assistent: Kevin de Bruyne (16 a la Premier League) |
| 52 | Més partits jugats: Kevin de Bruyne (37 a la Premier League) |
| 0-6 | Major victòria (contra el Watford) |
| 4-3 | Major derrota (contra el Liverpool) |

## TEMPORADA 3

2018-2019

# Perseguint el conill vermell

MES 1

# Juliol del 2018

### *Madrid / Chicago / Nova York / Miami*

El 14 de juliol encara hi ha sis jugadors del Manchester City (Kompany, De Bruyne, Sterling, Delph, Stones i Walker) disputant l'esprint final de la Copa del Món de seleccions a Sant Petersburg. Fa una setmana que Guardiola ha iniciat els entrenaments de pretemporada a Manchester però pràcticament cap dels jugadors titulars no és amb ell, sinó començant les vacances o encara al Mundial de Rússia. Serà una pretemporada minimalista que servirà perquè l'entrenador conegui més bé els joves de l'acadèmia *citizen*.

S'ha quedat sense la seva mà dreta, Domènec Torrent, que ha fitxat com a nou entrenador del New York City quan Patrick Vieira ha deixat el càrrec per dirigir l'OGC Nice francès. Va ser una decisió instantània: Vieira va anunciar la seva marxa el 10 de juny i l'endemà Torrent va acceptar l'oferta que li va fer el City Football Group. Havia rebut altres propostes per dirigir equips però no el satisfeien. En canvi, Nova York és una destinació que li ve de gust per tornar a ser primer entrenador, després d'una dècada com a assistent de Guardiola.

Ha estat tot tan precipitat que el 22 de juny ha de baixar a Madrid per aconseguir d'urgència el visat necessari per viatjar als Estats Units. Passem junts tot el matí fent gestions fins que a mitja tarda l'acompanyo a l'aeroport, ja amb tot resolt. Duu una maleta gegant que va comprar el dia abans i també una bossa per a vestits: «El Pep m'ha dit que em vol veure a la banqueta amb vestit, així que li faré cas».[6] Ha programat el primer entrenament amb el seu nou equip dotze hores després d'arribar a Nova York, però no té més remei que fer-ho així perquè al cap de dos dies juga al Yankee Stadium contra el Toronto, el vigent campió de la MLS: «Ja he estudiat bé el Toronto però no faré gaire canvis a l'equip, tot just tocaré un parell de coses per no marejar-los. Bàsicament serà sobre com pressionar Giovinco i Bradley».[7] Torrent ja ha fet un fitxatge, un davanter argentí, Taty Castellanos, de només dinou anys, i en les setmanes següents aconseguirà el seu cos tècnic, amb Albert Puig com a segon entrenador, Francesc Cos i Ismael Camenforte com a preparadors físics i Jordi Gris, que també abandona Manchester, com a analista. Està il·lusionat amb el projecte i desitja aconseguir algun títol en un campionat de característiques molt diferents a les del futbol europeu.[8] «Als jugadors només els vull dir una cosa: vull que guanyem l'MLS. I si no ho aconseguim, a guanyar-la l'any que ve. Però zero queixes ni plors. Mentalitat de campions».[9]

Abans de marxar cap a Nova York, pregunto al Dome pel seu successor com a assistent de Guardiola: «El Mikel [Arteta] ho farà genial. És molt bo. No hi havia dubte que el segon entrenador havia de ser ell. Si ha estat a punt de ser primer entrenador de l'Arsenal, com has de dubtar? El Mikel és i serà molt bo». I el Pep, s'adaptarà fàcilment a la nova situació? «El Pep està eufòric per la manera com va guanyar la Premier i ara és quan ha de tenir els peus més a terra. El Pep és un geni quan es mou en allò que domina, allà on els jugadors estan còmodes, en allò que comprenen. Per això crec que el Mikel pot ajudar molt per facilitar aquesta comoditat i comprensió».

Hi ha un altre assumpte que pot semblar menor però que també ajuda a l'estat eufòric del Pep després d'haver conquerit els seus

6. El vestit va durar poc per la calor imperant a Nova York. Al cap de tres partits, Dome Torrent va passar a utilitzar una samarreta de màniga curta en els partits disputats a l'estiu als Estats Units.

7. El debut de Torrent amb el New York City va ser positiu, ja que va vèncer per 2-1 el campió de l'any anterior.

8. La MLS té peculiaritats importants. Combina terrenys de gespa natural amb altres d'herba artificial, i de vegades el seu calendari resulta inexplicable, amb desplaçaments esgotadors. El mateix estadi on juga l'equip de Torrent ni tan sols no és un estadi de futbol i posseeix unes dimensions ínfimes: 100 x 64 metres.

9. Dome Torrent va conquerir el títol de campió de la Conferència Est el 2019, amb un rècord de seixanta-quatre punts, la qual cosa va classificar per primera vegada l'equip per a la Champions League de la Concacaf.

primers títols a Anglaterra. Sam Walker, exredactor d'esports del *The Wall Street Journal*, ha publicat un llibre excel·lent, *The Captain Class*,[10] on descriu els setze millors equips de la història de l'esport i identifica les qualitats principals de qui els van liderar. El FC Barcelona que va dirigir Guardiola, el per sempre recordat *Pep Team*, figura entre aquests conjunts de llegenda.

Es tracta d'una llista selecta on només hi ha equips extraordinaris com els New York Yankees de beisbol (1949-1953), els «Mágicos Magiares» de Puskás i Hidegkuti; els Boston Celtics de Bill Russell, que van guanyar onze campionats de l'NBA en tretze anys (1956-1969); el Brasil de Pelé i Garrincha; la llegendària «Red Army», la selecció soviètica d'hoquei gel (1980-1984); l'equip cubà de voleibol femení, les «Morenas del Caribe», l'únic capaç de conquerir vuit títols mundials consecutius entre Jocs Olímpics, Campionats del Món i Copes del Món; els All Blacks de rugbi, tant en la versió 1988-1990 liderada per David Kirk, els primers campions del món, com en la més recent de 2011-2015, capitanejats per Richie McCaw, amb doblet mundial; els San Antonio Spurs del mag Gregg Popovich, cinc vegades campions de l'NBA sota la seva direcció; o la selecció francesa d'handbol, «Les Experts», que va tiranitzar aquest esport entre el 2008 i el 2017.

L'autor del llibre ha trobat set trets comuns en les persones que van liderar aquests setze grans equips:

1. Tenacitat extrema i concentració en la competició.
2. Un joc agressiu que posa a prova els límits de les regles.
3. Disposició per realitzar feines ingrates a l'ombra.
4. Un estil de comunicació discret, pràctic i democràtic.
5. Motivació dels altres amb mostres no verbals apassionades.
6. Conviccions fortes i el valor de mantenir-se al marge.
7. Control emocional ferri.

Al Pep se li il·lumina la cara en llegir que el seu *Pep Team* està brodat en lletres d'or entre els més grans de tots els temps, però al mateix temps em torna a transmetre la seva eterna percepció que ja va fer el millor i que res no superarà el rendiment que va aconseguir amb el Barça:

10. N'existeix una versió en castellà: *Capitanes*, Ed. Debate, 2017. *(N. de la T.)*

—El millor ja es va fer. Ningú no és capaç de contribuir a crear dues obres mestres.

Però si ell és tossut en la seva postura que ja no pot repetir aquella obra mestra, jo també ho soc i replico parlant d'Edmund Hillary, el primer conqueridor de l'Everest, que davant la realitat que ja no podria escalar muntanyes més altes es va entestar a ascendir-ne altres de més difícils. Aleshores el Pep reconeix que no és impossible tornar-ho a fer:

—Bé, aquest és el repte. Amb bons jugadors tornarem a jugar bé, ho sé. Però en els mals moments costa de creure.

Així comença la seva nova pretemporada…

La d'aquest mes de juliol del 2018 ha estat una pretemporada forçosament breu i d'utilitat discutible, integrada per tres partits als Estats Units amb una expedició formada per juvenils o per jugadors que setmanes després seran traspassats o cedits a altres equips. Lògicament, les vacances dels homes que han participat a la Copa del Món obliguen a plantejar aquests tres partits com simples tràmits, ja que només pot comptar amb Riyad Mahrez, acabat de fitxar, amb els joves Foden i Zíntxenko, i amb Laporte, que amb prou feines pot jugar a causa d'una molèstia, a més d'un Leroy Sané desanimat per la seva sorprenent absència al Mundial i un Claudio Bravo que pocs dies després es trencarà el tendó d'Aquil·les i serà baixa per a la resta del curs. La bona notícia ha estat que Bernardo Silva ha decidit escurçar les vacances i incorporar-se a mitja gira nord-americana, amb què deixa clar des del primer minut que la seva segona temporada no s'assemblarà en res a la primera, tan discreta.

L'entrenador disposa l'equip en 4-3-3 contra el Borussia Dortmund, que venç gràcies a un penal transformat per Götze (0-1), però en els dos enfrontaments següents el Pep canvia a 3-5-2. La línia de la defensa la integren els juvenils Cameron Humphreys, Eric García i Jason Denayer; Bolton i Zíntxenko són els carrilers, tot i que l'ucraïnès arriba a jugar de mig centre contra el Liverpool (derrota per 1-2) suplint Douglas Liz, que és el mig centre contra el BVB i en el triomf contra el Bayern de Múnic (3-2). Partits sense transcendència, pretemporada sense jugadors. El mes de juliol ha estat un simple tràmit per començar a moure una màquina on ja no hi ha Dome Torrent i on Mikel Arteta ha ascendit un graó. L'únic fitxatge ha estat el de Riyad Mahrez i el Pep ho ha assumit de bon grat, sabent que no es podia fer una gran inversió després dels dos-cents vint-i-sis milions de lliures nets (fitxatges menys traspassos) de la temporada anterior. El tercer any del Pep el club només invertirà divuit milions nets, un cop contractat Mahrez i traspassats set jugadors, entre ells Brahim Díaz, que el gener del 2019 preferirà fitxar pel Reial Madrid en una operació que recorda la de Jadon Sancho dos anys enrere.[11] Brahim no ha tingut la mateixa paciència que Phil Foden per créixer al ritme pausat que li proposa Guardiola.

11. El Reial Madrid va pagar disset milions per Brahim Díaz el gener del 2019. El setembre del 2020 va ser cedit a l'AC Milan. Els altres sis jugadors del Manchester City traspassats aquesta temporada són Angus Gunn, Jason Denayer, Pablo Maffeo, Joe Hart, Bersant Celina i Olarenwaju Kayode.

## MES 2

# Agost del 2018

### *Londres / Manchester / Wolverhampton*

El 5 d'agost, el Pep aconsegueix el seu tercer títol al futbol anglès i aixeca per quart cop un trofeu a l'estadi de Wembley. La Community Shield, la Supercopa anglesa, no és un gran títol, però la seva conquesta significa iniciar la nova temporada amb la mateixa dinàmica guanyadora amb què es va tancar la dels Centurions. El City afronta gairebé sense entrenament el duel contra el Chelsea, campió de l'FA Cup, que tres setmanes abans ha substituït Antonio Conte pel seu compatriota Maurizio Sarri, que al seu torn ha aconseguit endur-se del Nàpols el magnífic Jorginho, el mig centre que tant agrada al Pep.[12]

Jugadors com Kyle Walker o John Stones han apurat les seves vacances post-Mundial fins dos dies abans de la final, de manera que s'enfronten al Chelsea sense cap preparació, tan sols amb un parell de sessions suaus de mobilitat articular. Guardiola ho justifica sense discussió: «Prefereixo que hagin aprofitat les vacances. Les temporades són molt llargues i és millor estar descansat per afrontar el que ens espera». Per aquest motiu, l'entrenament de la setmana anterior ha estat lleuger: «Amb els que han vingut del Mundial només hem treballat la tàctica del partit; en l'aspecte físic no podíem fer res».

12. Jorginho era el primer candidat de Guardiola per suplir la marxa de Yayá Touré, però la contractació de Sarri com a entrenador del Chelsea va propiciar de manera irreversible la incorporació del jugador, que va ser fitxat pel club londinenc por seixanta milions d'euros. Uns dies abans, el brasiler Fred havia estat contractat pel Manchester United també per seixanta milions d'euros.

Amb una calor asfixiant, 37 °C, impròpia de Londres, Mendy surt de titular per primer cop en onze mesos. Dos gols del Kun Agüero permeten aixecar el primer títol de la temporada i també són un símbol del joc que pretén Guardiola ara que ja s'ha aposentat al futbol anglès. El primer gol arriba després d'una sortida de pilota excel·lent, pausada i precisa des de la línia defensiva a través de Stones i Fernandinho i els respectius moviments en profunditat de Foden i Mahrez. El segon gol és fruit d'un contraatac superb iniciat per Stones, conduit per Gündogan, ajudat per Mahrez i Bernardo i finalitzat per Agüero. Gol després de mastegar el sistema de passades i gol en contraatac fulgurant. Heus aquí la combinació que desitja el Pep per a la temporada que comença. El City ha rematat divuit vegades, per cinc del Chelsea, en la línia de la mitjana de la temporada anterior. És la cinquena Community Shield que guanyen els *citizen* en tota la seva història (1938, 1968, 1972, 2012 i 2018) i el vint-i-cinquè trofeu de Guardiola com a entrenador.

Bernardo Silva inicia la seva segona temporada al club amb el desig d'emular Leroy Sané, que va tenir un primer any tímid però va esclatar en el segon. En el 2-3-2-3 que presenta el Pep a Wembley, Bernardo es mou per totes les zones. Primer fa d'interior esquerre, després del descans es col·loca d'extrem dret —i Mahrez passa a l'esquerra—, al minut 75 juga d'interior dret i acaba el partit d'extrem esquerre. No és estrany el missatge que m'envia l'entrenador en acabar la final:

—Ara mateix, l'equip és Bernardo i deu més.

Set dies més tard, l'equip torna a Londres per estrenar la Premier League com a campió vigent davant de l'Arsenal d'Unai Emery. El City presenta un 3-1-3-3 amb tres defenses (Walker, Stones, Laporte); Fernandinho com a únic pivot; una línia mixta integrada per Mahrez, Gündogan i Mendy, i tres atacants asimètrics: Agüero i Bernardo centrats i Sterling per l'esquerra. Sense pilota tanca a 4-4-2. La posició de Sterling resulta clau: marca el primer gol gràcies a un eslàlom horitzontal que s'allarga fins que troba el forat adequat per disparar a porteria (només és el tercer gol de Sterling des de fora de l'àrea en tota la seva carrera), i en facilita el segon en tallar cap a dins i obrir la banda per a una «passada de la mort» de Mendy que finalitza Bernardo. Durant la darrera mitja hora reapareix Kevin de Bruyne, però tres dies després es lesiona el lligament lateral del genoll durant un entrenament de musculació. El primer diagnòstic preveu deu setmanes de baixa per al jugador sobre el qual pivota l'equip.

El retorn a l'Etihad Stadium el 19 d'agost ofereix un dels millors partits de la temporada i acaba amb una golejada (6-1) contra el Huddersfield. Distribució en 3-3-4, amb Stones, Kompany i Laporte de defenses i un triangle de mitjos: Fernandinho, Gündogan i Silva. Els quatre atacants són Bernardo, Agüero, Gabriel Jesús i Mendy. L'ampli domini del joc, amb un 77 % de possessió, propicia que David Silva s'infiltri sovint en l'atac i l'equip es desplegui en 3-2-5. El partit ofereix alguns detalls notables, com la primera assistència de la temporada per a Ederson, en passada directa a Agüero; el novè *hat-trick* del Kun a la Premier; les tres passades de gol d'un Mendy ressuscitat; i els contraatacs ferotges al tram final protagonitzats per Sané i Jesús. El nombre de rematades del City suplica l'habitual i puja a trenta-dues. En una roda de premsa, el Pep explica la decisió d'ajuntar els seus dos davanters centre: «L'any passat vam patir davant d'equips que defensen molt tancats i replegats i hem decidit provar amb dos puntes». Més tard em parla d'Agüero: «Ja no li fa mal el genoll després de l'operació. El doctor Cugat ha fet una gran feina. Ara mateix està genial. No són els gols que fa, sinó tots els seus moviments i els espais que genera. Quan està en aquest pic de forma, el Kun és un dels millors del món».

L'agost conclou amb la visita al mític Moulinex Stadium, on els Wolves van aconseguir l'ascens a la Premier League a finals de la temporada anterior. El City ha guanyat tots els partits de lliga fora de casa des del 3 de febrer, quan va empatar amb el Burnley. Avui acaba la ratxa, ja que el prometedor equip de Nuno Spirito Santo aconsegueix un resultat idèntic (1-1). El Pep ha tornat al 2-3-2-3, amb Walker ajudant a la sortida de la pilota com a tercer defensa i incorporant-se després a la línia de mitjos juntament amb Fernandinho i Mendy. El domini del City és rotund, amb un 71 % de possessió, sis-centes seixanta-quatre passades amb un 91 % d'encert i divuit rematades, tres al pal, però només aconsegueix un gol (Laporte de cap, a servei de falta), que iguala l'obtingut poc abans per Willy Boly amb la mà. No és l'única decisió arbitral que perjudica l'equip, atès un penal no assenyalat de Rúben Neves sobre David Silva, però Manel Estiarte es nega a entrar en una dinàmica de greuges: «Hem de mantenir el cap fred. Sabem que ningú no ens ajudarà, o sigui que la nostra obligació és fer les coses millor. Hem de millorar». El cos tècnic fa autocrítica i assenyala alguns d'aquests aspectes per millorar: la sortida de la pilota ha estat imprecisa, no s'ha encertat a tallar d'arrel els contraatacs dels Wolves, l'estat físic d'alguns jugadors (Walker) dista molt de ser òptim i l'encert en les passades a la zona propera a la porteria rival ha estat molt baix, amb Sané en un paupèrrim 40 % durant els vint minuts que ha jugat. Sens dubte, la seva xocant absència al Mundial no l'ha ajudat a mantenir l'autoestima.

## MES 3

# Setembre del 2018

### *Manchester / Lió / Cardiff / Oxford*

De fet, Sané ni tan sols no és convocat pel Pep per al partit amb què comença el mes de setembre: la visita del Newcastle de Rafa Benítez a l'Etihad Stadium. El City es distribueix en 2-3-1-4, amb David Silva com a home alliberat darrere dels seus quatre davanters: Mahrez i Sterling a les bandes i el tàndem Agüero-Jesús a la doble punta. El triomf per 2-1 és minso a la vista de les vint-i-quatre rematades, però ja forma part del paisatge habitual que els rivals es tanquin amb pany i forrellat per evitar una golejada quan s'enfronten al campió.

Quan falten quinze dies perquè es compleixi l'aniversari del fatídic trencament de lligaments del genoll de Benjamin Mendy, el jugador pateix una lesió al cinquè metatarsià del peu durant una convocatòria de la selecció francesa. De nou, la baixa del lateral esquerre obliga Guardiola a reformular el seu joc. Desfà la figura del doble davanter centre i els quatre atacants, situa Fabian Delph al lloc de Mendy i recupera Leroy Sané com a extrem esquerre. Amb el lateral esquerre centrat en funcions d'interior, Sané passa a ocupar-se de la banda esquerra i Sterling torna a la dreta. L'equip manté els seus fonaments però la dificultat d'alguns homes per assolir un bon estat de forma propicia nombrosos errors en la precisió de les passades, la qual cosa irrita moltíssim el Pep. Tot i això, un 3-0 segella la victòria contra el Fulham a mitjan setembre, però no succeeix el mateix quatre dies després, en el mateix Etihad, durant el debut en la nova edició de la Champions League.

L'Olympique deixa en evidència el baix estat de forma d'alguns i la seva propensió a l'error. Els francesos apliquen una pressió agressiva sobre la sortida de la pilota del City i propicien que es multipliquin les errades. És cert que els de Guardiola podrien haver marcat aviat, amb un cop de cap de Laporte que s'estavella al pal i una extraordinària jugada col·lectiva sortint des de darrere que remata Sterling sense encert, però les rèpliques de l'Olympique són contundents i aprofiten les errades de Fernandinho per avançar-se 0-2. Un gol de Bernardo matisa el marcador però no evita la primera derrota de la temporada, i també la quarta consecutiva del City a Champions League, primer equip anglès que pateix una mala ratxa com aquesta.[13]

En el seu partit número tres-cents amb el Manchester City, Sergio Agüero juga per sorpresa com a fals 9 al 2-3-2-3 que es presenta contra el Cardiff, un altre equip que acaba d'ascendir a la Premier League. Gündogan participa en quatre dels cinc gols de l'equip (vuit-centes passades, 91 % d'encert, 79 % de possessió, vint-i-una rematades) i durant l'últim quart d'hora Stones s'alinea per segon cop aquest curs com a mig centre. El Pep hi veu prou qualitats per suplir Fernandinho en determinats moments, si bé encara li manca l'experiència necessària per considerar-lo el seu suplent de ple dret.

I, de fet, Stones torna a jugar de mig centre titular a Oxford en el primer partit de la Copa de la Lliga, on el jovenet Phil Foden (divuit anys) aconsegueix el seu primer gol amb l'equip, cosa que el converteix en el primer *citizen* nascut a partir de l'any 2000 a marcar en partit oficial. Foden ho celebra de genolls i besant l'escut de l'equip, i els aficionats ho celebren amb un missatge inequívoc: «*He is one of our own*» (És un dels nostres). Foden no és l'únic jove que juga i guanya a Oxford (0-3), ja que també ho fan Muric i Brahim, però sens dubte ja s'ha convertit en l'abanderat principal de l'acadèmia.

Amb la mateixa estructura 2-3-2-3 acaba el mes de setembre, que el City culmina amb victòria per 2-0 contra el Brighton, sumant vint-i-vuit rematades, un 80 % de possessió de pilota i nou-centes passades intentades. Falten De Bruyne i Mendy, però després de l'ensopegada contra el Lió l'equip ha recuperat la seva velocitat de creuer. El Pep ha percebut la millora en un símptoma ben evident: «En els tres últims partits no hem concedit cap rematada en contra. Cada cop que perdem una pilota la recuperem d'immediat i no ens poden contraatacar. Estem practicant un bon joc posicional».

13. La temporada anterior, el City havia perdut contra el Basilea a la tornada de vuitens de final i els dos partits de quarts de final contra el Liverpool.

MES 4

# Octubre del 2018

## *Sinsheim / Liverpool / Manchester / Donetsk / Londres*

El calendari de l'octubre és apassionant. A la Premier League l'equip ha de visitar el Liverpool i el Tottenham. A la Champions ha de viatjar dos cops consecutius fora del seu estadi per jugar contra el Hoffenheim i el Shakhtar Donetsk, partits que després de l'ensopegada patida davant de l'Olympique de Lió s'han convertit en decisius.

Als quaranta-cinc segons, el Hoffenheim fa saltar pels aires l'organització defensiva que ha presentat el Pep, integrada per tres defenses (Kompany, Otamendi i Laporte), un pivot (Fernandinho), tres mitjos (Walker, Silva i Gündogan) i tres atacants (Sterling, Agüero i Sané). El 3-1-3-3 pretén frenar l'estil vertical i profund que el brillant Julian Nagelsmann ha implantat en el conjunt alemany. En aquest inici de partit, la Champions s'allunya perillosament del City, però l'equip es recupera ben aviat del cop patit i tan sols sis minuts després David Silva fa una passada «impossible» a l'espai i l'assistència de Sané permet que Agüero iguali el marcador. Durant l'hora següent l'equip viu a la corda fluixa flirtejant amb el desastre perquè Hoffenheim espera molt replegat i al més mínim titubeig de Fernandinho roba la pilota i surt al contracop de manera fulminant. Guardiola frena la dinàmica negativa amb un moviment inesperat: substitueix Otamendi per Stones però situa el defensa anglès de doble pivot al costat de Fernandinho i endarrereix Walker a la funció de tercer defensa. Aquí s'acaba el perill alemany i en la darrera mitja hora el City vola i capgira el resultat (1-2), que acaba sent minso per a les ocasions que es generen. Per tercer cop en quatre partits, Stones té un paper sorprenent i encertat com a mig centre. El Pep té la visió que un defensa amb tan bon peu i sentit del joc es podria adaptar a jugar en aquesta posició en funció de les circumstàncies dels partits.

—Ja saps el que sento. Si pogués, jugaria amb onze migcampistes. El que penso és que si el fals 9 ens dona superioritat al mig del camp i els laterals poden jugar com a migcampistes, per què no pot fer-ho també un defensa, si té bon peu?

Anfield és la següent cita de l'octubre i Guardiola presenta un pla de joc «a la iugoslava», que és la nomenclatura que fem servir per definir un equip amb molta disciplina tàctica a la línia defensiva, contundència en el rebuig, seriositat en la marca i concentració permanent. Tot i que Mendy encara està molt tou, es reincorpora just a temps per ocupar la banda esquerra, amb la qual cosa Sané torna a la banqueta. El Pep presenta un 3-3-3-1, amb Walker, Stones i Laporte de defenses; Bernardo, Fernandinho i Mendy a la línia de mitjos; Mahrez, Silva i Sterling a la intermèdia; i Agüero tot sol en punta. Com era d'esperar, el domini inicial del Liverpool és aclaparador i deixa el City, que sense la pilota es defensa en 4-4-1-1, en un pobre 37 % de possessió durant el primer quart d'hora, encara que sigui un domini que no crea autèntic perill. A partir del minut 15, el City aconsegueix la pilota, amb Stones i Laporte extremadament segurs i Bernardo convertit en l'autèntic mig centre que condueix l'esfèrica des de la seva defensa fins a l'atac. És un altre cas de reconversió inaudita: d'extrem punyent a mig centre de creació.

El primer quart d'hora del segon temps és similar al primer, tot i que el City no les passa gaire magres, amb un Mahrez impecable en la tasca de rebre la pilota a un costat i iniciar la seqüència de passades que permet agrupar els seus companys. El ritme de joc és moderat i el Pep no dona senyals de voler canviar-lo. Prefereix tenir paciència. Al minut 85 el seu equip gaudeix d'un penal a favor que Mahrez malgasta i els *citizen* deixen escapar dos punts, però per primera vegada des del 1992 aconsegueixen deixar la seva porteria a zero a Anfield… John Stones fa un partit colossal, ple d'encerts en les passades (97,5 %) i guanyant sis dels vuit duels individuals. És la cinquena porteria a zero per a Ederson en els primers vuit partits de lliga.

Per al duel de lliga amb el Burnley del 20 d'octubre, després de l'aturada de seleccions, Guardiola torna al 2-3-2-3, tan còmode per als seus jugadors. Lesionats els dos laterals dretans, ha de ser Stones qui ocupi la banda. El 5-0 final és un bon reflex de les vint-i-quatre rematades fetes pels atacants del City, que deixa el Burnley sense la més mínima opció ni tan sols de disparar a porteria. A la banda esquerra, la connexió entre Silva, Sané i Mendy assoleix moments formidables, amb passades i intercanvi constant de posicions entre l'interior i l'exterior. Precisament Mendy, malgrat les absències per lesió, fa la seva cinquena assistència de gol a lliga i passa a encapçalar aquest apartat, amb una mitjana de sis centrades encertades per partit. Per primer cop des de la temporada 2011-2012, tres equips (City, Liverpool i Chelsea) es mantenen invictes a la Premier després de nou jornades disputades. Juntament amb l'Arsenal i el Tottenham, els cinc primers classificats estan separats només per dos punts.

—Ha estat el nostre millor temps en els tres anys que fa que estic en aquest equip.

El Pep està satisfet després de guanyar 0-3 el Shakhtar a Donetsk i havent-se col·locat al capdavant del seu grup de Champions, amb què compensava l'ensopegada patida contra l'Olympique. El joc en terres ucraïneses és formidable i el nombre de rematades arriba a les vint-i-quatre, algunes de gran perill, dues al pal. Tot i que amb els tres punts d'avui el Pep arriba als cinquanta gols amb el City a Champions, el cos tècnic incideix en el problema davant de la porteria. Panchart no ho dubta: «A Champions no pots fallar tantes oportunitats. Si vols guanyar-la no pots perdonar».

Per culminar un octubre excel·lent, els *citizen* guanyen el Tottenham sobre la gespa horrible de Wembley. L'estat pèssim del terreny de joc es deu als tres partits de futbol americà que s'hi han disputat els quatre dies anteriors i que han convertit l'herba londinenca en un patatar.[14] L'únic gol del partit el marca Mahrez als cinc minuts, després que Ederson faci un servei de porteria llarguís-

14. El 25 d'octubre s'havien enfrontat els New England Patriots i els Tampa Bay Buccaneers. El dia 26, els San Diego Chargers contra els New Orleans Saints. I el dia 28, els New York Giants i els Miami Dolphins. Vint-i-quatre hores més tard van jugar el Tottenham i el Manchester City.

sim que Sterling controla i cedeix a l'algerià. Els vuitanta-cinc minuts següents són de control absolut dels *citizen*, que no donen cap opció als de Pochettino. És el sisè partit consecutiu a la Premier League sense encaixar gol, el setè en deu jornades. Després d'haver visitat els estadis de l'Arsenal, el Liverpool i el Tottenham, i de disputar la final de la Supercopa contra el Chelsea, cap d'aquests rivals no ha aconseguit batre la meta *citizen*, que en deu partits de lliga només ha rebut tres gols, la segona marca més minsa de la història.[15]

L'octubre deixa tres conclusions interessants per a Guardiola. El seu equip ha assolit una magnífica consistència defensiva, la qual cosa es manifesta en haver concedit únicament una mitjana d'1,7 xuts per partit. Per contra, la seva eficàcia golejadora és molt baixa. El 38,6 % de les seves rematades van dirigides a la porteria rival, però només una de cada deu rematades es transforma en gol. Estiarte ho expressa així: «Necessitem més gol. Ens estem quedant curts». Per últim, la pressió alta contra la sortida del rival està sent efectiva: ni més ni menys que el 19 % de les accions defensives de l'equip es produeixen al terç defensiu de l'adversari. Ja sabem allò de «la pilota és meva, em pertany, i quan la té el contrari no vaig a robar-la, sinó a recuperar el que és meu».

A l'aire sura l'embrió d'una idea que potser no es durà a terme però que Guardiola arxiva en un racó del seu cap. Stones de mig centre? I si a més de jugar amb un lateral-interior pogués fer-ho amb un defensa-mig centre?

15. El Chelsea va encaixar només dos gols en les deu primeres jornades de la temporada 2004-2005.

MES 5

# Novembre del 2018

## *Manchester / Londres / Lió*

Dels sis partits que s'han de jugar al novembre, els quatre primers són a l'Etihad Stadium i es liquiden amb quatre victòries clares, disset gols a favor i només dos en contra.

El primer dia del mes es reincorpora Kevin de Bruyne després de deu llargues setmanes d'absència, però no pot acabar els noranta minuts: rep un cop al mateix genoll que s'havia lesionat i queda fora de combat. El pessimisme ja damunt la gespa és màxim. Estiarte m'ho explica a l'entrada del vestidor: «Mínim sis setmanes de baixa». Després de passar pel vestidor, Planchart és fins i tot més negatiu: «Com a mínim dos mesos sense el Kevin». S'ha pagat un preu molt alt per eliminar el Fulham de la Copa de la Lliga, amb dos gols de Brahim Díaz.

El contratemps és majúscul. El millor jugador de la històrica temporada anterior continuarà absent fins el Nadal, de manera que l'entrenador ha de continuar buscant solucions d'emergència. Al cap de tres dies, els dos Silva formen com a interiors contra el Southampton. El 6-1 és enganyós. Ha mostrat un City poderós en atac, que marca quatre gols en el primer temps, cosa que no succeïa des de feia un any, però també ha facilitat que el Southampton rematés cinc cops contra Ederson, una xifra excessiva si tenim en compte que en els deu partits de lliga anteriors només havia permès un total de disset rematades. El Pep no està content: «En algunes accions no som prou estables. Avui ha quedat demostrat».

L'entrenador no tindrà queixa tres dies després, quan el seu equip goleja el Shakhtar ucraïnès (6-0). És la tretzena vegada que el seu City aconsegueix cinc gols o més en un partit i també la major golejada del club a la Champions League. A l'equip li ha sortit bé gairebé tot. Ha controlat el joc sense esverar-se, ha sabut combinar la pausa amb bons contraatacs i ha estat eficaç: sis gols en sis rematades a porteria. Dos partits consecutius marcant sis gols és una bona manera d'afrontar el derbi de Manchester.

Els primers quinze minuts de l'enfrontament contra el Manchester United de Mourinho són formidables. El City s'apodera de la pilota i amassa passades. En completa cent set per tan sols dinou del seu rival. Aquest 82 % de possessió fructifica en un primer gol forjat entre els dos Silva, que deixen clar que la banda esquerra és la forta de l'atac. En aquesta zona s'ajunten Mendy, Laporte, David Silva, Sterling i Agüero i fan miques el United, mentre que per l'altra banda Mahrez es queda aïllat, esperant l'oportunitat de rebre alguna pilota amb què afrontar un duel individual. El tercer gol local, que segella el triomf per 3-1, el finalitza Gündogan, però és una obra d'art col·lectiva en la qual participen els deu jugadors de camp. Durant un minut i cinquanta-quatre segons l'equip «repeteix passada» i aconsegueix hipnotitzar el Manchester United fins endormiscar-lo mitjançant una seqüència de quaranta-quatre passades consecutives que culminen amb una rematada suau a xarxa per part de Gündogan el sedós. És el gol perfecte que Guardiola ha somniat sempre per als seus equips.

Per primer cop des de la temporada 2011-2012, tres equips es mantenen invictes a la Premier després de disputades les primeres dotze jornades. Tan sols quatre punts separen City, Liverpool i Chelsea, tot i que l'equip de Sarri es despenja al cap d'uns dies en perdre contra el Tottenham.

I, per tercer cop, Benjamin Mendy trenca tots els plans tàctics del Pep. A mitjan mes l'operen del menisc i això suposa pràcticament el seu adeu a una nova temporada. Fins al moment, Mendy ha jugat onze dels dinou partits disputats i era una peça clau. Amb ell damunt la gespa el Pep sempre ha mantingut l'estructura del 2-3-2-3. És cert que al jugador li costava interpretar-ho, havia estat absent gairebé tota la temporada anterior, quan s'havia consolidat la idea mare, però a poc a poc anava aprenent en què consistia el paper de lateral-interior en un equip de Guardiola. No sempre prenia les decisions correctes, però la seva gran capacitat tant física com tècnica compensava les carències de comprensió. No mantenia bé la posició, però de sobte es despenjava amb una conducció interior inesperada que feia sortir de polleguera el rival. Per segon any consecutiu, el City jugarà sense un especialista del lateral esquerre. Guardiola haurà de tornar a recórrer a homes com Delph, Zíntxenko, Danilo o Laporte.

El triomf per 0-4 contra el West Ham significa la sisena victòria consecutiva del City en un partit disputat a Londres i la tercera vegada seguida en què fa quatre gols o més als *hammers* al seu estadi. El partit queda sentenciat en mitja hora però com a aspecte negatiu deixa les lesions de Bernardo i Gündogan, que se sumen a KDB i Mendy. Així les coses, l'equip afronta la visita a Lió contra l'Olympique amb Sterling jugant d'interior, cosa que desemboca en una rellevant manca de control en el joc. El duel és un anar i venir sense ordre ni concert, un malson per al Pep. Cada pèrdua de pilota de Sterling en zones centrals es converteix en un contraatac local. Al seu torn, el City juga al contracop o el partit acaba en empat (2-2). L'absència d'un tercer migcampista que pogués sumar passades amb Fernandinho i Silva asserenar el joc és la nota principal d'un enfrontament on Agüero ha marcat per sisè partit europeu consecutiu fora de casa. Creia que trobaria el Pep enfadat per la manca de control però em sorprèn amb un gran elogi al caràcter dels seus jugadors: «Han tingut molta personalitat per igualar dos cops el marcador. Sempre penses si sabràs reaccionar amb el marcador en contra i els nois han tingut molta fortalesa de caràcter».

## WALKER COM A FRONTISSA DEL 3+2 AL 2+3

Kyle Walker és la frontissa que permet canviar d'un mòdul de joc a un altre amb un simple moviment. El 2+3 emprat quan Mendy estava disponible es transforma en un 3+2 a partir de la seva nova lesió. La diferència bàsica és la posició de Walker, que s'endarrereix uns metres i passa de lateral-interior a tercer defensa durant el *build-up*. Amb això, Guardiola pretén reduir l'elevat nombre d'intervencions ofensives de Walker i subjectar-lo més en tasques de prevenció i inici de joc. Al seu torn, també està directament relacionat amb quants davanters rivals proven de frenar la sortida de pilota del City. Donat que abunden els rivals amb dos davanters, Guardiola replica endarrerint Walker com a tercer defensa per tenir superioritat numèrica en l'inici. Un cop acabat el *build-up* i creuat el mig del camp, Walker pot optar per mantenir la seva posició endarrerida al costat de Stones i Laporte o bé avançar-se i acostar-se a Fernandinho en la línia de mitjos, en funció de com es desenvolupi el joc.

Si l'oponent pressiona amb un únic davanter, el Pep ordena a Walker que s'aproximi a Fernandinho, de manera que la sortida es fa en forma de 2+3, però amb els rivals de més substància es fa inevitable generar el *build-up* a partir del 3+2. D'aquesta manera, per golejar el Rotherham, el Burton, el Burnley o el Schalke, Guardiola empra el 2-3-2-3, però per vèncer el Chelsea en dues ocasions seguides, l'Everton, el Tottenham, el Manchester United o el Leicester utilitza el 3-2-2-3. Per canviar d'un mòdul a l'altre només ha de modificar la posició de Walker: de lateral-interior a tercer defensa. La consolidació de Zíntxenko com a lateral esquerre cap a finals de temporada facilitarà que es pugui fer servir una o altra distribució sense més complicacions.

En el còmput total de la temporada 2018-2019, Guardiola emprarà la sortida 2+3 en vint-i-quatre ocasions (la meitat abans de la lesió de Mendy) i en vint-i-sis partits la sortida 3+2 (vint-i-cinc després de lesionar-se Mendy), de manera que no costa gaire deduir que el motiu principal per utilitzar aquest segon mòdul alternatiu és l'absència del lateral francès.

## MES 6

# Desembre del 2018

### *Manchester / Londres / Leicester*

Des de la seva arribada al futbol anglès, Guardiola sent un profund respecte pel mes de desembre. No en guarda bons records. El seu primer any va sucumbir tres cops: contra el Chelsea, el Leicester i el Liverpool, i el futur de la temporada va quedar sentenciat durant aquelles fosques setmanes de pluja i fred. L'any següent va superar l'obstacle amb més comoditat, quan els seus centurions només van perdre un partit intranscendent contra el Shakhtar, però fins i tot així va ser al desembre quan es va tallar la ratxa de divuit victòries consecutives, en empatar a Selhurst Park l'últim dia de l'any. Ara el Pep es frega el cap perquè el desembre del 2018 ha de disputar ni més ni menys que nou partits, una successió infernal de desafiaments, un cada tres dies.

Fins el dia 8 tot anava meravellosament bé per al City. Les victòries contra el Bournemouth (3-1)[16] i el Watford (1-2) donen un balanç de quaranta-un punts guanyats sobre quaranta-cinc de possibles, amb tretze victòries i tan sols dos empats (contra el Wolves i el Liverpool). L'equip acumula catorze partits consecutius sense perdre fora de casa i vint-i-vuit gols marcats en els darrers set partits abans de visitar Stamford Bridge. Hi va sense Agüero, lesionat a l'abductor, ni Zíntxenko, que té el nas trencat.

El Chelsea de Maurizio Sarri s'assembla poc al d'Antonio Conte. Unes simples dades avalen aquesta afirmació. Ha arribat a assolir el

16. L'1 de desembre, Raheem Sterling es converteix en el primer jugador a marcar contra el Bournemouth en sis partits consecutius.

82 % de possessió de pilota contra el Newcastle, sumant nou-centes tretze passades amb un 91 % d'encert. El seu flamant nou mig centre, Jorginho, ha superat el rècord de passades encertades de Gündogan, n'ha aconseguit cent vuitanta davant del West Ham. Parlem, per tant, d'un equip que està adquirint els fonaments del joc que Sarri va implantar amb tant d'encert al Nàpols, i ja sabem fins a quin punt li va costar al City vèncer l'equip napolità la temporada anterior.

La lesió d'Agüero concedeix la punta de l'atac a Sterling, tot i que al cap de vint minuts canvia la posició a la banda dreta amb Mahrez. Sané és l'extrem esquerre en absència de Mendy com a lateral, a qui supleix Delph. El City juga un primer temps excel·lent, però a prop del descans una magnífica passada de David Luiz i una petita desatenció en el marcatge per part de Sané propicien el gol de Kanté. A partir de l'1-0, els *citizen* mostren certa impotència, provocada també per l'excel·lent organització defensiva de l'equip de Sarri, que s'estructura en 4-1-4-1. Bolcat a l'atac, el City acaricia el gol però no obté premi, i en el primer servei de córner dels locals David Luiz anota el segon gol del Chelsea, que significa la primera derrota de lliga de Guardiola, que en acabar el partit es vol mostrar animat i afirma que «hem jugat molt millor que l'any passat, tot i que llavors De Bruyne va marcar el gol del triomf». Només és una derrota però l'equip torna a Manchester adolorit i amb la baixa de David Silva, lesionat als isquiotibials.

Quatre dies després despatxa el Hoffenheim a la Champions League, amb un Sané superb que marca un gol excepcional de falta directa mitjançant un xut de *folha seca*. Per novè cop en deu edicions de la Champions, Guardiola col·loca el seu equip al primer lloc de la fase de grups. Al cap de setanta-dues hores arriba l'Everton, que no perd a l'Etihad Stadium des del 2014. Plou i fa fred, i abans que comenci el partit parlo amb Estiarte, que està preocupat: «És un partit trampa. Ens hi podem deixar tres punts vitals per a la lliga. L'Everton és molt perillós quan pressiona i ataca. Espero que avui no ho faci». L'Everton el dirigeix Marco Silva, l'excel·lent entrenador portuguès, i va setè a la classificació. Silva tria defensar-se en 5-4-1 i això facilita les coses a l'equip del Pep, que amb el seu inamovible 3-2-2-3 domina tots els àmbits del joc i venç per 3-1. I sense respir, enfrontament de Copa de la Lliga en el lliscadís camp del Leicester, on el Pep torna a presentar el *Zíntxenko's Team*, amb joves com Foden, Brahim i el defensa Eric García, que amb prou feines té disset anys però es presenta en societat amb una actuació excel·lent. De nou, Stones surt de mig centre perquè Guardiola insisteix que aprengui els fonaments d'aquesta posició. Per segon any consecutiu, al mateix estadi i a la mateixa competició, el Leicester i el City empaten a un i el duel torna a resoldre's a favor dels *citizen* a la tanda de penals. Un any enrere la clau va estar en l'encert de Claudio Bravo, i aquest cop és Aro Muric qui atura els llançaments de Maddison i Söyüncü.

L'equip arriba a les dates nadalenques amb l'ànim refet, oblidada ja la derrota contra el Chelsea i a un sol punt del Liverpool de Klopp, que no ha perdut cap dels primers disset partits de lliga. Però en aquest moment Guardiola rep dos cops duríssims, dos cops totalment inesperats i consecutius.

El 22 de desembre tots els pronòstics apunten a una nova victòria a l'Etihad Stadium davant del Crystal Palace, que es defensa en 4-5-1. I després d'un ampli domini local, amb períodes que superen el 80 % de possessió, Gündogan aconsegueix el primer gol abans que es compleixi la mitja hora de partit. Tot somriu als locals fins que una errada de Walker i un mal rebuig a la sortida d'un córner, rematat fabulosament bé per Townsend, atorguen als visitants un avantatge xocant, que incrementen en el segon temps gràcies a un penal provocat per un error greu de Walker, que sembla haver entrat en un d'aquells períodes d'atabalament que llasten el seu gran rendiment general. Tot i el desesperat atac final del City, el duel es tanca amb una derrota (2-3), la segona al campionat i la primera a l'Etihad. El pitjor de tot és que quatre dies més tard es repeteix el guió.

El Boxing Day, en la nova visita a l'estadi del Leicester, un gol de Bernardo al primer minut de partit sembla donar al City un avantatge suficient, però Albrighton no triga a empatar després d'un error col·lectiu de la defensa. Amb De Bruyne i Bernardo d'interiors i Sterling i Sané d'extrems a cama natural, proven d'aixafar el Leicester contra la seva àrea però no se'n surten. Un altre mal rebuig després d'un servei de córner facilita que per segon partit consecutiu el rival s'avanci definitivament amb una rematada des de fora de l'àrea (2-1). Al City se li posa cara de perdedor perquè a aquestes alçades el Liverpool suma cinquanta-un punts i ja en té set d'avantatge. Fins i tot el Tottenham suma un punt més que ell (quaranta-cinc contra quaranta-quatre). En tres dels últims quatre partits, el rival ha marcat en la primera de les seves rematades a porteria i, si s'observa amb atenció la cara del Pep i dels seus jugadors a la sortida del King Power Stadium, tot fa presagiar una caiguda en picat. Els ànims tornen a estar per terra i el desembre encara no ha acabat. Sobretot perquè quatre dies més tard viatgen a Southampton sense De Bruyne ni Gündogan, que estan tocats, i a començaments d'any han de rebre un Liverpool que se sent invencible després de golejar l'Arsenal d'Unai Emery per 5-1.

Voleu el mateix guió? Sí, el partit de Southampton transcorre per un camí idèntic. David Silva marca als nou minuts però una errada de Zíntxenko facilita l'empat dels locals al minut 36, la qual cosa inevitablement desperta el record dels darrers partits. Es deixarà remuntar de nou el City? Aviat s'adverteix que aquest cop no serà igual i l'1-3 que llueix el marcador al descans acaba sent definitiu, ja que a la segona meitat els de Guardiola no permeten cap xut dels seus rivals.

Acaba l'any 2018 amb el Liverpool com a líder indiscutible, amb set punts d'avantatge (cinquanta-quatre contra quaranta-set). De nou, el desembre i el Nadal han fet ennuegar el Pep. Si el proper 3 de gener l'equip de Klopp és capaç de guanyar a l'Etihad Stadium, es podrà donar per sentenciada la Premier League…

MES 7

# Gener del 2019

## *Manchester / Newcastle*

Es pot mesurar amb exactitud la distància entre ser campió i no ser-ho?

Sí. Onze mil·límetres. Aquesta és la distància que separa l'èxit del no-èxit, el títol del no-títol.

Onze mil·límetres separen el City de la derrota definitiva. Onze mil·límetres aparten el Liverpool del triomf concloent.

A tot o res. Així es presentava el City-Liverpool. Una final. Si guanyaven els de Klopp, *ciao*. Si guanyaven els de Guardiola, encara podia haver-hi baralla pel títol.

El dia que els dos colossos s'enfronten, el 3 de gener de 2019, la Premier League està completament tenyida de vermell: el Liverpool és líder amb cinquanta-quatre punts, per quaranta-set del Manchester City. Els de Klopp són una màquina imparable. Han disputat vint partits de lliga, dels quals n'han guanyat disset i han empatat només contra els tres grans, als camps del Chelsea i de l'Arsenal, i precisament contra el City a Anfield. La resta es compta per triomfs, amb quaranta-vuit gols a favor i amb prou feines vuit en contra, fruit d'una excel·lent organització defensiva i dels reforços del porter Allison i el defensa Van Dijk, jugador de l'any. En aquestes mateixes vint jornades, l'equip de Guardiola ha marcat més gols (cinquanta-quatre) que el seu gran rival, però també n'ha encaixat el doble (setze), a part d'haver perdut tres partits en el seu «desembre negre» (Chelsea, Crystal Palace i Leicester) i cedit dos empats amb regust amarg: l'obtingut a Liverpool, perquè Mahrez va fallar un penal a favor al minut 85; i l'arrencat a Wolverhampton, on Boli va marcar amb la mà.

El 3 de gener, un dia d'un fred aspre, tot sembla somriure als de Klopp. La distància de set punts sembla insalvable i les sensacions d'un i altre equip són oposades. La cara ombrívola del City, a qui el Tottenham i el Chelsea segueixen de ben a prop, contrasta amb l'alegria riallera dels de Klopp en baixar de l'autobús a les portes de l'Etihad Stadium. El partit és una autèntica final que Guardiola afronta amb enorme precaució, sobretot tenint en compte les baixes de llarga durada de Mendy i De Bruyne i l'estat de forma paupèrrim de Walker. En lloc de l'aleshores habitual 3-2-2-3, el City s'organitza en un 4-3-3 més conservador, buscant no perdre la pilota a les zones perilloses. Danilo ocupa el lateral dret i Laporte l'esquerre, amb la defensa completada per Stones i Komapany, mentre que els Silva ocupen les posicions interiors per davant de Fernandinho. Sterling i Sané, a cama natural, juguen d'extrems i Agüero es mourà com a fals 9. La sortida de la pilota dels *citizen* és extremadament cauta. Els dos laterals es queden oberts i sense aprofundir, en contra del que és habitual a l'equip del Pep, mentre que Bernardo s'ocupa de rebre el cuir directament dels seus defenses. Danilo i Laporte gairebé no creuen el mig del camp. Malgrat unes precaucions tals, l'índex d'encert en la passada només és del 81 %, deu punts menys que de costum. Coneixent la intenció de Klopp i la seva «boca de llop» a la franja central del camp, el joc local es dirigeix premeditadament cap a les bandes i des d'allà se sustenta en Bernardo i Fernandinho per dins per obrir cap a Agüero, que baixa a rebre per donar continuïtat al joc.

Als disset minuts es produeix l'acció clau de la lliga. Una combinació deliciosa entre Salah i Firmino acaba amb una passada filtrada d'aquest últim cap a Mané, que penetra a l'àrea local i xuta creuat a porteria. Cinquanta-mil aficionats *citizen* aguanten l'alè unes mil·lèsimes de segon fins que l'esfèrica s'estavella al pal i torna en direcció al jugador del Liverpool. Però Stones reacciona a temps i rebutja la pilota amb duresa, amb tan mala fortuna que l'estavella contra Ederson quan el porter també mirava de recuperar-la. Amb un efecte pervers, la bola surt rebotada del cos del porter en direcció a la xarxa. Stones es llança a buscar-la i aconsegueix rebutjar-la tot i la pressió de Salah, però l'esfèrica ja ha creuat la línia de gol, ningú no sap si del tot o només en part. Després d'uns instants d'incertesa, l'àrbitre confirma que la pilota no ha travessat la línia completament. Han faltat onze mil·límetres...

Impecable en la seva funció de fals 9, Agüero no es cansa de baixar fins al cercle central per rebre de cara i facilitar que Bernardo Silva pugui creuar sense riscos fins a camp contrari. Als quaranta minuts, el Kun signa el seu gol número dos-cents cinquanta amb el Manchester City després d'un gran contraatac de Sané, diverses rebutjades dels visitants i un servei final de Bernardo que Agüero aprofita, tot i el poc espai de què disposa dins de l'àrea petita, per rematar pel forat ínfim que Allison regala al costat del seu pal. La magnífica pressió d'Agüero, Bernardo i Sané sobre els defenses del Liverpool ha donat fruit, però poc a poc els de Klopp aconseguiran dominar el segon temps fins que Firmino assoleix l'empat. Disset minuts més tard, Fernandinho roba una pilota en un atac del Liverpool i Sterling dirigeix un contraatac letal que Sané finalitza, cosa que dona el triomf al City i posa fi a la imbatibilitat del Liverpool. És el quart gol de Sané contra els de Klopp en dues temporades i mitja.

Si Stones, Fernandinho, Danilo, Sané i Agüero juguen un gran partit, el de Bernardo Silva és memorable. N'hi ha prou de veure com un interior de les seves característiques, tècnic i hàbil, s'ha convertit de la nit al dia en el màxim recuperador de pilotes, deu, una més que Fernandinho, i ha recorregut 13,7 quilòmetres, rècord absolut de la Premier League en aquesta temporada. Quan el talent engega a córrer és imbatible. Poques vegades havia quedat tan clara l'aspiració de Guardiola pel que fa al seu model de futbolista: jugadors de tècnica prodigiosa i una gran comprensió tàctica, acompanyats d'una capacitat d'esforç majúscula. Bernardo és el paradigma de tot això.

Superada la primera pilota de partit de la temporada, Guardiola pot respirar, ja que les setmanes següents semblen més plàcides i, de fet, ho són. L'equip aclapara successivament el Rotherham (7-0) a l'FA Cup i el Burton (9-0) a la Copa de la Lliga, i es converteix en el primer equip anglès a marcar dos cops seguits set o més gols des que el Leeds United ho fes l'any 1967. En els dos partits el Pep presenta un 2-3-2-3 més relaxat, si bé torna al 3-2-2-3 per batre a la lliga el Wolverhampton, a qui no concedeix ni un sol xut a porta; això no els passava als Wolves des de feia set anys. De nou, el City fa un munt de passades (vuit-centes seixanta-nou) i tocs (mil cinquanta), amb vint-i-dues rematades. Sis dies més tard, en la visita a Huddersfield, ja amb Gündogan i De Bruyne retornats a l'equip, el Pep utilitza un atac en 2-3-5 per contrarestar el molt defensiu 4-5-1 dels locals, col·locant Sterling i Sané de nou a cama natural. El primer gol del partit, obra de Danilo, és el número cent de la temporada per als *citizen*... Un pla de joc similar és utilitzat per batre per un altre 5-0 el rocallós Burnley en partit de copa.

Transcorregut gairebé tot el mes de gener, el City només ha encaixat un gol i n'ha sumat vint-i-nou a favor, a més de classificar-se per segon any consecutiu per a la final de la Copa de la Lliga que es disputarà a Wembley. I aleshores, el 29 de gener, arriba la visita a Newcastle...

Als vint-i-cinc segons de partit, Sergio Agüero obre el marcador a St James's Park. Poc després torna a marcar, però el gol és anul·lat perquè De Bruyne ha tret una falta abans que l'àrbitre xiulés. El City domina a plaer i suma opcions però, igual que el Crystal Palace o el Leicester, el Newcastle també aconsegueix remuntar el partit. Un mal rebot propicia l'empat i una errada de Fernandinho regala un penal que els locals aprofiten. L'equip de Benítez només ha xutat dos cops a porta però ha guanyat el partit, la qual cosa sembla una sentència final per a una Premier que continua encapçalant el Liverpool. Abatuts i desmoralitzats, els jugadors del Pep tornen a casa amb la sensació que no els serà possible revalidar el títol.

Però l'endemà, el 30 de gener, el Liverpool ensopega inesperadament a Anfield. Mané marca als tres minuts de partit i el Leicester empata als quaranta-set gràcies a Maguire. Els set punts de diferència que hi havia el dia anterior es converteixen en cinc. Durant la tarda de diumenge, al grup de WhatsApp del cos tècnic del City apareixen aquests missatges: «Encara és possible», «Això no està perdut», «Podem aconseguir-ho».

El Liverpool acaba de ressuscitar el Manchester City.

## MES 8

# Febrer del 2019

### *Manchester / Liverpool / Gelsenkirchen / Londres*

Quan comença el mes de febrer, l'avantatge és de cinc punts. Per davant hi ha catorze finals i el City les ha de guanyar totes si vol retenir el títol. El Pep ho té molt clar:

—Les lligues es guanyen en els deu últims partits. El Liverpool fallarà molt poc i, si volem ser campions, hem de guanyar els catorze partits que queden.

Aquest repte significa guanyar el que cap equip anglès no ha aconseguit mai en un tram final de temporada (el mateix City va guanyar divuit partits seguits la temporada anterior, però va ser en el primer tram del curs). El Liverpool és un conill vermell veloç que va disparat cap al títol, però Guardiola ha desenfundat l'escopeta i està disposat a caçar-lo.

L'accés a la final de la Copa de la Lliga provoca que la federació avanci l'enfrontament de lliga del City amb l'Everton i el col·loqui un dimecres que hi havia lliure, emparedat entre els difícils duels contra l'Arsenal i el Chelsea. Aquest canvi de calendari provocarà un perillós joc mental entre el City i el Liverpool, ja que durant dos mesos no hauran disputat el mateix nombre de jornades. De vegades Guardiola sumarà un partit més, d'altres serà Klopp qui haurà jugat un partit més que el rival.

El llarg esprint comença contra l'Arsenal d'Emery, que es presenta a Manchester amb un 4-4-2 amb Lacazette i Aubameyang en punta. Guardiola replica amb un sorprenent 4-1-2-3 en el qual Fernandinho fa una doble funció: sense pilota és defensa i amb pilota es transforma en mig centre. És el mateix moviment del lateral-interior però realitzat pel defensa. Walker i Laporte ocupen les bandes i Otamendi és parella de Fernandinho a la defensa, la qual cosa entrega el joc entre línies a Gündogan, De Bruyne i Silva, que d'aquesta manera gaudeixen de superioritat numèrica a la franja central. Els extrems, Bernardo i Sterling, se situen a cama canviada.

Agüero triga quaranta-vuit segons a obrir el marcador, però l'Arsenal empata al cap de deu minuts després d'un servei de córner. A partir d'aquest moment, el City esclafa els *gunners*: Gündogan inaugura un festival d'*alley-oops* que durarà setmanes i Agüero suma el seu desè *hat-trick* a la Premier League. Un segon temps on els *citizen* rematen tretze vegades per cap del seu rival resumeix un domini aclaparador, mentre que les rampes que ataquen De Bruyne també reflecteixen que la seva condició física, després dels dos contratemps que ha patit al genoll, està lluny d'haver-se estabilitzat. L'endemà, el Liverpool empata al camp del West Ham (1-1).

La visita del City a Goodison Park és d'alt risc. El Pep torna al 3-2-2-3, amb Stones, Otamendi i Laporte de defenses i Walker ajudant Fernandinho a la línia de mitjos. Però la pressió de l'Everton sobre Fernandinho curtcircuita totes les intencions dels visitants, fins que Guardiola hi troba la solució, que un cop més es diu John Stones. A partir del minut 25, el defensa anglès s'encarrega de reproduir el que Fernandinho va fer quatre dies abans, és a dir, la doble funció de mig centre-defensa en funció de si l'equip té la pilota o no. Amb aquest simple moviment queda desactivada tota l'estratègia de l'Everton, i el City suma una altra victòria sense haver patit gairebé cap perill a la seva porteria (0-2). A l'autobús de tornada a Manchester tots són conscients que a la taula de classificació hi ha un empat a seixanta-cinc punts amb el Liverpool, tot i havent jugat un partit més. El conill vermell és molt més a prop...

La visita del Chelsea a l'Etihad Stadium diumenge, 10 de febrer, passarà al annals de la competició. El 6-0 encaixat per l'equip londinenc suposa la pitjor derrota de la seva història a la Premier League (l'any 1991 va perdre per 7-0 contra el Nottingham, però encara no existia el format Premier). Agüero obté el seu onzè *hat-trick* a la lliga i iguala ni més ni menys que el mític Alan Shearer. El City manté el 3-2-2-3 quan té la pilota i sense aquesta es defensa amb el 4-5-1. En escassos vint-i-quatre minuts ja està tot resolt: els locals acumulen quatre gols d'avantatge i en tot el partit només permetran una ocasió de perill, un u contra u de Pedro contra Ederson que el porter brasiler salva.

L'equip ressol amb facilitat els vuitens de final de l'FA Cup contra el Newport (1-4) amb l'habitual 2-3-2-3 que fa servir davant d'equips que es repleguen. Quatre dies més tard, aquest patró es converteix en un 3-2-2-3 per a la visita al Veltins-Arena de Gelsenkirchen, on s'afronta l'anada de vuitens de la Champions contra el Shalke 04. Tot flueix per al City, inclòs l'avantatge al marcador gràcies a un gol d'Agüero (primer jugador de la Premier que ha marcat gol en set partits seguits de Champions fora de casa), fins que dos penals consecutius d'Otamendi i Fernandinho fan trontollar el domini, agreujat per l'expulsió d'Otamendi al minut 67. Sorprenentment, la inferioritat numèrica fa millorar els de Guardiola. L'equip s'organitza en 4-4-1 i acaba guanyant el partit gràcies a una falta magistralment llançada per Sané i a una nova assistència directa d'Ederson des de la porteria que Sterling transforma en el gol del triomf, que desferma una celebració explosiva de tot l'equip damunt del camp.

El 24 de febrer, el Pep torna al seu estadi fetitxe, el Wembley Stadium, per disputar la segona final de la temporada, la de la Copa de la Lliga, on s'enfronten els mateixos protagonistes de la Community Shield del mes de juliol anterior, Chelsea i Manchester City. Mitja hora abans d'iniciar-se la final, al vestidor *citizen* s'anuncia el resultat del Liverpool en la seva visita a Old Trafford. Els vermells de Klopp només han aconseguit empatar a zero, així que, a igual nombre de partits de lliga, la diferència real ja és d'un sol punt, seixanta-sis contra seixanta-cinc.

Les persones aprenem dels èxits i dels fracassos, però sobretot de les derrotes, siguin grans o petites. Són les ferides que patim les que ens obliguen a reflexionar i estudiar què hem fet i per què s'ha produït aquell error fatal. Això és el que s'ha dedicat a fer un entrenador intel·ligent com Maurizio Sarri durant les dues últimes setmanes. El demolidor 6-0 que va rebre a l'Etihad ha minat la seva mentalitat ofensiva i Sarri decideix tancar els seus homes al voltant de l'àrea de Kepa. El «Sarri bus» amb què el Chelsea afronta aquesta nova final provoca que el balanç de xuts a porta del City sigui esquàlid, amb tres escasses rematades, molt lluny de la mitjana a què ens tenia acostumats. A canvi, no cal dir-ho, el Chelsea renuncia a ser perillós i no aconsegueix rematar ni una sola vegada entre els tres pals que defensa Ederson. El Chelsea tapa totes les línies interiors de passada i resulta dificilíssim trobar una escletxa per on traspassar la muralla. Malgrat les lesions de Fernandinho i Laporte, a la pròrroga només els de Guardiola tenen opcions reals de marcar, si bé els cent vint minuts acaben sense novetat al marcador inicial. També és durant la pròrroga que Kepa es rebel·la contra Sarri i es nega a ser substituït malgrat tenir molèsties musculars. La tanda de penals s'inicia amb Ederson aturant el xut de Jorginho; cinc llançaments més tard, és Kepa qui atura el de Sané, però seguidament David Luiz xuta al pal i el City revalida el títol. És el primer trofeu de la història que el City aconsegueix retenir. Suposa també la sisena tanda de penals consecutiva que l'equip supera, la quarta Copa de la Lliga per a Kompany, Silva, Agüero i Fernandinho, l'onzena copa conquerida per Guardiola de dotze de disputades i el seu vint-i-sisè títol com a entrenador.

En el balanç dels quatre enfrontaments celebrats entre el City i el Chelsea aquesta temporada, els de Guardiola han marcat vuit gols i n'han encaixat dos, i s'han endut els dos títols en joc, tot i que a canvi els de Sarri han evitat en dues ocasions que el City els marqués, la qual cosa parla molt bé de la seva organització defensiva.

Després de dues setmanes i mitja sense jugar Premier League, el City acaba el mes de febrer amb victòria sobre el West Ham en un partit en què Fabianski es llueix a la porteria visitant (1-0). La persecució continua. A mateix nombre de partits, el Liverpool manté l'avantatge per un punt (seixanta-nou a seixanta-vuit).

MES 9

# Març del 2019

### *Bournemouth / Manchester / Swansea / Londres*

El diumenge 3 de març el Liverpool és caçat.

Eddie Howe no l'hi ha posat fàcil al City. El seu Bournemouth ha repetit un plantejament extremadament conservador, la qual cosa serà comuna en gairebé tots els contrincants fins a final de temporada: buscaran tancar espais per evitar la golejada. I a fe que molts se'n sortiran, ja que el cabal golejador dels de Guardiola es reduirà, si bé això no significarà que deixin de guanyar partits. El Bournemouth, per exemple, es tanca en 5-4-1 i el City només pot vèncer amb un gol de Mahrez tot i mostrar un domini aclaparador, amb un 82 % de possessió, vuit-centes onze passades, de les quals set-centes trenta-cinc encertades, i vint-i-tres rematades. El control del partit és tan rotund que els locals no aconsegueixen efectuar ni un sol xut, ni que sigui desviat, a la porteria d'Ederson, cosa que comença a ser norma. En els darrers cinc partits de Premier, el City només ha concedit vuit xuts als adversaris, i això és el que més agrada al Pep quan l'hi comento: «Ha estat un dels nostres millors partits de l'any. No els hem deixat rematar ni un sol cop, i això m'encanta».

El ritme incessant de partits continua fent minvar la plantilla. Stones pateix una lesió al genoll que el tindrà de baixa fins l'abril; i De Bruyne es retira de la gespa amb un trencament muscular als isquiotibials que li impedirà jugar fins a finals de mes. Carles Planchart em trasllada la seva preocupació: «Aquesta darrera setmana hem viscut un ritme de bojos. Trets partits en sis dies més una pròrroga. És esgotador per a tothom i ens provoca lesions. Però competirem per tot».

L'endemà, diumenge 3 de març, a mitja tarda, el títol de la Premier League quedarà vist per sentència, tot i que en aquell moment ningú no podia garantir que no hi hauria més sorpreses. El derbi de Liverpool disputat a Goodison Park conclou amb empat a zero i poques ocasions per als dos equips (tres rematades a porteria per a cadascun). A casa del Pep, l'empat se celebra gairebé com una victòria pròpia. El seu equip ja és líder (setanta-un punts davant de setanta) a igual nombre de partits. En tot just dos mesos, el City ha sumat vuit punts més que el Liverpool i ha donat la volta a una situació que el primer dia de l'any semblava sentenciada. Tot i la capgirada, Guardiola es manté fred, conscient que encara està tot per fer:

—No ens confiem. Queden nou partits i això és un món. Ens falta molt per ser campions.

L'absència de Fernandinho marcarà tot el mes de març. Gündogan ocupa el seu lloc de mig centre i la fluïdesa del joc *citizen* millora de forma substancial. De fet, fins a final de temporada Gündogan protagonitzarà diverses de les millors actuacions de la seva història. És menys fiable en defensa que Fernandinho però fa autèntics recitals de direcció del joc i passades de gol extraordinàries, prodigant els *alley-oops* que una vegada i una altra desconcerten els defenses rivals. Per protegir-lo millor, Guardiola li posa «guardaespatlles». Durant tot el mes farà servir el 2-3-2-3 i li col·locarà als costats Walker i Zíntxenko, que definitivament s'agencia el lloc de lateral esquerre per davant de Delph.

Els «bessons Silva» es mouen com electrons contra el Watford (3-1) i faciliten que Sterling faci un *hat-trick* en tan sols tretze minuts. Després d'això, l'equip afronta la visita del Schalke a Champions amb un rosari de baixes: lesionats Kompany, Mendy, De Bruyne, Fernandinho i Stones i sancionat Otamendi, és Danilo qui acompanya a la defensa Laporte, que reapareix després de la lesió patida contra el Chelsea. El rendiment de Gündogan arriba a quotes poques vegades vistes com a mig centre. El City esclafa el Schalke, que encaixa la major golejada de la història a un equip alemany a Champions (7-0), que en el còmput de l'eliminatòria és un 10-2, resultat rècord per a un equip anglès a Champions i també la major derrota d'un conjunt alemany. Leroy Sané, amb tres assistències de gol al partit, iguala el rècord que ostentava Franck Ribéry des del 2012. És el setè cop a la temporada que l'equip marca sis gols o més i per al Pep és la seva novena visita als quarts de final de la Champions en deu temporades. L'entrenador s'ha permès protegir l'estat físic de Laporte i en els últims vint minuts ha alineat una defensa formada per quatre laterals: Delph a la dreta, Zinchenco a l'esquerra i Walker i Danilo com a centrals.

La disputa dels quarts de final de l'FA Cup modifica un altre cop el calendari de lliga. A partir del 16 de març i fins a finals d'abril el Liverpool haurà jugat sempre un partit més que el City, en el que serà un joc mental de difícil pronòstic. Els nervis en els dos equips estan al límit, així que qualsevol detall pot inclinar la persecució a favor d'un o l'altre, si bé en acabar el mes de març el City manté un punt d'avantatge. Els de Guardiola guanyen al Swansea en copa, encara que el gol del triomf d'Agüero s'obté en fora de joc, com reconeix d'immediat l'entrenador. Ha estat el primer partit des que el Pep dirigeix el City en què aconsegueixen remuntar un desavantatge de 2-0 al marcador. Un penal provocat per Delph i un contraatac formidable li regalen aquest marge al Swansea, cosa que es compensa amb un xut impressionant de Bernardo, un penal llançat per Agüero i introduït a porteria pel porter local i un cop de cap en planxa del Kun en posició antireglamentària. Amb aquesta sort, però també amb un domini indiscutible, els *citizen* arriben a les semifinals de copa i després de l'aturada de seleccions continuen aplicant el seu corró a la Premier. El Pep manté el 2-3-2-3, amb Gündogan als comandaments, i a Craven Cottage interpreten una primera mitja hora formidable que talla l'alè, durant la qual obtenen els dos gols del triomf, amb De Bruyne reaparegut com a interior i Bernardo Silva d'extrem dret. El Pep torna a mostrar en privat la seva satisfacció per aquesta fita que tant li agrada: tampoc el Fulham ha aconseguit rematar ni un sol cop contra la porteria d'Ederson.

—La bona defensa és la clau. Tothom mira el nostre atac però la clau és a la nostra organització defensiva.

Ell sempre s'ha considerat un bon entrenador defensiu.

MES 10

# Abril del 2019

### *Manchester / Londres / Burnley*

Quant dura el camí que porta de la glòria a l'infern?

Exactament un minut, set segons i quaranta-dues centèsimes.

Aquest és el temps just que es triga a transitar de l'eufòria al desencant, de la joia màxima a la frustració total.

Un minut i set segons separen el City del retorn a les semifinals de la Champions League. Els seixanta-set segons que van des del crit del gol decisiu fins a la seva anul·lació a través del VAR.

Abans que es visqui aquest minut dramàtic, l'equip del Pep continua el seu pols etern amb el Liverpool del Klopp, que presenta dos punts d'avantatge que són enganyosos pel partit de més que ha jugat. Cap dels adversaris no fallarà aquest mes d'abril, en què la lesió que Zíntxenko es fa als isquiotibials jugant contra el Cardiff tindrà una importància cabdal per al City. Al seu lloc s'alinearan un Mendy ranquejant —que aviat tornarà al quiròfan per a una altra artroscòpia al genoll— i un discret Delph. Malgrat que només estarà fora tres setmanes, la baixa de Zíntxenko resultarà crucial perquè l'ucraïnès havia assolit una connexió formidable amb Silva, Sané i Sterling, i la seva presència augmentava la fluïdesa del joc.

Les muralles que presenten el Cardiff a la Premier i el Brighton a la semifinal de copa s'assemblen molt entre elles. Els dos equips s'organitzen en 4-5-1 per tapar totes les línies interiors de passada i, mitjançant un replegament intensiu, busquen robar una pilota que els permeti sortir al contracop. El City guanya els dos duels sense més problema, tot i que també sense amplitud al marcador (2-0 i 1-0).

El 9 d'abril l'equip visita el renovat White Hart Lane. Per enfrontar-se al Tottenham a Champions canvia la seva estructura organitzativa. Amb Bernardo, Zíntxenko i Mendy lesionats i De Bruyne i Stones tocats, l'entrenador aposta per la prudència i el control, com havia fet als dos enfrontaments contra el Liverpool. Avalat pels bons resultats obtinguts davant dels de Klopp i cautelós davant de la força dels Spurs de Pochettino, el Pep deixa a la banqueta Sané i De Bruyne amb la intenció de reservar-los per al crucial partit de lliga que jugaran cinc dies després contra el Crystal Palace. Distribueix els seus homes en 3-3-2-2, aquella vella idea anterior a la infinitat de lesions de Mendy. La defensa la integren Walker, Otamendi i Laporte; els mitjos són Gündogan, Fernandinho i Delph; Mahrez i Silva es mouen entre línies; i Agüero i Sterling queden en punta però repartits asimètricament. Si l'objectiu de Guardiola era que «no passés res», això és el que succeeix durant la major part dels noranta minuts. El balanç final mostra que el City ha disparat un sol cop a porta i els Spurs només dos. És un partit gairebé sense riscos ni ocasions, decidit en dues errades. Agüero falla un penal als dotze minuts, moment en què a Guardiola se li torça el gest en recordar dues errades similars comeses anys abans per Messi i Müller, i que van suposar les respectives eliminacions del Barça i el Bayern a les semifinals de la Champions.[17] I Delph peca de confiat als setanta-set minuts i permet que Heung-Min Son anoti l'únic gol del partit. És un mal resultat per a un partit anodí en el qual el City juga amb tanta cautela que arriba a desnaturalitzar-se, si bé és obvi que n'hi hauria hagut prou que Agüero marqués de penal perquè els sentiments haguessin estat diametralment oposats.

La por al Crystal Palace de Roy Hodgson prové dels mals antecedents. A l'anterior campionat, el City no va passar de l'empat a

17. El 24 d'abril de 2012, al Camp Nou, Leo Messi va enviar al travesser de la porteria defensada per Petr Cech el llançament d'un penal assenyalat contra el Chelsea. En aquell minut 48 de partit de tornada de les semifinals de Champions, el Barcelona dominava por 2-1. Si hagués marcat el gol, l'eliminatòria s'hauria inclinat a favor del Barça (havia perdut 1-0 a l'anada), però va acabar sent eliminat. El 3 de maig de 2016, Thomas Müller va llançar un penal contra la porteria defensada per Jan Oblak a l'Allianz Arena. També es tractava del partit de tornada de les semifinals de Champions i l'Atlètic de Madrid també havia guanyat per 1-0. En aquell minut 31 el Bayern de Múnic guanyava per 1-0 i si hagués marcat gol el Barça hauria suposat un avantatge important al marcador. Com quatre anys abans, l'equip del Pep va acabar eliminat després de fallar un penal decisiu.

zero a Selhurst Park, i el desembre els londinencs van vèncer a Manchester. De nou amb Fernandinho de baixa, substituït amb excel·lència per Gündogan, Mendy torna a l'equip; als deu minuts està asfixiat. Des de la banqueta li ordenen que limiti els esforços i el francès fa el que pot però acaba del tot esgotat. Malgrat tot, farà un esforç majúscul i tres dies després jugarà el partit europeu de tornada contra el Tottenham. El Crystal Palace només aconsegueix anotar de falta directa, davant d'una barrera mal col·locada per Ederson, quan ja perdia per dos gols aconseguits per Sterling, als quals se suma el tercer i definitiu de Gabriel Jesús. A 14 d'abril, el City suma cent cinquanta gols a la temporada. I, tot i semblar protagonitzar una temporada en sordina, Leroy Sané acumula ja disset assistències de gol.

Hi ha victòries que són derrotes.

El 17 d'abril es juga un dels partits de l'any. El City derrota el Tottenham per 4-3 però queda eliminat de la Champions League pel valor doble dels gols marcats fora de casa. El penal fallat per Agüero a l'anada pren tota la seva dimensió aquesta nit. Les dues parts disputen un partit de somni.

Guardiola l'afronta sense fre. Va modulant l'estructura segons suggereixi el marcador a cada moment. En els trams en què està eliminat es transforma en un 2-3-5 totalment ofensiu, mentre que en els moments d'avantatge es col·loca en 4-2-3-1. Com succeeix tantes vegades en aquest esport imprevisible, el millor especialista s'equivoca en la seva especialitat. El defensa més regular de la temporada, Aymeric Laporte, la seguretat personificada, l'imbatible, encadena dues errades grolleres en tot just tres minuts que permeten que Son remunti el gol inicial de Sterling, obtingut al minut 4 a través d'una de les seves ja habituals retallades d'exterior a interior de l'àrea, que culmina amb un xut al pal més llunyà.

El City no només no es rendeix, sinó que aconsegueix equilibrar el marcador i remuntar-lo. Tan sols han transcorregut onze minuts de partit quan Bernardo empata a dos, resultat amb el qual acaba un primer temps embogit i frenètic. Abans no es compleixi l'hora de joc, Sterling i Agüero aconsegueixen el 4-2 que pot donar el bitllet a semifinals. Gündogan de mig centre i De Bruyne i Bernardo de jugadors lliures ofereixen un recital d'accions brillants, però un gol de Llorente en un servei de córner torna el bitllet als Spurs.[18] La càrrega final del City no aconseguirà canviar el resultat final de 4-3 que dona com a triomfador de l'eliminatòria el Tottenham per la regla del gol fora de casa. Als 92,25 minuts, Sterling obté el gol del miracle, però després del conseqüent esclat d'eufòria a l'estadi arriba la profunda decepció. Al llarg d'un minut i set segons se succeeixen les consultes arbitrals fins que el gol és anul·lat per fora de joc d'Agüero.

La decepció *citizen* és majúscula. Durant prop d'una hora, els jugadors, abatuts i desconsolats, es tanquen al vestidor, incapaços de bellugar-se. El Pep està anonadat. No només és la fi del somni de la Champions, sinó també un cop que amenaça de trencar la moral de l'equip i apartar-lo de la lluita pels dos títols que encara estan en joc. De la glòria a l'infern en poc més d'un minut...

En un ambient d'abatiment col·lectiu, al cap de tres dies l'Etihad Stadium torna a rebre el mateix rival. De nou el Tottenham de Pochettino, aquest cop en partit de Premier League. El Pep torna al seu 3-2-2-3 tradicional per disputar un partit estrany i difícil. Als dos equips els costa jugar. Al City pel cop sofert, als Spurs per la felicitat conquerida. Els *citizen* s'hi juguen el títol de lliga perquè el seu avantatge virtual sobre el Liverpool és d'un sol punt, així que no poden cedir ni un empat. El Pep aposta pel jove Foden com a interior i és ell qui aconsegueix l'únic gol del partit als quatre minuts. Després se succeeixen atacs locals i contracops visitants sense més incidències, a part de la nova lesió muscular de Kevin de Bruyne, que al llarg de la temporada haurà passat més temps a la infermeria que no pas damunt la gespa. La lesió de l'ídol no fa sinó agreujar la sensació d'esgotament que recorre les artèries de l'equip. Des del punt de vista emocional, probablement el de dissabte 20 d'abril hagi estat el partit més difícil de tota la temporada per al City.

I en l'horitzó imminent hi ha una altra pilota de partit que cal afrontar. L'equip del Pep ni tan sols no ha de sortir de la ciutat. El derbi de Manchester s'ha programat per al 24 d'abril per recuperar la jor-

18. Fernando Llorente remata el servei de córner amb el colze dret però l'àrbitre turc Cuneyt Cakir concedeix el gol després de revisar l'acció al VAR, on no li mostren la presa televisiva que evidencia amb claredat aquest cop de colze.

nada que els *citizen* tenen pendent. Haurà sortit l'equip del forat negre mental en què ha caigut després de l'eliminació de Champions?

El primer temps del derbi és molt negatiu. Sense control, el City és un sac de nervis i comet molts errors en les passades, fins al punt que al descans es retira amb un pobre 85 % d'encert. Es palpa la tensió pròpia d'una final. Als cinquanta minuts, Fernandinho pateix una lesió al genoll que suposarà el seu adeu definitiu a la temporada, però l'entrada de Sané com a substitut canvia el ritme de l'equip i del partit. Sané trenca la monotonia del joc i liquida el pessimisme emocional. L'alemany vola sobre Old Trafford, se sent guapo i superior, i contagia el grup. El retorn forçat de Gündogan a la posició de mig centre modifica també la dinàmica del joc, que torna a ser ràpid, precís i profund. És un canvi tan radical que ben aviat es materialitza en els gols de Bernardo i Sané. És la tercera victòria consecutiva de Guardiola a Old Trafford, primer entrenador que ho aconsegueix, i la sisena de David Silva; rècord absolut. El City suma cada cop més gols al contraatac i amb els dos obtinguts al derbi supera el rècord històric de gols per a un equip anglès, cent cinquanta-set, un més que els obtinguts pel City de Manuel Pellegrini la temporada 2013-2014.

El Pep se'n va feliç d'Old Trafford després d'una setmana nedant en un pessimisme profund: «Aquest equip m'ha demostrat que té un caràcter formidable. El cop de Champions va ser increïblement dur, i una setmana després guanyem al Tottenham sense jugar bé, però avui els nois han aconseguit una gran victòria tot i tenir tantíssima pressió. És un gran èxit, tres cops seguits guanyant a Old Trafford. Aquests jugadors tenen la meva absoluta admiració. Ara han de tenir calma, no llegir els diaris, no mirar la televisió, descansar, menjar, dormir, i centrar-se en les quatre finals que ens queden».

Mentre hi parlo, el seu equip torna a tenir un punt d'avantatge sobre el Liverpool amb el mateix nombre de partits disputats. Els de Klopp no fallen en els seus dos últims compromisos de l'abril: guanyen pel mateix resultat (2-1) el Fulham i el Tottenham. Però el City tampoc no sucumbeix el darrer diumenge d'abril a Burnley, encara que el seu triomf per 0-1 torna a demostrar com d'estret és el marge que separa la glòria de l'infern. Si John Stones va salvar un gol de campionat contra el Liverpool per només onze mil·límetres, la rematada de Sergio Agüero a Turf Moor traspassa la línia per tot just 29,51 mil·límetres. Així d'ajustada és la Premier League…

MES 11

# Maig del 2019

## *Manchester / Brighton / Londres*

La penúltima jornada de Premier és de màxim risc per als dos aspirants al títol. El Liverpool visita Newcastle i està molt a prop de tornar a ensopegar. S'avança en dues ocasions al marcador, però els dos cops empaten els de Rafa Benítez. No és fins al minut 86 que Klopp aconsegueix la victòria a través d'Origi. Després de trenta-set jornades agòniques encara hi ha esperança per al Liverpool, ja que l'endemà el City rep ni més ni menys que «la bèstia negra» de Guardiola, el Leicester, en l'últim partit de la temporada a l'Etihad Stadium. I, igual que els *citizen* cobejaven que el conill vermell ensopegués a Newcastle, els de Liverpool es freguen les mans davant d'una possible relliscada del caçador.

A aquestes alçades de la temporada, Guardiola gairebé no fa canvis, juguen els onze que estan en millor forma. Així, Kompany és indiscutible com a acompanyant de Laporte a la defensa, la qual cosa deixa Stones, i no parlem ja d'Otamendi, assegut a la banqueta. Walker i Zíntxenko són inamovibles com a laterals, igual que Gündogan com a mig centre i Silva com a interior. Bernardo i Sterling a cama canviada i Agüero a la punta també són indiscutibles. De fet, l'equip acostuma a canviar només una peça per partit, la de l'interior dret. En absència de De Bruyne, és en aquesta posició on el Pep introdueix les seves variants. Contra el Leicester tria de nou Phil Foden, «la nineta dels seus ulls».

El Leicester presenta un pla molt precís que ha dissenyat Brendan Rodgers. Facilita que el City circuli sense obstacles fins al centre del camp i allà envolta qui porti la pilota entre Vardy, Ndidi i Tielemans. Cada cop que roben la pilota la passen a Maddison, una de les revelacions de la temporada, en busca del contracop. Si el City s'acosta a l'àrea defensada per Schmeichel, nou homes tapen qualsevol possible espai per on puguin ser atacats. Tot i les imprecisions pròpies de la tensió, els de Guardiola creen diverses ocasions i fins i tot Agüero remata de cap al pal. Neguitós perquè passin els minuts sense que l'equip obtingui fruits, Guardiola canvia Foden per Sané als cinquanta-sis minuts i allibera Sterlin com a segon punta, per zones interiors, a l'esquena d'Agüero. En pocs minuts es produeixen dues accions de moltíssim perill. Un contraatac de Maguire és rematat per Maddison a prop del pal d'Ederson, i la rèplica és un xut a boca de canó d'Agüero que Schmeichel aconsegueix salvar. El temps ofega el City, que veu com el conill vermell se li escapa de les urpes…

Aleshores, contra tot pronòstic i de forma del tot inesperada, arriba el gol del capità. Ja passa del minut 70 i tots els jugadors, a excepció d'Ederson, estan amuntegats en els trenta metres més propers a l'àrea visitant. Fa més de cinc anys que Vincent Kompany no remata una pilota des de fora de l'àrea.[19] Han passat més de dotze anys des que va marcar el seu últim gol des de fora de l'àrea.[20] Malgrat aquests antecedents, el capità aprofundeix pel passadís dret, el menys vigilat pel Leicester. Tothom el coneix i saben que no provarà de xutar. Ho saben els seus companys. Agüero li crida: «*No, Vinnie, don't shoot!*». Ho saben els visitants, i ni Maddison ni Ndidi no intenten aturar el capità, que s'acosta, fa el gest de rematar, avança dues passes més i llavors passa el menys previsible. Sí, Kompany dispara des de trenta metres. És un xut amb tota l'empenya del peu que exerceix un efecte inversemblant en la pilota i la fa entrar per l'esquadra que defensa, impotent, Kasper Schmeichel.

És el gol número cent del curs a l'Etihad Stadium i el nou-cents de la història de l'estadi. La bogeria s'apodera un cop més de l'equip, que més endavant farà bromes inacabables sobre la quantitat de veus, inclosa la de l'entrenador, que havien cridat: «No, Vinnie, no xutis!». El resultat dona mig títol al City, que encara haurà de contenir l'alè cap al final del partit, quan Kelechi Iheanacho, el seu antic davanter, falla

19. L'últim cop que Kompany va rematar des de fora de l'àrea va ser el desembre del 2013, en un partit del City contra el Crystal Palace.

20. Kompany va marcar als trenta-set minuts el gol del triomf per al Hamburg SV en el seu partit contra el MSV Duisburg a la Bundesliga 2007-2008. Va ser el 28 d'octubre de 2007.

per molt una rematada senzilla. El comiat al curs a l'Etihan Stadium resulta memorable, amb el capità Kompany dient adeu a un historial fecund. Per segona temporada consecutiva el City ha aconseguit vèncer els altres dinou equips del campionat com a mínim una vegada, amb què ha igualat la gesta del Preston North End el segle XIX.

El 12 de maig a les quatre de la tarda, hora anglesa, acaba una Premier League històrica per moltes raons. El Liverpool venç per 2-0 el Wolverhampton i el Manchester City derrota el Brighton per 1-4 a l'Amex Stadium. Per cinquena temporada consecutiva, Sergio Agüero ha anotat vint gols o més a la Premier, i ha igualat el millor Thierry Henry, que ho va aconseguir entre el 2001 i el 2006. A la vista del previsible replegament del Brighton, Guardiola posa Sterling d'interior dret i Bernardo i Mahrez d'extrems. Com per no faltar al que ha estat tot el campionat, l'equip viu un minut d'angoixa quan Murray avança els locals en un servei de córner als vint-i-sis minuts, tot i que setanta segons més tard Agüero empata i deu minuts després Laporte remunta, abans que Mahrez i Gündogan certifiquin la revàlida del títol. El caçador ha aconseguit abatre el conill vermell.

Però la temporada no ha acabat encara i per sisè cop en pocs mesos el City torna a Wembley i obté la seva sisena victòria batent el Watford per 6-0 a la final de l'FA CUP. Guardiola repeteix el 3-2-2-3 i el seu onze titular de les darrers setmanes, amb Bernardo d'interior dret, Mahrez d'extrem dret i Gabriel Jesús de davanter en punta. La tarda és fresca a Wembley i n'hi ha prou que Ederson rebutgi una rematada a boca de canó de Poberto Pereyra després d'un contracop ferotge de Gerard Deulofeu perquè el Watford es desactivi emocionalment: només aconseguirà rematar un cop més en tota la final. L'equip del Pep ho fa onze cops i aconsegueix sis gols, dos d'aquests en contraatacs fulgurants, i iguala així el rècord històric de la final del 1903 (Bury-Serby County).

És la quinzena victòria consecutiva (catorze a Premier més la final de copa), una fita colossal que permet tancar un curs memorable per als de Guardiola. Han guanyat quatre títols i només han cedit a la Champions League pel valor doble dels gols marcats fora de casa. Sumen cinquanta victòries en seixanta-un partits (i dues més obtingudes després de tandes de penals), han marcat cent seixanta-nou gols i n'han encaixat trenta-nou i han batut un bon nombre de rècords. Per a Guardiola, la ràtio de 84,2 % de victòries a la lliga és, amb molta diferència, la millor dels seus deu anys d'història com a entrenador.

## DOS COLOSSOS

La dada que millor explica el rendiment del Manchester City a la Premier League és que només ha estat cent trenta-dos minuts per darrere al marcador: cent trenta-dos dels tres mil quatre-cents vint que ha durat el campionat, tan sols un 3,8 % del temps total. La temporada anterior, la dels innombrables rècords, va estar cent cinquanta-tres minuts per darrere al marcador, vint minuts més que aquesta. Per aconseguir aquells històrics cent punts li van caldre sis moments èpics en els quals va obtenir un gol agònic que li va permetre assolir aquesta xifra màgica de punts. Aquells sis gols crucials es van produir entre els minuts 82 i el 97 d'aquells partits. Aquesta temporada no li ha calgut recórrer a l'èpica per retenir el títol de lliga. El gol més tardà dels que li han donat la victòria en un partit li ha arribat el minut 72 (Sané, contra el Liverpool), de manera que podem concloure que a l'equip de Guardiola li han sobrat vint minuts de cada partit per tornar a guanyar la Premier.

Al seu torn, l'extraordinari Liverpool de Jürgen Klopp, proclamat campió d'Europa l'1 de juny a Madrid, ha estat cent cinquanta-sis minuts per darrere al marcador, tot i haver perdut només un partit, a l'Etihan Stadium contra el City, però li han calgut fins a cinc gols agònics per sumar punts que necessitava imperiosament. Contra el Chelsea, l'Everton, el Fulham, el Tottenham i el Newcastle, els de Klopp han marcat en els darrers minuts (entre el 81 i el 96) per no quedar fora de combat. És el millor subcampió de la història, amb noranta-set punts,[21] però no ha pogut resistir la caça d'un City enfurismat que ha guanyat divuit dels dinou partits de la segona volta. El dia que els dos colossos es van enfrontar, el 3 de gener d'aquell any, la Premier League estava completament tenyida de vermell, amb set punts d'avantatge per al Liverpool. En les disset jornades següents, l'equip de Guardiola ha sumat quaranta-vuit punts de cinquanta-un possibles i el Liverpool s'ha quedat en quaranta-tres. Els dos equips han marcat els mateixos gols en aquest tram final (quaranta-un), però el City només n'ha encaixat set i el Liverpool, catorze. Si la primera part del campionat va ser clarament vermella,

21. Amb aquesta puntuació, el Liverpool de Klopp hauria guanyat totes les edicions de la Premier League, excepte las dues conquerides per Guardiola.

la segona ha estat blau cel sense discussió, encara que per aconseguir-ho el City ha necessitat tornar a trencar tota mena de rècords i estadístiques. Mai abans cap equip anglès no havia guanyat els catorze últims partits de lliga (els «invencibles» de l'Arsenal havien aconseguit tretze triomfs), amb la qual cosa igualen les trenta-dues victòries totals que ja van aconseguir el curs anterior (divuit a casa, rècord històric, i catorze a domicili). Com ja li va passar el 2008 i el 2013, el Liverpool va arribar líder per Nadal però no va aconseguir el títol. Molt lluny de tots dos queden el Chelsea (a vint-i-sis punts del City), el Tottenham (a vint-i-vuit), l'Arsenal (a vint-i-nou) i el Manchester United (a trenta-dos).

Per primer cop des del 2009 un equip aconsegueix retenir el títol de lliga i Guardiola iguala Ferguson i Mourinho com a únics entrenadors amb dos títols consecutius.[22] Els cent noranta-vuit punts sumats en dues temporades són fruit de seixanta-quatre victòries en setanta-sis partits disputats (84,21 %), més sis empats i sis derrotes. En aquests dos anys ha marcat dos-cents un gols i n'ha encaixat només cinquanta, i la seva porteria ha quedat en blanc en trenta-sis ocasions.

És la quarta Premier League que guanya el City a la dècada dels anys deu (2012, 2014, 2018 i 2019) i la tercera que aconsegueix a la darrera jornada. En setze dels trenta-vuit partits del campionat, el City només ha rebut un xut en contra, per exemple contra el Leicester, el Crystal Palace o el Manchester United, mentre que el Burnley, el Cardiff, el Fulham i el Bournemouth ni tan sols no han tingut la més mínima opció de rematar contra la porteria d'Ederson, que ha rebut tan sols trenta-vuit gols en cinquanta-cinc partits jugats. Ederson, per cert, ha fet tres passades directes de gol: contra el Huddersfield (passada a Agüero per al primer gol del 6-1), contra el Tottenham (passada a Sterling per al 0-1 final) i a Champions contra el Schalke (assistència a Sterling el minut 89 per al 2-3 definitiu).

Superar el 75 % de possessió de pilota ha estat una altra nota comuna als partits del 2019, i s'ha arribat al 82 % al partit contra el Bournemouth al Vitality Stadium, partit en el qual van fer vuit-centes onze passades amb un 91 % d'encert, van fer catorze serveis de córner i vint-i-tres rematades, mentre que els locals no van aconse-

22. En els seus dos títols consecutius de Premier League, Pep Guardiola ha sumat cent noranta-vuit punts. En el seu dia, José Mourinho en va obtenir cent vuitanta-sis i Sir Alex Ferguson, cent setanta-set.

guir rematar ni un sol cop, ni fer un sol servei de córner. Possiblement hagi estat el partit que millor resumeixi la jerarquia del City.

## ELS *FOURMIDABLES*

La tercera temporada de Guardiola al capdavant del City ha estat memorable i històrica. Ha portat l'equip a conquerir el que Sir Alex Ferguson concebia com a impossible: els quatre trofeus que es disputen a Anglaterra. L'agost del 2018 van guanyar la Community Shield; el febrer, la Copa de la Lliga, i el maig, la Premier League i l'FA Cup. Aquests títols eleven el City a un escenari impensat, el de l'absoluta jerarquia al futbol anglès, d'aquí la celebració del club sota el lema «*Fourmidables*» un any després d'haver estat els Centurions. Com ha dit Alan Shearer, «he jugat contra grans equips, contra equips invencibles, però aquest Manchester City és el millor equip de la història de la Premier League».

La temporada enlaira alguns noms i en posa d'altres en sordina. Entre els que han empitjorat el seu rendiment respecte del curs anterior cal citar Leroy Sané per la seva irregularitat, tot i que ha tingut moments formidables i actuacions esplèndides; de fet, amb setze gols i disset assistències, és el tercer millor jugador, després de Sterling i Agüero, en la combinació de les dues facetes. Tampoc Riyad Mahrez ha brillat com es podia esperar, potser perquè no ha acabat d'adaptar-se al joc ni de comprendre'l, cosa que ja li va passar a Bernardo la seva primera temporada. Homes com Agüero o Laporte han protagonitzat una temporada superba però Bernardo Silva ha estat el millor jugador del curs. El portuguès ha estat l'home més complet, ha arribat a destacar en àmbits inimaginables com les entrades o per la seva increïble resistència (contra el Liverpool i el Tottenham va recórrer més de 13,7 quilòmetres). Bernardo ha estat el jugador clau de l'any i fa l'efecte que encara pot millorar en l'àmbit de la rematada final. Tres homes han deixat un forat crucial a l'equip. Kevin de Bruyne només ha pogut ser titular en vint-i-dos dels seixanta-un partits disputats, degut a les quatre lesions que ha patit; Benjamin Mendy ha estat baixa des del novembre; i el capità Vincent Kompany només ha estat disponible de manera continuada des del 14 d'abril.

Si la temporada anterior el City havia aconseguit guanyar disset partits per una diferència de tres gols o més, la xifra ha crescut a dinou, desglossats de la manera següent:

- Avantatge de nou gols: un partit
- Avantatge de set gols: dos partits
- Avantatge de sis gols: tres partits
- Avantatge de cinc gols: cinc partits
- Avantatge de quatre gols: un partit
- Avantatge de tres gols: set partits

Davant dels replecs baixos dels rivals, l'equip ha emprat a bastament el xut des de fora de l'àrea i així ha marcat quinze dels noranta-cinc gols de la lliga. Ha marcat dinou gols en contraatacs (un 11 % del total) gràcies a la combinació de ritmes que està aplicant Guardiola, a qui agrada alternar llargs períodes de joc dominant, durant els quals fa gala dels seus coneguts fonaments, amb altres de més breus en els quals es replega a la seva meitat del camp per aplicar contraatacs potents. La final de l'FA Cup contra el Watford exemplifica aquesta combinació, ja que després d'un ampli domini amb el seu joc de passades i triangulacions, que li va valdre dos gols, el City es va replegar uns metres i va obtenir els dos gols següents en els respectius contracops, per tornar a acabar el partit amb una nova fase d'abundants passades en la qual va aconseguir els dos últims punts.

El major nombre de contraatacs ha significat una disminució en el nombre de passades, que ha baixat de set-centes quaranta-tres de mitjana a sis-centes noranta-nou. L'eficàcia a pilota parada ha disminuït. El curs anterior es van aconseguir vint-i-tres gols a pilota parada (setze en serveis de córner i set de falta), mentre que en aquest se n'han sumat divuit (deu i vuit, respectivament). En accions defensives l'any anterior només havia encaixat quatre gols (dos i dos) i ara n'ha rebut nou (sis i tres).

Des del punt de vista tàctic, podem concloure que la millor decisió de Pep Guardiola aquesta temporada ha estat canviar molt poc respecte de l'anterior. Com hem vist, ha canviat de mòdul per força major, però aquest canvi s'ha dut a terme des de la continuïtat dels fonaments de joc. Això, en un entrenador que ha fet del canvi i la innovació una de les seves senyes d'identitat, potser ha resultat difícil d'assumir, però al mateix temps és una mostra d'acostament i comprensió cap al que més necessitaven els seus jugadors: trobar-se dins d'un ecosistema de joc conegut, gestionable i que els permetés arribar al màxim rendiment individual i col·lectiu.

La majoria de les variacions que el Pep ha dut a terme no han estat motivades per decisions tècniques, sinó per altres imperatius. La lesió de Mendy va provocar el canvi de mòdul; la de Fernandinho va obligar a jugar amb un mig centre «delicat» com Gündogan, la qual cosa al seu torn va exigir la modificació de comportaments en alguns dels seus companys; la constant absència de De Bruyne va provocar que Bernardo abandonés la banda i centrés la seva posició; el rendiment irregular de Sané va motivar que els extrems passessin a jugar a cama canviada.

## LA FESTA AL HILTON

Dues hores després d'aixecar el seu quart trofeu de la temporada, l'FA Cup, l'equip accedeix per Lakeside Way a la porta del darrere de l'hotel Hilton, situat a escassos quatre minuts de l'estàtua de Bobby Moore que presideix l'entrada al Wembley Stadium. Els jugadors porten el trofeu i la sisena victòria de la temporada a l'estadi talismà del Pep. I també una gran dosi de fatiga. Gairebé no es fan bromes quan compartim el muntacàrregues de servei que puja des del garatge fins a la sala on se celebra el triomf. Els quatre trofeus estan a disposició de patrocinadors i amics, que es fotografien amb ells mentre celebren les conquestes amb xampany i canapès.

El Pep està eufòric. Parla dels seus nois amb entusiasme, per com han jugat i per l'esperit que han demostrat, competint per tot fins al darrer sospir. Al mig de la sala, Khaldoon Al Mubarak esparteix elogis cap a l'entrenador i promet nous èxits. Valentí Guardiola, el pare del Pep, es diverteix com un nen quan els aficionats li demanen fer-se fotografies amb ell.

La celebració dura poc més d'una hora perquè hi ha massa esgotament i l'endemà hi haurà festa grossa pels carrers de Manchester. En poc més de setanta dies tornaran els desafiaments davant d'una oposició encara més formidable i agressiva que intentarà impedir un altre ple *citizen* al futbol anglès. El Pep tornarà a afrontar l'assignatura pendent de la Champions i voldrà fer una passa més i millorar el rendiment ja excel·lent d'una plantilla que canviarà molt poc.

Després del ple absolut de clubs anglesos a les competicions europees,[23] no hi haurà descans per al nou rei d'Anglaterra.

23. El Liverpool de Klopp guanya la Champions contra el Tottenham de Pochettino per 2-0. A l'Europa League, el Chelsea de Sarri venç l'Arsenal d'Emery per 4-1.

## RESUM D'ESTADÍSTIQUES 2018-2019

| | P | V | E | D | GF | GC |
|---|---|---|---|---|---|---|
| Community Shield<br>*Campió* | 1 | 1 | 0 | 0 | 2 | 0 |
| Premier League<br>*Campió* | 38 | 32 | 2 | 4 | 95 | 23 |
| FA Cup<br>*Campió* | 6 | 6 | 0 | 0 | 26 | 3 |
| Copa de la Lliga<br>*Campió* | 6 | 4 | 2 | 0 | 16 | 1 |
| Champions League<br>*Quarts de final* | 10 | 7 | 1 | 2 | 30 | 12 |
| **Total** | **61** | **50** | **5** | **6** | **169** | **39** |

## DADES

| | |
|---|---|
| 82 % | Percentatge de victòries a la temporada |
| 84,2 % | Percentatge de victòries a la Premier League |
| 2,77 | Gols a favor a la temporada |
| 2,50 | Gols a favor a la Premier League |
| 0,64 | Gols en contra a la temporada |
| 0,60 | Gols en contra a la Premier League |
| 130 | Diferència de gols a favor a la temporada |
| 98 | Punts a la Premier League |
| 21 | Rematades al pal a la Premier League (8 Agüero) |
| 67,4 % | Possessió de pilota a la temporada |
| 67,9 % | Possessió de pilota a la Premier League |
| 82 % | Màxima possessió de pilota (contra el Bournemouth, març del 2019) |
| 49,6 % | Mínima possessió de pilota (contra el Liverpool, gener del 2019) |
| 699 | Mitjana de passades per partit |
| 872 | Màxim nombre de passades (contra el Wolverhampton, gener del 2019) |
| 89 % | Passades encertades per partit |
| 18 | Rematades per partit / 7 a porteria |
| 6,2 | Rematades en contra per partit / 2,1 a porteria |
| 14 | Victòries consecutives a la Premier League |
| 32 | Màxim golejador: Sergio Agüero (21 a la Premier League) |
| 17 | Màxim assistent: Leroy Sané (10 a la Premier League) |
| 55 | Més partits jugats: Ederson Moraes (38 a la Premier League) |
| 9-0 | Major victòria (contra el Burton Albion) |
| 2-0 | Major derrota (contra el Chelsea) |

## TEMPORADA 4

2019-2020

# Cinc sopars i un funeral

## SOPAR 1
## A CASA DEL PEP

# L'artesà

***Manchester, 18 d'agost de 2019***

Té Manchester als seus peus.

No és només metàfora. Des del gran finestral del pis, el Pep contempla tot Manchester. A l'esquerra, la catedral i el riu Irwell, amb meandres silenciosos i suaus. Una mica més enllà, el National Football Museum i, als seus peus, bulliciosa i agitada a qualsevol hora, l'avinguda Deansgate, l'artèria que travessa la ciutat com un bisturí. Catorze pisos per damunt del carrer, Guardiola brinda pel futur amb una copa de vi negre mentre la nit cau sobre Manchester en una altra jornada marcada per la pluja, el fred i el vent, els tres amics inseparables d'aquesta ciutat, encara que sigui el mes d'agost.

És el líder dels «veïns sorollosos», com Sir Alex Ferguson va qualificar el Manchester City. Va arribar amb la motxilla plena d'il·lusió a aquesta ciutat que ara contempla des d'aquí dalt. En aquests tres anys, els aficionats del City ja han aplaudit la conquesta de set nou trofeus. Als dos títols obtinguts la segona temporada es van sumar els quatre del curs següent i, dues setmanes enrere, la Community Shield guanyada contra el Liverpool. Més que pels títols, el Pep està preocupat pel joc dels seus homes. El dia abans no van aconseguir vèncer el Tottenham a la segona jornada de lliga (2-2) però van rematar trenta vegades per només tres dels Spurs, que tan sols van fer cinc passades a l'àrea rival per cinquanta-dues del City. És una paradoxa que es produeix habitualment al futbol, un esport on dominar el joc no equival a guanyar. Malgrat aquest fenomen frustrant, el Pep s'entesta que el joc del seu equip sigui perfecte. Lluita amb ell mateix en aquesta carrera en busca de la perfecció de l'artesà.

—Estic molt content del joc d'ahir. És el millor partit que hem jugat des que som aquí. Després de tres anys ens coneixem bé i cadascú sap què ha de fer. El nostre joc de posició és esplèndid. Crec que des de l'època del Barça no havia aconseguit jugar així. Ahir vam aconseguir dominar bé el Tottenham i crec que qualsevol aficionat *spur* és conscient que era un partit que podria haver acabat amb un 7-2 a favor nostre. Si afinem la punteria serem bons, aquesta temporada. I si tenim sort amb els detalls també podem ser-ho a la Champions.

Quan he arribat a casa seva, el Pep seia en un senzill tamboret de la cuina revisant el partit del dia abans una vegada i una altra a l'ordinador portàtil. Mira i remira els talls de vídeo que li han preparat els seus ajudants; se centra en un jugador, potser en dos; i repeteix l'operació fins aconseguir extreure petites conclusions.

—Ahir vam fer un molt bon partit. Vam atacar bé i ens vam preparar molt bé per a la pèrdua. Ens ajuda molt que els laterals estiguin per dins però que siguin asimètrics (Zíntxenko interior; Walker, exterior). Som en un punt on ja tots saben el que han de fer i el joc posicional millora el rendiment de cada jugador.

Com li va ensenyar Cruyff, s'ha de mirar sempre lluny. Els seus ulls es perden en l'horitzó vermellós de les naus industrials de Bridgewater, que amb prou feines s'albiren en la llunyania boirosa de Manchester. En silenci, torna a un vell assumpte que l'obsessiona: la recerca de la perfecció, aquella excel·lència amb prou feines fregada amb els dits les nits de glòria.

—Després de guanyar dues lligues consecutives, el que més m'importa és construir un llegat de bon joc, un joc com el que vam fer ahir, que emocioni la gent. El meu llegat ha de ser aquest.

Si l'hagués de definir en poques paraules, diria que Guardiola és un artesà del futbol. Pretén la perfecció de l'artesà. En ell no hi habita cap altra qüestió que no sigui aquesta. Perseguir l'excel·lència. Trobar l'harmonia perfecta del joc, la que permet enfrontar qualsevol destí i reduir la incertesa del futbol a la mínima expressió per així conquerir la glòria.

La definició que va establir Richard Sennett s'ajusta al seu perfil: «L'artesania és l'habilitat de fer les coses bé. És un impuls humà durador i bàsic. El desig de realitzar bé una tasca, sense més.

Fer bé la teva feina pel simple fet de fer-la bé».[24] Abans que Sennett, Plató va dibuixar el patró d'excel·lència en dir que l'aspiració a la qualitat impulsarà l'artesà a progressar, a millorar, en comptes de sortir del pas amb el menor esforç possible. Guardiola sent aquesta passió platònica pel futbol.

Tota artesania es basa en una habilitat desenvolupada en un grau elevat. L'habilitat més específica del Pep és l'art de desxifrar el rival. Pot dedicar una quantitat ingent d'hores a analitzar les actuacions micro de l'equip rival fins trobar aquells patrons de conducta, d'ubicació o de relació que poden suposar un perill o un avantatge per al seu equip. L'endemà parlarà amb Mahrez, amb Foden o amb De Bruyne i els explicarà amb detall en què consisteix el defecte del defensa rival o quin és el seu comportament concret davant d'una acció determinada, com se l'ha d'atacar per tenir èxit, quina operació d'engany cal fer De Bruyne perquè Mahrez aprofiti la petita mania d'aquell defensa que cal superar. Guardiola extreu l'essència de l'error, del defecte i del comportament del rival per destil·lar-lo en un flasconet que lliurarà als seus jugadors. És el que Messi va definir concisament: «El Pep et diu el que passarà. I passa».

Aquesta és la seva essència artesanal: desxifrar els comportaments micro del rival per construir-ne avantatges substancials per al seu equip.

Sovint l'artesà xoca contra uns patrons objectius d'excel·lència excessivament ambiciosos o conflictius: el desig de fer bé una cosa només per fer-la bé es pot veure obstaculitzat per la pressió de la competència, la frustració o l'obsessió. «Com a artesans, és més fàcil que fallem per incapacitat per organitzar l'obsessió que per falta d'habilitat». (Sennett). Aquest és un altre tret indiscutible que s'adverteix en el Pep: la seva obsessió li ha generat molts problemes. Els anglesos han qualificat aquesta obsessió seva com a *overthinking*, un excés de pensament al voltant d'un partit. Però, com raona Sennett, es tracta d'una obsessió inevitable. Tot gran artesà s'obsessiona amb la perfecció: «El desig de qualitat de l'artesà planteja un perill motivacional: l'obsessió per aconseguir coses perfectes podria fer malbé la feina mateixa».[25]

I és que la mateixa característica de la feina de l'artesà exigeix

24. Sennett, Richard. *El artesano*. Anagrama, Barcelona, 2009, pàg. 20.
25. Ibíd. Pàg. 21.

donar-li voltes a tot, com va escriure el cèlebre arquitecte Renzo Piano: «La circularitat és molt típica de la visió artesanal. Penses i fas al mateix temps. Dibuixes i fas. El dibuix... és revisat. El fas, el refàs i el tornes a refer».[26]

Així és el Pep en el futbol. Fa, refà i torna a refer. Sí, de vegades ha pensat en excés i li ha anat malament, però ningú no podrà discutir que aquesta obsessió per l'excel·lència l'ha convertit en un artesà excepcional.

No es pot dir el mateix de la seva habilitat amb el vi. Fa una bona estona que prova d'obrir una ampolla que li va regalar una visita fa mesos. És un vi que promet, un Château Clarke Baron Edmond de Rothschild Listrac-Medoc del 1984, però el tap de suro està en mal estat i costa destapar l'ampolla. Joan Patsy, el director de futbol del club a Sud-Amèrica, aconsella ser delicat, però el Pep s'entesta a forçar el tap fins que es produeix la catàstrofe i el suro es trenca i taca el vi... Manel Estiarte i Loles Vives, la meva dona, riuen amb ganes davant de la poca traça del Pep, que ara mira d'esmenar-ho filtrant el líquid a un decantador de vidre amb l'ajuda de Patsy. Quan ho han aconseguit s'adonen d'una cosa encara pitjor: el vi està picat. Qui l'hi va regalar ho va fer amb la millor voluntat però no l'havia conservat en les millors condicions i ha perdut tota la qualitat. Està inservible.

El Pep està desolat però Patsy talla ràpidament el debat: «Conforma't amb l'ampolla que he dut jo. És un vi més modest però ben bo». Dit i fet, Patsy obre amb destresa l'ampolla que ha portat i tot queda a punt per al sopar que està preparant el Fernando, el cuiner que el Pep contracta quan té convidats a casa.

La conversa, òbviament, se centra en la temporada que acaba de començar. El Liverpool serà el gran rival a la Premier League, no en va els dos equips van quedar a només un punt de diferència en la lluita pel darrer títol. La Champions? «Qüestió de detalls. Un detall te la dona o un detall te la pren», resumeix Estiarte. Amb la Champions només es pot ser pacient. El Pep i el Manel fan servir en italià un proverbi xinès que per a ells és una picada d'ullet de complicitat: «*Il cinese aspetta...*».[27] La paciència com a virtut imprescindible per persistir.

26. Robbins, E. (1994). *Why Architects Draw*. Cambridge, Mass.: MIT Press, pàg. 126.

27. «Siediti lungo la riva del fiume e aspetta, prima o poi vedrai passare il cadavere del tuo nemico» («Asseu-te a la riba del riu i espera, tard o d'hora veuràs passar el cadàver del teu enemic»). El proverbi ha estat atribuït a Confuci.

La paciència i la tenacitat són dos trets que defineixen el Pep. També ho són l'eficàcia —excepte per obrir ampolles de vi—, la fermesa, l'eclecticisme i la insatisfacció. El Pep mai no està content ni es deixa enganyar pel triomf. Viu en el present, no en els records. És extremadament competitiu, vol guanyar sempre, però si ha de perdre vol triar com fer-ho. Defuig el dogmatisme, tot i que els seus seguidors més acèrrims són profundament dogmàtics. A les rodes de premsa diu la veritat, a excepció de qüestions ensidioses o que de forma molt evident poden causar un conflicte (evidentment no revelarà una alineació). Acostuma a elogiar en públic un jugador a qui critica en privat o a qui aviat seurà a la banqueta. Li importa l'emoció que aconsegueix generar en les persones a través del joc.

Gündogan viu a la porta del davant, en un pis bessó d'aquest. Són pisos enormes, amb un passadís llarg, moltes habitacions i un estàndard de qualitat molt elevat. El Pep ha col·locat una butaca en una zona del pis des d'on la vista de Manchester és insuperable. De tant en tant s'hi asseu i reflexiona sobre la seva voluntat artesanal aplicada al futbol.

Sabem per Sennett que els secrets dels grans mestres que van fabricar instruments musicals meravellosos, com Antonio Stradivarius o Guarnieri del Gesù, van morir amb ells. S'han invertit molts diners per provar d'esbrinar aquests secrets, però tots els intents de replicar aquests violins genials han fracassat. Possiblement es tracti de la dificultat intrínseca de transferir coneixement sobre assumptes artesanals. I el Pep entén que el seu és un ofici d'aquesta mena, que els camps de la ciutat esportiva de Manchester són el seu particular taller d'artesania. Sabrà transmetre el coneixement? Tindrà successors que vulguin continuar el seu llegat, com ell va fer amb Cruyff?

Tanquem el sopar tornant a Sennett: «El mestre artesà estava present en totes les fases de la producció. Sabem, gràcies a les investigacions de Tony Faber, que Stradivarius s'ocupava en persona dels detalls més insignificants de la producció dels seus violins. Tot i que rarament viatjava, a casa estava en constant moviment, no limitat a una funció. La seva personalitat desbordant i dominant esclatava de vegades en enrabiades espectaculars, sense parar de donar instruccions i llançar exhortacions».[28] Que no és una descripció molt precisa dels comportaments de Guardiola als camps d'entrenament?

28. *Op. cit.*, pàg. 97.

Benvenuto Cellini, l'inigualable escultor del Renaixement, va deixar escrit: «Els secrets del meu art moriran amb mi».[29] Esperem que els del Pep tinguin millor destí…

**SOPAR A CASA DEL PEP**
**MENÚ**

«Mongetes seques» amb cloïsses
Ou ferrat amb boletus, patates i trufa
Rap amb llagostins
Pastís Tatin amb gelat
Mouton Cadet Pauillac del 2018 (negre)

29. «La Vita di Benvenuto di Maestro Giovanni Cellini fiorentino, scritta per lui medesimo, in Firenze», 1728.

## SOPAR 2
## a Tast Català

# L'afecte

***Manchester, 23 d'octubre de 2019***

—Com es crea afecte sincer amb el jugador quan no el fas jugar en un mes?

Ningú no respon.

Avui sopen al reservat del restaurant Tast Català, un espai còmode amb parets pintades d'un blau suau, cadires blau fosc i taules senzilles de fusta envernissada, a la tercera planta de l'edifici, al número 20 de King Street. És un restaurant que va obrir el juliol de l'any anterior sota la tutela del xef Paco Pérez, que acumula cinc estrelles Michelin, i que entre els seus socis inclou Pep Guardiola, Ferran Soriano i Txiki Begiristain. El propòsit del restaurant és donar a conèixer la veritable cuina catalana en territori britànic. El reservat del restaurant es diu Enxaneta.

Ningú no contesta la pregunta retòrica del Pep, que continua:

—Pago una fortuna a qui m'ensenyi com aconseguir-ho... Qui aconsegueixi això ho haurà aconseguit tot.

En aquesta afirmació de Guardiola es resumeix el seu pensament al voltant del futbol i també totes les seves incomoditats i contradiccions. Pateix pels jugadors a qui no convoca o a qui no dona minuts de joc. Per a ell el dia del partit és el seu millor moment perquè ha arribat l'hora de la competició, però al mateix temps és el pitjor dia de la setmana perquè ha deixat mitja dotzena dels seus millors homes a la banqueta o, pitjor encara, a la graderia.

—És el que més em costa i em fa mal. Intento que la meva decisió sigui la més idònia per a cada partit però sé que estic privant molts d'exercir la seva professió, els estic impedint que juguin, que facin el que els agrada. Ja sé que tots som conscients que així és com ha de ser, però a mi em continua costant molt deixar fora un d'aquests nois que es deixa la pell al camp. Per això em sembla gairebé impossible que em tinguin veritable afecte. No pots estimar qui et deixa fora de la teva professió.

Si algú desitjava entendre per què Guardiola sol tenir plantilles molt reduïdes, de vegades fins i tot desafiant el sentit comú, en aquestes paraules seves hi trobarà la resposta. Vol plantilles curtes per no haver de deixar ningú fora de la seva professió. En té prou de fer algunes rotacions perquè tots els jugadors puguin participar, tot i que, com és obvi, no canvia les alineacions per satisfer els seus homes, sinó que la prioritat sempre és afrontar els partits de la millor manera possible.

Pel mateix motiu, quan fitxa algú «el primer que miro és que sigui bon company». Fa temps que dona voltes a aquesta idea: «Per guanyar, un gran equip necessita bons suplents. El que més m'interessa d'un jugador és el seu historial com a suplent, saber com es comporta en la dificultat. Si ha estat un bon suplent, m'interessa. Si en els mals moments que li ha tocat viure s'ha comportat malament, probablement no el fitxi». Però sempre hi ha qui juga poc o juga bastant menys del que creu merèixer. Per exemple, el nou capità, Fernandinho, no ha debutat fins al cinquè partit de la temporada i només perquè Laporte va patir una lesió al cartílag medial del genoll que el tindrà cinc mesos de baixa. Phil Foden, «el nen mimat» de l'entrenador, tan sols ha disputat dotze minuts en els primers vuit partits.

—Com es crea afecte sincer amb el jugador quan no el fas jugar en un mes?

Ningú no respon. I això que el Pep ofereix un milió per aquesta resposta màgica.

La nit abans, el City va guanyar per 5-1 l'Atalanta italià, però va ser un triomf una mica enganyós, forjat en la sorprenent eficàcia de Sterling, autor d'un *hat-trick* i amb el sòlid suport d'un doblet d'Agüero. Els qui veritablement van destacar van ser Gündogan, obligat a jugar de mig centre, i un portentós Foden, que com a interior va crear quatre ocasions de gol fins que el van expulsar per dues grogues al minut 82. El mateix Foden que només havia estat titular una vegada en els primers tretze partits de competició...: «Ningú no confia més en Foden que jo. Vaig ser jo qui el va cridar a jugar al primer equip. Ningú no el valora més que jo, encara que jugui menys del que mereix», diu el Pep després del partit. Lorenzo Buenaventura, el preparador físic de l'equip, em revela una dada important: «Foden ha recorregut mil sis-cents metres a més de vint-i-dos quilòmetres per hora. Ningú no ha fet més minuts a l'esprint que ell, i això que ha jugat deu minuts menys que la resta».

El recorregut de l'equip entre l'agost i aquest final del mes d'octubre ha estat irregular. Còmodes victòries contra el Bournemouth i el Brighton seguides d'una xocant derrota a Norwich, per després guanyar per 0-3 el Shakhtar a Ucraïna i golejar el Watford 8-0, tot just quatre mesos després del 6-0 anotat a la final de l'FA Cup. Tres triomfs més (Preston North End, Everton i Dinamo Zagreb) van donar pas a una dura derrota a casa contra el Wolverhampton (0-2) que va atorgar al Liverpool un avantatge de vuit punts a la taula. El Pep està preocupat perquè observa menys energia mental als seus jugadors que les dues temporades anteriors.

En el triomf europeu contra l'Atalanta ha estat molt destacable el tipus de *build-up* utilitzat pel City. L'equip italià es distingeix per ser molt agressiu en la pressió contra el rival, així que Guardiola tria una alineació diferent de la que podríem imaginar, amb Walker i Mendy de laterals, Rodri i Fernandinho de defenses i Gündogan de mig centre. És evident que buscava assegurar-se una sortida de pilota davant de la pressió rival, de manera que ha dissenyat una sortida en 3+1+1 amb els següents matisos: la primera línia la integraven Walker, Fernandinho i Mendy, amb Rodri endinsant-se uns metres fora de l'àrea per exercir de pivot en les passades entre ells i amb Gündogan alliberat per girar el joc cap a camp contrari. Rodrigo Hernández ha estat el principal fitxatge del City per a la temporada 2018-2019, l'aposta de l'entrenador per un mig centre posicional de gran futur.[30]

Davant de l'equip italià, Rodri ha de realitzar la doble funció de defensa-mig centre que el Pep ja va provar amb Stones la tempora-

30. L'altre fitxatge de la temporada ha estat Joao Cancelo, lateral portuguès procedent de la Juventus, intercanviat per Danilo més vint-i-vuit milions d'euros. Els principals traspassos han estat el de Vincent Kompany a l'Anderlecht, el de Fabian Delph a l'Everton i la marxa definitiva de Douglas Luiz a l'Aston Villa.

da anterior. Fa anys la va assajar també amb Sergio Busquets al Barcelona però la proposta no va tenir gaire èxit. Amb Stones va funcionar bastant millor però no va anar més enllà d'alguns partits. Avui ho repeteix amb Rodrigo Hernández, en qui adverteix la capacitat d'exercir aquesta doble missió. L'execució del pla s'allunya molt de les expectatives de l'entrenador perquè Walker i Mendy no tenen la clarividència per trobar a cada ocasió el receptor adequat i sempre acaben passant la pilota a un Rodri sotmès a un marcatge estret, amb la qual cosa cada vegada s'acaba espatllant el *build-up*. La idea és excel·lent perquè avança Rodri gairebé a l'altura de Gündogan, la qual cosa atorgaria superioritat clara, però la mala execució dels laterals provoca que al cap de vint minuts, després d'uns quants ensurts, el Pep ordeni canviar a un *build-up* de 4+2, amb Rodri baixant un nivell i De Bruyne un altre.

Aquesta proposta de sortida de pilota acapara les converses al sopar a Tast Català, després de la reflexió inicial de Guardiola sobre com obtenir l'afecte dels jugadors. Joan Patsy comenta aquest aspecte del joc i afegeix: «Amb Cancelo la sortida és millor». Al Pep li agrada el talent creatiu de Joao Cancelo, la segona gran adquisició del curs a part de Rodri, i el vol aprofitar, però ha de millorar les seves carències defensives. Explica que fa setmanes que treballa dur amb el lateral portuguès: «Hem treballat molt amb ell, hem repassat vídeos de la seva manera de tornar enrere, de les sortides, de les cobertures...». Manel Estiarte intervé per recordar que «en aquests quatre anys aquí, sempre, cada dues setmanes, repeteixes la sortida de pilota des de darrere i amb els migcampistes, perquè és una d'aquestes coses que si no es treballen s'obliden o es dilueixen». Sobre els problemes de *build-up* de la nit abans, el Pep conclou: «Si els laterals no estan fins en les seves decisions, no podem fer la sortida de pilota de tres que buscàvem ahir, amb Rodri pujant un graó. Haurem de fer la sortida de quatre amb els laterals més amunt o la de tres baixant el mig centre entre els centrals. És qüestió de finesa en les passades».

Aquest cop el sopar acaba abans de la mitjanit perquè l'endemà hi ha entrenament aviat. El Pep ha deixat clar que mai no podrà aconseguir l'afecte dels homes a qui no fa jugar i també que per a una sortida de pilota de risc calen jugadors amb bon peu i treballar-la molt. Quan passegem amb la Loles per King Street, camí de Deansgate, recordo el Dome Torrent parlant del grau de pressió que el Pep exerceix sobre els seus jugadors: «El Pep estira la goma al màxim», deia el Dome. La «goma» són els jugadors. El Pep tensa i estira aquesta goma fins al límit, fins extreure de cada jugador el millor del seu interior, però corre el risc d'esgotar-los i d'esgotar-se.

**SOPAR A TAST CATALÀ**
**MENÚ** *(per compartir)*

Ou d'ànec amb calamars i suflé de patata
Vieira de fricandó
Botifarra catalana amb mongetes
Arròs a la catalana amb socarrat
Turbot «El Txiringuito 1939»
Pa amb tomàquet amb oli d'oliva verge extra
Xuixo de crema amb xocolata calenta
Idus de Vall Llach 2015 (negre)

## SOPAR 3
## A SALVI'S

# L'orquestra

***Manchester, 22 de desembre de 2019***

Avui tornem a parlar d'orquestres i de maneres de dirigir-les. Som de nou a Salvi's, la *trattoria* italiana de Corn Exchange regentada pel Maurizio. A l'entrada venen tota mena de *delicatessen* italianes i a la planta inferior hi ha un petit reservat que al Pep li agrada. Fa un parell d'anys vam parlar aquí mateix sobre Herbert von Karajan i Leonard Bernstein, dels seus estils de direcció, del mur i el pont.

Avui parlem de Nikolaus Harnoncourt, un altre director d'orquestra llegendari, perquè n'he llegit un llibre que m'ha encantat. En resum, aquest gran especialista en Mozart explica que sovint la manca de passió del músic és deguda a l'ego del director d'orquestra. Harnoncourt ho explica així: «El músic d'orquestra és necessàriament un ésser humà desesperat, donat el seu ofici. No hi ha cap músic d'orquestra que no hagi decidit ser-ho per pura vocació, per entusiasme. Un dia s'incorpora a una orquestra. Durant anys ha estat escoltant una magnífica música d'orquestra, i es diu: "Fantàstic! Ara també jo formaré part del conjunt". Però només començar descobreix que és una experiència terrible. Davant seu hi ha algú amb una concepció que li resulta incomprensible, o que fins i tot no en té, de concepció!».[31]

—És això de la brillantor als ulls!

31. Harnoncourt, Nikolaus. *Diálogos sobre Mozart*. El Acantilado, Barcelona, 2016, pàg. 61.

El Pep es refereix a aquella frase cèlebre del carismàtic Benjamin Zander, un altre gran director d'orquestra, que en una xerrada TED va parlar de la brillantor als ulls dels seus músics:[32] «De sobte em vaig adonar d'una cosa: el director d'orquestra no emet cap so. Per tenir poder depèn de la seva capacitat de fer poderosos els altres! Em vaig adonar que la meva feina és despertar possibilitats en altres persones. I sabeu com podeu comprovar si ho esteu aconseguint? Mireu-los als ulls. Si els brillen els ulls, sabreu que ho esteu aconseguint. Si no ho aconseguiu, us heu de fer una pregunta: qui estic sent, que els ulls dels meus músics no brillen?».

Guardiola vol que als seus jugadors els brillin els ulls i pretén aconseguir-ho, i no suporta el que Harnoncourt assenyala com a principal carència dels músics d'orquestra: «La indiferència. Encara que potser jo entengui millor que altres que un músic s'embruti amb el pas del temps després que molts directors li hagin exigit que toqués apassionadament sense aportar ells cap mena de passió, de manera que al cap dels anys amb prou feines li quedi un borrall de receptivitat per als directors excel·lents».[33] El Pep desenvolupa un concepte que fa força anys li va transmetre Julio Velasco, l'extraordinari entrenador de voleibol argentí:

—El Julio explica que nosaltres, els entrenadors, fem fer. Diu que tenir voluntat i capacitat d'aprenentatge també és un talent. Que l'aprenentatge és una capacitat en ella mateixa.

El Pep està decebut amb el rendiment d'alguns dels seus jugadors aquesta temporada. El Liverpool ja acumula onze punts d'avantatge després de divuit jornades. No és que el City estigui jugant malament però sí a un ritme inferior que el de temporades anteriors. Assoleix moments brillants però no aconsegueix ser consistent de forma continuada. El curs va començar de manera esplèndida, guanyant la Community Shield i jugant molt bé, però s'ha anat torçant, també perquè l'equip de Jürgen Klopp està intractable. Des del sopar que vam fer a Tast Català un parell de mesos enrere, el City ha guanyat successivament l'Aston Villa, el Southampton dos cops (Carabao Cup i Premier), el Chelsea, el Burnley, el Dinamo de Zagreb i

32. Les xerrades TED, o «TED Talks», són impartides per personalitats de diferents àmbits amb la finalitat de promoure idees dignes de ser difoses. Les sigles TED signifiquen «*Technology, Entertainment, Design*».

33. *Op. cit.*, pàg. 41.

l'Arsenal, tots ells amb solvència i jugant magníficament. Ha empatat contra l'Atalanta i el Shakhtar, la qual cosa li ha valgut el primer lloc a la fase de grups de la Champions, en la que suposa la desena ocasió d'onze intents del Pep. Però ha protagonitzat altres moments discrets i irregulars, fins i tot dolents, com la nova derrota a Anfield, l'empat a l'últim minut a St James' Park o la caiguda a casa contra el Manchester United (1-2).

El resum és que aquesta és la pitjor temporada de Guardiola en tota la seva carrera com a entrenador, amb dotze victòries, dos empats i quatre derrotes en divuit partits. Estem sopant l'endemà d'un gran triomf, l'aconseguit al King Power Stadium contra el Leicester per 1-3, la victòria número noranta-nou del Pep a la Premier League. El Leicester encara va segon a la classificació, a deu punts del Liverpool i amb un d'avantatge sobre el City.

Durant les postres parlem del partit, que de nou va ser una exhibició de joc excel·lent que va aixecar l'ànim de l'entrenador després de diverses setmanes de desànim per la irregularitat que manifesta l'equip:

—Juntament amb el partit contra el Tottenham, el d'ahir va ser la nostra millor actuació de la temporada. Hem fet el més difícil en futbol, que és fer un joc simple. Tothom va fer un joc fàcil i senzill, sense complicacions. He de convèncer els meus jugadors que aquest és l'equip que volem ser. Guanyem o perdem, volem ser aquest equip que hem mostrat a Leicester. Hem fet un partit increïble amb i sense pilota. Hem pressionat alt i amb efectivitat en tot moment. Estic orgullós que els jugadors em segueixin.

Seguir amb rectitud el camí que marca l'entrenador és un dels desafiaments que afronta tot l'equip. Al cap i a la fi, el mateix Pep ja ens va dir fa anys a Múnic que «el caràcter d'un equip és el caràcter del seu entrenador». Comentem una altra cita d'Harnoncourt que s'ajusta bé a aquest nivell de gestió: «Hi ha una cosa que és absolutament impossible d'ensenyar: el tracte amb un grup nombrós de persones. Una orquestra és un grup de persones de condició extremadament diversa. Sovint l'única cosa de què poden parlar a les pauses és de música, perquè és l'única cosa que tenen en comú. I a aquestes persones tan diferents el director els ha de transmetre de manera convincent la seva comprensió d'una obra. Probablement en això fracassin la majoria de directors de formació escolàstica».[34]

34. *Op. cit.*, pàgs. 60-61.

Després riem perquè Harnoncourt explica al seu llibre la raó per la qual suen els directors d'orquestra: «Es tracta d'una qüestió temperamental. Cada músic d'orquestra té a tot estirar un moviment, i després setze compassos de pausa. De vegades jo ja suo només de llegir la partitura, just als passatges on més tard suaré de veritat. M'agita el que succeeix a la música. M'emociona. La suor es deu a l'emoció».[35] Dic que riem perquè el Pep explica que a ell li passa una cosa molt semblant quan imagina com seran els partits.

Al fil de com suen els entrenadors i els directors d'orquestra, Joan Patsy narra una anècdota molt sucosa sobre Winston Churchill: «Poc després d'una batalla al desert, Churchill va visitar les tropes neozelandeses i li van servir per dinar brou d'ostres, malgrat la calor que feia. Després va arribar el general Montgomery, que havia guanyat la batalla amb els seus tancs, i va rebutjar la invitació perquè tenia per norma no acceptar-ne cap dels seus subordinats, i es va quedar fora de la tenda. Són els dos estils de gestió que hi ha. Churchill va seure amb els inferiors a prendre sopa bullent i Montgomery la va rebutjar i va prendre un sandvitx i una llimonada».[36]

De nou, el dilema de sempre: Karajan o Bernstein, el mur o el pont. Montgomery o Churchill.

**SOPAR A SALVI'S**

**MENÚ** (*per compartir*)

*Focaccia* amb formatge italià, ruca i tomàquets xerri
Taula de xarcuteria italiana
Albergínies fregides
*Tagliatelle* amb mariscos
Macarrons amb *ragù*
*Risotto* amb bolets i tòfona
Tiramisú i gelats
Cannonau Riserva (negre)

35. *Op. cit.*, pàg. 64.

36. Podeu consultar l'anècdota completa al llibre de Winston Churchill, *La Segona Guerra Mundial*, volum II. L'esfera dels llibres, 2004, pàg. 275.

## SOPAR 4
## A WINGS

# La disrupció

***Manchester, 8 de gener de 2020***

Ahir vespre Bernardo Silva va fer un recital com a fals 9. Al Pep li encanta jugar amb fals 9 a Old Trafford. Ho va fer fa tres anys, també al desembre, emprant Raheem Sterling per a aquesta funció, i va resultar un encert total. Ahir, amb Bernardo, va passar el mateix a l'anada de la semifinal de la Copa de la Lliga i Guardiola va tornar a vèncer a Old Trafford (1-3), on ha sumat quatre triomfs en cinc partits.

Hem tornat a Wings, el restaurant de cuina cantonesa situat a Lincoln Square, on avui compartirem el menú degustació. Aquests dies el Pep m'està ajudant a confeccionar una definició ajustada i precisa del fals 9 perquè estic preparant un llibre sobre l'evolució tàctica del futbol des dels seus orígens i el fals 9 serà el fil conductor d'aquest camí. Juanma Lillo i Paco Seirul·lo també hi participen i finalment hem acordat entre tots definir el fals 9 de la següent manera:

> El fals 9 és un davanter centre que endarrereix la seva posició de manera substancial per aconseguir un o diversos dels següents objectius: evadir-se de la vigilància dels defenses adversaris; arrossegar fora de la seva zona d'influència aquests defenses; alliberar espais per a la penetració dels seus companys, col·laborar activament en l'organització de l'atac; provocar dubtes i confusió a la defensa contrària; generar permanent superioritat numèrica, posicional, qualitativa o dinàmica a favor del seu equip al mig del camp.
>
> El fals 9 intenta combinar la consecució d'aquests objectius amb la missió prioritària i fonamental de qualsevol davanter centre: marcar gols.

> Potser es mostrarà dòcil i despistat, aparentant camuflar-se de migcampista vagabund, i s'allunyarà de la porteria amb maniobres subtils d'engany, però la seva ment es mantindrà sempre enfocada cap a la consecució del gol. El gol és, repetim-ho, el seu objectiu fonamental.
>
> El fals 9 no es limita a ocupar un territori predeterminat dins del terreny de joc, sinó que la seva responsabilitat abraça diferents tasques, espais i objectius, alguns dels quals poden semblar discordants entre ells a simple vista, ja que allunyar-se de l'àrea sembla contradictori amb marcar gols. El fals 9 és un veritable davanter centre, encara que no visqui a l'àrea i només la trepitgi per marcar gol. És per tot això que cal definir el fals 9 com una funció i no com una posició.[37]

El primer futbolista de la història que es va alinear com a fals 9 va ser l'uruguaià José Piendibene, ni més ni menys que l'any 1910, i des de llavors més d'una cinquantena de grans jugadors s'han aplicat en aquesta funció. Noms llegendaris com Matthias Sindelar, György Sárosi, Adolfo Pedernera o Nándor Hidegkuti estan gravats en lletres d'or al futbol mundial. Més endavant hi va haver homes extraordinaris que van jugar de fals 9, alguns de manera constant, com Di Stéfano o Gerd Müller (amb la selecció alemanya), i altres en ocasions puntuals, com Bobby Charlton, Cruyff, Maradona o Messi.

A Guardiola li agrada emprar el fals 9 en ocasions especials, com va fer amb Messi el 2009, en un partit decisiu contra el Reial Madrid. I potser perquè també el va fer servir a les dues finals de Champions League que va guanyar al Manchester United (2009 i 2011), cada cop que visita Old Trafford intenta posar-ho en pràctica. Ahir va emprar Bernardo Silva, que va marcar el primer gol del partit, va assistir a Mahrez per al segon i va liderar el contraatac, que va acabar en el tercer de la nit, tot això en poc més de mitja hora. El Manchester United es va retirar al descans perdent al seu estadi per 0-3 per primer cop en més de dues dècades. En sortir d'Old Trafford, Bernardo va explicar: «M'ha agradat molt aquest paper de fals 9. El Pep volia tenir un home més al mig del camp i he gaudit molt fent aquesta doble funció».

37. Perarnau, M. *La evolución táctica del fútbol (1863-1945). Descifrando el código genético del fútbol de la mano del falso 9*. Editorial Córner, Barcelona, 2021, pàgs. 17-18.

La clau del fals 9 és que no és una posició, sinó una funció.

Mentre comencem a sopar, i un cop despatxat l'assumpte de la definició per al meu llibre, que es publicarà el 2021, parlem amb el Pep sobre aquest gust que sent per fer servir el fals 9 (ell no en diu així, sinó «punta fals»):

—El punta fals ho cura tot. No cal fer-lo servir sempre però en grans partits contra equips que no defensen l'àrea i marquen home contra home jo prefereixo que el punta baixi a jugar al mig del camp; si sap jugar, com el Bernardo, això és imparable per al rival.

En aquest punt del sopar parlem d'innovació al futbol i intentem desbrossar la profunda confusió que hi ha al respecte.

Inventar és crear una cosa que no existia. Innovar és donar un ús nou a un invent ja existent. Al futbol va quedar tot inventat cap al 1945, quan els principals moviments tàctics i les execucions tècniques ja havien estat creats per jugadors i entrenadors. Des d'aquesta data el que s'han produït són innovacions. Així que al Pep no se'l pot definir com a «inventor» de cap moviment tàctic del futbol, però sí com a «innovador». Ell també ho entén així:

—Hem d'incorporar moltes millores que han desenvolupat altres esports que estan més avançats. A nosaltres ens queda molt de camí per recórrer fins posar-nos al nivell d'altres disciplines. No en tots els aspectes, compte, però sí en alguns. Tenim molt de camp per millorar i innovar.

El Pep ha tingut grans mestres. El més formidable de tots va ser Johan Cruyff, perquè les idees que li va transmetre contenien una saviesa ancestral que havien forjat grans figures del futbol com Jack Reynolds o Jany van der Veen, i grans entrenadors com Vic Buckingham o Rinus Michels. Tot ells van conèixer, de manera directa o indirecta, les grans aportacions que van fer equips fabulosos com el Wunderteam austríac o els Mágicos Magiares de la dècada dels cinquanta. Més endavant, Cruyff va combinar tot el que havia après i va proposar una forma molt específica de jugar, que amb el temps va ser batejada com a joc de posició. El Pep va aprendre d'ell, entre moltes altres coses, com fer servir el fals 9 a l'equip. Cruyff n'havia estat a la selecció neerlandesa i esporàdicament al Barcelona, i quan va dirigir el Dream Team ho va aplicar amb Michael Laudrup. Després el Pep va fer servir Messi i ara continua emprant la funció del punta fals de tant en tant.

Avui està pensant a usar-lo quan arribi l'eliminatòria de la Champions League contra el Reial Madrid, prevista per a finals de febrer:

—Ahir a la nit, quan vaig arribar a casa després d'Old Trafford, vaig estar veient la Supercopa d'Espanya per analitzar el Madrid.[38] Els he vist molt forts, molt. No tenim sort, collons. Sempre me'ls trobo quan estan en el pic més alt. Són molt bons. A veure què puc preparar per fer-los mal, com a mínim una mica de mal.

Patsy i Estiarte es miren i entenen el missatge: contra el Madrid jugarà amb fals 9. Els comento un detall que poca gent coneix. En tota la història del futbol, els equips que més han emprat la funció del fals 9 han estat el Peñarol de Montevideo, la selecció hongaresa i el Manchester City.[39]

Fa quinze dies que Mikel Arteta se n'ha anat a Londres per ser entrenador de l'Arsenal substituint Freddie Ljungberg, que s'havia fet càrrec de l'equip provisionalment després del cessament d'Unai Emery al novembre. El Pep tenia clar des del primer dia que el somni d'Arteta era entrenar l'Arsenal i no ha tingut cap problema a ajudar el seu assistent, si bé a canvi es queda bastant desprotegit per a la resta de la temporada. Cobrirà la seva absència amb Rodolfo Borrell i Lorenzo Buenaventura.

Les coses no van bé a la Premier League després de la derrota a casa dels Wolves fa deu dies (3-2). Tot i que l'equip va jugar gairebé tot el partit amb deu homes per expulsió d'Ederson, el que va ser dur va ser la manera de caure: als quaranta-vuit minuts guanyava per 0-2, però n'hi va haver prou amb un parell d'errors, en especial un de gravíssim de Mendy, perquè l'equip s'estavellés i els Wolves remuntessin al darrer minut després d'haver rematat ni més ni menys que vint-i-un cops, la pitjor ràtio de l'equip del Pep en aquests quatre anys. A la classificació, el Liverpool ja treu catorze punts d'avantatge i tothom és conscient que aquest cop no se'ls escaparà el títol de lliga. És per aquesta raó que el Pep s'ha centrat

38. A la semifinal de la Supercopa, el Reial Madrid va guanyar per 3-1 el València.

39. Els falsos 9 del Peñarol van ser: José Piendibene (1910), Luis Matoso Feitiço (1935), Pedro Lago (1936) i Sebastián Guzmán (1938). Els de la selecció d'Hongria van ser: György Sárosi (1938), Péter Palotás (1950), Nándor Hidegkuti (1950), Ferenc Szusza (1951), Lájos Tichy (1955) i Ferenc Machos (1956). Els del Manchester City han estat: Fred Tilson (1931), Eric Brook (1936), Johnny Williamson (1953), Don Revie (1954), Raheem Sterling (2017), Sergio Agüero (2018), Bernardo Silva (2020), Phil Foden (2020), Ilkay Gündogan (2021) i Kevin de Bruyne (2021).

en les competicions de copa i ja pensa en el Reial Madrid l'endemà d'haver fet una passa gairebé decisiva per disputar una altra final de la Copa de la Lliga.

Però la tristesa per no poder lluitar per un tercer títol consecutiu a la Premier League no ha estovat l'entrenador, que manté la mateixa intensitat als debats que en els dies feliços. Parlem de l'evolució del joc:

—Queda clar que ja no es juga com el 2009. Els entrenadors en general hem canviat. Klopp, Conte, jo mateix, tots som més bons entrenadors que llavors perquè hem après a còpia d'experiències. I els equips que aconsegueixen mantenir el seu nucli principal de jugadors també són millors perquè si estan quatre anys junts acaben sabent molt més detalls del joc.

De fet, l'estil dels equips del Pep ha anat incorporant grans matisos des dels seus inicis al Barcelona, el seu pas pel Bayern i aquests tres anys i mig al City:

—Cada dia m'agrada més que el meu equip tingui flexibilitat. Vull aconseguir que el meu equip jugui de diferents formes segons el moment i que no pateixi en cap. M'agrada ser capaç de jugar bé posicionalment i al mateix temps saber defensar-nos al nostre camp si el joc ens condueix a això.

El sopar ens porta al concepte d'innovació disruptiva, que és l'aplicació d'idees que provoquen modificacions importants o generen canvis dràstics. No es tracta només de jugar amb fals 9 quan sigui oportú, sinó de qüestionar què és un lateral, què és un extrem o si un defensa es pot desdoblar en mig centre.

—Jo crec que no ens podem quedar quiets i aturats. Cada any s'ha de canviar no només algun jugador per aportar sang fresca i noves il·lusions a l'equip, sinó que també cal afegir matisos a la manera de jugar. Si no ho fem, tothom ens acaba agafant la mida.

Guardiola entén que en un equip els canvis s'han de fer quan tot va bé, no quan les coses van malament. En aquest sentit, el seu cap funciona de manera molt semblant al de Steve Jobs, que no va ser l'inventor del telèfon mòbil ni molt menys però sí un innovador genial que mai no es va conformar amb el que ja havia aconseguit, sinó que va continuar afegint nous matisos als seus productes.[40]

40. El telèfon mòbil va ser inventat el 1973 per l'enginyer Martin Cooper.

Al futbol, el progrés s'ha originat sempre a través del pensament disruptiu, dels viatges i l'emigració, de compartir idees i coneixement i debatre'n, i de l'acció-reacció perenne.

I de provocar la brillantor als ulls dels futbolistes.

Un cop més, acabem el sopar parlant d'escacs, un esport que en el seu joc té similituds amb el futbol, amb fases semblants com la sortida, el joc mig o l'*endgame*. Comento que als escacs el jugador sovint no busca ser el millor, sinó ser immortal, la qual cosa provoca aquesta reflexió del Pep:

—Dir immortal és excessiu, però que et recordin per la bellesa del teu joc, això és més important que tots els títols que puguis guanyar, que al cap i a la fi només són trossos de metall.

**SOPAR A WINGS**
**MENÚ DEGUSTACIÓ** *(per compartir)*

Assortiment de *dim sum*
Ànec cruixent
Llagostí amb sal i pebre
Llobarro al vapor amb gingebre, cebes i salsa de soja
Arròs fregit
Xai amb bròquil amb salsa de fesols negres
Filet a l'estil cantonès
Fruita fresca de temporada
Champany Taittinger Brut Réserve

## SOPAR 5
## A L'HOTEL EUROSTARS MADRID

# L'impossible

*Madrid, 26 de febrer de 2020*

A les altures fa fred. Al cim sempre s'està sol. Fa quatre temporades que el Pep és a Manchester. Ha guanyat, ha perdut, ha patit, ha plorat d'emoció, s'ha fumat uns quants cigars com a celebració suprema de l'èxit... Ha estat feliç. És feliç. Però sempre torna a la seva vella reflexió: per més èxits que obtingui, serà possible repetir l'excel·lència d'aquell primer any al Barça? De vegades creu que sí; d'altres pensa que és impossible. Fa gairebé una dècada que té aquest debat intern, i que discuteix amb altres i amb ell mateix.

Aquest vespre hem sopat a l'hotel Eurostars Madrid Tower. Els jugadors han arribat amb gana a la sala instal·lada a la planta baixa, on Jorge Gutiérrez, el xef del club, i tres cuiners més han organitzat l'habitual sopar posterior al partit d'acord amb les pautes nutricionals fixades per Tom Parry. El rei de la nit és el pernil ibèric de gla. El cap dels cuiners sempre s'esmerça a oferir algun plat local als jugadors, coordinat amb la cuina de l'hotel. Encara hi ha qui recorda amb la mel als llavis l'impressionant assortiment de pasta napolitana que va aparèixer damunt la taula després del partit contra el Nàpols el 2017, aquell vespre en què Sergio Agüero va batre el rècord golejador del club. Jorge Gutiérrez mira de donar sempre un toc local a aquest sopar posterior als partits, que busca una recuperació ràpida del glucogen exhaurit per l'esforç.

El Pep està content. Avui el City ha guanyat el Reial Madrid al Bernabéu, amb la qual cosa Guardiola ja suma sis victòries al mític estadi madridista. És un triomf d'impacte, obtingut a partir de decisions tàctiques que l'equip local no ha aconseguit replicar. Recordeu les seves paraules? «A veure què puc preparar per fer-los mal...».

No cal dir que, com s'intuïa al nostre sopar a Wings, la idea del Pep per fer mal al Madrid ha estat que Bernardo tornés a operar com a fals 9. El pla de joc ha consistit a endarrerir Gündogan en paral·lel a Rodri, obrir molt els extrems (Mahrez i Gabriel Jesús) i buidar la punta perquè els defenses madridistes tornessin a tenir dubtes sobre si saltar o quedar-se a prop de la seva àrea. Amb pilota, el City ha format un 4-2-2-2-0 on Bernardo ha encarnat d'allò més bé la funció de fals 9 i De Bruyne s'ha mogut excepcionalment. Quan Sterling ha entrat per Bernardo, als setanta-tres minuts, el Pep ha modificat l'estructura i ha passat KDB i Gündogan a interiors purs per davant de Rodri i deixant Gabriel Jesús de davanter en punta.

Ha estat un d'aquests partits clàssics de Champions en què dominar el joc no et garanteix dominar el marcador. Al primer temps, per exemple, el Madrid ha controlat la primera mitja hora i el City l'últim quart, i en el balanç d'ocasions els madridistes n'han tingut una, en un cop de cap de Benzema que Ederson ha rebutjat, i els *citizen* dues, en les respectives rematades de Gabriel Jesús salvades per Courtois i Valverde. Després del descans, l'equip del Pep ha agafat les regnes del partit i Mahrez ha vist com Courtois tornava a salvar un gol cantat. Però quan millor estava jugant el City ha arribat el gol del Madrid, després d'una successió d'errades de Rodri, Otamendu i Walker que Isco ha aprofitat. I com a confirmació de com d'incert és el futbol, quan pitjor ho estava passant, l'equip del Pep ha aconseguit empatar gràcies a Gabriel Jesús, abans que De Bruyne sentenciés el partit en llançar un penal ras i sec a la dreta de Courtois, la qual cosa no és poc tenint en compte que els llançadors del City havien fallat quatre dels darrers sis penals a la Premier League. El resultat s'hauria pogut ampliar més al darrer minut però Mahrez no ha encertat a culminar un contraatac esplèndid. En qualsevol cas, l'equip ho celebra d'allò més, ja que el Bernabéu és un estadi molt difícil de conquerir.

El sopar se serveix en una sala de parets marrons il·luminada per una llum tènue. Les taules són rodones amb estovalles blanques, per a vuit persones; les cadires, marró fosc; la moqueta, beix; i un servei central on hi ha el menjar que ha preparat el grup de cuiners del club. Els jugadors tenen prioritat per servir-se el sopar, que pretén aportar nutrients que ajudin a recuperar-se amb celeritat de l'esforç, ja que al cap de tres dies i mig han de disputar a Wembley, per tercer any consecutiu, la final de la Copa de la Lliga. Al mateix vestidor de l'estadi han pres un batut de carbohidrats, proteïnes i creatina, i després del sopar n'ingeriran un altre amb quatre grams de guindes i un gram de curcumina, amb el qual hauran completat el pla R+S (reposició i suplementació) posterior al partit.

A mitjanit, Manel Estiarte ja se n'ha anat al llit, com és costum en ell. Ha demanat una truita a la francesa i un refresc i se n'ha anat a dormir de seguida, mentre a la planta inferior el Pep pren una bona ració de pernil ibèric, una copa de vi i, una mica després, un plat de pasta. Aprofito per recordar-li que tres anys enrere vam tenir una llarga conversa en aquest mateix hotel sobre si era possible o no tornar a jugar com ho va fer el Barça entre el 2008 i el 2012.

Vam tenir aquella conversa després de la derrota del Bayern davant de l'Atlètic de Madrid (1-0) a semifinals de la Champions. Va ser el 28 d'abril de 2016 i eren les tres de la matinada tocades quan l'ascensor de l'hotel es va aturar a la planta 23 i ens vam posar a debatre sobre si era possible o no. El Pep sostenia que no:

—NO, no serà possible repetir-ho. Va ser com pujar l'Everest. Ja està. Has pujat. Ja està. No hi ha res més amunt que l'Everest... No aconseguiré repetir-ho.

A mi em va sonar com una rendició. Va dir que no es podria tornar a construir un equip màgic, que jugués d'allò més bé i assolís la glòria del triomf constant. Un equip que aconseguís vèncer la incertesa del futbol. Semblava molt convençut.

—No hi ha possibilitat de repetir-ho. Vam tocar sostre i ja està.

L'hi vaig discutir amb tots els arguments que vaig trobar, li vaig explicar que Edmund Hillary va ser el primer a conquerir l'Everest però que després d'aquella proesa havia trobat prou motivació per prosseguir la seva carrera d'escalador d'una altra manera, buscant nous desafiaments, no més alts (impossible), sinó més difícils. Hillary es va llançar a fer altres cims de vuit mil metres, alguns d'ells molt més arriscats i perillosos que l'Everest. Li vaig dir que és molt més important la dificultat de la ruta que tries que l'altitud exacta de la muntanya, però la cara del Pep va romandre immutable, impenetrable.

Han passat gairebé tres anys, acaba de vèncer el Reial Madrid al seu màgic estadi, acumula set títols amb el City —està a quatre dies d'optar al vuitè—, i el seu equip juga partits a un nivell excepcional. Li torno a preguntar si és impossible o no:

—Tinc una sensació complexa. D'una banda, la sensació que allò [l'excel·lència del Barça] no podrà repetir-se, la qual cosa em produeix una gran insatisfacció. D'altra banda, però, tinc l'ànsia d'intentar-ho i el convenciment que és possible jugar meravellosament bé amb un equip diferent.

Ah, amics, la perspectiva ha canviat. Encara no ha dit que sigui possible però ja no diu que sigui impossible. Aquest ha estat el gran dilema interior del Pep. Possible o impossible. La recerca de la perfecció de l'artesà, de l'excel·lència en el joc, amb tots els matisos que generen futbolistes i competicions diferents, és un riu que transcorre per l'interior d'aquest personatge i que unes vegades puja i unes altres baixa. Ho veia impossible però comença a considerar-ho possible. D'aquí que miri sempre lluny, com si volgués que l'horitzó li tornés una resposta definitiva.

És tard, prop de les tres de la matinada, i el Pep s'acomiada fins l'endemà. Aprofito aquests últims minuts de la nit per preguntar a Txiki Begiristain pel futur. Un parell d'anys enrere l'entrenador va renovar el seu primer contracte i encara serà al City fins l'estiu del 2012 però, després del Pep, qui?

—Hi vaig pensant de tant en tant i no és fàcil trobar la persona adequada. Uns m'agraden per la seva forma de jugar, uns altres per la seva metodologia, uns altres per la seva eficàcia, però costa trobar una figura que s'acosti al Pep. Encara ens queda un any per a això i hi ha temps per donar-hi voltes. De tota manera, la millor solució seria aconseguir que el Pep continués. Ja sé que sona difícil que al 2021 seran cinc anys amb nosaltres i mai no haurà estat tant de temps en un club, però si ho pensem bé és la solució perfecta: aconseguir que el Pep renovi un cop més. A veure si hi ha sort…

Renovi o no, és indiscutible que substituir Guardiola serà un greu problema per al club, passi quan passi. El Pep ha tingut la fortuna de tenir mestres com Cruyff, de qui va captar la intuïció impressionant i el model de joc; com Van Gaal, de qui va aprendre una metodologia espectacular; com Lillo, que el va endinsar en la naturalesa del joc i el va ajudar a comprendre'l des d'un punt de vista intel·lectual; com Seirul·lo, que li va aportar un disseny i coneixement de l'ecosistema idoni per als jugadors. I molts mestres més, del món del futbol o de qualsevol altre àmbit, dels quals va captar coneixement i va anar agafant idees fins construir-se a ell mateix com un tècnic enlluernador. El Pep ja és, sens dubte, l'entrenador més influent del segle XXI, per molt que mantingui un dessabor perpetu als llavis, una recerca constant de l'excel·lència absoluta, aquesta persecució de la perfecció de l'artesà, aquest rictus de dubtes. Sí, gairebé, molt a prop, gairebé perfecte, però... És la seva insatisfacció eterna, el dilema perpetu: possible o impossible?

Sovint els lectors dels meus llibres anteriors, *Herr Pep* i *La metamorfosi*, m'han demanat com és el Pep de debò. Si el Pep que veiem en públic s'assembla a l'autèntic Pep, el de la intimitat. I la meva resposta sempre ha estat afirmativa. És tal qual, amb les mateixes virtuts i defectes que apreciem en públic. Però cal matisar aquesta resposta.

El Pep és un bon tipus, una bona persona, que es preocupa pels seus amics i per tothom qui pateix o ho passa malament. De vegades se sent en l'obligació d'ajudar com sigui qui ho necessita, per molt que sàpiga que la tasca serà inabastable. Hi ha massa gent que necessita ajuda! Us desvelaré un secret, confiant que ell no s'enfadi. En una ocasió em va proposar que viatgéssim junts a un país africà molt pobre per ajudar un grup de nadius que tenien un problema de subsistència greu. «Però hem de fer-ho sense que ningú no ho sàpiga», va afegir. No ho vam fer perquè al final jo no m'hi vaig animar, però ell estava ben disposat a fer-ho.

El lector no s'ha d'enganyar per aquesta explicació que faig. No, no som davant d'una versió masculina de la mare Teresa de Calcuta. De cap manera no pretenc dibuixar una imatge idíl·lica del Pep, ni molt menys. Simplement és una bona persona a qui li agrada ajudar quan en té ocasió.

L'endemà riem molt al Wanda Metropolitano, l'estadi de l'Atlètic de Madrid, perquè el Txiki i el Pep es retroben amb el Manolo, el protagonista d'una anècdota històrica protagonitzada per Johan Cruyff. Manolo Sánchez era davanter centre de l'Atlètic de Madrid, on va destacar per la seva velocitat, un gran desmarcatge i molta facilitat per marcar gols, fins al punt de proclamar-se màxim golejador de la Lliga espanyola el 1992 amb vint-i-set punts anotats en trenta-sis partits. En ocasions anteriors, Cruyff havia ordenat al seu lateral Ferrer o al seu defensa Nadal que marquessin Manolo, però a cada enfrontament se n'escapolia i aconseguia crear ocasions de perill greu, fins que l'entrenador holandès va prendre una decisió tàctica sorprenent, que ell mateix va explicar anys més tard: «Manolo té un desmarcatge —va dir al seu equip a la xerrada prèvia al partit—. Doncs ja està, no el marquem i avall. Si no el marquem no es podrà desmarcar». Els jugadors del Barcelona es van quedar atònits davant de les paraules de Cruyff però van complir la instrucció i Manolo es va quedar sense marcar gol.

Avui s'han retrobat tres protagonistes d'aquell partit i es peten de riure recordant les paraules de Cruyff. Al seu costat, en un lateral del camp, hi ha una dotzena de bicicletes que han utilitzat els jugadors del City per desentumir els músculs abans que Lorenzo Buenaventura dirigís uns exercicis de mobilitat força suaus. Al migdia tornen a Manchester perquè al cap de tres dies disputaran a Wembley la final de la Copa de la Lliga contra l'Aston Villa. L'equip està en bona forma tot i haver perdut el tren de la Premier League, on va a vint-i-dos punts del Liverpool, que en vint-i-set jornades només ha cedit un empat i cap derrota, camí de superar el rècord de cent punts dels Centurions del Pep.

El primer dia del mes de març, el City conquereix a Wembley la seva tercera Copa de la Lliga consecutiva en derrotar per 2-1 l'Aston Villa, amb Phil Foden com a gran estrella de la final als seus dinou anys. Només Walker, Rodri i Gündogan repeteixen titularitat respecte del Bernabéu. És el sisè títol anglès consecutiu que suma l'equip i el vint-i-novè de la carrera del Pep.[41]

Perduda la Premier, però guanyats dos trofeus nacionals, l'equip se centra en l'FA Cup, on elimina el Sheffield Wednesday, i espera la visita del Reial Madrid per intentar assaltar la Champions League.

Però el 5 de març es produeix la primera defunció d'un malalt de covid-19 a la Gran Bretanya, i a partir d'aquest dia els casos comencen a augmentar exponencialment. El dia 16 de març, ja amb cinquanta-cinc morts i més de mil cinc-cents malalts, el primer ministre Boris Johnson aconsella suprimir tots els contactes personals no essencials i les competicions de futbol queden ajornades.

Una terrible pandèmia s'abat sobre el món. Milers de milions de persones s'enfronten a un enemic invisible.

No hi haurà més sopars amb el Pep en molt de temps...

41. El City va guanyar els quatre títols nacionals la temporada anterior i en l'actual ha conquerit la Community Shield i la Copa de la Lliga, tots successivament.

**SOPAR A EUROSTARS MADRID**
**BUFET**

Pernil ibèric de gla amb pans suflats
Amanida de brots, formatge de cabra, vinagreta de taronja i nous
Tàrtar de tonyina vermella, gel de iuzu i maionesa de *wasabi*
Macarrons amb pollastre i formatge («Riyad Pasta»)[42]
Assortiment de sushi
Corball salvatge amb salsa de pebrot
Presa ibèrica a la graella amb crema de moniato
Fruita preparada amb sorbet
Torradeta de brioix caramel·litzada, dolç de llet i poma
Pago de los Capellanes (negre)

42. «Riyad Pasta» duu el nom de Mahrez perquè el jugador la va posar de moda al menjador de la ciutat esportiva en demanar cada dia aquest plat de pasta amb pollastre i formatge.

## A L'HOTEL SHERATON CASCAIS

# Un funeral

***Lisboa, 15 d'agost de 2020***

Khaldoon Al Mubarak li passa el braç per damunt l'espatlla al Pep i li diu en veu alta, perquè els més propers el sentin: «*You're the man, Pep. You're the man!*».

El Pep té els ulls vidriosos i no sembla escoltar el seu cap.

És el seu punt més baix al Manchester City.

És mitjanit a l'hotel Sheraton de Cascais, als afores de Lisboa. L'abatiment és absolut. L'equip de Guardiola ha estat eliminat, contra tot pronòstic, per l'Olympique de Lió al torneig final de la Champions League, un format que la UEFA ha proposat per salvar la seva màxima competició tot i la pandèmia.

Són temps tràgics. Entre el 2020 i el 2021 hauran mort prop de quinze milions de persones per causes associades a la covid-19. Les vicissituds del futbol sonen ridícules davant de tal drama, però el futbol ha continuat el seu camí després d'una pausa de tres mesos, encara que per als protagonistes els costi continuar jugant quan al seu voltant mor tanta gent. Els clubs han intentat protegir al màxim els seus futbolistes, als quals escruten permanentment. Les instal·lacions i els utensilis es netegen constantment, els jugadors es cuiden al màxim, tothom empra les mesures de seguretat més estrictes i es multipliquen els controls de tota mena per evitar que emmalalteixin. És un temps fosc que ens ha tocat viure, un període negre que no sembla tenir fi i que modifica actituds i costums i ens obliga a relativitzar tot el que vivim. Avui la vida té més valor que mai, potser perquè perdre-la és massa fàcil.

També la salut mental de milions de persones es veu afectada per la pandèmia. Res no és com feia poques setmanes. Tots estem aclaparats i angoixats pel perill, privats de llibertat, presoners d'un virus mortal. Marc Boixasa, cap d'equip del City, descriu amb exactitud aquests llargs mesos: «Esgotament mental. Esgotament i desil·lusió. L'esperança que tot millorarà i la desesperança de les recaigudes. Cada fase que se supera és una il·lusió, però al cap d'uns dies tot torna al punt de partida. Han estat mesos de moltes restriccions. El millor ha estat l'alegria de recuperar el ritme del dia a dia. El millor record és el somriure de Mahrez quan va poder tornar a tocar una pilota damunt la gespa. És un dels millors somriures que he vist mai. Només per haver tornat al dia a dia i tornar a tocar una pilota».

Durant molt de temps serà un futbol sense aficionats, la qual cosa condiciona els comportaments i les actituds dels protagonistes. Hi ha clubs que imiten el suport del públic amb gravacions que s'emeten per altaveus, però tot té una aroma inevitable de ficció, com si es tractés d'un capítol més d'*El Show de Truman*.

El futbol torna, a porta tancada, a partir del 17 de juny. El City disputa deu partits de Premier League, en els quals aconsegueix vuit victòries i dues derrotes (contra el Chelsea i el Southampton), però tot succeeix amb sordina, inclòs el triomf per 4-0 contra el Liverpool, que serà el campió indiscutible de la lliga. L'equip del Pep acaba el campionat a disset punts del nou campió, que aconsegueix sumar noranta-nou punts, a un del rècord dels Centurions. L'equip de Klopp ha guanyat trenta-dos partits, n'ha empatat tres i n'ha perdut tres més, mentre que el City ha obtingut vint-i-sis victòries, tres empats i nou derrotes; i, tot i que aconsegueix millor balanç pel que fa a gols marcats (cent dos per vuitanta-cinc del Liverpool) i gairebé el mateix en gols encaixats (trenta-cinc contra trenta-tres), no ha competit pel títol en cap moment, la qual cosa irrita moltíssim Guardiola, que sempre ha considerat la lliga el títol més important per als seus equips.

El 26 de juliol, després de quatre-cents trenta-quatre partits, setanta-set gols i cent quaranta assistències, el llegendari David Silva s'acomiada de l'Etihad Stadium aplaudint unes graderies buides. Una setmana abans, l'equip ha perdut a Wembley davant de l'Arsenal de Mikel Arteta a la semifinal de copa (0-2), en un partit profundament decebedor per l'actitud d'alguns jugadors damunt la gespa i al vestidor. El resultat és sorprenent perquè als dos partits de lliga, abans i durant la pandèmia, els *citizen* havien guanyat per 3-0 sense passar-les magres davant d'un equip que Arteta tot just començava a reconstruir. És una derrota inesperada, sobretot si observem que el City remata quinze cops per només quatre de l'Arsenal, per no parlar del 71 % de possessió de pilota. Ara bé, els dos gols d'Aubameyang, aprofitant els errors de Walker i Mendy, respectivament, són prou per amargar la nit a Guardiola. Un parell de setmanes més tard l'Arsenal conquerirà l'FA Cup contra el Chelsea.

Des del 9 de juny, al costat del Pep s'asseu Juanma Lillo, que ha arribat per cobrir el buit deixat per Mikel Arteta, un tècnic que havia establert una connexió magnífica amb els jugadors, una relació gairebé de tu a tu, i que aportava un gran coneixement de petits detalls del futbol anglès. Arteta coneixia tots els trucs sobre estadis, àrbitres o rivals i va ser de gran ajuda per al Pep. Passats uns mesos sense cobrir el lloc deixat pel Mikel, ha arribat el moment de fer-ho, i no amb qualsevol. El Pep contracta el seu mentor.

A mig matí del 9 de juny parlem per telèfon, ja que per motius obvis els sopars són inviables. El Pep està content:

—L'arribada del Juanma és importantíssima. Jo necessito un desafiament intel·lectual i el Juanma serà aquest desafiament. Durant aquests mesos li he donat moltes voltes a la decisió i crec que és la més adequada, encara que sigui la menys còmoda. Per a mi seria més còmode tenir un ajudant convencional, però crec que aquestes alçades necessito que m'exigeixin més. Crec que puc millorar com a entrenador, que puc anar més lluny, però per aconseguir-ho he de tenir al costat algú que em pressioni, que en sàpiga més que jo, que em desafiï. No sé si m'entens...

I tant. És ben clar el que pretén. Però ell desitja repetir el seu punt de vista.

—El Juanma en sap molt. Veu coses del futbol que els altres no veiem. Ha viscut molt i sabrà desafiar-me. Segurament ens barallarem i discutirem per qualsevol cosa. Però en el dia a dia m'obligarà a revisar-ho tot, a demanar-me si el que faig és el correcte. Necessito un desafiament intel·lectual. No necessito que em donin la raó. Al contrari, vull que me la prenguin, que em diguin que les coses es poden fer d'una altra manera. I el Juanma és el perfil ideal. Ja et dic que hi he donat moltes voltes, tancat a casa. La comoditat em demanava un altre tipus de perfil, però no estic en això per viure còmode, sinó per intentar ser millor.

La conversa gira exclusivament entorn del desafiament intel·lectual. El Pep insisteix i hi torna a insistir:

—Ho necessito, t'ho dic seriosament. Necessito aquest desafiament intel·lectual. Vull pujar un graó més, vull ser millor entrenador, vull fer-ho més bé. I crec que qui més em pot ajudar a aconseguir-ho és en Juanma. No serà còmode, però és el que necessito.

Al cap d'un quart d'hora ens acomiadem. Truco a Lillo per felicitar-lo i la seva resposta és la que, coneixent-lo, em podia imaginar:

—Jo soc el nou, l'últim a arribar a classe. Jo hi soc per no molestar.

L'agost queda reservat a la Champions League. La UEFA ha reformatat la competició i ha organitzat un torneig amb vuit equips. Però abans cal classificar-se per a aquest torneig i el rival a eliminar és el Reial Madrid, que arriba a l'Etihad Stadium el 7 d'agost. El Pep i Lillo preparen el partit durant dues setmanes. La primera és per entrenar els jugadors per al partit. La segona és per entrenar el partit amb els jugadors. El resultat torna a somriure el City, de nou 2-1, com al Bernabéu gairebé mig any abans.

El Pep planteja un 3-2-2-3 amb Foden de fals 9 i una pressió potent que als vuit minuts dona els seus fruits i facilita el primer gol, obra de Sterling, que en suma cent amb el City en totes les competicions. Els *citizen* acumulen bones ocasions, però és Benzema qui aconsegueix l'empat poc abans de la mitja hora de partit. A la segona part se succeeixen les accions de perill dels locals fins que Gabriel Jesús, que ha passat a actuar de davanter en punta i ha enviat Foden a la banda dreta, aconsegueix el gol definitiu que dona el pas al torneig final de Lisboa. Ha estat un triomf magnífic contra el rei d'Europa, en el que suposa la primera eliminació de Zinedine Zidane a Champions. Al seu torn, per al Pep és el quart triomf en cinc eliminatòries disputades contra el Reial Madrid.[43] També és el tercer entrenador a eliminar dos cops el Madrid a Champions,[44] en la que ha estat la seva vint-i-novena eliminatòria victoriosa a la màxima

43. Amb el Barcelona va vèncer a la Champions League 2010-2011, a la Supercopa d'Espanya 2011-2012 i a la Copa del Rei 2011-2012, i va perdre a la Copa 2010-2011.

44. Marcelo Lippi ho va fer les temporades 1995-1996 i 2002-2003, i Ottmar Hitzfeld les 2000-2001 i 2006-2007.

competició europea, una fita que ningú no havia aconseguit abans: «A la primera part m'he equivocat tancant Sterling i Gabriel Jesús com a extrems per dins perquè no hem trobat els espais. Després, amb Sterling i Foden molt oberts, hem pogut jugar molt millor». De Bruyne ha obtingut un altre rècord a Champions: és el primer jugador a crear nou ocasions de gol en un partit. Gabriel Jesús iguala Ruud van Nistelrooy com a únic jugador a marcar gol a l'anada i la tornada d'una eliminatòria contra el Madrid.

A Manchester, el dia 13 hi ha somriures amplis en emprendre el viatge cap a Lisboa per al torneig final. L'Olympique de Lió, vell conegut, és l'adversari de quarts de final. En canvi, Guardiola es mostra molt caut amb el contraatac dels francesos perquè no oblida que la temporada anterior va ser impossible guanyar-los a la fase de grups. Durant el viatge a la capital portuguesa converso amb Lillo sobre la preparació del partit:

—El Pep té l'estructura del partit clara al cap. De fet, també hem vist uns quants partits del Sheffield per confirmar els comportaments del rival, perquè el Sheffield té un joc molt semblant al Lió. El Pep ho té clar: hem de tenir quatre homes per darrere de la pilota i sis per davant. Aquesta és l'estructura que posarem perquè no volem que els defenses s'hagin de trobar en situacions de dos contra dos. El Lió és molt perillós en aquestes situacions.

A l'estadi José Alvalade de Lisboa passa el que el Pep esperava que no passés. Ha protegit Ederson amb una estructura de tres defenses (Fernandinho, Eric García i Laporte), avançant Walker i Cancelo a la línia de mitjos i atacant per dins amb KDB i Sterling, a costat i costat de Gabriel Jesús, però el ritme que imprimeixen els seus jugadors és molt lent i ningú no aconsegueix col·locar-se darrere dels mitjos francesos. Als vint-i-tres minuts, una pilota rebutjada amb dificultats per Eric és aprofitada per Cornet per obrir el marcador i obligar el City a remar contracorrent. Sens dubte el domini del joc és *citizen* però les ocasions no són netes, si bé el canvi de Mahrez per Fernandinho, molt espès al primer temps, modifica la dinàmica i genera millors oportunitats fins que De Bruyne aconsegueix l'empat. Deu minuts més tard, una passada errada de Laporte, que és abatut a falta no assenyalada, es transforma en un altre avantatge francès només tres minuts després que Gabriel Jesús fallés una rematada a boca de canó. Més impactant encara és l'errada de Sterling al minut 85, quan a porteria buida remata fora una pilota servida per Gabriel Jesús. És un impacte fortíssim perquè el gol era molt senzill i gairebé significava garantir la pròrroga. Dos minuts més tard és Ederson qui falla i regala el tercer gol a l'Olympique.

La catàstrofe s'ha culminat. La temporada ha estat dura, irregular i finalment decebedora. El sopar al Sheraton Resort de Cascais, un hotel deliciós, ideal per calmar els esperits, instal·lat enmig d'un bosc frondós, adquireix proporcions gairebé de drama grec. Un cataclisme.

Tot el dolor per les eliminacions anteriors se sublima en aquest sopar, on ningú no tasta res. Hi ha un dolor residual molt fort en el Pep i els seus col·laboradors. És un dolor forjat en les derrotes de Champions dels anys anteriors. Probablement sigui un dolor que va començar en aquell dur 0-4 del Madrid al Bayern. És un procés que patim tots. Quan el nostre ego surt a passejar fa mal. Hi ha molt de dolor residual en aquesta nit lisboeta...

Abatut, el Pep allibera els seus sentiments damunt la taula: «Ens falta un graó. Hem caigut quatre anys seguits a quarts [de fet, el primer any va ser a vuitens]».

Rodolfo Borrell assenteix: «Si caiem a quarts de final és que aquest és el nostre nivell».

Txiki Begiristain agita el cap i nega amb la mà. No hi està d'acord. Lillo s'hi adhereix: «No és veritat. Som bons, força bons. La majoria dels nostres jugadors són iguals o superiors als del Leipzig, que és a semifinals. Iguals o superiors als del Lió, per descomptat. I en parlaríem, sobre quins dels altres semifinalistes són millors...».

Les dues postures queden enquistades damunt de les estovalles. Enfonsat com mai, el Pep sent que el seu equip no dona per més. Enfurismat en veure tan abatut el seu company, Lillo replica que hi ha molt marge de millora. El desafiament intel·lectual ja està damunt la taula.

Khaldoon, el cap màxim, fa un discurs senzill però vibrant i s'abraça al Pep, li prem les espatlles, intenta animar-lo: «*You're the man, Pep. You're the man!*».

Però aquesta nit el Pep no escolta ningú...

## RESUM D'ESTADÍSTIQUES 2019-2020

| | P | V | E | D | GF | GC |
|---|---|---|---|---|---|---|
| Community Shield<br>*Campió* | 1 | 0 | 1 | 0 | 1 | 1 |
| Premier League<br>*Subcampió* | 38 | 26 | 3 | 9 | 102 | 35 |
| FA Cup<br>*Semifinalista* | 5 | 4 | 0 | 1 | 11 | 3 |
| Copa de la Lliga<br>*Campió* | 6 | 5 | 0 | 1 | 14 | 5 |
| Champions League<br>*Quarts de final* | 9 | 6 | 2 | 1 | 21 | 9 |
| **Total** | **59** | **41** | **6** | **12** | **149** | **53** |

## DADES

| | |
|---|---|
| 69,5 % | Percentatge de victòries a la temporada |
| 68,4 % | Percentatge de victòries a la Premier League |
| 2,52 | Gols a favor a la temporada |
| 2,68 | Gols a favor a la Premier League |
| 0,89 | Gols en contra a la temporada |
| 0,92 | Gols en contra a la Premier League |
| 96 | Diferència de gols a favor a la temporada |
| 81 | Punts a la Premier League (Liverpool campió, amb 99 punts) |
| 27 | Rematades al pal a la Premier League (6 de De Bruyne) |
| 65,8 % | Possessió de pilota a la temporada |
| 66,2 % | Possessió de pilota a la Premier League |
| 81 % | Màxima possessió de pilota (contra el Dinamo Zagreb, octubre 2019) |
| 38 % | Mínima possessió de pilota (contra el Wolverhampton, desembre 2019) |
| 692 | Mitjana de passades per partit |
| 870 | Màxim nombre de passades (contra el Dinamo Zagreb, desembre 2019) |
| 87,1% | Passades encertades per partit |
| 18,5 | Rematades per partit / 6,3 a porteria |
| 7,1 | Rematades en contra per partit / 2,8 a porteria |
| 5 | Victòries consecutives a la Premier League |
| 31 | Màxim golejador: Raheem Sterling (16 a la Premier League) |
| 22 | Màxim assistent: Kevin de Bruyne (20 a la Premier League) |
| 53 | Més partits jugats: Gabriel Jesús (Ederson, Rodri i KDB, 35 a la Premier League) |
| 8-0 | Major victòria (contra Watford) |
| 2-0 | Major derrota (contra Wolverhampton, Tottenham, Manchester United i Arsenal) |

## TEMPORADA 5

2020-2021

# Sísif al cim del món
# (El City dels iugoslaus)

## MOMENT 1

# *«Yo solo quiero romperla»*

***Barcelona, 18 d'agost de 2020***

Un whatsapp de Sergio Agüero ha disparat les alertes al club:

—Atents, poden passar dues coses. El Leo m'ha preguntat fins quan té contracte el Pep amb el City.

El Pep només ha pogut llegir el missatge unes quantes hores després que l'haguessin enviat, en aterrar a l'aeroport de Manchester amb el gruix de l'equip, després de l'eliminació de la Champions League.

Està del tot abatut. La derrota davant de l'Olympique de Lió ha estat dura, molt dura, similar a la viscuda tres anys abans contra el Mònaco a vuitens de final. El City no ha aconseguit superar un rival assequible, per molt que l'Olympique ja hagués demostrat la temporada anterior que era capaç d'igualar i fins i tot vèncer l'equip anglès a l'Etihad. El City ha fet un recorregut magnífic a Champions League: ha vençut dos cops seguits, però separats per la pandèmia del coronavirus, ni més ni menys que el poderós Reial Madrid de Zidane. Havia arribat a la fase final de Lisboa en bon estat de forma i amb tota la plantilla disponible a excepció, justament, del Kun Agüero, que s'havia trencat el menisc a finals del mes de juny. Per tot això, la derrota contra l'equip francès ha noquejat el Pep, gran part del cos tècnic i els mateixos jugadors. Ara tindran dues setmanes de vacances, que en aquests moments són imprescindibles per netejar el cap dels dimonis que l'habiten.

El Leo ha preguntat la duració del contracte, rellegeix el Pep sense entendre l'abast concret de la qüestió. El Barça voldrà fitxar Sergi Agüero com a parella de Messi? A Manchester, el Pep se'n va a dormir amb mal de cap i mal cos, sense donar més voltes al missatge.

Quinze hores després torna a volar, aquest cop a bord del petit avió privat que sol llogar per viatjar de Manchester a Barcelona. Camí de les vacances l'acompanyen Juanma Lillo i Lorenzo Buenaventura. Quan toquen terra a l'aeroport d'El Prat, l'entrenador encén el mòbil i llegeix la notificació d'un missatge que només conté quatre paraules:

—Hola, Pep, com estàs?

A les quatre de la tarda del dilluns, 17 d'agost, Guardiola continua tenint mal de cap. L'eliminació ha estat el cop més dur d'una temporada amarga i negra, que en reprendre's després de la pandèmia va tenir un balanç de deu victòries en catorze partits. Impotents contra el Liverpool al torneig de lliga, els *citizen* van perdre una bona oportunitat de conquerir l'FA Cup, i sobretot van deixar escapar un cop més l'ocasió d'arribar lluny a la Champions, tot i la meritòria doble victòria contra el Reial Madrid.

El Pep se sent colpejat. Per segon any consecutiu petits errors individuals han portat a l'eliminació europea. Alguns dels seus jugadors estan tristos, altres enrabiats, més d'un furiós i bastants aclaparats o confusos. El cop ha estat majúscul, en especial perquè havien treballat dur per enfrontar-se al Lió. Els assajos amb tres defenses havien funcionat bé i els jugadors semblaven còmodes amb el mòdul de joc, tot i la seva renúncia als canvis d'estructura. Guardiola havia decidit aquest canvi tàctic per protegir els seus defenses i evitar que es quedessin un a un davant dels perillosos davanters francesos però, com gairebé sempre que prenia una mesura amb cert aire conservador, la proposta havia sortit malament. El Pep sempre ha tingut èxit quan ha anat cap endavant, valent, sense deixar-se aconsellar per la por, a l'atac, com aquells vells genets britànics, amb la llança recalcada al rest, que carregaven sense temença contra la mort —i que, per cert, van acabar tots dessagnats sobre la planura erma de Balaclava. Però ningú no és del tot amo de les seves pors, ni tan sols el Pep. D'aquí que preferís adoptar un 3-4-3 que en teoria protegia més bé les fragilitats de la línia defensiva. Tres errors defensius van trencar un pla que semblava bo i això s'hi va sumar l'errada inversemblant de Sterling a porta buida, amb la qual cosa un any més el Manchester City va tornar a casa sense opcions de lluitar pel màxim trofeu europeu.

El Pep tenia per davant dues setmanes de vacances a Barcelona abans de tornar a la pluja de Manchester i començar la seva cinquena i darrera temporada al City, que a aquelles alçades ja s'havia reforçat amb l'extrem Ferran Torres i el defensa Nathan Aké i estava a prop de contractar un altre defensa.

Quan li sona el mòbil, el Pep té mal de cap. Messi en pateix un de pitjor encara que el de Guardiola però té les idees clares. Fa quatre dies que dona voltes al terrible 2-8 que el Bayern de Múnic li va clavar al Barça el dia 14 d'aquell mateix mes, data que cap barcelonista no aconseguirà oblidar mai, el dia de la gran infàmia, la més gran humiliació de la seva història recent. A més del mal de cap, el Leo té la decisió presa. Se'n va. I vol saber si es pot retrobar amb el seu mestre. Ha pres la iniciativa.

Se citen a les dotze en punt de l'endemà al pis barcelonès del Pep. És la segona vegada que es troben. La primera va ser quatre anys enrere, l'estiu del 2016, quan Messi estava profundament preocupat per una condemna a vint-i-un mesos de presó per frau fiscal. La motivació de Messi era estrictament defensiva: pensava que potser hauria de marxar de Barcelona i emigrar a Anglaterra. Va ser Jorge Messi, el seu pare, qui va contactar amb el màxim executiu del City, Ferran Soriano. A instàncies de tots dos, Pep Guardiola va acudir al domicili del Leo i van conversar per primer cop en anys. Messi semblava animat amb la perspectiva de jugar a Manchester, però no entusiasmat. I, de fet, els dies següents l'interès del jugador es va anar refredant. A mesura que van tornar els seus amics de dins de l'equip, sobretot Luis Suárez i Jordi Alba, el Leo es va anar sentint més segur i va començar a relativitzar els riscos que podia afrontar. Es va refredar el seu interès i aquella operació va quedar en no-res.

Ara les coses són ben diferents. La paciència de Messi amb el Barça sembla haver-se exhaurit a la mateixa velocitat amb què s'han succeït les eliminacions europees. El 2017 contra la Juventus (3-0), l'any següent contra la Roma (3-0), més tard el cataclisme a Anfield contra el Liverpool (4-0), i ara la humiliació amb el Bayern (2-8). Messi, sens dubte el millor futbolista mundial de la dècada i potser de la història, havia guanyat dos cops la Champions League amb Guardiola, però només l'ha tornat a conquerir un sol cop en els següents nou anys, que han estat els de la seva plenitud màxima com a jugador. És un balanç discret per a qui sens dubte està per damunt de la resta de futbolistes contemporanis.

Tots dos han aparcat els seus respectius mals de cap i s'asseuen al llarg sofà beix que presideix la sala de casa del Pep per tenir-hi una xerrada que durarà sis hores i mitja...

«*Míster, yo solo quiero romperla*».[45] Tota una declaració d'intencions.

## «HI PLOU MOLT, A MANCHESTER»

Mai no havien parlat gaire estona seguida i gairebé sempre havien estat converses sobre el joc, la tàctica o un adversari. Però tots dos han canviat molt. El Pep té al seu costat un home madur que s'ha deixat créixer la barba, que parla sense parar i amb molt de sentit, com si tot el que està dient ho hagués reflexionat prèviament en profunditat. Aquell noi tímid i discret que no obria la boca ni per casualitat, tancat en ell mateix i que només s'alliberava quan tenia la pilota als peus, ara és un adult amb criteri propi que parla pels descosits i empra cada paraula amb precisió i agudesa, demostrant un coneixement exhaustiu del futbol. El Pep sabia d'aquest canvi per referències però avui n'és testimoni en primera persona. El Leo serà qui més parlarà durant les llargues hores de sofà.

També Guardiola ha canviat. Ja no és el jove que guanyava inexorablement i que semblava envoltat per una aura màgica. Una barba grisenca li vesteix el rostre quan s'acosta al mig segle de vida. Ha crescut, ha madurat, ha perdut, ha patit. Ja no és l'emperador invicte, sinó un príncep que lluita per cada corona com si fos la darrera de la seva vida. A l'esquena li queden anys de glòria i èxit, ni més ni menys que vint-i-nou títols conquerits. Per davant, unes temporades més en busca de nous trofeus i, sobretot, de la redempció europea, la mateixa que any rere any se li escola com l'aigua entre els dits. A cada arruga de la cara del Pep es veu com han estat aquests anys que han estat separats.

Ni l'un ni l'altre no pregunta per les ferides patides a Lisboa. El Leo no l'ha trucat per parlar d'humiliació i al Pep no li interessa remoure la seva derrota. Messi agafa la brúixola i assenyala cap al futur:

—*Pep, yo solo quiero romperla.*

45. «*Romperla*» és una expressió argentina que es podria interpretar com «aconseguir el màxim».

En els últims temps, Messi ha patit problemes, enganys i traïcions a mans del president del club, Josep M. Bartomeu, que l'han portat a prendre aquesta decisió. Guardiola coneix bé el tema, no en va ell també va ser víctima d'una cosa similar anys enrere. La història que sempre es repeteix: el president del club Josep Lluís Núñez va tractar el Pep jugador de forma similar a com Bartomeu ha tractat Messi. En paral·lel, Núñez va assenyalar com a principal enemic Johan Cruyff i no va descansar fins lapidar-lo. Sandro Rosell va reeditar l'operació amb el Pep com a entrenador. El cercle es tanca: Cruyff, Guardiola i Messi, la santíssima trinitat de l'odi nuñista, una secta que ha dirigit el Barça des de fa quatre dècades, a excepció del breu parèntesi 2003-2010.

Els pobles només estimen els tebis, va deixar escrit Nietzsche, i el Barcelona no el desmenteix. Tres dels seus fills futbolístics més ardents i brillants, el Johan, el Pep i el Leo, enfilats a la mateixa llança de la mediocritat...

A Guardiola no li calen gaire explicacions. Entén Messi al mil·límetre.

«Hi plou molt, a Manchester...», diu l'entrenador.

Tots dos deixen veure les seves cartes i les coses queden clares. El Pep està disposat a allargar el seu contracte si es duu a terme l'operació. De les negociacions econòmiques se n'encarregaran el pare de Messi i Ferran Soriano, director executiu del club. El contracte del jugador amb el FC Barcelona, al qual li queda un any de vigència, té una clàusula de rescissió de set-cents milions d'euros que en l'entorn de Messi es veu com un obstacle salvable; al cap i a la fi, el silenci del jugador sobre els enganys patits té un gran valor.

El Pep descobreix en Messi un inesperat i exhaustiu coneixedor del futbol mundial. Té una visió superba del joc, de tots els conceptes, variants i innovacions tàctiques que es fan servir avui dia. Parlen del Liverpool i del Bayern, de Conte i de Tuchel, de De Bruyne i de Koulibaly. L'entrenador del City li explica els detalls de la seva plantilla, dels fitxatges ja realitzats, i li parla d'alguns defenses en els quals pensa com a possibles incorporacions. El Leo opina sobre cada aspecte que planteja el Pep. Per a l'entrenador, la possible arribada de Messi no només suposaria el retrobament, sinó moltes més coses.

D'entrada, el fitxatge suposaria una dosi instantània i gegant d'adrenalina per a tot el City, un equip abatut i en estat de xoc després de l'eliminació europea. Durant el dies previs, el principal tema de conversa del Pep ha estat: «I ara com puc motivar aquests jugadors?». La mateixa por tenen els seus ajudants del cos tècnic. Després de la desfeta de Lisboa no n'hi haurà prou amb uns quants fitxatges, unes quantes novetats tàctiques i infinitat de xerrades motivacionals. Després de quatre temporades exigents, el nucli dur de l'equip ja no necessita massa paraules, sinó un nou gran èxit. La primera temporada del Pep a Manchester va ser dura però la segona i la tercera van ser fructíferes i fecundes, encara que no guanyessin la Champions. La quarta, en canvi, va començar de forma prometedora i brillant però va acabar tan grisa i trista com un vespre mancunià a l'hivern. El cinquè any és el darrer del Pep i començarà al cap de quinze dies. Per una vegada els jugadors estan tan desanimats com l'entrenador. No serà fàcil tornar a començar i enfrontar-se de nou al colossal Liverpool, als altres ferotges equips anglesos i al desafiament majúscul que suposa una Champions League cada cop més competida. Si no és que…

Messi podria ser la solució a tots els interrogants. Messi al City seria la clau que obriria el pany. El retrobament del Pep i el Leo seria una benedicció per a tots dos, i a les sis de la tarda d'aquest dimarts, 18 d'agost, tant l'un com l'altre en són conscients. Dos anys plegats.

—*En Mánchester entrenamos muy duro…*

—*Entrenaré duro, no me preocupa.*

—*I continuo haciendo largas charlas tácticas. Quizá te aburras…*

—*Aguantaré. Aguantaré todo lo que hagas.*

—*Leo, nos hemos hecho mayores. Quizá ya no nos soportemos.*

—*Pep, yo solo quiero romperla.*

A dos quarts de set de la tarda s'acomiaden amb una abraçada còmplice. L'acord no és senzill, però si s'acaba produint pot donar grans fruits. Dos anys per «*romperla*».

MOMENT 2

# Il·lusió i desil·lusió

### *Manchester, 3 de setembre de 2020*

Bernardo Silva ha enviat un missatge: «És cert això de Messi?». La resposta ha estat breu: «T'agradaria?». I el Bernardo no ha tingut cap dubte a replicar: «Ja correré jo el doble!!!».

Fa tres dies que Leo Messi ha enviat un burofax al FC Barcelona anunciant que s'acollirà a la clàusula 3.1. del seu contracte, que permet extingir-lo amb data 30 d'agost. Els advocats de Messi entenen que la rescissió unilateral del contracte és possible donada l'excepcionalitat del calendari de competició que, a causa de la covid-19, no va finalitzar el 30 de juny com és habitual, sinó el 23 d'agost.

A Manchester s'ha generat il·lusió amb la possibilitat que Messi s'incorpori a l'equip. Com sempre, Manel Estiarte és el més fred i sobri en l'anàlisi:

—Nosaltres ja tenim un molt bon equip. Si arribés el Leo, tindríem un equip *top*.

Carles Planchart és igual d'entusiasta:

—Si vingués m'il·lusionaria molt.

Aquesta és la clau del tema: la il·lusió. L'equip necessita tornar a il·lusionar-se per poder canviar la dinàmica en la qual ha caigut. Hi ha un acomodament generalitzat, fruit dels triomfs anteriors, accelerat de sobte per la marxa de Mikel Arteta, que va deixar un buit en el dia a dia. A ningú no li han passat per alt els petits senyals d'aquest acomodament. Un jugador titular ha tingut sobrepès des del juny, i ha sumat un error darrere de l'altre. Un altre ha exhibit molt poca autoexigència i zero autocrítica, senzillament perquè es creu el millor i no accepta cap consell de correcció. La derrota a l'FA

Cup davant de l'Arsenal va mostrar negligència i desgana en algun jugador, que no només no en va aprendre, sinó que va repetir-ho contra l'Olympique de Lió. El cos tècnic sempre ha cregut que en un equip tothom ha de remar en la mateixa direcció i que els èxits només arriben si la plantilla s'uneix en busca d'un propòsit. Però quan aquesta unió completa de cossos i esperits no es produeix és impossible assolir l'èxit. És en aquestes situacions quan es fallen gols cantats o se n'encaixen d'altres per errors inversemblants.

Al Pep el preocupa la situació i entén que, de no produir-se canvis potents, podria haver començat la decadència del cicle. No es tracta de maquillar, sinó de canviar. L'arribada de Messi podria ser l'espoleta d'aquest canvi.

Acabades les curtes vacances, el Pep i Lillo han aprofitat el viatge de tornada a Manchester per dibuixar hipòtesis. Quan l'equip no estigui en possessió de la pilota, tots dos veuen el Leo al voltant del cercle central perquè aquesta posició obligaria els rivals a jugar per fora, on els homes del Pep són més agressius en la pressió per recuperar l'esfèrica. I, ja amb la pilota, el mateix Messi s'encarregaria d'acostar-se a l'àrea i d'acostar els altres.

Però bé, la conversa no és més que un divertiment intel·lectual per si al final es produeix aquesta operació.

El 30 d'agost Leo Messi no es presenta a les instal·lacions del FC Barcelona per passar les proves de la covid-19 i, a mesura que passen els dies, a Manchester tenen la sensació que l'operació va perdent força. El 3 de setembre, després d'una reunió de Jorge Messi amb el club, el jugador decideix quedar-se un altre any i evitar un judici contra el Barça.

No hi haurà retrobament Guardiola-Messi. El jugador només volia «*romperla*», però no ho farà al Manchester City.

## MOMENT 3

# Està enfonsat

***Manchester, 7 de setembre de 2020***

Aquest dilluns la sensació és que les coses no poden anar pitjor de cara a l'imminent inici de temporada. La major part de la plantilla és fora participant en la Nations League amb les seves respectives seleccions, però les notícies són cada cop més depriments... A primera hora del dia, els serveis mèdics informen que Aymeric Laporte i Riyad Mahrez han donat positiu de covid-19, així que hauran d'estar confinats a casa seva com a mínim fins el dia 17, és a dir, que no podran participar en el debut a la Premier League, fixat per al dilluns, 21, al Molineux Stadium contra el dur Wolverhampton.

D'aquesta manera, al primer entrenament de la nova temporada, que arriba tan sols quinze dies després d'acabar l'anterior, només hi van set jugadors: els tres porters (Ederson, Steffen i Carson) i quatre defenses (Mendy, Fernandinho, Stones i Otamendi), als quals s'uneixen tres jugadors del filial. Juanma Lillo i Rodo Borrell dirigeixen l'entrenament perquè avui Pep Guardiola es queda al seu despatx.

Està profundament abatut. Després d'haver parlat amb Messi moltes més hores en les darreres dues setmanes que mai, després d'haver debatut no només com i en quina posició podria jugar al City, sinó també quina mena de defensa convenia contractar, després d'analitzar amb els principals dirigents del club tot el que significaria l'arribada del Leo a la lliga anglesa, tot d'una Guardiola es troba sense la cirereta del pastís, sense la peça amb què creia poder culminar la seva feina a Manchester. Això de Messi, aquesta vegada sí, ha estat un cop per al Pep: havien arribat tan lluny en les converses que la incorporació semblava decidida, donat que havia estat el jugador qui havia pres la iniciativa. Per descomptat, vista l'angoixa financera del Barça, el fitxatge encara es podria produir la temporada següent, quan Messi quedi alliberat del seu contracte, però aleshores potser el Pep ja haurà dit adeu definitivament a Manchester o probablement el City ja no voldrà saber res més del Leo. Un any és molt de temps i avui Guardiola no té cap ganes d'imaginar què passarà l'estiu del 2021.

Les breus vacances de Guardiola a Barcelona han transcorregut com un sospir. Però ara que l'operació s'ha frustrat, l'entrenador no té gaires ànims per afrontar el nou repte competitiu. Al igual que Lillo, ha estat tancat uns quants dies a casa seva per complir el protocol sanitari després de tornar de Barcelona. Ha tingut temps de sobres per imaginar la nova temporada. Un altre cop barallar cada tres dies contra rivals de pedra i formigó; un altre cop enfrontar-se a l'aspre Liverpool de Klopp, lluitar contra el Manchester United, sobreviure a la puixança del renovat Chelsea, que ha incorporat jugadors formidables; i més enllà, la Champions League, que es comença a convertir en un malson. El Pep no està animat de cara a la nova temporada i per una vegada s'ha quedat al seu despatx, sense ganes de trepitjar la gespa del camp d'entrenament número 1, allà on tot just fa quatre setmanes cridava instruccions sobre com enfrontar-se a l'Olympique de Lió i la gespa bullia d'esperança i il·lusió. Ara en aquests mateix camp només se senten les veus de Lillo i Borrell parlant amb els pocs jugadors que han tornat. El Pep es queda en silenci, rumiant l'amargura, empassant verí.

El dia podia anar a pitjor, i ho fa. Al migdia, Phil Foden, la gran promesa del City, era expulsat de la selecció anglesa a causa d'un comportament inapropiat. Després de la seva estrena amb la selecció absoluta, Foden i Mason Greenwood van passar la nit de dissabte amb dues joves islandeses, la qual cosa va motivar que el seleccionador Gareth Southgate els enviés immediatament de tornada a la Gran Bretanya. A la tarda, Foden va publicar una nota de disculpa i penediment. A la nit, Nathan Aké va patir una lesió muscular mentre jugava a la posició de lateral esquerre amb la selecció neerlandesa, contra Itàlia, a la Nations League. «Què més pot anar malament?», pensava el Pep en anar-se'n a dormir. «Què més pot anar malament?», es repetia una vegada i una altra.

L'endemà, el Pep i Lillo discuteixen acaloradament a casa de l'entrenador. És habitual entre ells. Discuteixen, es diuen de tot, s'envien a fregir espàrrecs i acte seguit fan les paus. La discussió gira sobre un únic assumpte: com articular el desafiament intel·lectual.

## MOMENT 4

# L'entrenador de l'entrenador

***Manchester, 15 de setembre de 2020***

El desafiament intel·lectual no significa pensar idees profundes, sinó polir defectes i potenciar virtuts. El Pep vol que Lillo l'ajudi i li exigeixi en aquesta tasca. Vol que sigui l'entrenador de l'entrenador.

Lillo entén que el Pep serà encara millor si guanya en serenitat i aconsegueix potenciar la naturalesa dels seus jugadors. Ho planteja en termes senzills.

—Moltes vegades els entrenadors ens equivoquem en entrenar per a nosaltres i no per als jugadors. Hem d'entrenar perquè ells arribin al partit amb tanta seguretat com sigui possible, no amb inseguretat. En general, parlem més de tàctica que de joc; fins i tot els jugadors ho fan. I oblidem que es tracta de guanyar encara que no sigui amb el nostre pla de partit, sinó amb el pla dels jugadors.

Lillo és partidari de reduir l'intervencionisme dels entrenadors.

—Hi ha molt d'entrenador jove que creix amb la idea de ser intervencionista. N'hi ha d'altres, més savis o més grans, que saben que la tasca d'un tècnic està de la ratlla cap enrere, no cap endins. Però veig molt de jove que pretén créixer en aquesta direcció, com si darrere de tot el que passa, evidentment, hi hagués d'haver la seva mà. És com si pensessin: «Sort de mi…». En canvi, la màxima aspiració del *magister*, del mestre, és tornar-se invisible. Però això acostumo a dir que en aquests temps que corren hi ha molt de professor però poc mestre. I es troba a faltar els mestres. De professors n'hi ha molts, massa.

En una setmana d'entrenament, l'ambient general es torna molt més positiu, reconeix Lillo:

—La il·lusió no només està intacta, sinó que ha anat creixent amb el pas dels dies. Estic molt més a prop de creure que ho podem guanyar tot.

Avui l'equip es juga un partidet contra el filial i després celebra una barbacoa a la ciutat esportiva. El Pep torna a somriure, els jugadors també i es percep un ambient animat. Fernandinho i Walker són els principals impulsors d'aquest esperit jovial que sembla rejovenir l'equip.

En compliment de la tasca que li han encomanat com a entrenador de l'entrenador, Lillo va suggerint al Pep que introdueixi petits matisos. Xerrades tàctiques més breus i més contenció en les instruccions que dona des de la banqueta per estimular la iniciativa dels jugadors.

—Hem d'aconseguir que l'equip ens digui a nosaltres què hem de fer i no a l'inrevés, perquè és el millor per guanyar. No volem «soldadets obedients», sinó jugadors amb iniciativa, i per a això els hem de facilitar que tinguin aquesta iniciativa, hem d'afluixar les regnes.

Hi ha un altre tema en el qual també vol ajudar el Pep:

—Ha d'aconseguir no esgotar-se en el procés de preparació dels partits, perquè si el procés és el valor fonamental et converteixes en esclau del procés. En aquest aspecte hi pot haver un veritable canvi molt positiu en el Pep.

## MOMENT 5

# Amb doble pivot

### *Wolverhampton, 21 de setembre de 2020*

Els antecedents de la temporada anterior pesen com una llosa. El Manchester City va perdre un munt de punts davant d'equips als quals va dominar amb claredat i als qui hauria pogut golejar, però no va aconseguir tirar endavant els partits i fins i tot va acabar regalant punts en atacs esporàdics.

Una vegada i una altra es va repetir el mateix desenvolupament de partit, amb el City necessitant una dotzena de rematades per aconseguir anotar un gol, mentre que el seu rival en tenia prou amb una mínima aparició davant d'Ederson per obtenir el mateix rendiment. Bona part de les nou derrotes i els tres empats cedits es van produir d'aquesta manera, la qual cosa va generar un profund sentiment de frustració en l'equip, una ferida que al començament del nou curs continua oberta.

El debut *citizen* es produeix en un estadi difícil, contra un rival que ha donat molts maldecaps a l'entrenador català. La temporada anterior el Wolverhampton va guanyar els dos enfrontaments amb el City i això influeix a l'hora de plantejar l'estrena. Guardiola decideix fer-ho amb un doble mig centre, de manera que Fernandinho i Rodri comparteixen ubicació al mig del camp. És tot un indicador de la por que sent el Pep al començament de la seva cinquena temporada. Tot i que en anys anteriors ja ho havia provat, amb la mateixa parella o amb Gündogan acompanyant Rodri, només van ser assajos puntuals motivats per un rival molt específic. Ara, no. Ara és fruit de la sensació de fragilitat que envolta el City.

Se sent fràgil i a mercè de qualsevol rival que sàpiga tancar-se de forma agressiva i contraatacar amb precisió. El que s'ha patit en el passat recent està ben viu, dolorosament viu, i té un efecte profund sobre el Pep i els seus jugadors, que ensumen l'olor de la por que ressorgeixin els mateixos defectes, els mateixos dimonis i les mateixes conseqüències.

El doble pivot és un concepte allunyat de la ideologia de Guardiola. L'empra ara perquè es troba en una posició dèbil i a la defensiva. No és el Guardiola atrevit i brillant que va conquerir dues lligues consecutives, ni el Pep astut i vivaç que va guanyar els quatre títols del futbol anglès d'una sola tacada. El d'avui és un Guardiola adolorit i caut, conscient de les forces limitades del seu equip, de les abundants absències i que les circumstàncies l'obliguen a adoptar un perfil del tot oposat al que sol tenir. Falten set jugadors per motius diversos: Laporte i Gündogan tenen covid-19, Bernardo i Zíntxenko pateixen lesions musculars, Cancelo té un cop al peu i no pot entrenar, Agüero continua recuperant-se de l'operació de menisc a què es va sotmetre al mes de juliol, i a Eric García li han hagut de fer dinou punts de sutura al cap després de rebre un cop en un entrenament. El Pep sap que el seu equip pot assolir el seu nivell habitual, així que recompon la figura i es col·loca en mode defensiu. Dissenya una «formació de tortuga», l'ordre de batalla que empraven els romans quan els assetjaven.

La por als contraatacs del Wolverhampton i l'escassedat d'entrenaments influeixen de manera decisiva en la disposició dels jugadors sobre el camp. El City treu la pilota a partir d'un 3+3, en sumar-se Mendy als dos mitjos centre. A partir del cercle central, la ubicació passa a ser un 2-4-2-2. En tot moment, l'atac està integrat per Gabriel Jesús i Sterling, amb els dos interiors darrere d'ells. Amb tal distribució, s'apoderen de la pilota (67 %), del territori, de les rematades i del triomf (1-3). Per desena temporada consecutiva, el City aconsegueix guanyar el seu primer partit de lliga, una fita que cap altre equip no havia aconseguit abans.

El Pep ha obert el paraigua: ja s'ha mullat massa.

## MOMENT 6

# Fins aquí hem arribat

***Manchester, 27 de setembre de 2020***

Treure Fernandinho va ser com treure una peceta sobre la qual se sostenia tota la bastida. Sense ell, va caure el castell de naips.

El Pep opina el contrari. No estava satisfet amb el rendiment del capità, tot i el seu bon partit de la setmana anterior contra els Wolves. Avui pintava diferent. Ja a l'escalfament hi ha detalls que indiquen que la cosa no rutlla. Un membre del cos tècnic ha preguntat al capità: «Teniu confiança o esteu confiats?».

Fernandinho ha jugat amb certa apatia. Resulta inexplicable que faci una rematada molt tova d'una falta que treu De Bruyne. En qualsevol altra ocasió hauria fet un cop de cap amb energia i foc, metrallant la porteria rival. Avui ha mesurat malament i s'ha limitat a posar el cap amb timidesa, perdonant Schmeichel.

Durant la primera mitja hora, el City ha esclafat el Leicester. Als tres minuts, Mahrez connecta amb el peu dret una canonada a l'esquadra de Schmeichel, després d'un servei de córner, i el gol facilita el domini local, que es tradueix en diverses ocasions no transformades. Rodri remata alt, Sterling aprofundeix però xuta al cos del porter i Fernandinho especialment malbarata amb un cop de cap tou un regal de De Bruyne que semblava impossible de fallar. L'equip té la pilota tres quartes parts del temps i només concedeix un contracop, resolt per Eric García amb habilitat. Tot sembla controlat, fins que Walker comet un penal innecessari sobre Vardy i aquí comença la desfeta. L'empat al descans reviu els pitjors malsons de la temporada anterior: tant de domini per acabar masegat amb un sol cop.

Els primers minuts del segon temps, el City frega el pal de Schmeichel en dues ocasions. Continua el domini local però de manera sorprenent Guardiola fa un canvi al minut 51, molt abans del que és costum en ell: entra el jove Liam Delap, precedit pel seu golàs d'uns dies abans contra el Bournemouth, però no substitueix un Foden apagat i apàtic, sinó Fernandinho. Guardiola desmunta l'organització que ell mateix ha teixit al mig del camp. N'hi ha hagut prou amb el gol fortuït de l'empat perquè trenqués l'estructura del doble mig centre que tan bé va funcionar a Wolverhampton.

No és una forma d'actuar habitual en ell. En primer lloc, perquè no acostuma a assenyalar en públic un jugador d'aquesta manera, i encara menys el capità. En segon lloc, perquè no era el moment oportú: al cap i a la fi, l'empat no era un mal resultat i l'equip funcionava amb una bona dinàmica. El que hi ha de fons és una altra cosa, un dolor residual de dimensions enormes fruit d'experiències frustrants que aflora així que es rep qualsevol copet a la mandíbula. En aquest canvi de Fernandinho per Delap afloren les velles ferides d'anys anteriors, les derrotes immerescudes davant de rivals que només van rematar una vegada després de tancar-se noranta minuts a la seva àrea. És una frustració col·lectiva que el City i el Pep han anat acumulant any rere any, a força de mals tràngols, la qual cosa, al seu torn, provoca errors innecessaris.

En el moment del canvi l'equip estava jugant bé, havia generat dues noves ocasions de gol i en cinquanta minuts de partit només havia permès una única carrera de Jamie Vardy. Per què canviar l'estructura d'una manera tan radical?

Al cap de dos minuts, el Leicester acumula passades amb encert gràcies a l'absència de Fernandinho per curtcircuitar-los. Per més que s'hi esmerça, Rodri no arriba a tapar tots els forats que s'obren al mig del camp i els visitants punxen per totes bandes. Un Mendy desbordat és superat sense remissió per Barnes, que llança una centrada rasa perquè Vardy marqui el segon gol amb una esplèndida rematada de taló. Aclaparat, el City perd el control de la pilota, el Leicester ataca, Barnes remata amb duresa, Ederson salva; i als cinquanta-vuit minuts Eric abat Vardy, que anota el tercer gol, també de penal, aquest llançat a l'esquerra del porter.

El City s'ha convertit en un manat de nervis. Com un calc, es repeteix la mateixa història de tantes tardes de la temporada anterior, on el rival aprofita qualsevol errada per passar-li la mà per la cara. En aquest punt, Rodri està desbordat, De Bruyne desconcertat i els atacants desorganitzats. Encara que Delap envia un cop de cap al pal, és Maddison qui aconsegueix un altre gol amb un fantàstic llançament a l'esquadra. El cop de cap d'Aké a servei de córner redueix distàncies, només perquè Mendy cometi un tercer penal, tota una proesa negativa. Tielemans bat Ederson en ras amb un xut a la seva esquerra.

El 2-5 no només és catastròfic en si mateix. Cap equip de Guardiola no havia encaixat mai cinc gols en un partit, però sobretot afloren els mateixos defectes, els mateixos errors i les mateixes carències de l'amarga temporada anterior, en la qual el City va perdre gairebé una vintena de punts més respecte dels dos campionats guanyats. Al vestidor torna el desassossec, gairebé la desesperació.

Durant una mica més de mitja hora, el Pep i els jugadors es tanquen i valoren la dura derrota. Rodri pren la paraula i diu: «Sembla com si estiguéssim obligats a jugar sempre bonic, a jugar bé, a marcar tres gols en deu minuts...». Exposa que no ha de ser així. Que quan van guanyant per 1-0 qui ha de canviar la dinàmica de joc és el rival. Qui s'ha de posar nerviós és qui va perdent, no qui va guanyant. Ha de ser qui va perdent qui ha de mostrar alguna cosa més, perquè si continua esperant no aconseguirà avantatge al resultat. Rodri afegeix que en aquests casos s'ha de tenir paciència i més paciència, fer passades i més passades, no precipitar-se, no tornar-se bojos. A l'equip hi ha consens sobre la recepta: tranquillitat, paciència i passar-se la pilota.

Al gabinet de crisi posterior (el Pep, Estiarte i Lillo) es debat sobre tot això i també sobre un concepte que a poc a poc s'anirà obrint pas: la batalla de ritmes i intencions en el joc. Si bé el City juga bàsicament per guanyar —d'aquí que sempre vulgui jugar al camp contrari, sotmetre els rivals i tenir-los lluny de la seva porteria—, hi ha moments en què necessita tenir calma, i avui no l'ha tinguda. La derrota ha estat fruit del nerviosisme i la precipitació. Amb tan sols tretze jugadors sans i una càrrega enorme de partits per davant, és aconsellable jugar amb paciència. Passar-se la pilota i tornar-se-la a passar de manera que en una mateixa jugada toquin la pilota els dos laterals, jugar més cap a fora que cap a davant. Jugar ample per trobar la profunditat.

Costa mantenir la calma quan s'està nerviós. Però el repte és aquest.

## MOMENT 7

# Ritmes i intencions

### *Manchester, 30 de setembre de 2020*

S'han afegit dos elements nous a l'entrenament: els partidets i els rondos amb nombre lliure de tocs. Els partidets aporten naturalitat i llibertat als jugadors, que estaven una mica saturats de tants exercicis específics a la recerca d'un propòsit molt concret. Amb la disputa d'un o dos partits setmanals a camp reduït s'incorporen altres objectius d'àmbit volitiu i emocional. Els jugadors s'alliberen, obliden cotilles i es diverteixen, i afloren millor les seves veritables naturaleses interiors. L'ambient general també rep una càrrega positiva i tot es percep d'una manera més relaxada.

Els rondos a tocs lliures tenen més intenció tàctica. Quan s'executen amb el límit d'un o dos tocs s'adquireixen habilitats tècniques evidents perquè els jugadors han de fer les passades amb rapidesa i eficàcia, però al mateix temps es facilita també que un rival hàbil i perspicaç intercepti aquestes passades amb relativa facilitat. En donar llibertat de tocs s'alenteix la circulació però es propicia l'engany als qui han de robar la pilota. Quan saps que el teu parell només pot fer un toc resulta més senzill tapar-li la passada que si desconeixes el que farà. I si fa tres tocs? I si trepitja la pilota i t'enganya? La llibertat de tocs aporta una dimensió diferent als rondos. És un complement esplèndid per ampliar les qualitats tècniques. I en els mesos següents, aquests avantatges quedaran reflectits en alguns partits molt concrets.

Aquests dos nous elements no només s'incorporen per incrementar la naturalitat i la llibertat dels jugadors, sinó també perquè el cos tècnic està donant suport a una idea que Lillo exposa en dues línies:

—Quan parlem d'esport, les guerres no són només espacials. Les guerres també són d'intencions i de ritmes.

L'evolució del futbol ha recorregut tres grans moments decisius. El primer va assenyalar les porteries com a eix fonamental del joc; no en va és en aquestes on es materialitzen els gols. El segon va determinar els espais lliures com nou paradigma sobre el qual desenvolupar el joc. I el tercer va ser la designació de la pilota com a element fonamental al voltant del qual basar totes les decisions. El primer eix va sorgir del reglament, el segon de la perspicàcia de Herbert Chapman i el tercer de la intuïció de Johan Cruyff.

Les intencions i els ritmes del joc poden ser un altre eix al voltant del qual es desenvolupin noves evolucions.

MOMENT 8

# El fitxatge de Rúben Dias

*Leeds, 3 d'octubre de 2020*

Després de sis llargues setmanes de negociacions frustrants, Txiki Begiristain aconsegueix contractar un dels defenses que tenia a la seva llista d'objectius. La llista constava de quatre homes: José Mª Giménez, Kalidou Koulibaly, Jules Koundé i Rúben Dias. Els tres primers eren inabordables pel preu que demanaven els seus respectius clubs, així que el director esportiu del City es va centrar en el portuguès, un defensa jove amb un maneig correcte de la pilota i amb una personalitat desbordant i una energia que cridava l'atenció. A més, la contractació era la més assequible econòmicament, ja que es paguen seixanta-vuit milions d'euros al Benfica però se'n cobren quinze per la venda d'Otamendi al mateix club, de manera que la inversió neta es limita a quaranta-tres milions, que s'han d'afegir als quaranta-cinc que ha costat Nathan Aké per reconstruir tota la defensa. [A la davantera, Ferran Torres ha costat vint-i-tres milions i Leroy Sané ha estat venut al Bayern de Múnic per cinquanta].

El propòsit és recompondre tota la línia defensiva i aportar-hi una consistència que cada any flaqueja. La idea del cos tècnic és construir una «defensa a la iugoslava». Els iugoslaus, i els seus successors un cop desintegrada Iugoslàvia, es distingien per ser uns defenses excel·lents en els esports d'equip. Línies defensives plenes de coratge, solidaritat, compromís i fortalesa. Estiarte, el millor waterpolista de la història, sempre hi fa al·lusió, fins i tot si la referència s'ha d'ampliar als hongaresos, de qualitats similars. «Defensar a la iugoslava» significa defensar-se de forma consistent, dura, sense fissures. Per al Pep, un defensa «iugoslau» va ser Carles Puyol, el seu capità al Barcelona. Ja compta amb dos defenses amb una sortida de pilota excel·lent, com són Laporte i Stones, però cal un company rocallós, un defensa que gaudeixi defensant, que se senti còmode enmig de la tempesta.

Rúben Dias és l'elegit per liderar aquesta transformació cap a una defensa a la iugoslava. Ha arribat a Manchester el primer dia d'octubre i quaranta-vuit hores més tard ja debuta com a titular a Leeds, on es disputa un partit que inevitablement en recorda un altre que es va jugar nou anys enrere.

El 6 de novembre de 2011, l'Athletic de Bilbao i el FC Barcelona van enfrontar-se a San Mamés sota un diluvi aclaparador en un partit de la Lliga espanyola que va acabar en empat (2-2) i que per a Pep Guardiola va ser «un cant al futbol» i també un dels millors partits que ha vist, «un espectacle meravellós».

El record d'aquell formidable partit que va enfrontar els homes de Marcelo Bielsa contra els de Pep Guardiola sobrevola avui l'estadi d'Elland Road, on també plou amb ganes. Avui són el Leeds United i el Manchester City els equips que dirigeixen Bielsa i Guardiola, dos homes que es coneixen bé. Quan pretenia fer-se entrenador, el Pep va acudir a en Marcelo buscant consells, i quinze anys després tots dos han seguit camins fecunds, per bé que molt diferents. Tot just tres mesos enrere, el Pep va convidar Bielsa i el seu cos tècnic a dinar a Manchester, on van compartir taula a Tast Català, el restaurant del qual Guardiola és accionista.

Avui, amb la Premier League acabada d'iniciar, el City s'enfronta a un equip portentós que ha fet una exhibició d'agressivitat i atreviment a Anfield, tot i perdre contra el Liverpool (4-3), i que ha vençut el Fulham i el Sheffield United. Guardiola continua tenint moltes baixes a la seva formació —Cancelo, Zíntxenko, Gündogan, Agüero, Gabriel Jesús—, però per fi ha aconseguit incorporar un defensa que aporti consistència a una defensa que fa quinze mesos que tremola. Rúben Dias ja és titular, com a parella de Laporte.

A la reflexió prèvia al partit, els tècnics coincideixen que serà un partit d'anada i tornada, amb poc control i pausa, on cada cop sigui respost amb un altre cop. «I si som millors, ens l'endurem», conclou Lillo. La realitat dirà que el City és millor que el Leeds, però no ho és de manera consistent durant noranta minuts, així que també aquest nou enfrontament de Bielsa contra el Pep acabarà en empat (1-1), sempre sota la pluja, amb aires èpics i aroma de batalla sense treva.

El Manchester City juga trenta minuts fabulosos. Els primers trenta. D'aquests, els vint primers són un festival de passades i rematades. Sterling remata alt als dos minuts; als tres, en un tret genial d'instint en veure el porter Meslier mal col·locat, De Bruyne llança una falta directa al pal, als deu, un defensa salva el gol de De Bruyne; seixanta segons més tard, Rúben Dias remata un córner amb un cop de cap que passa a prop del pal; als dotze minuts, un defensa del Leeds salva una rematada de Ferran Torres; als tretze, Alioski dona un cop de cap en alt davant d'un error del marcador de Walker; als quinze, Ferran Torres remata a gol una passada de la mort de Sterling, però Klich evita el gol; i als disset minuts, per fi Sterling obre el marcador.

Mendy recupera una pilota al mig del camp, aprofundeix, combina amb Torres, que cedeix a Sterling a la banda esquerra. L'extrem anglès fa llavors un eslàlom en paral·lel a la línia de porteria, recorrent bona part de l'àrea rival, sortejant oponents, per xutar ras amb un efecte que impossibilita l'estirada de Meslier, en el que suposa el primer gol del campionat per a Sterling. Després del gol no s'atura l'agressivitat visitant, que té noves ocasions mitjançant Laporte i Foden. El segon gol sembla a l'abast de la mà però a partir de la mitja hora de joc tot canvia. La superioritat del City ha estat més que notable i s'ha traduït en un únic gol. Ara arriba la recuperació del Leeds, que comença gràcies a un error clamorós de Mendy, d'aquells que han hipotecat la seva carrera, però Ederson aconsegueix salvar el cara a cara amb Ayling.

Plou a bots i barrals sobre Elland Road i, de sobte, als quaranta minuts de partit, Marcelo Bielsa abandona la seva zona tècnica i creua fins a la del Manchester City. Passa al costat de Guardiola i es dirigeix a la banqueta per saludar Juan Manuel Lillo, a qui no havia vist fins aleshores. El partit prossegueix i els dos equips continuen embrancats en un enfrontament formidable, però Bielsa dedica gairebé un minut a disculpar-se amb Lillo per no haver-lo saludat abans. El Pep assisteix, mig divertit, mig atònit, a la demostració de bones maneres que té lloc darrere seu, en un lloc i un moment que semblaria més propi de les batalles i els duels que de la bona educació i els costums respectables.

Després del descans, el Leeds supera el City en tots els terrenys. Entre els minuts quaranta-cinc i seixanta arriba a una possessió del 68 %, un fenomen gairebé inèdit en partits de Guardiola. Per tancar aquest tram sorprenent, Rodrigo Moreno penetra a l'àrea *citizen* i remata al pal. Mig minut més tard, Ederson rebutja malament un servei de córner; ho fa amb els punys cap avall, la pilota colpeja l'esquena del desafortunat Mendy i queda als peus de Rodrigo Moreno, que afusella la porteria amb el gol de l'empat.

La darrera mitja hora és un altre festival, en aquest cas d'anades i vingudes, de cops i contracops, on qualsevol pot marcar i vèncer, i durant el qual se succeeixen les ocasions. Sterling, Fernandinho, Mahrez i De Bruyne tenen oportunitat de marcar però el Leeds multiplica les rematades i Ederson, Dias i el pal eviten que ho facin. Si Sterling té un cara a cara en solitari contra Meslier que desaprofita per «pensar massa», Bamford té la mateixa oportunitat davant d'Ederson i comet el mateix error.

L'empat deixa mal gust de boca al City, tot i que hauria de considerar-ho un resultat magnífic. Ara per ara, l'equip és molt lluny del seu millor nivell i rendiment, de manera que sumar davant d'un rival tan agressiu i valent és més que positiu. Les xifres, no cal dir-ho, conviden poc a l'optimisme, ja que l'equip del Pep ocupa la catorzena posició, amb quatre punts de nou de possibles, a quatre del descens i a vuit del líder, l'ambiciós Everton d'Ancelotti. A Elland Road només ha tingut la pilota el 48 % del temps, ha encadenat menys passades que el seu rival, ha tingut un percentatge d'encert a les passades extraordinàriament baix per al seu estàndard (82 %), i ha creat menys ocasions de perill reals, tot i que ha tornat a acumular un nombre elevat de contraatacs, sis. Amb aquestes xifres, el cos tècnic es mostra optimista: «Només necessitem asserenar-nos una mica i que tornin tots els qui ens falten. El joc hi és. Falten jugadors». Contra tota evidència, el Pep està animat i bé, sent que l'equip es comença a enlairar, tot i que ho fa molt lentament i encara a batzegades. Un col·laborador seu ens diu que estem molt millor del que ens pensem. «L'aparença no és que sigui bona, és que no pot ser millor. Al Burnley li vam guanyar amb una suficiència tremenda, però és cert que vam fallar molt... Això fa que encara ens fixem en el de darrere d'una manera alarmant perquè, és clar, cada error et costa un ull de la cara. Tu hi vas dos-cents cops i no marques, però ells hi arriben una i la fiquen. I això fa molt de mal i fa més fonda la ferida».

L'endemà, el Liverpool cau al camp de l'Aston Villa per un estrepitós 7-2, el Manchester United perd 1-6 a Old Trafford contra el Tottenham i el Leicester és derrotat a casa pel West Ham (0-3).

No hi ha res pitjor que ser massa crític amb un mateix.

## MOMENT 9

# Cancelo, electró lliure

*Manchester, 17 d'octubre de 2020*

El retorn a la competició després del parèntesi de les seleccions nacionals porta novetats. Kevin de Bruyne ha tornat lesionat. La notícia positiva arriba de la mà del Kun Agüero, que torna després de quatre mesos d'absència pel menisc trencat. Dos jugadors més debuten com a titulars a la temporada, els portuguesos Bernardo Silva i Joao Cancelo.

Davant de l'Arsenal, Guardiola posa en pràctica un primer esbós de la idea que es convertirà en el fonament de la temporada: una línia de tres defenses que acompanya un doble mig centre, un dels quals és un dels laterals. Es tracta d'una estructura flexible que a la sortida de pilota es distribueix en 3-2-2-3. Una estructura que s'anirà perfeccionant a força de partits fins a convertir-se en el mòdul preferit pels jugadors i els tècnics del City.

Els tres defenses d'avui són Walker, Rúben Dias i Aké. A Rodri l'acompanya per primer cop Cancelo en el nou paper que Guardiola ha preparat per a ell i que tindrà un rendiment espectacular. És un paper dual. Cancelo posseeix la rara habilitat de superar rivals en zones de risc i, simultàniament, atreure adversaris, la qual cosa allibera els seus companys. La seva figura està adquirint transcendència estructural. Tant si juga al lateral dret com a l'esquerre, Cancelo creix fins convertir-se en un dels grans eixos sobre els quals pivota l'equip. La seva posició centrada i avançada i la seva desimboltura tàctica, juntament amb una elevada qualitat tècnica, allibera els interiors de la tasca d'iniciació i poden centrar-se més a organitzar l'atac. Cancelo empeny l'interior del seu costat cap endavant i el converteix gairebé en mitjapunta, cosa que s'està traduint en un augment golejador de Gündogan, cada dia més afinat. Cancelo no només ajuda Rodri i dona una línia més de passada als tres defenses, sinó que atorga superioritat al mig del camp —fonamental en el joc del Pep— i també a la frontal de l'àrea rival, i permet que els atacants sempre siguin com a mínim quatre: els dos extrems, que d'aquesta manera poden jugar molt oberts, el punta i l'interior convertit en mitjapunta.

Cancelo i el seu paper de mig centre-lateral-interior és la clau de l'explosió de joc que comença a sentir el Manchester City. Què ha passat perquè hagi sofert aquesta metamorfosi? Com ha passat de ser un jugador abúlic i malcarat a ser aquest futbolista voluptuós i decisiu?

La resposta és el coronavirus. Abans de l'esclat de la pandèmia, el març de 2020, Cancelo se sentia malament a Manchester. No entenia el joc de l'equip, no encertava a fer el que el Pep li demanava, no defensava amb ímpetu i no aportava en atac. Pretenia ser el titular del lloc però el seu rendiment era més que discret, la qual cosa li augmentava el malestar i el mal humor. Quan hi va haver el primer gran confinament mundial —la Premier League es va aturar després del 8 de març i no va tornar fins el 17 de juny— el portuguès havia jugat vint-i-dos partits de titular, una bona xifra, però el seu rendiment havia decebut el cos tècnic fins al punt d'estar més fora que dins del club. Durant el confinament, Cancelo va fer una tasca d'introspecció i reflexió sobre les seves qualitats com a jugador i va tornar a Manchester convertit en un altre home. Els qui el van veure arribar somrient i feliç el primer dia d'entrenament després del confinament ja es van adonar que s'havia produït un canvi formidable. I a partir d'aquell canvi d'actitud vital va créixer un futbolista nou que avui és peça clau i indiscutible dels plans de Guardiola.

A l'atac contra l'Arsenal, Mahrez és una estaca clavada a la banda dreta, com passarà gairebé tota la temporada, mentre que Sterling i Agüero s'alternen com a punta i mitjapunta, i deixen a Foden la banda esquerra, sovint amunt i avall. El 3-4-3 té, per tant, molts matisos i detalls que Guardiola va introduint o modificant a mesura que Arteta reorganitza el seu Arsenal, un equip amb vocació de domini i al qual li agrada tenir la pilota, però que pateix davant de la potència del City.

Mahrez pot marcar als trenta segons però la rosca que imprimeix a la pilota fa que marxi a prop del pal de Leno. Al minut 22

Agüero, en una de les seves incursions cap al cercle central, rep de Mahrez, es gira, aprofundeix i regala una rematada franca per a Foden, que dispara amb el peu dret, però veu com el porter rebutja; aquest rebuig, però, arriba al punt de penal, on Sterling consolida el gol amb la cama esquerra. L'Arsenal replicarà tres cops, amb dues rematades a boca de canó de Saka i una d'Aubameyang, totes salvades per Ederson. En contrapartida, les clares oportunitats de Mahrez i Foden queden anul·lades per un magnífic Leno.

El segon temps és menys vibrant, amb el City dedicat a controlar el joc i evitar que els visitants puguin contraatacar i amb l'Arsenal atrapat a la xarxa *citizen*. Ederson se salta en diverses ocasions el procés de sortir jugant amb la pilota per evitar la pressió dels *gunners* i, en lloc d'optar per una construcció en 3+2, el porter brasiler envia unes quantes pilotes en llarg a Mahrez, cosa que empeny l'Arsenal cap enrere.

Passada la meitat del mes d'octubre, el City amb prou feines és onzè a la taula classificatòria amb set punts, però el Pep ha trobat una idea que pot ser brillant i que desenvoluparà i perfeccionarà durant els mesos següents. El 3+2 amb Cancelo d'electró lliure.

MOMENT 10

# Sortida en 3+2

### *Sheffield, 31 d'octubre de 2020*

Quatre partits en els darrers deu dies d'octubre permeten desenvolupar petits matisos en l'estructura implantada per l'entrenador.

La infermeria continua plena. Nathan Aké, amb un problema a l'engonal, se suma a les abundants baixes i, donat que John Stones es mostra vacil·lant, Guardiola tria Eric García per acompanyar Rúben Dias al mig de la defensa en el primer partit de Champions de la nova temporada, en què reben el Porto.

L'equip portuguès forma en 5-3-2, la qual cosa converteix el primer temps en un període molt espès, sense lluïment excessiu. El City mou la pilota amb comoditat però només aconsegueix fer-lo en camp propi. És un 70 % de possessió molt enganyós perquè no aconsegueix penetrar l'armadura portuguesa i, a més, ha de cometre ni més ni menys que nou faltes en aquesta primera part per tallar potencials contraatacs dels visitants. Un error de Rúben Dias, que busca trencar l'armadura del Porto mitjançant una passada vertical, facilita el primer gol visitant gràcies a una maniobra excel·lent de Luis Díaz, que dribla tota la defensa local, a la qual agafa a contrapeu. Immediatament, però, un contraatac dirigit per Mahrez és rematat per Gündogan al pal i en la pugna conseqüent Pepe comet penal sobre Sterling. Agüero xuta ras el penal a la dreta del porter Agustín Marchesín, que aconsegueix tocar la pilota però no evitar el gol. L'empat no impedeix que el joc local es mantingui intranscendent, mentre el Porto té una segona gran oportunitat que salva Walker quan els visitants ja celebraven el gol.

El segon temps també és ben diferent. El Porto ja no té cap més ocasió, ni aconseguirà rematar a porteria. El City, més agressiu en les seves penetracions, acumula bones oportunitats fins que Gündogan trenca l'equilibri al marcador gràcies a un gran llançament de falta directa des de la frontal de l'àrea. La pilota entra per l'esquadra i el Pep respira alleujat. És el primer gol de la temporada per a Gündogan, que encara no sap que els mesos següents destaparà una vena golejadora inèdita.

El partit és aspre i espès, d'agressivitat elevada, però pocs minuts més tard Ferran Torres es llueix dins de l'àrea amb un bon driblatge i un xut magnífic i estableix un 3-1 insalvable. L'avantatge encara pot augmentar en una rematada de Mahrez que salva el porter visitant i en un altre de Rodri que s'estavella al pal. Al minut 93, quan només duia vuit minuts sobre la gespa, Fernandinho pateix una lesió severa a l'engonal que el mantindrà fora de combat fins finals de novembre. Una baixa més. La infermeria no es buida...

Setanta-dues hores més tard, l'equip es presenta al London Stadium amb una banqueta mínima que ha de completar amb el jove Cole Palmer. El partit número cent cinquanta d'Ederson i Walker amb els *citizen* té un inici fulgurant. L'equip del Pep es mostra efervescent però crea poques ocasions, però tot i això és el West Ham qui obre el marcador en la seva primera arribada a l'àrea d'Ederson. El poderós Antonio guanya la posició a Rúben Dias i materialitza el gol amb una xilena extraordinària. És la segona ensopegada consecutiva del defensa portuguès.

El West Ham encara no aparenta ser la potència en què es convertirà al llarg de la temporada, un dels equips més agressius de la competició anglesa, i després del gol es tanca en un rígid 5-4-1 que talla totes les línies interiors de passada, cosa que provoca un munt d'errades en les quals inicien Dias i Eric García. Es noten les absències d'un Laporte que pugui canviar l'orientació del joc en llarg, un De Bruyne que trenqui les línies adversàries o un Gabriel Jesús que pressioni amb agressivitat la sortida del rival.

Al descans, Agüero es queda al vestidor a causa dels isquiotibials, que d'ara endavant l'amargaran. L'entrada de Foden incrementa l'energia *citizen* i permet empatar. Una bona penetració de Cancelo per la banda esquerra és controlada i rematada a la mitja volta per Foden per aconseguir un resultat que d'entrada semblarà negatiu, ja que amb només vuit punts en cinc partits aquest serà el pitjor inici del City des del 2014, però que amb la perspectiva que atorga la temporada completa acabarà sent un resultat magnífic. Cancelo multiplica el seu intervencionisme al mig del camp com a acompanyant del mig centre, fins al punt que comença a convertir-se en peça essencial de l'equip. És indubtable que el City no està fi: suma pocs punts i marca pocs gols. En els tres últims partits de Premier League ha anotat un únic gol per partit, la qual cosa és impròpia d'un equip tan ofensiu. I, a més, perd Agüero per unes quantes setmanes, encara que recuperi De Bruyne.

Sense respir, tres dies després visiten el Vélodrome marsellès, on es trenca la maledicció de no haver guanyat mai en terres franceses. L'equip domina clarament totes les facetes del partit davant d'un Olympique que juga tancat, a excepció dels minuts posteriors al descans. Ferran Torres ocupa la punta de l'atac i poc després d'iniciar-se el partit demostra que no és contrari a viure en aquest hàbitat. KDB aprofita un error en la sortida francesa per regalar el primer gol a Torres, que dins de l'àrea té una habilitat especial que el fa més eficaç que en la seva posició habitual d'extrem. El seu és el gol siscents del City sota les ordres de Guardiola. Al minut 75, Sterling prolonga de cap una penetració i una centrada excel·lents de Foden, i Gündogan remata, cada dia més conscient de la seva eficàcia com a interior que arriba a l'àrea per finalitzar les accions. El gol permet donar repòs a alguns jugadors, encara més quan una passada de la mort de KDB facilita que Sterling faci pujar el tercer gol a porteria buida. La Champions està ben encarada. És el partit cent sis de Guardiola amb el City en què l'equip marca tres o més gols.

Sense solució de continuïtat, un migdia ventós i fred es visita Bramall Lane, escenari pèssim per lluir-se. Ho sap bé el City i encara més bé el Sheffield United, que afronta el partit amb una defensa de cinc homes i l'afany de protegir amb una muralla el seu jove porter Aaron Ramsdale. Tres jugadors del City es mostren inassequibles al desànim i en un estat de forma superb: Sterling recorre la banda esquerra amb l'electricitat dels seus millors dies; Walker corre amunt i avall d'un estadi que coneix bé perquè s'hi va criar; i Torres es mou dins de l'àrea rival com un peix a l'aigua.

Malgrat les baixes nombroses, ara que torna a comptar amb De Bruyne l'equip va assolint certa velocitat de creuer. Però és de nou

Cancelo qui s'erigeix en factor diferencial. Guardiola insisteix en la seva idea de generar una sortida neta de la pilota a partir del 3+2, tres defenses més dos mitjos centre, estructura en la qual Cancelo és fonamental per la seva habilitat, rapidesa i intel·ligència. Avui torna a demostrar-ho i, encara més, no tan sols facilita el *build-up*, sinó que la seva aportació a l'atac és descomunal. Només en el primer temps crea cinc ocasions de gol.

Els primers quaranta-cinc minuts són un setge constant del City, que gaudeix d'oportunitats molt clares. Una centrada de Cancelo colpejada de cap per Torres, un xut en llarg de Rodri, una passada de la mort de Sterling que Torres estavella contra el porter a boca de canó, una falta directa de KDB que frega el pal, un contraatac veloç de Mahrez i KDB que Torres finalitza però un defensa salva... Als vint-i-vuit minuts, Kyle Walker, en el seu partit número cent amb el City, culmina una bona penetració de Sterling prolongada successivament per Cancelo i KDB. El xut del defensa anglès des de fora de l'àrea és imparable, ras, dur, sec i a l'angle baix més allunyat del porter del Sheffield.

La segona meitat és una repetició del joc ofensiu que xoca contra la muralla local. Surt el sol, remata Torres, desvia Ramsdale, remata Mahrez de falta, salva Ramsdale, dispara KDB de falta, frega el pal... Després, en tot just tres minuts, entre el seixanta-sis i el setanta, el Sheffield té fins a tres bones ocasions d'empatar, però no n'encerta una i Ederson en dilapida les altres dues.

Encara lluny del rendiment desitjat, el City comença a aixecar cap, encara que a la taula de classificació continuï molt lluny.

## MOMENT 11

# El Pep renova

***Manchester, 20 de gener de 2021***

Vuitanta dies més tard, el City ja és tercer a la classificació de la Premier League, a quatre punts del Manchester United i amb un partit menys pendent de jugar. I, malgrat el que pugui semblar, aquesta no és la millor notícia per al club.

A finals de novembre, Pep Guardiola va renovar el contracte, que vencia l'estiu següent, per dos anys més, fins el juny del 2023. Això era el que volia Txiki Begiristain quan hi havia parlat feia uns mesos: «Ja sé que sona difícil perquè el 2021 farà cinc anys que és amb nosaltres i mai no haurà estat tant de temps en un club però, si ho pensem bé, és la solució perfecta. Aconseguir que el Pep torni a renovar». Els propòsits del Txiki s'han complert amb escreix. El Pep no només estarà cinc anys al club, sinó set, senyal indiscutible que s'hi sent còmode, ben abrigat i feliç amb la seva feina. Sempre vam dir que per construir un llegat de veritable qualitat necessitava temps.

El Pep tenia un gran enemic: ell mateix. Es negava temps, per precipitació, per ànsia, per angoixa o per les ferides patides. O pels èxits, no en va la primera cosa que va fer va ser escalar l'Everest i sempre recorria a aquesta metàfora per recordar que no era possible millorar el que havia fet en el passat. Però ara es dona temps. S'ha regalat temps. És la millor decisió que ha pres mai; donar-se temps en aquesta societat de la pressa.

Entre el novembre, el desembre i bona part del gener, l'equip disputa dinou partits i només en perd un, al camp del Tottenham (2-0). Empata contra el Liverpool, el Porto, el Manchester United i el West Broomwich Albion, i venç els catorze partits restants, de manera que va tercer a la lliga, és finalista per quarta vegada de la Copa de la Lliga, està emparellat a vuitens de Champions amb el Borussia Mönchengladbach i va a tot vent a l'FA Cup. Gens malament per a una temporada que havia començat amb abatiment general, baixes a dojo i un joc en sordina.

La sortida de pilota en 3+2 s'ha imposat amb la mateixa rotunditat que el 4-4-2 quan l'equip no disposa de la pilota. Són estructures que el Pep ha fet evolucionar al mateix temps que va donant més llibertat als jugadors perquè desenvolupin les seves potencialitats a l'atac. El contracop del City és menys eficient des que no hi ha Sané però en aquests moments els interiors, els extrems i els puntes es mouen amb més naturalitat.

«Des del partit contra el Newcastle hem començat a jugar bé de debò», assegura el Pep, recordant el 2-0 obtingut el Boxing Day. Però no són els gols ni els resultats el que el mantenen tan animat, sinó la percepció que l'equip creix en la direcció que ell pretén. Una sortida eficaç, un electró lliure com a segon mig centre, una defensa a la iugoslava, uns jugadors que senten que poden portar la iniciativa sense esperar que se'ls dictin instruccions des de la banda...

Però abans de començar a jugar bé, abans d'aconseguir magnífics resultats i abans d'aconseguir una bona velocitat de creuer, hi va haver una llarga nit a Manchester, una llarga crisi. Un llarg gabinet de crisi...

## MOMENT 12

# Gabinet de crisi

***Un mes abans...***
***Manchester, 15 de desembre de 2020***

A un quart de tres de la matinada s'encenen uns quants llums de l'aparcament de la ciutat esportiva. El guarda de seguretat de la caseta nord anota al llibre de moviments: «El *boss* marxa cap a casa». La doble porta automàtica s'obre per deixar sortir Guardiola i altres membres del cos tècnic que s'han quedat reunits al despatx de l'entrenador des de dos quarts de dotze de la nit d'aquest fosc dimarts de desembre, després de l'enfrontament contra el West Broomwich Albion (1-1). L'empat final sembla posar fi a les esperances del City per recuperar el títol de la Premier League que li va arrabassar el Liverpool la temporada anterior. El conjunt del Pep va en novena posició després de tretze jornades disputades.

La reunió dura gairebé tres hores i s'hi parla tot. El resultat desastrós, el rendiment d'alguns jugadors, el funcionament col·lectiu, els moviments tàctics... Tot es discuteix. El Pep està desanimat. Una altra vegada. Un cop dur, potser fins i tot més dur que la catastròfica derrota contra el Leicester al setembre, vista la diferència de nivell entre un i altre contrincant. Mengen una mica de pasta italiana i un mos de carn. I formatge parmesà. No hi ha gana, sinó males cares. L'empat suposa el final de moltes esperances.

És el gabinet de crisi.

Estiarte discrepa del desànim general:

—No és la fi. Queda molta lliga. Això d'enguany és del tot atípic. No serà com sempre. Tots els equips ens deixarem punts, ja ho veureu. No som els únics. El Liverpool perdrà punts, molts punts. Serà difícil que es guanyi la Premier amb més de vuitanta-cinc punts. Probablement es pugui guanyar amb només vuitanta. Aquesta no és una lliga de cent punts com les tres anteriors. Posem el focus en això: ens calen vuitanta punts per lluitar pel títol, no cent. Amb vuitanta pot valdre. Lluitem cada punt i tindrem opcions.[46]

Guardiola se centra en el joc. Creu que l'equip s'ha desorientat. Hores de discussió desemboquen en un consens: cal tornar a les coses bàsiques. Extrems ben oberts, un únic mig centre, l'ajuda de Cancelo per dins, més dos interiors movent-se entre línies, de vegades donant suport al mig centre, de vegades trepitjant l'àrea rival. Vist que Agüero no sembla poder recuperar el seu rendiment màxim, l'entrenador aposta clarament per jugar amb un migcampista a la punta de l'atac, tot i que en realitat serà un punta fals (fals 9). I passades, passades i més passades. El City ha de tornar a ser l'equip de moltes passades.

Aquest és el consens tàctic a l'una de la matinada. Els ànims han millorat després de l'exposició d'Estiarte. Potser, pensa Guardiola, si es recupera el nivell de joc sigui possible sumar vuitanta punts i lluitar pel títol. En aquest punt intervé Lillo i llança una bomba damunt la taula:

—No sé per què us preocupeu tant. Ho guanyarem tot. Guanyarem la Premier i potser fins i tot la Champions.

Ho deixa anar tal qual, sense embuts. No és cap broma, ni pretén animar els companys. Ho diu ben seriós. I ho argumenta amb poques paraules:

—Tenim grans jugadors, només necessitem que tornin a sentir la connexió amb el joc, que el sentin com a propi, que se sentin còmodes i tranquils executant-lo, sense angoixes ni tensions. Necessitem estar tranquils i que ells estiguin tranquils. Hem de jugar amb calma. Si ho fem, guanyarem dos títols o més.

Es fa un silenci. Cadascú té la seva opinió però ningú no desautoritza la visió de Lillo. Hi ha qui creu que exagera, qui pensa que s'equivoca i qui entén que tan sols són castells a l'aire. Però també hi ha qui coincideix plenament amb ell. El City té tot el que cal per guanyar tots els títols que es disputen. Només ha de jugar amb calma,

46. Estiarte tindrà raó: el campió de la Premier League 2020-2021 acabarà sumant vuitanta-sis punts, el subcampió setanta-quatre i el tercer classificat seixanta-nou.

serenitat i encert. Hi ha qui se'n va de la reunió pensant que Lillo és un boig i qui ho fa convençut que la premonició pot ser històrica.

A un quart de tres de la matinada es dona per acabada la reunió. Guardiola encén el motor del cotxe i marxa cap a casa, seguit de gairebé tots els membres del cos tècnic que l'han acompanyat al gabinet de crisi. Lillo no baixa a l'aparcament. Es queda a dormir a la seva habitació de la ciutat esportiva, la número 30. El que havia de dir i fer ja ho ha dit i ja ho ha fet.

## MOMENT 13

# Victòria a Anfield

***Liverpool, 7 de febrer de 2021***

«La propera vegada volem guanyar a Anfield amb públic», diu el Pep tot just acabat el partit, que acaba amb una contundent victòria mancuniana per 1-4.

En contra del que era habitual a Anfield, el Liverpool no aconsegueix arrasar durant els primers vint minuts de partit, quan explota tota la seva energia imparable, sinó que és el Manchester City qui controla el joc sense dificultat. En tractar-se d'un partit de màxim risc, el Pep dissenya una sortida més cauta, en forma de 3+3, amb Stones-Dias-Zíntxenko a la defensa i Cancelo-Rodrigo-Bernardo darrere de la línia de pressió dels locals. La ubicació de Cancelo desconcerta Mané, que dubta entre vigilar-lo a l'altura del cercle central o mantenir-se a un costat. Si el vigila, facilita que Stones combini amb Mahrez a la banda dreta. Si no el vigila, Cancelo rep fàcilment la pilota procedent de Rúben Dias. El Liverpool replica avançant Robertson.

A partir del minut 20, els respectius ajustaments donen avantatge en el joc al Liverpool. Amb la pilota, el 4-3-3 del City és innocu. La pretensió és acumular jugadors per dins per atacar la zona central del Liverpool, però no s'aconsegueixen bones combinacions. En canvi, sense la pilota el City regala les bandes als laterals perquè Foden vigila sense encert des de la seva posició de davanter en punta. La ubicació tancada de Sterling i Mahrez facilita que el Liverpool en tingui prou amb qualsevol passada en diagonal per trobar lliure un dels seus laterals, si bé les centrades que fan s'estavellen contra una bona consistència defensiva de Stones i Dias. Al minut

38, Gündogan llança per damunt del travesser un penal de Fabinho a Sterling. Dels quatre últims penals contra el Liverpool que ha llançat, el Manchester City n'ha malgastat tres.[47]

L'equip del Pep no ha rematat a porteria durant el primer temps, mentre que el Liverpool ho ha fet a través de Firmino (aturat per Ederson) i Mané (cop de cap alt). Al descans, el cos tècnic discuteix sobre un canvi d'estructura per frenar l'avenç dels laterals del Liverpool. Pep, Lillo i Borrell debaten si col·locar-se en 4-5-1 però acaben optant pel 4-4-2. Quan no disposin de la pilota situaran Foden i Bernardo en punta i baixaran Sterling i Mahrez fins a l'altura de Rodri i Gündogan.

Aquest moviment bloqueja l'atac del Liverpool a la segona meitat i permet que el City domini el joc sense gairebé córrer perill. Gündogan obre el marcador després d'un atac sobrecarregant la banda d'Alexander-Arnold, molt apurat en defensa tot el partit. Empata Salah de penal comès per Rúben Dias en un error poc habitual en ell, en no refusar netament una pilota llarga enviada des de la defensa local. Avui Dias té una actuació menys brillant que en setmanes anteriors. L'entrada de Gabriel Jesús provoca un altre canvi d'escenari. La seva pressió agressiva i la col·laboració de Bernardo i Foden en aquesta provoquen errors d'Allison, Fabinho i Wijnaldum que es tradueixen en tres gols per al City en tan sols deu minuts (del setanta-tres al vuitanta-tres). Gündogan suma el seu novè gols de la temporada i Sterling el número cent a les ordres del Pep. És el tercer jugador que supera aquesta xifra amb Guardiola (Messi dos-cents onze, Agüero cent vint).

És la primera victòria de Guardiola a Anfield, on el Manchester City no guanyava des del 2003. Té deu punts més, amb un partit menys, que el Liverpool. També és la primera vegada que els *citizen* marquen quatre gols a Anfield des del 1937 i la catorzena victòria consecutiva del City en totes les competicions. També és la desena victòria consecutiva a la Premier League, la qual cosa se suma a un altre rècord que l'equip va assolir uns dies abans: va ser el primer equip anglès a guanyar nou partits el mes de gener, tots els que va disputar.

47. Mahrez va fallar a Anfield el 7 d'octubre de 2018. De Bruyne va marcar a l'Etihad Stadium el 2 de juliol de 2020 i va fallar al mateix escenari el 8 de novembre de 2020.

ϒ

El Pep sempre aprofita els grans triomfs per assenyalar aspectes dels seus jugadors que han de millorar. Avui li toca el torn a Foden: «A la primera part, el Phil no ha estat encertat en la pressió. De vegades, quan juga al mig, li costa entendre la seva posició. Ha de millorar aquest aspecte».

## MOMENT 14

# Disparats

***Manchester, 13 de febrer de 2021***

Des del 1902 que el City no encadenava sis partits seguits sense encaixar cap gol al seu estadi. Avui ha vençut per 3-0 el Tottenham de Mourinho, precisament l'últim equip que els havia derrotat feia tres mesos. Aleshores, a finals de novembre, el Tottenham era líder amb vuit punts d'avantatge sobre el City, que anava tretzè. L'equip de Guardiola estava més a prop de les posicions de descens que del lideratge.

Des d'aquella mala tarda a Londres, el City ha canviat radicalment en qualitat i en volum de joc, en solvència defensiva, en eficàcia rematadora i en rendiment general. Avui la seva ratxa s'incrementa i arriba a les setze victòries consecutives en totes les competicions. També és l'onzena victòria consecutiva a la lliga. Tant han canviat les coses que el Pep és líder còmode de la Premier i té catorze punts d'avantatge sobre Mourinho. En tres mesos ha sumat vint-i-dos punts més que el Tottenham.

El City va disparat de la mà d'un Gündogan que mostra una faceta inèdita, la del golejador impenitent. El Pep ho apuntala: «Vaig dir que el Gündogan podia jugar de fals 9 i van riure. Avui ha provocat el penal i ha marcat dos gols. Ha estat el millor jugador del mes de gener i va camí de ser-ho també al febrer». I així serà: el 12 de març s'anunciarà que també ha estat elegit millor jugador de la Premier League del mes de febrer. És el primer d'aquest club a guanyar aquest guardó dos mesos seguits. Al seu torn, després de sumar sis victòries en sis partits, Guardiola també és elegit millor entrenador del mes de febrer, com ja ho havia estat al gener.

L'equip ha trobat una ruta estable en la seva manera de jugar. Alterna les sortides de pilota en 3+2 amb el 2+3, es defensa en 4-4-2 o en la seva variant 4-3-3 i ataca els equips tancats amb un 2-3-5 agressiu en el qual Bernardo i Gündogan empren els passadissos intermedis entre laterals i centrals. De vegades, com avui, la posició a cama canviada de Foden (dreta) i Sterling (esquerra) perjudica la fluïdesa de l'atac, ja que amb els seus moviments cap a l'interior de l'àrea només aconsegueixen amuntegar defenses i inutilitzar les opcions de rematada. Foden, per cert, arriba a la seva victòria número cinquanta a la Premier League, que aconsegueix en tan sols cinquanta-nou partits, amb la qual cosa iguala el rècord obtingut anteriorment per Aymeric Laporte.

Per superar el Tottenham, abans s'ha hagut de marcar de penal, i això no és tan senzill parlant del City, que acumula records pèssims en aquesta especialitat. Després del partit, Rodri dirà que ho ha fet ell senzillament perquè ha agafat la pilota, ja que cap company no havia demanat llançar-lo. Tenir un penal a favor suposa gairebé un trauma per al City, com reconeix Guardiola: «Haurem de pensar-hi. Admiro la valentia que ha tingut Rodri, tot i que no es pot dir que l'hagi xutat gaire bé...». De fet, Lloris ha estat molt a prop de desviar el llançament gairebé ras del mig centre espanyol, que no ha volgut seguir els consell que Ederson li donava a través de Bernardo Silva: «Els porters coneixen els punts dèbils dels seus companys. Ederson me n'ha dit un de Lloris, però he preferit no escoltar-lo i centrar-me en mi mateix».

L'avantatge al marcador propicia que el Pep corregeixi la posició dels extrems, a qui canvia de banda, i això fa que es desfaci l'embut que es formava a l'àrea visitant. El domini local permet, a més, que en els moments de finalització Sterling quedi alliberat de compromisos posicionals, així que es mou per totes les zones de l'àrea visitant. D'aquesta manera neix el segon gol, fruit d'un llarg avanç en paral·lel de Sterling, de dreta a esquerra, que Foden converteix en una passada filtrada dins de l'àrea petita perquè Gündogan remati amb la puntera del peu esquerre. Un quart d'hora després, quan el Tottenham ha decidit augmentar la pressió a dalt, Ederson coordina una acció extraordinària amb Gündogan. Mentre tots els defenses estan sotmesos a la pressió dels davanters visitants, el porter llança una passada llarga d'àrea a àrea que Gündogan, vigilat per Davynson Sánchez, aprofita per marcar el tercer gol. El seu control d'una pilota arribada des de vuitanta metres i els dos driblatges posteriors, abans de creuar la pilota a la sortida de Lloris, són una llaminadura tècnica. Gündogan anota d'aquesta manera el seu gol número onze de la lliga (en suma tretze en totes les competicions) i el novè en els nou partits jugats el 2021. Minuts després demana el canvi per unes lleugeres molèsties a l'engonal.

Aquest és un dels detalls que Guardiola aprecia i valora en els seus jugadors: la sinceritat davant d'una molèstia de qualsevol tipus que pot degenerar en una lesió rellevant. Sempre ha insistit que els jugadors siguin transparents i sincers quan senten el més mínim símptoma muscular o quan estan fatigats. Generalment el futbolista intenta ocultar o minimitzar les seves molèsties per evitar que l'entrenador li prengui el seu lloc dins l'equip. El Pep ha fet grans esforços per convèncer els seus jugadors que és millor frenar i aturar-se uns dies per recuperar-se de les molèsties o del cansament. És preferible un repòs breu, fins i tot si es perden un o dos partits, que arriscar-se a una lesió llarga i seriosa. Sempre ha premiat qui ha estat sincer en aquest aspecte respectant el seu lloc a l'equip, per això no estranyen les seves paraules en parlar de Gündogan: «Ha estat intel·ligent. Ha preferit no forçar i evitar riscos d'una lesió més greu».

Parlant de lesions, esmentem Sergio Agüero, que no és titular des del 24 d'octubre contra el West Ham, gairebé quatre mesos enrere. L'absència de l'argentí ha facilitat una consolidació en el rendiment de Gabriel Jesús, que s'ha convertit en l'únic jugador a marcar gol en Premier League, Champions League, FA Cup i Copa de la Lliga a les temporades 2018-2019, 2019-2020 i 2020-2021. Però no ha estat l'única alternativa a Agüero: Guardiola ha emprat també homes com Foden, Bernardo, De Bruyne, Mahrez i Ferran Torres per realitzar funcions bé de davanter centre, bé a cavall entre el punta, el mitjapunta i el fals 9, sempre amb la intenció d'aconseguir superioritat al mig del camp. El principal beneficiat del gran joc *citizen* ha estat Gündogan, transformat en *Kündogan*. El d'avui és el partit número cent divuit del City de Guardiola en què l'equip marca tres o més gols, és a dir, el 74 % dels dos-cents seixanta-nou partits dirigits per l'entrenador català. Una barbaritat.

## MOMENT 15

# Setze punts en deu dies

### *Manchester, 18 de febrer de 2021*

Són les nou del matí i Txiki Begiristain esmorza el seu habitual pa amb tomàquet amb pernil. Com cada dia, el director esportiu del club s'uneix a Guardiola i Estiarte per esmorzar junts al menjador de la primera planta de l'edifici del primer equip, a la taula de més a prop del despatx d'Estiarte. Allà s'hi prenen decisions importants.

L'horari del cos tècnic és tan variat com un dels menús que prepara el xef Jorge Gutiérrez. Lillo, per exemple, es lleva a dos quarts de sis i arriba a la ciutat esportiva cap a les sis del matí. Com si fos l'aiguader d'un equip ciclista, la primera cosa que fa és pujar una caixa d'ampolles d'aigua que deixa a sobre d'un armari baix del seu despatx, adjacent al del Pep. La segona cosa és preparar un mate que anirà reposant al llarg de tot el dia. El seu despatx s'acabarà convertint en el centre neuràlgic del cos tècnic, en primer lloc per motius afectius —Lillo és com el pare de tots plegats— i en segon lloc perquè els altres aprofiten també per abastir-se d'ampolletes d'aigua.

Una estona més tard sol arribar Xabier Mancisidor, l'entrenador de porters, un tècnic que parla poc però sempre amb sentit. Discret i poc donat a fer-se notar, Mancisidor és una altra peça clau de l'engranatge tècnic. També a Estiarte li agrada arribar d'hora, bastant més que al Pep, que només ho fa si té algun motiu concret per ferho. Quan matina sol fer broma: «Avui he fet un Lillo».

La nit abans l'equip va vèncer a Goodison Park i no va tornar a la ciutat esportiva fins la una de la matinada, així que avui s'esmorza una mica més tard que de costum, excepte Lillo, que es va quedar a dormir a l'edifici i des de ben d'hora està prenent *mate* al seu despatx mentre dissenya conceptes per aportar als entrenaments.

El partit del dia abans contra l'Everton s'havia de disputar el 28 de desembre però el positiu per coronavirus de diversos jugadors ho va impedir.[48] Vuit setmanes després, el City ha assolit un estat de forma magnífic i ha guanyat tots els partits disputats, mentre que l'Everton s'ha mostrat irregular, alternant actuacions formidables (empat a tres a Old Trafford, victòria a Leeds i Wolverhampton, triomf contra el Tottenham a l'FA Cup) amb altres de molt baix rendiment al seu estadi, on va perdre contra el West Ham, el Newcastle i el Fulham. La visita del líder augurava una nit complicada per al conjunt de Carlo Ancelotti.

I així va ser. L'equip deixa grans sensacions. Malgrat l'absència de Gündogan, l'estrella indiscutible de l'equip, el City manté la seva dinàmica de joc. S'organitza amb tres defenses molt oberts a l'ample de tot el camp (Walker, Dias i Laporte), i amb Cancelo partint des de l'esquerra per ajudar Rodri amb el *build-up*. Una de les grans virtuts de Ruben Dias és la seva capacitat per liderar la defensa, la seva jerarquia sobre els companys. Ha estat vital per a la portentosa recuperació de John Stones i ho és per mantenir calmat un Walker que de vegades s'accelera en excés, o per obligar Laporte a no descentrar-se, a la qual cosa té tirada perquè sempre ho confia tot a les seves qualitats innates. Rúben Dias és el líder de la defensa, qui imposa i exigeix màxima concentració durant tots els instants del partit i només accepta relaxació després que l'àrbitre hagi xiulat el final.

La idea fonamental de situar tres defenses molt oberts és que ocupin tot l'ample del camp. És un concepte que Guardiola ha assajat en partits i entrenaments. Amb aquests tres defenses ben separats entre ells busca diluir la pressió dels davanters rivals i també ampliar els passadissos centrals perquè els mitjans rebin fàcilment la pilota a l'inici. Un cop l'equip està assentat a camp contrari, Cancelo s'uneix a Bernardo i Foden en l'organització de l'atac, i aconsegueix a totes les zones la superioritat que sempre busca Guardiola com patró de joc. Per assolir-ho, Cancelo se situa a prop de Rodri, la

48. Kyle Walker i Gabriel Jesús s'havien posat malalts el 23 de desembre i cinc dies més tard es va saber que també Ederson, Eric García, Ferran Torres, Tommy Doyle i Cole Palmer patien la covid-19. S'hi va afegir Sergio Agüero el 8 de gener.

qual cosa confereix llibertat total als interiors per unir-se a ells per dins o bé per escalar fins a la línia de davanters. És un 3-4-3 flexible a la línia de mitjos. Aquesta nova llibertat dels interiors gràcies a la posició de Cancelo com a segon mig centre o «fals interior» és un dels fonaments de la bona marxa de l'equip, ja que l'habilitat dels interiors per trencar cap endavant només es pot desenvolupar per la protecció que els ofereix el portuguès en la seva triple funció. El City adopta una de les seves distribucions més habituals, el 3-2-2-3, amb Mahrez i Sterling exageradament oberts al costat de les línies de calç. Amb això l'equip domina de forma aclaparadora l'Everton, que amb prou feines aconsegueix enllaçar cent cinquanta passades a la primera part i cent cinquanta-sis a la segona. El domini es tradueix en infinitat d'arribades a l'àrea local que no fructifiquen en rematades nítides. Phil Foden aprofita una successió de rebots després d'un córner per obrir el marcador, tot i que l'Everton empata al cap de cinc minuts després d'una acció on Mahrez i Walker no aconsegueixen coordinar-se per defensar el remat de Digne.

El descans permet ajustar alguns detalls. Guardiola pretén que Bernardo s'acosti més a Mahrez a la banda dreta i que tot l'equip s'ajunti a través de la passada: «A la fase de finalització —diu el Pep en acabar— de vegades ens precipitem. El nostre segon gol és un exemple molt positiu: hem fet algunes passades extres perquè la situació no era clara». S'augmenta notablement el nombre de passades, de tres-centes trenta-nou del primer temps a quatre-centes catorze al segon, amb el propòsit d'agrupar les línies i trobar el tercer home amb facilitat. Bernardo, Mahrez i Gabriel Jesús fan un recital en aquest sentit i el resultat són el segon i el tercer gol, que ja acaben d'enfonsar l'Everton. És el primer cop des del 1981 que el Manchester City venç conjuntament als estadis del Liverpool i l'Everton. L'equip continua sumant rècords. Ja són disset victòries consecutives en totes les competicions, dotze a la Premier League i la desena de l'any, cosa que ningú no havia aconseguit abans.[49] Destaca la gran actuació de Bernardo Silva, que no només té un encert del 94 % en les seixanta-una passades que fa, sinó que torna a ser un jugador estructural: «Bernardo, quin jugador! —diu el Pep—. Tot el que fa ho fa increïblement bé.

49. Bolton Wanderers el 1909 i Manchester United el 2009 havien guanyat nou partits seguits al començament de l'any.

Ha tornat el Bernardo imparable». Per darrere seu, Rodri juga un altre partit formidable que demostra la seva progressió respecte del jugador vacil·lant de l'any anterior.

A l'equip l'esperen dos dies d'entrenament i dos desplaçaments importants. A Londres per visitar l'Arsenal i a Budapest per jugar contra el Borussia Mönchengladbach. El desplaçament a Londres sempre té sorpreses inesperades. Per exemple, sortir de Stamford Bridge en direcció a l'aeroport de Luton pot suposar fàcilment hora i mitja de camí, la qual cosa en ocasions ha provocat que es discuteixi si no seria millor fer tot el trajecte en autobús fins a Manchester, però el Pep sempre s'hi ha negat. No vol, sota cap concepte, que els seus jugadors estiguin més de tres hores a l'autobús per evitar entumiments musculars que acabin degenerant en lesions. A la seva primera temporada van viure un malson de tornada després de jugar contra el Crystal Palace a Selhurst Park a les tres de la tarda. Quan l'autobús de l'equip era a mig camí de l'aeroport de Biggin Hill, els pilots de l'avió que els havia de retornar a casa van informar Marc Boixasa, el director de l'equip, que s'estava reparant una averia i no es podria volar abans de les nou del vespre, l'hora en què tancava l'aeroport. Van improvisar d'urgència la tornada en tren, de manera que havien de tornar a l'estació d'Euston, a Londres. El collapse de trànsit de la capital era tan colossal que l'expedició va arribar a l'estació tan sols deu minuts abans que sortís el tren, però al final no hi van poder pujar perquè la descàrrega dels equipatges i materials dels setanta membres de l'equip va ser enrevessada i va portar massa temps. Ningú no va poder convèncer el revisor de Virgin Trains perquè els obrís les portes del tren, i el comboi va marxar sense l'equip, que va dormir a Londres. Des d'aquell 19 de novembre de 2016, Guardiola tem els desplaçaments a Londres i avui torna a supervisar amb Boixasa com serà el proper viatge i a quin hotel aniran. Al Pep li agrada conèixer d'avançada els hotels on s'allotjaran i sol opinar sobre l'experiència que hi ha tingut. Poques vegades s'ha alegrat tant com quan va saber, precisament en un desplaçament regular a Londres per jugar contra el Watford, que l'equip s'allotjaria a Sopwell House, un hotel deliciós on s'havia concentrat amb el FC Barcelona l'any 2011, abans d'una final de Champions League que va conquerir contra el Manchester United.

Però per tornar a Londres encara falten dos dies i ara és moment d'esmorzar. Mentre prenen cafè, el Pep, Estiarte i Begiristain tenen la mirada posada en un dels televisors del menjador, que mostra la classificació actual de la Premier League, amb els cinquanta-sis punts del Manchester City i els quaranta-sis dels seus perseguidors, Manchester United i Leicester. El Txiki diu:

—Us recordeu de quan no apareixíem a la primera part de la classificació?

El director esportiu es refereix a aquelles dures setmanes, a començaments de temporada, en què l'equip va arribar a figurar a la tretzena posició de la taula. I després afegeix:

—Fa deu dies vam jugar a Anfield. Si haguéssim perdut, el Liverpool s'hauria posat a quatre punts. Avui els en traiem setze d'avantatge. En només deu dies...

La resta de l'esmorzar, el Txiki i el Pep avaluen les qualitats dels dos candidats per substituir Sergio Agüero la temporada següent. Sobre la taula no hi ha el nom de Leo Messi...

## MOMENT 16

# Un blindat que esclafa

***Budapest, 24 de febrer de 2021***

El compromís de Londres es resol en pocs segons.

Als quaranta, Sterling falla dues rematades seguides a pocs metres de la porteria. Trenta-cinc segons més tard, ell mateix pica de cap una centrada suau de Mahrez i aconsegueix l'únic gol del partit. En un minut, el City ha noquejat l'Arsenal.

Guardiola ha tornat al 3-2-2-3. De nou, tres defenses molt oberts (Stones-Dias-Zíntxenko) per ocupar tota l'amplada del camp i estirar la pressió rival. Per davant, Fernandinho i Cancelo completen el *build-up*, cosa que allibera d'aquesta funció De Bruyne, Gündogan i Bernardo, que poden moure's per tot el camp amb absoluta llibertat. Mahrez i Sterling estan clavats com dues estaques a l'exterior del camp per separar entre ells els defenses locals. L'Absència d'un davanter centre a l'alineació facilita la superioritat del City al mig del camp, on s'ajunten fins a cinc homes del Pep, al temps que deixa sense feina els defenses centrals de l'Arsenal.

Mikel Arteta planteja un marcatge individual als migcampistes visitants durant la fase de construcció. Saka està al damunt de Cancelo i Odegaard de Fernandinho, amb la qual cosa la sortida de pilota és responsabilitat dels tres defenses, que es veuen obligats a conduir fins a prop de l'àrea *gunner* o bé arriscar en les seves passades directes cap a KDB o Bernardo. Es fa palès el gran coneixement que Arteta té del joc del Manchester City, ja que aquest marcatge individual entorpeix molt l'inici *citizen* i l'Arsenal passa a dominar el joc a partir del minut 30, sobretot amb les pujades del lateral esquerre Tierney, que queda cara a cara davant de Cancelo en diverses ocasions degut al dèbil 4-3-3, amb què es defensa el City, i que permet a Xhaka girar-se sense dificultats i organitzar el seu atac. Al descans, Guardiola modifica la pressió del seu equip, accentuant els salts sobre el porter Leno per part de Bernardo o Mahrez i sobre Tierney per part de Cancelo. En tota la segona part, l'Arsenal no aconseguirà rematar ni un sol cop contra Ederson.

El partit de Fernandinho és, un cop més, memorable: «Fernandinho, Déu meu, quin partit que ha jugat Fernandinho!», diu Guardiola en acabar. La jerarquia de Rúben Dias es demostra als seixanta-cinc minuts, quan Stones rebutja erròniament de cap i envia la pilota fora. Just després, el mateix Stones —que compleix el seu partit número cent a les ordres del Pep—, esmena el seu error i Dias se li acosta i el felicita efusivament. Sens dubte és el líder de la defensa.

El City continua augmentant els seus rècords. Ja són divuit victòries consecutives en totes les competicions, onze victòries seguides fora de casa, la qual cosa iguala el rècord del mateix equip entre el maig i el novembre del 2017. També és el vuitè triomf consecutiu davant de l'Arsenal a la Premier League. L'any 2021 suma trenta-tres punts, més que els obtinguts pel Tottenham, el Liverpool i l'Arsenal junts (trenta-un). Per vint-i-tresena vegada en trenta-vuit partits de la temporada, el City deixa a zero la seva porteria, els mateixos cops que en tota la temporada anterior en cinquanta-nou partits disputats. En vint-i-cinc partits de lliga tan sols ha permès cinquanta-cinc rematades contra la seva porteria.

Sentint-se forts i guapos, hores més tard desembarquen a Budapest, escenari de l'enfrontament contra el Borussia Mönchengladbach, ja que les autoritats alemanyes han restringit l'entrada anglesa al seu territori a causa de la covid-19. Al Puskás Arena es fa evident que Joao Cancelo voldria ser el nou Philipp Lahm de Guardiola. El portuguès posseeix uns matisos diferents del gran capità alemany: té més qualitat tècnica, un esperit netament ofensiu, molta precisió en les passades de gol i li agrada rematar a porteria. En canvi, té menys visió panoràmica del joc que Lahm, no defensa amb tanta tenacitat, assumeix bastants més riscos en el control i la passada i el seu atreviment el porta a abandonar la posició que ha d'ocupar. A Cancelo encara li cal millorar molt per comparar-se amb el gran Lahm, però se sent capaç d'aconseguir-ho.

El Manchester City juga amb una harmonia pocs cops vista. Potser ens trobem davant de la millor obra de Guardiola en la seva carrera com a entrenador. Al Barcelona va basar el joc de posició en la irrepetible coordinació de moviments entre Xavi, Busquets, Iniesta i Messi, amb els quals va arribar al cim absolut del futbol mundial. Al Bayern va fregar el cim però no el va poder culminar, amb uns jugadors de perfils gairebé antagònics, basant el volum de joc en la potència dels extrems, la seva habilitat per driblar i la formidable càrrega rematadora dins de l'àrea. Al City dels cent punts va combinar la pausa de David Silva amb el galop de Sané, mentre De Bruyne creixia fins convertir-se en el gran *playmaker* actual i Agüero continuava martellejant des de qualsevol angle. Avui, el seu Manchester City es mostra tan harmònic com rude, tan veloç com calmat. Els Centurions eren un esportiu descapotable que corria a tota màquina. Els «iugoslaus» són un carro blindat que esclafa per on passa. Si el Barça es movia al so dels violins i el Bayern al ritme dels trombons, el City combina instruments de vent, corda i percussió amb aplom i habilitat.

La simfonia sona com gairebé mai al ritme que marca Cancelo, que ara va i ara torna, mentre els seus companys es reorganitzen gairebé per instint. L'equip ha perdut la portentosa organització quasi matemàtica, una mica germànica, que Guardiola li va imprimir els primers anys. Influenciat per Lillo, l'entrenador català està acceptant un augment de l'anarquia en benefici del rendiment i l'alliberament dels jugadors. Avui el City és menys màquina. S'ha «humanitzat», deixant al marge qualsevol postulat robòtic. Pot fallar, com tot el que és humà, però també fer cim gràcies a aquest alliberament. Amb cent divuit tocs, un 91 % d'encert en les passades, set duels guanyats, el 100 % d'encert en les passades llargues, vuit accions dins de l'àrea rival, una assistència i una preassistència, Cancelo lidera la simfonia blava, d'evidents notes portugueses.

La sortida de pilota es manté en 3-2-2-3, l'atac es desplega en 3-3-4 i sense pilota es combinen dos tipus de pressions: l'alta es realitza en forma de 4-2-4 i la mitjana en 4-3-3. A la simfonia només li falta encert en la rematada final. El cos tècnic ho diu i ho repeteix des de les entranyes del Puskás Arena: «Ens falta gol». Gabriel Jesús és un portent en tot: pressiona com ningú, llegeix amb encert on i quan salta contra l'oponent, baixa al mig del camp a ajudar, posseeix un domini fantàstic de la pilota i interpreta el tercer home com pocs davanters. Però es mostra tímid en la rematada. Tot i els nombrosos gols que ha marcat (setanta-set en cent setanta-vuit partits, a més de trenta-tres assistències), el seu rendiment com a jugador és millor que com a rematador. Com li succeeix a Sterling, Jesús marca molts gols, però ho fa millor quan les oportunitats són poc òbvies, quan no té temps per triar entre diverses opcions i, sobretot, quan no es deixa portar per la por a fallar en la rematada. A Budapest li ha tornat a passar. Ha disposat d'una ocasió formidable al minut 53, en quedar-se sol dins de l'àrea, però ha volgut trobar l'angle idoni, esperar el moment oportú i que el porter quedés vençut, i quan s'han donat totes aquestes circumstàncies un defensa alemany ja li havia anul·lat l'avantatge. En canvi, al minut 64 ha marcat el segon gol de l'equip en una acció molt menys evident, i malgrat la dura oposició d'un defensa, en empènyer amb la sola de la bota la pilota que Bernardo havia tocat de cap davant la mirada perplexa del porter del Gladbach. Així és Gabriel Jesús, un rematador discret dins del cos d'un davanter formidable.

Aquest segon gol sens dubte ha recordat el primer, obtingut per Bernardo Silva. En els dos casos Joao Cancelo ha girat sobre ell mateix al vèrtex dret de l'àrea alemanya per enviar la pilota tensa a l'esquena dels defenses del Gladbach. En les dues ocasions ha aparegut Bernardo, que està en un dels millors moments de forma de tota la seva carrera. En els dos casos ha picat de cap amb precisió: al primer gol, creuant la pilota a la xarxa; en el segon, facilitant la rematada de Jesús. Explosiu, audaç, agressiu i inesgotable, Bernardo és el puntal de l'equip, un jugador imprescindible a qui Guardiola haurà de tornar a acomodar ara que De Bruyne ha tornat. En els darrers deu partits el portuguès ha intervingut en vuit gols de l'equip, marcant-ne tres i donant la passada de gol en els altres cinc.

Guardiola suma la seva vint-i-vuitena victòria en eliminatòries de Champions League, superant Sir Alex Ferguson, José Mourinho i Carlo Ancelotti. L'equip va ja per dinou victòries consecutives, dotze de les quals fora del seu estadi, i això suposa un altre rècord del futbol anglès. Amb quatre partits seguits fora de casa a Champions League sense encaixar ni un sol gol, iguala la marca del Manchester United el 2010-2011. Senzillament, l'equip dels «iugoslaus» és un blindat que esclafa per on passa.

MOMENT 17

# Rodri, omnipresent i omnipotent

## *Manchester, 2 de març de 2021*

Tampoc el West Ham, ni menys encara el Wolverhampton, aconsegueixen aturar el ritme dels «iugoslaus».

«Ha estat una victòria de les que donen alegria», diu Lillo a la sortida del vestidor de l'Etihad després del difícil triomf sobre el West Ham (2-1). Possiblement hàgim assistit a la pitjor actuació del Manchester City en els tres últims mesos, potser perquè el londinenc ha estat el millor equip a visitar l'estadi en tota la temporada, on per cert cap rival no havia aconseguit marcar des del 15 de desembre de 2020, la nit de l'empat contra el West Broomwich Albion. Després de sis-cents vint-i-nou minuts imbatuts, els *citizen* han rebut un gol, obra de Michael Antonio a conseqüència d'una pèrdua de pilota d'Agüero al mig del camp i de certa laxitud de Ferran Torres en la seva persecució al lateral txec Vladimir Coufal, un jugador inesgotable.

L'equip s'ha desplegat en la mateixa disposició que en jornades anteriors: 3-2-2-3 a la sortida de pilota; 4-3-3 sense pilota, alternant amb el 4-2-4; i 3-2-2-3 a l'atac, de vegades desdoblat en 3-3-4. La fluïdesa del joc ha brillat per la seva absència, en part per la presència dels jugadors en pitjor forma (Agüero, Torres, De Bruyne) i en part perquè l'agressivitat de Soucek i Rice han lligat de mans Fernandinho, que avui no ha jugat com en dies anteriors. El d'avui és el divuitè partit que disputa l'equip en dos mesos i les cames i el cap acumulen molt de cansament. Divuit partits en vuit setmanes, una càrrega aclaparadora que només es pot assumir des d'un compromís col·lectiu formidable.

Els gols del vintè triomf consecutiu els han obtingut dos defenses, Rúben Dias i John Stones, tots dos a la segona jugada posterior a un servei de córner. Ja fa diverses jornades que el City opta per no preocupar-se massa per la primera rematada en aquesta mena d'accions a pilota aturada i centrar-se més en la continuació. Per això els dos defenses es queden a l'àrea rival fins i tot si la jugada sembla haver perdut efectivitat. Avui han demostrat com d'encertada és la proposta. En el primer cas ha estat De Bruyne qui ha projectat sobre l'àrea del West Ham una «banana» portentosa amb la cama esquerra. Stones no ha aconseguit empalmar la pilota però Dias, que era darrere seu, sí que ho ha fet, de cap, i ha inaugurat el marcador. Als seixanta-vuit minuts s'ha repetit l'operació, aquest cop amb Mahrez filtrant una passada rasa al punt de penal, on Stones ha rematat com si fos Agüero. [Tres dies després Laporte també farà gol en una acció similar, tot i que el seu gol quedarà anul·lat pel VAR]. El Manchester City ha trobat un filó en les jugades posteriors als serveis de córner.

La ratxa de triomfs continua, encara que el partit s'hagi jugat a l'hora que més odia Guardiola, al migdia, amb el camp mig al sol, mig a l'ombra. El mes de febrer ha vist vuit victòries en vuit partits, sis d'aquests fora de l'Etihad Stadium, un altre balanç boníssim. Ha estat la victòria dos-cents de Guardiola al City en dos-cents setanta-tres partits, ara que la International Board ha confirmat que els partits guanyats a la tanda de penals s'han de comptabilitzar com a empats. També és el seu triomf número cinc-cents en equips d'elit: cent setanta-nou amb el Barça, cent vint-i-un amb el Bayern i dos-cents amb el City. Cinc-centes victòries en sis-cents vuitanta-un partits, tot un senyor rècord.

## LA JERARQUIA DE LA SOBRIETAT

—Veig Rodri omnipotent i omnipresent, en el seu millor moment. Està a un nivell per deixar-lo ja com a referent únic al mig del camp, perquè cada vegada funciona millor en tot. La seva capacitat de passada ha augmentat fins a un nivell que ja comença a ser de jugador gran. A poquet a poquet va passant com un jugador de debò. Som a la línia.

[El missatge de Lillo necessita un aclariment. El terme «passada» es refereix al moviment d'esgrima que es fa per evitar un cop o atac contrari. Lillo es refereix a la capacitat de Rodri per efectuar aquests moviments defensius que aturen el rival].

Lillo i Rodri s'han convertit en còmplices íntims d'un procés de millora contínua del jugador. Va arribar sent un futbolista excel·lent de grans qualitats físiques però amb un defecte terrible per al joc de Guardiola: perdia contínuament la posició de mig centre perquè volia arribar a tot el camp. Feia més quilòmetres que ningú. Corria a totes les zones, anava a totes les accions, contra tots els seus rivals. Corria i corria com un Forrest Gump. I perdia la seva posició essencial, cosa que desesperava el Pep, que l'havia fitxat perquè entenia que podia ser un mig centre excel·lent. Però Rodri no aconseguia aguantar aquelles ànsies de sortir corrent cap a totes bandes.

En aquest punt van intervenir Juanma Lillo i Pablo Barquero, el representant del jugador, per aconseguir que Rodri reconduís les seves energies en la línia que desitjava el Pep. El pla no es va executar als camps d'entrenament, sinó en converses continuades que Lillo o Barquero van anar mantenint amb el jugador, fins i tot quan el cridava la selecció espanyola i marxava de Manchester. Dia rere dia, com la gota que cau sobre la pedra, tots dos van anar fent caure les idees i els conceptes que Rodri havia consolidat en anys anteriors i en van construir d'altres que anaven en línia amb el que Guardiola entén que ha de ser un mig centre posicional. L'entrenador es va adonar aviat que Rodri corria menys i amb més cap, sense abandonar tant el cercle teòric dins del quan s'havia de moure. Van començar a ploure elogis sobre un jugador molt criticat en la seva primera temporada i que a dia d'avui s'ha convertit en el màxim recuperador de pilotes de la Premier i iniciador d'accions d'atac que acaben en rematada contra la porteria rival. A poc a poc, entre tots han conduït Rodri fins al punt que Guardiola desitjava. El partit contra el Wolverhampton ho confirma.

Durant el primer quart d'hora, el Manchester City té la pilota el 86 % del temps. En la pràctica, els jugadors del Wolverhampton pràcticament no toquen la pilota en aquest temps. Després la situació es modera, coincidint amb el primer gol local, obra del visitant Dendoncker, que no ha pogut evitar l'inevitable. La passada de la mort de Mahrez, després d'un globus superb de Rodri, només podia acabar en gol. Si no el ficava Dendoncker, ho feia Sterling.

El City ha jugat un dels seus millors partits de l'any, com reconeix el Pep:

—Hem jugat molt bé, excepte cinc minuts d'atabalament després del gol dels Wolves. Llavors hem atacat massa de pressa.

Guardiola fa temps que insisteix que l'equip «ha d'atacar amb calma i defensar amb ràbia». Lillo fa temps que repeteix que la clau del joc radica en el ritme i les intencions, i s'observa que no va gens errat. Adaptar el ritme a cada moment del partit és essencial: «A l'atac —diu el Pep— ens cal més procés, més passades, més passades extra, més calma». La precipitació i la falsa rapidesa només condueixen a l'error i a malbaratar oportunitats. Després del gol de l'empat, Rodri taca una actuació portentosa cometent alguns errors fruit de la precipitació i l'atabalament de tot l'equip, que no vol perdre el camí de les victòries. Aquests errors donen aire als Wolves, que aconsegueixen crear dues de les poques ocasions que tenen en tot el partit, però sobretot engarroten el City, que es veu incapaç de tornar a atacar amb la fluïdesa i el desvergonyiment dels seixanta minuts anteriors, quan dominava absolutament tots els moments del joc. Només el VAR, que anul·la un gol de Laporte, i Rui Patricio, que desbarata rematades que semblaven definitives, impedeixen ampliar el marcador.

Amb vint minuts per davant, Guardiola parla amb Rodri i aconsegueix que torni a asserenar-se i, com si es tractés del seu timó, el City recupera el rumb i el ritme. Tant domina, tant s'acosta, tant es prodiga a l'àrea rival, que al final arriba una allau de gols durant els tretze minuts finals. Ha estat la victòria del ritme sobre altres factors. El ritme adequat ha permès amassar passades i concentrar el rival en zones determinades per trencar-lo per unes altres. El 41 % del partit s'ha jugat a prop de l'àrea del Wolverhampton, que tan sols ha rematat una vegada a porta. Per vuitè cop a la història de la Premier League, els quatre gols del guanyador s'han aconseguit sense que pròpiament es produís una assistència prèvia.

Les dades i els rècords són aclaparadors: vint-i-una victòries consecutives, quinze a la Premier, vint-i-vuit partits invictes, dinou partits seguits de Premier sense anar per darrere del marcador ni un sol minut, igualant l'Arsenal de 1998-1999... Però més enllà de les xifres, el pols de l'equip batega amb energia i harmonia, sobretot des que el Pep està aconseguint que la calma domini l'esperit dels jugadors. Fins i tot les peces menys exquisides comencen a lluir: Laporte sembla haver tornat, Walker viu un altre període de serenitat, Gabriel Jesús és un torrent de força i pressió. Només De Bruyne està encara lluny del seu nivell. L'actuació de

Mahrez ha estat prodigiosa, de nou al cim del seu art: «Mahrez és un home que dansa amb la pilota. No la perd mai, sempre fa una passada extra, atreu rivals, passa enrere, centra fantàsticament bé. El conec i per això li exigeixo tant», diu el Pep, encisat.

Rodri s'està convertint en el gran mariscal. Posseeix una generositat mal entesa. Pensa que ajuda molt quan corre molt, cosa que li succeeix sobretot en els minuts finals de cada temps, i quan millor està jugant s'anima i comença a córrer, es mou massa i perd la posició. Dia a dia va millorant aquest defecte i aprenent a moderar-se en les seves carreres. El 3-2-2-3 és tan dúctil i admet tantes variacions que el Pep beneeix cada nit el vell invent de Herbert Chapman. L'endemà, els empats del Manchester United i el Leicester incrementen l'avantatge del City a catorze i quinze punts, respectivament. La tercera lliga de Guardiola en quatre anys comença a prendre forma. Un missatge corre de boca en boca:

—Mitja lliga ja és al sac.

## MOMENT 18

# Bernardo és la cola

***Manchester, 7 de març de 2021***

Tot i que ja ho sabia de sobres, avui Guardiola ho ha comprovat un cop més. Ha dubtat molt amb l'alineació. Era conscient que Bernardo és l'agulla que cus l'equip però d'altra banda necessitava que De Bruyne acumulés minuts i recuperés la bona forma perduda. I ha optat per mantenir Gabriel Jesús en punta, confiant en el seu rendiment previ que combina la precisió en les passades amb l'eficàcia en la rematada. Per aquests dos motius, el Pep ha deixat fora Bernardo.

Després de la derrota contra el Manchester United, l'entrenador ha lamentat molt aquesta absència. Possiblement no hi havia més remei que fer-ho així, però s'ha notat l'absència del fil portuguès. Bernardo cus totes les costures de l'equip, les cus i les recús fins teixir un mantell sense fissures que cobreix tot el conjunt. Ho comento amb el cos tècnic i confirmen la idea: «Bernardo és la cola».

Ha estat un bon partit del City malgrat la derrota 0-2. La ratxa de vint-i-una victòries ha estat tallada pel gran rival del City, que s'ha mostrat incisiu i eficaç en les oportunitats de què ha disposat. Als trenta segons, un fora de banda favorable ha significat un gol en contra per a l'equip de Guardiola. Igual com va passar una setmana abans contra el West Ham, el fora de banda ha estat llançat cap al mig del camp perquè el controlés el davanter centre, en aquest cas Gabriel Jesús. I tal com va passar llavors, el davanter ha perdut la pilota i aquí s'ha iniciat el gol visitant. Enrabiat per la pèrdua, Jesús ha pressionat Martial dins de l'àrea *citizen* tot i estar envoltat per quatre defenses, i l'ha fet caure. El penal ha estat una cop per al City, que durant deu minuts s'ha mostrat noquejat, i el United ha pogut ampliar el marcador sense dificultat.

Al quart d'hora, els ànims s'han asserenat i el joc local s'ha normalitzat. La dificultat radicava en l'excel·lent disposició del United, en 4-2-3-1, amb Fred sobre De Bruyne i McTominay sobre Gündogan. Els dos mitjos centres visitants s'han mantingut bastant separats entre ells gràcies al fet que davant seu Bruno Fernandes i Rashford s'ocupaven de frenar les internades de Cancelo. Així, la gran arma de Guardiola els darrers mesos, la indesxifrable mobilitat de Cancelo des del mig del camp, ha estat anul·lada sense dificultat. A més, Luke Shaw atacava amb agressivitat l'esquena de Cancelo per fer-li la tasca encara més complicada.

Malgrat tot, el City ha aconseguit un volum de joc notable, especialment gràcies al seu triangle esquerre, on Zíntxenko, Gündogan i Sterling han connectat sovint. A l'inici del segon temps, Rodri ha aprofitat una passada excel·lent de Gabriel Jesús, que ha tingut una tarda molt espessa, i ha rematat al pal. En l'acció següent, Shaw ha aprofitat un inoportú salt endavant de Cancelo per córrer darrere seu i imposar-se a la defensa local per marcar el segon gol. Amb aquest desavantatge, l'equip del Pep ha buscat una remuntada que no s'ha produït tot i les vint-i-tres rematades fetes, la majoria ben tapades per la defensa del United. La manca d'encert de Sterling ha tornat a ser clamorosa, igual que la de Jesús, i el mal estat de forma de Kevin de Bruyne ha quedat palès sense discussió, per bé que no hi ha més manera de millorar-lo que jugant un partit darrere l'altre.

La ratxa de vint-i-una victòries ha acabat amb aquesta quarta victòria d'Ole Gunnar Solskjaer sobre Guardiola. Es tracta del primer entrenador del United a guanyar els seus tres primers derbis en camp del Manchester City, es tanca també la llista de vint-i-vuit partits seguits sense rebre més d'un gol. El principal motiu de preocupació que deixa aquesta derrota és una altra mostra de la ineficàcia rematadora de Sterling i Gabriel Jesús, així com l'evidència que els millors dies de l'equip es donen quan ajunta cinc homes al mig del camp: un lateral, el mig centre, els dos interiors i un altre migcampista que faci de fals 9. Ningú no sap interpretar millor que Bernardo les funcions de fals punta i per això ha estat el jugador més enyorat en aquest partit. Avui s'ha trobat a faltar la seva qualitat de «cola». En paral·lel, el «factor Cancelo», el seu paper com a lateral-interior i electró lliure de l'equip, ha estat desarticulat per un bon antídot del United. Aquesta és una constant del futbol. A una bona acció es respon amb una bona reacció. Al Pep li tocarà ara moure la següent peça al taulell.

Les grans exhibicions de joc del gener i el febrer s'han produït amb Bernardo com a cola de l'equip, sense importar quina era la seva posició inicial: interior, extrem o fals 9. La seva capacitat per teixir i desteixir el cabdell, com Penèlope, és inigualable. Si De Bruyne és el martell que pot trencar murs, Bernardo és el fil que cus el teixit de l'equip blau cel. És la cola del City.

## MOMENT 19

# L'ego

*Manchester, 10 de març de 2021*

Raheem Sterling seu a la banqueta.

Aquest matí hi ha hagut un incident important entre ell i el Pep. Només ells dos saben amb exactitud què és el que ha passat, així que he de limitar-me a reconstruir els fets a partir de testimonis externs que, per motius obvis, no eren al despatx de l'entrenador a la ciutat esportiva. Per més que ho he intentat, el Pep mai no ha volgut parlar sobre el tema: «És una conversa privada entre un jugador i jo».

S'han sentit dos crits del Pep demanant al jugador que tornés al despatx per continuar amb la discussió. Tothom que era a prop de l'oficina ha sentit aquests crits. L'entrenador havia convocat el jugador per explicar-li que aquest vespre no serà titular al partit contra el Southampton. Ha estat un gest ben poc habitual en Guardiola, que mai no dona explicacions sobre l'alineació que tria. Però setmanes enrere Sterling va demanar de veure'l per saber per quin motiu no jugaria un partit determinat i avui el Pep ha decidit explicar-li les raons per les quals no serà a l'onze titular. Guardiola està preocupat per l'eficàcia dels rematadors i fa diverses setmanes que modifica el front de l'atac per trobar la millor harmonia possible. Sembla que Sterling no ha acceptat de bon grat l'explicació i se n'ha anat del despatx, moment en què el Pep li ha ordenat que tornés. Això ha succeït dos cops seguits, fins que finalment Sterling ha marxat ben emprenyat.

També Guardiola s'ha enfadat molt. S'ha quedat una bona estona tancat al despatx, amb el llum apagat.

L'explicació que m'ofereixen sobre la reacció excessiva del jugador davant d'una decisió molt corrent en qualsevol equip és que Sterling considera que ha de ser titular indiscutible, per davant de qualsevol altre davanter. Segons persones que estan al cas de la conversa, les declaracions elogioses de l'entrenador a determinats jugadors, com ara Bernardo o De Bruyne, no haurien agradat a Sterling. El jugador anglès es considera mereixedor d'elogis similars per part de l'entrenador, però darrerament no n'ha rebut.

L'incident ha preocupat molts dels integrants de l'equip. El capità Fernandinho no ha trigat a intervenir, amb el propòsit de tranquil·litzar jugador i entrenador. La xerrada tàctica prèvia al partit contra el Southampton ha estat carregosa, amb el Pep desconcentrat, sense poder ocultar la seva irritació, i això ha generat interrogants al grup, que ha arribat al terreny de joc en un estat gens positiu. Sterling no ha estat apartat de la convocatòria però s'ha quedat a la banqueta i no ha jugat ni un minut.

A mitja tarda d'aquest dimecres, i sobre una gespa en molt mal estat, el City intenta remuntar un malson de dia.

Els primers deu minuts el Southampton disposa de la pilota un 69 % de temps, cosa inaudita. L'equip del Pep està absolutament bloquejat. Els visitants tanquen els passadissos interiors, pressionen la sortida de tres defenses del City i l'embussen fins a ofegar-lo.

Per sort hi ha un home lúcid damunt la gespa. Oleks Zíntxenko té el cap clar i entén que el Southampton no li permetrà «exercir de Cancelo» i que, per tant, la seva funció com a lateral-interior no serà efectiva. L'ucraïnès decideix pel seu compte obrir-se a la banda i començar a jugar com a lateral llarg. Ho fa amb tant d'encert que als catorze minuts Rúben Dias veu una d'aquestes arrencades i li serveix una pilota llarga en diagonal. Zíntxenko controla, aprofundeix i cedeix enrere per a Foden, que és dins de l'àrea, perquè xuti fort. El rebuig del porter McCarthy arriba a De Bruyne, que s'alterna amb Bernardo com a fals 9, i el belga no perdona. L'encert del gol és tot de Zíntxenko que, en veure's impedit per jugar per dins, decideix fer-ho per fora, una inspiració providencial que sorprèn la ben organitzada defensa visitant.

Tan sols un sospir més tard, Laporte comet penal sobre Vestergaard. És el segon que concedeix el City en tres dies. Són els pitjors minuts de l'equip en molt de temps, fins al punt que el Southampton acumula tres ocasions de gol, a rematades de Redmond,

Ward-Prowse i Adams. Però llavors el City viu un d'aquells moments tan propis dels equips grans i, quan menys joc està produint, arriben els seus gols. El primer sorgeix de la inspiració de Zíntxenko. El segon, d'una bona pressió dels davanters que permet a Mahrez robar una pilota, driblar i marcar des de fora de l'àrea. I el tercer, al límit del temps afegit de la primera part, és fruit d'una genialitat de De Bruyne, que trepitja la pilota esperant l'entrada a l'àrea de Mahrez, que dribla tres rivals i remata amb la dreta al pal, moment en què Gündogan envia la pilota a la xarxa i marca el seu desè gol a la lliga. Com a curiositat, els tres gols han arribat sense cap assistència de gol pròpiament dita, la qual cosa, unida a l'estrany cas dels quatre gols aconseguits contra el Wolverhampton, eleva a set els gols obtinguts sense passada prèvia. Possiblement ens trobem davant d'un cas únic en la història del futbol.

Després d'aquest primer temps pèssim, Guardiola introdueix unes modificacions que canvien l'escenari completament. De Bruyne se situa d'interior dret, Foden de davanter centre, Bernardo d'extrem esquerre i Zíntxenko torna a les zones interiors. El rendiment de l'equip es dispara fins a tal punt que entre els minuts 46 i 52 el City aconsegueix tenir la pilota el 91 % del temps. Després d'aquest vendaval de joc, Mahrez anota el quart gol, que és fruit d'una fortíssima pressió de la línia atacant, amb una pilota robada per Fernandinho i una passada enrere de Foden que Mahrez, fent mitja volta i driblant, transforma en gol tot i l'oposició de cinc rivals.

Encara que el Southampton redueix distàncies en treure partit d'una mala passada enrere de Bernardo, el City no afluixa el ritme i De Bruyne marca el cinquè gol abans que es compleixi l'hora de partit. Els darrers trenta minuts són menys brillants. El Pep els aprofita per donar entrada a Torres, Agüero i Mendy, orfes de minuts, per anar incorporant elements a l'equip de cara al dur esprint final de la temporada. El títol de lliga comença a agafar forma.

Únicament el conflicte entre Sterling i Guardiola enrareix l'ambient. Fernandinho i Walker han provat de reconduir la situació. Són futbolistes que s'estimen molt l'entrenador, que han crescut amb ell en aquests cinc anys i han guanyat molt sota el seu comandament, però també volen que torni a regnar la bona convivència. No obstant això, a la següent convocatòria de l'equip per viatjar a Craven Cottage no hi apareix Raheem Sterling, a qui l'entrenador ha esborrat de la llista. Sense ell es guanya per 0-3 a Fulham a Londres i s'obtenen disset punts d'avantatge momentani sobre el perseguidor, el Manchester United, a vuit jornades del final de temporada. Sergio Agüero ha marcat després de quatre-cents disset dies sense fer-ho.

## MOMENT 20

# La teoria de les mongetes seques

***Budapest, 16 de març de 2021***

L'eliminatòria queda sentenciada en divuit minuts. L'avantatge del partit d'anada es duplica en aquests divuit minuts, durant els quals el Manchester City demostra la seva maduresa com a equip. El Gladbach arranca pressionant amb els seus atacants molt amunt per entorpir la sortida de la pilota, i ho aconsegueix durant dos o tres minuts. El City presenta el seu *build-up* habitual de la temporada, amb tres jugadors a la defensa i Cancelo avançant-se a l'altura del mig centre, alliberant els dos interiors. Però la pressió alemanya és agressiva i alenteix les primeres combinacions. És en moments com aquest quan cal demostrar si la maduresa és un fet o només una paraula. El City se centra a aconseguir que s'acompleixi la «Teoria de les mongetes seques», un dels preceptes que Guardiola infon als seus equips.

La teoria me la va explicar el mateix Guardiola fa anys:

—De vegades hi ha partits en què perceps, ja al minut 6 o 7, que la cosa no rutlla, que no va bé. Aleshores sempre em ve al cap la frase de Charly Reixach: quan tires mongetes seques en un plat, veus que queden unes damunt les altres, mal col·locades, però a poc a poc vas movent el plat i les mongetes es van col·locant cadascuna al seu lloc. Doncs això del futbol és el mateix. És genial. Estàs mirant un partit i veus que un jugador no funciona, però et dius: «Tranquil, dona-li temps perquè tots es vagin col·locant...». En aquell moment no hi ha res que estigui bé: ni una sola passada ben feta, ni una miserable recuperació de pilota, res. Fins que, en un moment determinat, es recupera una pilota, es fa una bona passada, dues, deu bones passades seguides, i ja està: les mongetes es col·loquen totes a lloc... Ja ho tenim.

Damunt la gespa del Puskás Aréna, on s'han disputat els dos partits de l'eliminatòria, passa exactament això. Tot i que el Gladbach pressiona i entorpeix el City, i fins i tot l'amenaça amb una bona rematada des de fora de l'àrea, ben aviat els jugadors de Guardiola troben el punt dèbil del seu rival. L'equip alemany pressiona els tres defenses i inutilitza també Rodrigo i Cancelo a la zona central del camp, però a canvi descuida completament les bandes. Gündogan i De Bruyne se n'adonen i per allà abaten el castell. Els dos interiors s'aparten del centre i es col·loquen darrere de la pressió alemanya, molt a prop de la banda. Els seus companys de la defensa i Cancelo entenen perfectament la proposta i inicien un festival de passades dirigides a l'interior que queda lliure, sense rèplica possible. Se'ls uneix Bernardo, el gran multiplicador de l'equip, que en la seva funció de «fals tot» ajuda al mig del camp a fer aquesta passada extra que Guardiola considera clau per descargolar els rivals.

Així arriba el primer gol, liquidat amb un gran xut a l'esquadra de Kevin de Bruyne des de fora de l'àrea amb la cama esquerra; i també el segon, quan Foden imita Bernardo i aconsegueix desorganitzar el Gladbach perquè Gündogan marqui el seu quinzè gol de la temporada. L'eliminatòria acaba en aquest moment i el que segueix ja només és una posada en forma de De Bruyne, que es comença a assemblar al que era abans de lesionar-se el 20 de gener, i una intensa rotació de jugadors, ja que el Pep s'entesta a intentar lluitar per totes les competicions. Sterling torna al camp, després de tres partits sense jugar, però la seva és una actuació desastrosa, possiblement degut a la pressió que sent ara que comprova que no és titular indiscutible. També els quinze minuts d'Agüero són frustrants per a ell, ja que no rep pilotes, mentre Mahrez malbarata, una rere l'altra, fins a cinc ocasions de gol.

El Manchester City és el tercer equip de la història de la Champions que no encaixa cap gol en set partits consecutius, igualant l'AC Milan del 2005, malgrat que encara lluny de l'Arsenal del 2006, que va sumar deu partits. Són onze hores i trenta-un minuts de joc sense encaixar gol. També es tracta de la vint-i-sisena porteria a zero de la temporada, a només set del rècord del club, i la vint-i-quatrena victòria en els darrers vint-i-cinc partits. Per vuitena temporada consecutiva arriba al llindar dels cent gols en totes les competicions.

El Pep sent que han tornat a jugar bé. «Tothom està al seu lloc». Li comento que cada cop que juga amb cinc migcampistes l'equip vola:

—Sí, és veritat. Quan en fiquem molts per dins no només evitem contraatacs, sinó que creem bones ocasions. Ens passem molt la pilota, passades, passades i més passades, i al final del procés arriben les ocasions.

El Pep explica que la intel·ligència dels jugadors ha estat essencial:

—Quan el Gladbach es tancava per dins, trobàvem Mahrez i Foden per fora. Quan tancava fora, ens hem ficat per dins. Tenim jugadors bons i espavilats, que perden poc la pilota, fan passades i més passades i ataquen en el moment just. Ens defensem amb la pilota.

S'acomiada amb un detall del qual es parla poc però que està sent clau en el rendiment:

—No estem tenint lesionats i això ens permet fer sis o set rotacions per partit i refrescar les cames i, sobretot, els caps.

Sembla haver deixat enrere l'incident amb Sterling.

## MOMENT 21

# Fernandinho imparteix una classe magistral

***Liverpool, 20 de març de 2021***

Els focus es posen en l'exuberància de Kevin de Bruyne, l'olfacte de gol d'Ilkay Gündogan i l'immens virtuosisme de Riyad Mahrez. També en l'agressivitat intuïtiva de Phil Foden o en el poder de concentració de Rúben Dias.

Apartat dels llums, movent-se en la zona pantanosa del mig centre, allà on conviuen serps i dracs, Fernandinho trepitja el terreny minat com si ballés un vals interminable. Ja no pot ballar cada tres dies i per això Guardiola li regula l'oxigen. Un partit cada deu dies comença a ser la dosi idònia.

Fernandinho imparteix una altra classe magistral damunt la gespa de Goodison Park. Marca els ritmes del joc, temporitza sobre els contraatacs rivals, canvia l'orientació tants cops com calgui, pressiona endavant per recuperar pilotes precioses, talla sense contemplacions qualsevol indici de perill, amb el cos, amb les cames, amb el colze, si cal. En la seva maduresa, Fernandinho ha assolit el domini ple de totes les arts del joc. La seva actuació davant de l'Everton és colossal, un monument al mig centre.

El City obté a Goodison Park idèntic resultat que el dimarts anterior contra el Gladbach a Budapest. Els golejadors també tornen a ser Gündogan i De Bruyne però l'esforç i exigència d'aquest partit de sisena ronda de l'FA Cup és molt superior al de Champions League. Guardiola canvia mig equip, una pràctica que ha convertit en regla d'or perquè els seus jugadors resisteixin l'estrès competitiu a què estaven sotmesos. Des del 3 de gener han disputat vint-i-tres partits. Vint-i-tres partits en onze setmanes. Sense respir, sense descans, sense temps d'entrenament... L'única manera de sobreviure a tal calendari i competir amb bon rendiment és la rotació constant de jugadors. Només sabent que al partit següent Guardiola emprarà uns altres jugadors poden recuperar-se de l'esforç físic i, sobretot, mental, refer-se del desgast i fer alguns entrenaments puntuals. Aquest és el motiu pel qual a cada partit veiem que el Pep introdueix quatre, cinc, sis o fins i tot set jugadors que no havien participat en l'anterior.

Amb aquests canvis la dinàmica del joc es ressent, però l'objectiu és que els seus efectes no siguin gaire importants. L'equip no juga igual amb uns que amb altres: al cap i a la fi el futbol és un joc d'interrelacions i, si canvies el protagonistes, inevitablement canvia el joc. El mèrit principal del que està fent el Manchester City aquesta temporada és que els canvis afecten molt poc el rendiment. El joc es veu alterat en alguns aspectes però no en el rendiment.

Així, Zíntxenko interpreta el joc de manera diferent a Cancelo, i hi aporta altres qualitats; com a interior, Bernardo actua de forma diferent a De Bruyne, però l'equip continua generant un alt volum de joc; i Fernandinho és un mig centre diferent a Rodri, amb altres característiques, la qual cosa no impedeix que l'equip conquereixi Goodison Park sense miraments.

Ancelotti compacta el seu Everton per tapar tots els passadissos de la zona central a canvi de sacrificar els dels costats. Aquesta decisió converteix la primera part en un període de joc espès, ja que el City inicia amb facilitat però no aconsegueix penetrar pel mig. Gündogan pateix un marcatge molt estret que dificulta l'avanç pels espais intermedis, i un cert atabalament de Walker i Laporte dificulta la solució, fins i tot quan Sterling es col·loca darrere de Gabriel Jesús i Zíntxenko agafa el seu lloc a l'extrem esquerre. És un d'aquells dies en què el rival s'encastella i només se'l pot enderrocar a força de paciència.

L'Everton gairebé no té ocasions: una rematada alta al primer temps i una altra de desviada al segon. Les seves accions més perilloses sorgeixen de pilota aturada, en serveis de córner o faltes laterals, on pot fer valdre la corpulència i l'eficàcia dels seus rematadors. En cadascuna d'aquestes accions el perill plana sobre la porteria de Zack Steffen, però no es materialitza en res. En canvi, el desgast que pateix l'equip d'Ancelotti augmenta amb el pas dels minuts. Només té la pilota el 25 % del temps i no enllaça ni quatre passades seguides. El seu castell amenaça de caure així que Mahrez i De Bruyne salten al camp. El gol que desembussa l'eliminatòria arriba inesperadament, com sol passar sovint. És Laporte qui adverteix el punt dèbil de la defensa local i tres vegades mira d'aprofundir fins l'àrea de l'Everton, però el refusen. Però en el quart intent agafa per sorpresa els defenses *toffee*, aconsegueix combinar amb De Bruyne, que és abatut, i aprofita la sorpresa per rematar al travesser amb la cama dreta. Gündogan, qui si no!, es troba al punt de penal i aprofita el rebuig de la pilota al pal per rematar-la de cap en el que és el seu setzè gol de la temporada.

L'eliminatòria queda liquidada quan poc després De Bruyne aprofita una passada deliciosa de Rodri en la primera pilota que toca. Un cop més, el City de Guardiola aconsegueix bitllet per a Wembley, on disputarà la semifinal contra el Chelsey de Tuchel. Serà la tercera semifinal consecutiva de l'FA Cup que jugui, igualant el rècord del club dels anys trenta.

Amb l'Everton, el City bat el rècord anglès de victòries consecutives fora de casa: ja en són catorze de seguides des que el 19 de desembre va derrotar el Southampton per 0-1. L'anterior rècord l'havia establert el City entrenat per Joe Royke entre el gener i el setembre del 1999, amb tretze victòries. També és el dissetè partit consecutiu fora de casa sense perdre, ja que la seva última derrota va ser el 21 de novembre contra el Tottenham a Londres.

El partit deixa una exhibició portentosa, una altra, de Fernandinho. En retirar-se als vestidors de Goodison Park, Juan Manuel Lillo se li acosta i li diu a cau d'orella:

—Dinho, no et retiris mai, sisplau.

## MOMENT 22

# Sense 9, terra de ningú

*Manchester, 29 de març de 2021*

Dissabte 20 de març, de bon matí, Pep Guardiola va rebre la vacuna Astra-Zeneca contra la covid-19, igual que la majoria del cos tècnic de l'equip, amb què es van sumar als milions de residents al Regne Unit que ja havien estat vacunats. A mitja tarda, el Manchester City va imposar la seva jerarquia a Goodison Park davant de l'Everton i aquella mateixa nit va començar un llarg èxode. La majoria de la plantilla es va incorporar a les seves seleccions nacionals per fer una petita marató de tres partits en tot just deu dies.

El Pep es va prendre llavors una setmana de repòs físic i mental com a preparació per afrontar les deu setmanes finals de la temporada. Al capdavant de l'equip es va quedar Juan Manuel Lillo, que va dirigir els entrenaments dels vuit jugadors que es van quedar a Manchester (Ederson, Carson, Laporte, Aké, Mendy, Fernandinho, Agüero i Gabriel Jesús). Tot i que Lorenzo Buenaventura va aprofitar la setmana per augmentar la feina de força a alguns jugadors, la prioritat de Lillo va ser transmetre'ls serenitat i incidir en la importància que tindrien tots ells en l'esprint final del curs.

I la primera cosa que va fer el Pep en reincorporar-se dilluns, 29 de març, va ser parlar amb Sergio Agüero per confirmar-li que no li renovarien el contracte. Agüero ho va acceptar sense cap queixa; ja n'era plenament conscient. Més encara, la seva actitud va ser exemplar en tot moment. L'entrenament de dimarts va aixecar més interès de l'habitual, així que també Txiki Begiristain hi va acudir. Tothom estava pendent del comportament d'Agüero, que va deixar el cos tècnic bocabadat. Possiblement va fer el millor entrenament de molts anys: agressiu sense la pilota i encertat amb aquesta. Però, com és obvi, no es poden valorar de la mateixa manera les accions concretes en un entrenament que el desenvolupament d'un partit de competició. Agüero, senzillament, continua sent un gran davanter, però en els darrers divuit mesos ha patit un declivi evident per culpa de successives lesions.

El nom del seu substitut és un dels grans secrets de la direcció esportiva del club. Leo Messi va quedar oblidat al setembre, quan el jugador del Barça va quedar enredat en el garbuix del seu burofax. Des de llavors, a Manchester mai més no se'n va tornar a parlar, ni tan sols no es va pensar en la possibilitat d'incorporar-lo l'estiu del 2021. Els únics noms que hi ha damunt la taula on esmorzen el Txiki, el Pep i Estiarte són els mateixos de l'estiu anterior: Harry Kane i Erling Haaland. Fins al moment no s'ha iniciat cap negociació però ja se sap que el Borussia Dortmund demanarà un preu desorbitat per Haaland, i que el representant del jugador, Mino Raiola, té una personalitat peculiar.

Per tallar d'arrel el fluix d'especulacions, Guardiola apareix divendres, 2 d'abril, en conferència de premsa i anuncia que molt probablement el City no fitxarà cap davanter per substituir Agüero. Ho atribueix a la crisi econòmica que pateix el futbol en general a causa de la pandèmia, però el que en realitat està dient és: no especuleu sobre Haaland, ni sobre cap altre jugador, en nom d'una hipotètica oferta del City.

A aquestes alçades, el Pep té tan interioritzat que el seu equip juga millor sense davanter centre com ja ho tenia l'any 2009 al FC Barcelona, quan em va dir al seu despatx del Camp Nou:

—De vegades he pensat que quan veig un partit a la pantalla de l'ordinador i analitzo el rival, ho veig tot menys el 9. És com si per a mi no existís. No entra a la mirada. El veig com algú que no intervé. El porter intervé molt més, per la sortida de pilota, les pressions altes, quan ha de donar la pausa, per on sortirem jugant, si per la dreta o per l'esquerra, per dins... Amb el Leo em passa molt menys perquè el Leo és un 9 estrany, però en general al 9 el veig com un paio que va a l'espai i ja la ficarà a porteria. És el final de tot. Que centrin i que la fiqui. No hi havia pensat i hi estic reflexionant mentre parlo amb tu, però potser al Barça parlem tant del joc, de la metodologia, dels processos, que acabem oblidant una cosa tan simple com és xutar. Xutar a porteria; vinga, va, xuta i xuta. Curiosament, és la posició a la qual paro menys atenció i potser sigui la posició més difícil i important... Mira, és curiós: estic tan centrat en el joc, en el com, que de vegades m'oblido que s'ha de ficar la pilota a la porteria...

Les coses han canviat molt des d'aquell 2009, quan el Pep deia això, quan Leo Messi amb prou feines havia començat a exercir de fals 9. Després Guardiola ha conviscut amb davanters centre formidables com Robert Lewandowski o Sergio Agüero i n'ha obtingut excel·lents resultats, i ha dirigit la seva atenció al perfeccionament dels moviments grupals i a la recerca de l'eficàcia en la rematada final. Ja fa molts anys que el 9 ha entrat de ple en el seu radar i en el seu focus. Però això no impedeix que el joc col·lectiu s'imposi sobre l'especialista. L'objectiu prioritari és la creació de joc i la generació de superioritats en tot el camp fins aconseguir ensorrar i esclafar el contrari. El gol és la conseqüència de tot l'anterior. Primer domines i esclafes, i desorganitzes, i desballestes el rival. I després el fulmines amb el gol. Però abans del gol ja l'has derrotat mitjançant el joc.

Els millors partits de la temporada del City els ha jugat sense davanter centre, amb la qual cosa ha augmentat el nombre de migcampistes, conquerint l'àrea rival a partir de la superioritat a la zona de mitjos, per acabar marcant de manera instrumental a través de qualsevol jugador. Ho va fer al seu gran Barça i ho està tornant a fer aquesta temporada al City. L'equip juga millor amb tres defenses, cinc migcampistes i dos extrems que amb una disposició més tradicional on incorpori un davanter en punta. El concepte va fins i tot més enllà de jugar amb un fals 9. Es tracta de jugar directament sense ningú a la zona central de l'atac, ni estant ni apareixent.

Per al Pep, aquesta zona s'està convertint en «terra de ningú», per molt que sens dubte li agradaria tenir a la seva disposició un magnífic substitut del Kun Agüero. No és cap ximple i preferiria tenir un gran golejador al seu equip.

## MOMENT 23

# Muhammad de Bruyne

### *Leicester, 3 d'abril de 2021*

Per jugar contra el tercer classificat tornen a coincidir Fernandinho i Rodri al mig del camp, tot i que en diferent distribució que en l'infaust partit del 2-5 a l'Etihad Stadium. Avui no hi ha doble pivot ni res que se li assembli, sinó un mig centre posicional, que és Fernandinho, acompanyat pels dos interiors habituals, tot i que en aquest cas un d'ells és Rodri.

I l'altre és De Bruyne, és clar. A punt per volar.

Els dies previs a l'enfrontament contra el Leicester s'imposa un criteri tècnic: han de jugar aquells que no hagin viatjat amb les seves seleccions. El motiu de la decisió és doble: donarà descans als qui no n'han tingut durant quinze dies d'estrès continuat amb la seva selecció i també reconeixerà la feina feta pels qui s'han quedat a Manchester esforçant-se dur als entrenaments de las darreres dues setmanes. Per molt poderós que sigui el rival, Guardiola entén que no ha d'exigir un sobreesforç als seus homes més reputats, així que l'alineació es construirà a partir del nucli de jugadors que es van quedar a casa i es completarà amb els qui hagin patit menys desgast de minuts amb les seves seleccions. Després de pensar-ho molt, l'entrenador modifica aquest criteri en un únic cas i dona entrada a la defensa a Rúben Dias en lloc de Nathan Aké per evitar que els dos defenses siguin esquerrans, cosa que pot suposar un contratemps per a un *build-up* que no han assajat.

Després del partit, el Pep confirmarà aquests criteris: «Excepte el Nathan [Aké], han jugat tots els que es van quedar a Manchester i hem completat l'equip amb els que no van jugar el tercer partit internacional. La majoria dels que van anar amb les seleccions han jugat tres partits en deu dies i han viatjat molt. Necessitàvem i necessitem cames fresques. Donarem prioritat a les cames fresques».

Serenitat i cames fresques és la consigna.

L'objectiu prioritari és evitar que Jamie Vardy pugui córrer. Si aconsegueixen evitar-ho, el Leicester es queda sense ales. Per a això, el primer obstacle és una línia de pressió alta, que es modula entre el 4-3-3 i el 4-2-4. Quan el Leicester disposa de la pilota, que és poques vegades i durant molt poc temps, Gabriel Jesús, Agüero, De Bruyne i Mahrez pressionen, mosseguen i entorpeixen totes les accions locals, que la majoria de cops ni tan sols no aconsegueixen superar aquesta primera trinxera. Si aconsegueixen superar l'obstacle i connectar amb Ayoze o Thielemans, allà hi ha Rodri primer i Fernandinho després per furtar el curtcircuit. Es tracta de tallar l'acció des de la mateixa arrel i evitar que connectin amb els seus davanters. Els *citizen* ho aconsegueixen una vegada i una altra, de manera que el Leicester pràcticament no travessa la línia de mig camp en tota la primera part. I quan ho aconsegueix, Rúben Dias i Laporte es mostren inabordables. El virtuosisme d'aquesta organització resideix en el fet que els diferents obstacles plantats pel Pep sobre el terreny impedeixen que l'equip local tregui rendiment de la seva gran qualitat: la capacitat de trobar, en poques passades, els homes que té més lluny i confeccionar contraatacs letals.

La possessió del City arriba a una quota que esgarrifa entre els minuts 20 i 25, quan té la pilota el 96 % del temps. És la xifra més alta mai assolida al campionat des que se'n tenen dades. És l'esclafament total i la superioritat absoluta en un camp de futbol.

Aconseguit el gran objectiu d'impedir que Vardy corri, arriba el moment de marcar gol. Durant la primera part es donen algunes ocasions propícies però les rematades de Rodri, Jesús i, sobretot, Mahrez marxen fora, o desviades per l'excel·lent Schmeichel, o senzillament al travesser, com la falta directa executada per De Bruyne. Calma, passades i tranquil·litat: aquesta és la fórmula que apliquen Fernandinho i Rodri al partit.

La paciència dels mitjos centre. La serenitat que atorga l'experiència i el fet de saber a què es juga.

L'organització de l'atac planteja una asimetria molt habitual en Guardiola. Davant d'una defensa integrada per cinc defenses, el Pep ubica Mahrez molt obert a la banda dreta, Mendy arribant per l'esquerra a partir d'un punt de partida intermedi, i el Kun Agüero i Gabriel Jesús encarregant-se d'atacar els tres defenses locals. La llibertat que té De Bruyne per moure's per totes bandes fa la resta. El belga juga un partit complet i memorable. En alguna jugada arriba a tallar fins a quatre pilotes rivals consecutives; en altres casos filtra passades inversemblants, alguna de categoria estratosfèrica. En totes les accions va regalant caramels als seus companys i suma ni més ni menys que catorze pilotes recuperades en vuitanta-vuit minuts de joc, una xifra colossal. De Bruyne crea associacions que ningú més no veu ni intueix.

És l'amic de tothom.

A còpia d'agitar l'arbre local, al final el fan caure. El primer gol arriba justament en una passada deliciosa de KDB que Mahrez remata amb la cama dreta perquè Schmeichel li negui el premi; però la recuperació de Rodri facilita que l'home menys esperat, Mendy, controli dins de l'àrea, finti i acabi marcant amb la seva malapta cama dreta en el que és més una passada a la xarxa que no pas una veritable rematada. El gol és un homenatge a la proposta que fos Mendy qui ocupés la posició d'atacant per aquesta banda.

Amb més de mig títol de lliga a la motxilla, després el City es posa les botes fent passades, recuperacions i atacs, però el Leicester replica i s'obre en busca de l'empat. L'equip local aconsegueix la pilota —arriba a un 71 % de possessió entre els minuts 60 i 65—, però això permet que De Bruyne voli amb llibertat i sense angoixes, ja que Rodri es compromet en tot moment a equilibrar i compensar els moviments del belga. Val a dir que al llarg del partit Guardiola els intercanvia de banda fins a en tres ocasions per beneficiar les accions d'atac i curtcircuit, en funció de com actuï el Leicester. El segon gol arriba en un fora de banda en propi camp que Walker envia a un Mahrez col·locat com a mig centre, que prolonga cap a KDB perquè filtri una passada mil·limètrica per a la incursió de Jesús. És una passada prodigiosa que no es comptabilitzarà a cap estadística però que per sí sola val un imperi. És una passada entre tres defenses realitzada amb la tensió justa i a l'instant adequat. Jesús ho aprofita per cedir a un Sterling que, de sobte, es veu assetjat pel porter i dos defenses locals, motiu pel qual decideix tornar la pilota al brasiler, que anota el gol definitiu.

Ha estat una lliçó magistral en un estadi de gran categoria davant d'un rival que es manté tercer de la Premier Legaue gràcies al seu joc formidable que avui no ha pogut desplegar. El City augmenta el nombre de victòries consecutives fora del seu estadi a quinze, nou rècord absolut, i suma el vint-i-quatrè partit de la temporada sense encaixar un gol després de quaranta-set de disputats. Ha jugat com un equip iugoslau quan no ha tingut la pilota i com una manada de búfals quan n'estava en possessió.

Ha ballat com una papallona i ha picat com una vespa. És l'equip de Muhammad de Bruyne.

## MOMENT 24

# Jugar amb calma

***Manchester, 6 d'abril de 2021***

—Tenim la lliga molt a prop. Molt a prop. El que hem de fer ara és no pressionar-nos massa contra el Borussia Dortmund. Jugar per guanyar el primer partit i després jugar per guanyar el segon. Sense complicacions. Només això. Jugar per guanyar i no pensar en res més. A veure si enguany som eficaços i per fi arribem a semifinals.

El Pep s'expressa amb tranquil·litat quan parlem, l'endemà del triomf a Leicester. Per quart any consecutiu arriba a l'escull dels quarts de final europeus, allà on el seu City s'ha estavellat cada cop, primer contra el Liverpool, després contra el Tottenham i finalment davant de l'Olympique de Lió, en aquella malaurada nit lisboeta. El rival d'enguany és el Borussia Dortmund, amb el ferotge Erling Haaland com a punta de llança.

Durant els tres dies de preparació, l'entrenador ha intentat inspirar calma als seus jugadors. La tàctica del partit serà important però molt més ho serà l'esperit amb què s'afronti. El Pep és conscient que els seus homes encara flaquegen en aquest aspecte, per més experiència que hagin adquirit homes com Gündogan, Fernandinho o Bernardo, per més propòsits que es facin jugadors com Rodri, De Bruyne o Stones. L'arribada de Rúben Dias ha aportat lideratge a la defensa però l'equip encara ha de demostrar que és capaç de jugar amb calma sense enfonsar-se en els foscos pous de la por com ha passat tantes vegades en el passat. No és estrany que a la prèvia del partit Rodri utilitzi una vegada i una altra la paraula *calma*. És el missatge. No pensar en esdeveniments llunys, centrar-se en el present i jugar amb calma.

Però les coses mai no succeeixen com un s'imagina.

Hi ha dos factors que dificulten i embruten el primer triomf del City en un partit d'anada de quarts de final de la Champions, tota una fita per al club: l'excel·lent organització del Borussia Dortmund i la por. La por paralitza mitja dotzena de jugadors del City i contribueix a curtcircuitar la fluïdesa i l'harmonia del seu joc. La victòria per 2-1 és dolça però el joc és amarg, allunyat dels cànons establerts durant la temporada.

Guardiola ha preparat el partit amb absoluta normalitat, sense concedir-li més transcendència. No ha parlat en cap moment de la importància de la Champions, ni del mur dels quarts de final, ni tan sols no ha convocat els jugadors al matí per repassar les accions a pilota parada. De fet, tant ha volgut rebaixar la tensió que els ha convocat a les sis de la tarda, només tres hores abans del partit. Ha intentat evitar qualsevol sensació de pressió, ha rebutjat qualsevol innovació o canvi sobre l'estructura bàsica de joc i ha alineat els homes en millor forma, que ha ubicat en les seves posicions més naturals. Guardiola és ben conscient que en anys anteriors va cometre errors a les eliminatòries europees per mirar d'ajudar els seus jugadors. És el seu cèlebre excés de pensament en alguns partits grans. I, per evitar caure-hi, avui no canvia res, no pressiona ningú, no força res, alinea l'equip més obvi i busca que el partit sigui tan sols un més de la temporada, sense atributs extres.

Avui, el Pep no falla. Però els seus jugadors sí.

El Dortmund es planta amb valentia sobre la gespa de l'Etihad Stadium, que es troba en pèssimes condicions. Maldestre i engarrotat, el City no troba la seva personalitat al camp, contràriament a tants partits de l'any en els quals s'ha mostrat ferm, enèrgic, agressiu i atrevit. Avui fa circular la pilota amb lentitud, com tement que una errada provoqui una altra ferida al cos *citizen*. A la ment dels jugadors hi ha records evidents, encara que estiguin amagats i siguin inconscients: Mònaco, Liverpool, Tottenham, Olympique de Lió... Aquests records dolorosos afloren a cada passada, a cada control.

El City no és el City, sinó el seu fantasma.

El Borussia Dortmund talla les connexions de Rodri i Cancelo amb els seus dos interiors (KDB i Gündogan) i l'equip es queda enfavat, sense més possibilitats que moure la pilota entre els defenses o enviar-la a un dels extrems, bloquejat a la banda. Hi ha tanta por a perdre una pilota, a exposar-se als contraatacs alemanys o que l'extraordinari Haaland pugui colpejar, que el City es mou sense riscos ni atreviments, sense exposar-se a res. Això el desnaturalitza i el converteix en un equip sense nervi. De fet, el Dortmund ja troba una bona primera ocasió al cap de set minuts de començar el partit, però Ederson rebutja el perillós xut del joveníssim Bellingham.

En un context tan temorós, són els visitants els qui cometen un primer error fatal. Mahrez roba al mig del camp una pilota mal dirigida per Emre Can i De Bruyne organitza un contraatac fulgurant que transcorre per quatre carrils. Per l'esquerra, Foden rep l'esfèrica i ja a l'àrea la passa amb tensió a l'altre costat per a la rematada de Mahrez, que no pot fer-ho però sí que controla i torna la pilota al mig perquè De Bruyne afuselli la porteria en el que és el primer gol. Gairebé sense haver generat joc, el City mana al marcador.

Contra tot pronòstic, el gol engarrota encara més els homes del Pep, que amb aquest avantatge senten que tenen mig objectiu a l'abast de la mà i decideixen arriscar-se encara menys. Al descans sumen només dos xuts a porteria per un del Dortmund.

És el partit de la por.

En reprendre's el joc, el Dortmund mostra un joc una mica més agressiu i el City es veu encara més condicionat per les seves pors. El Pep canvia l'estructura. Cancelo fixa la seva posició enrere i es manté al lateral esquerre, mentre que Gündogan retrocedeix a l'altura de Rodri per ajudar-lo en la sortida de pilota. El Pep ha percebut la por dels seus jugadors i decideix protegir-los més. Prova de fer que es calmin. Al cap de dos minuts de la represa, Dahoud llança una passada llarga a l'espai i Haaland recupera en carrera el desavantatge que tenia respecte de Rúben Dias i li guanya el duel cos a cos. Per sort, Ederson aconsegueix desviar la rematada letal del davanter noruec, que per cinquè partit consecutiu es quedarà sense marcar. L'advertiment ha estat tan seriós que el City redobla les precaucions. Damunt la gespa s'observa un engarrotament extraordinari en alguns jugadors.

La ment sempre és més important que el cos.

El que segueix és una successió llarguíssima de passades sense substància. L'equip pretén congelar el partit perquè acabi amb aquesta victòria mínima. Quatre homes es rebel·len i intenten superar la por que els tenalla. Stones s'erigeix en colós defensiu, Walker decideix emprendre atacs profunds, De Bruyne busca amb ànsia el segon gol i Foden fa un recital de driblatges, fintes i canvis de direcció que no encerta a culminar per mala punteria. Entre els minuts cinquanta i vuitanta el joc és anodí, però de tant en tant es produeixen ràfegues de genialitat i el City suma fins a sis ocasions de gol que, per un o altre motiu, no acaben culminant.

I llavors, quan el segon gol sembla a l'abast local, *patam*, el Dortmund empata.

En un instant de desconcert organitzatiu al mig del camp, Dahoud realitza una acció perfecta de «tercer home». Passa la pilota a Haaland, que la cedeix a Reus perquè penetri a l'àrea. Walker no ha aconseguit frenar el capità alemany, que bat Ederson sense dificultat i obté el seu divuitè gol a Champions, un més que Lewandowski, rècord del club alemany. És el primer gol que rep el Manchester City a Champions des de l'octubre de l'any anterior, quan el portuguès Luis Dias va marcar per al FC Porto. Han passat tretze hores i vuit minuts de joc sense encaixar gol però ha tornat a passar. Els temors es materialitzen sobre l'Etihad Stadium.

Una altra vegada, una altra vegada més, un altre cop de maça, un altre directe a la mandíbula, potser un altre KO europeu...

Amb tot, el que passa els nou minuts següents és tot el contrari. No és un boxejador noquejat qui s'aixeca de la gespa, sinó un equip orgullós i, ara sí, valent i atrevit. Amb De Bruyne i Foden escabellats, el City creix i creix fins que bat la porteria alemanya al minut 90, quan una «banana» amb la cama esquerra del belga és controlada per Gündogan, que cedeix enrere perquè Foden obtingui el triomf.

Tot i el joc espès, tot i la por que ha recorregut les venes de mig equip, el City adquireix un avantatge important per intentar arribar al gran objectiu de les semifinals. «Anirem a Alemanya a guanyar, no a defensar-nos —adverteix el Pep en acabar—. Hem d'ajustar la nostra pressió, el nostre *build-up*, els moviments sense pilota», afegeix. És a dir, s'ha d'ajustar pràcticament tot, però en realitat no diu el més important: cal asserenar els jugadors, treure'ls la por que els tenalla, aconseguir que oblidin les velles ferides...

El passat encara pesa com una llosa al costat blau de Manchester.

## MOMENT 25

# Quatre escenaris

### *Manchester, 7 d'abril de 2021*

A la una de la matinada, el llum del despatx de Guardiola encara és encès. L'entrenador discuteix amb els seus col·laboradors totes les opcions tàctiques per al partit de tornada al Signal Iduna Park, un escenari que coneix a la perfecció. A Dortmund va perdre, però també va aconseguir grans triomfs. El dimecres següent necessita un altre d'aquests triomfs —tot i que amb un empat en tindria prou— per tornar a l'elit europea i trepitjar de nou aquelles semifinals de Champions League que tant troba a faltar. Les va visitar quatre cops amb el Barça i tres amb el Bayern, però encara no ha aconseguit fer-ho amb el City.

Amb serenitat, Manel Estiarte repassa els quatre escenaris que havien previst per al partit d'anada i que ha acabat fa un parell d'hores. Sentenciar l'eliminatòria gràcies a un resultat destacable, guanyar amb poc marge, no guanyar i perdre de manera que a la tornada s'hagués de protagonitzar una remuntada èpica. S'ha produït el segon millor escenari, diu el principal col·laborador del Pep, així que hem d'estar raonablement satisfets i apartar les coses negatives. «L'objectiu és treure la por als futbolistes i que juguin alliberats», conclou Estiarte.

L'entrenador hi està d'acord. Els dies previs s'ha esforçat molt a no pressionar els seus homes perquè se sentissin lleugers i sense records negatius de les males vivències anteriors, i és evident que no se n'ha sortit. La por ha paralitzat jugadors madurs i esplèndids que estan fent una temporada excepcional. Aquest vespre han estat una ombra d'ells mateixos. Per quina raó? Perquè la ment de l'esportista és la seva millor amiga però també la seva pitjor enemiga. Jugadors com Dias, Cancelo, Rodri, Gündogan o Bernardo, probablement cinc dels millors de l'any, han estat una pàl·lida ombra del que són. La tensió del partit els ha superat més que la mateixa fortalesa del rival. Per si calia, s'ha fet evident que el futbol té dimensions que van molt més enllà de l'organització tàctica. Les conductes, els comportaments, les intencions i les emocions tenen una influència extrema en el desenvolupament del joc. Si hi ha pau mental, hi haurà glòria.

«Equilibri».

Tots els components del cos tècnic es conjuren en l'afany. L'objectiu és alliberar la ment dels jugadors de cara al repte de Dortmund. Que se sentin lliures per jugar sense por, sense témer els riscos, sense estar engarrotats per si s'equivoquen. I, al mateix temps, que siguin conscients que hi ha zones on no han d'assumir riscos. Trobar l'equilibri és la clau del desafiament. El yin i el yang del futbol. Atrevir-s'hi, ser apassionat i agressiu, valent i ofensiu, anar a guanyar, però al mateix temps ser previsor i caut.

«Equilibri», diu Estiarte i repeteix Lillo, sens dubte els dos homes més serens de tot el cos tècnic. Equilibri. Valents però cauts.

També Fernandinho, el capità, és conscient del que ha passat i quan encara al vestidor de l'Etihad comença a treballar buscant una millora per al partit de tornada. Es gira una setmana de tasca psicològica en la qual el capità serà clau. De Bruyne ho entén de la mateixa manera, per això l'endemà al matí mostra amb orgull la signatura del seu contracte renovat fins al 2025, per mostrar el compromís definitiu amb el Manchester City.

Guardiola ja ha revisat totes les variants possibles per al partit de tornada i arriba a una conclusió. Jugarà amb els mateixos homes, potser amb Gabriel Jesús en lloc de Bernardo, perquè confia en ells. I a dos quarts de dues se'n van a dormir. El guarda de seguretat de la caseta nord anota al llibre de moviments: «El *boss* marxa cap a casa».

## MOMENT 26

# Una ensopegada

***Manchester, 11 d'abril de 2021***

Estiarte i Lillo són dos ermitans.

Avui Estiarte m'ho ha repetit: «El Juanma ha tranquil·litzat molt el Pep. És com si fos un entrenador de l'entrenador. I ha servit per unir tot el cos tècnic».

Lillo rellegeix *Assaigs*, de Montaigne, que té a la tauleta de nit de l'habitació número 30 de la ciutat esportiva: «Els *Assaigs* són com el Quixot, un llibre de capçalera obligatori. Cal llegir-lo desenes de vegades».

Avui el Manchester United li ha retallat tres punts al Manchester City, que el dia abans va ensopegar a casa contra el Leeds de Marcelo Bielsa. Lillo parla des de la seva habitació, on dorm abans de viatjar a Dortmund:

—A mi no em fa res que el Manchester United guanyi partits. No em fa res. Jo no vull que els nostres jugadors tinguin la sensació que hi ha onze titulars i que després la Premier la juguen els suplents, els que donen «el descans» als titulars. M'agrada que el sentiment de pertinença del títol el tinguin tots i que d'aquí al final es juguin tots els partits amb el mateix nivell d'exigència. O sigui, que com més tard arribi la sentència del títol en el fons millor.

Es una opinió disruptiva, gens habitual al futbol d'elit però, si ho pensem bé, Lillo té bastanta raó.

Guardiola havia previst que Sergio Agüero jugués ahir des del començament del partit contra el Leeds, en el que seria la seva segona titularitat consecutiva a la lliga, amb l'objectiu de millorar un estat de forma malmès després de nou mesos de desgràcies continuades: trencament de menisc, lesions musculars, covid-19 i més lesions musculars. Quan semblava del tot recuperat i en condicions d'aportar la seva coneguda eficàcia rematadora, el Kun ha tornat a caure. Serà difícil, tot i que no impossible, que pugui col·laborar en el dur esprint final que afronta l'equip.

Així doncs, la idea del Pep de reservar el major nombre possible de jugadors titulars de cara al partit crucial de dimecres a Dortmund no és possible en el cas d'Agüero i tampoc en el de Laporte. El davanter centre és substituït per Gabriel Jesús, a qui l'entrenador volia reservar; i el defensa basc deixa el seu lloc a Nathan Aké, que torna a la titularitat després de gairebé cent dies d'absència fruit d'una greu lesió muscular a la cama patida a finals de desembre. Només és el desè partit d'Aké amb el Manchester City i el setè a la Premier League, un balanç discret per al jugador que va arribar com a recanvi de Laporte però que amb prou feines ha pogut mostrar-se.

Walker, Rúben Dias, Rodri, De Bruyne, Gündogan, Mahrez i Foden s'asseuen a la banqueta. El Pep els vol estalviar el joc de transicions que suposarà l'enfrontament contra el Leeds, una tortura física garantida, amunt i avall sense parar. Necessita que les cames i la ment dels seus millors homes estiguin fresques per a Dortmund. Només Cancelo, Stones i Gabriel Jesús, a més del porter Ederson, entren a l'equip titular. Encara que guanyar el Leeds és important perquè deixaria el títol molt més a prop, el desafiament de la Champions té molta més transcendència. No hi ha discussió.

Però aquest serà, com diuen els francesos, un *jour sans*, un «dia sense». El City perd el partit amb dos gols en contra fruit de les úniques dues rematades a porteria del Leeds. No n'hi prou amb les vint-i-sis rematades que fa, ni amb el domini absolut. Dues accions defensives maldestres basten per patir la tercera derrota de la temporada al seu estadi, una xifra que per al Pep és nova.

I, malgrat tot, no fan un mal partit, ni molt menys. Mendy torna al lateral esquerre després de la seva bona actuació a Leicester i Zíntxenko és alineat com a interior esquerre, on es mou amb ofici. Fernandinho juga alegre i amb desimboltura com a mig centre, amb el suport de Cancelo al seu costat i de Bernardo uns metres endavant. Tot i que els primers quinze minuts són un frenesí de carreres, el City aviat aconsegueix la pilota i marca el tempo. Fernandinho ataca amb decisió els espais centrals que el Leeds deixa buits, ben ajudat per Gabriel Jesús o Sterling, que s'alternen per baixar fins al cercle central a tocar d'esquenes i donar continuïtat com a tercer home. No és un volum de joc excessiu, ni un cabal d'ocasions de perill, però domina amb rotunditat, si bé ja s'adverteix que l'estat de forma de Sterling no és el més idoni. També Bernardo es mostra fràgil ara que ha deixat de ser peça indiscutible de l'engranatge.

Als quaranta-dos minuts, Cancelo, maldestre, deixa córrer una pilota en comptes de refusar-la. Sembla que es tracta d'un error per excés de confiança, un detall que repeteix des de fa setmanes, com si haver-se consagrat al gener i al febrer com un jugador clau l'estigués perjudicant en lloc de ser un benefici. La conseqüència directa d'aquesta acció és el gol dels visitants, que marca Stuart Dallas amb una rematada precisa al costat del pal. I després arriba l'acció que marca decisivament el partit: l'expulsió del defensa Cooper per una dura entrada a Gabriel Jesús.

Manant al marcador i amb un jugador menys, el Leeds construeix un castell al descans i s'hi tanca. Amb un esperit encomiable, l'equip de Marcelo Bielsa canvia radicalment la seva personalitat i en comptes de llançar-se al seu joc de transicions constants i persecucions de bogeria s'encastella al fortí, com un exèrcit assetjat que s'ha d'amagar darrere de murs robustos. Guardiola respon col·locant Mendy d'extrem esquerre, cosa que permet ajuntar per dins Sterling i Jesús. L'entrada de Gündogan —que juga el seu partit dos-cents com *citizen*— per Aké augmentarà el nombre d'interiors d'atac. Durant tota la segona part el joc és un monòleg del City representat en les conduccions atrevides de Stones, que una vegada i una altra es planta amb la pilota a la frontera de l'àrea rival. El partit del defensa anglès és commovedor per la voluntat de victòria que desprèn. Sense por de res, condueix l'esfèrica cap amunt sense desanimar-se. Cadascuna de les seves arribades és com obrir una finestra als murs que el Leeds s'esmerça a tancar. Aquell defensa-mig centre que el Pep va intuir l'any 2018 avui es mostra en la seva plenitud.

El City remata vint-i-nou cops, encara que sense gaire punteria i sovint amb bloquejos dels visitants, que fan un esforç colossal. Als setanta-cinc minuts, Bernardo aprofita una passada filtrada de Fernandinho per cedir a Ferran Torres, que aconsegueix l'empat. Un dia més es comprova que el davanter espanyol es mou amb eficàcia dins de l'àrea i sense encert fora. Consubstancial amb el seu caràcter, l'equip redobla els esforços a la recerca de la victòria, però el que li arriba és un primer avís del Leeds amb un contraatac de Raphinha que

Ederson salva amb una fredor d'acer. Queda clar que Fernandinho encara té molt de futbol quan juga de mig centre i té les esquenes ben cobertes, però ja no posseeix prou velocitat per enfrontar-se a camp obert a davanters elèctrics. I, com si d'un malson es tractés, com si el destí li volgués recordar al City que és humà i, per tant, fal·lible i fràgil, al minut 90 el Leeds encadena una acció ràpida i precisa d'esquenes a Stones i Fernandinho, i Dallas supera Ederson en la seva sortida. L'acció i el mateix partit recorden els malsons de la temporada anterior, quan l'equip va deixar escapar un munt de punts per una combinació estranya d'atacs maldestres i defenses imprecises.

La derrota té escasses conseqüències pràctiques, per molt que durant la tarda de dissabte s'acumulin nuvolots grisos sobre l'Etihad. Se sap que després de les derrotes tothom aparenta ser molt llest, però això no és més que fer-se trampes al solitari. Tant és que s'afirmi conèixer els perquès de la victòria i la derrota: al cap i a la fi, el futbol és un esport inexplicable. En qualsevol cas, el títol de la Premier no sembla perillar i la derrota només és un petit accident dins del brillant camí que està recorrent l'equip. L'objectiu principal continua intacte. Les cames dels titulars estaran fresques per al gran partit de dimecres a Dortmund.

## MOMENT 27

# Un diumenge de vídeos

***Manchester, 11 d'abril de 2021***

El Pep anul·la l'entrenament previst per al diumenge 11 d'abril i el passa a dilluns. Lillo aprofita el matí lliure per continuar llegint Montaigne.

Els partits importants de les dues setmanes següents fan recomanable aquest dia de descans perquè els jugadors reposin cames i cap. El Pep es queda a casa. La derrota contra el Leeds, divuit hores enrere, ja ha quedat oblidada. Tota la concentració està posada en el Borussia Dortmund.

Guardiola i Lillo intercanvien missatges durant tot el diumenge. Viuen a menys d'un minut de distància caminant, però Lillo s'ha quedat a la ciutat esportiva revisant els detalls tàctics. De tant en tant s'envien un missatge de veu amb petits matisos. Les principals preocupacions tenen a veure amb la manera de pressionar la sortida de pilota dels alemanys i com dificultar les combinacions entre Hummels, Emre Can i Dahoud. Si el City aconsegueix entorpir la circulació entre aquests tres jugadors, el Dortmund perdrà perill. Es tracta de curtcircuitar l'equip groc dins del seu propi camp. Pel centre, el Borussia és molt més perillós que per fora. Cal tapar les zones centrals i convidar-lo a sortir per fora.

El diumenge sencer transcorre així. Els jugadors descansen i els entrenadors preparen el pla.

La derrota del dia abans ha deixat un gust de boca estrany al vestidor. Un dels jugadors li ha comentat a un membre del cos tècnic que no entenia que Guardiola hagués reservat tants titulars. La resposta ha estat senzilla: què hauria passat si De Bruyne s'hagués lesionat contra el Leeds o si els principals jugadors s'haguessin desgastat? Quina factura hauria passat aquest esforç de cara al repte de dimecres? No, el Pep no n'havia dubtat gens. Una alineació potent contra el Leeds, sí, però no la més potent. Havia reservat a consciència set homes que jugarien contra el Borussia i no se'n penedia, malgrat l'ensopegada. L'avantatge a la taula de classificació continuava sent més que notable. Com diu Lillo, «que em donin cada any vuit punts d'avantatge quan en quedin divuit per jugar...».

Un altre jugador es va sentir molest amb Guardiola perquè l'entrenador el va pressionar molt durant el partit. És cert. Des de feia alguns mesos, el Pep havia relaxat molt la pressió des de la banda. Deixava més llibertat d'acció als seus jugadors, sense intervenir a cada instant ni donar excessives instruccions. Aquest canvi havia sorgit de manera natural. El Pep anava guanyant en experiència i el seu contacte permanent amb Lillo ajudava a aquesta actitud més relaxada i menys intervencionista. L'entrenador buscava que els jugadors guanyessin més protagonisme en la presa de decisions i adoptessin iniciatives pròpies. I havia donat bons fruits. Els jugadors estaven més relaxats i serens i també ho estava el Pep. No obstant això, en alguns moments del partit contra el Leeds, quan l'equip s'estavellava una vegada i una altra contra el mur de Bielsa, l'entrenador va cridar indicacions, va dictar instruccions i va manar espavilar algun jugador. En acabar el partit, al vestidor, un d'ells es va mostrar molt disgustat, però de seguida els seus companys li van fer veure que era normal i lògic que Guardiola hi hagués intervingut. La jornada del dissabte va acabar amb el disgust per la derrota, però sense més preocupacions.

Pep passa el diumenge veient vídeos del Borussia Dortmund i contrastant opinions i detalls.

El dilluns s'aixeca assolellat a Manchester. Laporte s'incorpora als entrenaments, ja resoltes les molèsties. Sergio Agüero, en canvi, continua absent. Els jugadors somriuen i la pilota vola sobre el camp número u de la City Academy. El pla per a dimecres ja està dissenyat. L'equip es disposarà en la seva forma clàssica de 3-2-2-3, pressionarà fort l'inici del joc del Dortmund per conduir-lo cap als costats i sortirà a guanyar el partit. L'objectiu és marcar dos gols per evitar ensurts. Només queden per resoldre els dubtes de si el lateral esquerre serà Cancelo o Zíntxenko i si jugarà Gabriel Jesús com a punta o bé Bernardo Silva com a fals 9. Les sensacions dels entrenaments dictaran sentència.

## MOMENT 28

# Finalment…

***Dortmund, 14 d'abril de 2021***

El Radisson Blu és un hotel funcional, sense grans luxes però molt agradable, situat a sis minuts de l'estadi quan no hi ha trànsit. Avui és dia de partit gran i cal una mica més de temps per arribar fins al Signal Iduna Park. L'autobús de l'equip recull els jugadors lluny de la porta perquè la rotonda principal és de petites dimensions. Després ha de maniobrar fins vorejar el Westfalenpark i travessar per sobre de l'autovia 54 fins arribar al Schwimmweg i entrar pel túnel interior del màgic estadi del Borussia Dortmund. Caminant es triga un quart d'hora i és un trajecte clàssic entre els aficionats locals, que des d'hores abans es congreguen al vestíbul de l'hotel, decorat bàsicament de groc i blau, per beure cervesa fins a exhaurir-ne les existències. Han començat a beure i a cantar a mitja tarda i continuaran així fins a les vuit, quan marxaran a l'estadi perquè els controls de seguretat exigeixen que arribin com a mínim quaranta minuts abans de l'inici del partit.

La nit abans vaig parlar un moment amb el Pep:

—Tot anirà bé. Hi posarem tot i més de la nostra part. I que la gespa dicti sentència. Com ha estat fins ara i com serà sempre.

No són idees massa brillants, però la nit abans d'un partit transcendental no poden exigir-se pensaments gaire profunds. El Pep aparenta tranquil·litat.

Els jugadors coneixen l'alineació a la mateixa hora que els aficionats locals comencen a beure cervesa al pis de dalt, on Guardiola ha reunit els seus homes. Només hi ha un canvi respecte del partit d'anada: entra Zíntxenko en lloc de Cancelo, que en els dos últims partits ha tingut un rendiment discret. Bernardo es manté a l'equip titular en lloc de Gabriel Jesús, encara que qui farà avui de fals 9 serà De Bruyne, que té una forma de pressionar els defenses que pot ser més eficaç. La xerrada tàctica és breu, gairebé minimalista, en la línia de l'entrenador tota aquesta temporada. Al cap i a la fi són seixanta xerrades per temporada, any rere any, i no és estrany que els futbolistes es cansin i perdin la concentració, per la qual cosa el Pep ha decidit que la millor xerrada és la breu, la que no mareja els jugadors.

Això sí, l'entrenador els mostra un vídeo. Qui parla és Scott Carson, el veterà porter de l'equip, que no ha viatjat a Dortmund i ha deixat la seva plaça de tercer porter a James Trafford, el jovenet de l'equip filial (divuit anys). Carson és un home avesat i experimentat, que va guanyar la Champions el 2005 amb el Liverpool i que no ha jugat ni un sol minut amb el City des que va arribar a l'agost del 2019, però que és un puntal anímic de l'equip, una espècie de germà gran de tots. Carson ha protagonitzat anècdotes increïbles al vestidor *citizen*, començant per les del dia de la seva presentació, quan la majoria de jugadors joves van creure que es tractava d'una broma del club en veure el seu aspecte, ja que semblava un encarregat de material fent-se passar per futbolista. Amb la seva veu ronca i el rostre colrat, una barba grisenca que el fa aparentar molts més anys dels trenta-cinc que té, una panxa que no es pot dissimular i una manera de caminar parsimoniosa, Carson va ser acollit al vestidor entre bromes i incredulitat. Espontani i graciós, aviat va conquerir el cor de tothom, fins i tot el del Pep malgrat arribar tard a uns quants entrenaments. Guardiola no ho entenia: «Per què arribes tard, Scott?», li preguntava. «És que visc a Derby i vinc amb tren. Són més de dues hores cada matí», responia el porter. Un futbolista anant amb tren a entrenar? El Pep es gratava el cap sense saber com reaccionar davant de les quatre hores i mitja diàries de Carson al tren...[50]

Avui Carson parla als seus companys des de la pantalla. Per des-

50. El viatge en tren des de Derby obligava Carson a fer transbordament a Sheffield per agafar el Transpennine Express fins a l'estació de Manchester Piccadilly, on agafava el Metrolink fins a la parada de Velopark, i des d'allà caminava uns deu minuts fins a l'edifici del primer equip a la City Academy. Si no hi havia cap incident, el recorregut durava dues hores i quart. Però de vegades hi havia retards als trens o es perdia algun enllaç.

comptat, fa broma per relaxar l'ambient previ. Demana a l'equip que jugui amb serenitat, sense pressió, ni esvalotament. Que facin el que saben fer, ja està. A dos quarts de vuit, l'autobús abandona el Westfalenpark i arriba a l'estadi.

Encara que sigui el mes d'abril, fa fred, i la por el fa augmentar. La por és la protagonista del partit. Un equip sense por davant d'un altre replet de pors. Un equip sense res a perdre contra un altre que no pot permetre's tornar a perdre. Per al Dortmund es tracta d'una oportunitat d'or per tornar a les semifinals europees, que no visita des del 2013. Per al City és un altre moment cabdal de la seva història, una altra oportunitat per estar entre els quatre millors equips, un altre partit decisiu, una altra cita crucial. Al Dortmund l'impulsen l'absència de responsabilitats i pors, el no tenir res a perdre i la il·lusió per aconseguir un premi que ningú no imaginava, atesa la trista imatge de l'equip a la Bundesliga. Els frens del City són la història recent, els cops rebuts i la por de repetir el gust amarg d'una altra caiguda muntanya avall...

Dos estats anímics tan contraposats xoquen amb tota cruesa damunt la gespa durant els quinze primers minuts. Guardiola i Estiarte, Lillo i Buenaventura, Mancisidor i Borrell, fa una setmana i mitja que tot el cos tècnic demana calma i serenitat als jugadors. No hi ha hagut cap pressió, no hi ha hagut discursos èpics, ni crides a l'heroïcitat, ni exigència de responsabilitats. Mai abans uns jugadors del Pep s'havien pogut sentir tan tranquils, sense que el seu entrenador els pressionés amb paraules, gestos o preparatius. El Pep ha complert escrupolosament el seu compromís personal amb Lillo. L'entrenador actua tal com li ha proposat «el seu» entrenador. L'objectiu comú ha estat rebaixar la tensió anímica en uns jugadors que han viscut amargues experiències a les eliminatòries europees recents.

Però els primers quinze minuts tornen a glaçar l'ànima *citizen*. Ningú no ho exemplifica millor que Zinchebko, protagonista de tres passades consecutives errades que per poc no costen un disgust. El quart d'hora de bloqueig acaba amb gol del Borussia Dortmund. Un cop més es comprova que en l'esport influeix més la ment que el propi cos.

És un gol desafortunat, sens dubte. Hummels llança una pilota en llarg per a Haaland, que aconsegueix escapolir-se de Stones dins de l'àrea i cedir a Dahoud perquè xuti. La pilota toca Rúben Dias i el rebot cau a peus del jovenet Bellingham, que para la cama i llança una rematada esplèndida a l'esquadra d'Ederson. Una canonada. Un gol fruit de l'engarrotament. Un gerro d'aigua glaçada en la gèlida nit alemanya. El rostre de Guardiola és una barreja de fred, ràbia i abatiment. Cau assegut a la banqueta, de la qual s'aixeca Lillo per aplaudir i animar els seus jugadors. Alguns abaixen els braços; d'altres els agiten per exigir una reacció, com Rúben Dias, el líder de la defensa.

És curiós això de Lillo perquè sempre va a l'inrevés del món. És un entrenador que no celebra els gols del seu equip. Mentre els seus companys del cos tècnic salten i s'abracen després d'un gol favorable, ell es queda assegut i impassible a la banqueta, sense moure ni una cella. Però si el seu equip encaixa un gol, llavors s'aixeca com impulsat per una molla, s'acosta al camp i enfervoreix els seus homes amb crits i aplaudiments. En les dues situacions es comporta a l'inrevés del corrent. Ara està dret, al costat de la línia de calç, cridant com un esperitat, mentre el Pep es queda lligat al seu seient, com si una llosa li impedís moure's.

Ha arribat l'hora de la veritat per a aquests jugadors. Amb setanta-cinc minuts per davant, i momentàniament eliminats, han de demostrar si volen o no volen, si poden o no poden, si saben o no saben fer-ho. Han d'assumir les seves responsabilitats, empassar-se les seves pors, apel·lar a l'atreviment i exposar davant tot Europa si de debò només són un equip de quarts de final o si poden aspirar seriosament al tron més alt. No és qüestió de tàctiques ni d'estratègies, ni tan sols de joc. El que es veurà en la següent hora i quart de futbol serà el poder de la ment.

La situació ha canviat de forma radical. Qui ara no té res a perdre és el Manchester City i qui pot perdre tot el seu botí és el Borussia Dortmund. Aquest canvi de marc mental decideix l'eliminatòria. El City avança vint metres les seves línies, fins al punt que la pressió dels atacants, amb De Bruyne en punta, comença a molestar els defenses alemanys. Deu minuts després, el mateix De Bruyne recupera una pilota dins de l'àrea de Hitz i estavella la rematada al travesser. Primer avís seriós. El City comença a sentir-se còmode i a dominar tots els àmbits del joc. Guanyarà dinou duels individuals, més del doble que el BVB (set); recuperarà quaranta-cinc pilotes, per trenta-sis del Dortmund; llançarà onze serveis de córner, per dos dels locals; i, sobretot, no permetrà que Haaland torni a rebre cap pilota a prop de l'àrea d'Ederson. El rendiment de la parella Stones-Dias serà un factor decisiu en aquest èxit.

Guardiola sempre va creure que Stones podia ser un defensa extraordinari, d'un perfil similar al del català Gerard Piqué, perquè posseeix totes les qualitats necessàries: bon peu, gran visió de joc, caràcter fort i contundència en els duels. Però per aconseguir tal nivell necessita algú al seu costat que el complementi i el sostingui en els mals moments. El 2017, el Pep em va dir: «El John pot ser un fenomen, però perquè ho sigui hem de col·locar-li un company amb l'esperit de Carles Puyol, un guerrer». Aquest és el paper que executa Rúben Dias. És el guerrer de la defensa, el company que necessita Stones per poder ser superlatiu. El Pep veu en ells els seus nous Piqué i Puyol. Entre Stones i Dias tan sols hauran permès quatre recepcions de Haaland dins de l'àrea en cent vuitanta minuts d'eliminatòria, tres a l'anada i una a la tornada. La principal arma del Dortmund queda desactivada. El BVB només rematarà una vegada més contra Ederson, en un cop de cap de Hummels que surt alt.

Des que ha encaixat el gol, el City s'ha alliberat. Torna a assemblar-se a ell mateix, per molt que hi hagi jugadors com Gündogan que encara estiguin tenallats. Ell mateix ho reconeixerà: «En el primer quart d'hora teníem por de perdre el nostre avantatge. Després de l'1-0 ens hem alliberat». A ell li costa uns minuts més, però el seu segon temps serà formidable, partint des d'una posició propera a Rodri, dominant la pilota, marcant el ritme de joc i oferint-se com a fil que connecta el joc dels seus companys. En aquest partit Gündogan mostrarà les dues cares de l'esportista: engarrotat a l'inici, alliberat després.

No aconsegueixen marcar abans del descans tot i gaudir de dues magnífiques oportunitats a peus de Mahrez. Però els avisos ja són molt seriosos. L'entrenador reforça aquestes sensacions al vestidor. Han tingut tres grans ocasions de gol i tots són conscients que queda molt poc per trencar la resistència alemanya. «Nois, només cal marcar un gol —els diu el Pep—. Encara que ells ens en marquin un altre, nosaltres només hem de marcar un gol. Sortiu i marqueu-lo».

El Dortmund es tanca cada cop més a la seva àrea. Li costa creuar el mig del camp i només amb pilotes molt llargues aconsegueix connectar alguna vegada amb Haaland, que perd tots els duels contra Stones o Dias. A Marco Reus l'han enviat a la banda dreta per ajudar a defensar el triangle Foden-Gündogan-Zíntxenko, que s'encarrega d'acumular passades en aquesta zona per acumular-hi rivals i desguarnir-ne d'altres, on el City atacarà. I és precisament a la banda esquerra on s'origina el cop definitiu. Primer és Zíntxenko qui amenaça el porter amb un centre-xut. I al minut 54, el lateral i Foden combinen diverses vegades a l'interior de l'àrea fins que un centre del noi de Stockport s'estavella al cap i el braç estès d'Emre Can. El penal, llargament revisat pel VAR, és assumit per Mahrez. Donats els seus pèssims antecedents, l'opció que el llancés De Bruyne semblava més segura, però més tard Mahrez dirà que tots sabien que el llançaria ell, després dels assajos duts a terme el dimarts. L'algerià, que porta catorze partits de Champions sense marcar, connecta un tret sec i dur, a mitja altura, a l'esquerra del porter, que es llança bé però sense opcions d'aturar-lo. El mur groc ha caigut. L'empat classifica el City, si bé ara cal veure com reaccionen les ments d'uns i altres.

El que succeeix és poc comprensible. El Dortmund continua encastellat, tancat en ell mateix, i el City s'afarta a fer passades, amb la qual cosa apareixen les millors virtuts de Gündogan, Rodri i Bernardo, que controlen el ritme adequat a cada moment. Els defenses s'avancen a qualsevol ambició alemanya i De Bruyne es converteix en un martiri per al BVB, que d'ara endavant només disposarà de l'esmentada ocasió de Hummels. El City es fa dominant i impedeix qualsevol rèplica. Fins a tres vegades aconsegueix fer un contracop, encara que sense liquidar el partit. Rodri remata de cap un servei de córner al travesser i De Bruyne protagonitza una escapada individual formidable que culmina amb una rematada rasa que Hitz salva. Al córner següent arriba la sentència.

Mahrez cedeix en curt a Bernardo, que obre per a Foden, situat al vèrtex esquerre de l'àrea alemanya. En general empren aquesta seqüència confiant que el rival anirà darrere de Foden, qui llavors centrarà la pilota a l'àrea buscant els caps dels seus defenses. Però en aquest cas cap alemany va decididament a buscar Foden, que a més percep com Haaland tapa la visió del porter Hitz, per la qual cosa instintivament decideix xutar a porteria. La pilota s'estavella al pal i es cola a la xarxa. El City és a semifinals. El Dortmund s'agenolla.

Foden, l'Iniesta de Stockport, corre com un esperitat cap a Guardiola per abraçar el seu mentor. En aquesta abraçada inacabable es resumeix la complicitat entre mestre i alumne. Per al Pep, aquest noi ha estat sempre la joia de la seva corona i l'abraçada només certifica que el que havia somniat s'ha fet realitat: «Foden, recorda aquest nom» (2016); «És un geni. Serà estel·lar» (2017); «És un dels millors jugadors joves que he vist mai» (2018).

En els últims quinze minuts l'equip encara disposarà de dues grans oportunitats per ampliar el marcador, però entre Bernardo i Mahrez malgastaran la primera i Sterling tirarà per terra la segona, en un fidel reflex del seu estat de forma. Ja fa estona que la pressió ha desaparegut. El partit té xifres similars al d'anada: la mateixa possessió, un nombre gairebé idèntic de passades i d'encert, i algunes poques rematades més a porteria, i es venç el rival per idèntic resultat. La victòria incrementa a setze els triomfs consecutius fora de casa, un rècord que continua augmentant. També suposa la victòria número cent fora de casa per al City de Guardiola des de l'estiu del 2016. De cent quaranta-dos partits disputats n'ha guanyat cent, empatat divuit i perdut vint-i-quatre, amb tres-cents gols a favor i cent vint en contra. L'equip es manté invicte a Europa, amb nou victòries i un empat en deu partits. Ha marcat vint-i-un gols i només n'ha encaixat tres, i ha deixat la porteria invicta en set partits. Per segona vegada en la seva història accedeix a semifinals, on jugarà contra el PSG, finalista de l'any anterior. Serà l'octava semifinal de Champions per al Pep i el desafiament més gran de la temporada.

Per fi el múscul més poderós de l'esportista, la ment, ha respost de manera positiva a la crida *citizen*. Els jugadors s'han aixecat dues vegades. A Manchester després del gol de Reus i a Dortmund després del de Bellingham. Així es tanca una ferida oberta el 2017 i que ha supurat un dolor incessant, que s'agreujava any rere any, a cada nova caiguda.

Hores després, mentre el Pep pren una copa de xampany al Radisson Blu, li recordo allò que em va dir fa quatre anys, després de la sagnant eliminació contra el Mònaco: «No he sabut imprimir-los caràcter perquè no tinguin por en els grans escenaris. Tenen por de jugar i així és impossible». Aquesta por s'ha transformat avui en energia positiva i el Pep n'és conscient:

—Serveix més el caràcter que les estadístiques.

## MOMENT 29

# Gundo s'ha enfadat

***Londres, 17 d'abril de 2021***

El desgast emocional de Dortmund condiciona el següent moviment de Guardiola, que es presenta a Wembley per a la semifinal de l'FA Cup amb només tres jugadors dels que es podrien considerar titulars: Rúben Dias, Rodrigo Hernández i Kevin de Bruyne. La derrota soferta contra el Leeds el dissabte anterior també hipoteca l'alineació contra el Chelsea perquè el City està obligat a guanyar dimecres a Birmingham per garantir el lideratge a la Premier League. Així doncs, entre el desgast i les futures exigències, el Pep afronta la semifinal amb un equip que en altres ocasions hauria estat superb, però que ara mateix està ple de suplents. I aquesta separació tan evident entre titulars i suplents no és el més desitjable. El Pep sempre ha preferit combinar i barrejar jugadors, però les circumstàncies i les seves pròpies eleccions han conduït a aquesta situació. Ara els suplents se senten suplents.

L'elecció del ritme del partit tampoc no és la millor. El Pep vol limitar al màxim els atacs en profunditat, un dels senyals d'identitat del Chelsea de Tuchel, i per fer-ho aposta per un ritme lent de joc. Fernandinho i Rodri al mig del camp i De Bruyne —malgrat la fatiga que va evidenciar en l'últim quart d'hora contra el Dortmund— per canviar de ritme i fer una de les seves passades de gol. Però el Chelsea es mou molt bé en ritmes lents i pressiona amb eficàcia la sortida de pilota *citizen*, que no és el 3+2, amb Cancelo a l'altura del migcampista, sinó un 2+3, amb Dias i Laporte a la línia posterior i Cancelo, Fernandinho i Rodri a la segona línia.

No funciona. L'agressivitat dels atacants del Chelsea entorpeix la circulació de tal manera que l'equip del Pep se sent atabalat i perdut sobre la gespa de Wembley. L'estructura organitzada per Tuchel, amb tres defenses i dos carrilers, permet que Chilwell agredeixi constantment Cancelo, i per aquesta zona queda curtcircuitat el joc del City, que amb prou feines aconsegueix un 35 % de possessió de la pilota durant els primers deu minuts. A partir del minut 25, l'equip pren el comandament i apareix KDB per donar més ritme al joc, però el partit transcorre fora de les àrees, amb un únic xut a porteria del City i cap del Chelsea. Cada equip ha anullat el rival i en l'ambient sembla respirar-se que n'hi haurà prou amb un gol per tancar el partit.

El cop d'efecte es produeix als quaranta-vuit minuts, quan De Bruyne es lesiona el turmell en intentar retenir una pilota que sortia per la banda. Els pitjors auguris planen sobre el City, que perd la seva figura en el moment més delicat de la temporada. De sobte, els grans desafiaments imminents semblen engegantir-se. I encara que Foden aporta la seva electricitat habitual al joc, és el Chelsea qui utilitza un error doble del rival per sentenciar la semifinal. Chilwell aprofita un salt agressiu de Cancelo cap endavant —el mateix tipus de pressió que va costar el segon gol del Manchester United a l'Etihad— per cedir a Jorginho, que al seu torn passa a Mason Mount, qui enganxa tota la defensa *citizen* a contrapeu. El jove Zack Steffen comet així mateix un error greu, ja que no arriba a tallar la pilota llarga enviada a Werner ni es manté a la seva porteria, sinó en una zona intermèdia, de manera que el davanter alemany pot cedir amb tranquil·litat a Ziyech perquè marqui a porta buida. El doble error penalitza el City d'una manera sagnant. En els següents minuts l'equip es mostra consternat i està a prop de concedir un segon gol, encara que l'error de Rúben Dias en deixar Ziyech sol davant de porta és salvat aquesta vegada per Steffen amb una gran acció.

La mitja hora final mostra les qualitats defensives del Chelsea, al qual Thomas Tuchel ha dotat d'una organització agressiva, i també la feblesa ofensiva del City. Un cop més s'evidencia que Ferran Torres s'ofega com a extrem en espais tancats, i que la seva major eficàcia emergeix dins de l'àrea. Encara més dolorós és el rendiment de Raheem Sterling, qui mostra un estat de forma pobre, probablement conseqüència de trobar-se en una situació emocional preocupant. Són Rúben Dias, en una rematada de cap que marxa alt, i sobretot Rodri, en un altre cop de cap després d'un servei de córner, els qui intenten igualar el marcador, però en els dos casos sense èxit.

Per segon any consecutiu, el City cau en semifinals de l'FA Cup davant d'un equip de Londres. El partit ha estat lent i fluix, amb tot just tres xuts a porta per part de cada equip, i amb un joc més que discret. Aquesta vegada l'actuació dels homes del Pep ha estat millor que la de l'any passat davant de l'Arsenal, però la derrota deixa un regust molt amarg i unes certes seqüeles. Els suplents han demostrat la raó per la qual ho són, però d'altra banda aquesta separació entre dos blocs de jugadors no és una bona notícia per a l'esprint final. El Pep haurà d'afrontar el problema.

Al mateix temps, el canvi de funcions assignat a Cancelo ha desembocat en un mal rendiment del jugador portuguès. A partir de la derrota contra el Manchester United el 7 de març, on es va evidenciar que Solskjaer havia trobat la manera de desactivar la seva doble funció com a lateral-interior, Guardiola l'ha fet jugar simplement com a lateral: a la dreta contra el Fulham, a l'esquerra contra el Dortmund i a la dreta contra el Leeds. En tots tres casos, excepte la primera meitat del partit d'anada contra el Dortmund, a Cancelo se li va ordenar recórrer la banda i abandonar els espais interiors. Des de llavors, el seu rendiment ha caigut a plom, i també el de l'equip, que ha perdut la superioritat al mig del camp amb què havia dominat els partits al gener i el febrer. Potser aquest sigui el problema tàctic de major magnitud que hagi de resoldre Guardiola en aquest últim tram.

Hi ha un altre problema, i no és tàctic. Després de la derrota, un dels jugadors que ha disputat el partit ha rigut una bona estona al vestidor, possiblement perquè estava enviant bromes pel seu telèfon mòbil. Gündogan s'ha enfadat molt i ho ha expressat en veu alta. Fernandinho ha calmat la tensió, però n'ha pres bona nota. El Pep li ha dit a Gündogan que és un tema que han de resoldre els mateixos jugadors i Lillo ha fet idèntic comentari a Fernandinho. Els toca ajuntar-se a ells. Gündogan no és el capità triat per la plantilla, però té el cap molt ben posat i no vol deixar passar l'ocasió sense convocar una reunió de tothom per unir forces i fer una posada en comú d'objectius. L'hi ha proposat a Fernandinho, que l'organitzarà immediatament. Els problemes i les tensions, siguin per ego o per falta de responsabilitat, no poden amagar-se i s'han d'afrontar cara a cara.

Quan surt de Wembley, Lillo ho exposa d'una manera clarivident:

—Ara ells han de fer un esforç «egoista» perquè tots sortim guanyant. És el que toca. Quan la temporada està molt avançada, de vegades la gent es desorienta una mica. Qui vol renovar pensa en això, qui se'n vol anar també pensa en això, etcètera. Però ara és moment de pensar d'una altra manera. Mira, qui no jugarà més i qui no ha jugat en tot l'any és millor que, quan marxi a un altre lloc, per diners o per prestigi, ho faci anant-se'n de l'equip que va quedar campió. Qui es quedi és millor que ho faci en un equip campió. Qui no sàpiga si renovarà, doncs també millor ser campions perquè així potser serà més fàcil renovar... És a dir, per «egoisme altruista» a tots ens interessa que això vagi bé. Cal tenir clar que ningú no guanya quan l'equip perd, encara que alguns creguin que sí. I ningú no perd quan l'equip guanya.

Gündogan és molt responsable. El seu empipament no té a veure amb l'ús dels telèfons mòbils després de la derrota, ni amb els riures banals. Té a veure amb el fet que alguns companys hagin jugat la semifinal com a oficinistes perquè aquest partit els semblava poc per a ells. Els titulars són molt titulars, els suplents són molt suplents. Tots ells, amb el seu rendiment, han fet mèrits per estar en un grup o en l'altre. El Pep ha donat suport a aquesta meritocràcia i ha donat oportunitats a tots per afrontar l'esprint final en una posició o en una altra. Però al mateix temps aquesta separació suposa dividir el vestidor en dos blocs, significa que hi hagi homes desanimats, desmotivats o desmoralitzats, o les tres coses. Significa que aquells que, com Sterling, travessen un pèssim estat de forma no troben el brou de cultiu adequat per sortir de la seva crisi de joc. El Pep té un problema a les mans i l'ha de resoldre si vol lluitar pels tres títols que queden en joc.

La bona notícia de dilluns és que KDB no s'ha fracturat cap os del peu, ni s'ha trencat cap lligament. Només pateix un edema. Dels tres escenaris que van dibuixar els serveis mèdics durant el matí de diumenge, la ressonància magnètica ha dictaminat que es tracta del millor de tots. Fins i tot podria jugar la final de la Copa de la Lliga de diumenge següent contra un Tottenham que acaba d'acomiadar Mourinho.

Dilluns, 19 d'abril també queda marcat per la notícia de la posada en marxa de la Superlliga europea. El punt de partida és una reivindicació raonable davant de la UEFA per part de clubs que aporten molt a les competicions europees i que busquen uns ingressos econòmics més alts. Però la proposta de Florentino Pérez (Reial Madrid), Andrea Agnelli (Juventus) i els Glazer (Manchester United) és un disbarat colossal que immediatament és criticat per aficionats de diferents clubs anglesos. Els del Manchester City i el Chelsea són els més agressius contra la proposta i els més actius davant dels responsables dels seus clubs. Després del Leeds-Liverpool, Patrick Bamford, James Milner i Jürgen Klopp es manifesten clarament contraris a la idea. El xut de gràcia el dispara Pep Guardiola el migdia del dimarts, quan es posiciona contra una competició tancada per considerar-la antiesportiva, i mostra la seva disconformitat davant la falta d'informació detallada. El Manchester City publica al seu compte de Twitter les manifestacions del Pep i diversos jugadors ho retuiten. La bola de neu creix. Fernandinho, De Bruyne, Walker i Sterling mantenen una dura conversa amb Ferran Soriano a través de Zoom en la qual expressen disgust per la idea i també pel fet d'haver-se'n assabentat a través de les notícies de la premsa. A mitja tarda la direcció del club ja té clar que ha de fer marxa enrere, la qual cosa es materialitza a primera hora de la nit i desencadena que els altres clubs anglesos facin el mateix. La Superlliga ha mort.

## MOMENT 30

# Molta competició, pocs fonaments

***Birmingham, 21 d'abril de 2021***

Estan centrats en la competició, sense temps ni possibilitats d'entrenar els fonaments del joc. Es juga de manera instintiva, d'acord amb els records acumulats, però sense haver pogut treballar en pretemporada ni molt menys entrenar-se durant l'aclaparadora seqüència de partits cada tres dies. Només hi ha l'opció de jugar, recuperar-se, descansar i tornar a jugar. De tant en tant, algun vídeo com a recordatori o alguna petita correcció en els entrenaments, per refrescar els principis instal·lats al subconscient dels jugadors. Es juga com es va aprendre quan hi havia temps per a ensenyaments i entrenaments. Es juga des del subconscient, sense intervenció en el dia a dia. No hi ha temps per a això.

El dia abans, el Pep va parlar en termes similars d'aquest assumpte:

—Deu, onze mesos de competició, un centenar de rodes de premsa, tres partits la setmana... És molt, és massa. Mai no he viscut un any així. Aquesta temporada comencem més tard i acabem abans, però amb les mateixes competicions, els mateixos partits i les mateixes exigències per al club i els aficionats de guanyar, guanyar i guanyar. No és una queixa, és una alegria, un plaer arribar a la final de la Copa de la Lliga i després anar a París a jugar les semifinals de la Champions. Per això estic increïblement impressionat amb el que han fet els jugadors, estic increïblement satisfet i agraït. Als jugadors els encanta jugar però de vegades es lesionen. La UEFA ho sap, però tant li fa. És molt, sinceramen, no tenim descans cap setmana... Hi haurà més lesions. Aquests nois acaben una temporada increïblement dura, sis dies de descans i després van a les seleccions nacionals. Jo ja no puc entrenar-los, només gestionar l'equip tan bé com sigui possible. No puc assajar res, només posar los vídeos per recordar el que cal fer. No tens pretemporada per aprendre principis.

La metodologia del Pep no ha canviat respecte del que ja vaig explicar detalladament als meus dos llibres anteriors.

L'entrenament està enfocat perquè els jugadors arribin en el millor estat possible al proper partit. Atès que el Manchester City en disputa dos per setmana durant tota la temporada, això es tradueix en abundants sessions de manteniment, amb dedicació especial a protegir articulacions, els principals músculs de les cames i la musculatura lumbopèlvica. L'endemà dels partits, els titulars fan una sessió molt lleugera, mentre que els suplents o els qui han jugat menys de seixanta minuts fan l'entrenament complet, que acostuma a incloure un treball específic de força, en les seves diferents variants: general, específica, reactiva i explosiva. Tot i anar en detriment del treball específic sobre el joc, en alguna ocasió el Pep concedeix un dia extra de descans a tota la plantilla, en general després d'un nombre elevat de viatges, per reduir la fatiga mental.

L'entrenament propi del joc s'ha reduït a la mínima expressió. Només hi ha temps per preparar la sortida de pilota específica de cada partit. L'estructura consolidada de 3+2 al *build-up* ha facilitat que sobre aquest mòdul s'introdueixin matisos concrets en funció del rival, per la qual cosa els pocs minuts d'entrenament disponibles són suficients per desenvolupar aquesta fase del joc, tan bàsica en la concepció del Pep. La resta de fonaments no es poden entrenar per manca de temps i per evitar més desgast a uns jugadors ja sotmesos al màxim estrès. Assegurada la preparació minuciosa de la sortida de la pilota, Guardiola ha hagut d'acceptar que la resta de fonaments no són assajables i, per tant, queden exposats a la qualitat dels jugadors i al que ja tenen interioritzat.

Fonaments com l'atracció d'adversaris a través de la conducció o la passada, o bé les seqüències de passades que desorganitzen el rival en una zona del camp mentre a l'altra espera el davanter que pot decidir de manera individual l'acció, i tants altres conceptes, han quedat «congelats» durant la temporada per manca de temps per practicar-los i perfeccionar-los. Només de tant en tant el Pep aconsegueix fer breus recordatoris de tot això i molt sovint ho fa a força de paraules concretes, com quan qualifica d'«ajuntarivals» l'associació triangular de Zíntxenko, Gündogan i Foden a la banda esquerra. Mancant temps i entrenament, cos tècnic i jugadors recorren a conceptes molt específics que estan gravats a foc a la seva ment. «El que no es treballa s'oblida», diu Guardiola, però enguany s'ha hagut de mantenir viu el record del joc sense ni tan sols treballar-lo. Per aquest motiu, el joc del City ha estat bo, eficaç i contundent, però mancat de la brillantor d'anys anteriors, en els quals sí que es va poder practicar amb molta més freqüència. L'èxit, de vegades, es paga en forma de lluïment.

Al vestidor a ningú no se li escapa que aquesta no és una situació sostenible i que per al curs següent serà necessari dedicar més temps al perfeccionament dels grans fonaments. Però d'on trauran el temps?

D'entre tots els aspectes de l'entrenament, les pautes de la temporada han estat les següents. La condició física s'ha enfocat als diferents treballs de força en petites càrregues i al manteniment i la prevenció. L'àmbit del joc s'ha centrat en la sortida de la pilota específica per a cada partit i en repetir finalitzacions. Les accions a pilota aturada, coordinades per Nicolas Jover, sí que han gaudit de molt de temps en la preparació, tant a través del vídeo com sobre el terreny, i els resultats han estat més que rellevants. L'equip ha marcat dinou gols a pilota aturada (dotze de córner i set de falta, diversos d'ells en segona acció) i només n'ha encaixat tres, en serveis de córner; en penals el balanç és pitjor, perquè n'ha marcat sis i n'ha encaixat set. Finalment, l'àmbit tàctic s'ha reduït al màxim. Podem afirmar amb rotunditat que Guardiola s'ha «minimalitzat». Les intenses xerrades s'han convertit en missatges breus. Possiblement sigui un dels terrenys en els quals més ha canviat l'entrenador català, que ha passat de bombardejar els seus homes amb tota mena de detalls de l'adversari, i una gran quantitat de matisos i variants, a limitar-se a una petita xerrada prèvia al partit. Els jugadors ho han agraït de manera explícita.

Pep el minimalista... Qui ho havia de dir!

Per saber més sobre el valor del coneixement adquirit i la importància del subconscient en el futbolista parlo amb Gil Sousa, un jove entrenador portuguès al qual auguro un futur brillant. Sousa és autor del llibre *Decidir como um treinador*, dedicat a aquesta matèria.[51] Us resumeixo el seu pensament, que pot ajudar-nos a entendre el moment que està vivint l'equip de Guardiola:

—La part menys desenvolupada de l'entrenament és l'emocional i no conscient. El més desenvolupat és l'entrenament-patró. Cal dedicació a l'aspecte no conscient del jugador. Hem de pensar que els cicles del futbol són com els cicles de la vida. A un moment bo el segueix un altre de menys bo i després de nou un altre de bo. Per aquest motiu l'entrenament ha de pretendre que després d'un moment dolent aconseguim crear-ne un de somàtic que trenqui aquest record de la nostra memòria. No hem d'equivocar-nos i parlar d'automatismes, si de cas de «somatismes», de somatització. I no oblidem en cap moment que les veritats del futbol són el joc i els jugadors.

Però a la visita a Villa Park no hi ha «moment somàtic» que valgui.

Als vint segons de partit el City ja va per darrere al marcador. És el gol més primerenc que ha encaixat l'equip a la Premier League. El City treu inicialment i, com de costum, envia la pilota en llarg cap a la penetració de Walker per la banda dreta. La pilota queda dividida i Rodri comet falta. Sense entretenir-se, Tyrone Mings la posa en moviment en llarg i encara que Stones la refusa, ho fa amb tan mala fortuna que l'esfèrica queda a peus de Watkins, que cedeix per baix perquè John McGinn afuselli Ederson. Només han passat vint segons i s'han fet set tocs a la pilota. Gol. Costa amunt per al City, que els minuts següents es mostra nerviós —com sempre que encaixa un cop en la mandíbula— i concedeix tres noves oportunitats.

Com també és habitual, quan els nervis es temperen i les peces comencen a encaixar —la Teoria de les mongetes seques—, l'equip recupera el domini del partit. Aviat aconsegueix tenir la pilota el 82 % del temps i acumula passades i interaccions entre els jugadors.

51. Atesa la genialitat del pensament de Gil Sousa, la federació portuguesa de futbol va decidir publicar el seu llibre *Decidir como um treinador* el 2018. El subtítol del llibre és tota una declaració d'intencions: *A ciência e a prática no futebol e na vida. Agimos porque pensamos ou pensamos porque agimos?* («La ciència i la pràctica en el futbol i en la vida. Actuem perquè pensem o pensem perquè actuem?»).

L'Aston Villa s'encastella en un 5-4-1 esclafat contra la porteria d'Emiliano Martínez. Comença el setge. El costat esquerre del City encadena passades amb una habilitat formidable. Zíntxenko, Gündogan i Foden s'organitzen en triangle i no perden la pilota. Ajunten rivals. Els atreuen fins al costat dret del Villa amb el propòsit d'estirar la línia defensiva i deixar la resolució de les accions a l'altre costat, on Mahrez i Bernardo es mostren fins i punyents. Ara mateix, el triangle de la banda esquerra constitueix una eina de luxe per a Guardiola. Són els «ajuntarivals».

Per aquí arriba el gol de l'empat. El Villa pressiona una sortida de pilota *citizen* i Ederson adverteix que Zíntxenko està sol, molt més enllà del cercle central. El porter fa una de les seves passades magistrals cap a l'ucraïnès, que retorna enrere per quan arribi Foden, qui sense pensar-s'ho creua la pilota a l'altra banda, on Mahrez controla i cedeix a Bernardo, que penetra fins al fons i creua enrere una passada de la mort. Foden, amb la cama dreta, anota l'empat, el seu catorzè gol de la temporada. Ha estat un gol que resumeix l'electricitat combinada amb l'astúcia i l'habilitat de l'equip de Guardiola. Nou tocs entre una porteria i l'altra.

Els següents minuts ja són per enderrocar el castell del Villa. El City hi va una vegada i una altra, fins que en el setè servei de córner Bernardo col·loca un caramel al cap de Rodri, que amb el serrell colpeja cap a la xarxa salvant la sortida d'Emi Martínez. Ja mana en tots els terrenys i es promet una nit plàcida, però als quaranta-tres minuts John Stones és expulsat. La seva entrada sobre Ramsey no sembla malintencionada, ni molt menys, però és indubtable que mereix la targeta vermella. Guardiola no opina el mateix i s'irrita amb els àrbitres, encara que els seus col·laboradors li fan veure de seguida que la targeta és coherent amb l'acció i l'entrenador es modera.

Després del descans, Laporte substitueix Gabriel Jesús, que exterioritza el seu malestar. El davanter brasiler creia que podia ser útil damunt del camp, donada la seva gran capacitat per pressionar la defensa rival, però el Pep prefereix afrontar amb Foden i Mahrez el desafiament de jugar quaranta-cinc minuts amb només deu homes. Manté la seva defensa de quatre homes i una segona línia amb cinc jugadors en la qual Foden exerceix una funció «flotant», a dalt i a baix, d'esquerra a centre. I encara que l'Aston Villa té la pilota i la fa circular amb excel·lència, el City no passa dificultats i connecta diversos atacs de molt de perill. El trio de la banda esquerra es mostra agressiu i eficaç. Sense passar penes, es manté el control del partit i Foden fa un recital de joc que culmina amb l'expulsió del seu marcador, Matthew Cash, que acumula dues amonestacions en tres minuts.

Amb els equips igualats a deu jugadors, el City exerceix la seva tirania en la darrera mitja hora. Congela l'esfèrica amb passades i més passades (més de vuit-centes) i limita qualsevol possibilitat de contraatac local. Torna la millor versió dels «iugoslaus», un equip que tria la sobrietat del control abans que l'efervescència de l'atreviment. Així i tot, disposa de tres noves ocasions, però l'equip està molt més centrat a mantenir l'avantatge adquirit que a intentar augmentar-lo. Foden ha fet un recital impressionant. El seu nivell ja supera tot l'imaginat quan només era una jove promesa. Bernardo, Zíntxenko, Gündogan i Rodri s'han mostrat excel·lents. Són bons senyals de cara al definitiu esprint final.

El triomf a Birmingham és gairebé la sentència del títol. Tres victòries més i el campionat es decidirà irreversiblement. Les victòries fora de casa pugen a disset. A la Premier League suma deu triomfs seguits lluny del seu estadi; és la segona vegada que ho aconsegueix (van ser onze entre el maig i el desembre de 2017). La tercera lliga del Pep en cinc anys està a tocar.

## MOMENT 31

# La quarta consecutiva

***Londres, 25 d'abril de 2021***

—A l'equip no hi ha complaença. Tothom està concentrat cada dia de la setmana, no es pren cap partit a la lleugera, tant se val contra qui juguem.

Qui parla és Brian Kidd. Guardiola l'ha convidat a protagonitzar la conferència de premsa posterior al triomf de la Copa de la Lliga, la quarta que es guanya de manera consecutiva. Kidd es prepara per dir adeu al Manchester City, on ha estat tota una institució. Davanter en la seva joventut, responsable del desenvolupament dels joves del planter més endavant i tercer entrenador des del 2011, Kidd ha ajudat de manera exemplar Mancini, Pellegrini i Guardiola. És un home bo que ha ajudat aquests tres entrenadors a connectar amb la història del club. Ara es retira i ho fa amb aquest missatge inequívoc: a l'equip no hi ha complaença.

Son Heung-Min s'ha enfonsat damunt de la gespa de Wembley, amb els ulls arrasats per les llàgrimes. A prop seu, Harry Kane es desfoga amb Hugo Lloris, el seu capità. Tots maleeixen el moment. Al Tottenham se li ha escapat un altre títol i l'historial personal de Kane és buit com un foli en blanc. El gran davanter centre anglès no ha guanyat ni un sol títol després d'una dècada amb els Spurs.

Dos dies més tard, Kane comença a preparar la seva sortida del club. Un any abans ja hi va haver contactes amb el City, però l'afer Messi els va paralitzar. Ara només l'opció d'incorporar Erling Haaland sembla interposar-se entre Kane i Manchester. Però encara hauran de passar unes setmanes fins que pugui saber-se si la contractació de Haaland és viable o no, ja que depèn de molts factors interrelacionats del tauler europeu. Després del fiasco de la Superlliga impulsada per Florentino Pérez, que buscava uns ingressos immediats que li facilitessin la contractació de Haaland o Mbappé, el panorama ha canviat. La correlació de forces al futbol europeu ja no serà la mateixa que hi havia abans de l'anunci de la Superlliga. Potser el Reial Madrid no podrà accedir a Mbappé ni a Haaland. Potser altres clubs arribaran a ells. Potser el City finalment no voldrà, per més que les exigències competitives ho recomanin, entrar en una subhasta per Haaland.

En qualsevol cas, Harry Kane és una gran opció que sospesa la direcció esportiva, amb el beneplàcit absolut de l'entrenador. Per aquesta raó, el jugador comença a preparar la seva marxa del Tottenham, i per fer-ho filtra a la premsa londinenca el seu disgust per la feble estructura competitiva del seu equip. Vol títols i als Spurs no els aconseguirà, suggereixen les filtracions de l'entorn de Kane. Està dient-li al seu club que fixi un preu raonable perquè l'operació es pugui dur a terme. Des de París, Begiristain mira amb bons ulls les informacions que li arriben al telèfon mòbil. El preu segurament serà molt elevat, però Kane s'ho val.

Aquesta tarda s'han reunit molts aficionats a les graderies del Wembley Stadium. Uns dos mil de cada equip. És un petit pas cap a la normalitat, una petita finestra que s'obre al claustrofòbic món de la pandèmia. El futbol ja sona d'una altra manera, encara que es practiqui de la mateixa manera.

El Manchester City no ha perdut ni un sol partit de la Copa de la Lliga des del 26 d'octubre de 2016, quan va caure contra el United a Old Trafford per 1-0. Suma dinou partits consecutius invicte i la d'avui és la seva quarta final consecutiva. L'escenari és el més volgut per Guardiola, «el seu» Wembley, el jardí on va conquerir la seva primera Copa d'Europa el 1992, com a jugador, i on ha anat acumulant títols com a entrenador: la Champions League del 2011, l'FA Cup del 2019, la Copa de la Lliga de 2018, 2019 i 2020... Sí, Wembley és el jardí del Pep.

I el seu City ho demostra des del servei inicial. Amb De Bruyne ja recuperat, com havia anunciat el diagnòstic rebut per l'entrenador el diumenge anterior, l'equip protagonitza una exhibició de joc. El primer temps de la final és potser un dels més brillants de tot l'any. Només un Lloris extraordinari i la magnífica actuació defensiva de Dier i Alderweireld eviten la golejada *citizen*. Ni tan sols l'estadística dels *expected goals* (3,6 contra 0,06) aconsegueix reflectir el que es veu damunt la gespa londinenca, avui impecable. Possiblement cal remuntar-se molt de temps enrere per recordar una final de copa a Anglaterra amb tant de domini d'un equip sobre el seu adversari.

Els primers quinze minuts de Sterling, que es reivindica quant a actitud, són explosius, encara que mostra la mateixa ineficàcia que l'ha relegat a la banqueta les últimes setmanes. Mahrez es mostra efervescent, punyent i agressiu, mentre que Foden es mou com a fals atacant per cosir i connectar una banda de l'atac amb l'altra, executant una deliciosa interpretació dels ritmes i del que necessita el partit a cada moment. Però si una cosa destaca per damunt de tot, encara que ho faci en silenci, com es fan totes les coses importants, és l'anticipació dels defenses. Walker, Rúben Dias i Laporte consoliden una actuació superba, avançant-se la majoria de vegades als moviments rivals, inutilitzant la gran arma del Tottenham, les seves carreres a camp obert. D'entre tota la defensa encara destaca més Cancelo perquè no sols fa un partit defensiu impecable, sinó que torna al seu paper de lateral-interior des del qual projecta un cabal de joc ofensiu.

El Tottenham només pot xutar una vegada contra la porteria de Zack Steffen, que desactiva la rematada amb brillantor. El City acumula vint-i-una rematades, però el seu gol arriba en una de les oportunitats menys òbvies. KDB treu una falta lateral, gairebé al córner, i Laporte s'aprofita de la tímida vigilància de Sissoko, que no s'adona de la seva presència, per avançar-se i rematar de cap el punt de la victòria. És el vuitè gol de Laporte amb el City, tots obtinguts fora de casa. Molt sovint han estat gols importants.

L'Arsenal i el Manchester United als seus estadis i el Tottenham a Wembley han estat els obstacles importants que el City ha superat per conquerir la quarta Copa de la Lliga consecutiva, amb la qual iguala la fita del Liverpool entre el 1981 i el 1984. És la vuitena que guanya, la qual cosa el situa al capdavant del palmarès de la competició, també empatat amb el Liverpool.[52] Amb sis, Fernandinho i Agüero es converteixen en els jugadors amb més trofeus d'aquesta

52. Ha guanyat les edicions de 1970, 1976, 2014, 2016, 2018, 2019, 2020 i 2021.

competició. Guardiola és el primer entrenador a aconseguir-ne quatre de consecutives. Avui ha sumat el seu novè títol amb el Manchester City. Tenint en compte que el club ha guanyat vint-i-set títols en tota la seva història, el Pep ja n'aporta la tercera part. I amb el d'avui suma trenta-un títols com a entrenador.[53]

Dos mil aficionats tornen feliços a casa. El joc del seu equip ha estat excel·lent.

53. Guardiola va guanyar un títol amb el Barça B (tercera divisió), catorze amb el Barça, set amb el Bayern i de moment en porta nou amb el City.

## MOMENT 32

# «Sortiu i passeu-vos-ho bé»

***París, 28 d'abril de 2021***

El clic es produeix al vestidor del Parc des Princes. El Manchester City va perdent la semifinal de la Champions League per 1-0, però sobretot està sent una pàl·lida versió d'ell mateix. Guardiola creu que ja ha arribat l'hora de fer un últim intent de desbloquejar els seus jugadors.

Fa setmanes que ho intenta. Amb l'ajuda constant de Manel Estiarte i el consell prudent de Juan Manuel Lillo, l'entrenador ha modificat els seus comportaments. Ha deixat de cridar i pressionar els seus jugadors, ja no agita els braços des de la banqueta, no els exigeix més i més, no els renya pels errors, no els carrega de responsabilitat. Compte, no ens confonguem: continua sent Pep Guardiola, un entrenador exigent i perfeccionista, que pretén guanyar sempre i que no afluixa les rosques de la competitivitat. Però al llarg de la temporada ha protagonitzat un canvi extraordinari, entenent que les ferides del passat no es curen a força d'incrementar les responsabilitats, sinó traient-li pes a aquesta motxilla.

Al Pep li pesen molt les ferides sofertes a Europa. Va caure amb estrèpit davant el Reial Madrid el 2014, quan va accedir a jugar com proposaven els jugadors més agressius del Bayern (Müller, Schweinsteiger...), en lloc de fer-ho com ell i Philipp Lahm pensaven. Aquell 0-4 patit pel seu Bayern va marcar els passos següents. Un any més tard va caure al Camp Nou per 3-0 davant d'un Barça demolidor, encara que és cert que les lesions havien convertit el Bayern en un equip malmès; no obstant això, va aconseguir guanyar el partit de tornada (3-2) i fins i tot va generar ocasions per haver remuntat l'eliminatòria, cosa que molt sovint s'oblida. El tercer any va provar de mentalitzar els seus homes que l'inici dels partits de l'Atlètic de Madrid era sempre contundent i perillós, però no li van fer cas i van encaixar un gol en el primer quart d'hora. A la tornada de Múnic, el Bayern va jugar un partit sensacional, un dels millors de la història recent de la Champions, però no va accedir a la final pel valor doble dels gols marcats fora de casa. Són tres ferides doloroses que es mantenen vives al subconscient.

Després van arribar les ferides al City. De nou el valor doble dels gols contra el Mònaco o el Tottenham, més el quart d'hora de pànic dels seus jugadors a Anfield, més els desencerts defensius davant de l'Olympique de Lió... Hi ha més ferides, segur que n'hi ha. Els petits errors de Laporte, el seu defensa més solvent; l'errada de Sterling a porta buida contra el Lió; el penal malgastat per Agüero davant dels Spurs, el gol de Llorente amb el braç... Ferides, ferides, ferides.

Amb la maduresa que donen els anys, amb Estiarte acompanyant-lo en el procés, amb Lillo suggerint noves rutes, Guardiola ha anat deixant enrere les ferides i, amb això, també una part del seu ego. Els seus jugadors reaccionen millor amb menys escarafalls, menys indicacions, menys xerrades, menys precaucions. Ell continua treballant igual, dedicant desenes d'hores a l'anàlisi dels rivals, però ja només destil·la unes poques idees, unes breus frases per als seus homes. Les xerrades han passat a ser minixerrades. Les instruccions caben en una frase. El Pep s'ha tornat minimalista. Els seus homes ho agraeixen.

Dortmund va suposar un primer clic. Deixar enrere la maleïda corba dels quarts de final i entrar a l'àmplia i esplèndida recta on es disputa l'esprint va suposar curar força ferides.

Els dies previs al partit de París han estat molt cruyffistes per al Pep, que sent una serenitat interior que abans li mancava. A mitja tarda del dimecres, quan només falten quatre hores perquè comenci el partit contra el PSG, troba el temps i la calma per respondre missatges de dies anteriors. Fa anys, això era inimaginable en Guardiola.

Les persones canvien. Les persones canviem. Sovint sense ser-ne conscients. La vida ens canvia. El Pep ha canviat. L'han canviat les victòries i les derrotes, la pandèmia i l'aïllament, l'intercanvi d'opinions amb gent que el colla i el porta al límit. El jove entrenador atrevit i creatiu de fa una dècada ha donat pas a un home madur i més calmat, menys histriònic, més receptiu, menys transcendental.

Encara que el seu punt fort sempre va ser la interpretació tàctica i intuir d'avançada què passaria damunt la gespa, des de fa cert temps ha començat a donar més importància a un àmbit d'immensa transcendència, el territori emotiu volitiu (en expressió de Francisco Seirul·lo), l'àmbit de les estructures socioafectives. El Pep ha comprovat que hi ha coses molt més importants que la distribució sobre el terreny de joc, molt més rellevants que el 3-2-2-3 o el 2-3-2-3, molt més decisives que la tàctica i la contratàctica. Ha interioritzat que les emocions, les interaccions i les connexions entre els seus jugadors suposen el fonament essencial de l'èxit. Les pors, les tensions, l'atreviment... Les emocions catapulten un equip a l'èxit o el sumeixen en el fracàs. Ho ha viscut tan a flor de pell que, per fi, reserva per a aquest àmbit tanta o més energia com per al terreny tàctic que tan bé domina.

Per això decideix impregnar la setmana de missatges cruyffistes. Ho fa el dimarts, a la roda de premsa prèvia, que converteix en un dels seus millors i més sòlids discursos sobre el comportament humà en el joc del futbol. Però sobretot ha de fer-ho durant el difícil intermedi de la mateixa semifinal, quan el seu equip va perdent i se sent naufragar.

El cos tècnic només ha dubtat sobre una posició i acaba triant Joao Cancelo de lateral esquerre. El seu partit de diumenge contra el Tottenham va ser esplèndid i el portuguès recupera la plaça des de la qual haurà de vigilar el gran «connector» del París Saint-Germain, l'argentí Ángel Di María. El City salta al Parc des Princes amb les prevencions lògiques. No vol concedir espais per córrer a uns davanters que són especialistes formidables del contraatac. Cada jugador *citizen* s'esmerça en cada passada, intentant evitar qualsevol pèrdua però, com acostuma a passar en l'esport, la por excessiva condueix inevitablement a l'error. Hi ha tanta prudència en l'equip que aquesta mateixa prudència multiplica els errors en el control i la passada. No són errors que generin cap situació de gravetat, però provoquen un hàndicap important: el City perd tota la seva capacitat d'imposar un ritme elevat de joc. No hi ha seqüències llargues de passada i es produeixen poques connexions veloces entre els homes del Pep. El joc pateix un curtcircuit a causa de la prudència del propi equip.

El City ha arribat a París gairebé sense preparació específica per al partit. Diumenge a la tarda va guanyar la Copa de la Lliga a Londres, dilluns va descansar a Manchester i dimarts va viatjar a París. Només va haver-hi temps per a les accions a pilota aturada, tant per a l'organització defensiva com per a l'ofensiva. Quan al tercer servei de córner favorable al PSG, el seu capità, Marquinhos, s'escapa de la vigilància de Gündogan i Rodri, mentre els puntals Dias i Stones es veuen entorpits per Paredes i Verratti, podria pensar-se que la preparació d'aquesta acció ha estat fallida. Costa un gol. Cinquanta minuts més tard, un servei de córner favorable, també el tercer, significarà el gol de l'empat per al City, cosa que faria pensar que la preparació ha estat un encert.

Entre un gol i l'altre passen moltes coses. El PSG s'apodera del joc a partir del minut 2, quan una pèrdua de pilota de Rodri provoca el contraatac de Mbappé i una rematada tova de Neymar Jr. Tan sols és un avís que deu minuts més tard, després del primer servei de córner, es repeteix. Ederson salva el gol que Neymar pretén aconseguir, però no podrà evitar el que Marquinhos envia a la xarxa de cap tres minuts després. El PSG domina el marcador i imposa la seva jerarquia. Neymar endarrereix la seva posició i dirigeix les operacions gairebé des del cercle central, sembrant la por entre els migcampistes del Pep, que no aconsegueixen frenar-lo. I quan ho aconsegueixen, allà hi ha Di María per colpejar en profunditat, amb la bona ajuda de Florenzi. El City està engarrotat. Cap connexió no funciona. Ha modificat el seu *build-up* per enfortir-lo; en comptes de sortir amb l'habitual 3+2, ho fa en 3+3, amb Rodri, Gündogan i Cancelo a la segona línia, però això significa tenir un home menys per davant de la pilota enfront de set defenses francesos. Només un centre llarg de Cancelo inquieta el PSG gràcies a la rematada «estil Cruyff» de Bernardo, però no hi ha prou volum de joc per produir les ocasions que sol generar l'equip del Pep.

Les velles ferides tornen a supurar damunt la gespa de París, on els jugadors semblen moure's amb una motxilla de pedres a l'esquena. Neymar i Di María se senten lleugers i superiors, i en qualsevol moment pot arribar un segon gol que destrueixi el City. El Pep ho percep però decideix mantenir-se calmat i confiar en els seus futbolistes. Els darrers vuit minuts del primer temps han estat positius i les coses han començat a canviar. Bernardo, De Bruyne i Foden pressionen amb més encert i, en una d'aquestes situacions, Bernardo roba una pilota i cedeix a Foden, qui des del punt de penal malbarata un gol clar en rematar recte, cosa que permet el rebuig de Keylor Navas. Ha estat una oportunitat malaguanyada però al mateix temps és un avís que el partit està canviant de mans.

El vestidor està en silenci. El Pep ha proposat una petita sèrie de canvis en les diferents alçades de diversos jugadors, en la manera de pressionar al rival i en la direcció cap a on orientar-lo. Però el que vol dir-los no pertany a l'ordre tàctic, sinó a l'emocional. La clau que pot desbloquejar el joc és mental. Decideix donar prioritat a les emocions per damunt de la tàctica. És conscient del poder que exerceix la ment i que la pissarra, com sempre ha dit Lillo, «només és un paravent darrere del qual poden amagar-se jugadors i entrenadors, un paravent que a més contribueix a un dels grans mals socials del nostre temps: convertir la responsabilitat en un estat gasós».

Les paraules del Pep seran un terratrèmol silenciós.

[Anys després, Marc Boixasa continuarà emocionant-se en recordar aquell breu discurs de l'entrenador: «Va ser màgic. Esperàvem que parlés de conceptes tàctics, però el Pep es va posar a parlar des del cor. Va parlar de com de bo era cada jugador, que n'hi hauria prou que cadascú fos ell mateix»].

En aquell parell de minuts, el Pep els diu:

—Sou molt bons, sou millors que ells. Només heu de deixar-vos anar, no us preocupeu pel resultat ni per les seves conseqüències. Per a això ja hi soc jo. Vosaltres sou futbolistes, jugueu, passeu-vos-ho bé, com quan éreu nens i no teníeu por de res. Deixeu la por en aquest vestidor quan tanqueu la porta. Deixeu aquí dins les pors, la premsa, les xarxes socials, el que diran, les conseqüències. Deixeu-ho tot i sortiu a jugar com quan éreu petits. Amb alegria.

El Manchester City que apareix en el segon temps és un equip diferent. Un discurs breu, alegre i distès ha alliberat els jugadors. Els ha pres tota responsabilitat. Els ha demanat que siguin ells mateixos. Que surtin a jugar com saben perquè aquesta serà la via que els farà aconseguir la victòria. El Pep també introdueix canvis tàctics. No són gaires, però són decisius.

Amb la pilota, Foden abandona la banda dreta i es mou per passadissos més centrats, i arrossega amb ell Florenzi, mentre De

Bruyne manté fixats els dos defenses del PSG. La posició exterior de Foden passa a ser ocupada, encara que un graó per sota, per Cancelo, que d'aquesta manera provoca que Di María hagi de seguir-lo i, en conseqüència, la seva connexió amb el perillós duo Neymar-Mbappé desaparegui. En tota la segona part, el PSG només aconseguirà atacar una vegada a través de Mbappé, que corre fins a l'àrea del City però no troba cap company que pugui rematar la seva passada paral·lela a la porteria d'Ederson.

La posició alta de Cancelo i la centrada de Foden faciliten el pas cap endavant de Gündogan, que s'erigeix en el fil que cus totes les peces. Connecta vint-i-sis vegades amb Rodri, onze amb Foden, tretze amb Cancelo en seixanta minuts i nou cops amb Zíntxenko en mitja hora. Gündogan és el fil que cus l'equip. El City ha passat a jugar ràpid la pilota, amb controls precisos, passant l'esfèrica al peu dominant de cada company. Com una cascada, cada passada adquireix més rapidesa i cada jugador accelera el moviment, cosa que provoca que els del PSG perdin en cada nova acció una mica de terreny. Gündogan cus i recús el territori, ben secundat per Rodri, mentre Rúben Dias s'avança a qualsevol moviment de Mbappé i Walker als de Neymar, encara que l'hagin de perseguir fins a molt lluny, i Stones queda lliure per cobrir els seus companys de la defensa. El City està a dalt del camp i monopolitza la pilota. Són les condicions idònies perquè arribi el gol.

I quan no té la pilota fa una cosa millor. Disposat en forma de 4-4-2, orienta la pressió cap a la dreta de l'equip francès. De Bruyne indueix a Marquinhos a escapar per la dreta, on Foden subjecta Florenzi i Cancelo, Di María. Al mig, Bernardo, l'home dels tres pulmons, és capaç de vigilar Paredes i de molestar Kimpembe, i Gündogan no deixa respirar Gueye, mentre a la dreta Mahrez i Walker esperen com gossos de presa. L'orientació del City a la sortida de pilota del PSG provoca que Marquinhos hagi de cedir, un cop darrere l'altre, a un company vigilat o llançar la pilota lluny, on el City la recupera.

Les xifres reflecteixen un canvi radical. Si al primer temps la possessió del City era del 53 %, després del descans creix fins al 61 %. L'equip del Pep aconsegueix recuperar quaranta-cinc pilotes per trenta-una del PSG, una diferència enorme. A la segona meitat, el PSG només aconsegueix encertar cent-setanta passades, vuitanta menys que a la primera i, a més, el seu encert cau del

90 % al 85 %. Per contra, el City augmenta el total de passades des de tres-centes quatre a tres-centes cinquanta-una i manté el seu nivell d'encert (93 %–92 %). Més passades, més encert, més control, més connexions. El desenllaç s'endevina a l'horitzó, sobretot perquè el domini del joc es produeix en zones perilloses. S'aconsegueixen dotze intervencions a l'àrea de penal francesa, per només una del PSG en tota la segona part, en la qual els locals no aconseguiran rematar contra la porteria d'Ederson.

El Pep substitueix Cancelo, que ha rebut una targeta groga. Ara que té el PSG contra les cordes no pot arriscar-se a una expulsió, de manera que Zíntxenko entra en joc, amb la seva coneguda sintonia amb Gündogan i Foden, amb els quals forma un triangle letal. Els dos gols del City arriben amb fortuna, sens dubte. El primer, en un servei de córner forçat per Walker. L'equip posa la pilota en joc mitjançant passades curtes que van recorrent tota la frontal de l'àrea, des de la dreta fins a l'esquerra, on De Bruyne controla i centra amb una rosca forta, buscant el cop de cap de Dias o la puntera de Stones, però ni l'un ni l'altre no aconsegueixen arribar a la pilota, que fa un últim gir sobre ella mateixa i es cola a la porteria de Navas, que no encerta a intervenir-hi. Només set minuts més tard, Gueye provoca una falta a la frontal de l'àrea sobre KDB, que cedeix els honors a Mahrez. La barrera del PSG s'obre en el llançament de l'algerià i la pilota passa entre els cossos de Paredes i Kimpembe per anar a parar al fons de la xarxa parisenca.

L'1-2 final suposa la victòria número cinquanta del City en els noranta partits que ha jugat a la Champions League fins al moment i serà el divuitè triomf consecutiu fora de casa. També és el desè d'aquesta edició de la Champions i un magnífic resultat a semifinals, el millor que aconsegueix el Pep des que el 2011 vencés per 0-2 el Reial Madrid al Bernabéu. El City no celebra el triomf en excés, com explica el seu entrenador: «Estic content que els jugadors hagin estat calmats al vestidor. No hi havia crits, estaven serens i en calma. Sabem que al partit de tornada pot passar qualsevol cosa».

De Bruyne i Mahrez han lluït amb brillantor i a més han destacat en dos aspectes inèdits. El belga ha estat el jugador que ha comès més faltes, amb quatre, i l'algerià ha recuperat més pilotes que cap altre company, set. Gündogan i Bernardo s'han mostrat eficaços en la seva tasca de «cosidors», però potser ningú no hagi destacat tant, encara que hagi estat en manera silenciosa, com els defenses. Stones i Dias no han permès que Mbappé connectés ni una sola rematada en tot el partit, cosa que li succeeix per primera vegada en la seva brillant carrera. S'uneix d'aquesta manera a Erling Haaland i Harry Kane, dues altres «víctimes» il·lustres de la defensa del City, un dels puntals de l'equip aquesta temporada. A partir de l'alliberament mental i des dels fonaments bàsics del seu joc, el Manchester City ha fet un pas de gegant a Europa.

El Pep em fa arribar el seu pensament:

—De vegades, un necessita relaxar-se i ser una mica més un mateix. Jo ara ja només vull una cosa: ser nosaltres en el segon partit. Ser nosaltres mateixos. Res més que això.

## MOMENT 33

# Fernandinho, prepara't

***París, 29 d'abril de 2021***

Abans de la semifinal de tornada hi ha un altre compromís a Londres, un altre partit fora de casa, a Selhurst Park, on espera el Crystal Palace.

El partit comença a preparar-se dijous al matí a les instal·lacions del Paris FC. Fernandinho ha pres les regnes del grup i el condueix per un terreny emocional delicat però sofisticat.

Entre el cos tècnic i Fernandinho s'ha generat un discurs poderós. Els que no van jugar contra el PSG ni contra el Borussia Dortmund són els que han de certificar la conquesta de la Premier League. Aquest compromís va començar després de la derrota a Londres contra el Chelsea, a la semifinal de l'FA Cup. Gündogan es va rebellar contra la passivitat d'alguns companys i va exigir una reacció. No és el capità però posseeix un instint natural per percebre els problemes. Va advertir que no era bo obrir un abisme entre titulars i suplents, no perquè no calgués alinear als partits grans els qui es trobessin en millor forma, sinó perquè l'actitud d'alguns que no juguen pot llastrar el rendiment del col·lectiu. Així va passar contra el Chelsea. I Gündogan va donar la veu d'alarma. Va parlar amb Fernandinho i entre tots dos van decidir que calia canviar de rumb. No es tractava de reunir-se per passar factura, sinó per conjuminar forces. Calia impedir que alguns continuessin amagats darrere de la màscara de suplents.

Els dies següents es produeix la catarsi. Entre el cos tècnic i els jugadors, amb Fernandinho com a catalitzador i Gündogan com a inductor, circula un discurs d'anada i tornada molt potent: «Cal fer un esforç "egoista" perquè tots hi sortim guanyant», és la base del compromís. Enfront d'una certa desorientació individual s'erigeix un discurs ferm: «A tots ens interessa que aquest esprint final surti bé». Els capitans adopten el missatge: «Ningú no guanya quan l'equip perd. I ningú no perd quan l'equip guanya».

Des d'aquest moment, s'ha acabat que hi hagi jugadors que disputin partits com simples buròcrates. Els capitans hi posen fi. Els qui anaven a l'entrenament amb cara de víctima deixen de fer-ho. Els qui maleïen per les oportunitats perdudes deixen de fer-ho. Fernandinho i Gündogan han encertat la tecla. L'entrenament posterior al triomf a París ja n'és un símptoma. Hi ha alegria però també agressivitat. Només són deu jugadors els que s'entrenen, si bé tots intueixen que jugaran dissabte contra el Crystal Palace [de fet, no serà així perquè Rodri entrarà a l'equip i Zíntxenko només jugarà vint minuts] i que a ells se'ls reserva l'honor de fer el gran pas definitiu per guanyar la Premier League.

De París surt un compromís definitiu de tots els jugadors. La tarda d'aquell mateix dijous, ja a Manchester, Guardiola ajusta la complicada alineació de dissabte, intentant reservar els que jugaran dimarts contra el PSG. El problema bàsic és aconseguir una bona sortida de pilota malgrat jugar amb tres defenses esquerrans.

La que s'aconsegueix a Selhurst Park és una victòria sòbria i sense lluïssor. A la iugoslava. Una manera de vèncer que simbolitza els trets fonamentals de l'equip durant aquesta temporada. Una defensa concentrada que minimitza els errors; un centre del camp solidari i intel·ligent que busca donar continuïtat permanent al joc; i un atac mòbil, amb permutes, sense un gran golejador, però amb molts petits golejadors. Així ha anat guanyant partit rere partit des de finals del 2020, quan va arrencar la seva imparable velocitat de creuer. El joc no té la brillantor exhibida entre el 2017 i el 2019, ni l'ortodòxia del joc de posició més canònic que Guardiola va posar en òrbita en aquell període. Ha perdut eficàcia en el contraatac, en part per l'absència de l'àmplia gambada de Leroy Sané, en part pel període fosc que està vivint Raheem Sterling. Tampoc disposa d'una formiga laboriosa com David Silva, que unia tots els punts escampats de l'equip amb paciència d'artesà. Però, a canvi, el City ha adquirit altres qualitats formidables. La seva línia de defenses ha minimitzat els errors i maximitzat la concentració. Els migcampistes interioritzen que la seva gran batalla és marcar el ritme i la velocitat del joc a cada moment, i provar de dibuixar una teranyina impermeable. Els davanters han après que no han d'estar a l'àrea, sinó aparèixer-hi a l'instant adequat. El del curs 2020-2021 no és l'equip més espectacular de l'era Guardiola a Manchester però sí el més compacte, cohesionat i polivalent de les cinc temporades. El de perfil iugoslau.

Només han transcorregut seixanta hores des del triomf a París i el City torna a jugar. Amb dos viatges entremig, el Pep només utilitza Ederson, Cancelo i Rodri d'entre els vencedors al PSG. La resta descansa i es prepara per a l'enfrontament europeu. Guardiola dissenya una forma inèdita de distribuir-se sobre Selhurst Park. Ho fa amb dos defenses esquerrans (Aké i Laporte), amb dos mitjos centre (Fernandinho i Rodri) i amb dos davanters centre (Agüero i Gabriel Jesús). Cal fer alguns malabarismes perquè la pilota circuli amb fluïdesa en una disposició tan atípica. Així, Fernandinho cau a la banda dreta per ajudar Aké i Laporte en la sortida de pilota, mentre Cancelo, Mendy i Agüero s'aproximen a Rodri a la segona línia. El paper d'Agüero serà molt notable jugant per darrere de Gabriel Jesús, perquè sap protegir la pilota, distribuir-la amb encert i endevinar moviments dels companys. Allunyant-se de l'àrea, el seu hàbitat natural, troba una participació més que notable.

Els «suplents» tenen al davant el repte de fer el penúltim pas, que sembla definitiu, cap al títol. El joc és espès, propiciat per la defensa tancada del Palace, que s'agotzona a l'espera de llançar veloços contracops, i per la dificultat del City per digerir una alineació tan atípica. La primera part ofereix una gran intervenció d'Ederson per evitar el gol de Benteke després d'una deliciosa sèrie de passades del Palace, i també un gol anul·lat a Jesús per clar fora de joc, a més d'un parell d'ocasions fallades per Sterling i Agüero. La segona part és més elèctrica. Torres fa un primer advertiment a la defensa local i poc després arriben, en cascada, els dos gols que sentencien l'enfrontament. Primer és Agüero qui controla amb manyagueria una pilota suau que li cedeix Mendy, i enganxa una d'aquelles rematades demolidores que li han donat fama universal. Vuitanta segons més tard, una combinació entre Agüero i Jesús desemboca en un rebot que Ferran Torres aprofita per marcar des de fora de l'àrea amb la cama esquerra. És el gol número set-cents de l'equip des que el Pep el dirigeix (dos-cents vuitanta-vuit partits). En el mateix període, el Liverpool n'ha marcat cinc-cents quaranta-tres i el Manchester United cinc-cents dotze.

L'actuació de Fernandinho és tan formidable, batent un colós com Benteke en els duels en alçada i fent un recital de passades i de col·locació, que el Pep decideix allà mateix, durant el partit, que el capità serà el mig centre titular contra el París Saint-Germain, per aprofitar tota la seva experiència en partits complicats. Per aquesta raó el substitueix per Zíntxenko. L'endemà acabarà de confirmar la idea de substituir Rodri per Fernandinho. Ningú no guanya quan es perd i, sobretot, ningú no perd quan es guanya.

Sterling busca amb ànsia un gol amb el qual reivindicar-se després de tantes setmanes de joc discret, però el seu xut amb la cama esquerra s'estavella al pal del Palace; a més, tampoc no aconsegueix finalitzar un bon contraatac prolongat per Agüero, ni una passada gairebé decisiva de Zíntxenko que acaba fregant el pal. Com ja va fer el diumenge anterior, en acabar el partit Guardiola afalaga l'oïda de Sterling, elogiant la seva actitud. L'entrenador intenta reanimar un dels jugadors importants d'anys anteriors però que ara travessa una etapa d'inseguretat manifesta. Els grans elogis del Pep en públic, no obstant això, acostumen a ser garantia que el jugador seurà a la banqueta el partit següent.

La victòria a Londres deixa el títol de Premier League a només un triomf. L'avantatge momentani sobre el Manchester United és de tretze punts i encara es mantindrà uns quants dies perquè diumenge el seu partit contra el Liverpool s'ajornarà a causa de la invasió d'Old Trafford per part dels seus propis aficionats en protesta contra la gestió dels propietaris del club. El City torna a Manchester amb la convicció que ja és campió. «Aquesta lliga no se'ns escapa», em diu Manel Estiarte, el més prudent i moderat dels components del cos tècnic. El nombre de victòries consecutives fora de casa s'eleva a onze en partits de la Premier League —igualant el Chelsea del 2008 i el City del 2017— i a dinou en totes les competicions, rècord absolut al futbol anglès.

El Pep continua tranquil: «L'èxit d'aquesta temporada resideix en la qualitat humana dels jugadors. Hi ha una segona raó: no pensar més enllà del proper partit».

## MOMENT 34

## «Ho farem bé»

***Manchester, 4 de maig de 2021***

Només són tres paraules.

El Pep té dues hores lliures havent dinat a la ciutat esportiva i les aprofita per respondre missatges pendents. És una manera com una altra de superar la tensió prèvia al partit. Encara falta una bona estona per convocar els jugadors, berenar amb ells i donar-los una brevíssima xerrada amb molt pocs apunts tàctics. L'equip no necessita discursos ni instruccions. Tots saben el que han de fer i tampoc no els cal cap càrrega extra de motivació. La semifinal contra el PSG té per ella mateixa tanta càrrega emocional, i el premi per vèncer és tan enorme, que ningú no necessita que l'hi recordin. El millor és deixar la ment en blanc i esperar que arribi l'hora d'anar cap al camp, en el breu trajecte amb autobús des de la ciutat esportiva fins a l'Etihad Stadium, cinc minuts escassos.

Guardiola se sent tranquil. O tan relativament tranquil com un entrenador pot estar en una competició de tanta tensió com és la Champions League. Acumula força missatges al mòbil que encara no ha pogut respondre. Amics de tot el món el van felicitar pel triomf a París. D'altres li desitgen sort per al partit d'aquesta nit. Concís i amb la boca una mica seca, el Pep va responent una cosa similar a tots:

—Ho farem bé.

Les finestres de l'edifici principal de la City Academy deixen veure com el cel s'enfosqueix i els núvols descarreguen una pluja intensa. Aviat nevarà.

L'única instrucció que se sent al vestidor de l'Etihad Stadium és la de no córrer riscos, sobretot amb la nevada que acaba de descarregar. Només dues paraules:

—*No risk*.

Guardiola trasllada als seus jugadors l'essència d'un criteri que ha compartit durant anys amb Domènec Torrent, el seu antic ajudant: «A la Champions, cap risc mentre no sigui necessari». Va arriscar a la segona part de París i va aconseguir una victòria que avui pretén conservar. D'aquí el «*no risk*».

Conservar es materialitza en una estructura en forma de 4-4-2, amb De Bruyne i Bernardo a la línia més avançada, que buscarà orientar el PSG cap als passadissos interiors, on hi haurà els principals obstacles que ha preparat: el trio integrat pels defenses Stones i Dias i el mig centre Fernandinho. Guardiola pretén que els parisencs, privats de Mbappé per lesió, embarranquin a la zona central del camp i es vegin obligats a finalitzar les seves accions d'atac amb centrades des de les bandes, en les quals el City se sent fort. Al mateix temps, es concentra a assegurar bé les passades, per evitar qualsevol risc, sobretot tenint en compte l'estat de la gespa, coberta de neu abundant.

Com calia esperar, el PSG surt en tromba, i el City, conservador. El Pep ha omplert el seu mig del camp, ocupant tots els espais intermedis però imprimint molta mobilitat als seus homes. La sortida de pilota ha estat modificada i s'estructura en 2-4-4 en comptes de l'habitual 3-2-2-3. La fase de construcció s'organitza en 4-2-4 i l'atac en 3-4-3. Quan no té la pilota, torna al 4-4-2, encara que la pressió de KDB i Bernardo és molt lleugera al començament i deixa jugar els francesos, que són dirigits amb encert i sentit per un excepcional Marco Verratti, un petit jugador majúscul que porta el ritme del partit. Però el City espesseix el joc i orienta el PSG pel centre fins taponar-lo. Els francesos, capaços de vèncer el Barça al Camp Nou i el Bayern a l'Allianz Sorra, no troben els grans espais buits que tant els agrada recórrer i es veuen forçats a centrar pilotes a l'àrea local. En una, tot just transcorreguts set minuts de partit, l'àrbitre xiula penal per una suposada infracció de Zíntxenko, però immediatament anul·la la decisió després de ser avisat i revisar l'acció. L'ucraïnès havia rebutjat amb l'esquena, no amb el braç.

La instrucció de minimitzar riscos es complementa amb la pretensió local d'atreure el PSG a zones calentes i estirar les seves línies. Així arriba el primer gol. El City té una falta favorable en camp contrari que Fernandinho treu en curt per a Gündogan, que cedeix a Zíntxenko, situat com a extrem esquerre, i l'ucraïnès torna enrere perquè el PSG està perfectament replegat. Els defenses recondueixen cap a la dreta, on Walker troba el mateix obstacle i pren una decisió idèntica que Zíntxenko: endarrerir cap a Ederson. En aquest moment, el PSG s'obre, amb Neymar, Icardi i Di María encapçalant la pressió, que queda desfeta per la passada vertical del porter a Gündogan, que el jugador li retorna. El mapa d'aquest instant reflecteix que la seqüència de passades del Manchester City ha estirat el PSG, sobretot quan es repeteix per segona vegada la passada d'Ederson a Gündogan i la consegüent devolució de l'alemany al seu porter, la qual cosa incrementa el «factor imant» al PSG. L'equip de Pochettino avança els seus quatre defenses fins a prop del cercle central, els seus tres davanters sobre la frontal de l'àrea *citizen* i té els seus tres mitjos molt separats entre ells, vigilant KDB, Fernandinho i Bernardo. I aleshores, quan el conjunt francès ja ha estat atret cap a la porteria local, obligat a estirar-se al mateix temps que a obrir-se, llavors entra en joc la visió panoràmica d'Ederson, tan excel·lent com el seu peu.

Té dos companys lliures, els laterals. Walker és a la dreta, cap a la meitat del seu propi camp, per darrere de Mahrez, sense ningú que el molesti. Però a l'esquerra, Zíntxenko es troba en una situació molt millor. Gairebé enganxat a la línia del mig del camp, molt lluny de Florenzi, que ha estat atret fora de lloc per Bernardo, i amb l'avantatge que la seva orientació corporal està assenyalant cap a la porteria rival, Zíntxenko és l'objectiu idoni. Ederson decideix fer la preassistència de gol i col·loca la pilota seixanta metres per davant, on el lateral ucraïnès ja ha desarmat el PSG. El que ve després és una successió de decisions encertades. Zíntxenko, perseguit per Marquinhos, sap temperar i passar enrere en el moment oportú per a l'arribada de KDB, mentre Foden arrossega Kimpembe lluny de la zona d'influència del belga. De Bruyne, que arriba en solitari després de deixar enrere Verratti i també Ander Herrera, llança una rematada que podria ser letal però que rebota al peu dret de Florenzi, i la pilota cau a peus de Mahrez, que materialitza un gol que inclina definitivament les semifinals. En quaranta-dos segons, els onze jugadors locals han intervingut en una seqüència de quinze passades que ha estirat el PSG de manera irremeiable i en la qual

Ederson ha sabut advertir amb encert on era la superioritat. En aquesta llarga acció es resumeix el joc del Manchester City durant tota la temporada: àmplies seqüències de passades, efecte imant, serenitat i paciència, cerca de la superioritat a les zones menys previsibles i finalització contundent.

El gol augmenta la prudència del Pep, que es nega a estirar les seves línies i fa oscil·lar l'estructura entre el 2-4-4 i el 4-4-2, sense més alteracions. Malgrat això, el PSG disposa d'un excel·lent cop de cap al travesser de Marquinhos en la segona jugada d'un servei de córner, així com d'una rematada de Di María a porta buida, que surt fora, després d'un greu error de Bernardo. L'última mitja hora del primer temps transcorre amb el ritme baix que imposa el City, mentre les penetracions frontals del PSG es van alentint i diluint. L'equip parisenc ha tingut la pilota al seu poder més temps (56 %) i s'ha mostrat atrevit, però sense aconseguir desequilibrar.

I, com a París set dies abans, l'equip de Guardiola canvia d'intencions després del descans. Amb gran esforç, els jardiners de l'Etihad han netejat tota la neu que hi havia damunt la gespa, i De Bruyne, Bernardo, Foden i Mahrez encapçalen una pressió alta molt agressiva, suportats per un Fernandinho excepcional en la recuperació de pilotes. A una primera rematada de Foden que salva el porter costa-riqueny segueix la rèplica de Neymar, que encadena una llarga diagonal a l'interior de l'àrea local, finalitzada amb un xut que Zíntxenko bloqueja i que mereix la primera gran celebració dels defenses *citizen*, que s'abracen i es feliciten. Encara sota un diluvi, Zíntxenko inicia un contraatac, la seva passada a De Buyne és prolongada per la carrera a la banda esquerra de Foden, que retorna al belga; De Bruyne fa una pausa subtil durant la qual acomoda el cos per controlar la passada una mica endarrerida de Foden. Aquesta pausa dura unes breus mil·lèsimes, les precises per rellançar la pilota amb precisió cap al jove de Stockport, que aprofundeix i regala el gol a Mahrez, que arriba lliure pel costat oposat després de deixar molt enrere el lateral Diallo. Potser Neymar podria haver arribat a entorpir Mahrez però a la meitat del contraatac local decideix orientar-se contra De Bruyne i aquesta decisió errònia facilita encara més que Mahrez es presenti en solitari a l'àrea parisenca. La semifinal està sentenciada.

Els minuts següents ho confirmen, sobretot quan Di María és expulsat per agredir Fernandinho. L'única dificultat del City en els darrers vint minuts consisteix a mantenir la calma. Zíntxenko gairebé la perd, però Fernandinho —que avui ha complert trenta-sis anys— exerceix de capità i de pare i aconsegueix calmar-lo amb una esbroncada monumental. L'equip tindrà altres quatre ocasions de perill, especialment un xut de Foden al pal, però el marcador ja és definitiu. Per primer cop en la seva història, el City accedeix a la final de la Champions League i els jugadors ho celebren damunt la gespa amb una alegria serena. Al vestidor hi haurà més eufòria, encara que només en justa mesura. Són conscients que l'èxit ha estat molt important però que el més transcendent està per fer.

El City és el novè equip anglès a arribar a una final de Copa d'Europa i el primer a fer-ho després de guanyar onze partits a la competició, perquè només n'ha empatat un dels dotze que ha disputat, davant de l'FC Porto. Ha estat la seva setena victòria consecutiva a la Champions i el vuitè partit sense encaixar gol al torneig. Arriba a la final després d'haver marcat vint-i-cinc gols i haver-ne encaixat només quatre.[54] Aquesta última dada reflecteix la magnitud defensiva de l'equip, on els defenses destaquen per damunt de tot, si bé és un mèrit col·lectiu, com s'encarrega de recalcar Mahrez: «Tots hem de contribuir a la defensa». L'algerià ha estat el gran executor final de l'equip. Amb el Gladbach va fer una assistència de gol, contra el Dortmund en va regalar una altra i va marcar un gol i contra el PSG ha anotat tres gols.

Tres factors s'erigeixen com a protagonistes de l'èxit. El primer és de caràcter psicològic. Guardiola havia reclamat serenitat i temprança, John Stones havia descrit el dia anterior que calia «ser el que som» i el seu company Rúben Dias va completar el quadre al final del partit explicant que «quan hi ha dificultats és quan toca demostrar el caràcter que tenim com a equip». El segon àmbit és l'«efecte imant», que ha permès atreure i estirar un equip formidable com el PSG. S'ha fet de manera exemplar al primer gol i de manera continuada a la banda esquerra, on el triangle format per Zíntxenko, Gündogan i Foden s'ha afartat de fer passades amb la missió d'ajuntar rivals i obtenir avantatges en altres zones del camp.[55]

54. Va rebre un gol del Porto, un a cada partit de l'eliminatòria contra el Borussia Dortmund i un a París.

55. Disset passades de Zíntxenko a Gündogan i quinze a Foden. Catorze passades de Gündogan a Zíntxenko i les mateixes de Foden a Zíntxenko.

El tercer aspecte ha estat estratègic. Audàcia a l'anada i conservació a la tornada. El pla li ha sortit bé a Guardiola.

Estiarte i Lillo riuen: «Com més iugoslaus som, millor ens surten les coses. Com més sobris, més xampany beurem», diu la parella d'ermitans abstemis.

## EL MUR PORTUGUÈS

Més aviat que tard, Rúben Dias serà capità del Manchester City, triat pels seus companys. És inevitable que així sigui, atesa la seva capacitat de lideratge i el carisma que emana, quan ni tan sols no ha complert vint-i-quatre anys.

Dias li ha canviat la cara a la defensa. Per la seva intuïció, per la seva concentració extrema, per la seva exigència cap a ell mateix i cap als seus companys, per la seva exuberància física, pels bloquejos arriscats, per l'atreviment a perseguir qualsevol davanter a qualsevol zona. Ha estat la flama que ha encès el foc defensiu del City, una pretensió que Guardiola sempre va tenir i que va voler construir a partir de Vincent Kompany, cosa que no va ser possible per les constants lesions que va patir el defensa belga. Després va pretendre fer-ho amb John Stones i més endavant amb Aymeric Laporte, però sempre va haver-hi ensopegades i caigudes de rendiment que ho van impedir. Per fi, amb Rúben Dias, ha aconseguit completar l'organització que tenia en ment, una defensa que replica la que va tenir al Barcelona. El líder i qui fa bategar aquesta saga és Rúben Dias, amb un estil semblant al que tenia Carles Puyol al Barça. El defensa de sortida fina i clarivident és Stones (i també pot ser-ho Laporte, malgrat les seves intermitències) com al Barcelona ho va ser Gerard Piqué. El lateral fort, veloç i contundent és Walker, un perfil que recorda al d'Éric Abidal al Barcelona, i el lateral creatiu i audaç que va ser Dani Alves al Barça té el seu homòleg, encara que amb un talent inferior, en Cancelo o Zíntxenko.

Salvant les diferències òbvies de perfils, moments i característiques, Guardiola ha buscat replicar un grup defensiu semblant al qual va tenir fa una dècada i l'ha aconseguit després de molts intents en va. Si el Manchester City ha arribat finalment a l'últim esglaó de la Champions és gràcies a la seva línia defensiva, que s'abraça eufòrica en acabar la semifinal contra el PSG i també quan Zíntxenko aconsegueix desviar a córner una penetració de Neymar que preludiava el gol. Aquesta solidesa és la que provoca que l'últim xut del PSG entre els tres pals tingués lloc al minut 28 del primer partit. (Encara que Marquinhos hagi rematat de cap al 15 del segon partit).

Haaland, Mbappé, Neymar, Kane... La llista dels grans davanters als quals la defensa *citizen* ha assecat augmenta. Tots ells s'han quedat amb zero gols i amb zero rematades a porteria en les quatre últimes setmanes. Més encara, els defensors del City han bloquejat amb els seus cossos el 27,3 % de les rematades fetes pels rivals, cap de tan espectacular com la bloquejada de cap per Dias en un perillós xut d'Ander Herrera. Com diu Walker, «bloquejar un xut és com marcar un gol».

I no només es tracta d'assecar el davanter, bloquejar els xuts o construir un mur impenetrable. En els últims set partits de la Champions, Rúben Dias no ha baixat del 91 % d'encert en les seves passades.[56] El futur capità del City té les idees clares: «El futbol canvia ràpid i cal estar preparat per als canvis».

56. Les passades encertades de Dias han estat: 96,4 % contra el Porto; 98,4 % i 94,1 % contra el Borussia Mönchengladbach; 94,3 % i 95,2 % contra el Borussia Dortmund; i 94,8 % i 90,3 % contra el PSG.

## MOMENT 35

# El Chelsea serà favorit

***Manchester, 5 de maig de 2021***

Només alguns núvols grisos recorden que la nit abans va nevar a Manchester. El sol llueix sobre la CFA (City Football Academy). La plantilla està dividida en quatre grups. Els onze titulars del dia abans passegen, troten, estiren músculs i es relaxen després de la batalla contra el Paris Saint-Germain. Els tres porters, Ederson, Steffen i Carson, practiquen a les ordres de Xabier Mancisidor al «camp Trautmann», anomenat així en homenatge al gran porter alemany que va ser estrella del City entre el 1949 i el 1964. Deu jugadors del filial practiquen un rondo. Nois com Delap, Doyle, Palmer o Nmecha han estat cridats per exigir als qui jugaran dissabte contra el Chelsea. Són nou jugadors del primer equip els que escalfen sota la mirada de Lorenzo Buenaventura. Tres d'ells van tenir una breu presència contra el PSG, els davanters Agüero, Gabriel Jesús i Sterling. Els altres sis són Cancel, Laporte, Aké, Mendy, Rodri i Ferran Torres.

Per a tots nou serà una sessió d'entrenament amb càrrega elevada. Quan només han passat quinze minuts, Guardiola exposa la seva proposta al cos tècnic: «Dissabte haurien de jugar aquests nou més Ederson i Rúben Dias». És una proposta de caràcter estratègic. Si el Chelsea aconsegueix avui passar a la final de la Champions, dissabte cal jugar contra l'equip de Tuchel d'una manera completament diferent i han de fer-ho els qui no van ser titulars contra el PSG, encara que això obligui a una disposició una mica peculiar. «Si juguem amb aquesta alineació i d'aquesta manera tan diferent i guanyem, guanyem molt. I si perdem, perdem molt poc». El propòsit és no donar cap pista a Tuchel ni als seus jugadors i evitar que un enfrontament amb l'equip titular li concedeixi al Chelsea una experiència i un aprenentatge que el Pep vol impedir. Com més s'enfronten dos equips, més es coneixen. Aprenen i descobreixen els punts forts i els febles de l'altre, adverteixen l'autèntica naturalesa de l'adversari, una cosa que cap anàlisi prèvia no pot reflectir en tota la seva magnitud. Enfrontar-se sovint és conèixer-se en profunditat, i conèixer-se equival a descobrir les teves armes. Guardiola vol tallar aquesta seqüència d'aprenentatge que estan adquirint Tuchel i els seus homes.

La decisió estratègica té conseqüències tàctiques. Per no forçar de nou amb dos defenses esquerrans, afegeix Rúben Dias, amb la qual cosa es dissenya una línia amb tres centrals i dos laterals. I, atès que són dos els davanters centre i dos els extrems disponibles, això porta a jugar només amb un migcampista, de manera que Sterling i Torres hauran d'ocupar alternativament la posició d'interior. És una disposició molt atípica, però és l'única que permet alinear els homes triats per l'entrenador.

Tres dies després, el City perd el duel per 1-2, encara que un penal tristament errat per Agüero hauria pogut canviar per complet el panorama ja abans del descans. La derrota, tot i ser molesta, significa molt poc. No afecta gens per al títol de la Premier League i tampoc no és rellevant per a la final de la Champions League, donada la composició de l'equip de Guardiola. Si de cas servirà perquè la premsa atorgui el títol de favorit al Chelsea, i poc més.

Guardiola decideix jugar amb el Chelsea «a la Chelsea». Té tres motius per fer-ho.

El primer és de caràcter tàctic. Vol assajar un «mirall» contra el Chelsea, disposant els seus jugadors de forma semblant a com proposa Thomas Tuchel. El segon motiu està relacionat amb la gestió del grup. Encara que té gairebé decidit l'equip per a la final de la Champions, Guardiola vol que tots els seus jugadors lluitin fins a l'últim dia per una possible plaça en aquest partit. Ho diu públicament: «L'equip de la final no està decidit. Qualsevol jugador pot guanyar la seva plaça». Està dient que qui vulgui jugar a Istanbul —o on sigui que finalment se celebri el partit— ha de guanyar-se el lloc en les properes tres setmanes. I ho confirma al partit que pot sentenciar el títol de lliga, on només repeteixen dos dels vencedors contra el PSG (Ederson i Rúben Dias). Mentre el Chelsea manté mig equip del que va vèncer el Reial Madrid, Guardiola introdueix nou canvis. El tercer motiu és el que ja s'ha explicat: el Pep no vol donar la més mínima pista a Tuchel sobre com afrontarà la final.

Com ja va passar a la semifinal de l'FA Cup, l'enfrontament dels tots dos colossos té un ritme lent i espès. Malgrat que tots dos s'hi juguen bastant, el partit no posseeix la tensió dels grans dies. Sense migcampistes que envoltin Rodri, el City només pot fer circular la pilota amb paciència entre els seus defenses o en vertical buscant l'esquena dels defenses visitants. El Chelsea té més variants a les zones intermèdies, però ni els uns ni els altres aconsegueixen el ple domini del joc. I quan tot sembla encaminat a la finalització del primer temps gairebé sense escaramusses es produeixen dos cops d'efecte. Una passada llarga de Dias per a la carrera de Jesús és mal rebutjada per Christensen —que pateix un trencament dels isquiotibials de la cama esquerra—, cosa que deixa el davanter brasiler en immillorable situació per fer una passada de la mort a Agüero al punt de penal. Ara bé, l'argentí no remata amb la cama esquerra i decideix controlar la pilota amb el peu dret, però la seva acció tècnica és fallida i l'ocasió perd força; no obstant això, en aquell mateix instant apareix Sterling i sentencia el gol a porta buida. I a l'acció següent, Cancelo passa la pilota dins de l'àrea visitant a Ferran Torres, que cedeix a Jesús, que és abatut per Gilmour. El penal pot donar un marge gairebé definitiu al City a la vora del descans, però ja sabem que no és l'especialitat preferida de l'equip. Agüero pren una decisió arriscada i el llança a l'estil Panenka, però l'execució és tan tova i té tan poca picardia que Mendy atura la pilota sense problema. És un error greu del Kun. És el quart penal que fallen els homes del City en aquesta Premier League, i se sumen als cinc errats en la temporada anterior, amb la qual cosa es converteix en el primer equip de la Premier a fallar quatre o més penals en dues temporades seguides.

La segona part transcorre amb les mateixes pautes fins que al minut 62 Ziyech persegueix amb obstinació Rodri, a qui orienta cap a una banda, on Azpilicueta aconsegueix prendre-li la pilota i enxampar el City desorganitzat. Després de recolzar-se en Pulisic, l'acció continua amb una passada enrere d'Azpilicueta que Ziyech remata ras a la xarxa. Aquests petits titubejos de Rodri el van apartar de la titularitat contra el PSG, i aquest nou error potser farà que es quedi sense jugar la final.

L'empat comporta també més domini del Chelsea, tot i que Guardiola reacciona amb tres canvis. L'entrada de Gündogan i Foden dona un altre aire a l'equip, així com també la de Zíntxenko per Mendy, que en el segon temps ha perdut tots els duels contra Reece James. Els dos equips poden marcar el gol definitiu, que aconsegueix el Chelsea al minut 92, quan Werner guanya amb facilitat l'esquena a Laporte i ni Aké ni Rodri no arriben a temps de tallar la passada de la mort de l'alemany a Marcos Alonso, que segella la victòria.

És la cinquena derrota del City en aquesta Premier i la quarta a l'Etihad. Les dues últimes han estat seguides, per idèntic resultat (1-2) i amb el gol decisiu en el mateix minut (92). També és la segona derrota de Guardiola davant Tuchel en poques setmanes, la qual cosa sens dubte atorgarà la categoria de favorit al Chelsea de cara a la final europea. Per segon cop en quatre dies, el City ha tingut menys temps la pilota que el seu oponent. Ara tindrà, per primera vegada a la temporada, sis dies per descansar, recuperar-se, prendre aire i intentar sentenciar el títol de lliga abans de preparar-se per a Istanbul.

## MOMENT 36

# I si juga Carson?

***Manchester, 11 de maig de 2021***

Les pizzes són variades, la majoria de pernil i formatge, però també de verdures, de bacó i de salami. Les ha encarregat Marc Boixasa així que el mòbil li ha començat a treure fum. El cap d'equip sap perfectament la dimensió que prendrà la festa. Gairebé tot el Manchester City es reuneix a la ciutat esportiva després de la convocatòria improvisada que ha sorgit després del triomf del Leicester a Old Trafford. El City és, de nou, campió de la Premier League.

El cap ha autoritzat que es trenquin la dieta i la resta de les normes. Aquesta nit es beu i es balla com si s'hagués d'acabar el món a la ciutat esportiva, on tots s'han vestit amb la samarreta que commemora el nou títol de lliga. Es brinda per l'èxit i per tots els jugadors, un darrere l'altre, en un reguitzell interminable. Previsor, Boixasa ha encarregat cinquanta pizzes, que es devoren en tot just un quart d'hora, mentre creixen la festa i l'alegria. El Pep s'ha desfermat i balla, beu, canta i es fuma un cigar havà, un Partagás del número 4, el seu preferit.

Només cinc mesos enrere, l'equip era dotzè a la taula de classificació i ningú no li atorgava la més mínima possibilitat de triomf. Bé, de fet sí que hi havia qui confiava en la victòria final. Era un petit reducte format per dues persones, Manel Estiarte i Juan Manuel Lillo, que dia rere dia repetien que es podia guanyar la lliga malgrat el vent que bufava en contra. Estiarte afirmava que el desavantatge en punts no era decisiu i que el títol es decidiria a l'entorn dels vuitanta punts. Lillo argumentava que l'equip estava bé i que només li calia trobar la serenitat per desplegar el seu veritable potencial.

Tots dos van encertar de ple i avui són dos dels més feliços. Potser per això Estiarte s'atreveix a suggerir una proposta: Scott Carson mereix ser el porter de l'equip contra el Newcastle, el primer partit que es disputarà després de conquerir el títol. El cos tècnic en ple acull amb aprovació la seva proposta.

Tres dies més tard, Carson és el porter titular a St James' Park, on debuta amb els colors del City després d'any i mig al club.

Una setmana enrere, el Newcastle va aconseguir destrossar el Leicester gràcies al seu contraatac letal. L'equip de Steve Bruce buscava la salvació matemàtica i va aplicar quatre contraatacs colossals que li van atorgar la permanència un any més a la Premier League. Quan un equip és capaç de desencadenar contraatacs tan fulminants i precisos davant d'un especialista en la matèria com és el Leicester —que uns dies més tard guanyarà l'FA Cup contra el Chelsea—, significa que té una arma molt poderosa.

I a això és al que s'enfronta el Manchester City. La preparació del partit no ha estat la més meticulosa de l'era Guardiola. Després de la derrota contra el Chelsea, el Pep va donar dos dies complets de festa i dimarts a la nit va reunir tota la plantilla per celebrar el títol de lliga en una festa majúscula. L'entrenament de dimecres es va dedicar a eliminar els excessos nocturns i només el dijous es va preparar el partit contra el Newcastle. Es va decidir que es presentaria una alineació mixta: una combinació entre protagonistes i secundaris. Aquesta és la recepta de Guardiola per afrontar un partit «diferent».

La proposta del Newcastle és la imaginada després de la seva proesa contra el Leicester. Regala la pilota i l'espai al City i s'aplica al contracop. L'equip de Guardiola té la pilota durant el 82,1 % del partit, la seva segona major possessió de la història després del 83 % aconseguit contra el Swansea l'abril del 2018. Hi ha trams del partit en els quals té la pilota el 96 % del temps...

Els primers vint minuts mostren un City fi i ràpid, amb Cancelo i Sterling punxant pel costat esquerre, però és el Newcastle qui obre el marcador en l'acció següent a un contraatac que salva Kyle Walker. Al servei de córner, Aké perd la posició contra el defensa Emil Krafth, que fa una rematada de cap imparable. Menys de deu minuts més tard, un altre contraatac local és tallat en falta i el llançament de Jonjo Shelvey s'estavella al travesser. El City respon sense dilació. Una bona acció col·lectiva pel costat fort, l'esquerre, la resol Rodri amb una passada enrere a Cancelo, que dispara amb l'exterior del peu des del vèrtex de l'àrea. La pilota rebota en un defensa i suposa l'empat. Tres minuts després, Gündogan treu una falta lateral des de la mateixa banda i Ferran Torres la remata de manera espectacular, amb el taló i d'esquena a la porteria: un gol formidable. Però el Newcastle aconseguirà empatar gràcies a un altre contraatac, després del qual Nathan Aké abat Joelinton, que transforma el consegüent penal. Els locals han xutat dues vegades i Scott Carson ha encaixat dos gols, sense cap opció d'evitar-los.

Al descans, el Pep canvia l'organització de l'atac. Gabriel Jesús a la banda dreta i Ferran Torres al centre, per enfrontar-se als tres defenses del Newcastle. Abans que la permuta tingui efecte, els locals s'avancen al marcador gràcies a un penal innecessari comès per Walker. El xuta Willock, a l'esquerra de Carson, que aconsegueix rebutjar la pilota, però el mateix Willock s'avança a Eric García i aconsegueix el tercer gol local.

Com un volcà, el City remunta en tot just tres minuts. Gabriel Jesús ataca el costat dret amb ràbia, centra dur i Ferran Torres remata amb la cama esquerra des de l'àrea petita. És un gol «estil Agüero», com el següent, que arriba de seguida, després d'un xut al pal de Cancelo. De nou Torres, de nou des de l'àrea petita, en aquesta ocasió amb una semitisora, també «estil Agüero». Per si hi havia dubtes, Ferran Torres confirma que dins de l'àrea és formidable. En catorze partits com a titular ha anotat set gols i ha fet dues assistències. És el jugador més jove a aconseguir un *hat-trick* amb Pep Guardiola (vint-i-un anys i setanta-cinc dies, per vint-i-dos anys i dos-cents dies de Messi).

El Manchester City ha celebrat el títol de lliga amb un nou triomf, superant el rècord del futbol anglès de partits invicte fora de casa des del 1888, amb vint-i-tres (vint-i-un triomfs i dos empats). Ja són vint victòries seguides fora de casa, comptant totes les competicions, un altre rècord, i també dotze de continuades a la Premier League, una altra marca superada.

Cap imatge resumeix millor la peculiaritat del partit que les abraçades i felicitacions que rep Scott Carson en acabar la seva actuació. Feia deu anys que no disputava un partit de Premier League i avui ha pogut assaborir de nou la competició al màxim nivell:[57] «Creia que la Premier havia acabat per a mi, però no em vaig rendir i he tingut una nova oportunitat». Ederson, que ni tan sols no estava convocat, Xabier Mancisidor, l'entrenador de porters, i tot l'equip en ple, titulars i suplents, abracen i feliciten el porter anglès, que després de cent quaranta-sis partits jugats a la Premier League avui ha superat una marca personal. Ha tingut un 90 % d'encert en les seves passades.

Queden dues setmanes per a la final de la Champions, que ha estat traslladada d'Istanbul a Porto a causa de la complicada situació sanitària a Turquia. Si s'hagués disputat a la capital turca, els dotze mil aficionats anglesos que acompanyaran els seus equips no haurien pogut viatjar. Per això, la UEFA acorda el dia 13 traslladar el partit a Porto.

Queden dues setmanes per preparar els jugadors.

El primer és que De Bruyne descansi i relaxi la cama dreta, sotmesa a un fort estrès després de la lesió d'isquiotibials al gener i del recent esquinç de lligaments al turmell. KDB ha jugat les semifinals de la Champions amb molèsties i ara li han dissenyat un pla de deu dies per regenerar músculs i peu, augmentar la força i fer-lo arribar bé al moment final.

La resta de titulars estan completant una setmana sencera de regeneració, combinada amb càrregues de força específica, per la qual cosa pocs d'ells han jugat contra el Newcastle, partit que no només ha servit per fer un homenatge a Scott Carson, sinó també per alinear per últim cop Eric García abans que marxi al Barcelona i per estimular els davanters, que han de fer mèrits. Ferran Torres sembla haver pres un avantatge substancial sobre els seus col·legues de l'atac.

El que ha passat a Newcastle només ha estat un petit moment de respir abans de reprendre l'esprint final.

57. El seu últim partit a la Premier League havia estat el 2011, com a porter del West Bromwich Albion.

## MOMENT 37

# Dinàmica de l'impensat

***Manchester, 16 de maig de 2021***

Dissenyes un pla i el futbol te'l desmunta. Dante Panzeri, exquisit periodista i pensador argentí, va trobar un qualificatiu formidable per a aquest fenomen: «Futbol, dinàmica de l'impensat».

Fas un pla i el futbol te'l desfà.

L'escena transcorre al despatx del Pep, a la ciutat esportiva. Repassa les línies mestres del pla juntament amb Lillo i Borrell. Els que van jugar contra el Paris Saint Germain ja s'han recuperat físicament i mentalment. Uns han dut a terme càrregues de força específica per afrontar l'esprint final i altres, com De Bruyne, han regenerat els músculs sobrecarregats. Tothom està a punt, excepte Kyle Walker, que s'ha torçat el turmell jugant a casa amb els seus fills.

El Pep té en ment alinear a la final els mateixos onze que van jugar la semifinal de tornada a l'Etihad. Però té massa experiència per no ser conscient que sempre hi ha imprevistos i que els plans no es compleixen íntegrament. Pot ser que algú es lesioni en aquests dies que queden fins a la final de Porto. O potser algun jugador assoleixi un d'aquells moments especials de forma que el fan volar sobre el camp i li arrabassi la plaça a qui menys s'ho espera. En qualsevol cas, el pla dissenyat obliga a jugar dos partits a cor què vols, contra el Brighton i contra l'Everton, per mantenir el ritme mostrat en els últims dos mesos. Ningú no podrà escatimar esforços ni reservar-se per a la final. Tothom s'haurà de guanyar el lloc en aquests dos partits.

Concedeix oportunitats a alguns homes perquè facin el pas endavant que els pot fer titulars a la final. Cancelo, Rodri i Ferran

Torres són els triats. Agüero arrossega molèsties a l'abductor i no podrà jugar contra el Brighton, per la qual cosa es pretén que pugui jugar contra l'Everton i rebre l'homenatge final de l'afició.

Al cap de dos dies, el pla salta pels aires als deu minuts de partit a The Amex Stadium, quan Joao Cancelo és expulsat. Tot i que havia jugat un magnífic partit com a lateral esquerre contra el Newcastle, l'expulsió possiblement farà que no arrabassi la plaça a Zíntxenko a la final europea. Cancelo és conscient de l'oportunitat perduda i es retira del camp amb dosi doble d'amargor. De rebot, Ferran Torres perd una gran ocasió per refermar-se com a davanter centre. El Pep l'ha triat a ell per davant de Gabriel Jesús després del seu *hat-trick* a Newcastle i està disposat a valorar la seva eficàcia com a golejador en detriment del potencial de Bernardo Silva com a mitjapunta. Però l'expulsió de Cancelo obliga a fer entrar Èric García, i el sacrificat és Torres, que amb això potser també s'acomiada de la titularitat a la final.

Rodri simplement no aprofita la nova oportunitat per reivindicar-se davant del rendiment excepcional de Fernandinho. Si bé ha jugat de manera esplèndida al llarg de la temporada i s'ha assentat com a pivot de l'equip, l'espanyol ha mostrat massa titubejos en les últimes setmanes. Al seu voltant es teixeixen complicitats per a ajudar-lo. Des del Pep fins a Fernandinho, des de Lillo fins a Estiarte, tothom col·labora per ajudar Rodri, que mostra inseguretat damunt la gespa. Va ser titular indiscutible fins a l'anada de les semifinals, però a París es va mostrar nerviós contra el PSG, i el Pep va decidir que Fernandinho jugaria al partit de tornada; això va ser dolorós per al mig centre espanyol, que contra el Chelsea va cometre l'error que va costar l'empat de Ziyech. I, si bé l'entrenador el va mantenir contra el Newcastle i també contra el Brighton, un nou error el condemna. Amb prou feines han passat dos minuts des que Foden obté el 0-2 quan Rodri es gira al mig del camp i fa una passada enrere, però en lloc de lliurar la pilota a Stones la regala a Trossard i el belga obté el primer gol local, que significa també l'inici del ple domini del Brighton i la seva remuntada. N'hi ha prou de veure l'expressió de Rodri en culminar el seu error, estirant-se els pantalons, cridant i maleint, per comprovar que és conscient que tants errors seguits poden allunyar-ho de l'alineació titular de la final.

La llarga ratxa de victòries consecutives fora de casa s'acaba trencant. El City tanca una sèrie de vint-i-tres partits invicte, des de la derrota contra el Tottenham a Londres, el 21 de novembre de l'any anterior. Han estat gairebé sis mesos sense perdre, una ratxa integrada per vint-i-una victòries i dos empats, amb cinquanta-tres gols a favor i dotze en contra. Un rècord colossal.

El City se'n va de Brighton amb el mal gust de boca de la derrota, i aquests tres jugadors en especial, Cancelo, Torres i Rodri, ho fan amb la convicció d'haver deixat escapar una gran oportunitat. El futbol, dinàmica de l'impensat, ha conspirat en contra seu.

## MOMENT 38

# Adeu, Kun

***Manchester, 23 de maig de 2021***

Agüero desenfunda dos cops i les xarxes de la porteria de l'Everton s'estremeixen.

El futbol escriu guions més enllà de la imaginació. En una dècada, Sergio Agüero haurà debutat i s'haurà acomiadat de l'Etihad Stadium amb dues actuacions gairebé clòniques. Va debutar el 15 d'agost de 2011, quan es complia l'hora de partit contra el Swansea, i en aquells trenta minuts va marcar dos gols per certificar la victòria del Manchester City per 4-0. S'acomiada el 23 de maig de 2021, entrant a jugar a l'hora de partit contra l'Everton, i en aquests trenta minuts marca dos gols que tanquen la victòria del Manchester City per 5-0. Hauran estat dues gotes d'aigua, l'alfa i l'omega, principi i final d'una brillant carrera en blau cel. El Kun diu adeu a Manchester de la mateixa manera que li va dir hola: xutant a la xarxa.

L'Everton es juga les últimes cartes per aconseguir una plaça en competicions europees la temporada següent, però el City no ho permetrà. Guardiola presenta una alineació força semblant a la que ha previst per a la final de la Champions League. La mateixa defensa, De Bruyne i Foden com a migcampistes interiors, Mahrez i Sterling com a atacants exteriors. Aquesta és la columna vertebral que ha pensat per enfrontar-se al Chelsea i avui decideix rodar-la davant de l'equip d'Ancelotti. Ha situat Fernandinho de mig centre, tot i que ja ha pensat que a la final sigui Gündogan qui ocupi la posició. Gabriel Jesús juga avui en punta, encara que a la Champions té previst que ho faci Bernardo Silva.

La dinàmica de joc s'assenta sobre els mateixos fonaments que han fet que des de Nadal el City sigui un equip inabordable. La sortida de pilota es desenvolupa a partir d'una defensa de tres homes (Walker i els dos centrals) que combina amb dos companys més avançats (Fernandinho i Zíntxenko). Aquest 3+2 posseeix una alta fiabilitat quan el rival pressiona amb dos puntes i dos mitjos, o amb un punta i tres mitjos. Aconsegueixen treure la pilota amb facilitat, però són De Bruyne i Foden els qui marquen les diferències principals gràcies a la seva mobilitat.

Amb la vista posada en la final, Guardiola ajunta KDB i Foden al mig del camp i l'Everton en paga un preu molt alt. Durant cinquanta-sis minuts, els dos migcampistes desfermen tota la seva fúria en una successió d'accions profundes que la defensa d'Ancelotti no pot aturar. Molt aviat De Bruyne deixa Gabriel Jesús davant de Pickford, però el porter visitant evita el gol. Només sis minuts després, una combinació veloç entre Jesús, Foden i Mahrez serveix perquè De Bruyne, que rep una passada deliciosa de l'algerià, obri el marcador amb un xut llunyà que suposa el seu divuitè gol des de fora de l'àrea amb el City. Només Harry Kane, amb dinou, ha marcat més gols que KDB des de fora de l'àrea des del setembre del 2015. Dos minuts després, Fernandinho fa un moviment defensiu a la zona central i Gabriel Jesús aprofita per anotar el segon gol, amb el qual ja en suma cinquanta a la lliga.

Una nova recuperació de Fernandinho serveix perquè Foden aconsegueixi el 3-0, abans que Agüero faci la seva aparició damunt la gespa, quan només queda mitja hora de campionat. Temps suficient perquè aconsegueixi dos gols, com el dia del seu debut, deu anys enrere. Tots dos arriben després d'intervencions precises de Fernandinho que Agüero materialitza. Un el marca amb l'exterior del peu dret, després d'enganyar dos cops i embolicar tota la saga visitant. L'eufòria es desborda a l'estadi quan el seu gran ídol anota amb tal virtuosisme. Però Agüero no en té prou i cinc minuts més tard remata de cap una centrada de Fernandinho digna de KDB. El Kun marca els temps del salt i el seu cop de cap inapel·lable significa el 5-0 i també el seu últim gol amb l'equip que el va catapultar a la fama. N'ha tingut prou amb vint-i-vuit minuts, vint-i-dos tocs i quinze passades per batre el rècord de gols d'un jugador amb un mateix club a la Premier League.[58]

58. Wayne Rooney va marcar cent vuitanta-tres gols a la lliga amb el Manchester United.

S'acomiada entre visques l'ídol de l'Etihad, l'autor del gol més vibrant en la història del City, el del minut 93,20, aquell que va donar el campionat 2011-2012. Ho fa després de marcar dos-cents seixanta gols, rècord del club, en tres-cents noranta partits, durant els quals ha aconseguit catorze títols. La seva associació amb Guardiola acaba amb cent vint-i-quatre gols i nou trofeus, dels quals tres són de lliga. La parella va començar amb reticències i va patir una crisi inicial de comprensió que es va resoldre aviat gràcies a l'esforç d'Agüero per complir les exigències de l'entrenador. Avui Guardiola li retorna el seu compromís en forma de llàgrimes: «El Kun ha estat algú molt especial per a mi».

La història *citizen* mai no oblidarà Sergio Agüero.

## MOMENT 39

# Cap ple, cap fresc

***Manchester, 25 de maig de 2021***

Dilluns 24, Guardiola i Gündogan es dediquen a respondre preguntes de periodistes de mig món. És el *media day* del City, que ha volgut allunyar aquesta trobada amb la premsa el màxim possible de la final. Encara ressonen els càntics de celebració a l'Etihad Stadium i els qui van jugar el dia abans contra l'Everton fan una lleugera sessió de recuperació. Els qui no van jugar s'entrenen dur, inclosos Agüero i Rodri.

Dimarts 25 és jornada de descans. Només hi haurà dos entrenaments més, els de dimecres i dijous, perquè la sessió de divendres, ja a Porto, serà molt lleugera. És hora que Guardiola i Lillo aclareixin els interrogants pendents. La primera pregunta té a veure amb la dosi exacta d'anàlisi del rival. Quantes dades hem de donar als nostres jugadors sobre el Chelsea perquè estiguin ben advertits dels perills?

La nit abans, Lillo va acabar de llegir *La educación de los hijos*, de Montaigne. Lillo no beu, no fuma, no té xarxes socials, no llegeix diaris, ni de paper ni digitals. No sap com funciona Twitter, ni vol saber-ho. Rebutja llegir res que s'escrigui sobre ell, i encara menys quan són articles positius i elogiosos. No surt a les fotos i durant les celebracions intenta ocultar-se. Mentre deu mil aficionats i tota la plantilla celebraven en gran la conquesta de la Premier League a l'Etihad Stadium, dos jugadors van haver d'acostar-se fins a un racó de l'estadi per demanar-li que s'unís a les celebracions, però ell va preferir continuar amagat dels focus.

Després dels partits es queda a dormir a la ciutat esportiva, on sempre té un llit preparat a l'habitació número 30, si bé mai no aconsegueix dormir a causa de la tensió. Quan l'equip torna de nit d'un partit jugat fora de Manchester, també es queda en aquesta habitació.

Ha trepitjat molt poc la ciutat. Va de casa seva a la del Pep, situada a menys d'un minut, i de casa seva al supermercat del davant per comprar el menjar. Poc més. Al gener va rebutjar dirigir una important selecció americana, al març una interessant selecció europea, a l'abril un club mexicà...

Rellegeix Montaigne i avui posa damunt la taula del Pep un passatge crític amb els mestres que l'ha impactat: «Treballem únicament per omplir la memòria i deixem buits consciència i enteniment». Guardiola hi reflexiona. Omplir el cap o refrescar el cap? La resposta és òbvia. Els caps no han d'estar plens, han d'estar frescos.

El segon interrogant és sobre la composició del mig del camp. Els titubejos de Rodri les darreres setmanes semblen descartar-lo. No es pot afrontar una final si un se sent insegur. Per tant, Fernandinho o Gündogan? El capità aporta força, agressivitat i recuperació de pilotes. L'alemany dona continuïtat al joc i cada vegada que s'alinea com a mig centre es genera una harmonia esplèndida. Hi ha un altre possible avantatge que pot ser decisiu. Gündogan com a mig centre permet alinear Phil Foden com a interior i no tenir-lo subjecte a la banda esquerra. Significa acostar la pilota a Foden en lloc d'esperar que li arribi.

Dubten i debaten sobre la idea fins que el pla queda decidit. Gündogan jugarà la final com a mig centre per la dinàmica harmònica que provoca en el joc i perquè permet sumar Foden al mig del camp: «Si el Phil toca la pilota cada trenta segons és probable que passin moltes coses, i totes bones».

## MOMENT 41

# Sísif de nou

***Porto, 29 de maig de 2021***

El més important de la final va passar fora del terreny de joc.

Fins a dijous hi ha un estat d'ànim excel·lent. El Pep està tranquil, transmet confiança i seguretat i als entrenaments abunden els riures i els somriures.

Tota l'expedició ha donat negatiu als controls de la covid-19 fets dimecres i també als de dijous al matí. Però Juanma Lillo no es troba bé quan l'expedició es dirigeix a l'aeroport de Manchester. Li fan mal la gola, el cap i el pit perquè pateix una infecció de les vies respiratòries. Quan arriben a l'hotel Porto Palácio, proper al punt on el riu Duero desemboca a l'oceà Atlàntic, el doctor Mauri dubta sobre si enviar el segon entrenador de tornada a Manchester. Lillo es troba malament i la febre li ha pujat a trenta-vuit graus, però el Pep insisteix que es quedi, encara que hagi de quedar-se aïllat a l'habitació.

Durant la tarda de divendres es duu a terme l'últim entrenament de la temporada, que transcorre en un ambient estrany. Hi ha un silenci inesperat a l'equip. Han desaparegut els riures i els somriures. Els rostres tenen poc a veure amb els que es veien a Manchester, tan riallers dos dies abans. La tensió corca diversos jugadors. La tensió i una altra cosa.

Dos futbolistes expressen al capità la seva preocupació per l'alineació que intueixen. Fernandinho, amb molt de tacte, transmet el missatge a l'entrenador, que promet avaluar de nou la seva decisió. Ja a l'hotel el replanteja juntament amb Lillo, però tots dos coincideixen que la millor decisió per a l'equip és la del pla triat. Gündogan ha funcionat sempre molt bé com a mig centre i això permetrà sumar Foden per dins. Entenen els dos jugadors perquè la vigília d'una final sempre afloren les inseguretats. El Pep i Lillo reconeixen que el pla de joc és atrevit, però també que la valentia sempre els ha donat bons rèdits. La seva idea a última hora de divendres és que la por d'uns pocs no sigui més important que la valentia de la resta. No és una decisió fàcil de prendre ni de sostenir, però hi creuen i la tiraran endavant.

L'alineació que presenta el Manchester City dissabte sobre l'estadi do Dragao contra el Chelsea difereix molt de la dels dos enfrontaments anteriors, tant en noms com en estructura. Respecte de l'equip que va disputar la semifinal de copa a l'abril només repeteixen Dias, De Bruyne i Sterling. Tampoc no guarda cap semblança amb el 3-1-2-4 amb el qual es va afrontar el partit de lliga a l'Etihad, a finals del mes de maig, i del qual només repeteixen Ederson, Dias i Sterling. I tampoc no té gaire similitud amb el partit de lliga jugat a Stamford Bridge al gener (1-3), quan al City va començar a agafar el concepte dels «iugoslaus».

El d'aquesta final és un pla atrevit però coherent amb les idees de l'entrenador, encara que no hi siguin Fernandinho ni Rodri. Es pretén sumar migcampistes de bon peu i aquesta és una bona fórmula perquè en reunirà quatre dels millors: Gündogan, Bernardo, De Bruyne i Foden, més el suport de Zíntxenko. Per darrere, els defenses «iugoslaus», Walker, Stones i Dias. I oberts com estaques els extrems, Mahrez i Sterling. És un pla tan atrevit, valent i coherent com arriscat. Si no surt bé, les crítiques seran ferotges perquè suposa canviar una peça important, la del mig centre posicional, en un moment decisiu. Quan hora i mitja abans de la final es coneix l'alineació, l'opinió generalitzada entre aficionats i analistes és que es tracta d'un error i que l'equip necessita un mig centre defensiu perquè Gündogan jugui d'interior i Foden d'extrem.

Lillo continua amb febre alta però ha tornat a donar negatiu de covid-19 i, tot i trobar-se malament, aconsegueix sumar-se al grup. El Pep havia pensat no fer cap xerrada tàctica en les hores prèvies a la final, amb el propòsit que els caps estiguessin frescos, però nota tensió al grup. Poc abans hi ha hagut una petita discussió entre un membre del cos tècnic i un jugador, per la qual cosa l'entrenador decideix parlar durant uns minuts a l'hotel, només per assumir ell totes les responsabilitats. Vol que juguin alliberats i sense temors. Les conseqüències seran per a ell, no per a ells, els diu.

El pla no surt bé.

I no per Gündogan. He revisat dos cops la final i el jugador alemany no comet cap error destacable, ni el gol que obté Kai Havertz al minut 42 no es pot atribuir de cap manera a la presència de Gündogan o a l'absència de Fernandinho o Rodri. El gol sorgeix gràcies a una habilitat que el Chelsea ha anat adquirint a mesura que Tuchel l'anava construint: atreure rivals al costat dret del camp per descarregar la pilota cap a l'esquerre i provocar la desorganització del rival i la conquesta d'un avantatge a partir dels successius salts dels jugadors contraris. És un moviment també arriscat i de difícil execució, però que al Chelsea li surt bé a la final.

Després d'atreure cap a la dreta Sterling, Foden, De Bruyne i Bernardo, el Chelsea rellança a través del seu porter, que envia la pilota a Ben Chilwell, situat com a lateral esquerre. Walker, que vigilava Mason Mount, l'abandona i salta cap a Chiwell, però arriba tard a la marca i no aconsegueix evitar la combinació entre tots dos. Al seu torn, Stones ha deixat la defensa per pressionar Mount, que es gira i s'adona que Werner arrossega cap a fora Rúben Dias. L'únic obstacle entre Kai Havertz i Ederson és la presència una mica endarrerida de Zíntxenko. La desorganització de la defensa mancuniana és un fet gràcies a l'hàbil primer toc de Chiwell. En aquest punt, Mount aconsegueix enviar el cuir a Havertz, qui aprofundeix i aconsegueix desviar la pilota amb la punta del peu contra el cos d'Ederson i beneficiar-se després d'un rebot que l'afavoreix i li permet marcar a porta buida. El salt inicial de Walker per detenir Chilwell no ha sortit bé i tota la línia defensiva ha quedat venuda. Va passar el mateix al derbi contra el Manchester United, quan el salt del lateral dret, Cancelo aquell dia, va acabar costant un gol. Gündogan no ha tingut cap participació en l'acció, com tampoc l'haurien pogut tenir Fernandinho o Rodri, perquè tota transcorre per una zona molt allunyada de la que ha de protegir el mig centre.

Com als dos enfrontaments recents, el Chelsea es mostra còmode a ritme lent i el City no aconsegueix transformar el seu domini de la pilota en ocasions nítides, encara menys després que De Bruyne pateixi una doble fractura a la cara a causa d'un xoc amb Rüdiger. Després de diverses hores a l'hospital, al belga se li diagnostica una fractura aguda de l'os del nas i una altra de l'òrbita de l'ull esquerre. L'acció no ha semblat un xoc fortuït. N'hi ha prou de veure la repetició de les imatges per comprovar que Antonio Rüdiger es desentén de la pilota que el belga ha passat a Mahrez per xocar amb tota la seva corpulència contra el migcampista. La seva espatlla dreta provoca la doble fractura a KDB, que marxa a l'hospital i deixa el City encara més adolorit. Sens dubte, Rüdiger no pretenia lesionar KDB, però li ha trencat la cara.

La defensa dels londinencs es comporta com una roca i el seu eix central, amb tres defensors com Azpilicueta, Thiago Silva i Rüdiger, més dos pivots com Jorginho i Kanté, s'erigeix en una muralla impenetrable. De fet, el City només aconsegueix rematar una vegada a porteria, per dues del campió, encara que els dos equips disposen d'una ocasió magnífica. Azpilicueta impedeix que Gündogan empati a porta buida i Pulisic remata fora una arribada en solitari davant d'Ederson, abans que una volea de Mahrez amb la dreta, des de fora de l'àrea, passi fregant el travesser als noranta-sis minuts. El Chelsea guanya la Champions.

La derrota sembla prendre la raó al Pep. És inevitable en l'ésser humà. Desitgem donar o prendre la raó, i per fer-ho recorrem al resultat. Si guanyes, tens raó. Si perds, no en tens. Així funciona el nostre maquiavèl·lic —i estúpid— raonament. I no, no és així. Ni tens raó en vèncer, ni la perds en ser derrotat.

Pretenem trobar les causes que provoquen determinats efectes. Intentem trobar el motiu pel qual succeeixen les coses. Busquem els perquès de les victòries i de les derrotes i creiem tenir raó quan els enumerem, sense reconèixer que potser es va guanyar o es va perdre per motius que no sabem i que no hem descobert. En qualsevol cas, la derrota s'atribuirà en exclusiva a l'alineació de Gündogan com a mig centre i no existeix argumentació possible que pugui refutar-ho [encara que tampoc el contrari]. Després d'haver assistit a la final i d'haver-la revisat completament dues vegades, no he trobat cap motiu que pugui relacionar la derrota amb l'alineació de Gündogan, si bé haig de dir amb la mateixa fermesa que tampoc la seva presència a la posició de mig centre no va tenir l'efecte positiu i multiplicador que desitjaven els entrenadors.

En el que sí que es va equivocar Guardiola, segons la meva humil consideració, és en haver modificat un ecosistema humà que estava funcionant a ple rendiment. Gündogan com a mig centre no va tenir cap conseqüència futbolística, però en van tenir moltes d'anímiques. Hi va haver jugadors que van expressar preocupació, uns altres que es van sentir menys segurs i a qui els va augmentar la incertesa o el nerviosisme, fins i tot la por. L'equip en el seu conjunt es va sentir inquiet i angoixat, menys confiat que de costum, vacil·lant. I aquesta alteració va afectar les emocions de força integrants, la qual cosa finalment no va ser positiva.

La del City haurà estat una trajectòria formidable en aquesta competició, amb onze victòries, un empat i només una derrota, però aquesta és la més dura de totes, la del partit final. Ha marcat vint-i-cinc gols i només n'ha rebut cinc. El seu joc en la majoria dels tretze partits ha estat excepcional, però ha ensopegat l'únic dia en què no està permès fer-ho.

La temporada dels «iugoslaus» conclou amb mal gust de boca, però és impossible guanyar si no estàs convençut que ho faràs. N'hi ha prou amb un component del grup que no n'estigui convençut, que tingui dubtes o que es mostri distant perquè la missió es compliqui o es faci impossible. I això ha passat al Manchester City.

L'obra de Guardiola encara no s'ha culminat. Si el seu Bayern va ser una obra d'art inacabada, el seu Manchester City encara es troba en construcció, afegint matisos i perfils curs rere curs. Ha ampliat el seu contracte fins el 2023, amb la qual cosa es regala temps per aixecar a Manchester la seva catedral, que resta inacabada. Grans artistes van deixar meravelloses obres inacabades. La *Vuitena simfonia* de Schubert, el *Rèquiem* de Mozart, *La transfiguració* de Rafael... Però dins d'aquest estrany esperit que viu dins de Guardiola, una combinació d'artesà minuciós i competidor voraç, no hi ha lloc per a una altra obra d'art inacabada. Vol polir-la tant com sigui necessari, però sobretot vol que sigui la seva gran culminació. Com Sísif intentant pujar la pedra fins dalt de tot del cim, el Pep ha tornat a caure i haurà de tornar a començar l'ascensió des de baix. Una altra vegada, Sísif...

## RESUM D'ESTADÍSTIQUES 2020-2021

| | P | V | E | D | GF | GC |
|---|---|---|---|---|---|---|
| Premier League<br>*Campió* | 38 | 27 | 5 | 6 | 83 | 32 |
| FA Cup<br>*Semifinalista* | 5 | 4 | 0 | 1 | 11 | 3 |
| Copa de la Lliga<br>*Campió* | 5 | 5 | 0 | 0 | 12 | 2 |
| Champions League<br>*Finalista* | 13 | 11 | 1 | 1 | 25 | 5 |
| **Total** | **61** | **47** | **6** | **8** | **131** | **42** |

## DADES

| | |
|---|---|
| 77 % | Percentatge de victòries a la temporada |
| 71 % | Percentatge de victòries a la Premier League |
| 2,14 | Gols a favor a la temporada |
| 2,18 | Gols a favor a la Premier League |
| 0,68 | Gols en contra a la temporada |
| 0,84 | Gols en contra a la Premier League |
| 89 | Diferència de gols a favor a la temporada |
| 86 | Punts a la Premier League |
| 20 | Rematades al pal a la Premier League (4 de De Bruyne) |
| 63,2 % | Possessió de pilota a la temporada |
| 63,5 % | Possessió de pilota a la Premier League |
| 83 % | Màxima possessió de pilota (contra el Newcastle, maig del 2021) |
| 37 % | Mínima possessió de pilota (contra el Brighton, maig del 2021) |
| 675 | Mitjana de passades per partit |
| 925 | Màxim nombre de passades (contra el Newcastle, maig del 2021) |
| 88 % | Passades encertades per partit |
| 15 | Rematades per partit / 5,6 a porteria |
| 6,9 | Rematades en contra per partit / 2,1 a porteria |
| 15 | Victòries consecutives a la Premier League |
| 17 | Màxim golejador: Ilkay Gündogan (13 a la Premier League) |
| 18 | Màxim assistent: Kevin de Bruyne (12 a la Premier League) |
| 53 | Més partits jugats: Rodri (Ederson 36 a la Premier League) |
| 5-0 | Major victòria (contra Burnley, West Bromwich Albion i Everton) |
| 5-2 | Major derrota (contra el Leicester) |

# TEMPORADA 6

2021-2022

## Cinc minuts i trenta-sis segons

El temps és un escultor infal·lible i la seva dimensió és tan relativa que hi ha minuts que semblen eterns i hores que duren anys.

Hem après que gràcies a 29,51 mil·límetres pots guanyar una lliga, però que per només onze mil·límetres pots perdre-la. Hem comprovat que el viatge entre la glòria i el fracàs pot durar seixanta-set segons i quaranta-dues centèsimes. I en aquesta sisena temporada certificarem que les emocions d'una vida sencera caben en cinc minuts i trenta-sis segons.

# Ciutadà Kane

«Només hi ha una persona que pot decidir el que faré, i soc jo mateix», deia Orson Welles A *Ciutadà Kane*.

Harry Kane pensa exactament igual quan li planteja al seu germà i representant Charlie que no vol sumar més decepcions a les que ja ha patit al Tottenham, que ha acabat en setena posició de la Premier League, a vint-i-quatre punts de l'equip de Guardiola. El seu contracte no venç fins al 2024, però Kane aspira que Daniel Levy, el president del club, accepti entrar en negociacions amb el Manchester City.

Harry Kane creu que podrà decidir què fer. Pensa que podrà convertir-se en *citizen*, però amb cinc minuts n'hi haurà prou perquè Daniel Levy rebutgi qualsevol negociació. No hi ha ni hi haurà res a fer ni sobre què parlar. El davanter haurà de seguir jugant en un equip que aquesta temporada continuarà sense guanyar cap títol.

Harry Kane aprèn que hi ha somnis que no duren ni cinc minuts; com li va dir Emily Morton, la primera esposa del Ciutadà Kane, al seu marit a la cèlebre pel·lícula: «Sembla que només pots prendre una decisió, i sembla que ja l'han presa per tu». És així, Harry. Ja l'han presa per tu.

## Unes centèsimes

Encara que són mesos, sembla que d'una temporada a una altra només hagin passat uns minuts. Rodri va cometre diversos errors a final del curs anterior i es retroba amb ell mateix a l'inici del nou, i torna a equivocar-se. Només fa vint minuts que és damunt la gespa de Wembley, perquè ha substituït Gündogan quan la final de la Community Shield entra a l'últim tram. El Leicester ha amargat el primer temps al City gràcies a una magnífica pressió, però el Pep ha canviat la sortida de pilota després del descans, passant de ser tres contra tres a ser quatre contra quatre. El City s'ha llançat a jugar però arriba al final del partit sense haver marcat. Rodri fa una passada enrere imprevista que enganxa per sorpresa Aké, que comet penal. Zack Steffen ha salvat dos gols cantats en els minuts previs, però no pot evitar el que atorga el trofeu al Leicester. Han passat tres mesos que semblen tres minuts. Rodri continua traint-se a ell mateix amb aquestes passades cap enrere que en teoria no generen perill però que en la pràctica han costat gols molt importants.

En aquest mateix instant, el cos tècnic pren consciència que haurà de treballar intensament a l'ombra per recuperar el jove mig centre espanyol. És un jugador magnífic, de grans qualitats i un potencial extraordinari, però necessita aconseguir una serenitat que l'esquiva sense parar. Necessita córrer menys, passar millor, guanyar seguretat, però no confiar-se en excés. Una combinació complexa però assequible per a qui, com ell, està obsessionat amb progressar. Rodri ocupa una posició, la de mig centre, que és la de més risc en un equip de Guardiola. Si comet errors és perquè s'arrisca.

El Tottenham no necessita Harry Kane per tornar a vèncer l'equip del Pep. Frustrat el seu traspàs al City, a Kane li toca purgar públicament els seus desitjos de marxar-se. Ni tan sols una absència com aquesta no impedeix que el Tottenham guanyi per quarta vegada consecutiva el City, cosa que significa també la primera derrota *citizen* al partit inaugural del campionat des del 2011. Onze anys enrere també van ser els Spurs els qui van fer ensopegar l'equip de Manchester. Aquest cop n'hi ha hagut prou amb una centèsima de segon per caure. Ha rematat Son des de lluny i Rúben Dias ha fet el gest de refusar, però en no fer-ho ha provocat la confusió d'Ederson i el gol. Una centèsima de «sí, però no» ha estat suficient perquè el City encadeni la seva tercera derrota consecutiva per 1-0, després de perdre les finals de la Champions League i la Community Shield, més aquesta trista estrena de Premier League. Encara que han passat mesos. Una sola centèssima és suficient per continuar tancats en un bucle pervers.

# Un any

L'equip ja no té cap davanter centre pur. Sergio Agüero ha fitxat pel FC Barcelona i Gabriel Jesús ha estat reubicat com a extrem dret, on el Pep entén que aportarà tota la seva energia, una excel·lent visió de joc i una elevada qualitat tècnica per fer passades exquisides. La setmana anterior va regalar dues assistències boníssimes en la golejada contra el Norwich i avui facilita el primer gol de Gündogan contra l'Arsenal i marca un dels cinc amb què el City esclafa l'equip d'Arteta. És el tercer 5-0 consecutiu que es viu a l'Etihad Stadium, comptant l'aconseguit davant de l'Everton la temporada anterior i l'obtingut set dies abans contra el Norwich. Des que Guardiola va arribar al futbol anglès hi ha hagut cinquanta partits de lliga en els quals s'han marcat cinc o més gols, i la meitat d'ells els ha protagonitzat el City.

Però ni el marcatge a l'home de l'Arsenal, ni les delícies tècniques que comença a desplegar Jack Grealish —el fitxatge de la temporada, tan car com estimulant—, ni l'expulsió de Xhaka, ni l'esplèndid ritme que imposen Bernardo, Gündogan i Jesús, res de tot això no pot eclipsar l'instant màgic de Rodri, que als cinquanta minuts llança des de lluny un *swing* tan suau com estrepitós, una passada a la xarxa des de vint-i-cinc metres executada amb un efecte corb, un *curl* lleuger, que allunya la pilota dels defensors que pretenen bloquejar-lo però l'acaba acostant al pal esquerre de Leno, per on es cola silenciosa i sinuosa com una serp. És una rematada inaudita que emula les millors de Toni Kroos i que promet grans nits de glòria a aquest mig centre massa impulsiu que, a poc a poc, va amansint els seus impulsos i dona pas a un jugador menys propens a les carreres sense pausa i més disposat a mantenir la posició i atalaiar l'horitzó. Avui ha mostrat una faceta inèdita que complementa les seves poderoses canonades des de fora de l'àrea i els seus cops de cap precisos des de prop. Rodri ha evidenciat que la feina feta li confereix un progrés tècnic evident, evidenciat en una acció més pròpia d'un golfista sofisticat que d'un futbolista de pulmons amplis. Ha passat un any i aquell noi alt i fort, de malucs amples, al qual costava arrencar, és ara un mig centre amb visió de tres-cents seixanta graus que comença a dominar el gran poder dels ritmes i les intencions i que és capaç d'executar un *swing* de golf enmig del rugit d'un partit de futbol trepidant.

# Viatjar junts

«A la victòria ningú no li porta la contrària i, per desgràcia, ningú no hi reflexiona», diu Lillo. El 6-3 contra el Leipzig a la Champions va ser una bogeria, però prefereixo quedar-me amb el 0-0 contra el Southampton. Hi ha partits sense gols que deixen missatges més importants que les grans golejades, i aquest n'és un.

La pressió alta del Southampton li ha fet molt de mal al City. Els jugadors dirigits per Ralph Hasenhüttl han mossegat els turmells de Fernandinho i han incomodat especialment Walker i Cancelo, als quals han deixat sense sortida. Tapat el mig centre i obstaculitzats els laterals, la pilota no podia anar des dels defenses cap als interiors perquè tota la zona central era un camp de mines. Només quedava lliure la sortida per l'exterior, on Grealish i Gabriel Jesús han fet una bona feina que no han pogut culminar perquè a l'àrea visitant s'hi acumulava més gent que al pas de vianants de Shibuya, Tòquio, a l'hora punta. L'encert en la passada dels migcampistes del City ha caigut fins a un trist 86,9 %, cinc punts menys que la mitjana, la qual cosa mostra fins a quin punt han estat enganxosos els homes del Southampton. Feia mig any que el City no es quedava sense marcar al seu estadi i Guardiola no ha dubtat a assenyalar el *build-up* com a responsable de l'empat:

—El nostre procés de construcció de joc ha de conduir la pilota des dels defenses als migcampistes, i d'ells als extrems. És un procés on tots viatgen junts, però avui no ha estat bo. No teníem el cap fresc i no hem construït aquest procés habitual en el qual tots viatgen junts. No és que hàgim empatat perquè no teníem un davanter en punta, sinó que ho hem fet perquè el nostre procés ha estat dolent i no hem aconseguit passar bones pilotes als de davant.

«Viatjar junts» és un concepte bàsic en el joc del Pep. Com Lillo va explicar en el seu moment, «cal viatjar junts, però no només al mateix tren, sinó al mateix vagó». Quan cadascú viatja per lliure, el tren no arriba a destinació.

Hasenhüttl ha estat menys metafòric que el seu rival, però igualment explícit: «El Pep sempre vol jugar a futbol, però si executem el nostre 4-2-2-2 a la perfecció hi trobem un bon antídot».

## Zero coma i escaig

Hi ha detalls que fan sentir orgullós el Pep i que de vegades només comenta amb els seus íntims. Avui, a Stamford Bridge, contra el Chelsea, ha viscut un d'aquests detalls que tant li agraden a l'entrenador:

—No hem deixat xutar ni un sol cop al campió d'Europa!

El City ha estat el primer equip que ha impedit qualsevol rematada a porteria del Chelsea sota la direcció de Thomas Tuchel. No només és el campió d'Europa, també és el líder de la Premier després de cinc jornades en les quals tan sols ha concedit un gol i n'ha marcat una dotzena. És a dir, és una muralla al darrere i un martell a dalt. Per aquest motiu el Pep se sent tan orgullós del viatge a Londres. No sols ha vençut el seu recent Nèmesi, sinó que l'ha minimitzat. A més del gol de Gabriel Jesús ha tingut tres ocasions clamoroses més que el porter local (Édouard Mendy) ha salvat, una fins i tot l'ha desviat Thiago Silva sobre la mateixa línia de gol.

En el triomf número dos-cents vint-i-u del Pep amb el City, la columna vertebral del seu equip va prenent una consistència hercúlia a partir del diamant que construeixen Rúben Dias al vèrtex inferior i Rodri, Cancelo i Bernardo al mig del camp. Els *citizen*, que avui sí que han viatjat junts fins desmuntar el líder, tornen a sentir-se «iugoslaus». Només han cedit un gol en sis jornades de la Premier i encadenen cinc porteries a zero consecutives. El bloqueig de Rúben Dias al xut de Kovacic, l'únic que anava dirigit a la porteria d'Ederson, simbolitza aquesta voluntat explícita d'organitzar una línia defensiva de ferro. A l'avió de tornada a Manchester, Juanma Lillo expressa de manera clara quin és el propòsit de l'equip:

—Hem de ser l'equip del «zero coma». Què significa? Que

hem de rebre menys d'un gol per partit de lliga. La nostra mitjana de gols en contra ha de ser de «zero coma i escaig». Tant se val quant sigui l'«escaig», però ha de ser de «zero coma i escaig». Si mantenim la mitjana per sota d'un gol per partit, serem campions una altra vegada.

# Dos segons i noranta-dues centèsimes

És una falta lateral. Perillosa, com sempre que el Liverpool disposa d'una oportunitat d'aquest tipus. Henderson fingeix centrar però cedeix a Salah, que està lliure de marcatge i que centra amb la cama esquerra sense que Bernardo aconsegueixi evitar-ho. La centrada fa la paràbola oposada a la que esperaven els defenses del City. Un grup nodrit d'atacants està sota la vigilància d'un grup igualment poblat de defensors. Walker, Dias i Rodri fan un tres contra dos davant de Van Dijk i Mané. Un parell de metres per davant, Laporte vigila Matip i Cancelo vigila Firmino. Tres metres per darrere del gruix de jugadors, Gabriel Jesús s'encarrega de Fabinho.

Queden quatre minuts perquè acabi el gran duel d'Anfield, on el Liverpool i el Manchester City s'han colpejat fort i a la mandíbula, com dos boxadors sense por. Quatre minuts i els *citizen* hauran aconseguit arrencar un punt d'un estadi «impossible» on només el líder (Chelsea) ha aconseguit empatar. Quatre minuts per sortir viu d'Anfield i mantenir el capdavant de la classificació en un puny. Quatre minuts per coronar amb un bon empat un partit excel·lent on el City ha igualat en dues ocasions l'avantatge local. Quatre minuts perquè Bernardo, Foden i Rodri culminin una actuació superba.

Aleshores, Henderson sorprèn tothom i cedeix a Salah, que envia la pilota cap a una munió de caps. Set d'ells salten però no aconsegueixen desviar l'esfèrica. Tampoc Ederson, en la seva sortida, no aconsegueix refusar la pilota, que cau a un pam del peu dret de Fabinho, desmarcat de Gabriel Jesús. Controla amb l'exterior del peu, es col·loca la pilota, obre el gallet i es disposa a embocar la pilota com qui llança un *put* senzill, a un pam del forat. És gol segur i així se celebra ja a Anfield i es lamenta a Manchester. És gol o gol. Gol de Fabinho i el Liverpool agafarà quatre punts d'avantatge sobre el City, que es veurà condemnat a una nova persecució del conill vermell quan només s'han complert set jornades de campionat. Queden quatre minuts.

Rodri és lluny, exactament a cinc metres de Fabinho. Però mentre el botxí col·loca el dit al gallet per executar, Rodri fa una, dues i tres gambades i s'estira cap endavant, llançant-se contra Fabinho, que estavella la rematada contra el peu dret del mig centre espanyol. Rodri acaba d'evitar un gol que, com aquell de Stones al gener del 2019, valdrà un títol. A l'octubre del 2021 pot semblar estrany que aquest rescat hagi de tenir tanta importància en la competició per la Premier League, però passats uns mesos es comprovarà que el títol de lliga s'acabarà inclinant per aquesta acció a quatre minuts del final. Des que la pilota va sortir del peu de Salah fins que va xocar contra la bota de Rodri només van passar dos segons i noranta-dues centèsimes. Des que Fabinho va controlar la pilota fins que Rodri la va refusar només van passar vuitanta centèsimes. Un sospir. Una lliga.

## Un fals 9

De vegades, Foden juga de 9 i de vegades ho fa de fals 9. Depèn. Avui ha jugat de fals 9 i ha destrossat el Brighton amb l'ajuda d'un Bernardo indescriptible i d'un Grealish que continua mostrant la seva qualitat només en petites dosis, ja que està aprenent com costa adaptar-se ràpidament a un equip del Pep.

Foden posseeix una qualitat que no es pot comprar als mercats i que Guardiola explica de manera simple:

—Hi ha jugadors que juguen en una posició i d'altres que juguen a futbol. En Phil és un d'aquests privilegiats. Quan juga endarrerit, és molt perillós perquè és jove, té molta energia i és capaç d'iniciar i finalitzar qualsevol acció. Només li falta millorar les seves decisions davant de porteria.

Jugar amb Foden de fals 9 permet que Gündogan s'endarrereixi a les proximitats de Rodri, on troba el reforç de Cancelo, i Bernardo quedi alliberat per connectar per dins amb Foden o per fora amb els extrems. Aquesta teranyina que teixeixen entre els quatre migcampistes és imbatible, no només per una qüestió de quantitat, sinó sobretot per la qualitat que atresoren. Bernardo i Foden posseeixen una energia que combina bé: l'anglès és molt ràpid en els seus moviments i el portuguès és inesgotable. La seva connexió vertical desemboca en un vertigen controlat molt difícil de frenar.

El Brighton aconsegueix aturar-ho a la segona meitat, quan ja va perdent per 0-3, i ho fa col·locant-se en forma de diamant a la zona central. El City triga gairebé mitja hora a desactivar el diamant i ho aconsegueix d'una manera poc ortodoxa per al Pep, lliurant la pilota, defensant-se en 4-4-2 i aplicant contraatacs veloços. L'1-4 final porta gravat el segell de Phil Foden com a fals 9.

## Caçat a la xarxa

Entre el 2017 i el 2021, el City ha guanyat quatre vegades seguides la Copa de la Lliga, però a finals d'octubre cau fulminat en el primer partit de la competició després d'una actuació bona, encara que no excepcional. L'eliminació a mans del West Ham, després d'empatar a zero, ha arribat a la tanda de penals, la primera que perd després de quatre victorioses en anys anteriors. L'error de Foden en llançar la pilota fora, a l'esquerra del porter londinenc, significa el 5-3 definitiu que impedeix lluitar per un cinquè títol consecutiu que hauria estat rècord de la competició.

Des d'una òptica tàctica, després de quinze partits disputats aquesta temporada, el 4-4-2 s'ha consolidat com a estructura organitzativa quan l'equip no disposa de la pilota, amb el punta i un dels interiors a la primera línia i el mig centre, l'altre interior i els dos extrems a la segona. Durant els anys precedents, el Pep ja havia utilitzat aquesta formació, però de vegades la modificava en funció del rival. Ara ja ha establert que és l'estructura que extreu millor rendiment defensiu dels seus jugadors, que s'hi senten còmodes.

Però ni els bons precedents d'haver encaixat només quatre gols en nou jornades de la Premier —tot i ser contra el Liverpool, el Chelsea, el Tottenham i l'Arsenal—, ni la comoditat defensiva del 4-4-2 eviten tres dies després una ensopegada sonada a casa, en la desena jornada de lliga. Només han passat cinc minuts quan Laporte s'interna pel cercle central i els «caçadors» del Crystal Palace l'atrapen a la seva xarxa. Entre Gallagher i Zaha el fan caure en un parany que l'extrem resol amb una rematada creuada. Cinc partits sense rebre gol, cinc minuts per regalar-ne un a casa. És el primer que s'encaixa a l'Etihad Stadium en aquesta lliga. Laporte, el defensa de gran peu, el que posseeix la millor passada en llarg del campionat, el de la visió panoràmica i la magnífica sortida de pilota, s'ha tornat a embolicar, i tornarà a fer-ho a l'últim segon del primer període, quan és expulsat per una estirada a Zaha. La preocupació de Guardiola creix amb aquest nou error del seu defensa més complet. A punt de finalitzar el partit, els visitants asseguren el 0-2 i culminen la primera derrota del City al seu estadi des del mes de maig anterior.

## Vuitanta-sis segons

No és la seqüència de passades més llarga de l'era Pep, ni moltíssim menys. El setembre del 2017, l'equip va fer cinquanta-dues passades seguides sense que cap jugador del West Bromwich aconseguís tocar la pilota, abans que Leroy Sané marqués el primer gol del partit.[59] Avui s'ha quedat en la meitat, vint-i-sis passades, però l'acció ha acabat de la mateixa manera, en gol del City.

Maguire i Shaw s'han quedat quiets, congelats per l'aparició per sorpresa de Bernardo Silva a la seva esquena. L'expressió de David de Gea és atònita davant de la inversemblança. Bruno Fernandes es queixa dels seus companys, com és costum, mentre Lindelöf, McTominay, Fred i Wan-Bissaka prefereixen mirar cap a una altra banda per no enfrontar el desastre.

El Manchester United està sent destruït al seu propi estadi el dia en què el derbi de Manchester torna a comptar amb aficionats, un cop aixecades les restriccions per la pandèmia. Han passat exactament vint mesos des de l'últim derbi amb públic i la cita resulta molt amarga per als homes d'Old Trafford. El City ha sortit sense frens, amb dos defenses en bona forma (Stones i Dias), tres homes al mig (Walker, Rodri i Cancelo), el *build-up* en 3+2 i dos extrems a cama natural (Jesús i Foden) que en tenen prou amb un bon driblatge per trencar la línia de cinc defensors del Manchester United. Per la zona central transiten lliures De Bruyne, Gündogan i Bernardo. És una exhibició de posicionament encertat dels defenses i mitjos i de talent creatiu dels atacants, entre els quals destaca la funció de

59. El City va guanyar per 1-2 el WBA en partit de Copa de la Lliga disputat el 22 de setembre de 2017. Cadascun dels onze jugadors del City va tocar com a mínim dos cops la pilota durant la seqüència de cinquanta-dues passades que va acabar amb el gol que va obrir el marcador, seqüència que va durar dos minuts i vint-i-set segons.

fals 9 de Bernardo i la d'electró lliure de Cancelo, que a les tres assistències de gol que va fer el dimecres anterior contra el Bruges a la Champions n'hi suma dues més aquest migdia, amb un total de cinc en una setmana, tot un rècord.

Als sis minuts, un centre de Cancelo s'ha convertit en el primer gol del partit després d'un mal rebuig del defensa Bailly. Després, en els sis minuts que van del 28 al 34, De Gea salva quatre gols claríssims i sobreviu a la tempesta blau cel que s'abat sobre el mític estadi. El domini de l'equip del Pep és absolut, però el porter espanyol frena una golejada que podria arribar a cotes espectaculars, si bé cap al final del primer temps no aconsegueix evitar la inesperada aparició per l'esquena de Bernardo. El marcador assenyala un 0-2 que queda molt curt al que s'ha vist damunt la gespa.

L'acció d'aquest gol dura vuitanta-sis segons. Comença amb un intent de contraatac de Cristiano Ronaldo que fracassa per una mala passada del portuguès. Cristiano ha deixat de ser el colossal davanter de fa uns anys i avui juga en to menor, molt lluny d'ell mateix. A l'estiu el van oferir al Manchester City però al Pep no li va interessar la contractació. Valorava les seves grans qualitats rematadores i atlètiques però no veia factible incloure'l dins d'una maquinària de precisió com la *citizen*. Ni tan sols el fiasco en la contractació de Harry Kane i el fet d'haver d'afrontar la temporada sense un davanter centre pur va fer dubtar Guardiola, que va rebutjar de ple l'oferta.

Una mala passada del portuguès envia la pilota a Stones, que inicia la successió de passades. Hi intervenen tots els jugadors del City, des d'Ederson fins a Foden. Les primeres setze passades es fan en camp propi, fent moure el rival sense parar fins aconseguir una sortida neta que permet a Cancelo creuar sense oposició el cercle central. Els nou següents, fins que torna a rebre Cancelo al costat esquerre, es fan entre mitjos i davanters amb el propòsit de moure el United d'un costat a un altre i aixafar-lo contra la seva porteria. Quan s'han aconseguit els dos objectius, Cancelo té davant seu vuit rivals i cinc companys, i tria un camí inesperat. Centra la pilota per un passadís imaginari que s'obre entre l'esquena d'alguns defensors i el peu d'uns altres, enxampats tots en mala posició. La pilota passa massa lluny de Lindelöf i McTominay, i massa a prop de Maguire i Shaw. Ni els uns ni els altres no poden ni desitgen intervenir, així que la pilota arriba a un metre del pal més allunyat, que cobreix De Gea. Apareixent sense fer soroll, com el punyal que es clava a l'esquena per sorpresa, Bernardo es llança cap a la pilota, la colpeja subtilment amb l'exterior del peu i la introdueix per un espai mil·limètric. Ha passat un camell per l'ull d'una agulla, mentre De Gea maleeix l'acció i els defenses del United no saben si estar atònits o desesperats.

Vuitanta-sis segons, vint-i-sis passades, un gol màgic que sentencia el derbi, que a la segona part es convertirà en un monòleg aclaparador del City, que protagonitza un rondo de dimensions i durada gegantines, com dirà Foden: «Crec que hem jugat el millor partit de les nostres vides». El City ha creat catorze ocasions de gol i, de les vuit-centes divuit passades que ha fet, dues-centes seixanta-dues han estat al terç de camp defensat pel United. Ederson no ha hagut de bloquejar ni una sola pilota en tota la segona part. Les set-centes cinquanta-tres passades encertades són rècord absolut al futbol anglès en un partit contra el Manchester United. L'exhibició de control, fredor i domini del joc ha estat tan primorosa que ningú no tira en cara a Guardiola que no hagi fet cap canvi durant el partit:

—Tot estava bé. Per què ho havia de canviar?

# Una hora d'història

El Pep ha estat vuit dies de vacances a Dubai, prenent el sol i jugant a golf amb la família. Al seu retorn a Manchester plou, com és norma. Aprofita el mal temps per mantenir una llarga conversa sobre l'evolució tàctica del futbol. Parlem durant una hora, en la qual repassem els eixos principals del joc i els avanços més importants que s'hi han produït.

Dediquem uns bons minuts a comentar l'aparició del primer fals 9 el 1910, que va ser l'uruguaià José Piendibene; l'origen del *build-up* el 1920 per l'hongarès Gyula Mándi; i el trànsit des de la piràmide de Cambridge (2-3-5) a la WM (3-2-2-3) passant pel mètode italià (2-3-2-3), tres mòduls de joc que el Pep ha anat alternant sense parar en els últims anys. Debatem sobre el gran geni que va ser Herbert Chapman, que el 1907 es va adonar de la importància dels espais lliures a l'esquena dels defenses rivals i en anys successius va anar construint un model complex de joc, en el qual va endarrerir el mig centre fins convertir-lo en tercer defensa, va situar els laterals per dins i va fer jugar els extrems a cama canviada. En definitiva, amb el Pep concloem que el 1945 ja s'havien creat tots els grans moviments tàctics del futbol i el que ha arribat després, en els següents vuitanta anys, han estat innovacions d'aquests moviments, o bé implementacions en entorns i contextos que han canviat molt.

També parlem de Lillo, a qui el Pep defineix en poques paraules: «El Juanma veu en dos segons coses que els altres triguem hores o que simplement no veiem. És una barbaritat, el que m'ajuda. No només és qui uneix tot el cos tècnic i qui aporta una visió extraordinària del joc, sinó que m'ajuda a tenir calma, a estar més tranquil i a afrontar els partits amb serenitat. El Juanma no té preu. És un home que mai no parla malament de ningú i que li troba sempre la part positiva a qualsevol situació. Els jugadors se l'estimen una barbaritat».

Una hora de repàs a l'evolució del joc desemboca en el paper de l'entrenador com a pol·linitzador de coneixement. L'entrenador, coincidim, és el gran nòmada del futbol [i també el jugador emigrant, per descomptat]. L'entrenador és com el vent que distribueix les llavors d'uns arbres que no veurà créixer.

# La fàbrica de clons

La infecció per coronavirus de De Bruyne provoca el debut de Cole Palmer com a titular en un partit de la Premier League. Palmer és un futbolista extraordinari que va fer les primeres passes a l'equip del Pep un any enrere i que ha marcat gols a la Champions League i a la Copa de la Lliga. Sortit de l'Academy, com Foden, també és esquerrà i també pot jugar per dins o per fora, segons calgui. Si Foden és el «fill adoptiu» de Guardiola, Palmer ho és de Lillo, que vigila de prop els seus progressos.

Per rebre a l'Everton a l'Etihad, el triat com a fals 9 és precisament Palmer, perquè Bernardo juga com a interior en lloc de KDB. No és la funció habitual de Palmer però hi demostra tota la seva qualitat amb una successió de moviments intel·ligents i precisos que generen excel·lents ocasions per a Gündogan i Bernardo. No només es mou com si tota la seva vida hagués jugat de fals 9, sinó que remata amb duresa, s'adona dels companys desmarcats i fa un partit esplèndid que porta Martin Tyler, el comentarista de Sky Sports, a afirmar que la del City «no és una acadèmia, és un sistema de clonació». Quan abandona el terreny de joc als vuitanta-set minuts, a Palmer el substitueix un altre jovenet de divuit anys, James McAtee, que només necessita cinc minuts de joc per mostrar una desimboltura i una qualitat sorprenents. És un altre jugador escandalós de l'acadèmia *citizen*, la qual cosa origina un comentari bastant similar de Gary Neville: «Són com clons. Tots són iguals. És com si David Silva hagués tornat».

Tot i conviure diàriament amb ells, Lillo és concís i explícit: «McAtee és un gran jugador i Cole és excepcional. Són dos talents». La meva percepció personal és que McAtee ho tindrà més difícil per establir-se a l'equip perquè juga per dins i allà xocarà amb una competència feroç: De Bruyne, Bernardo, Gündogan i el mateix Foden. En canvi, Palmer, en poder jugar per fora, per dins i fins i tot com a fals punta, com ha demostrat avui, tindrà més opcions. Posseeix una qualitat molt notable: sap aplicar el ritme necessari a cada moment del joc. És capaç de jugar en sisena marxa, en quarta o en primera, segons exigeixi cada instant. Aquesta és la gran diferència respecte de Foden, que ja ens ha demostrat que és sensacional, però que sempre juga en quarta, cinquena o sisena marxa i no és capaç d'aplicar pausa al seu vertigen. Quant al caràcter, si Foden és un jugador extravertit i sempre rialler, la personalitat introvertida i tímida de Palmer li confereix un llenguatge corporal retret i poc empàtic que potser el perjudicarà en el seu projecte de convertir-se en un gran futbolista.

El triomf per 3-0 davant de l'Everton deixa diversos detalls d'interès. Els extrems (Sterling i Foden) han jugat a cama natural per fugir de l'embut defensiu que ha proposat Rafa Benítez, la qual cosa ha facilitat que els atacs interiors de Gündogan, Bernardo i Palmer trobessin menys obstacles. El míssil imparable de Rodri a l'esquadra de Pickford suposa el quart gol del mig centre espanyol des de fora de l'àrea a la Premier League; aquesta faceta s'està convertint en una arma important per a l'equip. Rodri continua treballant en silenci al costat del cos tècnic per aconseguir mantenir la calma durant els partits i controlar els ritmes del joc, sense fer carreres innecessàries que el porten a perdre la posició. Encara que sembla senzill, no ho és. Es tracta de domar un cavall pura sang. Avui no ha estat especialment calmat en aquest aspecte, però va agradant cada dia més a Guardiola, que adverteix en ell la potència i la visió d'un gran mig centre posicional.

El partit ha tingut un moment deliciós, gairebé sublim, que rememora grans passatges de la història del futbol que ja no acostumen a prodigar-se: la «trivela» de Cancelo. El «fals lateral» portuguès ha enviat una passada de tres dits, amb l'exterior del peu, des del passadís del 10 fins al centre de l'àrea, on Sterling ha rematat al bot girant el turmell i ha marcat un gol formidable. Sterling fa fàcil el que és impossible i impossible el que és fàcil. Cancelo ha executat un gest tècnic que avui en dia amb prou feines veiem a Luka Modric i fa uns anys a Ricardo Quaresma, però que en el passat van prodigar Franz Beckenbauer, els polonesos Kazimierz Deyna i Henryk Kasperczak o l'hongarès Tibor Nyilasi, grans mestres de la passada amb tres dits. Si amb el Pep parlem de l'evolució del joc, amb Lillo parlo avui d'aquest gest tan poc habitual en aquests temps: «La passada de tres dits, com tants altres gestos, s'ha anat perdent perquè el joc ha passat a ser patrimoni dels entrenadors i ha deixat de ser patrimoni dels jugadors, que estan deixant de fer coses arriscades per instruccions dels entrenadors». Avui Cancelo l'ha brodat i tots han aplaudit el seu atreviment.

# Quinze minuts

El premi a l'eficàcia és per als jardiners de l'Etihad Stadium. En quinze minuts exactes retiren la quantitat ingent de neu que ha caigut damunt la gespa de l'estadi durant el primer temps del Manchester City-West Ham. Ha començat sent una nevada suau que aviat ha guanyat una certa violència i ha acabat en tempesta implacable. El gruix de neu sobre l'herba ha fet témer pel partit, ja que la pilota blanca s'obre camí amb esforç, i deixa darrere seu un solc profund a cada passada. I són ni més ni menys que tres-centes seixanta-set les que fa el City en aquesta primera part, tan aclaparador en el seu domini com el fred que senten els espectadors. Cau la neu sense compassió i se succeeixen les accions de perill de l'equip del Pep, que xuta dos cops als pals i que en els últims cinc minuts del període aconsegueix el 93 % de possessió. Per descomptat, Gündogan apareix a la boca del gol per aprofitar una rematada de Mahrez i obrir el marcador abans que els equips marxin corrent als vestidors buscant una beguda calenta i reconfortant.

Aleshores entren en acció les veritables estrelles de la jornada. Armats amb pales, els jardiners i els seus ajudants traginen la neu fins a les vores del camp, on formen muntanyes. Arrenquen el gel que s'ha format sobre l'herba, rastellen els flocs que s'han endurit i tornen a treure amb les pales fins a l'últim vestigi de la tempesta, que també es pren un merescut descans. Quan els jugadors tornen al camp, la majoria fregant-se les mans per entrar en calor, la gespa torna a ser un tapís verd i la pilota somriu de nou. Això dels jardiners ha estat una cosa semblant al que Schumpeter va descriure com a «destrucció creativa».

Sense neu, el City continua jugant al mateix ritme, encadenant bones ocasions que només es materialitzen al minut 89 a través de

Fernandinho, quan l'equip ja està en mode «mantenir el resultat». El gol del capità és una benedicció per amarrar els imprescindibles tres punts perquè ell mateix s'adorm cinc minuts més tard i permet que Lanzini marqui el punt visitant en una bella volea.

El 2-1 suposa repetir el resultat de quatre dies enrere contra el París Saint-Germain, en una victòria que va garantir el primer lloc del grup a la Champions League per cinquè any consecutiu. Aquella nit el joc de l'equip va assolir un dels seus cims de la temporada, va minimitzar el trio Messi-Neymar-Mbappé fins al punt de permetre'ls una única acció conjunta que, això sí, va acabar en el gol visitant, cosa que va confirmar la perillositat del tercet. Entre els partits d'anada i tornada, el City només va permetre cinc rematades del PSG, encara que va concedir tres gols, mentre que va disparar trenta-quatre vegades, tretze d'aquestes entre els tres pals, i només va obtenir dos gols com a renda. Com ens diu un component del cos tècnic, «el nostre joc coral és formidable, espectacular, és el nostre millor moment futbolístic dels darrers cinc anys, però ens falta un golejador».

## L'estupidesa

Què ha passat pel cap de Kyle Walker per cometre tal estupidesa?

L'expulsió d'aquesta nit a Leipzig ha estat una de les accions més negres que ha protagonitzat aquest colossal defensa anglès, autor de formidables cavalcades i també de moments foscos en els quals sembla perdre el control. Però la d'avui supera les anteriors perquè, a més d'innecessària, és absurda.

El City jugava a Leipzig un partit sense transcendència, ja que feia dies que s'havia classificat com a primer de grup per a vuitens de final de la Champions. Com fa sempre, el Pep ha alineat un equip potent malgrat no jugar-se res en el duel. No li agrada abaixar mai la guàrdia, d'aquí ve que en l'alineació figurin noms com De Bruyne, Gündogan, Stones o Mahrez. Com és previsible, vist el 6-3 de l'anada, el Leipzig es mostra agressiu i brillant, atès que té en joc la seva classificació per a l'Europa League. Dos errors defensius suposen els respectius gols per als alemanys, contrarestats per un cop de cap de Mahrez a quinze minuts del final. És un resultat coherent amb el joc, encara que Walker i Grealish han pogut marcar també, i fins i tot Foden ha rematat al pal.

A deu minuts del final, en un costat del camp, Walker li dona una puntada per darrere a André Silva. És una acció tan absurda com estúpida. Silva no anava enlloc, el resultat no importava, el partit era intranscendent, el City no s'hi jugava res. I, no obstant això, Walker ha actuat com si es tractés de l'última acció d'una final decisiva. L'expulsió és tan òbvia com el previsible càstig. Serà una pèrdua aclaparadora que irrita tant Guardiola que llança diverses paraules gruixudes al seu jugador, que, al seu torn, es mossega la llengua i estreny els punys per no enfrontar-se a l'entrenador.

La UEFA sancionarà el futbolista amb tres partits tot i el recurs presentat pel club (un recurs, per cert, al qual Guardiola s'oposa per considerar que el càstig és merescut). El City es queda sense el seu lateral destre titular per a tota l'eliminatòria de vuitens i per a l'anada de quarts de final. Al Pep no se li passarà l'empipament en molt de temps, per la qual cosa Walker no jugarà ni un sol minut dels següents sis partits. Encara al març de 2022, la vigília de la visita a l'Etihad de l'Sporting de Portugal, rival de vuitens, el Pep tornarà a furgar a la ferida: «El Kyle es mereixia els tres partits de sanció. Quan un jugador comet aquesta estupidesa es mereix els tres partits, ho sento. Encara hi estic enfadat, molt enfadat. Ell ho sap».

## Cinc tocs

El 14 de desembre es juga a l'Etihad un partit que serà especial, molt especial. Pel marcador, per les estadístiques, pels rècords, però molt més pels comportaments que s'observen en el joc.

Primer les dades. El City venç per 7-0 el Leeds, la qual cosa suposa la pitjor derrota de la història per als visitants.[60] És el sisè cop que l'equip de Guardiola marca set o més gols i iguala el registre de dos entrenadors del City, Wilf Wild (1932-1946) i Peter Hodge (1926-1932). És la primera vegada en la història del club que sis jugadors diferents (Foden, Grealish, KDB, Mahrez, Stones i Aké) marquen gol en un partit. I per al Pep suposa superar la barrera dels cinc-cents gols a la Premier; és l'entrenador que ho ha aconseguit més ràpid.[61]

Parlem ara dels comportaments. Comença el partit, comencen les passades i les accions, i observo una diferència abismal respecte del joc habitual del City. La diferència és que els jugadors tenen una mobilitat extrema, no respecten les posicions i fan conduccions llargues. És un canvi profund en les conductes que són senyal d'identitat de l'equip i interpreto que la raó de tal metamorfosi és el conegut marcatge home contra home del Leeds per tot el camp. Els jugadors de Bielsa persegueixen els del Pep, però no aconsegueixen arribar mai a tallar una passada, ni a interceptar una pilota ni a frenar una conducció, excepte mitjançant faltes. La transformació és sorprenent, com si el City hagués canviat completament de pell. L'aclaparador resultat final és irrefutable: el Leeds, que habitualment era un mal de panxa, ha estat reduït a cendres. El City ha encertat amb

60. El 1934, el Leeds va perdre per 1-8 contra l'Stoke City a la Division One.

61. Per sumar cinc-cents sis gols a favor, Guardiola ha necessitat dos-cents set partits de lliga, amb una mitjana de 2,4 gols per partit. Jürgen Klopp va necessitar dos-cents trenta-quatre partits, i Sir Alex Ferguson, dos-cents seixanta-cinc.

rotunditat en la seva manera de jugar, encara que hagi estat a través d'aquest canvi tan radical.

Com és natural, indago en el cos tècnic sobre el canvi de conducta. Carles Planchart es mostra críptic: «Tots els jugadors han interpretat molt bé la solfa marcada». Sí, és clar, però la solfa d'avui ha tingut ben poc a veure amb el conjunt de comportaments habituals. Així que acudeixo a Guardiola per confirmar les meves percepcions:

—El partit l'ha guanyat el Juanma amb la seva proposta que calia lliurar-lo als futbolistes perquè ells es comportessin amb llibertat. El partit havia de ser d'ells i no dels entrenadors, així que hem hagut de suggerir un canvi en les conductes, però sobretot que fossin ells qui modifiquessin si mateixos les conductes habituals.

El mateix cos tècnic va modificar els seus costums. El dia anterior es van limitar a passar unes breus imatges del Leeds i no es va donar cap indicació especial sobre el rival, i el dia del partit no es va fer l'entrenament matinal. A la xerrada tècnica, que va tenir lloc després del berenar, a la ciutat esportiva, el Pep va posar l'accent en tres comportaments fonamentals. El primer és que havien de jugar amb els quatre punts distals molt oberts, per separar les ajudes dels homes del Leeds. Això es va comprovar en la posició altíssima d'Ederson, en la baixíssima de Foden, que a estones va actuar gairebé de mig centre abans de tornar a la punta de l'atac, i en l'amplitud de Mahrez i Grealish. Quatre punts cardinals irregulars que evitaven els suports entre els homes de Bielsa. El segon comportament bàsic era aprofitar les zones de descans, que es van establir en Stones i Zíntxenko per fora i en Rodri i Bernardo per dins. Finalment, i el més important, havien de jugar obligatòriament a cinc tocs com a mínim. Aquest últim comportament, que sens dubte sorprendrà el lector, serà clau, ha repetit el Pep:

—Prohibit passar la pilota si abans no l'has tocat cinc cops com a mínim.

L'explicació d'aquest comportament resideix en la manera de jugar del Leeds, especialment pel seu marcatge a l'home. Si el City juga a un o dos tocs, com és el seu costum, cada futbolista del Leeds salta sobre el seu parell de manera immediata, genera una seqüència de pressió que accelera el joc i condueix, de manera inevitable, a l'error i la pèrdua. Però si jugadors de tanta qualitat com els del City temporitzen les seves accions, fent un nombre elevat de tocs, es generaran dubtes en cada marcador i, sobretot, s'alentirà el ritme del joc i es trencaran els esquemes mentals de l'oponent.

Lillo m'ho explica de la manera següent: «Cada jugador nostre havia de fer petits girs sobre ell mateix, havia de fer petits tocs curts, quatre, cinc, sis, els que fossin, per després fer-ne un de llarg que fes impossible que ens prenguessin la pilota. Era un partit de cinc tocs obligatoris en el qual el nostre posseïdor tenia dret a perdre la pilota, però el nostre equip no podia perdre-la».

Intervé Estiarte per resumir-ho a la seva manera: «Com es va notar que cada jugador trigava a deixar anar la pilota!». La idea, precisament, era que cada jugador del City havia de provocar una situació que li permetés desfer-se del seu parell i, a partir d'aquí, generar oportunitats. Dos dels primordials han estat De Bruyne i Foden, que s'han afartat a fer moviments falsos d'engany sobre dels seus marcadors. Així, KDB sobre Forshaw i Foden sobre Llorente han buscat enganyar el rival a força d'aproximar-s'hi i desenganxar-se'n immediatament, amb què han obtingut diversos metres d'avantatge en cada ocasió, la qual cosa ha propiciat que hi hagués sempre no un home del City lliure, sinó dos i fins a tres de manera simultània.

Hi ha hagut un altre detall que expliquen el Pep i Lillo:

—Contra el Leeds, qui roba no pregunta. Qui roba pilota, corre amb aquesta. I les conduccions, tan rectes com sigui possible, perquè els rivals quedin ben lluny, perquè són jugadors que, encara que els estiguis atacant, no deixaran anar la seva parella per ajudar a frenar aquesta conducció.

Crec que ha quedat clara la metamorfosi específica aplicada a aquest duel contra l'equip de Bielsa. Llibertat de decisió per als jugadors, però amb comportaments molt concrets quan es disposava de la pilota. Ha estat un canvi radical respecte de les intencions habituals, que són jugar a un o dos tocs per als homes de l'interior i tocs lliures per als exteriors, la pràctica que més s'entrena al City. També ha estat un comportament ben diferent al que té l'equip quan s'enfronta a un adversari com el Manchester United, per exemple, on les instruccions són les oposades. Com diu en broma el cos tècnic, quan es visita Old Trafford «cal passar-la al peu». «Si hi ha algú que en comptes de passar la pilota al peu la passa a l'espai, encara que només sigui un metre, el substituïm. Allà, tot al peu».

De vegades és al peu, d'altres és a l'espai, i avui, com a gran excepció, han estat cinc tocs com a mínim. El nucli central del joc del Pep no canvia, però els seus microdetalls varien a cada partit. Només així és possible jugar tan bé de forma repetida i continuada.

# Trenta-sis victòries

Al l'era Premier League, la mitjana golejadora del *Boxing Day* és de tres gols per partit, però aquest 26 de desembre de 2021 Manchester City i Leicester han decidit polvoritzar la tradició i s'enreden en una batalla que acaba 6-3 a favor de l'equip de Guardiola, que al descans domina amb un plàcid 4-0 després d'aconseguir fases del 93 % de possessió. Després del descans, el City pateix un defalliment monumental que dura onze minuts i que propicia tres gols dels visitants. Passat aquest interval, Laporte i Sterling tornen a anotar i allunyen el perill de rebre un fort esglai nadalenc. Ha estat un partit de bojos que suma un altre triomf a l'obtingut dies abans a Newcastle per 0-4, on el City va jugar un dels seus pitjors primers temps de la temporada, «amb els jugadors totalment fora de focus», com dirà el Pep.

L'any 2021 acaba per a l'equip al Brentford Community Stadium, d'on arrenca una victòria per la mínima, amb gol de Foden; és la número trenta-sis de l'any natural en la Premier League, així com la número cinquanta-tres sumades totes les competicions, fites que en els dos casos són rècord històric del futbol anglès.[62] És la desena victòria consecutiva de l'equip a la lliga i la quarta vegada que aconsegueix assolir aquest dígit amb el Pep, la qual cosa li atorga un avantatge de nou punts sobre el Liverpool en acabar l'any. El City va començar el desembre a un punt del Chelsea i l'acaba amb vuit d'avantatge després de guanyar els seus set partits del mes. Per al Pep, el Nadal ha deixat de ser el seu «període maleït».

62. El City ha disputat quaranta-quatre partits de lliga el 2021, amb trenta-sis victòries, dos empats i sis derrotes, cent tretze gols a favor i trenta-dos en contra. Els cent tretze gols a favor suposen un altre rècord absolut, que superen els cent dos del 2017, els noranta-nou del 2018 i els noranta-cinc del 2019, en tots tres casos pertanyents al mateix City. Gündogan, amb quinze, i Sterling, amb tretze, han estat els qui han sumat més gols a aquesta xifra rècord.

# Minut 92,28

És un escenari hitchcockià.

Imagineu un estadi ple a vessar quan tot just és migdia del primer dia de l'any nou. Hi ha qui ha arribat a l'estadi vestit de festa, directament des del *night club*. Als rostres dels aficionats s'aprecia la marca evident de nombrosos brindis i celebracions; per moments fa l'efecte que estàs a punt de viure una *rave* a l'aire lliure, més que no pas el partit de futbol que inaugura l'any 2022.

No és l'ambient idoni per a una gran batalla futbolística, però això és el que passa. Sobre el prat de l'Emirates Stadium es forja una batalla colossal entre dos equips que no tenen en compte la data festiva, l'hora del dia, ni les celebracions que els seus aficionats van viure la nit abans. Arsenal i City s'embranquen en un duel formidable, d'una agressivitat inaudita. L'equip de Mikel Arteta ja no és el conjunt tou i amorf que es diluïa en les grans ocasions i el de Pep continua sent el líder implacable que fulmina l'adversari així que en flaira la sang.

Alfred Hitchcock hauria dissenyat un guió com el que veiem aquest dissabte. Una gespa de color verd vall, unes graderies bullicioses, un penal escamotejat a l'Arsenal pel VAR en una imprudent entrada d'Ederson sobre Odegaard, una agressivitat inesgotable dels davanters locals per embrutar el *build-up* del City —l'encert del qual en la passada cau al 88 %—, una possessió inaudita del 75 % per als *gunners* en un bon tram del primer temps, una disposició xocant a la sortida de pilota *citizen*, amb Dias i Laporte a la dreta i Ederson a l'esquerra de la línia de tres, un gol preciós i previsible de Buyako Saka que precedeix dues grans rematades de Martinelli que freguen el pal, i un penal concedit pel VAR a Bernardo Silva, per estirada de Xhaka, que Mahrez transforma a l'esquerra del porter tot i que el punt de penal ha estat trepitjat pel defensa Gabriel, que és amonestat per fer-ho. Tot això només és el preludi de la tensió dramàtica que es viurà a partir del minut 56.

A les proeses defensives que acumula el City avui se n'hi suma una altra. Recordem el bloqueig de Rodri a la rematada a boca de canó de Fabinho en aquells dos segons i noranta-dues centèsimes d'agonia; el rebuig agònic de Stones per evitar que el Liverpool s'emportés la lliga del 2019 per només onze mil·límetres; o la tisora d'esquena amb què Walker salva el City al minut 93 de la Community Shield del mateix any davant d'idèntic rival... Avui és Nathan Aké qui emula els seus companys de defensa.

Només han passat seixanta segons des de l'empat quan Aymeric Laporte lluita una pilota dividida i la cedeix de cap al seu porter, sense adonar-se que Ederson ha sortit de la seva zona. La pilota vola per damunt del porter i es dirigeix irremissiblement cap a la xarxa. El Pep crida des de la banqueta: «Ayme, Ayme, Ayme!», com si el poguessin sentir enmig del rugit de la multitud, que ja festeja el nou gol local. Però d'entre la boira matinal sorgeixen primer uns rínxols i després una cama, la dreta, que preludien el rebuig miraculós d'Aké sobre la línia. De nou, uns ínfims mil·límetres dicten la seva llei. Més encara, la pilota refusada per Aké cau a peus de Gabriel Martinelli, que en tindria prou de rematar amb suavitat per marcar, però el jove davanter brasiler dispara contra el pal.

No han passat ni seixanta segons quan un altre Gabriel, el defensa local Magalhaes, és expulsat en acumular la segona targeta groga per una dura entrada sobre un altre Gabriel, Jesús, també brasiler. El duel canvia de color perquè l'Arsenal ja no tornarà a amenaçar, però la seva energia és tan bestial que continuarà ofegant el City fins i tot amb un jugador menys. El del Pep és un equip que sembla esgotat en el seu tercer partit en només sis dies, minvat per les infeccions de coronavirus de Foden, Zíntxenko i Stones, mancat d'aire i d'encert.

Però mai no s'ha de subestimar aquest equip. N'hi ha prou amb un *alley-oop* de KDB cap al punt per on penetra un inesperat Laporte perquè una pilota rebotada li arribi a Rodri, que marca de prop amb l'esquerra. És el gol del triomf, ja que el rellotge de l'Emirates indica que som al minut 92,28 d'aquest duel que hauria delectat Hitchcock i que suposa l'onzena victòria consecutiva del City a la Premier.

Des de fa anys, el City ha estat força encertat a l'hora de treure rèdit als darrers segons dels partits. Agüero va guanyar una lliga al minut 93,20. Gabriel Jesús va rubricar la dels Centurions al 93,02. Potser el gol de Rodri al 92,28 suposi una cosa semblant, encara que ningú no podrà oblidar que la cama d'Aké va aparèixer per art de màgia per obrar un altre miracle...

## Vint-i-un infectats

Als tres infectats en dies anteriors s'hi han unit Guardiola, Lillo, Fernandinho, Sterling i Grealish, amb la qual cosa la nòmina d'afectats pel coronavirus en les últimes setmanes ascendeix a vint-i-un. Pràcticament cap jugador no s'ha salvat de la infecció.

A les ordes de Rodolfo Borrell, el City alinea a The County Ground els seus únics homes disponibles; la banqueta està plena de joves del planter per lluitar contra el Swindon Town a la tercera ronda de copa. El partit deixa un nom gravat en lletres d'or: Cole Palmer. Encara té dinou anys, però la seva maduresa és tan gran com la seva qualitat. Avui ha fet l'assistència a Bernardo per obrir el marcador i ha marcat el quart gol del 1-4 definitiu, però per sobre de la seva eficàcia s'ha evidenciat que pot ser una altra perla de l'acadèmia *citizen*. Sense fer soroll ha marcat gols a la Champions, a la Copa de la Lliga i a l'FA Cup, encara que només ha disputat un partit complet amb l'equip i ha fet dotze aparicions parcials més. L'hem vist jugar per dins i més habitualment de fals 9, però avui s'ha situat d'extrem dret, on ha protagonitzat autèntiques entremaliadures. Aquí hi ha jugador per a grans coses. Tindrà la paciència necessària per madurar a foc lent com va fer Foden?

## Vint-i-un gols

Amb el d'avui, De Bruyne li ha marcat cinc gols al Chelsea, l'equip que el 2014 va considerar que el jugador no atresorava prou qualitat per militar a les seves files i se'n va desfer.

Sis anys més tard, KDB és la figura indiscutible del líder de la Premier League, un Manchester City que al desembre estava a un punt del Chelsea i després de la seva victòria d'avui el supera de tretze. El Chelsea de Tuchel continua sent un equip formidable, el vigent campió d'Europa, però en els dos duels de lliga ha estat el City qui ha vençut pel mateix resultat (1-0), i Guardiola se'n mostra orgullós: «En cent vuitanta minuts de lliga només els hem permès xutar una vegada contra la nostra porteria». És la cèlebre fórmula de Lillo per als gols rebuts: «Zero coma i escaig». Contra el Chelsea haurà estat «zero coma zero». No és estrany que en aquest punt Ederson mostri una ràtio del 50 % en porteries a zero: cent seixanta-sis partits de lliga i vuitanta-tres d'aquests sense encaixar gol.

El Pep al·ludeix a un altre factor clau, els duels: «Tenir el control que hem tingut contra un equip tan fantàstic és dificilíssim, però hem sigut molt pacients i hem guanyat els duels». Laporte ha guanyat cinc dels seus cinc duels aeris, i Stones quatre de quatre. El Chelsea esperava ben tancat enrere per llançar transicions que no han arribat a agafar gràcies a la bona pressió dels atacants del City, que han aconseguit desestabilitzar el porter visitant, el basc Kepa, que només ha encertat la meitat de les passades que ha fet i cap de les que ha enviat en llarg. Ja són dotze victòries consecutives a la Premier per al City i vint-i-un gols des de fora de l'àrea per a De Bruyne, la millor xifra de qualsevol jugador del futbol anglès des del 2015. No està gens malament per a qui va ser menyspreat perquè era «un nen molest».

## Cinc-cents punts

La confiança cega de Guardiola en Bernardo Silva no necessita paraules. N'hi ha prou amb una xifra: amb el d'avui, el jugador portuguès és titular de manera consecutiva des de fa vint-i-dos partits a la Premier League.

Els primers vint minuts, el City disposa de la pilota el 81 % del temps. Entre el minut 50 i el 60 de partit aconsegueix el 82 %. Tot i aquest control, el Southampton es fa fort al St Mary's Stadium gràcies a un primer gol de Walker-Peters que culmina un llarg contraatac sorgit després d'una pèrdua de Sterling. El City domina, atordeix el rival, xuta dues pilotes als pals, remata vint vegades, empata amb un cop de cap de Laporte i gairebé aconsegueix els mil tocs de pilota, però no aconsegueix mantenir la seva ratxa de triomfs de lliga, que aquest cop es tanca en dotze. No obstant això, el Pep està eufòric: «Hem jugat espectacularment bé».

Amb el d'avui suma cinc-cents punts a la Premier League, aconseguits després de dos-cents tretze partits, tota una fita.[63] De Bruyne ha arribat a les vuitanta assistències de gol a la lliga, amb què iguala David Beckham, però ha necessitat seixanta-vuit partits menys que l'anglès per sumar-les.

63. Mourinho va necessitar dos-cents trenta-un partits per sumar cinc-cents punts. A Klopp n'hi van caldre dos-cents trenta-sis, a Ferguson dos-cents quaranta-dos, i a Wenger dos-cents quaranta-nou.

## El controlador

Riyah Mahrez ha marcat vuit gols en els últims set partits que ha jugat. Quatre d'aquests els ha anotat de penal, tres llançats a l'esquerra del porter, i el d'avui, disparat a la dreta de David Raya, el porter del Brentford.

Mahrez és un jugador que sempre està disponible. El seu historial de lesions amb el City és tan curt que esgarrifa: cinc dies de baixa a l'agost del 2018 per una lleu torçada de turmell, tres dies al gener del 2020 per un cop i dues setmanes per coronavirus al setembre d'aquell mateix any. A punt d'acabar la seva quarta temporada com a *citizen*, Mahrez només s'ha perdut vuit dies per lesió i quinze per malaltia. És una cosa tan inusual que Guardiola sempre hi fa broma per tal prodigi: «Mira't les cames. Si no tens músculs. Com et vols lesionar!».

Mahrez sempre està disponible per jugar perquè conserva la passió infantil pel joc i la pilota. Jugar és el que més li agrada i el que dicta els seus estats d'ànim, que fluctuen de manera extrema segons les decisions del Pep. Quan juga, se sent feliç com un nen i ho exterioritza. Quan no juga perquè l'entrenador així ho ha decidit, es comporta també com un nen enfadat a qui li han pres la pilota.

Mahrez adora la pilota i potser per això els seus controls són tan excelsos, de difícil descripció perquè converteixen passades horroroses en caramels deliciosos. El segle passat vaig tenir la fortuna de veure controlar pilotes a Rivelino, Pelé i Cruyff, i en aquest segle he vist fer-ho a Zidane, Iniesta i Messi, però Mahrez sembla haver conjugat les virtuts de tots ells i sublimar-les en un art propi i únic, el de controlar pilotes incontrolables. Llançada de prop o des de l'infinit, dura com un obús o caiguda del cel, a Mahrez tant li fa la procedència i la força de la pilota que li envien. Sota la pluja o la neu, amb gespa alta o seca, Mahrez embuata l'esfèrica com qui bressola un nounat i l'adorm entre les seves botes fins que li obeeix. És gairebé un altre esport.

Mahrez obre el marcador contra el Brentford, però són dos defenses els qui protagonitzen el partit. «Joao [Cancelo] ha estat el nostre millor extrem, tant driblant com xutant», reconeix el Pep. En efecte, Cancelo ha estat omnipresent i brillantíssim, ànima de l'equip, un «fals lateral» que juga de tot i a tot arreu, autor de quatre driblatges reeixits, dos xuts a porta, tres passades llargues encertades, quatre entrades i deu duels guanyats. La seva energia creativa és sorprenent, igual que la de John Stones, que ha format com a teòric lateral dret però ha jugat de mig centre, interior i mitjapunta, fent una exhibició que potser en el futur tindrà el reconeixement que mereix aquesta polivalència.

Amb seixanta punts en les primeres vint-i-quatre jornades de lliga, el City aconsegueix la seva segona millor puntuació històrica, per darrere dels seixanta-cinc de l'any dels Centurions i per davant dels cinquanta-set de la temporada 2011-2012. Carles Planchart ja ha iniciat el compte enrere: «Ens queden catorze partits, i restant...». El Pep té escassos dubtes del que li espera en els propers mesos: «Competim contra nosaltres mateixos».

De fet, el Pep s'ha esplaiat molt més, fins al punt que no em resisteixo a reproduir tot el que ha dit la vigília de jugar en Norwich, després de ser preguntat sobre la pressió que pateix i les expectatives tan enormes que es generen per guanyar títols:

—Quan comences la teva carrera com a entrenador amb futbolistes *top* increïbles, amb un gran equip tècnic, i ho guanyes tot la teva primera temporada... No em mal interpreteu, si us plau, no era jo només, sinó molta gent involucrada en això... Vam guanyar [el Barcelona] sis títols consecutius, el triplet, i de cop tothom pensa que cada temporada ha de ser igual. Li va passar després un altre cop al Barcelona, quan diverses temporades van guanyar lliga i copa, lliga i copa, però perdien a semifinals de la Champions League i es deia que era un fracàs de temporada. Un fracàs de temporada guanyant lliga i copa! Recordo aquells moments, primer quan jo mateix era dins del club, i després, quan era fora. Però aquelles temporades van ser un èxit! Potser ara tots s'adonen que ho van ser. Molts anys enrere, el Manchester United va controlar la Premier League com ningú no ho havia fet. Algú s'imaginava aleshores que es passaria set o vuit anys sense guanyar la Premier? Algú en aquest país podia concebre-ho?

No, però ha succeït. I si li ha passat al Manchester United, ens pot passar a nosaltres demà. No la temporada que ve, no. Demà.

»Perquè el futbol és molt difícil i és imprevisible. Perquè l'ésser humà és imperfecte. No som perfectes i aquestes coses passen. El que importa és la forma com ens comportem. El que busquem. Mirem-nos a nosaltres mateixos. Ho he dit moltíssims cops als meus jugadors: juguem contra nosaltres mateixos. No juguem contra ningú en concret, dit amb tot el respecte cap als nostres oponents. Juguem contra nosaltres mateixos. Aquest és l'objectiu. Hem de competir per a nosaltres mateixos, al més alt nivell possible. Que l'oponent és millor? D'acord, ho accepto. L'endemà ens aixecarem per millorar i per derrotar-los la propera vegada. Però nosaltres juguem contra la nostra millor versió. I hem d'aconseguir-la cada dia, a cada partit. O mirar d'aconseguir-la. Això són els equips grans. S'enfronten a un rival, però al final no és això el que importa. El que importa és el nostre propi rendiment.

»Que ens toca jugar contra un equip que defensa molt enrere i en algunes fases fins i tot ni vol atacar i és complicat atacar, com el Brentford l'altre dia? OK, ho has d'assumir. Que jugues contra el Fulham, un equip totalment diferent, que vol jugar, que et vol prendre la pilota, que li treu vuit o nou punts al segon a la Championship amb un partit menys? OK, a jugar. El tema som nosaltres. El tema és com afrontem això. Aquesta ha estat la meva mentalitat des del primer dia. M'intento centrar en el Manchester City, en nosaltres mateixos. Des del dia que vaig arribar. Així que no hi ha excuses. Amb mi no existeixen les excuses. Si comences a queixar-te, no tens lloc en aquest equip. Els errors són part del procés. Som humans, pot passar. Però l'esforç i mirar de millorar són innegociables. I pensar que quan perdem és per culpa nostra. Els àrbitres? Vinga, va, no em poseu excuses sobre els àrbitres. No me'n doneu. Juga millor. Corre més. Intenta tenir el desig de millorar. Si això és així, els nostres fans, i no només els fans, sinó nosaltres mateixos, no tindrem res per retreure'ns.

# Dotze punts

Dissabte, 12 de febrer el City té dotze punts d'avantatge sobre el Liverpool, encara que és un avantatge fictici perquè ha disputat dos partits més que els de Klopp. Deu minuts inicials amb el 83 % de possessió permeten que l'equip del Pep se senti amo i senyor de Carrow Road, l'estadi del Norwich, on Sterling aconsegueix un *hat-trick*. Guardiola no es refia de les aparences. De fet el Liverpool està a només sis punts i amb el retorn de la Champions League qualsevol distracció pot ser greu.

Però al 0-4 contra el Norwich el segueix un espectacular 0-5 contra l'Sporting de Portugal a Lisboa, on Bernardo Silva es desferma. Bernardo és un fanàtic del Benfica, per la qual cosa trepitjar el José Alvalade, estadi d'un dels seus grans adversaris, l'estimula fins al frenesí. Marca dos gols, n'hi anul·len un de tercer, fa una assistència a Sterling perquè aconsegueixi un gol fabulós en rematada a l'esquadra, i en definitiva fa un partit memorable que desemboca en les paraules del seu entrenador: «Bernardo no només juga, sinó que entén el joc. Entén cada acció com poca gent del món del futbol».

L'any passat vaig escriure que Bernardo és un costurer.

Els migcampistes interiors del City pertanyen a dues categories molt diferents: els costurers i els trencadors. Gündogan i Bernardo Silva són del primer grup, el dels costurers, aquells qui s'encarreguen de teixir amb el seu fil totes les interaccions del grup. Són jugadors que passen i passen i tornen a passar la pilota, entenent que a cada passada es produeix una comunicació amb el company, i també un advertiment i una amenaça al rival. Amb les seves passades «cusen» l'equip, l'ajunten en una zona, disgreguen l'adversari en una altra, passen i cusen. Són jugadors que provoquen el diàleg sobre el camp. En canvi, els trencadors actuen a cop de martell. Són els qui acaben el diàleg amb un monòleg punyent. Són De Bruyne i

Foden, que no pretenen associar-se per continuar teixint, sinó que van a la recerca del cop final. Són l'individualisme dins del col·lectiu. Esperits lliures i una mica anàrquics que s'allunyen de l'ortodòxia per acostar-se a la irreverència que trenca les situacions estancades.

Jugar amb Bernardo i Gündogan de migcampistes interiors equival a cosir un teixit espès i fiable, confeccionat a base d'innombrables passades i connexions. Jugar amb De Bruyne i Gündogan significa equilibrar la proporció de costura amb la de ruptura. Fer-ho amb De Bruyne i Foden desafia l'equilibri i suposa martellejar el contrari sense descans, amb atacs verticals i constants.

El 0-4 del descans és l'avantatge més gran de la història de les eliminatòries de la Champions, i el 0-5 final suposa el partit número quaranta-tres del Pep al City marcant cinc o més gols, és a dir, el 13 % del total disputat. També és el catorzè partit de la temporada en què marquen quatre o més gols, i en sumar ja dos-cents punts a la Champions s'adverteix que és l'equip que menys partits ha necessitat (noranta-set) per aconseguir aquesta fita. I, no obstant això, malgrat pràcticament haver aconseguit passar a quarts, el Pep mostra la seva perpètua insatisfacció: «Els jugadors ja em coneixen: hem de fer-ho millor. Alguns han estat per sota del seu nivell i hem perdut pilotes fàcils. Sí, hem estat clínics en la rematada, però alguns han fallat molt en el *build-up* i poden fer-ho millor. Hi ha una regla que no es pot oblidar: quan tinguis la pilota, no la perdis».

# El dia del dubte

Els 53 201 espectadors abandonen l'Etihad Stadium amb una convicció: si el Manchester City hagués pogut contractar Harry Kane, seria un equip invencible.

Kane és la peça que li falta a aquest equip formidable. Avui ha marcat dos gols que han acabat doblegant el City, que ha estat creatiu i brillant en atac però d'una fragilitat defensiva que no es veia en molt de temps. Walker s'ha mostrat tímid en les seves pressions i atabalat amb la pilota als peus. Cancelo s'ha lluït en atac, però ha estat un colador en defensa. Laporte ha tret la pilota amb netedat però no ha aconseguit tapar els forats que s'han obert al seu voltant. I Rúben Dias, el comandant de la «defensa iugoslava», ha tingut una mala tarda i no ha sabut replicar als atacants londinencs. La derrota per 2-3 sorgeix a partir d'una línia defensiva que ha dubtat entre sortir a pressionar i marcar al rival o quedar-se a esperar-lo. En el dubte entre anar-hi o no anar-hi, els *citizen* han encaixat tres gols, tants com en els últims set partits.

Quatre minuts han estat prou perquè Kulusevski marqués el gol inicial. Recordeu els gols encaixats la temporada anterior contra el Manchester United i a la final de la Champions contra el Chelsea? El de Kulusevski ha estat semblant, si bé en aquest cas Walker no ha pecat d'excés en el seu salt pel lateral rival, sinó de tímid, en quedar-se a mig camí, en terra de ningú. Això ha facilitat la recepció de Kane, a qui Laporte també ha vigilat des de lluny, i la posterior passada a l'espai per a la carrera de Son, que ha regalat el gol a Kulusevski. A Guardiola el guió del partit se li ha torçat en tot just quatre minuts.

Gündogan, Cancelo i Foden han pres el comandament i l'interior alemany ha rematat al pal abans de fer-ho a la xarxa. A l'hora de partit ha aparegut Harry Kane per desarmar el City. Després d'un mal rebuig de Dias, el capità dels Spurs ha galopat entre Laporte i Cancelo per fulminar Ederson, i només quatre minuts més tard ha repetit el moviment, un altre cop apareixent entre central i lateral, però Ederson ha aconseguit salvar la rematada.

Sabem que els equips que dirigeix Antonio Conte són rocallosos i aspres. Et deixen sortir, avançar i aconseguir les seves entranyes sense gairebé molestar-te, bàsicament perquè pretenen enredar-te i acabar penetrant ells també a les teves entranyes. I ho fan d'allò més bé. Per això al City li costa la vida tornar a marcar. Gündogan ha vist com Lloris desviava primer una preciosa rematada al pal més allunyat i poc després un doble xut de Cancelo i Mahrez, mentre el VAR anul·lava un altre gol a Kane per fora de joc previ de Kulusevski. El mateix VAR ha marcat penal a favor del City al minut 92, que Mahrez ha convertit en gol a l'esquerra del porter, gairebé acaronant el travesser.

Què cal fer quan has aconseguit empatar un partit tan complicat i només queden tres minuts de joc? És una pregunta amb múltiples respostes. El City ha triat anar a buscar la victòria i ha acabat perdent. Walker, el més accelerat de la tarda, s'ha precipitat en una passada a de Bruyne i ha propiciat la centrada de Kulusevski per al cop de cap de Kane, que aquest cop ha aparegut entre Dias i Walker, que han defensat pèssimament.

L'empipament de Guardiola amb Walker arriba a la màxima expressió en aquest últim minut perquè una cosa és anar a buscar la victòria i una altra és fer-ho des de l'atabalament, probablement el pitjor i gairebé únic defecte de l'excepcional lateral anglès. L'emprenyament del Pep és monumental i qui sembla pagar-ho és el seu assistent Rodolfo Borrell, assegut a la banqueta, que rep una gran esbroncada de l'entrenador. El Pep exterioritza tot la seva emprenyada contra Walker, però ho fa mirant i assenyalant Borrell, de manera que sembla que està castigant el seu assistent, encara que és una aparença enganyosa. Només s'està desfogant contra el jugador.

Tothom ha vist com el Liverpool guanyava dues hores abans al Norwich; els de Klopp es col·loquen a tres punts del City. L'equip del Pep s'ha quedat sense marge d'error, encara que Lillo es mostra rotund quan parla amb els seus col·legues del cos tècnic: «Un equip amb tantes certeses com el nostre no es desnaturalitzarà per un accident com el d'avui». Seguidament llança una de les seves habituals bromes, dient: «Ja som campions perquè només perdem un de cada quinze partits de lliga i només en queden tretze per jugar, és a dir, que mantenint la mitjana ho tenim al sac».[64]

64. El City només ha perdut tres partits de la Premier League aquesta temporada: el de la primera jornada contra el Tottenham (1-0) l'agost de l'any anterior; el de la jornada 10 contra el Crystal Palace (0-2) a finals d'octubre; i el d'avui, ja a la vint-i-sisena jornada (2-3). Lillo tindrà raó amb la seva broma pronòstic i en els darrers dotze partits del campionat el City no patirà cap derrota més: en guanyarà nou i n'empatarà tres.

# El braç

Jordan Pickford no és un porter de gran envergadura, fa 1,87, però té una velocitat de reacció sensacional que li permet rebutjar pilotes que semblen inversemblants. En l'última data de febrer regala un recital de rebutjades prodigioses contra el Manchester City. Després d'un primer temps amorf en què la pressió agressiva de l'Everton dificulta la creació de joc i els extrems *citizen*, Foden i Sterling, tots dos a cama natural, es mostren desencertats, l'equip del Pep es llança al setge de la porteria de Pickford, que en cinc ocasions aconsegueix desviar pilotes que estaven destinades a ser gol. Rematades de Foden, de Stones, de KDB, de Bernardo i novament de Foden són rebutjades sense misericòrdia pel porter titular de la selecció anglesa.

Només als vuitanta-un minuts aconsegueix batre'l el City, i no és fruit de cap jugada de mèrit, sinó d'una inoportuna malaptesa del defensa Michael Keane, que a un metre de la línia de gol regala la pilota a Foden perquè sentenciï un nou triomf que, amb tot, podria haver mutat a empat cinc minuts més tard quan, involuntàriament i dins de la seva àrea, Rodri refusa una pilota amb el braç. L'acció ve precedida per un possible fora de joc de Richarlison; de fet, els defenses del City asseguraran després que l'assistent arbitral va aixecar la bandera. En un rebot de la pilota posterior, Rodri intenta controlar-la amb el pit però ho fa amb la part superior del braç dret, encara que per sota de l'espatlla. L'àrbitre no indica la infracció i tampoc no l'assenyala el VAR, tot i una llarga anàlisi. És un error obvi perquè l'acció havia de ser sancionada amb penal; amb raó, els jugadors de l'Everton s'enfurismen i protesten.

L'error arbitral suposa que el City marxi de Goodison Park amb els tres punts en lloc d'un, com podria haver succeït si s'hagués assenyalat i transformat el penal. Això pot tenir conseqüències en la lluita pel títol de campió, si bé no pot obviar-se que només quatre setmanes enrere va passar exactament el contrari a Southampton, quan l'àrbitre no va assenyalar un penal evident de Salisu sobre De Bruyne; el City va deixar de sumar dos punts en aquella visita al sud d'Anglaterra.

La del braç de Rodri no és la primera ni serà l'última decisió errònia dels àrbitres i del VAR anglès. Avui el Liverpool té el mateix sentiment que va tenir el City aquell 22 de gener.

## La demolició

El futbol és incert, atzarós i inesperat. Com la vida. El futbol té raons que la raó no entén.

Un aficionat de la graderia sud de l'Etihad s'ha desmaiat al minut 35 del derbi de Manchester, per la qual cosa l'àrbitre Michael Oliver ha detingut el joc perquè el seguidor pogués ser atès.

Només són tres minuts, però Guardiola els aprofita bé i corregeix la sortida de pilota del seu equip. El City domina el marcador per 2-1 però pateix perquè la pressió del Manchester United, liderada per Paul Pogba, és molt agressiva. Aquesta pressió es tradueix en un 4+2 molt alt que obliga el City a modificar la seva estructura habitual del *build-up*: abandona el 3+2 per situar-se en un 3+3 amb el qual no aconsegueix superioritat. La primera línia la integren Stones i Laporte, amb Ederson incrustat entre tots dos. La segona està formada per Walker, Rodri i Cancelo, amb els laterals molt oberts a les bandes. El City només aconsegueix sortir quan Bernardo per l'esquerra o Foden pel centre baixen a rebre i rellançar el joc. Els dos gols de De Bruyne han arribat per la mateixa via: una bona acumulació de passades al costat esquerre seguides de penetracions de Bernardo i Foden que han trobat en KDB el rematador final. El gol de l'ex del planter Jadon Sancho ha embrutat una primera mitja hora de bon joc *citizen*, però amb les esmentades dificultats per creuar el mig el camp.

La detenció del joc per atendre l'aficionat que s'ha desmaiat permet que el Pep reorganitzi la sortida. Cada temps té el seu detall i el seu matís, i en aquest cas l'entrenador crida Ederson, Laporte, Rodri i Cancelo i els instrueix per corregir les seves ubicacions i aprofitar la manera peculiar de pressionar de Pogba, que puja molt i deixa buida la zona de darrere seu. Ordena a Ederson que s'endarrereixi i actuï com a simple continuador dels suports. Recompon la primera línia, situant Rodri gairebé a la banda dreta, com si fos un fals lateral, i envia Stones dos metres a l'esquerra de l'eix central, la qual cosa, al seu torn, acosta Laporte a la línia exterior esquerra, on Pogba no arriba. El Pep indica a Bernardo que el gran passadís per on sortir és a l'esquena de Pogba, amb la qual cosa el portuguès es converteix *de facto* en el mig centre de l'equip, mentre que Grealish se situa dos metres més a l'interior per ajudar-lo.

A partir d'aquestes modificacions, Bernardo circula amb una llibertat esbalaïdora, el City s'allibera del jou que l'empresonava i comença el festival. Durant l'aturada, Mahrez ha expressat incomoditat: «Només he tocat la pilota quatre vegades en mitja hora», diu l'extrem algerià. El 60 % dels atacs del City s'han produït pel costat esquerre, el 21 % pel centre i tan sols el 18 % per la zona de Mahrez. El cos tècnic tranquil·litza el jugador: «Tingues calma i paciència. Avui cal atacar per l'altre costat, que és on tenim un home de més. Tingues calma, t'arribaran poques pilotes, però les que tinguis seran per finalitzar». Al final del partit, després de tocar trenta-sis pilotes i marcar dos gols, Mahrez reconeixerà: «M'he mantingut concentrat, sabia que la pilota arribaria i que jo havia de marcar la diferència».

La segona part és una massacre. El pla de passar la pilota al peu i no a l'espai per conservar-la i evitar que el United pugui transitar i córrer es compleix de manera estricta. El City es recrea en la passada precisa, aconsegueix el 94 % d'encert en les quatre-centes quatre passades que fa en aquest període, quatre vegades més que el United, que només n'encerta el 80 %. La combinació dels dos factors es tradueix que el United no pot córrer ni una sola vegada en tot el segon temps, ni fer un sol contraatac. El seu atac s'estanca en el zero absolut, amb tots els seus intents tallats en origen.

La darrera mitja hora del City ha de qualificar-se d'històrica i memorable, amb un joc portentós i un domini aclaparador, amb el United perseguint ombres i De Bruyne col·locant-se la corona de rei del futbol. Al punt més agut, des del minut 80 al 90, instant en què Mahrez obté el quart i definitiu gol, el City fa cent vint passades i remata sis cops, mentre que el United només aconsegueix reunir setze passades i no s'acosta a la porteria d'Ederson. La possessió de pilota a l'últim quart de partit és del 92 % per al City.

L'equip del Pep ha fet tres-centes seixanta-cinc passades en camp rival, per cent quaranta-una del seu rival. Bernardo Silva, com ja va passar al derbi del novembre, quan va córrer dotze quilòmetres i mig a Old Trafford, és el jugador que més recorregut cobreix en el partit, 12,8 quilòmetres. En aquest apartat, aquesta temporada Bernardo compta amb onze registres entre els quinze millors del City.

Amb el focus posat en De Bruyne, Mahrez, Foden i Bernardo, un altre jugador *citizen* aconsegueix un punt de forma gloriosa. John Stones ha guanyat el 88 % dels duels aeris en lliga aquesta temporada i va tenir un encert del 91 % en l'anterior després de vint-i-vuit jornades. A la història de la Premier League cap jugador no havia aconseguit superar mai el 85 % en la combinació dels dos conceptes. Més encara, la seva polivalència com a defensa que es desdobla en interior i gairebé en mitjapunta és una sana bogeria que no passa desapercebuda a Guardiola.

El derbi ha estat el partit cinquanta en què el City del Pep aconsegueix quatre o més gols.[65] Per una vegada, el joc del seu equip l'entusiasma: «Si aquesta segona part no és la nostra millor segona part de sempre, jo ja no sé què més hem de fer. Soc exigent, però conec els límits dels jugadors, i aquesta segona part ha estat el màxim en tots els sentits, en entrega i en tot. I ho ha estat contra el United».

65. En el mateix període, el Liverpool ha aconseguit quaranta-un cops marcar quatre gols o més; el Tottenham, vint-i-nou; el Chelsea, vint-i-tres; l'Arsenal, vint-i-dos; i el Manchester United, vint.

## Lesions a la defensa

Des del març i fins a final de temporada, Guardiola viurà un malson per compondre la seva línia defensiva a causa dels successius incidents que aniran patint els seus jugadors. Primer Rúben Dias es va emportar un cop dur durant el partit de copa contra el Peterborough i estarà fora de joc fins a finals d'abril, quan tornarà a la defensa en el mateix moment en què John Stones pateixi un nou trencament muscular que talla la seva extraordinària aportació com a defensa que es desdobla en funcions creatives.

Stones només reapareixerà com a mesura d'emergència a l'últim partit de lliga, el 22 de maig, i haurà de fer-ho amb precaucions per no reobrir la ferida. A mitjan abril serà Walker qui pateixi un profund esquinç al turmell esquerre que suposarà el seu adeu a la temporada, excepte per un cameo de setanta minuts al Bernabéu per frenar Vinícius del qual sortirà novament lesionat al mateix lligament. També el turmell d'Aké patirà una lesió idèntica que li impedirà jugar el tram final.

Així doncs, la defensa del City se sosté durant els tres llargs i durs mesos finals en Cancelo i Laporte, ajudats per les aportacions de Zíntxenko i Fernandinho, més el retorn puntual d'algun dels lesionats. Per a un equip que havia construït una defensa «a la iugoslava» són pèssimes notícies que no fan preludiar res de bo. Al cap i a la fi, amb o sense davanter centre, amb o sense fals 9, el City del Pep sempre acaba marcant un munt de gols, però el seu destí final a les grans competicions resideix en la fortalesa que pugui presentar en defensa. Sense els seus puntals, aquesta fortalesa s'ha esvaït.

## Vint-i-vuit titularitats

L'esplèndida exhibició al derbi de Manchester va donar pas a un tràmit europeu contra l'Sporting de Portugal que l'entrenador va aprofitar perquè jugués Egan-Riley de lateral titular i perquè debutessin a la Champions jovenets com McAtee i Mbete, a més dels veteraníssims Scott Carson, que va suplir Ederson durant vint minuts. L'empat a zero va deixar tothom content i va obrir pas als quarts de final, on espera el temible Atlètic de Madrid.

Hi ha un altre empat a zero que cau molt pitjor. Selhurst Park se li torna a ennuegar al Pep i l'avantatge sobre el Liverpool cau a un únic punt (setanta contra seixanta-nou) quan falten vuit jornades de campionat. El City aclapara el Crystal Palace en tots els àmbits, incloses dues rematades als pals, però l'equip de Patrick Vieira es defensa amb el ganivet entre les dents i aconsegueix salvar un punt. Com diu el cos tècnic després del bombardeig sense quarter, però sense èxit, dels *citizen*, «van tapiar la porteria». Dos dies més tard, quan el Liverpool venci en camp de l'Arsenal per 0-2, Klopp ja estarà a un sospir de Guardiola, que aquests dies s'ha quedat en quadre en caure infectats per coronavirus tant Manel Estiarte com Lorenzo Buenaventura, i fins i tot el doctor Edu Mauri.

Durant vint-i-vuit partits consecutius, Bernardo Silva ha estat titular en partit de lliga, un fet inaudit en l'estil de direcció del Pep, que no acostuma a concedir tanta continuïtat a ningú, excepte al porter. Aquesta xifra parla de la transcendència majúscula del jugador portuguès, sigui quina sigui la posició que ocupi en cada ocasió.

# El dentista

Jugar contra l'Atlètic de Madrid és semblant a visitar un dentista que no fa servir anestèsia. Saps que probablement en sortiràs viu, però que serà molt dolorós.

És obvi que caldrà molta paciència. De fet, el Pep diu que és «l'eliminatòria de la paciència». Tant és en quin moment es trobi, l'Atlètic de Simeone sempre és com una serp que s'enrosca fins asfixiar-te, com un mur relliscós que no aconsegueixes escalar, com el tallagespa del veí que et desperta ben d'hora cada diumenge. L'Atlètic planta l'autobús a l'Etihad i el City s'hi estavella sense remei.

La possessió del primer temps s'eleva al 74 % però els xuts a porteria es queden a zero. Ningú del City no se'n sorprèn perquè el Pep i Rodri ho han avisat amb antelació. Calma, paciència i a persistir. La segona meitat és més aguda per part dels locals, que sumen tres bones ocasions en la seva tàctica de «gota malaia». A la primera pilota que toca en entrar a jugar, Phil Foden fa un regalet a KDB, que anota el gol del partit i de l'eliminatòria. L'«efecte Foden» ha estat immediat i torna a produir-se minuts després, encara que un defensa evita el segon gol de De Bruyne. El City ha recuperat trenta-set pilotes i ha rematat quinze vegades; l'Atlètic també n'ha recuperat trenta-set i ha rematat zero vegades. Però el marcador assenyala una diferència mínima que set dies després l'equip del Pep defensarà ferotgement.

A Madrid, l'Atlètic recupera cinquanta pilotes i remata catorze cops, encara que només tres a porteria; el City recupera quaranta pilotes i remata deu vegades, una a porteria i una altra al pal. És un partit amb dues cares, una d'amable per al City al primer temps, que domina amb amplitud i solvència, i una altra d'agra i ruda a la segona part, quan l'Atlètic mostra la seva força atacant. L'equip acaba defensant-se a la iugoslava, ja sense Walker, lesionat, amb un Stones portentós que bloqueja una gran rematada a gol en els minuts finals.

És un d'aquells bloquejos que els defenses celebren com si fos un gol propi. Ederson refusa altres dues pilotes de perill quan el rellotge marca els minuts 97 i 101, i la càrrega final dels blanc-i-vermells no aconsegueix abatre el City, que per segon any consecutiu es planta en les semifinals europees.

Ha estat una visita terrible al dentista. El City surt de Madrid viu, però molt adolorit.

# Un fil

Entre visita i visita al dentista, el City es juga la lliga i la copa contra el Liverpool. Tot en onze dies.

El 10 d'abril, la Premier League es dirimeix sobre la impol·luta gespa de l'Etihad Stadium. Durant una mica més de noranta minuts, el ritme del partit és frenètic, digne de la millor de les finals. El Pep i Klopp assisteixen embadalits a un recital dels seus equips; més controlat però molt vertical el del City, trepidant com sempre el del Liverpool. Les ocasions s'amuntegaran sense donar respir a l'espectador. En el minut 4, Sterling es planta tot sol davant d'Allison, però erra la rematada. Seixanta segons més tard, De Bruyne aprofita la picardia de Bernardo per batre el porter visitant amb l'ajuda involuntària de Matip. Vuit després, Diogo Jota aconsegueix l'empat en una gran combinació *red* i així arriba una ocasió, i una altra, i una altra.

De Bruyne s'erigeix en el colós del partit, corrent, distribuint i fent passades inversemblants, però Salah replica amb una actuació igualment excepcional. Una centrada de Cancelo facilita el gol de Gabriel Jesús, mentre que una passada a l'espai regala el nou empat per part de Sadio Mané. Els primers deu minuts del segon temps són del Liverpool, la resta serà del City. Quatre vegades l'equip del Pep frega la sentència: primer Van Dijk salva el gol que ja cantava Jesús, després el VAR anul·la el punt de Sterling per un parell de centímetres, més tard Jesús frega l'èxit i finalment Mahrez llança una falta contra el pal. Fidels a les seves identitats, el City es defensa amb el joc, i el Liverpool amb els jugadors. Quan ja tots dos conjunts es troben al límit de l'esgotament, KDB llança una passada inversemblant que deixa Mahrez en posició de marcar i sentenciar el títol, però el seu llançament el desvia lleument Matip, prou perquè la lliga continuï penjant d'un fil, amb un únic punt d'avantatge per als *citizen* (setanta-quatre contra setanta-tres) i set partits per jugar.

Sis dies després, els dos conjunts tornen a trobar-se, aquest cop a Wembley, a les semifinals de l'FA Cup, però el duel serà ben diferent. L'equip de Guardiola està totalment fos després del duel contra l'Atlètic de Madrid. El Liverpool també ha disputat els quarts de final de la Champions, però la seva eliminatòria contra el Benfica ha estat plàcida i, després de vèncer a Lisboa a l'anada, ha pogut deixar descansar totes les seves figures a la tornada.

Sense Walker, Dias ni De Bruyne, lesionats, i amb Rodri i Mahrez esgotats, el Pep presenta una alineació mixta. Bernardo, termòmetre de l'equip, està sense forces i molt aviat el Liverpool se'n beneficia. L'equip de Klopp es mostra pletòric: en un primer temps impecable, es col·loca amb un avantatge insalvable de 0-3. L'error catastròfic de Zack Steffen al segon gol en adormir-se davant de l'arribada de Mané, enfonsa l'equip sense remissió i també suposarà la fi de la carrera del porter estatunidenc a Manchester; tampoc no estarà encertat al tercer gol *red*. Malgrat els seus errors, Steffen mostra una personalitat forta i suporta les esbroncades contínues de l'afició rival. És un bon porter que ha tingut mala sort.

La reacció *citizen* de la segona part és meritòria. Primer anota Grealish, després Gabriel Jesús falla davant d'Allison un cara a cara que podria haver canviat l'ànim, i finalment Bernardo marca el segon gol d'una remuntada que no es culmina per manca de temps. Per tercer any consecutiu, les semifinals de copa a Wembley són l'estació final per a l'equip del Pep.

Setmanes més tard, el Liverpool conquerirà l'FA Cup a la tanda de penals contra el Chelsea després d'empatar a zero, en un desenllaç idèntic que el de la final de la Copa de la Lliga al febrer. Només el City pot evitar que l'equip de Klopp guanyi també la Premier League. Els jugadors del Pep estan esgotats per tant de tràfec competitiu, però n'hi ha prou de veure el rostre de l'entrenador per comprovar que potser ningú no està més al límit de les seves forces que el mateix Guardiola.

# Els turmells

Kyle Walker pateix una lesió aguda a la sindesmosi del turmell esquerre des de fa setmanes. Nathan Aké no ha volgut ser menys i contra el Brighton ha sofert un contratemps idèntic. També John Stones ha hagut de retirar-se amb una contractura als isquiotibials, i Kevin de Bruyne ha sortit coixejant de l'Etihad amb el turmell inflat com una pilota de golf. A sis dies de la visita del Reial Madrid per disputar les semifinals de la Champions, la situació és tan delicada que el club ha demanat al doctor Ramon Cugat que viatgi a Manchester per avaluar els jugadors i mirar de trobar una solució màgica.

Però en la ciència mèdica no hi ha màgia i, òbviament, els qui pateixen lesions fortes no arriben a temps de jugar contra el Madrid. En els dies previs, el City ha despatxat el Brighton i el Watford amb facilitat, ha recuperat de Bruyne i aconsegueix que Stones jugui de lateral dret en un esforç majúscul que el jugador acabarà pagant molt car.

## Noranta-tres segons

El gol de KDB als noranta-tres segons de partit és el més ràpid de la història de les semifinals europees. És un preludi sensacional que el City prolonga nou minuts més tard amb una mitja volta esplèndida de Gabriel Jesús, que es desempallega així del marcatge d'Alaba.

El City és un vendaval davant d'un Reial Madrid que sembla ensorrar-se a l'Etihad.

Mahrez pren una decisió equivocada i xuta amb la dreta en comptes de cedir la pilota a Foden, que està sol davant de la porteria buida. Tres minuts exactes després, una deliciosa combinació dels davanters *citizen* permet que KDB llanci una passada sensacional a Foden, la rematada de la qual llepa la base del pal de Courtois. I exactament dos minuts més tard la pilota disparada per Zíntxenko torna a besar la proximitat del pal madridista. El marcador assenyala un 2-0 que sense cap mena de dubte podria ser un 4-0, tal és el vendaval que s'està abatent sobre el Madrid d'Ancelotti aquesta plàcida nit a Manchester.

Però el futbol té secrets que ningú no aconsegueix conèixer per complet i al cap de només cent segons Benzema connecta una preciosa rematada després d'una successió de rebots que afavoreixen el Madrid. El 2-1 dona ales a un equip que semblava agonitzar, i la recaiguda de Stones —que no tornarà a jugar fins a l'últim partit de la temporada— deixa un regust agredolç a l'equip local, que durant cinc minuts va creure que podia «matar» el Madrid.

A la segona part, les escenes són similars. Mahrez s'escapa, s'enfronta a Courtois i remata al pal, la pilota cau a peus de Foden, que xuta, però Carvajal evita el gol, que arribarà cinc minuts més tard. Fernandinho ha substituït Stones i en pocs segons es passeja per la glòria i per l'infern. Primer aprofundeix com un lateral ortodox i centra una pilota suau per al cop de cap de Foden a la xarxa. Després pateix un driblatge al mig del camp de Vinícius, que s'escapa com un coet i bat Ederson.

L'endemà el cos tècnic debatrà si Fernandinho hauria hagut d'abatre Vinícius amb el maluc, però veient la repetició de l'acció ningú no té clar que es pogués frenar l'extrem madridista, ni tan sols cometent falta. Van enganxar tota la defensa a contrapeu, amb Dias molt avançat i Laporte dubtant entre tallar Vinícius o cobrir Benzema. És en aquest gol quan la baixa de Walker, i fins i tot la de Stones adquireixen la dimensió autèntica perquè un equip de futbol és com un trencadís de Gaudí.[66] Les peces poden ser més o menys belles i algunes poden substituir-se per altres de similars, però quan en falten massa, o falten les que són essencials, l'harmonia del trencadís desapareix i es comprova que la bellesa consistia, precisament, en la combinació d'harmonies. Així són aquests futbolistes, com Walker, que de vegades semblen poc decisius però que per les seves característiques complementàries aconsegueixen multiplicar els seus efectes positius en els companys.

Tot el que ha passat durant la primera hora de partit torna a repetir-se en els últims trenta minuts. Després que Laporte no encerti a marcar davant de Courtois, qui ho aconsegueix és Bernardo Silva, amb un obús que dispara des de prop. Després Mahrez i Modric encadenen les respectives rematades que freguen els pals. Però en una nit cruel per al City, Laporte és castigat amb penal per colpejar la pilota, de manera involuntària, amb la mà, i Benzema tanca el partit en un 4-3 que des de la perspectiva del Pep és un mal resultat. «Podria haver estat un 6-3 o un 7-3 perfectament, però és el que hi ha», ens diu ja de matinada, amb un rictus de decepció que també és un mal presagi.

66. El trencadís és un tipus de mosaic format a partir de trossos de ceràmica, marbre o vidre, de mida i forma irregular i disseny abstracte que identifica l'arquitectura modernista catalana. El genial Antoni Gaudí va ser un dels principals impulsors de l'ús del trencadís.

## El taüt

Guardiola ho sap per experiència pròpia i els seus jugadors ho han après aquesta nit, encara que per fer-ho hagin hagut de viure un dimecres sagnant.

El Reial Madrid només el pots donar per mort quan jeu amb el cor travessat per una estaca i has tancat el taüt amb cent claus de plata. I fins i tot així no en pots estar del tot segur. Per matar-lo de veritat, el Madrid l'has de matar per triplicat.

El City no el mata durant els seus vuitanta-vuit minuts de domini a l'estadi Bernabéu, al qual ha aconseguit emmudir i torturar.

La primera part ha estat suau i de tempteig. Els davanters madridistes no han rematat ni una sola vegada entre els pals d'Ederson. En canvi, Bernardo i Foden han tingut les respectives ocasions de gol, frustrades en els dos casos pel brillant Courtois, sens dubte el millor porter del moment.

El segon temps s'inicia de forma ben diferent. Al servei inicial el Madrid fa una combinació que ja ha convertit en usual. Treu de centre Modric endarrerint cap a Casemiro, que li retorna la pilota sobre el cercle central; Modric, al seu torn, cedeix en curt a Kroos perquè l'alemany envïi en llarg al costat dret, per on ha penetrat Carvajal, que només ha de centrar la pilota a l'àrea rival, on han arribat Benzema i Vinícius. Durant la pretemporada, el Madrid va marcar gol d'aquesta manera contra la Juventus, i en aquesta edició de la Champions va intentar repetir-ho, sense èxit, contra el PSG i el Chelsea. Avui ho ha provat també contra un City que està avisat prèviament per Carles Planchart, coneixedor de l'estratègia madridista, però la rematada final de Vinícius marxa fora. Ha estat un avís seriós.

Als setanta-dos minuts, la sindesmosi de Kyle Walker diu prou i el lateral anglès conclou la seva temporada ensorrant-se damunt la gespa de Madrid. No tornarà a jugar fins al curs següent. El seu esforç en jugar gairebé coix ha estat colossal; ha demostrat un compromís absolut amb l'equip. De Bruyne, esgotat, és substituït per Gündogan, i només un minut després el City obté per fi rèdit de les seves ocasions. És Mahrez qui fulmina la porteria madridista i fa un pas de gegant cap a la final europea. El Bernabéu calla, conscient de les dificultats del seu equip, que encara no ha rematat a gol, especialment quan les oportunitats continuen sent del City, ara que Courtois ha desbaratat un xut brillant de Cancelo.

Grealish agafa la pilota al costat esquerre, s'escapa per velocitat de Militao i la seva rematada amb l'interior del peu esquerre supera Courtois. Quan el segon gol sembla fer-se realitat, el lateral Ferland Mendy aconsegueix aturar l'esfèrica sobre la línia i, tot i que la pilota rebota en Foden, que és a mig metre del gol, no arriba a traspassar la línia. Continua l'acció, recupera Laporte, combina amb Gündogan, que s'adona que Grealish, lliure, penetra a l'àrea local, dribla Militao i Carvajal i torna a xutar a gol amb l'esquerra, però Courtois aconsegueix desviar la pilota un mil·límetre amb els tacs de la bota i evitar la sentència. Han transcorregut trenta-tres segons durant els quals Grealish ha gaudit de dues ocasions d'or que només s'han frustrat per l'encert extraordinari dels defensors blancs.

Alguns aficionats madridistes ja han abandonat l'estadi, que està en silenci. Des de fa cinc minuts, Manel Estiarte s'ha situat prop de Guardiola: «No pots imaginar el silenci que hi havia al Bernabéu. Era un funeral, ningú no animava, ningú no esperava res. Ancelotti estava de braços plegats, mastegant xiclet. No hi havia ambient de remuntada, si de cas s'esperava el nostre segon gol».

Però aleshores es produeix un d'aquells moments inversemblants que ni el millor guionista no hauria previst. Cancelo perd de vista Benzema, que aconsegueix prolongar un centre anodí de Camavinga perquè Rodrygo marqui el gol de l'empat en la que és la primera rematada a porteria del Madrid en tot el partit. És el minut 89,21 i el City encara té un gol d'avantatge. Només ha de resistir, per més mal que faci l'empat. A ningú no se li escapa un pensament dirigit cap a Walker i Stones... I encara més quan vuitanta-nou segons més tard el mateix Rodrygo remata de cap el gol que iguala l'eliminatòria, enmig de l'angoixa del City, que no ha estat capaç d'asserenar-se i mantenir la pilota al seu poder durant aquests agònics minuts. L'impossible s'ha produït. El silenci sepulcral s'ha convertit en una tempesta de crits i visques, que s'incrementarà durant la pròrroga, que Benzema sentencia mitjançant un penal comès per un Rúben Dias a qui la inactivitat ha passat factura.

Els jugadors del City descobreixen que al Madrid l'has de matar ben mort si vols evitar que ressusciti.

Ningú de l'expedició anglesa no dorm aquella nit, ni tan sols Estiarte, que sempre és el més tranquil. El club ha decidit obrir les portes del menjador on té lloc el sopar d'equip, a l'hotel Ritz Mandarin, perquè familiars i amics puguin abraçar i consolar uns jugadors que estan del tot desmoralitzats. Tenien la segona final de la Champions consecutiva a la mà i se'ls ha esmunyit entre els dits com l'aigua... Ha estat un cop duríssim que, de rebot, pot significar també perdre la lliga, ara que el Liverpool ha arribat amb facilitat a la final europea.

Aquesta nit, el Pep no hi és per a ningú.

## Tres punts

Només han transcorregut setanta-dues hores i els jugadors encara tenen al cap el rebuig miraculós de Courtois al cop de cap de Foden i com Fernandinho no va aconseguir marcar el gol que, al minut 107 de la pròrroga, hauria igualat la semifinal contra el Reial Madrid.

Els caps encara cremen i costa centrar-se un altre cop en la Premier League, afrontar els difícils quatre últims partits, amb l'alè del Liverpool al clatell, mentre una vegada i una altra tornen al cervell les doloroses imatges de la remuntada del Madrid d'uns dies abans.

«Ha estat com una guerra, una gran batalla dins del cervell», diu Rodri com a metàfora del que ha suposat tornar a remuntar la muntanya després d'una caiguda des de tan amunt.

L'esforç del col·lectiu ha estat realment formidable. Després del dimecres sagnant, el dijous va ser un dia horrible. Els ànims estaven per terra, els esperits no semblaven recuperar-se, els cossos feien mal. Era un moment complicat. Des de Guardiola fins a l'últim encarregat de material, des del capità Fernandinho fins al jove Egan-Riley, tothom estava fora de combat: «És molt dur. Esperes vuit mesos per arribar-hi i se t'escapa a l'últim minut», reconeix Rodri.

El triomf per 5-0 contra el Newcastle és una victòria de campions, d'un equip que després de caure en un pou és capaç d'alçar-se de nou i tornar a jugar amb caràcter, com explica Grealish: «Hem demostrat tenir una personalitat increïble en aixecar-nos després del cop».

El Liverpool ha empatat amb el Tottenham a Anfield, la qual cosa amplia el coixí del City a tres punts. Si l'equip del Pep guanya els tres partits que queden, llavors revalidarà el títol de lliga, però haurà de fer-ho des de la precarietat defensiva perquè avui ha caigut Rúben Dias, una altra vegada lesionat a la cuixa. Walker, Stones i Dias, la columna vertebral «iugoslava», són tres baixes massa importants perquè la línia defensiva no se'n ressenti.[67]

67. Perdre els millors defenses farà que, a més dels sis gols encaixats contra el Madrid, el City en rebi cinc més en els tres últims partits de lliga.

## L'esquerra

Amb l'esquerra creuant sota el porter, amb l'esquerra afusellant el porter, amb l'esquerra vorejant el porter.

Kevin de Bruyne va aprendre de petit el valor que la cama esquerra podia tenir en la seva futura carrera de futbolista. Va dedicar moltes hores a modelar el control, la passada i el xut amb la seva cama menys hàbil i avui ha culminat l' ofici amb tres gols consecutius anotats amb l'esquerra, abans d'obtenir el quart amb la dreta i estavellar una rematada al pal també amb l'esquerra.

Els vint-i-quatre minuts que KDB ha trigat a anotar els tres primers gols fan del seu el tercer *hat-trick* més ràpid de la Premier, darrere dels setze minuts de Sadio Mané el 2015 i els vint-i-dos de Dwight Yorke el 2001.

El triomf al Moulinex Stadium per 1-5 atorga al City un avantatge important en el duel per la lliga. No són únicament els tres punts d'avantatge, sinó també els set gols de diferència que li treu al Liverpool. El Pep marxa de Wolverhampton sabent que li basten una victòria i un empat per ser campió.

Ha pagat un preu molt alt per aquesta nova victòria. Laporte s'ha lesionat el genoll, Fernandinho té una contractura als isquiotibials i Aké no pot més amb el turmell. Formar la línia defensiva per als dos partits que queden pot ser molt complicat.

Avui hem confirmat que el servei inicial des del cercle central directament cap a Ederson no va ser una casualitat emprada contra el Madrid a l'Etihad, sinó que s'ha repetit contra els Wolves. Possiblement aquest microdetall s'incorpori en el futur a les accions estàndards de l'equip.

# El penal

Diumenge, Fernandinho i Laporte juguen a Londres contra el West Ham perquè no queda cap més alternativa. Tot i seure a la banqueta, Nathan Aké no pot jugar a causa de la lesió al turmell i tampoc no estarà disponible per a l'últim partit de lliga. Els físios han fet que el capità es recuperi de la contractura; quant a Laporte, simplement està posant en risc el genoll. Li fa mal i va coix, fins al punt que després d'acabar la temporada haurà de sotmetre's a una intervenció quirúrgica que el mantindrà fora de l'equip fins al mes d'octubre. De vegades assenyalat per errors minúsculs, Laporte dona una lliçó extraordinària de professionalitat. El genoll se li farà miques en aquests dos últims partits, però ell es comportarà com un lluitador compromès amb l'equip fins al final.

Al London Stadium assistim a un *déjà vu*. El City té el 86 % de la possessió, remata tretze cops, fa quatre vegades més passades que el West Ham, amb un encert molt superior, i fins a en quatre ocasions frega els pals de Fabianski, però al descans el marcador afavoreix l'equip local per 2-0. Jarrod Bowen aprofita un parell de vegades pilotes llargues llançades a l'espai lliure per enviar a la lona el City.

Sota la pluja de Londres, l'equip del Pep està aclaparat i esfondrat, però un segon temps aclaparador li permet rescatar un punt que pot valdre una lliga.

Comença Grealish, amb una bona volea que colpeja lleument en Dawson. Queden més de quaranta minuts per empatar i Guardiola ordena calma, paciència i cap fred. Durant els vint minuts següents se succeeixen les ocasions, però Fabianski i els seus defenses eviten l'empat, encara que també el West Ham s'acosta dues vegades amb gran perill a la meta d'Ederson. Finalment una falta lateral treta per Mahrez és rematada de cap en pròpia porta per Vladimir Coufal; el City ja té el punt imprescindible per al seu propòsit.

Amb un 79 % total de possessió, la segona més gran de la temporada a la lliga, el City ha aclaparat el West Ham; quan falten cinc minuts obté el premi en forma de pilota de partit. Dawson abat Gabriel Jesús i, després de revisar l'acció al VAR, Anthony Taylor xiula penal. Ruyad Mahrez, el més brillant de la tarda, té el títol de lliga a les seves botes. Ha marcat els set penals llançats fins al moment, quatre a la lliga, però Fabianski n'és un bon especialista.

Mahrez xuta a mitja altura, a l'esquerra del porter, que li endevina la direcció, desvia la pilota i no concedeix la victòria. El City acaba els dinou partits de lliga fora de casa amb quaranta-sis punts, a només quatre del seu rècord del curs dels Centurions; només ha patit una derrota, la del partit inaugural a l'estadi del Tottenham.

Al cap de dos dies el Liverpool venç a Southampton i el títol queda pendent de l'última jornada. Un únic punt els separa, per la qual cosa l'equip del Pep ha d'aconseguir el mateix resultat que el de Klopp. Serà una setmana d'espera angoixant, durant la qual Laporte i Fernandinho intenten millorar de les lesions i Stones aconsegueix recuperar un mínim estat que li permeti jugar l'últim partit.

## Cinc minuts i trenta-sis segons

Cinc minuts donen una lliga.

Cinc minuts impossibles, il·lògics, absurds, estrepitosos.

Cinquanta-set quilòmetres exactes separen la gespa de l'Etihad Stadium de la d'Anfield. A la mateixa hora, els dos colossos juguen el partit final del campionat, amb la mirada posada en el gran rival. A la xerrada prèvia, De Bruyne diu: «Nois, sense errors i sense targetes vermelles».

Els Wolves han marcat a Anfield al tercer minut de partit, però vint més tard ha empatat Mané. També el City està empatant, a zero, amb l'Aston Villa, fins que en una centrada lateral l'australià Cash guanya l'esquena a Cancelo i marca un gol que atordeix l'Etihad Stadium. Als trenta-set minuts, la lliga es vesteix de vermell.

Ha estat un mal primer temps. Un dels pitjors de la temporada. Ple de nerviosisme, d'errors de tota mena, fallant passades clares, amb Stones imprecís, amb Cancelo fallant, amb Fernandinho espès, amb Mahrez, Jesús i Foden poc afinats, i fins i tot amb De Bruyne perdent pilotes en els contraatacs. Un nerviosisme agut engarrota els futbolistes, que són una pàl·lida ombra de l'imponent equip d'altres tardes. Als quaranta minuts, el Pep ordena escalfar a Zíntxenko.

El vestidor és un funeral. Avisen Fernandinho que Zíntxenko el substituirà. Les cares són d'absoluta derrota. S'espera una gran bronca de Guardiola, però el que passa és tot el contrari. Quan només queden tres minuts per tornar al camp, el Pep reuneix els jugadors i els parla amb suavitat, sense retrets, sense acritud. No hi ha un sol crit. Més tard reconeixerà per què va fer la xerrada en aquest to: «Estic aprenent a ser més pacient i no tan ansiós com era abans».

Els parla gairebé en murmuris, com qui s'abraça a una càlida manta en una tarda freda, sense centrar-se en la transcendència del que està en joc:

—Ho farem, d'acord, nois? És impossible no pensar en les conseqüències si no guanyem. Ho sé, és normal. Però hem de ser positius fins al final, fins al final. Només necessitem un gol, i llavors tindrem el moment i en farem el segon. Ja sé que la transició cap endarrere que hem fet després del gol ha estat una bogeria. Estem a prop de la derrota, però guanyarem. Sé com us sentiu. Jo també sento vertigen davant de la pressió, és normal. Però no seríem aquí si no haguéssim estat els millors. No seríeu aquí. Sé que sortirem al camp a guanyar, però hem de tenir-ho ben clar aquí [al cap], d'una manera positiva. Creieu-me, el repte és aquí, al cap. Sortim i siguem agressius. Alex [Zíntxenko], ràpid, enrere i canvi de direcció. Inenteu ficar pilotes [pels passadissos de] dins. Necessitem que tragueu la vostra qualitat. Teniu qualitat de sobres. OK? Som-hi.

La represa és una mica millor. Zíntxenko aporta clarividència, però ni Mahrez ni Gabriel Jesús no aconsegueixen marcar, i és l'Aston Villa qui està a punt de fer-ho després d'un servei directe de porteria que Watkins remata a prop del pal. Al Liverpool li anul·len un gol per fora de joc, Sterling substitueix Mahrez i una mica més tard Gündogan entra per Bernardo. La seva entrada al camp coincideix amb un moment que pot sentenciar el campionat. El llarguíssim servei de porteria d'Olsen és prolongat per Watkins i Coutinho, exjugador del Liverpool, que dribla i marca el segon gol. Anfield esclata, l'Etihad s'enfonsa. Als seixanta-nou minuts, el Liverpool és campió gràcies al triomf d'un Aston Villa que dirigeix Steven Gerrard, una llegenda *red*.

El City no ha aconseguit remuntar un 0-2 a la lliga des del febrer del 2005, quan va aconseguir vèncer el Norwich per 3-2. La història conspira contra un equip atordit, encara que De Bruyne reconeixerà més tard: «Només vaig dubtar que guanyaríem la lliga durant deu segons». El Kevin es lliga els cordons de les botes durant aquests deu segons de dubte, s'aixeca i demana la pilota. Combina amb Jesús, qui al seu torn ho fa amb Sterling, i l'extrem anglès fa una centrada perfecta per al cop de cap impecable de Gündogan. És el minut 75,10. El mateix Gündogan recull la pilota i la col·loca al cercle central. El Villa fa el servei al minut 76,03, recupera Zíntxenko i, després d'anar i venir amunt i avall, la pilota acaba a córner per al City (76,50), però Olsen atura la rematada de Stones.

Gündogan aconsegueix la pilota a la zona central i cedeix a KDB, que prolonga a Zíntxenko, que s'interna a l'àrea i cedeix cap a fora, on Rodri col·loca un dels seus *swings* golfístics, un cop inversemblant amb l'interior del peu, des de vint-i-cinc metres, que besa el pal per dins i suposa el 2-2. Empata el City. És el minut 77,43. Entre tots dos gols han transcorregut cent trenta-tres segons. Gabriel Jesús recull la pilota de les xarxes visitants i la col·loca al cercle central. Treu el Villa al minut 78,53, recupera Zíntxenko i Rodri remata alt al minut 79,21. Treu Olsen, recupera Cancelo, que envia una passada profunda a Jesús que talla Mings, però KDB aconsegueix la pilota, aprofundeix, entra a l'àrea, desborda el defensa visitant i envia una passada rasa, creuada, forta, perquè Gündogan, al minut 80,46, asseguri el tercer gol, la remuntada i el títol. L'esclat d'eufòria col·lectiva és indescriptible, aclaparadora, èpica, colossal.

Han estat cinc minuts i trenta-sis segons. Cinc minuts que seran eterns.

Des d'aquest instant i fins al final ja no es jugarà més al futbol a l'Etihad Stadium. Només s'intentaran contenir les emocions. Grealish se n'anirà al vestidor a vomitar, pres dels nervis. Walker passejarà tens pels passadissos, sense saber com ajudar l'equip, després d'haver celebrat el gol corrent com un esperitat malgrat el turmell masegat. El Pep donarà instruccions inintel·ligibles des de la gespa i Dias animarà l'afició des de la banqueta. Els jugadors buscaran les cantonades del camp com a refugi on intentar congelar el temps. El Liverpool també marcarà dos gols en cinc minuts, i Mohamed Salah celebrarà el triomf creient que els dona el títol, fins que des de la graderia els aficionats el desenganyin.

El final del duel és brutal, amb una celebració majúscula, inclosa la preceptiva invasió de camp per part dels aficionats del City. Com dirà Kyle Walker: «No havia vist res igual en tota la meva vida».

Trigaré dos dies sencers a poder parlar amb el Pep, embogit amb les celebracions. Esgotat, feliç:

—Això ha estat una muntanya russa d'emocions que, per sort, ha acabat bé. Necessitem descansar a fons per tornar a intentar-ho amb més força la propera temporada.

Ningú no resumirà millor que Scott Carson la temporada del City:

—Odiem perdre.

## RESUM D'ESTADÍSTIQUES 2021-2022

| | P | V | E | D | GF | GC |
|---|---|---|---|---|---|---|
| Community Shield<br>*Finalista* | 1 | 0 | 0 | 1 | 0 | 1 |
| Premier League<br>*Campió* | 38 | 29 | 6 | 3 | 99 | 26 |
| FA Cup<br>*Semifinalista* | 5 | 4 | 0 | 1 | 16 | 6 |
| Copa de la Lliga<br>*Quarta ronda* | 2 | 1 | 1 | 0 | 6 | 1 |
| Champions League<br>*Semifinalista* | 12 | 7 | 2 | 3 | 29 | 16 |
| **Total** | **58** | **41** | **9** | **8** | **150** | **50** |

## DADES

| | |
|---|---|
| 70,7 % | Percentatge de victòries a la temporada |
| 76,3 % | Percentatge de victòries a la Premier League |
| 2,58 | Gols a favor a la temporada |
| 2,60 | Gols a favor a la Premier League |
| 0,86 | Gols en contra a la temporada |
| 0,68 | Gols en contra a la Premier League |
| 100 | Diferència de gols a favor a la temporada |
| 93 | Punts a la Premier League |
| 24 | Rematades al pal a la Premier League (4 de Foden i de De Bruyne) |
| 66,1 % | Possessió de pilota a la temporada |
| 67,9 % | Possessió de pilota a la Premier League |
| 81 % | Màxima possessió de pilota (contra l'Arsenal, agost del 2021) |
| 49 % | Mínima possessió de pilota (contra el Liverpool, abril del 2022) |
| 687 | Mitjana de passades per partit |
| 861 | Màxim nombre de passades (contra l'Everton, novembre del 2021) |
| 90 % | Passades encertades per partit |
| 18,1 | Rematades per partit / 6,2 a porteria |
| 6,8 | Rematades en contra per partit / 2,5 a porteria |
| 12 | Victòries consecutives a la Premier League |
| 24 | Màxim golejador: Riyad Mahrez (15 de De Bruyne a la Premier) |
| 14 | Màxim assistent: De Bruyne (KDB i Gabriel Jesús 8 a la Premier) |
| 52 | Més partits jugats: Cancelo (Ederson 37 a la Premier League) |
| 7-0 | Major victòria (contra el Leeds United) |
| 2-0 | Major derrota (contra el Paris Saint-Germain i el Crystal Palace) |

# TEMPORADA 7

2022-2023

«Ja està, ja està»

## ESCENA 1

# «Tranquils, ho guanyarem tot»

***Manchester, 24 de juny de 2022***

Juanma Lillo va ser presentat com a nou entrenador de l'Al-Sadd dilluns, 20 de juny, a Doha. L'endemà va tornar a Manchester a recollir les seves coses i buidar el pis on havia viscut els dos últims anys, a menys d'un minut de casa del Pep.

Avui divendres ha anat per darrer cop a la ciutat esportiva del Manchester City, on ha recollit el que tenia al seu despatx. S'ha acomiadat dels seus companys deixant a la pissarra un missatge adreçat al Pep, a Txiki Begiristain i a tot l'equip:

—Jo no me'n vaig. Continuaré sent el vostre ajudant. Aquesta temporada ho guanyarem tot, Premier i Champions. Tranquils, ho guanyarem tot, sense cap mena de dubte. I jo seré al vostre costat, donant-vos suport i ànims. Sempre seré el vostre ajudant.

ESCENA 2

## «Trobarem molt a faltar Lillo»

***Pescara, 30 de juny de 2022***

Manel Estiarte és a la platja de Pescara, prenent el sol —el seu gran vici—, com cada matí de vacances. És una platja dolça i suau, organitzada d'una manera meravellosa, com totes les italianes, amb les gandules perfectament alineades i un restaurant que ofereix un servei excel·lent. L'aigua és càlida, gairebé no hi ha onades, i el Manel, sense barret, es bronzeja a prop de l'aigua, encamellat a la gandula blava. Fa una bona estona que parla per telèfon per resumir les premisses de la nova temporada, en la qual el Pep acaba el seu contracte. Comencem parlant de l'adeu de Juanma Lillo i dels canvis al cos tècnic:

—Trobarem a faltar el Juanma. Ha estat un factor d'equilibri molt important. Ha ajudat el Pep, no només en l'aspecte tàctic, sinó també en l'anímic. Li ha permès estar més tranquil, perquè el Juanma és una persona molt sòbria, molt calmada, sense alts i baixos. Ni està eufòric quan es guanya ni es deprimeix quan es perd. Aquesta estabilitat l'ha inculcat a tot el cos tècnic i ens ha donat tranquil·litat a tots. També ha tingut una influència important en els jugadors a través de la seva relació amb Fernandinho perquè els ha traslladat aquest estil de vida tan calmat, tan propi d'ell.

Per reforçar el cos tècnic el Pep ha cridat Enzo Maresca, qui va ser entrenador del WBA, de la Juventus, de la Fiorentina o del Sevilla, i que com a entrenador ha destacat precisament a l'equip sub-20 del Manchester City, amb el qual va guanyar la Premier League-2 que disputen els joves:

—Maresca pot ser una bona incorporació, tot i que encara no tingui experiència en un cos tècnic de primer nivell. Però al Pep li agrada. El Pep sempre deia que «l'Enzo la toca», que sap el que es fa i coneix el joc. Crec que serà una incorporació molt rica que aportarà moltes coses.

El sol llueix ben alt aquest darrer dia del mes de juny. Les vacances de l'equip campió de la Premier League estan arribant a la fi i és moment de comentar els canvis a la plantilla. Han arribat quatre jugadors i n'han marxat quatre més, a més d'un bon nombre de joves del planter, en una infinitat d'operacions dirigides per Txiki Begiristain amb les quals el club ha obtingut importants plusvàlues econòmiques.

—La reforma de l'equip ha estat molt interessant —em comenta—. Encara no som al juliol, falten dos mesos per al tancament del mercat de fitxatges, i el Txiki ja té la feina pràcticament feta. Haaland, Julián Álvarez, Kalvin Phillips i Stefan Ortega entren als llocs de Gabriel Jesús, Sterling, Fernandinho i Zack Steffen. És una renovació important perquè implica noves cares, noves energies, noves ganes d'aprendre, noves dificultats d'adaptació. En definitiva, tot allò que estimula el Pep a continuar endavant per millorar encara més. I a més incorporem gol, molt de gol, que era el que sempre trobàvem a faltar en dies molt puntuals. Ara, si tot va bé, també tindrem gol, a més de tota la resta que ja teníem. Ja saps que jo mai no soc optimista, però sí que soc realista: tenim un molt bon equip. Només queda per resoldre l'assumpte del lateral esquerre si Zíntxenko marxa.

Està pendent la possible ampliació de contracte de l'entrenador. No tinc cap informació concreta sobre el tema però tots els petitíssims senyals que desprèn el Pep, el que vam veure al final de temporada, em farien apostar clarament per la renovació. Estiarte, que és el seu braç dret, té mil cops més d'informació i de coneixement que jo, i és amic íntim de Guardiola, es manté un xic distant quan l'hi comento, però crec que és més per precaució que perquè realment pensi així:

—Renovarà un o dos anys més? No ho sé. I em sembla que ell tampoc no ho sap, ni vol pensar-hi ara mateix. Dependrà del que passi, de les relacions amb els jugadors, que no passi res greu, que la família continuï acceptant el sacrifici actual, en fi, de moltes coses. És massa aviat per imaginar què passarà. Suposo que, a partir de Nadal, el Pep començarà a pensar-hi i en parlarà amb els caps, que per descomptat el collaran fort perquè renovi. No apostaré per què ha de passar.

Li plantejo un altre assumpte menys delicat, també en relació amb el Pep. Penso que al City està construint un llegat superior al que va deixar al Barcelona i al Bayern. Crec que aquesta és la seva millor construcció com a entrenador:

—No sé si és la millor feina del Pep en un equip. Probablement sí. La del Barça va ser la que va tenir més èxit, això és clar. Sis títols en un mateix any, insuperable. Però ara, el que està fent al City és una bogeria. L'equip juga d'allò més bé. Probablement tinguem molt pocs jugadors que estiguin al *top 1* del món, però hem aconseguit crear un volum de joc excepcional, i de manera regular i continuada. Sí, possiblement el Manchester City sigui la millor feina del Pep com a entrenador.

Han passat poques setmanes des del final de temporada, un final volcànic, emmarcat en la duríssima caiguda a Champions en l'últim sospir davant del Madrid i per l'agònic esprint final de lliga contra el Liverpool, repuntada per aquell últim dia d'infart davant de l'Aston Villa i l'èpica remuntada:

—Quan vam caure contra el Madrid, vam quedar tots enfonsats, no cal dir-ho, perquè va ser inesperat. Jo encara no m'ho he tret del cap. Recordo que, com en tots els partits, al minut 80 vaig baixar de la graderia a la banqueta. Anàvem guanyant, teníem dos gols d'avantatge i el Bernabéu estava mut, callat, en silenci. Estaven enfonsats. Estaven eliminats. I llavors Grealish té dos gols en mig minut, que haurien estat la rematada final, però bé, va, són dos miracles defensius i no fem gol. Però continuava sense haver-hi la més mínima insinuació de remuntada. Ancelotti estava pàl·lid, de braços plegats, mut. Ja érem al minut 87 i el Bernabéu semblava un funeral. Després es va parlar de falta de caràcter, d'experiència, etcètera, però no crec que fos això perquè altres vegades hem mostrat caràcter i experiència. Fixa't en el partit final de la Premier League. Estàvem fent un joc horrible, el pitjor partit de l'era Pep, però hi vam posar caràcter i energia per marcar tres gols en cinc minuts i després vam demostrar experiència perquè ens vam ficar al córner contrari i no en vam sortir en un quart d'hora. Per què no vam fer això al Bernabéu quan quedaven tres minuts? Probablement perquè tots sentíem que ni tan sols no feia falta. El Madrid estava mort. Ni ens va passar pel cap anar-nos-en al córner contrari a perdre temps.

Eren morts. Però de sobte tot va canviar... La derrota ens va fer molt de mal. Vam quedar tots enfonsats. No sé com després vam poder guanyar els partits següents i una altra vegada la Premier.

Després de la patacada contra el Madrid va arribar aquest gran desafiament de no cedir davant d'un Liverpool extraordinari:

—El final de temporada va ser duríssim, un dels més durs que hem viscut. Dues eliminatòries seguides de Champions contra equips de Madrid, que són molt durs, cadascun per motius molt diferents. La patacada del Bernabéu ens va deixar fets pols. Per davant teníem un mur, havíem de guanyar tots els partits de Premier, sense possibilitat d'ensopegar en cap perquè el Liverpool se'ns menjava. Aquell esprint final sense cap marge d'error també va ser un miracle, però a l'inrevés. El Pep estava molt tocat, però va saber remuntar, recuperar energia, complir amb la seva paraula i portar l'equip fins a aquell últim dia apoteòsic en què es va repetir allò del Bernabéu, però aquest cop a favor nostre. Aquell últim dia, l'engarrotament, el gust de derrota, els dos gols en contra, el mal joc que estàvem fent... I llavors, el final apoteòsic, els tres gols seguits, un, dos, tres, el miracle a favor nostre... Dur, molt dur. Un final de curs duríssim...

És l'hora de dinar. El sol continua ben amunt.

## ESCENA 3

# Un 9 per competir per tot

***Barcelona, 4 de juliol de 2022***

Les vacances s'han acabat i els integrants del cos tècnic tornen a Manchester. És moment d'una conversa amb Carles Planchart per revisar els canvis a la plantilla que ja vam comentar amb Estiarte fa uns dies.

—Canviar cares sempre reactiva els equips. És com en qualsevol altre àmbit de la vida. Un equip ha d'estar en permanent renovació si vol continuar progressant. Per això els quatre o cinc jugadors nous ens permetran fer un altre pas endavant, al marge de l'aportació individual de cadascun. És un procés que el club va fent amb encert. Cada temporada hi ha un veterà que assumeix un paper molt important d'aportar tranquil·litat i aglutinar tot el vestidor amb paciència. Zabaleta, Kompany, Silva, Agüero, Fernandinho... La generació daurada s'ha anat acomiadant any rera any d'una manera molt efectiva per al vestidor, aportant experiència i passant el relleu amb elegància. Ara, després de la marxa del gran Fernandinho, a veure qui assumirà la capitania. És un assumpte que han de resoldre els jugadors. Espero que l'encertin i triïn el millor capità.[68]

Amb Haaland i Julián Álvarez es cobreix una faceta imprescindible: el gol. Després de molt de temps sense un 9 a ple rendiment, ara n'arriben dos de cop:

68. Setmanes més tard, la plantilla va triar Ilkay Gündogan com a capità; De Bruyne, Walker i Rodri serien els qui agafarien successivament el braçalet en absència del jugador alemany.

—És una meravella. I això que hem marcat un munt de gols en els dos últims anys, però sí, ens ha faltat gol en moments puntuals i decisius. Haaland i Julián Álvarez sumen un perfil que no teníem. Amb Kalvin Phillips i el nou porter, a més d'un lateral esquerre, tindrem equip per competir per tot novament.

Per guanyar-ho tot?

—No, per competir per tot, que és l'objectiu. Guanyar és el fruit final del procés, però cal recórrer tot el camí previ.

Queda per veure si Grealish engegarà a jugar...

—Estic convençut que sí, que aquesta temporada arrencarà. Ja ha passat la transició de ser el líder d'un equip a ser un més al City. Això ja ho ha interioritzat. Ara està en condicions d'enlairar-se.

La baixa de Lillo...

—És una baixa de molt de pes. Trobarem a faltar el Juanma. Ell era qui donava equilibri al cos tècnic, no només ajudant el Pep perquè estigués més fred i més serè en els moments de màxima tensió, sinó que era la cola que ens unia a tots. Té aquest caràcter bonàs, gairebé de burlar-se sempre d'ell mateix, de mantenir-se en segon pla, que provoca un efecte molt beneficiós en els altres. Lillo apaga els egos, sense aparentar-ho. És clar, se sent el segon entrenador i tenint tants coneixements es riu d'ell mateix, com has d'anar tu de gallet per la vida? Si algú vol treure l'ego, queda en ridícul davant Lillo. Per això ha estat tan important. Ha estat l'equilibrador del vestidor, perquè a més ha tingut un pes formidable en la relació amb Fernandinho i amb altres jugadors. El trobarem a faltar.

Ja s'ha oblidat el mal tràngol del Madrid?

—No, això no s'oblidarà mai. És molt pitjor que aquell 0-4 al Bayern, perquè un 0-4 l'ha encaixat qualsevol equip, però això d'aquesta semifinal de Champions no té nom ni explicació, encara que tractant-se del Madrid... Bé, va ser el tercer cop que va fer el mateix en poques setmanes. Sempre he cregut que en el futbol passen coses inexplicables, i aquesta en va ser una, com ho va ser uns dies després que nosaltres guanyéssim la Premier marcant tres gols en cinc minuts, en el dia que pitjor hem jugat des que som a Manchester. Per què passen aquestes coses? No ho sé, ningú no ho sap. Simplement passen. Penso que les coses passen perquè han de passar, sense més. De vegades a favor, de vegades en contra... Encara veig els dos gols que té Grealish al Bernabéu en menys d'un minut i que no entren... O aquell partit d'anada que hauria hagut d'acabar més o menys amb un 6-2 a favor nostre, un resultat que hauria deixat l'eliminatòria resolta. Però aquestes coses sense explicació passen. Ja està, no cal donar-hi més voltes.

## ESCENA 4

# «Exigim molt als nostres laterals»

### *Londres, 7 d'agost de 2022*

Mahrez ha entrenat durant tota la setmana a mig gas, com letàrgic, i el Pep el deixa a la banqueta, i col·loca Foden d'extrem dret, una posició poc habitual per al jove anglès en la qual se'n surt de manera interessant. Tampoc no és titular John Stones, en el seu cas perquè ha faltat a dos entrenaments de la setmana a causa d'un plet judicial. I tampoc Bernardo juga d'entrada. Molta gent creu que és perquè el seu fitxatge pel Barcelona s'ha accelerat, però no és així. Senzillament, el Pep entén que Gündogan emprarà amb més eficàcia els espais de darrere dels pivots del West Ham, el primer rival de la Premier League 2022-2023.

Al vestidor del London Stadium, el Pep insisteix a guanyar els duels. Té a la retina que el dissabte anterior Joao Cancelo va perdre gairebé tots els seus aparellaments contra Mohamed Salah a la final de la Community Shield que va guanyar el Liverpool (3-1). El preocupa aquesta flaquesa defensiva del seu millor lateral, que ha quedat palesa en diverses ocasions. El cos tècnic entén que Cancelo és un fora de sèrie tècnicament, d'una classe superior, capaç de fer qualsevol cosa imaginable, però a canvi tendeix a desconnectar-se en alguns moments, com va passar a Madrid, a les semifinals de la Champions, quan en el primer gol local no va respectar la línia defensiva. El Pep vol evitar que passi res similar davant d'un West Ham que ja va demostrar la passada temporada que gairebé no necessita ocasions per marcar gols gràcies als formidables contraatacs de Bowen, Fornals i Michael Antonio.

La pressió del West Ham s'estableix en forma de 3+1, i el City hi replica en la sortida de pilota amb un 2+3 format per dos defenses (Dias i Aké) i tres mitjos (Walker i Cancelo acompanyant Rodri). Quan s'executa bé, el 2+3 permet triangular de manera contínua i superar amb facilitat una pressió corrent, i això és el que passa aquesta tarda dominical a Londres. Després d'una successió de passades del 2+3 és molt senzill progressar per fora mitjançant els extrems o per dins amb els interiors.

El Pep va començar a emprar el 2+3 al Bayern i l'ha perfeccionat al City, encara que el modifica en funció del tipus de pressió que exerceix el contrari. Sempre que el rival pressiona en 3+1, el Pep replica amb el seu 2+3. Quan la pressió de l'oponent és 2+3, Guardiola canvia a una sortida en 3+2. De vegades ha de fer servir una altra estructura, com succeeix contra el Liverpool, que pressiona en 3+3, per la qual cosa el City modifica la seva disposició i forma en 4+2 i fins i tot en 4+3 si cal.

Un dels entrenadors que més rendiment ha tret al format 2+3 és l'italià Roberto de Zerbi (Sassuolo, Shakhtar, Brighton), fins al punt que la disposició dels seus jugadors a l'inici és coneguda com a «capseta De Zerbi», perquè pretén tancar la pressió rival dins d'un quadrat central per després sortir jugant per fora.

Guardiola usa els «laterals interiors» també per construir un mur al mig del camp amb cinc jugadors, que queden obligats a guanyar els duels individuals. Ho denomina «gestió dels despenjats». Quan els cinc homes de darrere guanyen els seus duels, els cinc de davant guanyen molta llibertat per atacar sense por. Durant el partit, Rúben Dias guanya tots els duels contra Antonio, i també ho fa Aké. Tots dos es mostren formidables en aquest aspecte, i tallen d'arrel qualsevol indici de contraatac *hammer*. Aké està mostrant un gran nivell defensiu en aquest inici de temporada, com si ja s'hagués assentat definitivament a l'equip. No obstant això, es troben a faltar la passada llarga, la precisió en la sortida de pilota i l'atreviment per endinsar-se en camp contrari d'Aymeric Laporte. Aké posseeix altres qualitats diferents i prefereix passar la pilota sense risc a algun company proper i retrocedir a la posició de partida.

El Pep empra els «laterals interiors» des del seu debut a la Premier League, el 13 d'agost de 2016, contra el Sunderland (2-1), a l'Eihad Stadium, quan Sagna i Clichy es van disposar a banda i banda de Fernandinho. Guardiola diu: «Exigim molt als nostres laterals: volem que juguin de migcampistes i, al mateix temps, que defensin a la perfecció, sense desconnectar-se ni un instant. Això és molt exigent». D'aquí ve que pressioni tant Cancelo perquè no perdi la concentració.

Erling Haaland és el segon jugador del City a marcar dos gols en el seu debut a la Premier (el primer va ser el Kun Agüero). El triomf *citizen* (0-2) es basa en un control demolidor del joc que impedeix qualsevol contraatac dels locals. Tenen la pilota el 76 % del partit, els seus jugadors fan vuit-centes trenta-una passades, de les quals el 93 % són encertades, i no concedeixen ni la més mínima oportunitat al West Ham. El City no juga un partit extraordinari i es confirma que l'adaptació de/a Haaland no serà senzilla, ja que els circuits de joc que es van consolidar les dues temporades anteriors gràcies a l'ús del fals 9 no poden repetir-se ara per la presència del formidable davanter noruec. Caldrà temps per reconstruir un altre tipus de patrons i circuits, però de moment queda una primera victòria construïda gràcies a controlar bé el rival i al triomf en tots els duels individuals. Per sobre de tots els noms propis, Manel Estiarte me'n confia un d'especial: «Walker ha fet una exhibició de qualitat amb els peus que ens ha deixat bocabadats».

El Liverpool ha empatat en camp del Fulham (2-2) i a l'expedició del City es repeteix una vella broma que va començar el 2018, quan Guardiola va conquerir el seu primer títol de Premier. «Mitja lliga!», escriu un dels físios de l'equip; és el missatge que s'ha repetit cada vegada que una victòria pròpia ha permès acostar-se una passeta cap al títol. De fet, avui és una broma doble perquè, òbviament, el títol queda llunyíssim, a trenta-set jornades ni més ni menys.

L'endemà, Michael Antonio, davanter centre del West Ham, parla amb Callum Wilson, davanter del Newcastle, al seu esplèndid pòdcast *Footballer's Football*, de la BBC, i defineix d'una manera precisa i aguda el joc del Manchester City: «El seu sistema és líquid. És líquid. No es pot detenir. El que et dic, és que roten pertot arreu. Cancelo apareix al mig camp. Kyle Walker juga al mig del camp. Aleshores Grealish va per fora... Bernardo està per dins. De manera que el lateral no pot saltar a la marca i collar-lo. Va ser una lliçó magistral, va ser una lliçó magistral. I saps què? Només pots aixecar les mans i dir: van ser increïbles. Crec que vaig tocar la pilota set vegades. Així que literalment van tenir molta possessió. La qüestió és que no ens hi podíem acostar. I intentàvem pressionar-los i ells ens envoltaven. Va ser una classe magistral, i això és el que va dir el nostre entrenador al final. Mira, estaven imparables i hem d'acceptar-ho».

El futbol líquid, tal com descrivim fa anys, en referència al Barcelona del Pep.

## ESCENA 5

# «El Julián es boníssim»

***Manchester, 8 d'agost de 2022***

Bernardo Silva acaba l'entrenament i es dirigeix cap a on hi ha Lorenzo Buenaventura i Xabi Mancisidor:

—El Julián és boníssim. Boníssim. Aquest noi serà un fenomen.

La millor valoració sobre un futbolista sempre és la que en fan altres futbolistes.

Julián Álvarez va aconseguir el primer gol oficial de l'equip a la temporada, contra el Liverpool, a la Community Shield, i ha meravellat tothom als entrenaments. Posseeix la mateixa energia que Gabriel Jesús per pressionar i té una precisió tècnica colossal per a la passada i la rematada, que demostra cada vegada més, a mesura que va aparcant la seva timidesa congènita.

Avui fa un mes que va arribar a Manchester, presentat al costat d'Erling Haaland i Stefan Ortega, però indiscutiblement enfosquit per la brillant figura del golejador noruec. Julián Álvarez és un descobriment del director de futbol del City a Sud-amèrica, el català Joan Patsy. El fitxatge es va concretar el gener d'enguany, després de molts mesos d'insistència de Patsy a Guardiola i Txiki Begiristain, que en l'últim trimestre del 2022 encara no sabien si finalment aconseguirien fitxar Haaland malgrat els bons indicis que rebien. Tampoc no sabien amb certesa si Gabriel Jesús i Sterling continuarien a l'equip, per la qual cosa era difícil aventurar si s'obriria o no un buit important a la davantera.

Patsy va insistir en el fitxatge amb la tenacitat d'una gota malaia. Veia en Julián un potencial formidable. Havia debutat al River Plate l'octubre del 2018, dirigit per l'excel·lent Marcelo Gallardo, i en cent vint partits havia marcat cinquanta-tres gols i fet trenta-una assistències. Ja sumava nou partits amb la selecció argentina, i Patsy va pressionar els seus superiors fins a l'esgotament, especialment quan equips com el Barcelona es van acostar al jugador. El desembre del 2022 es va aconseguir un primer consens al club i el gener es va signar el contracte, amb la peculiaritat que fins al mes de juliol el jugador podia continuar jugant al River Plate i només després s'incorporaria al City Group.

No havia acabat el gener quan el full de ruta del jugador es va aclarir definitivament. Txiki Begiristain es va reunir dues vegades amb Patsy i Juanma Lillo per confirmar el potencial del jugador. Lillo coneixia detalladament el Julián i va ser el principal aliat de Patsy en l'operació, va convèncer tothom de manera definitiva de la vàlua del davanter.

En només quatre setmanes d'entrenament, el Julián s'ha convertit en el focus de grans elogis per part de tothom qui assisteix a les sessions. Els qui no el coneixien s'han sorprès. Guardiola es frega les mans pensant en ell com a alternativa a Haaland o bé com a doble punta al costat del noruec. La sintonia que tots dos mostren damunt la gespa pronostica una gran connexió. Bernardo Silva està bocabadat: «És boníssim».

## ESCENA 6

# Foden si se'n va Bernardo

***Manchester, 9 d'agost de 2022***

L'equip descansa avui, però el cos tècnic té reunió amb Txiki Begiristain per repassar els últims esforços en la confecció de l'equip. Diumenge el Pep va recordar davant les càmeres de televisió que té la plantilla més reduïda de tota la Premier League: només disset jugadors de camp.

De fet, és la plantilla més reduïda que ha tingut en els seus catorze anys com a entrenador. Són sis defenses (dos laterals i quatre centrals), sis mitjos (inclòs Cole Palmer) i cinc atacants. Sens dubte ha d'arribar un nou lateral esquerre, encara que després que Marc Cucurella fitxés pel Chelsea per més de setanta milions d'euros, el Txiki i Guardiola acorden que el jugador que arribi serà de baix cost. Així que trien Sergio Gómez, el polivalent jugador català que ha agafat experiència com a lateral esquerre a les ordres de Vincent Kompany a l'Anderlecht. Kompany dona excel·lents referències del noi, si bé també diu que li cal adquirir hàbits defensius d'alt nivell. Al principi es pensa en ell perquè foguegi a la lliga espanyola amb el Girona, però la necessitat fa que es quedi a Manchester.

El dubte que tenen tots és si Bernardo Silva es quedarà o acabarà emigrant a Barcelona, des d'on avui mateix s'escriu en la premsa que ja hi ha acord entre els dos clubs, cosa que el director esportiu del City desmenteix davant de Guardiola i dels seus companys del cos tècnic. El Txiki només està disposat a vendre Bernardo per cent milions d'euros. Sembla dubtós que el Barça pugui arribar a aquesta quantitat, encara que si aconsegueix vendre Frenkie de Jong al Chelsea per vuitanta, llavors tot és possible. Ningú del City no es vol desprendre de Bernardo, un jugador excepcional que ha ofert un rendiment superior al somniat.

«Si se'n va ens deixa un forat terrible», diu un component del cos tècnic durant la reunió, encara que tots tenen al cap qui seria el substitut si marxés: «No n'hi ha dubte: Foden».

Foden com a substitut natural de Bernardo en el futur? Foden, el jugador vertiginós que mai no aconsegueix afegir pausa al seu ritme? Vegem les raons per les quals el City pensa en ell per a aquesta funció.

L'octubre del 2016, el Pep no havia dissenyat cap pla de carrera per a Foden. Simplement l'havia descobert. Veia en ell —«recorda el seu nom, Phil Foden»— no sols un talent descomunal, sinó el possible reemplaçament d'una peça essencial de l'equip, David Silva, que en aquell moment ja havia fet els trenta anys. L'equip es movia al ritme de Silva, el mag canari, capaç de marcar a cada moment el *tempo* necessari: pausa, vertigen, horitzontalitat o joc vertical. Silva posseïa tots els recursos tècnics i tenia una visió del joc que era imprescindible a l'equip. Sense ell, l'invent queia. Abans que el Pep arribés a Manchester, tant Mancini com Pellegrini havien edificat els seus equips sobre aquesta pedra angular que era David Silva. Però a mitjà termini tots sabíem que el mag s'apagaria i calia trobar-hi substitut.

Quan Phil Foden, Jadon Sancho i Brahim Díaz van començar a entrenar-se amb el primer equip, al Pep li va semblar veure en el jovenet de Stockport les qualitats d'un futur David Silva. Una tècnica excepcional, bona visió de joc, un peu esquerre meravellós i la capacitat innata de mantenir controlada la pilota en qualsevol moment i sota la màxima pressió. Foden podia ser el nou mag del City. Només hi havia un problema: tenia setze anys i estava molt lluny de poder ni tan sols somniar a prendre el relleu de David Silva. Calia trobar una solució intermèdia que permetés fer el futur canvi de testimoni sense que l'equip patís alts i baixos.

Bernardo Silva va ser l'elegit. Sense discussió. Les seves exhibicions amb el Mònaco van ser aclaparadores, fins al punt que Guardiola el va assenyalar com a fitxatge imprescindible la mateixa nit que va caure eliminat de la Champions contra l'equip monegasc. Bernardo Mota Veiga de Carvalho e Silva tenia vint-i-dos anys l'estiu del 2017, sis més que Foden, vuit menys que David Silva. Estava en el punt mitjà entre tots dos, per la qual cosa podia ser l'encast perfecte entre ells. A més, el seu joc semblava haver clonat el de David Silva. A Manchester ningú no va tenir dubtes sobre el fitxatge. Era indiscutible. El Bernardo posseïa totes les virtuts per ser el successor del David. Podrien conviure en l'equip sense dificultat —les bones persones sempre ho aconsegueixen, encara que hagin de competir entre elles—, realitzar un procés de substitució controlat i còmode, i exercir tots dos com a tutors del jovenet Foden, el mag de l'avenir. Per cinquanta milions d'euros, el Manchester City es garantia la continuïtat de la màgia.

La convivència, en efecte, va resultar fructífera. La lliga dels Centurions, els cent punts, l'èxit absolut del *Pep City*. El rendiment d'un Silva i de l'altre va ser superlatiu. El mag espanyol continuava portant el timó de l'equip i el portuguès deixava el seu segell a cada intervenció. Jugadors com Sané, Sterling o De Bruyne hi posaven el vertigen i els Silva hi posaven la pausa. Era una combinació modèlica a la qual es va anar sumant Foden, que es va convertir en un dels jugadors anglesos més joves a debutar a la Champions League, en fer-ho amb disset anys i cent setanta-set dies.

I Gündogan? Es preguntarà el lector. Ilkay Gündogan era polifacètic però tenia el problema de les lesions. El Pep el veia com a alternativa a David Silva al mig del camp, com a mig centre posicional davant de determinats rivals o com a home d'arribada a l'àrea rival, com demostraria el curs 2020-2021, quan es va convertir en «Kündogan», màxim golejador de l'equip en absència del Kun Agüero. Però en aquell moment, l'estiu del 2017, estava lesionat, es recuperava d'un greu trencament del lligament encreuat del genoll, que se sumava a un mal persistent a l'esquena que va estar a punt de fer-lo retirar del futbol. Gündogan era un jugador excepcional, fet a mida per a l'estil del Pep, però en aquells moments l'entrenador no podia saber si seria recuperable, per la qual cosa l'opció de Bernardo Silva no va presentar cap discussió. Era un perfil que feia falta.

L'octubre del 2017 Guardiola mirava per televisió la final del Mundial sub-17 que enfrontava Espanya i Anglaterra. Entre els espanyols hi havia diversos jugadors als quals dirigiria més endavant: Eric García, Ferran Torres o Sergio Gómez, que precisament va ser qui va avançar Espanya a la primera mitja hora de la final, amb dos gols. Entre els anglesos, a Foden no el van alinear al mig del camp, sinó d'extrem dret. El seleccionador, Steve Cooper, emprava el Phil com a exterior en comptes d'interior i a més el situava a la dreta per intentar que tallés en diagonal per dins cap a l'àrea rival. Dos gols de Foden van certificar la impressionant remuntada anglesa (5-2) i el van convertir en estrella del Mundial. La seva exhibició com a extrem va obrir els ulls del Pep, que va advertir un tret fonamental en el jove: la impressionant capacitat per atacar els espais reduïts sense perdre el domini de la pilota i una gran eficàcia rematadora. L'entrenador va dir: «Potser en comptes d'un substitut de David Silva el que tinc entre mans sigui un atacant prodigiós...».

Cinc anys després, Foden és un atacant prodigiós, Bernardo marca el *tempo* del City, un equip on De Bruyne, Haaland i Foden aporten el vertigen i Bernardo, Rodri, Gündogan i Grealish hi posen la pausa.

La pausa i el vertigen, els dos grans eixos del futbol.

Foden encara no ha après a refredar el joc. No sap abaixar el pols al ritme frenètic. Encara és un jugador unidimensional, que enfoca la porteria rival com a objectiu únic i s'hi dirigeix pel camí més recte i ràpid. Endavant, endavant, com els genets de la cavalleria lleugera, a pit descobert, llança en mà i sense fre. Així, amb aquest ímpetu llegendari i amb un coratge imperial, Foden ha obtingut excel·lents botins, ha conquerit xarxes alienes i ha vençut un munt de rivals. Però encara no sap frenar i congelar el temps, aquestes dues lliçons que David Silva ensenyava en cadascuna de les seves intervencions. Silva sabia triar a cada moment el *tempo* necessari. Quan parar, quan atacar, quan retrocedir, quan accelerar. David Silva dominava totes les velocitats del futbol, igual que el seu homònim Bernardo. En canvi, Phil Foden encara no les domina. Només coneix l'acceleració, la rapidesa, la velocitat i la porteria com a eix bàsic de la seva actuació.

Foden encara no ha après la lliçó que David Silva impartia diàriament, ni ha entès la lliçó que Bernardo Silva ensenya cada dia. Ha tingut els dos millors mestres al seu costat, però no aconsegueix afegir la pausa al seu repertori de velocitat. Foden agafa la pilota en qualsevol posició, encara el seu rival, se n'escapa i es dirigeix a la porteria per marcar o fer una passada de gol. Si no pot executar aquesta seqüència d'accions, simplement es desprèn de la pilota cedint-la enrere a un company, amb la intenció de tornar a començar la successió d'accions. És a dir, està centrat exclusivament en la porteria rival i, com a màxim, el que fa quan no aconsegueix el seu objectiu és retrocedir per recomençar la cavalcada per una altra zona.

De tant en tant, Gündogan, i també Cancelo, i fins i tot Julián Álvarez en els pocs minuts que han coincidit, semblen enviar missatges a Foden. S'associen amb ell a la banda esquerra a través de passades curtes que repeteixen dues o tres vegades i que semblen dir-li: «Calma, calma, avança a poc a poc, associa't, tranquil, enganya el contrari, passa i passa, sense pressa...». Foden sap fer-ho. S'incorpora amb encert a aquest triangle líquid que es forma al costat esquerre del City i que no és més que un esquer per provocar que el contrari abandoni les posicions. Foden segueix el joc a Gündogan, li torna la pilota amb manyagueria, sembla tenir paciència i entendre el missatge, però de sobte flaira sang, veu la porteria de lluny i es llança de nou al galop cap al gol. Sovint aconsegueix que la cavalcada culmini en gol i tots esclaten de felicitat, però ell continua sense aprendre la lliçó de la pausa i el vertigen. De lluny, David Silva s'agita perquè el seu hereu encara no ha entès que cada moment del joc ha de tenir un ritme diferent.

Foden va ser l'elegit per succeir el mag Silva i és l'elegit per substituir Bernardo Silva si aquest abandona Manchester. Però encara no està preparat. Cada vegada que surt el tema, el Pep assegura que la pausa arribarà quan Foden maduri amb el pas dels anys. No tinc cap dubte que en els propers mesos veurem Foden participar molt més en posicions de migcampista.

Foden, el jugador del vertigen, el jugador sense pausa.

## ESCENA 7

# Classes particulars amb el Pep

***Manchester, 14 d'agost de 2022***

La pilota reconcilia Guardiola i Walker.

Allunyats arran de l'expulsió del lateral a Leipzig, el desembre de l'any anterior, des d'aleshores l'entrenador ha estat molt dur amb el jugador. En el seu moment li va retreure l'estupidesa de l'expulsió, que va deixar l'equip nu en les següents eliminatòries de la Champions League, i l'hi va continuar recriminant en públic de tant en tant. Encara el març va tornar a repetir-ho: «Es mereixia la sanció de tres partits. Quan un jugador fa una estupidesa, mereix un càstig. Encara estic enfadat amb ell». En cada ocasió, a Walker se li encongia el cor pels retrets del Pep, cosa que no l'ajudava gens a sentir-se millor al camp. Walker ho havia comentat amb diversos companys de plantilla com Fernandinho, Stones, Dias. Però al Pep no li marxava l'empipament. Per dins l'entrenador sentia que l'equip havia perdut l'harmonia a causa d'aquella absència, un sentiment que quedaria confirmat en moments decisius, com quan Vinícius Júnior s'havia escapat de Fernandinho al partit d'anada de semifinals. Cada cop que Walker no era al camp, el City patia, i aquesta era una espina que el Pep continuava tenint clavada.

Durant l'estiu, Walker va reflexionar sobre la seva carrera. Tenia trenta-dos anys i un excel·lent palmarès basat en una potència física colossal que li permetia córrer amunt i avall de la banda, atacar com un extrem, defensar com un cosac i cobrir grans parcel·les de terreny. Era un futbolista superlatiu. Podia deixar-se anar en atac perquè la seva velocitat li permetia corregir qualsevol contratemps i tornar a la línia defensiva en pocs segons. El seu portentós físic era la base del seu èxit com a jugador, però al mateix temps aquesta exuberància el portava a cometre errors grollers. Sovint les faltes que cometia, els penals que concedia o les expulsions que patia només eren fruit de l'excés de condició física. Era com un tren que ho atropellava tot al seu pas. Walker va pensar en això i que ja li quedaven poques temporades a l'elit. Va començar a rumiar que havia de millorar la tècnica per si de cas la potència física s'anava degradant o simplement per intentar ser una mica millor. Convivia amb artistes de la tècnica: De Bruyne, Foden, Grealish, Mahrez, Gündogan, Bernardo... Fins i tot els defenses gaudien d'una qualitat tècnica excel·lent: Cancelo era un fora de sèrie, Stones acaronava la pilota, Laporte tenia una passada en diagonal meravellosa...

Va decidir que havia de progressar i des de la pretemporada va dedicar minuts a aquesta feina. Es va concentrar molt més en els rondos. On abans s'esforçava només des del vessant físic, va començar a fer-ho des del vessant tècnic. Va intentar ser més precís, més eficaç en els controls i les passades. Va iniciar un procés que no sabia on el conduiria, però que intuïa que era beneficiós per progressar.

Enmig de les seves cavil·lacions va arribar el partit inaugural de la Premier League, al London Stadium, el Pep va ordenar que els dos laterals formessin al mig del camp al costat de Rodri, en una estructura molt estreta i al mateix temps arriscada. Cancelo i Walker havien de ser molt fins i precisos amb els peus perquè l'operació sortís bé. Tots dos ho van ser. De Cancelo podia esperar-se una gran exhibició: jugava al mig del camp, amb llibertat, amb Aké cobrint-li l'esquena, i amb diversos receptors per davant, l'escenari ideal per al portuguès. Però per a Walker era una posició d'alt risc. Havia jugat moltes altres vegades de lateral-interior, però ara semblava diferent. Semblava que els ulls del Pep es clavaven en ell i només en ell. Walker va jugar amb seny. Va tocar la pilota noranta-nou cops i va fer vuitanta-vuit passades amb una eficàcia molt elevada (93,2 %). Només va perdre una pilota.

En acabar el partit, Walker semblava flotar al vestidor del London Stadium. No havia fet res d'excepcional però ell tenia la sensació que començava a ser un altre jugador. Que el seu enfocament cap a la tècnica podia donar-li una altra dimensió. I de sobte va rebre al telèfon mòbil un missatge amb les paraules que Guardiola acabava de pronunciar a la roda de premsa: «Especialment Kyle Walker ha estat increïble. Vull felicitar-lo especialment a ell. També a tots els altres, però especialment al Kyle».

Alguna cosa va fer clic al seu cap. Un aficionat del Manchester City va escriure al Twitter del club: «Sembla que el Pep ja t'ha perdonat l'expulsió...». I era veritat. Havien passat gairebé nou mesos des de l'expulsió de Leipzig. Molt de temps, però per fi s'havia instaurat la pau entre ells.

El tema no va quedar aquí, sinó que tot just acabava de començar.

L'equip va fer un entrenament de recuperació dilluns, l'endemà del triomf contra el West Ham, i va descansar dimarts. Dimecres ja es va entrenar amb normalitat, i després de dues hores de feina Walker es va quedar al camp assajant cops a porteria. Mentre els seus companys se n'anaven a la dutxa, el defensa ampliava el seu horari amb l'ajuda d'un assistent que li passava pilotes. El Pep ho va veure i va fer un pas endavant: «Perfeccionant la tècnica, Kyle?».

Durant els seixanta minuts següents, el Pep es va dedicar a polir detalls del gest tècnic de Walker. Com perfilar el cos a determinades zones del camp, com controlar millor la pilota amb l'interior del peu, com tibar més o menys una passada en funció del receptor, del moment i del lloc; com rebre amb la cama allunyada i passar amb l'altra; i així una vegada i una altra durant una hora. Tots dos sols, en el vespre mancunià, el Pep i el Kyle, fent un pas endavant.

Dijous l'equip va tornar a entrenar-se dur, amb especial èmfasi en les rematades a porteria, un detall essencial que Guardiola té entre cella i cella des de fa anys. El partit contra el Bournemouth de dissabte preveia un escenari típic d'equip tancat a la seva àrea, així que des de la perspectiva tàctica no hi havia grans idees per plantejar: 2-3-5 o 2-2-6 i a l'atac, evitant els contraatacs. Poca cosa més. El secret seria encertar les passades clau i la rematada final.

És clar, Walker es va quedar al camp en acabar l'entrenament. De nou amb un assistent, però aquest cop mirant de cua d'ull per si el Pep s'hi quedava també. Ho va fer. I van tornar a dedicar una hora sencera al perfeccionament tècnic del jugador, que ara se sentia com el centre de l'afecte de l'entrenador, gairebé com el «nen mimat» del Pep. Passades i passades, controls i controls. Perfilar-se, controlar amb un peu, passar amb l'altra cama, fer els tocs adequats a cada posició i a cada moment... Tots dos van protagonitzar un *clinic* en tota regla, aquesta vegada davant la mirada de part del cos tècnic, que ja havia pres consciència del pas endavant que havia fet el jugador. Walker, senzillament, volia ser millor futbolista. I el Pep s'havia entestat en el mateix.

El City va jugar diferent contra el Bournemouth que contra el West Hampton, amb un atac asimètric. Al costat dret, Mahrez jugava per fora i De Bruyne per dins. A l'esquerre, Foden ho feia per dins i Cancelo per fora, mentre Gündgan es movia amb llibertat gairebé com un segon davanter centre, proper a Haaland. Per sostenir aquesta estructura, l'entrenador va disposar que dos homes exercissin de pivots: Rodri i Walker. L'espanyol es va situar com a sosteniment de l'atac esquerre, i l'anglès, de l'atac dret. Cadascun era el vèrtex inferior de tots els triangles que es formaven pel seu costat. Els atacants se sostenien en Rodri per l'esquerra i en Walker per la dreta, encara que amb un altre matís: l'exuberància física de l'anglès li permetia ocupar també l'eix central del camp. Així, Rodri tenia poc terreny per abastar en atac, mentre que Walker cobria molt més camp, tot el centre i tota la dreta. El que resultava decisiu no era que ocupés més o menys terreny, sinó els galons de jerarquia que això implicava. El Pep havia donat a Walker categoria de pivot, és a dir, passava a ser algú amb comandament en el terreny de joc, amb capacitat de prendre decisions col·lectives.

Walker va fer un partit superb, que, no obstant això, va passar bastant desapercebut per com van brillar els seus companys. De Bruyne va marcar un gol fabulós amb l'empenya, una «trivela», i va fer una assistència a Foden per sota de les cames d'un rival; Cancelo va fer entremaliadures com a extrem; Aké va ser una muralla que va impedir qualsevol contraatac; Gündogan va tornar a ser «Kundogan» i va marcar el primer gol de la temporada a l'Etihad Stadium, igual que havia marcat l'últim del curs anterior; i així successivament. Poca gent es va fixar en Walker, que va passar sota el radar del públic. Però va jugar un dels seus partits com a *citizen*. Va fer vuitanta passades, amb un 93,8 % d'encert, va exercir de pivot central amb un ofici propi d'especialista, es va sumar a l'atac per la dreta quan va caldre, va defensar amb precisió pel seu costat i va lliurar una passada superba a Gündogan que va desembocar en el primer gol, després de combinar amb Haaland. Durant la setmana, el Pep li havia dit que la passada és un mitjà de comunicació. Que si el fas suau és perquè el company condueixi, però que si el fas tibant i fort és perquè el company combini immediatament. Walker va lliurar una pilota rasa i tibant a Gündogan, que va entendre el missatge a l'instant. Dos segons més tard, la pilota era a la xarxa visitant.

Quan pocs minuts després De Bruyne va marcar el seu excepcional gol de tres dits amb l'empenya, després d'un contraatac veloç i un driblatge enganyant amb el cos, el Pep i Walker es van reunir en un costat del camp i l'entrenador, eufòric, li va dir: «Ara hem d'entrenar això». I Walker es va posar a riure com un boig.

## ESCENA 8

# Eddie Howe posa fi a la capseta

### *Newcastle, 21 d'agost de 2022*

Al meu entendre, Eddie Howe és, juntament amb Graham Potter, l'entrenador anglès més prometedor del moment. La seva feina al Bournemouth va ser excel·lent; i al Newcastle, al qual va recollir en una situació paupèrrima, està fent una labor superba. La visita del Manchester City permet comprovar una vegada més el gran nivell tècnic de Howe, que encerta a desactivar la «capseta De Zerbi» amb què Guardiola controlava l'inici de la Premier League 2022-2023.

Ni tan sols amb avantatge al marcador el City pot dominar el partit a Saint James' Park. Hi ha dues raons poderoses, una de pròpia i una altra d'aliena. La pròpia de l'equip és que des de fa temps ha augmentat la importància de la verticalitat en el seu joc. En general, el Pep ha preferit equilibrar el seu joc entre els dos eixos, l'horitzontal i el vertical. Ha emprat sempre l'horitzontal per amassar passades que serveixen per ajuntar el seu equip i fatigar i desorganitzar l'oponent. I ha reservat l'eix vertical per assestar els cops definitius: la penetració d'un extrem, l'arribada d'un interior, l'esprint d'un davanter centre... Al Barcelona, al Bayern i al City ha combinat les dues orientacions amb mesura, però des de fa un parell d'anys l'equip se sent molt còmode jugant en vertical. Hi va haver partits de la temporada anterior en què amb prou feines van existir aquestes llargues seqüències de passades horitzontals, amb l'equip compacte, balancejant al rival de costat a costat. La raó òbvia resideix en els jugadors. De Bruyne és feliç cavalcant a tota velocitat, igual que Foden; el mateix passa amb Cancelo i Walker. I l'equip ha obtingut bons rendiments d'aquesta explotació de l'eix vertical. Avui, amb Haaland en punta, s'incrementa de manera exponencial aquesta opció i el City ja no és un 70 % horitzontal i un 30 % vertical, sinó que ha equilibrat la importància del joc en els dos eixos [aquest percentatge no és real, sinó una percepció personal meva, sense més valor de referència].

El gol que obre el marcador a Saint James' Park arriba d'aquesta manera: una passada llarga de Gündogan en diagonal cap a l'extrem dret, que avui és Bernardo, qui aprofita l'arribada fulgurant de Walker, KDB i Haaland, que arrosseguen tota la defensa local, per retornar-li el caramel a Gündogan al punt de penal. L'alemany, per descomptat, no falla la rematada i als quatre minuts el partit sembla encarrilat. En els deu minuts següents, el City tindrà tres ocasions excel·lents més per augmentar l'avantatge, però Nick Pope, el gran porter anglès acabat d'arribar a Newcastle, salvarà les rematades de KDB i Foden, mentre que Haaland no encertarà a culminar una passada de la mort de Gündogan. Sembla un partit còmode per a Guardiola, però llavors entra en acció Eddie Howe, que serà la raó aliena per la qual el City no podrà dominar aquest vibrant partit, disputat a un ritme trepidant.

Howe ha preparat un bon antídot contra la disposició tàctica del Pep. És un entrenador intel·ligent que ara disposa dels jugadors idonis per aplicar les seves idees. El primer que fa, després de sobreviure a l'allau *citizen* del primer quart d'hora, és curtcircuitar la sortida de pilota dels visitants. Com ho aconsegueix? Amb una pressió molt enganxosa dels seus tres migcampistes sobre la segona línia de Guardiola. Així, Willock, Guimaraes i Joelinton s'aparellen a la línia de mitjos *citizen* (Walker, Rodri, Cancelo) i no la deixen maniobrar. Callum Wilson transita entre Stones i Aké per embrutar la sortida i el City no aconsegueix connectar per fora amb els seus extrems, Bernardo i Foden, perquè els extrems locals (Saint-Maximin i Almirón) es col·loquen molt alts, en camp visitant i amenaçant l'espai. El City està bloquejat. La «capseta De Zerbi» que tant va desconcertar el West Ham al partit inaugural queda anul·lada. No és res de nou. Ja va passar la temporada anterior.

«Ens va durar tres partits», recorda Juanma Lillo. El City la va posar en pràctica contra el Leicester, el Tottenham i el Norwich, però a partir del següent partit, davant de l'Arsenal, que pressionava l'home, va deixar d'emprar-la perquè els rivals van començar a contrarestar-la amb encert. És veritat que aleshores no havia aconseguit la popularitat actual, per raons que desconec. De vegades una innovació tàctica adquireix un gran impacte mediàtic i d'altres no. A aquestes alçades de l'any anterior el City també feia servir la sortida 2+3, amb els laterals enganxats al mig centre, però aquest detall gairebé ni s'esmentava. Avui, en canvi, sembla una cosa extraordinària. Aquest tipus de sortida de pilota té avantatges i inconvenients, com totes.

La lesió de Nathan Aké a l'engonal incideix en els problemes del *build-up*. Al cap i a la fi, encara que la sortida de pilota estava sent molt bruta per mèrit del Newcastle, la cama esquerrana d'Aké solucionava gran part del problema, perquè aconseguia connectar amb Foden a la banda. En haver de col·locar Rúben Dias al costat esquerre, aquest avantatge desapareix i el City acaba quedant bloquejat darrere. El pla d'Eddie Howe funciona. Cada pilota perduda pel City —i en perd moltes, perquè només tindrà un 86 % d'encert en la passada— es converteix en una pilota enviada pel Newcastle cap a un costat, gairebé sempre l'esquerre, cap a Saint-Maximin, que té una velocitat i un driblatge endimoniats. No només això, sinó que la ubicació tan centrada de Walker i la seva vigilància obligada sobre Joelinton li impedeix arribar a temps per oposar-se amb eficàcia al contraatac local, la qual cosa obliga Stones a fer una cobertura gairebé sempre en inferioritat espacial; això, al seu torn, provoca una desorganització majúscula de tota la línia defensiva.

Durant prop de deu minuts, el Newcastle es menja el City. Una vegada i una altra, els *citizen* perden pilotes i cada cop la rep Saint-Maximin a l'espai, lliure per córrer, sense trobar oposició efectiva, mentre Walker, Stones, Dias, Cancelo i Rodri treuen el fetge per retrocedir a tota velocitat, perseguint les fletxes blanc-i-negres. El City ha perdut el control de la pilota i de l'espai, fins al punt que entre els minuts vint-i-tres i vint-i-vuit només aconsegueix un miserable 6 % de possessió de pilota, amb el 94 % per al Newcastle. Com passa en casos similars de tanta superioritat, els de Howe aconsegueixen empatar, i poc després es col·locaran amb avantatge gràcies a un contraatac colossal de Saint-Maximin que Wilson culmina per dins. I el marcador es queda molt curt per a les ocasions que generen els locals.

El problema tàctic sembla molt evident. La posició tan tancada de Walker, que continua sortint-se'n molt bé amb la pilota als peus, li impedeix arribar a temps per defensar a Saint-Maximin, que se situa molt allunyat d'ell. Per ràpid que sigui Walker, és massa lluny del seu parell a cada pilota que recupera el Newcastle. Al descans, el Pep modifica el 2+3, però no és Walker qui es mou, sinó Cancelo, que s'obre a la banda esquerra. Així, la sortida passa a ser 3+2, amb la qual cosa es redueixen els riscos patits al primer temps, encara que Walker continua quedant llunyíssim de l'home a qui ha de contrarestar.

Malgrat la tossuderia del Pep per mantenir aquest problema latent, el domini sembla canviar de bàndol. Amb la desaparició de la «capseta De Zerbi», Rúben Dias troba espai lliure per dins per aprofundir i passa la pilota a Haaland a la vora de l'àrea perquè el noruec xuti a gol, però Nick Pope ho evita desviant la pilota al pal. El City sembla haver trobat la resposta a l'antídot de Howe, però just en l'acció següent arriba un altre contraatac de Saint-Maximin que Stones talla cometent una falta a la frontal de l'àrea. Kieran Trippier, un majestuós especialista d'aquestes accions, col·loca la pilota a l'esquadra d'Ederson i l'avantatge sembla ja insalvable (3-1). No ho serà.

El canvi del 2+3 al 3+2 a la sortida ha recuperat la millor versió del City, que en pocs minuts empata el partit, primer aprofitant una cessió de Rodri a Haaland per a una rematada a boca de canó, i després amb una passada vertical de KDB que sembla extreta d'uns dibuixos animats. Des de fora de l'àrea, a l'eix frontal, passa la pilota entre les cames d'un rival situat set metres davant d'ell, perquè Bernardo, que ha recorregut l'àrea en horitzontal, rebi sobre el punt de penal i dispari el tercer gol visitant. És una altra obra d'art de De Bruyne, una més. Amb el 3-3 es respira una altra remuntada *citizen*, que, no obstant això, Nick Pope esguerra amb una actuació excepcional, especialment quan aconsegueix guanyar-li cara a cara a Haaland.

El partit deixa algunes evidències importants. Eddie Howe és un gran entrenador; el Newcastle posseeix un equip formidable, que farà tremolar molts rivals al seu estadi; la «capseta De Zerbi» és fràgil i delicada si el rival posseeix armes com les del Newcastle, i el City no compta amb un central esquerrà en la defensa; i l'eix vertical és una eina extraordinària per a l'equip de Guardiola gràcies a la potència agressiva de KDB, Foden i Haaland, però no pot ser el seu argument principal si vol sotmetre els rivals i no simplement competir-hi a cops. Deia Lillo que «la pilota que viatja ràpid, més ràpid torna», i Bernardo Silva, que ha decidit quedar-se a Manchester un any més, ens ho confirma: «La meva percepció al camp és que hem volgut atacar massa ràpid. I quan comencem a jugar així, atacant tan ràpid, és millor per al rival que per a nosaltres». Guardiola fa una lectura molt apropiada del que ha succeït. Primer, des del punt de vista anímic: «Hem parlat al descans, calia viure situacions així per veure com som com a equip... Des de l'Aston Villa [últim partit de la Premier anterior] sé que som capaços de tot...». I confirma la preocupació per l'orientació del joc: «Si som tan verticals, hem d'acabar les jugades. Si no les acabem, ens esclafen...».

El Pep està esgotat després d'un partit frenètic, per la qual cosa decideixo parlar amb Juanma Lillo sobre les entranyes del 3+2. Lillo, que tot i que ara dirigeix l'Al-Sadd continua sentint-se part del Manchester City, posseeix una perspectiva més allunyada que li facilita disseccionar la «capseta De Zerbi» amb la tranquil·litat i el temps de què el Pep no disposa just després del partit: «El primer que cal valorar és que endur-se un punt de Newcastle és un molt bon resultat. Ningú no s'imagina el que pot fer el Newcastle aquesta temporada. És un equipàs i treure un punt d'allà és molt bo».

Lillo explica que «en realitat a aquesta sortida de pilota hauríem d'anomenar-la «joc de provocació» perquè el que busquem és provocar el contrari perquè salti i ens permeti sortir fàcilment. Busques provocar que vinguin a dins per fer una passada a fora i eliminar un munt de rivals i situar el teu extrem a dalt amb la pilota. Ara bé, tot s'ha de dir: aquest extrem sempre acaba baixant per rebre, per la qual cosa aquí sí que té sentit que sigui un extrem a peu canviat, perquè sortirà jugant cap a dins en comptes de cap a fora».

Lillo denomina aquest format de sortida de pilota «futbol d'atracció» o «joc de provocació» perquè «és simple: posarem aquest esquer per atreure contraris i després li passem la pilota a l'extrem». Al seu torn, «com diu el Pep quan es refereix al Kyle [Walker], als laterals que situem per dins els hauríem d'anomenar mitjos centre. És a dir, avui han jugat Walker, Rodri i Cancelo de mitjos centre».

Amb tot, aquest «futbol d'atracció» té dos punts febles. El primer és que obliga els extrems a baixar molt per rebre la pilota. El segon és que el rival potser no pica l'ham i no entra en la teva provocació, i aleshores la teva progressió no dona cap fruit. Li comento els dos inconvenients a Lillo, que s'esplaia en aquesta idea tàctica:

—Quan les passades a l'extrem són molt llargues, l'extrem ha de baixar molt per rebre la pilota, i així es perd tot el que preteníem guanyar. L'any passat també vam començar posant-ho en pràctica i el Pep es va adonar del problema de seguida. Per aquest motiu vam deixar de practicar-ho.

»De tota manera, la raó fonamental per la qual el City evita que li facin contraatacs no és perquè empri «la capseta», sinó perquè són molt segurs amb pilota. I si no falles les passades, no et contraataquen. No és la disposició, és l'encert. Perquè si poses dos laterals maldestres per dins i no encerten les passades, llavors et maten a carreres. Però quan tens jugadors de tant nivell com els del City, capaços de passar la pilota a mig mil·límetre del contrari sense espantar-se, pots fer-ho sense por.

»Un altre problema és que jo busco provocar-te perquè tu vagis cap a dins de la capseta. Si ho fas i caus en la temptació, la teva línia de tres i la teva punta aniran cap a aquest pol d'atracció perquè el City aconsegueixi un cinc contra quatre, o fins i tot un sis contra quatre quan Gündogan baixa a descarregar. Però si no vols anar cap a aquesta atracció dels meus cinc homes i només n'envies un o dos, i no van ni molt oberts ni molt tancats, llavors en qualsevol robatori pots trobar algú desmarcat en una línia més avançada. I si un algú obre cap a un jugador com Saint-Maximin, que és sensacional perquè sap jugar per dins i per fora, té omnipotència en la conducció i té més d'una velocitat, aleshores hi ha un problema, com s'ha donat avui a Newcastle. Aquest és el quid de la qüestió.

»Mira-ho d'aquesta manera: si el City té la pilota entre cinc jugadors en un 15x15 i el rival no va allà dins a buscar-la, cinc jugadors tenen la pilota, però no aconsegueixen avançar. Ara bé, si va amb quatre a buscar-los, llavors aquest «joc de provocació» és boníssim perquè els atreus, els ajuntes i *pam*, passada cap a fora i ja estàs per davant a una altura gairebé d'última línia. Però si no van cap al teu pol d'atracció, què fas? Progresses, i? Perquè si et roben la pilota, es donen suport per fora i arrenquen a córrer cap a la teva porteria. És clar, el que passa és que el City té jugadors amb un peu brillant i resolen aquesta mena de situacions.

Imagino que Newcastle ha estat la tomba de la «capseta» aquesta temporada, com ho va ser el partit contra el Norwich l'anterior. Al cap i a la fi, si és així, no serà una pèrdua dolorosa. Al futbol, la tàctica no és més que adaptar-se a la realitat. La pròpia i la dels rivals. La dels teus jugadors i la seva naturalesa, i la dels oponents i els seus antídots. El futbol continua sent una batalla d'idees en la qual a tota acció correspon una reacció. Així s'avança.

ESCENA 9

## «Amb ritme som imparables»

***Wolverhampton, 17 de setembre de 2022***

—Amb ritme som imparables.

Fa tres dies em va dir això a la sortida de l'Etihad, després de remuntar contra el Borussia Dortmund en partit de Champions. Avui, en canvi, el Pep surt del Molineux Stadium una mica més decebut. Al seu equip li ha faltat ritme, encara que ha aconseguit vèncer sense dificultats el sempre batallador Wolverhampton per 0-3 (Grealish, Haaland, Foden) sobre una gespa molt seca on la pilota lliscava amb dificultat.

El ritme és un factor que martiritza el Pep i es fa inevitable recordar la tesi que ja hem explicat amb anterioritat: «Quan parlem d'esport, les guerres no són només espacials. Les guerres també són d'intencions i de ritmes».

El City, parafrasejant Louis van Gaal, no té ritme. O, més concretament, no és capaç de trobar el ritme òptim per a cada moment. Massa lent de vegades, massa precipitat en altres casos, l'equip no aconsegueix l'equilibri que vol el seu entrenador.

No és per falta de voluntat. Senzillament, els jugadors estan vivint moments irregulars que els porten a cometre errors impropis en l'elecció del ritme de les seves accions. La por també influeix. Quan el City es disposa a enfrontar-se a l'Aston Villa el 3 de setembre a Birmingham, acumula quatre remuntades en els últims sis partits de la Premier League. Els jugadors han demostrat una capacitat meravellosa per remuntar marcadors adversos, fins al punt que al vestidor corre la broma que són «el Reial Madrid d'Anglaterra»; ara bé, també ha crescut la consciència que prèviament van cometre molts errors que van obligar a aquestes proeses.

El City del Pep sempre s'ha mostrat combatiu i ha aconseguit importants remuntades i triomfs en els minuts finals, quan els partits ja semblaven esvair-se. El gol de Gabriel Jesús contra el Southampton per sumar cent punts l'any dels Centurions, el gol de Sterling davant del mateix Southampton, i tants altres exemples d'anys anteriors, conformen un bon historial previ, però res no ha estat semblant a això d'ara. Curiosament, tot va començar a l'inrevés, amb la remuntada patida davant del Reial Madrid al Bernabéu, a les semifinals de la Champions. Aquell «miracle» madridista es va voler relacionar amb la «manca de caràcter» dels jugadors *citizen*, però aquesta explicació no tenia cap fonament.

Poques setmanes més tard, el City va haver de remuntar un 2-0 contra el West Ham a Londres per arribar viu a l'última jornada de lliga. I set dies més tard, una altra remuntada monumental, gravada a foc a la història del club, per superar el 0-2 favorable de l'Aston Villa i guanyar la corona de la Premier. Ja en aquesta nova temporada, l'equip va aconseguir igualar a tres gols a Saint James' Park després d'anar perdent per 3-1 contra el Newcastle, i a finals d'agost va aconseguir donar la volta a un altre pèssim marcador: perdia 0-2 al descans contra el Crystal Palace, però una prodigiosa segona part va facilitar una altra remuntada contundent (4-2), amb triplet de Haaland.

Així doncs, en quatre dels últims sis partits de lliga hi ha hagut remuntades del City, que no aconsegueix vèncer a Villa Park malgrat avançar-se al marcador mitjançant la connexió De Bruyne-Haaland, ja que a vint minuts del final Bailey aconsegueix el gol local de l'empat. El Villa tapa molt encertadament els espais interiors i construeix una muralla contra la qual s'estavellen els del Pep. Tretze rematades, una al travesser, moltes passades (set-centes cinquanta-quatre) i molta pilota al seu poder (73 %) no basten per fer caure la muralla i el City marxa de Birmingham amb un únic triomf en els darrers cinc partits fora de casa. «Cometem massa errors», explica un tècnic del conjunt, en referència a l'organització defensiva.

Les victòries fora de casa tornen a Sevilla, on el City s'estrena a la fase de grups de la Champions amb un contundent 0-4. Aquesta és la major derrota de l'equip andalús en competició europea al seu estadi. La golejada engrosseix l'incipient historial d'Erling Haaland qui, gràcies al seu doblet, acumula dotze gols en tot just vuit partits com *citizen*, onze dels quals marcats al primer toc. És el jugador que més ràpidament ha sumat vint-i-cinc gols a la Champions League, perquè només ha necessitat jugar vint partits. És el quart home a marcar gol en la seva estrena a la màxima competició europea amb tres clubs diferents (Salzburg, Borussia Dortmund i City), la qual cosa l'iguala a Fernando Morientes, Javier Saviola i Zlatan Ibrahimovic. Per descomptat, és el primer jugador del City a marcar en la seva estrena a la Premier i a la Champions. Des que és professional, Haaland suma cent trenta-set gols amb només dues-centes una rematades a porteria.

Però l'ampli triomf no satisfà el Pep, ni molt menys. Es queixa del ritme equivocat dels seus jugadors: «Al primer temps hem atacat massa ràpid. Això passa perquè busquem Haaland massa ràpid. L'Erling provoca una atracció molt forta que provoca que fem passades massa ràpides. Hem de mastegar més els atacs, tenir més pausa. A la segona part hem millorat el ritme». El ritme, sempre el ritme...

El ritme torna a ser el problema una setmana més tard, quan el Borussia Dortmund visita l'Etihad. Els alemanys imiten l'Aston Villa i tanquen tots els espais interiors. Mahrez, Grealish i De Bruyne xoquen contra aquesta nova muralla sense aconseguir ni una mínima esgarrapada; Bellingham i Marco Reus fan un superb inici del segon temps que desemboca en gol alemany.

«Hem jugat seixanta minuts al ritme equivocat», dirà el Pep en acabat. Està tan enfadat —la dinàmica de Mahrez és d'una parsimònia exasperant— que fa tres canvis simultanis, tres canvis que canvien la cara del partit. Julián Álvarez, Bernardo i Foden substitueixen Mahrez, Gündogan i Grealish, i llavors el City es desferma en atac, com si hagués rebut una injecció d'adrenalina. Torna el vendaval *citizen* i arriba una altra remuntada mitjançant gols de Stones, amb un tret fortíssim des de fora de l'àrea que recorda el llegendari de Kompany contra el Leicester, i de Haaland, que rep una centrada meravellosa de Cancelo amb l'exterior del peu i la remata de manera inversemblant, com va fer Johan Cruyff el 1974 contra l'Atlètic de Madrid. Dos gols extraordinaris en mitja hora aclaparadora mostren una vegada més el que Manel Estiarte defineix com *«la voglia di vincere»*, el desig de vèncer, la fam, l'orgull i la capacitat de remuntar situacions adverses.

Bernardo Silva deixa un balanç explosiu de la seva mitja hora damunt la gespa. Fa un recital com a segon pivot al costat de Rodri, com a interior i com a extrem. En qualsevol ubicació és un mestre. Estiarte ho confirma quan parlem:

—Bernardo, Foden i Julián han canviat el partit. Tenen una marxa més.

El Pep opina el mateix:

—Amb ritme som imparables.

El cos tècnic em facilita una dada rellevant. Quan el City va perdent un partit, cosa que, com hem vist, ha passat bastant en els últims temps, intenta remuntar el marcador acaparant la pilota en el seu poder per crear ocasions de gol. En aquests casos, quan va perdent, l'equip aconsegueix sempre nivells de possessió de pilota superiors al 90 %.

ESCENA 10

# Els *hat-tricks* de la bèstia

## *Manchester, 2 d'octubre de 2022*

Ferenc Puskás no només era un futbolista excepcional, sinó un noi espavilat. Així que va acabar la final de la cinquena Copa d'Europa va agafar la pilota amb les mans i se la va quedar. Havia marcat quatre dels set gols del Reial Madrid i, per tant, tenia dret a quedar-se amb l'esfèrica. Però hi havia un problema: el seu company Alfredo di Stéfano havia marcat tres gols i també tenia dret a la pilota. I en aquella època, maig del 1960, els partits es jugaven amb una sola pilota. En aquest punt, Puskás va tenir un d'aquells trets de lluminosa intel·ligència que el van caracteritzar. Es va acostar a l'irascible Di Stéfano, que exigia rebre la pilota sense importar-li que el seu company hagués marcat un gol més que ell, i li va suggerir regalar-la a Erwin Stein, el jugador alemany que havia fet dos dels tres gols de l'Eintracht de Frankfurt. «Els hem fet set gols, Alfredo. Donem-li una compensació», va dir Puskás. Di Stéfano, emmurriat i arrogant, va fer una ganyota displicent i, amb un gest condescendent, va acceptar renunciar a la pilota en benefici del pobret alemany.

Puskás sempre va explicar aquesta anècdota entre riures, conscient que regalar la pilota a Stein li havia solucionat la papereta d'haver de barallar-se amb Di Stéfano, que era i se sentia el centre de l'univers i no estava disposat a cedir ni un mil·límetre des del seu pedestal, ni tan sols davant d'un monstre del futbol com el màgic Puskás.

Avui dia no calen aquesta mena de martingales. Erling Haaland ha fet un *hat-trick* i Phil Foden n'ha fet un altre al derbi de Manchester, però hi ha prou pilotes de record per a tots dos. És el primer triplet que anota un jugador del City en l'últim mig segle de derbis.

L'últim en aconseguir-ho va ser Francis Lee el 1970, però aquesta tarda s'ha duplicat la proesa. Haaland i Foden surten de l'Etihad Stadium cadascun amb una pilota sota el braç i el Manchester United torna a Old Trafford amb una derrota per 6-3 que podia haver estat molt més sonora si el City no hagués afluixat el ritme d'un primer temps apoteòsic que ha acabat en 4-0.

El vol de l'equip durant el primer temps ha assolit un nivell descomunal. Senzillament ha tornat a destruir el Manchester United, rematant quinze vegades, de les quals set a porteria, amb quatre gols i un xut al pal. Gündogan ha estat el gran capità del mig del camp atès que Rodri, amb molèsties, ni tan sols no ha estat a la banqueta. El jugador alemany ha mogut l'equip amb ofici, ben ajudat per Bernardo, i amb el suport d'una línia defensiva imperial, en la qual han sobresortit Akanji i Aké. Grealish s'ha mostrat punyent i agressiu, i KDB, Haaland i Foden han estat imparables. L'exhibició coral ha encès l'estadi i els aficionats *citizen* han embogit davant la demolició del gran rival.

El segon temps només serveix perquè el Manchester United maquilli la derrota gràcies a la relaxació del City, que en els darrers minuts multiplica els errors i acaba jugant amb un inèdit doble mig centre format per Bernardo Silva i Sergio Gómez. Però, fins i tot així, Haaland i Foden aconsegueixen completar els seus respectius *hat-tricks* i confirmen que Manchester és blau. El Pep s'encarregarà de posar la sordina al gran triomf, apuntant a la indolència en el tram final: «No fem bé les coses senzilles. Hem de millorar en les coses fàcils».

Aquesta tarda Erling Haaland ha anotat el seu tercer *hat-trick* i només és l'onzè partit que disputa amb el City, en els quals ha marcat disset gols. Un gol i mig per partit. Un gol cada cinquanta-vuit minuts. Tres *hat-tricks* en vuit partits de la Premier League, és a dir, els mateixos triplets que han aconseguit en tota la seva carrera a la lliga anglesa davanters com Cristiano Ronaldo, Drogba, Solskjaer, Lukaku, Son, Adebayor o Vardy. Només li han calgut vuit partits per sumar tres triplets, quan Michael Owen en va necessitar quaranta-vuit, i Ruud van Nistelrooy, cinquanta-nou.

Pregunto quin és el secret essencial que permet a Haaland tenir tal rendiment. Per a Guardiola, «la principal qualitat de Haaland, a més de la seva precisió en la rematada, és la velocitat». Per a Lorenzo Buenaventura, «és tan, tan ràpid que aquesta dècima de segon que aconsegueix guanyar-li al defensa li concedeix un avantatge enorme per aplicar la rematada». Per a Estiarte, «té l'habilitat i la rapidesa per no caure mai en fora de joc». Per a Lillo, «la virtut principal de Haaland és la intel·ligència».

Tots ells tenen raó: precisió, habilitat, intel·ligència i velocitat, quatre qualitats que defineixen aquesta bèstia del futbol, un cíborg de l'àrea, un rematador sense pietat, dotat d'una fam incontenible. La seva presència ha convertit la compra d'entrades per als partits del City a l'Etihad en una missió gairebé impossible. Els aficionats estan ansiosos per assistir cada partit a noves proeses d'aquest hiperdavanter que el 27 d'agost va anotar el seu primer *hat-trick* (4-2 contra el Crystal Palace, en una gran remuntada), el 31 d'agost en va aconseguir el segon (6-0 al Nottingham Forest) i avui, 2 d'octubre, n'obté el tercer.

Fa unes setmanes, un jove entrenador, Aldo Sainati, va proposar una interessant metàfora en explicar que el Pep i Haaland eren la fusió del foc i el gel. De moment, aquesta fusió encara està lluny d'obtenir la seva millor versió. L'entrenador desitja que el davanter intervingui més en el joc i no es limiti únicament a esperar la pilota per rematar-la a gol. Vol que s'involucri més en la circulació de l'esfèrica, sense oblidar gens ni mica la seva essència com a golejador. Ara que el Pep ja té el golejador que necessitava, el més important és encertar en el que en vol exactament. En aparença, Haaland mai serà un Leo Messi ni un Harry Kane, sinó un gran depredador de l'àrea.

Trobar el punt de fusió òptim entre el foc i el gel requerirà un cert temps.

## ESCENA 11

# *This is Anfield!*

### *Liverpool, 16 d'octubre de 2022*

Joao Cancelo comet un error impropi d'un defensor de primer nivell. L'errada comporta el triomf del Liverpool a Anfield per 1-0, en un partit marcat per l'anul·lació d'un gol a Foden d'una petita falta prèvia de Haaland sobre Fabinho que el VAR entén com a suficient per anul·lar el gol. Ha estat una falteta ínfima, inversemblant d'assenyalar en el futbol anglès. Guardiola decideix no parlar-ne, conscient que sempre que hi ha una acció dubtosa la decisió arbitral li resulta desfavorable. No obstant això, un membre del seu cos tècnic m'escriu: «Això de l'àrbitre és imperdonable. *This is Anfield!*», missatge que reflecteix el sentiment intern en l'equip.

És el primer partit que el City perd fora del seu estadi des del 15 d'agost de 2021, ja fa catorze mesos (1-0 contra el Tottenham). Aquest mes d'octubre l'equip està jugant bé. Després d'esclafar el Manchester United al derbi va vèncer el Copenhagen a la Champions (5-0) i el Southampton a la lliga (4-0), amb Haaland sumant tres gols més per a la seva motxilla. Seguidament va empatar a zero a Copenhaguen, en el quart partit de la Champions. Sense ser un bon resultat, no va ser dolent, ja que Sergio Gómez va ser expulsat a la mitja hora, la qual cosa va obligar els seus companys a «congelar» els esdeveniments per retenir un punt gairebé definitiu per accedir als vuitens de final.

El d'Anfield és un partit molt diferent. Com sempre, al Liverpool cal parar-lo en els primers quinze minuts de cada període, quan intenta atropellar el rival a força d'energia elèctrica. Guardiola ho sap bé i prova que els seus homes adormin el joc perquè l'equip de

Klopp no aprofiti aquests moments. Així, el primer temps transcorre anodí, amb moltes passades i poques ocasions de perill. Amb la pilota, el City ha presentat una línia de tres defenses (Akanji, Dias i Aké), amb Cancelo d'extrem a la dreta, mentre Foden se situa a l'esquerra, però amb vocació ofensiva. És un 3-2-2-3 habitual en sortida de pilota, un 3-2-5 en atac i l'habitual 4-4-2 quan no té la pilota en el seu poder, retrocedint Cancelo al lateral dret i Aké a l'esquerre. El City pressiona home contra home al Liverpool quan aquest inicia el joc, la qual cosa suposa un fort desgast, de manera que a la mitja hora el Pep canvia el seu segon mig centre: Gündogan baixa a fer costat a Rodri i Bernardo puja una línia, a prop de KDB, per aportar la seva gran energia a la pressió.

El joc del primer temps no és fluid, però vist el nivell de l'oponent el Pep no es queixa al descans, si bé torna a advertir del perill imminent: «Controleu els primers deu minuts, perquè ells sortiran com a bèsties». Dit i fet, Mohamed Salah llança un gran contraatac després de la represa, però Ederson respon amb una intervenció fenomenal. Contra el que desitja el Pep, el partit embogeix i les dues parts acumulen accions de gran perill. Primer, Foden anota gol als cinquanta-quatre minuts, anul·lat pel VAR. Replica Diogo Jota, errant la rematada quan es trobava sol davant d'Ederson. I Haaland dispara un xut enorme que Allison salva. Després Bernardo pels visitants i Salah pels locals rematen pobrament els respectius contraatacs. Les tres accions de perill del Liverpool s'originen per la pressió a l'home del City, que si bé és eficaç i encertada en general, en algun moment és burlada per passades en llarg precises de Robertson i Elliot que deixen els seus perillosos davanters cara a cara contra els tres defenses *citizen*.

A quinze minuts del final arriba l'error de Cancelo. Succeeix en una falta favorable al City que executa KDB sense encert, la qual cosa facilita que Allison rellanci el joc en llarg. En el duel entre Salah i Cancelo, el defensor portuguès es menja la pilota i serveix el gol al davanter egipci. Ha estat un bon partit del City, però un mal resultat que l'allunya a quatre punts de l'Arsenal, líder del campionat. No és una diferència preocupant, però sí una oportunitat perduda per mantenir el pols amb el quadre d'Arteta.

A l'autobús de retorn a Manchester, el Pep reflexiona, preocupat. La ubicació de Cancelo com a lateral-extrem no ha funcionat bé, perquè no ha aconseguit atacar gairebé mai ni ha connectat amb De

Bruyne. L'entrenador entén que el seu equip ha jugat un bon partit a Anfield, al marge del tema arbitral, encara que «preferiria jugar una mica pitjor i haver guanyat el partit». El preocupa que els seus homes hagin perdut diversos duels individuals: «Jugar bé o malament també és guanyar duels o no guanyar-los». Raona que el Liverpool «també ha jugat bé». «Cadascú ho fa a la seva manera. Nosaltres assumim més riscos que ells, però cadascú ho fa com vol». De tota manera, i encara que es mossega la llengua, el comença a preocupar Cancelo. Fa deu dies que Kyle Walker es va sotmetre a una imprescindible operació quirúrgica a l'engonal, després de lesionar-se al derbi de Manchester, i no estarà disponible en el que queda d'any. I el Pep intueix que Cancelo comença a flaquejar.

## ESCENA 12

# «Tenim el nou Lahm»

***Manchester, 2 de novembre de 2022***

La manera de parlar de Carles Planchart delata que estem davant d'una cosa gran. En general, Planchart és pausat i sobri, i molt parc en paraules. Avui s'expressa amb una excitació inusual:

—Pot ser que tinguem el nou Lahm.

Per descomptat, es refereix a Rico Lewis, el jovenet de disset anys que ha debutat avui amb l'equip a la Champions League, en el triomf davant el Sevilla per 3-1; a més, ha marcat un gol, que s'ha celebrat en gran a l'Etihad Stadium, especialment per part de Foden i Palmer, els altres titulars sortits de l'Academy.

Sí, Lewis ha demostrat que té l'ànima de Philipp Lahm. S'ha alineat com a lateral dret, però immediatament s'ha situat al costat de Gündogan, que avui exercia de mig centre, integrant juntament amb Sergio Gómez aquesta «muralla intermèdia» que Guardiola utilitza. Des d'aquesta posició, Rico Lewis s'ha mogut de manera intel·ligent amb la pilota, combinant senzillament amb Gündogan i amb els dos interiors, que avui han estat precisament els seus amics grans Palmer i Foden. També ha mostrat una sintonia feliç amb Mahrez i Julián Álvarez, la qual cosa li ha permès penetrar diverses vegades amb perill a l'àrea sevillana, fins que al minut 51 ha rebut una passada mil·limètrica de Julián que ha conclòs amb un xut letal a la xarxa. Joia i confetis per al futbolista imberbe que apunta alt, convertit en el més jove de la història de la Champions a marcar gol en el seu debut com a titular. Lewis té disset anys i tres-cents quaranta-sis dies, sis dies menys que Karim Benzema quan va debutar i va marcar a l'Olympique de Lió-Rosenborg del 2005.

Rico Lewis ja havia jugat alguns minuts en partits anteriors i fins i tot va ser titular al Camp Nou a finals d'agost, en un partit amistós que el City va voler disputar contra el FC Barcelona per ajudar econòmicament Juan Carlos Unzúe en la seva lluita contra l'ELA (esclerosi lateral amiotròfica). Però el d'avui ha estat el primer partit «seriós» que juga com a titular, per més que el City ja estigués classificat per endavant per als vuitens de final. El noi comença a treure el cap al vestidor. Fins avui era un més dels convocats durant una etapa estranya, prèvia a la Copa del Món, en la qual han abundat les lesions. Ara ja ha aconseguit ser titular en un partit de la Champions, ha jugat d'allò més bé i ha marcat un golàs. Als vuitanta-cinc minuts s'ha retirat, víctima de rampes, entre l'ovació dels aficionats. Però hi ha alguna cosa més, que només es percep en els entrenaments diaris i és al que Planchart, el cap d'analistes, es refereix aquest vespre:

—Té unes qualitats molt semblants a les de Lahm. No és alt, ni fort, ni ràpid, però té un cervell que processa el futbol a gran velocitat. És hàbil, toca bé la pilota, és intel·ligent, es mou sempre cap a on el necessita el company. Jo el veig cada dia i veig el Philipp. El temps ens dirà si és així o no, però a mi em sembla que tenim un nou Lahm.

## ESCENA 13

## *Terra ignota*

***Manchester, 31 de desembre de 2022***

Quines conseqüències tindrà el Mundial de Qatar, plantat a mitja temporada? Com afectarà uns jugadors molt saturats de competicions? Quina influència tindrà l'esdeveniment mundial en les lligues i les copes?

Ens trobem en *terra ignota*, en territori desconegut. Mai abans no s'havia produït res semblant, amb un campionat mundial situat com a epicentre de la temporada i dividint-la en dues meitats gairebé iguals. Entrenadors, preparadors físics i responsables de rendiment s'enfronten a un desafiament nou. Com han d'actuar abans i després del Mundial? Per als jugadors que disputaran seixanta partits amb el seu club, l'estrès competitiu d'una Copa del Món a mig curs suposa afegir un esdeveniment que aventura lesions i incidències notables, a més de la incògnita absoluta sobre el rendiment que s'aconseguirà després de l'esdeveniment.

L'organització de l'entrenament potser redueix aquest impacte en els futbolistes del City, que de la mà de Lorenzo Buenaventura es preparen sota el criteri dels microcicles estructurats, amb un horitzó que sempre està dirigit únicament al següent partit, buscant aconseguir el millor estat de forma en cada partit, sense pretendre altres objectius a mitjà termini. Amb aquesta perspectiva, Buenaventura es manté optimista sobre les conseqüències que el Mundial provocarà en els seus jugadors, més enllà del preceptiu descans que necessitin en acabar-lo. Entén que l'esdeveniment provocarà alguns efectes fisiològics i anímics, però continuarà considerant aquesta temporada atípica gairebé com si fossin dues mitges temporades en les quals es disputaran dues lligues diferents, la pre-Mundial i la post-Mundial.

Les tres setmanes prèvies a la Copa del Món van ser un frenesí de partits per al City, que va afrontar set compromisos, dels quals només va perdre un. L'equip d'aquelles tres setmanes respirava precaució per tots els porus. Cap jugador no es volia perdre el Mundial i aquesta prevenció s'advertia en tots els seus gestos.

La darrera setmana d'octubre va veure el triomf a la lliga contra el deliciós Brighton de Roberto de Zerbi i el pàl·lid Leicester de Brendan Rodgers, a més de l'empat decisiu amb el Borussia Dortmund a la Champions. Precisament la victòria contra el Brighton es va comptabilitzar com la dècima consecutiva a l'Etihad, amb l'al·licient que en totes hi havia hagut un mínim de tres gols marcats pel City. El balanç dels deu triomfs mostrava quaranta-tres gols a favor per només deu en contra, senyal inequívoc que l'Etihad s'ha convertit en una fortalesa formidable, encara que el marcatge a l'home que el Brighton va fer per tot el camp va ser un malson. Als sis minuts, el Pep va haver de modificar la posició de Bernardo Silva fent-lo retrocedir a l'altura de Rodri perquè Haaland trobés una mica d'espai lliure per on moure's. El noruec va respondre amb dos gols. «Sabíem que seria un partit molt exigent tàcticament, però els nois han fet una feina fantàstica», va dir Planchart al final.

Amb Cancelo i Haaland amb febre, l'equip va aconseguir a Dortmund el punt necessari per ser de nou primer de grup a la Champions. El Borussia, al qual un punt li atorgava virtualment el passi als vuitens de final, es va tancar a la seva àrea al voltant d'un imperial Hummels i el partit va acabar amb un desitjat empat a zero, si bé Mahrez va malgastar un penal a mitja hora del final, el segon consecutiu que fallava a la competició europea. El City del Pep només ha transformat un 69,5 % dels penals llançats (cinquanta-set de vuitanta-dos), la pitjor ràtio de tots els equips anglesos.

Al cap de quatre dies vam comprovar que el Leicester agressiu d'altres anys s'havia convertit en un rival menor que circulava a prop dels llocs de descens, la qual cosa al seu torn havia multiplicat la seva vocació de mur defensiu. Brendan Rodgers va formar al seu estadi amb dues línies molt estretes de cinc homes que reduïen a la mínima expressió els espais lliures, tant si formaven en 5-5-0 com si proposaven un 4-5-1. El Pep va respondre amb un 2-2-6 que va esclafar els locals, però només va obtenir un mínim triomf gràcies a una falta directa llançada d'allò més bé per de Bruyne. La resta del partit va ser com estavellar-se sense remei contra una paret, una vegada i una altra.

Abans de vèncer el Fulham, el City va rebre el Sevilla a l'Etihad, partit en el qual Rico Lewis va mostrar els seus incipients trets *à la Lahm*, va ser el cinquè jugador anglès menor de divuit anys a alinear-se com a titular a la Champions.[69] El gol que va aconseguir va batre el rècord de precocitat golejadora del club a Europa.[70] Invicte a la fase de grups, aquella nit el City va demostrar contra els sevillistes que, tal com passa a l'estadi Bernabéu de Madrid, també a l'Etihad *novanta minuti son molto longo*.

Al novembre, el Fulham va portar el City fins a l'agonia. El Pep mai no s'ha confiat en els enfrontaments contra Marco Silva i tampoc no ho va fer aquest cop, però l'expulsió de Cancelo va trencar els plans. Amb deu homes des del minut 26, el City va tornar a enfrontar-se a una muntanya agresta. Hem vist aquest partit moltes vegades abans, amb els del Pep anant a buscar el triomf malgrat la inferioritat numèrica i amb el rival esperant per caçar un contraatac. El Fulham només va aconseguir rematar una vegada contra Ederson, a part del penal transformat després de l'expulsió de Cancelo, mentre que el City es va inflar a fer passades, aprofundir i rematar. De Bruyne, Gündogan i Bernardo es van multiplicar en atac i Rodri, Stones i Akanji li protegien l'esquena amb un encert majúscul fins que, després de dos gols anul·lats, l'equip va disposar d'un penal a favor quan el rellotge marcava el minut 95. «Ha estat un dels moments de més nervis de la meva vida», dirà Haaland, que va jugar l'última mitja hora, ja recuperat d'una lesió lleu. Suós, tens, obrint la boca sense parar buscant un aire que no li arribava als pulmons, Haaland va xutar ras a l'esquerra de Leno, que va estar a punt de desviar la pilota.

La celebració va ser digna d'un títol, malgrat que només es tractava de la tretzena jornada de lliga. L'Etihad va esclatar, eufòric, mentre els jugadors s'abraçaven embogits. Ningú no ho va celebrar més que el Pep, absolutament desfermat, entusiasmat amb el suport

69. Els altres quatre van ser Jack Wilshere, Josh McEachran, Phil Foden i Jude Bellingham.

70. El primer gol de Phil Foden a la Champions el va marcar amb divuit anys i dos-cents vuitanta-vuit dies. Cole Palmer el va aconseguir amb dinou anys i cent seixanta-sis dies. Rico Lewis, amb disset anys i tres-cents quaranta-sis dies.

dels aficionats i amb l'energia desplegada pels seus jugadors. Un Pep feliç que es va expressar sense embuts: «Moments com aquests són els que donen sentit a la nostra feina».

El llenguatge corporal de l'entrenador mai no enganya, i el d'aquella nit va ser el d'un home que se sent estimat per l'afició, seguit pels seus futbolistes i còmode allà on és: «Veure les cares dels aficionats, la volta final al voltant del camp, ha estat tot molt emocionant. Després de set anys aquí et sorgeixen dubtes, tens milers d'entrenaments, partits, viatges... Però això em fa sentir molt orgullós». El seu rostre i els seus gestos en els minuts posteriors van ser els d'algú que vol continuar fent història a Manchester.

La visita del Chelsea a l'Etihad va consagrar Stefan Ortega com un porter colossal. Per a aquest partit de Copa de la Lliga, l'alineació va barrejar experts com Rodri, Gündogan, Mahrez i Grealish amb novells com Rico Lewis, Sergio Gómez, Julián Álvarez i el mateix Ortega. Si bé el domini va ser del City, que va acumular bones oportunitats, la figura de la nit va ser el porter alemany, que va fer cinc intervencions prodigioses a rematades del Chelsea que mereixien ser gol. Al seu torn, Grealish es va destapar en atac i va sumar rematades de gol que va desviar Édouard Mendy, el porter visitant. Els gols de Mahrez i Julián Álvarez van donar el passi a vuitens de final en un partit on Rico Lewis va patir bastant i va perdre nou duels, però on també va demostrar que posseeix un caràcter competitiu a prova de bombes.

La decepció va arribar contra el Brentford, que va vèncer per 1-2 gràcies a dos gols d'Ivan Toney, el seu davanter estrella, que des del primer minut es va convertir en un malson per a Ederson i la defensa *citizen*. Va ser l'últim partit abans del Mundial, per la qual cosa es percebia molta prevenció en els jugadors, atès que el Pep va alinear el seu equip de gala. El Brentford pressionava molt alt i al City li costava sortir. Quan ho aconseguia, el rival ja s'havia compactat en 5-3-2, i al seu torn no permetia que el pressionessin perquè el seu joc ofensiu es resumia en pilotes llargues des del porter al punta, de David Raya a Ivan Toney, com explica el Pep: «Hem pressionat malament a dalt perquè no ens ho han permès. Llançaven directe del porter al punta i en aquest procés no hem guanyat ni una bola perquè Toney les baixava totes als seus tres homes del mig del camp».

Al descans, l'entrenador va tenir paraules molt dures per als seus homes. Al contrari que en els partits previs, el Pep es va mostrar decebut amb la falta d'entusiasme dels jugadors, que semblaven tenir el cap fora del partit. L'esbroncada va ser monumental, però va tenir un efecte reduït. El City va seguir sense atacar bé, amb excés de precipitació i un encert de només el 84 % de les passades. El millor equip va guanyar el partit; quan la lliga es va aturar per celebrar la Copa del Món, l'Arsenal comptava amb cinc punts d'avantatge sobre el City (trenta-set contra trenta-dos) malgrat la formidable temporada d'Erling Haaland, que havia acumulat divuit gols i tres assistències en tretze partits jugats, un gol cada cinquanta-vuit minuts.

## DOS ANYS MÉS DE PEP

A sis mesos de finalitzar el seu tercer contracte, el Pep va ampliar la vinculació amb el City, que el 23 de novembre va quedar establerta fins a finals de juny del 2025.

Per signar aquesta renovació es van haver de donar diverses circumstàncies. La primera, una magnífica oferta del club. La segona, el desig de l'entrenador de continuar i l'acceptació de la seva família de continuar dos anys més en la mateixa situació. I la tercera, la certesa del Pep que, a més d'una plantilla magnífica, el City li oferia un plus que en cap altre lloc no havia trobat abans: tot el club, des de l'empleat més humil fins al propietari, empenyia en la mateixa direcció buscant l'èxit col·lectiu.

La combinació d'aquests tres factors va fer indiscutible la resposta del Pep. Els diners no eren problema i el club es trobava unit darrere d'un mateix propòsit. Només necessitava consultar-ho amb la família, que després de dos anys vivint junta a Manchester s'havia disgregat en tres destinacions diferents per motius laborals. La Cristina havia tornat a Barcelona el 2019 per fer-se càrrec en persona del negoci familiar, les botigues de moda Serra Claret, mentre la petita Valentina continuava la seva educació també a la capital catalana. La Maria, la filla gran, havia acabat els estudis i s'havia establert a Londres. El Pep i el seu fill, el Màrius, vivien a Manchester. Els partits a l'Etihad reunien gairebé setmanalment tota la família, però l'endemà les tres dones tornaven als seus respectius domicilis per continuar treballant o estudiant. El calendari, encara que irregular, permetia també reunir-se sovint a Londres o en alguna altra ciutat europea durant els partits de la Champions, i tres o quatre cops l'any es podien prendre una setmana de vacances plegats aprofitant que els jugadors eren convocats per les seves seleccions nacionals. Però cap d'aquestes reunions no evitava la realitat: feia més de tres anys que la família vivia separada. Per aquesta raó, el Pep va voler que la seva esposa i els tres fills fossin els qui decidissin si prolongava el vincle amb el City o no. Per unanimitat van decidir que sí, que podien assumir dos anys més viatjant per trobar-se, i el 23 de novembre el Pep va signar la renovació i es va expressar amb alegria: «No puc estar en millor lloc. En aquests set anys hem tingut mals moments i l'organització sempre m'ha donat suport. Començant per Khaldoon, per Ferran Soriano, per descomptat el Txiki i Omar Berrada, la gent més propera a mi, tots m'han donat suport sempre. Si hem guanyat molts títols és perquè hi ha hagut el suport total del club». També es va recordar de Cruyff: «Crec que el Johan m'hauria dit que renovés dos anys més, estic segur que ho hauria dit. El Txiki i jo som els seus fills».

Mentre es disputava el Mundial a Qatar vaig contactar amb Roman Fedotov, analista de dades a Vancouver especialitzat en futbol, autor d'un interessant estudi sobre els canvis petits pel futbol de la Premier League en l'última dècada. L'estudi de Fedotov evidencia que el joc directe ha descendit des d'un 45 % el 2013 fins a un 41 % en l'actualitat; les centrades a l'àrea des de les bandes han disminuït d'un 23 % a un 18,5 % per equip i partit; i també s'ha reduït el nombre total de xuts (14 a 12,7), que ara s'efectuen des de molt més a prop, ja que les rematades des de fora de l'àrea han caigut d'un 47 % a un 35 % en una dècada. El nombre de pilotes robades per cada equip per pressió alta prop de l'àrea rival ha pujat de tres per partit a 4,5, un increment del 150 %. En definitiva, les dades estudiades per Fedotov revelen un canvi substancial en l'estil que es practica a la Premier els últims deu anys, que s'acosta cada vegada més al concepte que proposa Guardiola.

No és possible mesurar amb exactitud la influència dels entrenadors en aquests canvis tan profunds que ha viscut el joc a Anglaterra, però és indiscutible que l'arribada de tècnics com Jürgen Klopp, Thomas Tuchel, Marcelo Bielsa, Mauricio Pochettino, Unai Emery, Mikel Arteta o Roberto de Zerbi hi han contribuït en un percentatge elevat. I, òbviament, la influència de Guardiola en aquesta modificació substancial del joc ha estat capital.

## «HEM DE CAÇAR L'ARSENAL»

Tres dies abans de Nadal va tornar la competició a l'Etihad Stadium.

Atès que setze jugadors havien disputat el Mundial, a Guardiola només n'hi quedaven set amb els quals començar a entrenar a Abu Dhabi a partir del 5 de desembre: Haaland, Mahrez, Rico Lewis, Palmer, Sergio Gómez i els porters Ortega i Carson. L'expedició es va completar amb joves de l'Academy per col·laborar als entrenaments.

Amb el duel de Copa de la Lliga contra el Liverpool fixat per al dijous 22 de desembre, el gruix dels qui havien participat al Mundial va tornar a Manchester entre dilluns i dimecres de la mateixa setmana, per la qual cosa Guardiola va formar mig equip amb els qui s'havien entrenat amb ell i l'altre mig amb els qui havien caigut eliminats aviat al Mundial. La banqueta la van formar Carson més anglesos i portuguesos, excepte Rúben Dias, lesionat de serietat a Qatar, i Kalvin Phillips, que només havia disputat quaranta minuts al Mundial i va tornar amb excés de pes, cosa que li va valdre el retret públic del Pep.

El Liverpool, minvat pel mateix motiu, es va presentar igualment a l'Etihad amb un equip mixt, però va conservar la seva agressivitat habitual. El partit va tornar a esdevenir un duel brillant i formidable, amb el City prenent la iniciativa i el Liverpool replicant, cadascun amb l'estil que l'identifica i amb una passió digna d'una final. Haaland, Mahrez i Aké van marcar els tres gols locals, i Fabio Carvalho i Salah els visitants, amb la qual cosa el City va continuar endavant després d'haver eliminat el Chelsea i el Liverpool, els dos últims finalistes de la competició.

La línia defensiva *citizen* va actuar a un gran nivell, es va situar a cinquanta-vuit metres de la seva porteria, amb Akanji i Laporte com a braus i Rico Lewis mostrant-se com si fos un veterà. Sensacional i sense aparentar que acabava de fer divuit anys, Lewis va donar una altra lliçó de joc, fent costat a un Rodri també excepcional com a mig centre. Al cos tècnic va tornar a parlar-se del noi com d'«un potencial Philipp Lahm». El Pep va manifestar que «Cole [Palmer] i Rico han jugat increïblement bé, seran molt importants per a aquest club la dècada vinent. Rico és humil i molt intel·ligent».

El rendiment de Lewis va causar un impacte majúscul en el joc. No només va actuar com a «lateral-interior», sinó que va fer un tipus de pressió que va catapultar el City. La pressió era molt semblant a l'habitual, en 3-4-1-2. Haaland i Mahrez atacaven els defenses, De Bruyne tapava el mig centre (Bajcetic) i Rodri s'encarregava de Thiago Alcántara, amb Palmer sobre el lateral dret (Milner). La clau va ser Rico Lewis, que abandonava al seu parell quan el Liverpool movia la pilota entre defenses i pretenia sortir per l'esquerra. En aquell instant, el jove lateral del City corria com un esperitat per encarar-se amb Robertson i tapar-li la línia de passada. A canvi, l'equip enfrontava els atacants rivals en un tres contra tres d'alt risc: Akanji sobre Carvalho, Laporte damunt de Darwin Núñez i Aké sobre Salah. Si la pressió de Lewis feia efecte, pilota per al City. Si no aconseguia robar i la pilota era reconduïda al costat dret, llavors Lewis feia un esprint cap enrere per ocupar-se de Fabio Carvalho, amb la qual cosa Akanji passava a vigilar Núñez i Laporte quedava lliure per fer costat als seus dos companys de la defensa. Alt risc, però també altes possibilitats d'èxit.

Va ser un gran èxit degut a les qualitats de Rico Lewis, capaç d'entendre què era el que més convenia al seu equip a cada moment. Dotat de bones cames i amb un compromís inesgotable, el noi no només va fer un recital a tres dies de Nadal, sinó que va suposar una inspiració sobre la gran aportació que pot suposar un «lateral-interior» que actuï amb intel·ligència i decisió perquè, a més de la superioritat que ja coneixíem al mig del camp, també pot ser el jugador que permeti pressionar alt amb un home més. Això sí, ha de tenir cames i reflexos per tornar immediatament i garantir la seguretat enrere.

Guardiola també va esmentar l'exhibició de Kevin de Bruyne: «El Kevin és una absoluta llegenda d'aquest club». Eliminat com Gündogan a la primera fase del Mundial, De Bruyne es va desfermar damunt la gespa i va regalar passades sensacionals fins al punt que Nacho González, analista de la televisió DAZN, va encunyar una frase que hauria de gravar-se a les parets de la ciutat esportiva del club: «Kevin de Bruyne va néixer a Bèlgica, però la seva veritable nació és el Manchester City».

Al cap d'una setmana, l'equip va vèncer a Elland Road el Leeds (1-3) en una altra actuació superba de Rico Lewis, Rodri i De Bruyne. Malgrat el fort vent que s'abatia sobre una gespa en pèssim estat, gairebé un patatar, el City es va fer amb un avantatge còmode de tres gols quan passava una hora de partit, dos dels quals de Haaland, que d'aquesta manera va aconseguir el rècord de rapidesa a marcar vint gols a la Premier League: només ha necessitat catorze partits, la meitat que Alan Shearer. Als setanta minuts, el Pep va donar descans a Lewis i a Grealish i l'equip va perdre el control del partit. Sembla mentida, però tots dos s'han convertit en puntals: Lewis perquè aporta una qualitat superba al procés d'iniciació i control del joc, acompanyant Rodri. Grealish, senzillament, perquè està prenent consciència que és «l'àrea de descans» de l'equip.

Sabem que la primera temporada dels atacants que arriben als equips del Pep sempre és molt difícil. Recordem el primer any de Sané, el de Bernardo o el de Mahrez. Van ser rendiments molt discrets, que a partir de la segona temporada van millorar exponencialment. Amb Grealish ha succeït igual, sobretot a partir del retorn del Mundial, moment en què el jugador ha entès tot el que l'entrenador volia d'ell i ha trobat el *tempo* adequat per a cada acció. No només ha guanyat un comportament defensiu extraordinari, sinó que és un dels millors «protectors» de la pilota de l'equip. A dia d'avui, donar-li la pilota a Grealish és garantia que l'equip respirarà durant uns moments preciosos. És com una «àrea de descans» al mig d'una autopista. I en atac cada dia ho fa millor.

És en aquesta data quan Erling Haaland escriu a les seves xarxes socials: «*Arsenal, we have to hunt them*». El caçador ha decretat que comença la caça.

A mitja tarda del 31 de desembre acaba per al City un d'aquells partits que couen pel resultat, però als qual no se'ls pot retreure res quant al joc. Setze rematades, un pal, sis-centres seixanta-tres passades amb el 90 % d'encert i 75 % de possessió. Vells coneguts per a un empat de l'Everton en la seva única rematada a porteria. L'any 2022 acaba amb l'Arsenal, vencedor a Brighton per 2-4, amb set punts d'avantatge sobre el Manchester City després de setze partits. Un avantatge perillós perquè deixa Guardiola sense possibilitats de cometre nous errors, encara que l'entrenador creu que s'obre un període on passaran moltes coses inesperades:

—Encara no hem arribat a meitat de temporada. A partir d'ara passaran moltes coses. Els passaran moltes coses a molts equips.

*Terra ignota*, territori desconegut.

ESCENA 14

# Els laterals i el mar

### *Londres, 5 de gener de 2023*

El futbol és com el mar. Els corrents importants són els del fons, encara que les onades de la superfície cridin molt més l'atenció.

A l'agost, cinc mesos enrere, Kyle Walke deixava bocabadat amb les seves exhibicions com a «fals lateral». Partia de la zona dreta, es reunia amb Rodri a prop del cercle central, giravoltava amb la pilota ajudant a seure en camp rival i, prudent i curós, regalava passades verticals que no hauríem imaginat en el robust defensor anglès. Estimulat per les classes particulars que li feia Guardiola, el veterà Walker havia fet un salt de qualitat impensable, encara que en continuàvem parlant com d'un lateral.

A l'octubre, menys de tres mesos enrere, Joao Cancelo deixava bocabadat amb les seves exhibicions com a «fals lateral». Partia de la zona esquerra, es reunia amb Rodri a la zona central, circulava amb la pilota fins a assentar-se a camp contrari, i penetrava en les defenses rivals per dins, per fora o per on calgués. Feia passades de gol de «trivela» [amb els tres dits de l'exterior del peu] o directament els marcava ell, tant amb la dreta com amb l'esquerra. Tot just fa tres mesos, Cancelo era un remolí que arrasava amb tot, per més que en continuàvem parlant com d'un lateral.

Avui, al gener del 2023, Rico Lewis, divuit anys, salta a la gespa de Stamford Bridge en el segon temps d'un partit crucial de la Premier League i, com si fos un mag, canvia radicalment el rostre de l'equip i propulsa els seus companys a un nivell superior. Partint de la zona dreta, es reuneix amb Rodri, trasllada la pilota per situar-se en camp rival i, des de la «posició Lahm», gestiona els ritmes del partit. Tres mesos enrere era un noi més de l'Academy. Avui és el jugador que Guardiola empra per revolucionar l'equip i guanyar un partit decisiu.

Tres laterals-interiors; tres etapes diferents d'una mateixa temporada. Són les ones del Manchester City, cadascuna al seu moment. Canvien els intèrprets però no ho fa el corrent de fons impulsat per Guardiola des que el va descobrir a Múnic: treure els laterals de les línies exteriors del camp i fer-los jugar per dins, com a protecció del mig centre i com a generadors de joc. El mateix Pep ha redefinit el seu concepte absolut d'aquest perfil de jugador:

—No podem continuar veient els laterals com els qui defensen la banda i de tant en tant pugen a atacar pel carril. Jo vull laterals-interiors. Vull migcampistes que juguin en el lloc dels laterals perquè, a més, això em permet tenir algun migcampista amb menys control i amb més arribada, més rematador, que sempre tindrà l'esquena ben coberta.

La institucionalització dels laterals com a migcampistes interiors la va implantar al Bayern de Múnic poc després de fer-se càrrec de la banqueta bavaresa. Després d'haver patit abundants contraatacs rivals, el Pep va dedicar diverses jornades d'estudi a casa seva fins trobar una fórmula que desactivés l'arma rival. Va creure trobar-la un diumenge, el 14 de setembre de 2013, quan va perfeccionar una idea que li rondava el cap des que entrenava al Barcelona. Aquell dia va mostrar la idea als seus dos fills grans, la Maria i el Màrius, amb qui li agrada contrastar-les per comprovar-ne les reaccions. Als jugadors del Bayern els va agradar la proposta, que consistia a avançar els dos laterals, Rafinha i Alaba, fins a la línia de mitjos i situar-los molt prop del mig centre, que en aquella època era el nou paper de Philipp Lahm. D'aquesta manera es creava una muralla al cercle central, integrada composta pel mig centre i pels dos laterals, amb la qual el Pep pretenia curtcircuitar els contraatacs rivals. El primer assaig real va ser al cap de tres dies, quan el Bayern va vèncer per 3-0 el CSKA de Moscou en partit de Champions desenvolupant un joc dinàmic, excitant i replet d'oportunitats. Rafinha i Alaba van fer un recital d'intel·ligència en posicionar-se prop de Lahm. Poc més tard, el prestigiós escriptor alemany Ronald Reng em va donar el seu parer: «Van jugar a totes...

Passaven la pilota amb tanta velocitat i fluïdesa que (...) em va recordar el Barça de 2009, però amb la rapidesa tradicional del Bayern. Des d'aquell partit hem gaudit d'un equip com no n'havíem vist mai cap a Alemanya».[71]

Més que el lluïment i els resultats, per a Guardiola va ser la posada de llarg d'una decisió tàctica que s'ha convertit, com em va confessar un dia entre riures, «en la meva principal innovació tàctica». Permeteu-me una reiteració important en aquest punt. Innovar no és inventar. L'invent és la creació d'una cosa nova. És l'acció i efecte de crear una obra (artística, literària, arquitectònica, musical, científica o futbolística). La innovació, en canvi, és la modificació o alteració d'una cosa ja existent.

Al futbol tot allò essencial va quedar inventat abans del 1945, com explico al llibre *L'evolució tàctica del futbol*,[72] dedicat precisament a l'era dels inventors del futbol, que transcorre des dels orígens el 1863 fins l'any 1945. En aquesta data ja s'havien inventat els principals gestos tècnics, les grans estratègies, els mòduls de joc i els moviments tàctics fonamentals. Tot va ser creat (inventat) en les vuit dècades que cobreixen aquestes dues dates. Així doncs, què passa en el futbol a partir del 1945?

Passa que arriben els innovadors. Des d'aquell any, tot el que ocorre són innovacions. És a dir, els entrenadors i jugadors que arriben després de la piràmide de Cambridge, de la WM de Chapman, del mètode italià, del Wunderteam austríac o de la Màquina de River —per esmentar els eixos de l'època— decideixen i aconsegueixen donar usos nous a recursos que ja havien estat creats. Per aquesta raó tan diàfana és pel que Guardiola, quan parlem de la seva implantació dels laterals-interiors, s'hi refereix com a «innovació». Mai ha dit que ell ho inventés.[73]

De fet, el primer que va tancar els laterals a zones interiors va ser Herbert Chapman, l'any 1925, quan va acceptar la proposta tàctica imaginada pel capità de l'Arsenal, Charles Buchan, que consistia a transformar de manera dràstica la tradicional piràmide que empraven tots els equips.

71. Perarnau, Martí. *Herr Pep*. Córner Editorial, Barcelona, 2014, pàg. 186.

72. Perarnau, M. *La evolución táctica del fútbol*, Córner Editorial, Barcelona, 2021. *(N. de la t.)*

73. Perarnau, M. *Pep Guardiola. La metamorfosi*. Córner Editorial Barcelona, 2016, pàg. 79.

La piràmide era un 2-3-5, amb dos defenses, tres mitjos i cinc atacants. La línia mitjana la integraven un mig centre (*half-back*) i mitjos ales. Aquests dos jugadors tenien perfils molt específics des que el 1882 els universitaris de Cambridge havien dissenyat el mòdul de joc i creat la figura del mig centre. En designar al mig centre com a frontissa essencial del joc, «els mitjos ales van passar a jugar als passadissos exteriors del camp, sense abandonar aquestes zones, que recorrien amunt i avall de manera incansable. Col·laboraven en l'avanç de la pilota mitjançant triangulacions si el seu equip practicava el joc escocès, o simplement pujaven pels costats del camp. Quan es produïa l'atac rival, el mig ala marcava sempre l'extrem que jugava per la seva banda i el perseguia en la seva penetració pel costat fins als límits del camp. Aquesta repetició constant d'esforços exigia dels mitjos ales una elevada capacitat de resistència, perquè anaven constantment amunt i avall pels costats del camp, encara que sempre i únicament pel carril exterior que tenien assignat».[74]

Chapman i Buchan van modificar tota l'estructura geogràfica dels equips. Van retardar el mig centre, convertint-lo en tercer defensa, cosa que va fer que els dos primers defenses s'obrissin als costats per donar cabuda al tercer element. Per compensar-ho, va tancar cap a l'interior els dos mitjos ales que vivien als passadissos exteriors. Al davant va mantenir tres davanters (dos extrems i un punta), però va endarrerir els dos interiors, que van formar un quadrat central al costat dels dos mitjos ales, ja convertits en un doble pivot. Així va compondre Chapman el 3-2-2-3 que va rebre el sobrenom de WM.

Per a Herbert Chapman, els laterals havien deixat d'existir. La penetració dels extrems rivals era coberta pels defenses i quan l'Arsenal atacava, les bandes eren propietat dels extrems. Els antics mitjos ales, els antics laterals de la Piràmide, s'havien convertit en purs migcampistes. El 2013 Guardiola va innovar sobre l'invent del gran entrenador anglès, impulsat per la necessitat de frenar els contraatacs que estava patint al Bayern. Guardiola va imaginar una estructura diferent de la de Chapman. Ell també va tancar els dos laterals cap a l'interior, però perquè fossin els guardaespatlles del mig centre, que es mantenia com a pivot axial de l'equip. On Chapman dibuixava un 3+2, el Pep va dissenyar un 2+3. No va inventar

74. Perarnau, Martí. *La evolución táctica del fútbol*. Córner Editorial, Barcelona, 2021, pàg. 74.

res en interioritzar els laterals, però sí que va innovar radicalment en convertir-los en acompanyants del mig centre. I, de fet, el Pep no només es va inspirar en Chapman, sinó en algú molt més proper a ell, Johan Cruyff, que també va usar els laterals com a interiors, tot i que només de manera esporàdica. Va ser al campionat de lliga espanyola 1993-1994, quan el FC Barcelona es va enfrontar al Deportivo de La Corunya, el seu gran rival i amb qui empataria finalment a punts (cinquanta-sis punts tots dos equips, però campió el Barça per millor diferència de gols). El 26 de febrer de 1994, al Camp Nou, Cruyff va alinear Albert Ferrer i Sergi Barjuan com a laterals-interiors formant al costat del mig centre de l'equip, que era el mateix Pep Guardiola. El Barcelona va guanyar el partit per 3-0, un triomf que va acabar sent decisiu per conquerir el títol. D'aquesta manera, Guardiola va viure en pròpia pell els avantatges de comptar amb dos suports propers, encara que per a Cruyff només va ser una decisió espontània i puntual, fruit de la seva intuïció gegantina, i no hi va donar continuïtat.

Per tot això és encertat coincidir amb Guardiola quan reitera que aquesta serà la seva principal aportació al joc, en forma d'innovació.

El que és curiós és que per iniciar el duel crucial contra el Chelsea Guardiola ha deixat Rico Lewis a la banqueta, tot i haver-lo emprat com a titular en quatre dels últims cinc partits amb un rendiment superlatiu. L'entrenador creu que ja és hora de concedir minuts als consagrats Walker i Cancelo, malgrat les dificultats que arrosseguen tots dos.

Kyle Walker acumula un dur historial de lesions. La seva estructura corporal li facilita un desplegament físic exuberant de velocitat i potència, però en contrapartida li genera problemes articulars. Es va perdre el final de la temporada anterior, la qual cosa va suposar una baixa decisiva per a l'equip, sobretot en el duel contra el Reial Madrid. A l'agost va reaparèixer en gran forma. A principis de setembre, davant de l'Aston Villa, es va tornar a lesionar. Va tornar el 2 d'octubre, al derbi contra el Manchester United, però als quaranta minuts va marxar, víctima d'una caiguda, amb l'engonal tan malparat que només quatre dies després va haver de ser intervingut quirúrgicament; es va recuperar a temps per disputar la Copa del Món. Walker va tornar animat a Manchester, però va tenir una petita recaiguda d'una malaltia que periòdicament el molesta, amb la qual cosa no es va poder entrenar fins al 3 de gener. Sense gairebé preparació va saltar a Stamford Bridge amb la voluntat d'ajudar l'equip en una cita tan important, encara que es va mostrar vacillant, va cometre diversos errors i va evidenciar que necessitava més temps per recuperar un bon estat de forma.

Per la seva banda, Cancelo està patint un d'aquells moments de desconfiança que l'engarroten. Quan se sent guapo, Cancelo s'allibera i dispara tot el seu talent. És el que ha mostrat les dues últimes temporades, just després del confinament universal pel coronavirus. Des de llavors, el portuguès ha multiplicat de manera geomètrica el seu rendiment i fins i tot al setembre i l'octubre va jugar partits fantàstics, però l'expulsió davant del Fulham després de provocar un penal el va deixar atordit. Ja no va sumar cap altre bon partit i va arribar al Mundial amb dubtes. Les seves actuacions a la Copa del Món també van ser irregulars: va debutar com a titular indiscutible i estrella fulgurant de Portugal però el seu rendiment va ser deficient i va acabar a la banqueta. Va tornar de Qatar musti i va jugar vint minuts contra el Leeds el 28 de desembre, però no es va sentir bé. Avui el Pep l'ha alineat d'extrem dret, posició similar a la que li va fer ocupar a Anfield, contra el Liverpool, en la derrota de l'octubre, forjada precisament en un error de marcatge a Salah. És una posició que està fora de les zones que domina, en les quals se sent guapo. Quan no se sent guapo, Cancelo s'engarrota i afloren tots els seus dimonis. Avui se sent incapaç de trobar el seu lloc a l'equip.

Tot i la fragilitat que senten tots dos, Guardiola els alinea contra el Chelsea. L'entrenador ha dissenyat un pla que sobre el paper sona interessant perquè busca contrarestar el mòdul de joc del Chelsea. Amb aquesta finalitat, forma una línia defensiva de tres homes, Walker, Stones i Aké, que permeti iniciar el joc al costat de Rodri i Bernardo a la línia de mitjos. Per davant d'ells, Gündogan i KDB es preparen per llançar els seus davanters, Cancelo, Haaland i Foden. Quan la pilota sigui del rival, Rodri retrocediran a la defensa i Gündogan ocuparà el seu lloc perquè el City es defensi en 4-4-2.

La pissarra ho aguanta tot, però la realitat sempre és diferent. El pla de Guardiola no funciona. Situat com a extrem, Cancelo queda tancat entre Cucurella i la línia de banda. A l'altre costat, el baix estat de forma de Phil Foden li impedeix superar a Azpilicueta i, de fet, gairebé ni ho intenta. Haaland, que no aconsegueix tocar ni una pilota fins al minut 20, amb prou feines pot moure's entre els defenses locals, amb la qual cosa la circulació de pilota es limita a passades entre els cinc homes de darrere, i el primer temps del City és un fiasco total. N'hi ha prou de dir que el primer xut de l'equip, tou i sense perill, obra de Gündogan, no arriba fins al minut 32. Es tracta de la rematada més tardana que ha fet l'equip en qualsevol partit dels quatre últims anys...

Per si no n'hi hagués prou, el passadís central no compta amb la protecció habitual de Rodri i els dos laterals-interiors, així que és una autopista oberta que Kovacic i Havertz no paren de creuar mentre els *citizen* van de bòlid corrent darrere d'ells. Per a sort seva, una forta rematada de Chukwuemeka s'estavella al pal. És evident que el pla fracassa i el Pep ho demostra en la banqueta cridant a conclave Rodo Borrell i Enzo Maresca. Mentre l'equip continua dessagnant-se sobre el camp, els tècnics elaboren un nou pla. L'encert en les passades de Walker i Cancelo és només d'un 85 %, cinc punts per sota de la mitjana de l'equip.

Després del descans, Rico Lewis supleix Walker i Akanji, Cancelo. L'equip es reubica d'una manera més natural. Rodri torna a ser el rei de la posició central, Lewis revoluciona el ritme a la seva dreta, Gündogan controla la zona esquerra, KDB es pot moure amb llibertat, encara que s'obliga a caure a la dreta donada l'absència d'un extrem pur, i la dinàmica canvia de manera dràstica. En els set minuts posteriors a la represa, el City té la pilota en el seu poder el 86 % del temps. Aké caboteja al pal, Haaland remata fora i KDB dispara a gol, però Kepa salva *in extremis* la rematada. Ha bastat col·locar cadascú al seu lloc perquè l'equip recuperés les grans sensacions.

El bon futbolista és aquell que fa millor els altres jugadors, i a través d'aquesta millora de les interaccions és com millora un equip. Això és el que ha passat amb l'entrada de Lewis i el reposicionament dels jugadors. Ell ha fet millors els altres, i amb aquesta millora individual ha crescut tot el conjunt.

Mahrez i Grealish, titulars en els dos últims partits, salten a la gespa als seixanta minuts. Van rebre moltes crítiques després de l'empat contra l'Everton, acusats de ser massa conservadors. Però el Pep confia cegament en la qualitat tècnica de tots dos, que facilita el control de la pilota encara que sigui a cost de prendre menys riscos que altres homes. Tres minuts després d'entrar en joc, Grealish aprofita una bona successió de passades cap endavant de Gündogan

i KDB per servir una passada corbada que es passeja per davant de tota la defensa local i que Mahrez remata a gol davant d'un Kepa atònit que podria haver buidat la pilota però que es queda glaçat. El gol bastarà per reduir les distàncies davant de l'Arsenal a cinc punts, o el que és el mateix, per tornar a dependre d'ells mateixos.

L'equip està llunyíssim del seu millor rendiment per una raó molt òbvia: hi ha jugadors profundament afectats pel Mundial. Els portuguesos Bernardo i Cancelo i els anglesos Foden i Walker es troben en una forma paupèrrima. En canvi, Stones brilla en gran, millor que mai, fins i tot per sobre dels superbs Akanji i Aké. El moment del defensa anglès és esplèndid, igual que el de Rico Lewis. També Grealish i Mahrez estan en bona forma, i a Haaland i Gündogan els falta poc per aconseguir la plenitud. El resum és que l'equip està partit en dues meitats. L'estat de forma d'uns és molt bo i el d'uns altres és molt dolent. Com diu Carles Planchart a la sortida de Stamford Bridge, «els qui no estan bé els hem de recuperar entre tots».

El Pep tanca la nit amb brevetat:

—Rico Lewis fa millors els seus companys. Ell ha canviat el partit. Rico és el nostre petit Philipp Lahm.

Les onades van i venen, canviant sense parar. Abans-d'ahir va ser Walker, ahir va ser Cancelo, avui és Lewis. Però la idea de fons es manté. Els laterals-interiors són el motor del joc de Guardiola.

## ESCENA 15

# «Què has fet, Kyle?!»

### *Manchester, 8 de gener de 2023*

El Pep s'ha dut les mans a la cara, com dient «què has fet, Kyle?!», un gest idèntic al d'aquella nit, a Múnic, quan a Lewandowski se li va acudir marcar cinc gols en menys de nou minuts. Amb les mans al cap, la boca oberta i els ulls gairebé llagrimejant, aquella imatge de Guardiola es va convertir en un símbol de la proesa que el seu golejador acabava de fer davant del Wolfsburg, un dels rivals més rocallosos del moment a la Bundesliga 2015-2016.

Ara el Pep acaba de compondre el gest com a reacció a les dues accions que ha encadenat Kyle Walker: un driblatge digne d'Iniesta o Zidane, i una passada llarga, canviant l'orientació del joc, pròpia de Bernd Schuster o Toni Kroos. Ha succeït a un pam del nas de l'entrenador, que encara té les mans a la cara quan Phil Foden anota el tercer gol del City contra el Chelsea.

Som al minut 37 del partit de l'FA Cup que ha tornat a reunir els dos conjunts en tot just seixanta-vuit hores. Avui el Pep ha plantejat des de l'inici una manera de jugar que ja podem qualificar de «clàssica» al seu equip, amb una sortida de pilota en 3+2 i un atac en 2+3. La primera línia del *build-up* la integren Walker, Akanji i Laporte; Sergio Gómez i Rodri són els dos mitjos. El Chelsea replica amb una pressió de tres homes molt propers entre ells (Havert, Mount i Ziyech) que dificulta la progressió. Quan aquesta dificultat es manifesta de manera clara, el Pep ordena canviar la sortida. Als nou minuts endarrereix Bernardo Silva com a acompanyant de Rodri i obre als costats Walker i Gómez. El 3+2 es converteix en 2+4, i aquí s'acaba el Chelsea. Els *citizen* surten fàcilment per fora, burlant les pressions. Mahrez obre el marcador amb un precís xut de falta que entra per l'esquadra de Kepa. Julián Álvarez converteix un penal, malgrat la bona estirada del porter basc. El City mana, domina i controla amb solvència. El Chelsea està com absent, derrotat i sense reacció. Perd la pilota amb facilitat, fruit d'una pressió excepcional dels locals.

Com dirà Carles Planchart, «els nois han corregut molt, però sobretot han corregut bé per fer un *pressing* home contra home que ha estat decisiu». Mahrez ha estat capital en la gestió d'aquesta pressió, convertit en el jugador que liderava els esforços de conduir els defenses visitants cap a un carreró sense sortida del qual no sabien sortir. La intel·ligència de l'algerià s'ha recolzat en la inesgotable energia de Julián Álvarez, Foden, Palmer, Bernardo, Rodri i Walker. Una vegada i una altra, aconseguien tancar el Chelsea a prop del seu córner esquerre per arrabassar-li la pilota. Els set *citizen* han guanyat el pols als vuit jugadors del Chelsea que pretenien treure la pilota de la seva zona. Una vegada i una altra s'ha repetit l'acció, sempre amb èxit local.

I en les poques ocasions en què el Chelsea aconseguia burlar la pressió, hi havia Akanji i Laporte, esplèndids en els duels individuals, situats de mitjana a 58,5 metres de la seva porteria, una posició altíssima al camp que ha estat decisiva per no concedir cap oportunitat de rematada als homes de Graham Potter. Només a la primera meitat, el Chelsea ha vist en quinze ocasions com el City li arrabassava una pilota que intentava treure jugant, vuit de les quals sense aconseguir ni tan sols creuar el mig del camp.

Precisament en una d'aquestes ocasions ha nascut el màgic moment de Walker. Encara no s'havia complert el minut 37 quan Cameron Humphreys, pressionat per Julián Álvarez, es veu obligat a treure's la pilota del damunt. Al cercle central, Rodri recull el regal i comença a estructurar els nous moviments. Walker i Bernardo alenteixen les passades per permetre que Akanji i Laporte recomponguin la defensa. Quan el 2+4 està format, Ortega inicia la sortida de pilota, que arriba a un Walker que no sembla tenir possibilitat d'escapatòria. Està enganxat a la línia de fora de banda, amb Lewis Hall collant-lo, no pot tornar la pilota enrere a Akanji perquè Kovacic tanca el canal, i no té company davant a qui passar. El Pep és un metre per darrere del seu jugador, de braços plegats, imaginant que la bola ja està perduda. No hi ha sortida.

De sobte, Walker es transfigura i crea un driblatge inversemblant. Ha rebut la pilota amb el peu dret, el passa a l'esquerre, fa una finta amb el cos que enganya Hall, retorna la pilota al peu dret i aconsegueix escapolir-se del rival, avança tres metres cap a l'interior, però de nou sembla no tenir escapatòria perquè fins a sis rivals l'envolten. Sis taurons blaus persegueixen Walker. Més de mig equip rival està centrat a capturar a l'avui capità del City, que llavors adverteix —en aquesta mil·lèsima de segon en la qual els futbolistes prenen decisions intuïtives i no racionals— que si ell està envoltat significa que els seus companys estan lliures. Aixeca la vista, veu Sergio Gómez en la llunyania, a l'altre costat, i envia la pilota seixanta metres més enllà, als peus del seu company. Ha fet un driblatge fabulós, ha fet girar tot el Chelsea i ha llançat una passada miraculosa. El Pep es duu les mans a la cara: «Què has fet, Kyle?!».

L'entrenador s'admira, però la jugada continua. Rodri retorna de taló a Gómez, que aconsegueix superar Jorginho i Gallagher i fa arribar l'esfèrica a Palmer, que té la calma necessària per tornar-la a Rodri. I llavors el mig centre espanyol s'adona del que ha passat: nou jugadors del Chelsea estan al seu al voltant, al costat contrari d'on es trobaven quinze segons enrere, quan Walker es va vestir d'Iniesta. Han viatjat de dreta a esquerra i són majoria; Rodri sap que a l'altre costat hi ha d'haver un company lliure. I aquest company serà Mahrez, sens dubte, perquè si hi ha una certesa al Manchester City és que a les posicions obertes dels extrems sempre hi ha un receptor esperant. Rodri ni tan sols no necessita mirar i menys encara pensar-ho: «sap» que Mahrez l'està esperant. Vint metres per darrere, Walker fa senyals al seu mig centre per indicar-li on ha d'enviar l'esfèrica. Pilota alta per a Mahrez. Control i congelació del temps. El Chelsea ha estat girat cent vuitanta graus per tercer cop. Abans que Mahrez adormi la pilota, Walker ja ha iniciat la carrera de penetració pel «passadís del 10». Passadeta suau a l'espai i Walker, enganyant cap a fora amb la mirada, fa lliscar suaument una passada mortífera perquè Foden, amb un gir de maluc i turmell que trenca les lleis de la biomecànica, dipositi l'esfèrica a la porteria visitant i marqui gol a l'FA Cup per cinquena edició consecutiva, primer jugador de la història a aconseguir-ho.

Ha estat una obra d'art en moviment, un gol que qualificaríem d'excepcional si no estiguéssim acostumats a aquesta mena d'accions, moviments i desdoblaments. De fet ha estat un gol marca de la casa. Ha durat un minut i dos segons, han tocat la pilota tots els jugadors de l'equip, excepte Julián Álvarez, i han sumat cinquanta-tres tocs a l'esfèrica, sense que els rivals hagin pogut fregar-lo ni una sola vegada. És un gol que compleix tots els preceptes de Guardiola: la pausa inicial, amb les estructures organitzades, l'excel·lència tècnica —en aquest cas, protagonitzada pel jugador inesperat—, l'atracció fatal al contrari per alliberar zones allunyades, la repetició del propòsit atracció-alliberament, la variació de ritme en les accions, la sobrecàrrega d'espais, l'aprofundiment per passadissos lliures, la presència de l'extrem obert i lliure, el centre ras cap a darrere dins de l'àrea... Tots els preceptes del Pep s'han complert en aquest minut gloriós.

Walker només ha jugat onze dels últims trenta-quatre partits del seu equip. Les lesions i les molèsties l'han arrasat, després d'un inici de temporada brillant en què les classes particulars amb el Pep li van donar un plus de qualitat. El Walker de condició física exuberant va donar pas a un jugador molt més segur d'ell mateix amb la pilota, que va ser capaç d'interpretar d'allò més bé el paper de lateral-interior sense perdre la seva gran capacitat física. Ara, gairebé sense entrenament, ha de recuperar el bon estat de forma, sabent que el petit Rico Lewis, mancat d'una exuberància física comparable, posseeix una virtut tècnica excepcional. Walker s'ha proposat anar més lluny, ser més bon jugador, com va reconèixer abans de la Copa del Món: «Si pogués millorar una part del meu joc, seria fer més assistències. M'agradaria avançar una mica més i ficar pilotes a l'àrea una mica més. La meva posició al City és més per vigilar les transicions que per fer passades de gol. Som molt afortunats perquè tenim molts jugadors que poden fer passades de gol sense que jo pugi, però si pogués afegir això al meu joc...».

Amb aquest propòsit va començar a treballar individualment. Millorar el gest tècnic i aprendre el moment de cada cosa, quan quedar-se per protegir una transició rival, quan avançar per contribuir en una jugada de perill. Avui ha tancat el cercle, amb una actuació molt completa i amb aquesta acció privilegiada en la qual ha combinat un driblatge inversemblant, una passada llarga sensacional, una visió precisa dels moviments col·lectius, una penetració veloç en el moment adequat i una passada de gol suau i precisa.

«Què has fet, Kyle?!». La satisfacció del Pep és doble aquesta nit. Per l'ampli i aclaparador triomf sobre el Chelsea (4-0), de nou jugant a alt nivell, i per la constatació que Walker ha fet el salt de qualitat per al qual tots dos han treballat.

## ESCENA 16

# El divorci

***Southampton, 11 de gener de 2023***

El diable és en els matisos i sovint la diferència entre corregir i retreure és més subtil que el tall d'una navalla.

El terreny de joc del Saint Mary's Stadium, al costat del riu Itchen, a poques milles del canal de la Mànega, està relliscós i pesat, fruit del clima costaner de Southampton. La gespa on es disputa el partit de quarts de final de la Copa de la Lliga està una mica bombada, possiblement per la humitat regnant. Però on veritablement hi ha fred i foscor és al cor dels jugadors del City, que protagonitzen el pitjor partit de les set temporades de Guardiola. No és tant la derrota per 2-0, que entra dins dels avatars propis del futbol, sinó el pèssim rendiment, la somnolència del joc, la incapacitat de construir accions de perill i l'escàs esperit competitiu mostrat.

D'una part, els que han jugat avui han aportat arguments per no conquerir la titularitat. Sergio Gómez ha evidenciat moltes dificultats defensives. Kalvin Philipps ha trotat com un cervatell en mig d'un munt de lleons, incapaç d'expressar alguna de les grans qualitats que desprenia al Leeds. Cole Palmer ha donat mostres d'una confusió majúscula entre el que li dicta la seva intuïció i el que li indiquen els seus instructors. No han estat només ells tres, sinó també altres jugadors que tot just tres mesos enrere eren titulars indiscutibles. Phil Foden sembla una pàl·lida ombra del gran futbolista que ha demostrat ser des de fa anys, com si la participació a la Copa del Món li hagués arrabassat tota la seva habilitat. Joao Cancelo també ha caigut en picat, a anys llum de qui gestionava els ritmes de l'equip amb ofici. I l'entrada al segon temps d'homes com

De Bruyne, Haaland, Akanji, Aké o Rodri només ha servit per apagar l'energia del Southampton, però no ha modificat l'estat enfavat d'un equip bloquejat.

Per segona temporada consecutiva, el City cau eliminat d'una competició que entre el 2017 i el 2020 semblava ser de la seva propietat, ja que va encadenar quatre títols seguits. Ha estat una patacada important perquè s'ha donat d'una manera poc habitual. Amb el d'avui, l'equip de Guardiola ha perdut cinquanta-cinc partits dels tres-cents vuitanta que ha disputat en aquestes set temporades. Només és un 14,47 % de derrotes, però és la més pobra de totes. Guardiola ha rebut cops importants: aquell 4-2 contra el Leicester o el 4-0 davant de l'Everton del primer any; aquells moments de pànic a Anfield, on l'equip es va enfonsar; aquelles caigudes a la Champions contra el Mònaco, el Tottenham o l'Olympique de Lió... Però sempre van ser derrotes en les quals l'equip va jugar a totes fins a l'últim segon, de vegades bé, de vegades pitjor, però sempre lluitant fins a l'últim alè. Avui no hi ha hagut res, ni joc, ni esperit, ni cohesió, ni obstinació. Per no haver-hi, ni tan sols no s'ha rematat una sola vegada contra la porteria rival, la qual cosa és només la tercera vegada que passa des que el Pep es va fer càrrec de l'equip.[75]

La derrota en si té poca transcendència, si bé queda xifrada com la número cent a la carrera de Guardiola com a entrenador. Cent derrotes en vuit-cents trenta partits (12 %). Aquesta derrota té importància només quant a accelerador de les emocions negatives de l'equip. Si les emocions poden ser un terreny fecund per créixer, progressar i desenvolupar-se com a equip, les d'avui del City són un terreny abonyegat, fosc, inquietant, replet d'impulsos torts. Tothom està enfadat, alguns possiblement contra ells mateixos, encara que ho expressin en forma de retrets cap als altres. L'equip viu un moment inaudit, mescla d'irritació, deixadesa, incomprensió i egoisme. És un moment de divorci.

Guardiola treu foc pels queixals al vestidor. Està més irritat que mai i ho expressa de totes les maneres possibles. Fa diverses setmanes que està enfadat i de mal humor. L'exaspera la manera en què

75. Anteriorment havia succeït el 26 d'octubre de 2016, contra el Manchester United (1-0), també en partit de Copa de la Liga; i el 4 d'abril de 2018, contra el Liverpool (3-0), a la Champions League.

alguns jugadors van tornar de la Copa del Món i com afronten aquesta segona part de la temporada. L'equip té desafiaments gegantins, com conquerir el títol de la Premier per tercer any consecutiu, aquest cop enfrontat a un rival superb com l'Arsenal d'Arteta, o intentar tornar a la final de la Champions League. No obstant això, hi ha qui sembla aliè a tots aquests desafiaments. El Pep fa setmanes que apel·la al bon o mal «llenguatge corporal» d'alguns dels seus homes i ha fet declaracions que en uns altres temps s'hauria estalviat, com les que va fer per justificar l'absència de Kalvin Phillips o per elogiar el bon estat actual de Mahrez en comparació amb la seva actitud tova de principis de temporada o fins i tot durant la concentració del desembre a Abu Dhabi. Avui diu que «quan no et prepares per jugar aquesta mena de partits, acabes arribant uns centímetres tard a cada duel i acabes no aconseguint marcar gol».

El Pep està que bufa i el que veu damunt la gespa l'irrita encara més. Quan Cancelo és sancionat per treure malament un fora de banda, el realitzador de la televisió anglesa enfoca una conversa intensa entre el Pep i Maresca en la banqueta, en la qual mostren evidents signes d'empipament per l'acció del jugador. Que dos dies més tard apareguessin comentaris a la premsa sobre l'interès de diversos equips europeus per contractar Cancelo no estranya ningú. Els seus últims mesos a l'equip han quedat marcats per dos incidents importants: l'error de marcatge a Salah a Anfield, que va suposar el triomf del Liverpool, i el penal comès sobre Wilson en el partit contra el Fulham. Des d'aquestes dues dates d'octubre i novembre, el nivell de Cancelo ha caigut de manera alarmant i al cos tècnic no han trobat la manera d'ajudar-lo. El portuguès és un home sensible a qui massa comentaris fets massa vegades el perjudiquen més que beneficiar-lo. Li va bé que li diguin poques coses i poques vegades, però quan les relacions es tensen, les costures amenacen d'esquinçar-se. N'hi ha prou de veure-li la cara per adonar-se'n.

La degradació del seu rendiment és colossal. La caiguda es va iniciar abans del Mundial, va continuar de manera accelerada amb la selecció portuguesa i s'ha multiplicat al seu retorn a Manchester. El pitjor, no obstant això, no és aquesta caiguda del rendiment, sinó la no acceptació de la nova realitat. Cancelo no sembla acceptar que està en baixa forma. Tira les culpes del seu mal joc a la resta. I la seva ira cada dia és més visible. Quan no va jugar ni un minut contra l'Everton, a l'últim partit del 2022, va arribar furiós al vestidor perquè no entenia que el Pep no l'hagués emprat. Sis dies més tard el van alinear com a extrem dret a Stamford Bridge i es va sentir maltractat en ser substituït al descans per Akanji. Avui ha jugat amb desgana contra el Southampton perquè percep que ha perdut la seva jerarquia a l'equip. Ha acumulat errors i ha irritat l'entrenador amb el seu deambular apàtic damunt la gespa.

Guardiola assegura que accepta els errors al camp, però en aquests moments interpreta que molts dels errors tècnics i tàctics, en atac o en defensa, provenen de la deixadesa emocional i la falta de compromís. Hi ha jugadors que semblen haver-se afartat de guanyar, que és el pitjor vici en el qual pot caure un vestidor, denuncia l'entrenador. En aquest *crescendo,* cada dia es mostra més agressiu contra els qui no es deixen la pell a l'entrenament i els partits. De nou comença a aixecar un mur entre ell i alguns dels jugadors, de nou estan aflorant filies i fòbies. Va deixar de ser Von Karajan per convertir-se en Bernstein, però potser estem assistint al retorn de Karajan i el seu mur. Al vestidor hi ha uns quants incendis.

Ilkay Gündogan, que des del primer dia ha estat un estret col·laborador de l'entrenador, s'expressa aquesta nit d'una manera que pot sonar estranya si no es té en compte tot el que acabo d'explicar. El capità de l'equip llança un advertiment molt seriós en acabar el desastre de Southampton: «Espero que d'aquí unes setmanes com a mínim puguem mirar enrere i treure alguna cosa bona d'aquest partit. Avui no hem merescut un resultat millor; ni defensivament ni ofensivament no hem vist el City que estem acostumats a veure. No hem estat agressius, no hem estat consistents, no hem guanyat prou duels. I amb la pilota hem fallat moltes passades fàcils, no hem agafat el nostre ritme, no hem estat eficaços en atac i no hem creat prou. Sento que falta alguna cosa, que alguna cosa falla. Falta alguna cosa en la nostra recepta: el rendiment, les ganes i la fam no són els dels últims anys. Esperem que això sigui un toc d'atenció que ens desperti».

Al cap de dos dies, Guardiola és molt cru en parlar de la preparació de l'imminent derbi de Manchester: «L'única cosa que puc fer és dir als meus jugadors la veritat en els bons i en els mals moments. Soc l'única persona que els diu la veritat. Aquesta és la meva feina. Posar cadascú davant del seu propi mirall perquè es miri. És tot el que puc fer. Ho he fet en el passat, ho he fet recentment, i ho continuaré fent. Cada dia. Ho he fet aquesta setmana. De vegades sense dir res, em veuen la cara i saben exactament la situació. Potser no hi estan acostumats perquè estan envoltats de gent que només els diu com de bons són. Jo soc l'única persona a les seves vides que pot dirlos exactament quina és la veritable situació».

El missatge és nítid i rotund. Si voleu tornar a guanyar, abandoneu la deixadesa i el cansament; comprometeu-vos, treballeu a totes, lliureu-vos al projecte. No guanyareu gràcies al vostre nom, ni al vostre historial. El missatge de Guardiola és cert i veritat, ell és qui pot —i ha de— posar els jugadors davant del seu mirall. El que és paradoxal és que el missatge també se li pot aplicar a ell mateix, encara que sense Lillo al seu costat no sembla fàcil trobar algú disposat a desafiar-lo amb tal audàcia. El Pep haurà de posarse davant del mirall.

L'entrenador argentí de voleibol Julio Velasco va desenvolupar el que denomina la «teoria de les excuses», segons la qual un equip entra en declivi quan comença a trobar excuses per justificar el seu rendiment. I, per contra, un equip creix quan rebutja les excuses, per a la qual cosa és imprescindible que cadascun dels seus components «accepti el desafiament». «Si no, no hi ha capacitat. Si no, hi ha depressió. Cal crear aquest esperit de desafiament. M'adapto a les circumstàncies. Punt. No les explico, m'hi adapto».[76] Guardiola, que és bon amic de Velasco, ho utilitza avui per augmentar l'exigència dels seus homes: «La Copa del Món no és excusa. Tots els equips han cedit jugadors per al Mundial. Els grans clubs juguem sempre deu o quinze partits més que els altres. Si creus que això és injust, sí, és injust: juguem més partits que altres. Però si no t'agrada, ves-te'n a equips que juguin només un partit la setmana. Si en el passat vam guanyar així, també hauríem de fer-ho ara. La Copa del Món? Au, va, excuses a una altra banda, però no aquí».

Els analistes externs parlen aquests dies de tàctica, però el que està passant al City pertany exclusivament al territori emocional i de les relacions. Un equip és un ésser viu que es nodreix de la qualitat de les interaccions dels seus integrants. Les positives multipliquen el rendiment col·lectiu, les negatives el destrossen. Coneixem el resultat del divorci entre Pep i Sterling: dos llargs anys de fredor i distanciament, sense benefici palpable per a ningú. És possible que el conflicte actual

76. Entrevista d'Isaac Lluch a Julio Velasco, a la revista *The Tactical Room*, número 65, juny del 2020.

no assoleixi la magnitud de l'anterior, però el mur va agafant altura, especialment amb Cancelo. El Pep entén que han de ser els jugadors assenyalats els qui arreglin el problema tornant a la sendera de l'esforç i el compromís. Els futbolistes esperen que el tècnic rebaixi la seva irritació i estengui un pont cap a ells. És la fina distinció entre corregir o retreure. El resultat final de la temporada dependrà de com es resolgui aquest conflicte. Hi haurà divorci o hi haurà pacte?

## ESCENA 17

# El cop de puny

### *Manchester, 19 de gener de 2013*

Des del seu debut com a entrenador ha protagonitzat gairebé mil sis-centes conferències de premsa. Les he vistes o seguides gairebé totes. Moltes de les del Barcelona, totes les del Bayern, gairebé totes les del City. D'entre aquestes mil sis-centes rodes de premsa n'hi ha dues que sobresurten molt per sobre de la resta. Totes dues quedaran per sempre en la memòria del que haurà estat Pep Guardiola com a entrenador. La primera va ser el 26 d'abril de 2011, a l'estadi Bernabéu, el dia abans de la semifinal de Champions contra el Reial Madrid de Mourinho, quan va dir que l'entrenador portuguès era «el puto amo, el puto *jefe*», i el va emplaçar a un duel sense quarter. La segona és la d'aquesta nit, als intestins de l'Etihad Stadium, quan ha donat un cop de puny damunt la taula, i també a la mandíbula dels seus jugadors i fins i tot dels dirigents i aficionats.

Avui el Pep ha dit prou.

Prou de marejar la perdiu, prou de *happy flowers*, prou d'entregar-se al 99 %. O tothom al 100 % o adeu. No ha dit «adeu», però se sobreentén.

El cop de puny d'avui també és un crit de socors. Si no es produeix un canvi radical d'actitud, el projecte no tindrà més recorregut i, per tant, ell sobra. Simple i senzill. O anem tots a mort endavant, o jo m'acomiado, adeu i gràcies. És un crit de socors i, al mateix temps, una declaració de guerra a l'apatia i la complaença.

Ha aprofitat un triomf ressonant i apoteòsic per llançar el cop de puny. No ho va poder fer el diumenge anterior, tot i tenir idèntics arguments, perquè el City va sortir derrotat d'Old Trafford (2-1) i a més li van donar per vàlid un gol inaudit al Manchester United, tot i el fora de joc flagrant de Marcus Rashford. Si hagués parlat aquell dia, se li hauria replicat que ho feia en la derrota i per una acció arbitral de màxima gravetat. Va haver de callar i esperar (*Il cinese aspetta*). Però avui ha arribat el moment.

[Tres setmanes més tard, Howard Webb, director dels àrbitres anglesos, va reconèixer públicament que el gol s'hauria hagut d'anul·lar per fora de joc de Rashford, però aquest reconeixement no va retornar cap punt al Cuty].

El vestidor està en silenci. Ningú no parla, ningú no anima, ningú no retreu. És un funeral. Han passat gairebé deu minuts des que el Tottenham ha colpejat dues vegades a l'Etihad Stadium i ha deixat glaçats Guardiola, els seus jugadors i els aficionats. El City ha jugat un bon primer temps, controlant amb força encert la gran arma dels Spurs, els contraatacs ferotges. També l'equip d'Antonio Conte ha jugat un bon primer temps, tancant els espais per on intentaven penetrar Gündogan i Julián Álvarez i duplicant les marques sobre Grealish i Mahrez cada vegada que els extrems locals pretenien aprofundir. L'agressivitat de Hojbjerg, la intel·ligència de Betancur i l'habilitat de Kulusevski s'han unit per entorpir els avanços locals, que, no obstant això, han aconseguit lligar de mans gairebé sempre el voraç Harry Kane, marcat a totes les zones per Manuel Akanji.

Guardiola ha presentat un pla de joc molt clàssic en ell. Una defensa de tres (Stones, Akanji, Aké) continuada per dos mitjos (Rodri i Rico Lewis) que permetessin fluir amb facilitat cap endavant, on ha reunit cinc atacants: Grealish i Mahrez per fora, Gündogan i Julián per dins, i Haaland en punta. Però el duel no s'ha desequilibrat en cap moment, perquè els cinc davanters locals han estat perfectament contrarestats pels cinc defensors visitants.

El desbloqueig al marcador ha arribat com arriben gairebé sempre els gols, per un error. Ederson ha cedit la pilota dins de la seva àrea a Rodri d'una manera tan arriscada que la passada ha estat tota una invitació al gol per als Spurs. Kulusevski ha acceptat el regal i el gol. I només dos minuts i vuit segons després, amb el City ja en «mode defalliment» ha arribat el segon gol, obra d'Emerson, després d'una successió de duels que els locals no han sabut guanyar. El 0-2 al descans no és un resultat xocant tractant-se d'una visita del Tottenham, però sí que resulta sorprenent a la vista del que ha passat damunt la gespa.

Per a Guardiola ha estat una altra galleda d'aigua freda, i encara ho és més quan li expliquen que els aficionats han esbroncat l'equip quan es retirava al vestidor, cosa que no és certa. Hi ha hagut esbroncades, i no gaire grans, però anaven dirigides a l'àrbitre del partit, Simon Hooper, que no ha mostrat targetes grogues a alguns jugadors visitants malgrat les reiterades faltes sobre el jovenet Rico Lewis, especialment una acció de Hojbjerg en la qual li ha trepitjat successivament el turmell, el panxell i la cama sense que hi hagués la més mínima reacció arbitral.

Els duels perduts, la manca de reacció dels seus homes davant de les successives faltes contra Rico Lewis, la informació errònia sobre les esbroncades del públic, el pànic mostrat novament en dos minuts turbulents i la lentitud amb què els jugadors han mogut la pilota en alguns moments han exasperat definitivament el Pep. Està fart i decideix no donar cap instrucció durant el descans. D'aquí el silenci que es forma al vestidor semicircular, amb els jugadors asseguts i abatuts, muts perquè hi ha molt poc a dir. Esperen una esbroncada monumental de l'entrenador. I el Pep parla. Els diu abruptament el que pensa. Que s'han adormit sobre els llorers, que s'han acomodat, que tenen la panxa plena de títols, que falta fam, que falta mossegar i deixar-se l'ànima al camp. El Pep esclata.

Els diu que ni tan sols no són conscients de la complaença en la qual han caigut, i que això és habitual en l'esport. Quan arribes a un determinat nivell apareixen els dimonis de la complaença. Ja ets *top* mundial. Ja ets al cim. Ja has aconseguit els objectius. Estàs feliç, estàs sadoll, has satisfet la fam. I en aquest precís instant comencen l'estancament i la reculada. Al cim de l'esport només t'hi pots mantenir amb autoexigència perpètua. Només volent anar sempre una mica més lluny, exigint-te anar més enllà, amb més energia, amb més ímpetu, amb més encert, és possible mantenir-te. En cas contrari, retrocedeixes. Això és exactament el que els passa a diversos dels futbolistes que escolten el Pep al vestidor. Han aconseguit un nivell tan alt d'èxit i excel·lència que s'han deixat bressolar per la complaença. I després de la complaença arriben l'apatia i la deixadesa, nefastos companys de viatge. És aquell petit mil·límetre pel qual perds els duels, aquell petit esforç que no fas i que t'impedeix evitar un gol, o marcar-lo, i així, mil·límetre a mil·límetre, acabes allunyant-te del cim. Sense adonar-te'n, caus uns quants graons per sota del cim i encara no entens com ha passat...

Ara ja saben el que pensa d'ells, de la seva complaença i de la seva apatia. Se'n va del vestidor.

Vol que siguin els mateixos jugadors els qui resolguin l'embolic en el qual s'han ficat. No fa canvis, no ordena a ningú que surti a escalfar —i això que a la banqueta hi ha asseguts De Bruyne, Bernardo, Cancelo, Walker i Foden— i no modifica ni una coma del pla de joc. No hi ha instruccions, no hi ha modificacions. Sortiu i resoleu-ho vosaltres.

El segon temps s'inicia amb unes altres vibracions. Els tres defenses guanyen els duels i Rico Lewis aconsegueix la proesa de duplicar els seus papers: d'una banda és lateral-interior «*a la Lahm*», facilita la sortida de pilota i la progressió fins al cercle central, i de l'altra és interior profund que ataca pel «passadís del 10». El noi protagonitza una actuació superba i espectacular (96 % d'encert en les cinquanta-quatre passades que fa) perquè és capaç de conjuminar les dues funcions sense parpellejar malgrat estar envoltat de llops blancs que intenten mossegar-lo. Davant, Grealish i Mahrez repeteixen el truc d'atacar per fora per atreure dos rivals. Al lateral respectiu se li uneix cada vegada un dels extrems. Així, Emerson i Kulusevski defensen Grealish i a l'altre costat Perisic i Son vigilen Mahrez. És l'«efecte superpoblació». Com a conseqüència, un jugador *citizen* queda sempre lliure de marca en les proximitats. Rodri ho veu i ho aprofita. Ells tres són decisius per entendre la remuntada. El joc d'atac pivota a través de l'eix horitzontal que formen Grealish, Rodri i Mahrez.

El primer gol arriba en un aprofundiment de Rico Lewis, que cedeix a Mahrez perquè centri i, després d'un parell de rebuigs, Julián obre el marcador per al seu equip. El gol s'aconsegueix gràcies a la superioritat numèrica, perquè el City aconsegueix atacar amb sis jugadors la línia de cinc defensors. Passa el mateix al gol de l'empat, obra de Haaland. També és un sis contra cinc, encara que aquest cop no arriba per la ruta vertical de Lewis, sinó per l'horitzontal. Mahrez atreu dos rivals, Rodri queda lliure, rep la pilota i només ha d'enviar un *alley-oop* suau al cap de Mahrez perquè ell combini amb Haaland. Han passat dos minuts i nou segons entre tots dos gols, un segon més del que va trigar el Tottenham a aconseguir els seus.

El tercer gol segueix una via semblant al segon. Aquest cop és Grealish qui aglutina rivals, aconsegueix cedir ràpid a Rodri, i aquest, que juga amb una brúixola al cap, només ha de canviar de costat per a Mahrez, que li guanya el duel a Perisic, s'interna, dribla i marca amb la cama dreta. Podria semblar que ja està tot fet, amb els jugadors eufòrics i l'estadi encès, però el Tottenham té moltíssima qualitat i en un moment inesperat crea un d'aquells contraatacs que tant de prestigi li han donat. Kulusevski traça una passada de la mort perfecta per a Perisic, que remata a gol des de quatre metres. És gol...

Tret que allà hi ha el peu de Rico Lewis per impedir-ho. No és gol i és un altre miracle defensiu, del mateix calibre que el de Stones contra el Liverpool a la lliga 2018-2019 o el d'Aké contra l'Arsenal a la 2021-2022. És una acció salvadora i inversemblant, de les que inclinen un campionat a favor o en contra. L'Etihad esclata en ovacions cap al seu nou jove heroi. I ja molts minuts més tard, en l'agonia del partit, Ederson redimeix el seu greu error i fa una passada de gol a Mahrez, facilitat pel temerari intent de Lenglet de controlar amb la cuixa una pilota llançada des de vuitanta metres. Mahrez, que ha jugat una segona part superlativa, de les que esgoten adjectius, bat Lloris amb una vaselina dolça i fa pujar el 4-2 definitiu. Ha estat una altra remuntada èpica, de les que s'expliquen durant anys, la cinquena vegada consecutiva que l'equip aconsegueix evitar la derrota en un partit de la Premier en el qual anava perdent per dos gols de diferència (tres victòries i dos empats). Mai abans un equip d'Antonio Conte havia rebut quatre gols en quaranta-cinc minuts. Ha estat un bon partit del City excepte per dos minuts eixelebrats. El rendiment defensiu dels tres defenses ha resultat més que bo; el nivell de joc de Rodri i Rico Lewis ha estat excepcional; Gündogan i Julián han desplegat, respectivament, intel·ligència i energia; Grealish ha tornat a aconseguir un nivell agut i punyent. Mahrez, un remolí, una bogeria, possiblement ha protagonitzat una de les seves millors actuacions de sempre al campionat anglès.

Els somriures i la felicitat semblen haver tornat a l'Etihad, però Guardiola no està per a bromes. Com diu en privat, *il cinese aspetta* (el xinès espera), en referència a una frase que sempre utilitza Manel Estiarte. El moment oportú sempre arriba.

Ha arribat l'hora de donar el cop de puny. Els jugadors ja l'han sentit al descans, però ara el sentiran tots els altres.

Una primera pinzellada: «No reconec el meu equip. [Abans]

tenien passió i ganes de competir. Estem lluny de l'equip de les temporades anteriors. Creus que aquesta remuntada es produirà sempre? No, no serà així».

I, tot seguit, llança la càrrega de profunditat: «Avui hem estat de sort. Estem molt molt lluny de poder competir al més alt nivell. Ho dic avui que hem jugat bé i hem guanyat: o canviem d'actitud, o aquesta temporada no guanyarem res. Ens falta passió! En l'Arsenal tenim un rival que té foc en les entranyes. Són dues dècades sense guanyar la Premier League. Ells mosseguen i es deixen la vida a cada duel i a cada pilota. Nosaltres estem lluny de l'equip que vam ser; n'estem lluny en moltes moltes coses. Ens falta passió, lluita, ganes i coratge... Si no canviem, tard o d'hora perdrem més punts. Estic explicant la realitat, aquí tot és tan còmode... Però els rivals no esperen. Si volem guanyar alguna cosa o competir per algun títol, a força de queixes, queixes i queixes no tindrem cap possibilitat de guanyar res».

Ni tan sols l'heroi de la nit, Riyad Mahrez, no se salva de ser assenyalat: «Riyad Mahrez, quin jugador! Abans del Mundial semblava que estava de vacances. Ara se n'ha adonat: "Oh!"». La ironia és sagnant.

Insisteix en la falta de passió: «Els jugadors volen, s'entrenen bé, tenen voluntat. Però hi ha alguna cosa per aquí, als núvols, que costa de descriure. Són milers de detalls que ens falten i que marquen les diferències. I no és només un jugador, són tots. En canvi, l'Arsenal ho fa tot bé, per això és el líder de manera merescuda. Què tenen, ells? Dues dècades sense guanyar la Premier League. Per això mosseguen. Nosaltres hem guanyat quatre lligues en cinc anys i ara vivim en el confort. És una tendència humana quan has guanyat molt... Però no ho accepto».

I remata: «Som un equip de *happy flowers*, tot bonic i bo. Tothom està còmode aquí, els jugadors, els aficionats... Però jo no vull ser *happy flower*, jo vull guanyar a l'Arsenal. I si juguem així, l'Arsenal ens destruirà».

Decideix elogiar tres dels seus homes: «Necessitem la passió del Julián [Álvarez], del Rico [Lewis], del Nathan [Aké]. La necessitem. Lluiten cada duel, lluiten cada bola com si fos l'última de les seves vides. Aquesta és l'actitud. Sense aquesta passió no arribarem enlloc».[77]

77. A la sortida de l'estadi, Rico Lewis posarà l'accent en això mateix: «Jo mai

No content amb això, Guardiola dirigeix els punys també cap als aficionats de l'equip: «Soc a l'estadi i només sento els aficionats dels Spurs... [A l'equip li ha faltat] coratge, passió, foc, ganes de guanyar des del minut 1, però el mateix amb els aficionats del City, callats durant quaranta-cinc minuts. Vull que tornin els meus aficionats! Els aficionats que ens donen suport en els partits fora de casa són formidables, però jo vull que els nostres aficionats de l'Etihad també ens donin suport, que ens empenyin, que ens exigeixin més, han de cridar. Han de dir-nos: "Som-hi, nois! Sabem com de bons sou, demostreu-nos-ho una altra vegada"... No pots anar perdent 0-2 per reaccionar, avui hem tingut sort, i tenim bones experiències recents remuntant, però nou de cada deu vegades no remuntaràs...».

Tampoc no se salven els dirigents del club: «Vull una reacció de tota l'organització, no només dels jugadors».

Ha estat la nit del cop de puny. El Pep no suporta el *Happy Flowers Team* i vol que torni l'apassionat *Shark Team* que es menjava el món.

Ha estat una maniobra d'alt risc. El Pep fa setmanes, si no mesos, que rumia aquest cop. S'ha cansat de repetir instruccions i exigir un rendiment millor als seus homes sense aconseguir la reacció. Ha vist com es repeteixen sense parar els errors absurds en els partits, errades que costen gols i punts, i que no es donen per manca de qualitat dels jugadors, ni per deficiències tàctiques o tècniques, sinó per deixadesa. I, sobretot, s'ha cansat que el vestidor assumeixi aquesta successió d'errors sense parpellejar, sense crits ni passió.

Guardiola té altres propòsits. Ell vol guanyar, guanyar i guanyar, i fer-ho des de la passió, el compromís i la dedicació obsessiva. Cal anar al cent per cent, cal viure al cent per cent, sense dubtar-ho, sense abaixar mai la pressió, mai, ni un mil·límetre. Qui no estigui a gust en aquesta olla de pressió, més val que marxi. Qui no jugui cada partit, cada duel, cada pilota, com si fos l'últim de la seva vida, més val que marxi.

I arribats a aquest punt ha donat el cop de puny. O torneu tots al cent per cent, o seré jo qui se n'anirà.

---

no penso en si jugaré el partit o no. Per a mi és un regal quan em fan jugar».

En aquest discurs ha pres molts riscos. De fet, és un tot o res. És un ara o mai. És un amb mi o contra mi. El divorci ha engrandit les fissures entre entrenador i jugadors. Ha jugat amb foc. Hi havia diversos incendis, però aquesta nit crema tot. Veurem si el foc purificarà els esperits i alinearà els cors a la recerca d'un mateix objectiu o si després d'això només quedarà terra cremada. Ha gastat l'última bala que tenia al revòlver. Al mateix temps, ha iniciat els *mind games* contra l'Arsenal…

Sempre ha dit que quan vegi que la passió desapareix dels ulls dels seus homes, marxarà. Ha arribat el moment de saber si aquest és el principi de la fi o el final de l'apatia.

## ESCENA 18

# «L'Arsenal fallarà»

***Manchester, 22 de gener de 2023***

A Manchester és gairebé l'hora de sopar. A Londres, a l'últim minut de partit, l'Arsenal ha obtingut el triomf contra el Manchester United (3-2), així que la diferència a la classificació torna a ser de cinc punts, encara que els *gunners* tenen un partit menys al seu compte. A mig partit, amb l'empat a l'Emirates Stadium, la distància s'havia reduït momentàniament a tres punts, però ni en aquell moment ni ara, ja amb el partit acabat, no hi ha hagut la més mínima agitació al cos tècnic del City. El Pep i els seus col·legues són conscients que necessiten encadenar quinze victòries consecutives si volen retenir el títol de la Premier League. Per davant els esperen divuit partits, cinquanta-quatre punts en joc, per la qual cosa l'equip ja no podrà aconseguir la barrera dels cent, però sí acostar-se a la seva plusmarca, tot i que per a això serà imprescindible fer una altra proesa.

Ja ho va fer en el curs 2017-2018, quan van sumar divuit triomfs seguits a la lliga per convertir-se en els històrics Centurions. La temporada 2018-2019 van guanyar catorze partits seguits a l'esprint final per arrabassar el títol a un Liverpool que al gener comptava amb set punts d'avantatge. I el curs 2020-2021 va encadenar quinze triomfs consecutius més. L'equip de Guardiola té experiència en aquestes situacions límit, en les quals només serveix guanyar de manera continuada fins a l'últim dia. Si aconsegueix repetir-ho, tindrà una bona oportunitat de lluitar pel títol, malgrat la immensa fortalesa que mostra l'Arsenal, un equip deliciós, agressiu, ofensiu, golejador, jove i afamat, liderat per un Zíntxenko sobirà.

Aquesta nit, al voltant del Pep es consolida una idea comuna: «Nosaltres, a la nostra. Nosaltres, a guanyar. L'Arsenal fallarà en algun moment. Nosaltres tenim divuit finals per davant i hem de guanyar-les totes». De nou, l'escenari de màxima exigència: cal guanyar els propers divuit partits de lliga, sense la més mínima ensopegada. Seran divuit finals.

Per accedir a aquesta possibilitat, el City ha superat el Wolverhampton (3-0), amb una nova exhibició golejadora d'Erling Haaland, autor d'un altre *hat-trick*, el quart de la temporada. Haaland suma vint-i-cinc gols a la Premier League (divuit d'aquests a l'Etihad), una xifra amb la qual hauria guanyat la Bota d'Or del campionat els últims quatre anys, quan ningú no va sumar més de vint-i-tres, ni Salah, ni Son, ni Kane, ni Vardy, ni Mané rajar, ni Aubameyang. El que és impressionant és que Haaland ho ha aconseguit quan encara som a mig campionat, la qual cosa dona una idea de la magnitud colossal del noruec, que marca gol a la lliga cada seixanta-dos minuts. Abans d'aquesta tarda ja havia aconseguit *hat-tricks* contra el Crystal Palace, el Nottingham Forest i el Manchester United. Només li han calgut dinou partits de lliga per sumar quatre *hat-tricks*, la qual cosa és impressionant perquè a Ruud van Nistelrooy n'hi van caldre seixanta-cinc per aconseguir-ho (a Luis Suárez vuitanta-un i a Alan Shearer vuitanta-sis). Dels seus gols, cinc els ha marcat amb el cap, quinze amb la cama esquerra, quatre de penal i cinc amb la dreta. Ha necessitat rematar quaranta vegades contra les porteries rivals, dues de les quals es van estavellar contra els pals. I el que encara resulta més xocant: ha malgastat catorze grans ocasions de gol, la qual cosa ens diu que encara té molt de potencial per millorar. En el global de totes les competicions acumula trenta-un gols: vint-i-cinc a la Premier, cinc a la Champions i un a la Copa de la Lliga.

Avui, Haaland s'ha vist beneficiat pel joc brillant de l'equip, que ha estat el mateix que va remuntar contra el Tottenham, amb només dos canvis: De Bruyne ha jugat en lloc de Julián Álvarez, i Laporte en lloc d'Aké. Ha estat un altre missatge del Pep a la plantilla. Jugaran els qui s'ho mereixin, es diguin com es diguin. Nova decepció per a alguns homes, si bé Foden és a la graderia únicament per una molèstia al peu. El triomf sobre els Wolves s'ha fonamentat en la paciència, la mobilitat dels jugadors, l'aparició per sorpresa en els espais lliures d'un Gündogan superlatiu i la coordinació de les accions mitjançant Rodri, que està vivint els seus millors dies. Grealish i Mahrez s'encarreguen de dibuixar les accions marca de la casa. Ben oberts a les bandes, quan s'enfronten a un únic defensor busquen guanyar el duel i finalitzar dins de l'àrea; si no és possible perquè reben una doble marca (lateral i extrem rival), busquen atreure'ls al màxim per descarregar cap enrere i que un company rellanci la pilota a l'àrea o penetri pel passadís central si s'obre una escletxa. Així han arribat avui els dos primers gols i així es genera el principal perill del City.

«Gairebé tot ha sortit bé —em diu Carles Planchart a la sortida de l'estadi—. Ens ha sobrat *el temps afegit* però hem vist un equip més sòlid, que no només ha jugat bé. En els últims partits ja havíem jugat bé, però avui hem estat agressius. L'equip pinta molt bé». L'optimisme ha crescut al cos tècnic vista la reacció dels jugadors, que s'han arremolinat al costat de l'àrbitre quan un futbolista dels Wolves ha colpejat amb duresa una cama *citizen*. Just el que el Pep reclamava tres dies enrere. L'afició també ha reaccionat aixecant en alt l'equip, que s'ha sentit de nou feroç i veloç. John Stones ha reivindicat la reacció: «Ens va quedar un sentiment agredolç del partit contra els Spurs i avui ho hem arreglat. Els jugadors sabem quan no estem jugant bé. Ja ens ho va dir el Pep al descans del partit anterior i tenia raó, però avui hem tingut paciència, no ens hem frustrat quan les coses no ens sortien. Tenim el llistó molt alt de les temporades anteriors i estem intentant acostar-nos a aquest nivell». Per descomptat, Stones ho està aconseguint. Es mostra contundent en els duels, hàbil i fred amb la pilota als peus, veloç en les transicions i atrevit per modificar la seva posició al camp una vegada i una altra, movent-se com a defensa, com a lateral o com a migcampista, segons què demani el joc.

La principal conseqüència del triomf d'aquesta tarda és que molt pocs jugadors tenen garantida la titularitat, excepte Rodri i Haaland. La resta haurà de lluitar cada pilota a l'entrenament si vol tenir un lloc a l'equip. Cruyff, el mestre del Pep, sempre va apuntar que a les «vaques sagrades» de l'equip, els jugadors assentats, els de més qualitat i experiència, se'ls havia d'agitar de tant en tant perquè no s'acomodessin en excés. Guardiola, fidel alumne del neerlandès, està fent exactament el mateix que el seu mestre: agitar l'arbre, trencar la comoditat, generar inquietud entre les vaques sagrades i negar la titularitat per jerarquia, prestigi o currículum. Jugaran els que s'ho hagin guanyat a cada pilota de l'entrenament, els que estiguin disposats a donar-ho tot per l'equip.

El divorci amb Cancelo s'ha consumat. El jugador no ha fet cap esforç per ocultar la seva ira. Ho ha expressat al vestidor, ho ha cridat al túnel de l'estadi i ha demanat al seu representant, Jorge Mendes, que li busqui nou equip. Tot això ha arribat a oïdes del Pep. «Per guanyar, un equip necessita bons suplents».

## ESCENA 19

# «L'arsenal punxarà»

*Madrid, 25 de gener de 2023*

—L'Arsenal punxarà. És molt bon equip i el Mikel és boníssim, però crec que el City els acabarà superant perquè té més plantilla i més experiència en els esprints finals.

Domènec Torrent coneix bé Mikel Arteta, ja que van compartir banqueta dues temporades. Qui s'asseia al costat del Pep era el Dome, que era l'assistent principal, la seva mà dreta al Bayern i un important col·laborador al Barcelona. L'estiu del 2016, Arteta només era un jugador acabat de retirar que havia rebut una oportunitat d'or per col·laborar amb Guardiola i iniciar d'aquesta manera la seva vocació com a entrenador. Torrent el va ajudar en aquells inicis, en els quals el jove Mikel es mostrava discret i silenciós. Hi havia dies que el Dome havia de reiterar contra el Pep que la brillant idea sobre un exercici concret havia estat d'Arteta, ja que el mateix Mikel intentava ocultar-ho per timidesa. Des de llavors, tots dos mantenen una relació esplèndida. El Dome valora el que el Mikel està fent a l'Arsenal:

—És magnífic. Està treballant d'allò més bé. I no només el Mikel, sinó tot l'Arsenal. El club ha estat intel·ligent en donar-li llibertat per prescindir de jugadors en els quals no creia i apostar per joves de talent. És clar, li exigiran resultats, però han estat intel·ligents.

Sopem a Madrid amb el Dome que, després de dirigir el New York City, el Flamengo i el Galatasaray, es troba prop d'iniciar un altre projecte. Continua en contacte estret amb el Pep i no es perd ni un partit de la Premier League:

—El City continua a un nivell altíssim. Va passar per un petit sot, però ja n'ha sortit, i crec que farà un final de temporada brillant. És evident que Haaland ha canviat els circuits de joc. Ja no hi ha aquest home de més que suposava jugar sense davanter en punta, sinó amb fals punta. Per això veiem menys seqüències llargues de passada. Ara el Kevin busca ràpid Haaland. Per una banda, això impedeix aglutinar jugadors a una zona i guanyar superioritats, però a canvi tens el Kevin amb onze assistències i Haaland amb vint-i-cinc gols. Potser el joc de l'equip és menys coral, menys brillant que l'any passat, però aquest pot ser el factor que per fi decanti la Champions League a favor nostre. Ara l'equip té aquest davanter que tant hem enyorat en els moments calents de la Champions.

I per superar l'Arsenal a la Premier? N'hi haurà prou?

—L'Arsenal té un onze titular boníssim. No es fan cinquanta punts en mitja lliga així com així. És excepcional. Però seran quatre mesos molt durs de competició i tinc moltíssims dubtes que aguantin. El City té més experiència en aquesta mena de situacions tan tenses i el Pep és molt de Pep. És el millor entrenador de la història. Crec que l'esprint el guanyarà ell.

Al cap de dos dies d'aquest sopar, els dos equips s'enfronten a Manchester en partit de l'FA Cup. Arteta busca sorprendre plantejant duels home contra home per tot el camp, la qual cosa emmanilla els principals jugadors del City i augmenta els riscos de qualsevol error. L'home lliure dels locals és el porter Stefan Ortega, que no només atura dues grans rematades de Tomiyasu i Trossard, sinó que fa un recital de distribució de passades amb el peu. Haaland no se'n surt a retenir gairebé cap d'aquestes pilotes en llarg, però Walker aconsegueix guanyar-les totes davant de Zíntxenko i dona un avantatge posicional a l'equip del Pep, que venç amb un gol suau d'Aké, de nou decisiu en defensa lligant de mans Saka i clau en la rematada, com ja va ser-ho un mes enrere contra el Liverpool a la Copa de la Lliga. El partit no permet intuir cap tendència als duels futurs de la Premier, però sí que alerta Guardiola de la manera amb què Arteta és capaç d'afrontar aquests partits, un estil molt proper al que va presentar al Wolverhampton pocs dies enrere, aquest marcatge a l'home que tan bé li ha caigut a l'Arsenal en el primer temps, però que a la segona meitat ha quedat desarmat per un City que es va afinant. El partit d'FA Cup no és auguri de res, però al cos tècnic *citizen* creix lleugerament la confiança i fins i tot, des de la distància, Dome Torrent creu que l'Arsenal punxarà.

L'única certesa que deixa el partit és que l'etapa de Joao Cancelo al City s'ha acabat. A ningú en absolut no li ha passat per alt la seva postura displicent durant la xerrada prèvia al partit.

Després del matx, Guardiola ni tan sols no s'ha mossegat la llengua en elogiar el gran rendiment de Nathan Aké: «Tothom al vestidor està content per el Nathan. Bé, potser tothom menys un». Txiki Begiristain espera l'oferta que el representant del jugador ha promès portar perquè surti del club. Quaranta-vuit hores més tard es concreta i Cancelo marxa cedit al Bayern de Múnic. El divorci s'ha consumat.

Li pregunten al Pep qui ocuparà la plaça de lateral esquerre i l'entrenador deixa a l'aire un enigma: «Tenim bones opcions. Hi pot jugar Aké, hi pot jugar Laporte, hi pot jugar Rico Lewis. I hi ha un altre jugador que també pot jugar en aquesta posició. Ja ho veureu». Les mirades giren cap a Phil Foden, però coneixent el Pep sé que aquesta no és la resposta a l'enigma. La resposta és un altre portuguès.

## ESCENA 20

# Un lloc fosc i inquietant…

***Londres, 5 de febrer de 2023***

L'Arsenal ha punxat, però el City també. Ahir dissabte, l'equip del Pep tenia el lideratge a les mans, després de la derrota de l'Arsenal a Liverpool, davant l'aguerrit Everton. Però avui diumenge ha tornat a perdre l'avantatge i ja no depèn d'ell mateix.

Ha estat un cap de setmana tenebrós per a la majoria dels equips capdavanters de la Premier League. Va començar el Chelsea, que divendres només va aconseguir empatar amb el Fulham a Stamford Bridge tot i comptar ja amb diverses de les seves grans incorporacions (Enzo Fernández, Mikhailo Múdrik) que li han costat 614,40 milions d'euros nets —fitxatges menys traspassos— des de l'estiu passat. Va continuar l'Arsenal, derrotat pel nou Everton de Sean Dyche (1-0), un dels pocs especialistes de l'històric joc directe anglès que queden encara, una *rara avis* en el futbol actual. Després va ser torn del Liverpool, aclaparat pels Wolves i en caiguda lliure (3-0). I fins i tot el pròsper Newcastle d'Eddie Howe només va aconseguir empatar al seu estadi contra el West Ham. Així doncs, únicament el Manchester United va passar la jornada sense ensopegar. Era l'hora del Manchester City, encara que el partit amb els Spurs es presentava ple de perills, no en va les quatre visites anteriors al nou estadi del Tottenham havien acabat amb quatre derrotes i ni un sol gol anotat pel conjunt de Guardiola, per sis dels locals.

Al nord de Londres es fa evident que el futbol es juga en un territori fosc i inquietant. El futbol es juga al cervell. És un terreny gegantí en el qual es lliuren batalles enormes, un terreny poc il·luminat i humit, sovint desconegut i desconcertant. Dins del cervell hi habiten les emocions humanes, que influeixen de manera poderosa en el rendiment dels jugadors i en els resultats dels equips. Fa cinc anys, el saltador mexicà Jonathan Paredes va definir les emocions de l'esportista amb una frase singular: «Al teu cap hi ha un combat etern contra tu mateix».[78]

Rodrigo Hernández ho comprova al minut 14, quan comet un error que suposa el gol de la victòria per als Spurs i el número doscents seixanta-set de Harry Kane amb la samarreta blanca, rècord històric per al club londinenc, un més que el llegendari Jimmy Greaves. Fins a aquest moment, el City domina el joc a plaer. Guardiola ha col·locat Rico Lewis al lloc de Cancelo perquè jugui al costat de Rodri per davant de Walker, Akanji i Aké. La sortida de pilota és en 3+2 i resulta senzill trobar Bernardo Silva, que es mou lliure de marca per darrere dels quatre atacants, Mahrez, Julián, Haaland i Grealish. Per col·locar Julián Álvarez, l'entrenador ha sacrificat KDB, en benefici d'un control del joc més gran mitjançant Bernardo. És un assaig més del Pep a la recerca del difícil equilibri entre control i profunditat, un problema que encara no ha resolt des de l'entrada de Haaland a l'equip.

El joc no és brillant, però sí que ho és el domini. Durant catorze minuts, els Spurs no aconsegueixen trepitjar camp contrari, collats per un City pletòric d'energia i pressió. Just en aquest moment, Rodri té una mala idea. En comptes de tornar una pilota cap a Ederson, decideix donar-l'hi a Lewis a la frontal de l'àrea. Atacat per Hojbjerg, el jove Lewis no aconsegueix rebre l'arriscada passada de Rodri i l'acció acaba amb l'inevitable gol de Kane. Ha estat un calc de l'error comès per Ederson quinze dies abans contra el mateix rival, quan va fer una passada idèntica a Rodri. L'error és el peatge que ha de pagar el City, i especialment els seus homes en posicions de més risc, per practicar un estil de joc tan atrevit i proactiu.

Aquesta errada enfonsa Rodri en un marasme. De sobte reapareixen els vells dimonis que el van tenallar la seva primera temporada amb el City. I ara no hi són Lillo o Fernandinho per xerrar amb ell i retornar-lo a la serenitat. L'espanyol ha estat el jugador més regular de l'equip aquesta temporada (i l'anterior). Algun cop ha jugat de manera excepcional, i mai no ho ha fet malament.

78. Entrevista d'Isaac Lluch a Jonathan Paredes, a la revista *The Tactical Room*, número 30.

Sempre ha estat de notable alt, sempre atent, contundent, precís i eficaç. Des de l'estiu del 2021, s'ha convertit en frontissa de l'equip i en una assegurança absoluta. Però avui s'ha ensorrat, enfonsat per l'error. Li ha canviat la cara, ha abaixat les espatlles i ha multiplicat les errades, com qui pateix un malson interior. El pes de les emocions ha pogut amb ell i l'ha dut a fer una actuació pèssima. Sembla el Rodri del 2019, un jugador nerviós i insegur, erràtic sobre el camp, maldestre en les passades, desconnectat del joc. I amb el seu esfondrament arriba el de tot l'equip, que ni tan sols amb les entrades de KDB i Gündogan aconseguirà remuntar l'ànim i el seu joc, per més que Mahrez remati al travesser.

L'equip del Pep té un problema d'equilibri tàctic, però sobretot pateix un conflicte emocional molt gran. No és tan sols el que va denunciar l'entrenador dues setmanes enrere, la falta de passió, de fam i d'energia, sinó una cosa més profunda que mina el cervell dels jugadors i els llastra les cames. És el pes de les emocions negatives, que s'engrandeixen a cada nou error, com si els futbolistes sentissin que són inevitables en cada partit. El llenguatge corporal de tots ells és similar: cares desencaixades, espatlles caigudes, moviments de negació amb el cap… El cervell és el múscul més important de l'esportista i el City pateix un profund malestar en el seu, cosa que el porta indefectiblement al mateix comportament erroni, partit rere partit. No hi ajuda el llenguatge corporal del mateix Guardiola, que s'agita com si es tractés d'un jugador més, conscient del problema i potser sabedor que ell mateix n'és part. Al cap i a la fi, un equip no és més que el reflex del seu entrenador.

Al cap de l'esportista sempre hi ha un combat etern contra ell mateix. En aquests moments, el Manchester City està perdent aquesta batalla. I el Pep també l'està perdent.

## ESCENA 21

# «Em quedo. Ara més que mai»

*Manchester, 10 de febrer de 2023*

Al final del dia aconsegueixo parlar un moment amb el Pep, que ha tingut una jornada intensa. Ha dedicat el matí a preparar amb Estiarte la intervenció de migdia davant dels periodistes. Després ha dirigit l'entrenament, i finalment ha passat la tarda estudiant la manera d'enfrontar-se a l'Aston Villa, el rocallós equip d'Unai Emery, el conjunt que va estar a punt de frustrar la conquesta de la passada Premier League.

El dilluns anterior, sense previ avís, la Premier League va llançar públicament una llista de cent quinze càrrecs contra el Manchester City, al qual acusava d'infringir regles financeres des de l'any 2009. El club va replicar que les acusacions eren del tot infundades, que les comptabilitats anuals eren correctes i irrefutables i que defensaria la seva honorabilitat. Poc després es va saber que diversos dels càrrecs imputats estaven replets d'errors. En qualsevol cas, a Guardiola li va correspondre ser el primer membre del club a parlar davant de la premsa i, com és habitual en ell, no es va amagar. Podria haver defugit el tema al·legant que ell no té cap responsabilitat en aquest terreny, com és obvi, i, més encara, que es tracta d'acusacions generades quan ell ni tan sols no pensava que algun dia entrenaria el City. Però el Pep té un sentit agut de la responsabilitat i sent un agraïment profund cap a dirigents i aficionats del club, per la qual cosa va decidir passar a l'atac de manera frontal i sense embuts. Només el va assessorar la seva mà dreta, Manel Estiarte. Ningú més del club sabia que el Pep sortiria a atacar.

—Vivim en un país meravellós, en una societat en la qual tothom és innocent fins que es demostri el contrari. Excepte el Manchester City. El primer que veus, quan llegeixes els articles que llegeixes, és que ja ens han sentenciat i condemnat. Quan va passar allò de la UEFA va anar igual, ja ens havien condemnat, però després va resultar que el club va poder demostrar que érem del tot innocents.

»Sí, això crec [que les acusacions estan dirigides per altres clubs], és la Premier League. Preguntin als CEO dels dinou clubs, a Daniel Levy i als altres. Ells ens volen fora de la Premier. Han establert un precedent. Siguin curosos en el futur. Han creat un precedent. Molts clubs han fet insinuacions i hi ha molts clubs que poden ser acusats com nosaltres ho hem estat.

»No oblido els nou clubs que van escriure una carta al TAS [Tribunal Arbitral de l'Esport] demanant que ens fessin fora de la Champions League. No els oblido: Burnley, Wolverhampton, Leicester, Newcastle, Tottenham, Arsenal, Manchester United, Liverpool i Chelsea. No oblido que van demanar que ens expulsessin de la Champions per ocupar el nostre lloc, el lloc que ens havíem guanyat damunt la gespa. Juli Cèsar deia que en aquest món no hi ha amics ni enemics, només hi ha interessos.

»Què passarà si som innocents? Perquè si es donés el cas que fóssim culpables, d'acord, acceptarem el càstig. Si som culpables i ens envien a una categoria inferior, a la que sigui, cap problema, cridarem Paul Dickov i Mike Summerbee i tornarem a fer-ho, tornarem a ascendir amb els jugadors que tinguem.[79] Però què passa si som innocents? Com es compensarà aquest mal que ens han fet, aquesta sentència d'avançada?

»No em penso moure d'aquest seient. Us ho asseguro. Ara més que mai em vull quedar aquí. De vegades he tingut dubtes perquè ja són molts anys a la Premier League, set anys, però ara no en tinc cap dubte: continuaré aquí. Mireu el que va passar amb la UEFA. És el mateix cas. Per què no haig de confiar en la meva gent? Entre la gent de fora i la meva gent, em quedo amb la meva gent.

79. Mike Summerbee (1942) va ser un gran davanter del Manchester City, contemporani i gran amic de Georges Best. Va jugar tres-cents cinquanta-set partits amb el City, en els quals va marcar quaranta-set gols. Actualment és ambaixador del club i bon amic de Guardiola. Paul Dickov (1972) va jugar cent setanta-quatre partits amb el City, va marcar trenta-cinc gols, i actualment exerceix com analista de futbol.

Evidentment, el discurs del Pep connecta de manera estreta, íntima i profunda amb el sentiment dels aficionats. És com un electroxoc que recorre els cors *citizen*. El Pep enfurit, enarborant la bandera blava, sense escut ni protecció, seguit per milers d'aficionats plens de passió i febre pels seus colors. El City contra tothom. Un dia de comunió emocional entre el Pep i els seus seguidors, un dia en què tanquen files, com un exèrcit atacat per tots els flancs que decideix replicar amb tota la seva energia en lloc d'acovardir-se i rendir-se.

És el Pep en estat pur. Atrevit i responsable, estretament connectat amb la seva gent, i al mateix temps sense por pel futur. Al cap i a la fi, quan aquest procés acabi ell ja no serà a Manchester, si es compleixen els llargs terminis previstos. Però a Guardiola mai li ha importat plantar arbres que no veurà créixer, perquè forma part de la seva naturalesa. També és el Pep exagerat. En un moment de la roda de premsa va massa lluny en el seu discurs i llança una frase molt desafortunada: «No sé si el Manchester City també és responsable de la relliscada de Steven Gerrard [el 2014, quan aquesta relliscada va donar el títol de la Premier al Chelsea]». És una frase innecessària, de la qual el Pep es desdiu al cap de quatre dies demanant disculpes públiques —després de fer-ho en privat— a Gerrard «pel meu comentari estúpid i innecessari». Heus aquí un altre tret molt propi de Guardiola: l'exageració, que de vegades el fa caure en errors infantils, però també la generositat de reconèixer-ho sense rubor i demanar perdó: «M'avergonyeixo de mi mateix pel que vaig dir perquè [Gerrard] no s'ho mereix. Crec sincerament en els meus comentaris sobre la defensa del meu club, però no vaig representar bé el meu club en esmentar-lo a ell en aquells comentaris estúpids».

Quan aconsegueixo parlar-hi està tan atabalat que amb prou feines hi ha temps per preguntar-li per què s'ha exposat tant, per què ha decidit —un altre cop, de nou, com al Barcelona i al Bayern— donar la cara per la institució en lloc de deixar que ho facin els dirigents. Per quina raó ha decidit convertir-se en escut i espasa del City.

—Per defensar allò que estimo i per defensar la gent que m'estima i que m'ajuda.

Simplement.

Diumenge següent els aficionats recompensen el Pep amb una gran ovació i un suport colossal a l'equip. No hi ha res que provoqui més unió en qualsevol col·lectiu que un atac exterior. Les esbroncades a l'himne de la Premier League són massius i sonen com un crit de guerra. En comptes de rendir-se, el Manchester City ha decidit lluitar fins al final, com diu una pancarta gegantina situada a la graderia, i els seguidors s'hi dediquen a fons, empenyent l'equip a una victòria còmoda que es concreta ja a la primera part amb gols de Rodri, Gündogan i Mahrez.

El més rellevant del partit ho ofereix Bernardo Silva, a qui el Pep col·loca com a lateral esquerre quan el City no té la pilota. Quan va deixar marxar Cancelo, tots els detalls de l'entrenament presagiaven que Bernardo seria l'escollit com a lateral alternatiu. Bernardo, el més polivalent dels seus jugadors, l'home que ja ha jugat a totes les posicions excepte de porter. Diumenge fa una exhibició d'intel·ligència tàctica. Amb pilota es mou com a segon mig centre, proper a Rodri, i aconsegueix superar amb facilitat la pressió visitant, encara que a partir d'una pilota dividida que no aconsegueix guanyar es generarà l'únic gol del Villa. Sense pilota, Bernardo defensa com un lateral, se situa de defensor si ha de donar cobertura a Laporte quan el francès s'incorpora com a sisè davanter (3-1-6 del City en atac davant de 6-2-2 de l'Aston Villa) i es mostra valent i eficaç. Confirma un dia més que el seu rendiment millora quan és a prop de la pilota i empitjora quan se l'allunya de la dinàmica de joc. Bernardo dona una lliçó magistral de polivalència i flexibilitat tàctica, la qual cosa pot ser molt important de cara als imminents desafiaments. Avui és dia de recordar que, fent broma, en una ocasió Bernardo es va definir a ell mateix com un *attacking defender*, un «defensa atacant». La paradoxal definició li quadra perfectament. Avui afegirà: «Ha estat un repte, però ha estat bonic. M'encanten els reptes i intento ajudar l'equip al màxim. He hagut de centrar-me més a no equivocar-me, a ocupar els espais i a defensar bé».

El Pep feia dies que mastegava la idea de jugar de nou amb els seus quatre mitjos (Rodri, KDB, Gündogan i Bernardo) per tenir un home més al mig del camp. Atès que els tres atacants són intocables, només hi ha una manera de fer-ho: traient un jugador de la línia defensiva, la qual cosa obliga que aquest migcampista extra es desdobli en defensa quan calgui. El Pep ha dedicat moltes hores a reflexionar el moviment i ho ha parlat amb gent molt propera a ell. L'entrenador veia problemes per ajustar l'equip amb Bernardo de lateral esquerre, en funció de la rapidesa de les accions rivals. Després de molt de debat, el Pep acaba confirmant la seva idea inicial de jugar amb Bernardo al lloc de Cancelo perquè, si bé no coneix els mecanismes específics de la funció de lateral, té tant de futbol a les cames i al cap que és capaç de moure's com si hagués jugat en aquesta posició tota la vida.

L'Arsenal s'ha deixat a casa dos punts contra el Brentford (1-1) i la distància s'escurça a només tres, encara que el City ha jugat un partit més. Dimecres següent és el gran duel entre les dues locomotores del futbol anglès. El Pep creu que el seu equip ja està preparat per desafiar el líder. Als entrenaments de la setmana ha confirmat que el canvi d'actitud dels jugadors que s'havien adormit és ja una realitat. Han despertat.

ESCENA 22

# L'Arsenal punxa

***Londres, 15 de febrer de 2023***

—T'hi atreviràs amb Bernardo de lateral esquerre davant d'un extrem com Saka?

—Ja ho veuràs. No en dubtis.

El Pep n'està segur. Bernardo Silva repeteix com a lateral esquerre davant de l'Arsenal.

—Jo no veig defenses o atacants. Veig futbolistes que poden jugar en diferents posicions en diferents moments.

Per al jugador portuguès és diferent: «No puc mentir, ha estat molt dur. Quan jugues en aquestes posicions, has de tenir mentalitat de defensa i perds una mica del teu pensament ofensiu i del que pots fer amb la pilota». Feia broma sobre ser un *attacking defender* i ja ha comprovat els efectes d'aquesta polivalència.

L'Arsenal ha punxat. Va començar l'any 2023 amb set punts sobre el City (quaranta-tres contra trenta-sis) i l'avantatge s'ha esvaït. L'equip de Guardiola no era líder des de la segona jornada de campionat i aquest vespre recupera el lideratge, després de cent un dies de domini absolut del conjunt d'Arteta. Des de l'inici de l'any, el City ha guanyat cinc dels set partits jugats i n'ha perdut els altres dos: quinze punts. L'Arsenal només ha guanyat dos dels sis disputats, n'ha empatat dos i n'ha perdut dos més. En aquesta diferència de rendiment s'ha evaporat tot el seu avantatge, si bé encara compta amb el comodí d'un partit pendent contra l'Everton, que podria retornar-li el lideratge.

En previsió de les posicions interiors que puguin adoptar Zíntxenko i Odegaard en la sortida de pilota de l'Arsenal, dos dies abans del partit el Pep decideix modificar l'estructura de l'equip sense pilota. Des del 2020, ha estat sempre en forma de 4-4-2, on el davanter i un interior són els homes més avançats, mentre els extrems s'endarrereixen a l'altura de Rodri i l'altre interior, encara que oberts a les bandes per tapar l'avanç dels laterals rivals. L'equip ha adquirit un gran domini d'aquesta estructura i, de fet, ha encaixat poquíssims gols quan s'ha enfrontat amb aquesta organització a un bon atac. És un dels trets essencials de l'equip, que ha après a manejar-se sense aclaparament quan no té la pilota gràcies a aquesta estructura.

Al Pep el preocupa la creativitat de Zíntxenko i Odegaard. Tots dos acostumen a situar-se al voltant del cercle central, des d'on organitzen l'avançada *gunner*, per la qual cosa decideix tapar-los amb els seus dos extrems (Mahrez i Grealish), mentre envia els dos interiors (KDB i Gündogan) a les bandes. Només hi ha un dia d'entrenament per provar-ho, el dimarts previ al partit, i el Pep dedica bastants minuts a modificar l'organització habitual del seu equip. Ha pres una altra decisió: repetir amb Bernardo Silva de lateral esquerre i així poder utilitzar Nathan Aké de defensa. L'entrenador intueix que no serà un partit que pugui dominar còmodament i que el seu equip passarà molts minuts tancat per l'hegemonia de l'Arsenal, per la qual cosa elegeix els seus defenses més rocallosos. El Pep sempre tria els qui considera més adequats per al pla específic de cada partit. Si imagina un partit amb molt de domini del City i que podrà elaborar el *build-up* sense dificultat, es decanta per defensors amb una gran sensibilitat amb la pilota. És el moment de Lewis o Laporte. Si imagina el contrari, llavors és el moment de Walker, Dias o Aké. Aquesta distinció tan simple és a la base de les seves decisions a l'hora de triar l'alineació. El mateix passa a altres zones del joc. Si intueix que precisarà molt de control i estabilitat, optarà per interiors com Bernardo i Gündogan, però si creu que caldrà velocitat i vertigen preferirà a De Bruyne i Foden. Com és obvi, cap partit es presenta mai en un únic sentit, per la qual cosa sempre tria un equilibri de qualitats que permeti al seu equip ser competitiu en cada moment de la trobada. Aquest equilibri és el que el porta a enfrontar-se a l'Arsenal, en el partit més important del que portem de temporada, amb dos defenses d'àrea com Dias i Aké, combinats amb dos laterals de característiques tan diferents com Walker i Bernardo. La recerca d'aquest equilibri entre qualitats complementàries per afrontar rivals de característiques també diferents és el que provoca que el Pep repeteixi molt poques vegades una mateixa alineació, al marge de donar descans i frescor als caps i a les cames dels jugadors. Al Bayern va jugar cent partits consecutius sense repetir alineació, i el mateix està fent al City. La millor alineació mai no és la dels millors onze jugadors, sinó la que millor s'adapta al rival al qual es vol batre.

Als vint minuts de partit, just després que Nketiah malgasti de cap una pilota d'or centrada per Zíntxenko, el Pep es gira cap a Rodolfo Borrell a la banqueta i reconeix: «Això és una merda. L'he cagat, no funciona». Així és. De Bruyne i Gündogan estan perduts en aquesta estructura sense pilota i, a sobre, Arteta ha modificat les seves intencions i envia Zíntxenko per fora perquè sigui Martinelli qui generi el joc per dins. El City no aconsegueix tapar bé les zones centrals del camp i està atabalat per un Arsenal agressiu que supera sense dificultat el 4-3-2-1 rival. Cada vegada que els *gunners* trenquen aquesta primera barrera, el City es ressitua en forma de 4-1-4-1 per protegir la seva àrea una mica millor. El canvi d'estructura se li posa fatal a l'equip, que no aconsegueix acumular dues passades seguides, ni avançar cap a zones de perill. El seu joc es limita a pilotades llargues. «Hem llançat moltes pilotades i no ha estat positiu. Una cosa és fer passades llargues, amb un sentit i una intenció, i una altra és treure's la pilota de sobre amb pilotades cap enlloc», reflexionarà el Pep més tard amb la seva gent.

Ederson no acostuma a fer pilotades, sinó passades llargues amb intenció. El gol de KDB als vint-i-tres minuts arriba en una passada d'Ederson cap a Haaland que Saliba remata de cap endarrere. Poc abans s'ha produït una acció idèntica i Tomiyasu, molt pressionat per Grealish, ha cedit sense problemes al seu porter perquè reiniciés el joc. Ara el lateral japonès ho torna a provar, però la seva cessió enrere es queda curta i De Bruyne l'aprofita per llançar una vaselina per damunt de Ramsdale i obrir el marcador. Cap al minut 50, Ederson repetirà la passada llarga i l'acció conclourà en una perillosa falta contra Grealish que Rodri rematarà de cap contra el travesser. Deu minuts abans, però, Xhaka aprofita les esquerdes de la defensa *citizen* per filtrar una passada vertical a Nketiah que acaba en penal d'Ederson. Possiblement hagi estat correcte assenyalar pena màxima, però no deixa de ser paradoxal que tres dies enrere succeís el mateix a l'Etihad, quan Emiliano Martínez va xocar amb Haaland, i l'àrbitre assenyalés falta del davanter noruec. Avui, en una acció idèntica, ha marcat penal. Més enllà de la sensació de perjudici que cada equip pugui tenir, és indiscutible que el nivell de l'arbitratge en la Premier League és molt irregular, tant sobre els terrenys de joc com a les cabines del VAR.

Al vestidor no hi ha bones cares i el Pep decideix assumir el seu error: «Nois, m'he equivocat. La meva idea ha estat horrible. Tornarem a l'estructura bàsica: sense pilota, 4-4-2, el Riyad i el Jack oberts en banda, el Kevin a dalt, el Gündo a baix amb el Rodri». No és l'únic canvi. Dissecciona brillantment un primer temps molt pobre: «Sabem que costa molt jugar contra ells perquè són molt bons i salten home contra home tota l'estona. Esteu pressionats tota l'estona, però vosaltres sou molt bons. Deixeu-vos anar una mica més, deixeu-vos anar, oblideu la pressió. Associem-nos més i no busquem l'espai tan ràpid perquè això només ens porta a perdre la pilota més ràpid. Distàncies més curtes entre tots vosaltres, més junts per trobar-nos amb més facilitat. Passades llargues sí, pilotades sense sentit no». També corregeix la marca sobre Martinelli. Envia Rúben Dias sobre Odegaard, encara que hagi de creuar mig camp cada vegada, la qual cosa permet que Aké ajudi millor Bernardo Silva sobre Buyako Saka, i encarrega a Rodri tapar la posició flotant de Martinelli, que al primer temps aconseguia guanyar-li l'esquena amb facilitat.

Els canvis modifiquen el partit. El City sembla un altre, fins i tot malgrat que el VAR anul·li per fora de joc un penal assenyalat de Gabriel sobre Haaland. L'equip es retroba, i encara més quan el Pep fa una substitució que marcarà el decurs del partit i qui sap si del campionat. Contra tot pronòstic, als seixanta-un minuts introdueix Akanji com a recanvi de Mahrez. Sembla un canvi defensiu, de fet està canviant un extrem per un defensa, però és una substitució rotundament guanyadora. Bernardo abandona el lateral esquerre, posició que passa a ocupar Aké, i s'alinea com a extrem dret. Corregida l'estructura sense pilota (4-4-2), ara modifica el *build-up,* que del 3-2-5 muta al 4-3-3. Guanya superioritat en la sortida i eludeix la pressió individual dels locals amb passades més curtes entre propers, combinades amb passades llargues cap a la línia defensiva de l'Arsenal per aprofitar les segones jugades. En canvi, Arteta es queda petrificat mentre Grealish supera Tomiyasu una vegada i una altra, i no dona entrada a Ben White en lloc del japonès fins als minuts finals, quan el partit ja ha quedat sentenciat. El Pep dedicarà un minut a parlar de Bernardo:

—És una joia. Lateral esquerre o extrem dret, sempre bé, en qualsevol paper, en qualsevol posició. Un futbolista amb majúscules.

Com a extrem dret, Bernardo s'afarta de valent. S'afarta de *gegenpressing,* tot un homenatge a la «contrapressió» de Jügen Klopp. Possiblement no hauria estat possible sense la impressionant presència d'Erling Haaland, un davanter fabulós si mirem la seva efectivitat, però encara més colossal per l'energia que desprèn. L'*Homo Haalandensis* sembla l'evolució del davanter centre. És un monstre que abat defenses rivals gegantins com si fossin fràgils canyes de bambú. La velocitat, la força del seu galop, l'agressivitat dels seus moviments, l'energia elèctrica que emana de les seves accions, tot en Haaland té aroma d'alt voltatge. I avui està especialment motivat i agressiu. Aquest avantatge l'aprofiten Bernardo, De Bruyne, Rodri i Walker, que mosseguen per tota la zona esquerra de l'Arsenal fins a fer-la miques. Per més solidesa que tenen els excel·lents defenses locals i qualitat tècnica que atresoren Zíntxenko, Xhaka i Martinelli, la pressió *citizen* resulta tan aclaparadora que condueix indefectiblement a successives recuperacions de pilota traduïdes en els gols de Grealish i Haaland. El triomf és contundent i retorna el City al lideratge provisional, amb un partit més que l'Arsenal (no ocupava aquesta posició de privilegi des de la segona jornada). És la setena victòria seguida de l'equip de Guardiola contra els *gunners* des del 2020 i la ratificació d'una remuntada que sembla tenir un llarg recorregut. Altres xifres són inèdites. El City només ha tingut la pilota al seu poder el 36 % del temps, la seva pitjor dada de possessió a la Premier League i la segona pitjor de tota l'etapa Guardiola.[80] L'equip tot just ha fet tres-centes una passades —contra cinc-centes vint-i dues de l'Arsenal—, més o menys la meitat de les habituals, amb un pèssim encert del 72 %, vint punts percentuals per sota de la mitjana. L'Arsenal ha acumulat vint seqüències de deu o més passades; el City només n'ha aconseguit set. Són xifres baixíssimes, totalment impròpies de l'equip, però que reflecteixen la fortalesa real de l'Arsenal i la duresa extrema d'un partit que pot valdre un títol.

80. Contra el Barcelona va obtenir un 34,6 % el 2016, en partit de la Champions League.

## ESCENA 23

## *Match Point*

***Nottingham, 18 de febrer de 2023***

La jornada 23 de la Premier League és l'epítom dels immensos petits drames esportius que propicia el futbol. Com a l'escena final de *Match Point*, la pel·lícula dirigida per Woody Allen, la pilota s'estavella contra la part superior de la xarxa, oscil·la, rebota, titubeja, queda suspesa a l'aire unes mil·lèsimes de segon que semblen eternes i al final cau a favor d'un dels contrincants. Exactament així ha succeït aquest dissabte 18 de febrer.

Encara és migdia i l'Aston Villa ja domina l'Arsenal al marcador. Per dues vegades, l'equip de Mikel Arteta aconsegueix igualar el partit gràcies al gran domini que exerceix al camp, on desenvolupa un joc primorós. Quan el partit agonitza, els «villans» aconsegueixen rematar contra el travesser de Ramsdale, però no obtenen el gol del triomf. Als noranta-tres minuts, Jorginho dispara des de lluny una pilota que s'estavella al travesser local, rebota al cap del porter Emiliano Martínez i s'introdueix en la porteria de l'Aston Villa. És el 2-3 del triomf *gunner*. El VAR es queda mut davant dels dos jugadors de l'Arsenal que, situats en fora de joc, obstaculitzen la visió del porter. Els d'Arteta encara tenen temps per aprofitar que Martínez puja a rematar un córner a l'últim segon i baten de nou la porteria que ha quedat buida. És un triomf agònic, però absolutament merescut de l'Arsenal.

Però els mèrits no importen en futbol. Importen els gols que s'obtenen i els que es concedeixen.

Dues hores més tard, el City veu com la pilota estrellada contra la xarxa rebota en contra seva. Domina i sotmet el Nottingham

Forest, amb períodes en què té la pilota al seu poder durant el 80 %, el 85 % i fins i tot el 91 % del temps. Els jugadors de Guardiola, de nou amb Bernardo Silva com a lateral esquerre, encara que en realitat es mou lliure per tot el terreny, esclafen els locals amb interminables seqüències de passades, però no es tracta de passades intranscendents, sinó àgils i intencionades. Els *citizen* viuen pràcticament a l'àrea rival, on per moments s'amunteguen dotzena i mitja de jugadors. Assetgen sense treva el porter Keylor Navas, i desenvolupen el millor joc de la temporada. De nou és un Manchester City coral, assentat, precís i ràpid en les passades, àgil per canviar de costat, agut per crear ocasions de gol. Però marxa al descans amb un avantatge mínim, obra de Bernardo Silva, que marca des de fora de l'àrea. En la represa es multipliquen les ocasions clamoroses: Foden, Haaland, Rodri, Laporte, Grealish, Gündogan… Tots poden marcar i sentenciar, però ningú no ho aconsegueix; i només De Bruyne es mostra desafinat dins de la simfonia *skyblue*. I com a la pel·lícula de Woody Allen, quan tot just queden cinc minuts, el Nottingham trepitja per primera vegada l'àrea visitant i marca el gol de l'empat. Bernardo salta en excés sobre d'un rival i després, potser per no cometre penal, Laporte s'aparta a un costat i li obre la porta de l'àrea a Brennan Johnson perquè continuï la carrera, que desembocarà en l'empat. És el quart partit consecutiu en què el City rep gol al primer xut del rival. Ha jugat un partit brillant i ha obtingut un resultat pèssim, que retorna el lideratge a l'Arsenal i reobre velles ferides que semblaven tancades dins del vestidor. Cap ferida no es cura en dos dies i els retrets ressorgeixen quan els resultats es torcen.

De vegades, la pilota cau del costat més inversemblant.

## ESCENA 24

# Tres de tres

***Manchester, 18 de març de 2023***

Tres de tres.

Després del *match point* perdut a Nottingham, el City va encadenar una sèrie de partits difícils i aspres. Va empatar en camp del Leipzig a la Champions, un partit en què va dominar plàcidament durant el primer temps i va patir amargament durant el segon (1-1). Al Vitality Stadium en va tenir prou amb quaranta-cinc minuts esplèndids de Rico Lewis per sentenciar un Bournemouth que semblava més perillós del que va resultar en realitat (1-4). A Ahston Gate va batre fàcilment el Bristol als vuitens de l'FA Cup (0-3). De retorn a l'Etihad, després de cinc partits consecutius com a visitant en només tretze dies, va superar el corretjós Newcastle per 2-0, ja amb Phil Foden mostrant-se a ple rendiment i igualant el seu rècord de gols a la lliga (nou), i amb Ederson sumant cent porteries a zero en dos-cents vuit partits. Però l'Arsenal va salvar durant aquestes mateixes dates dos *match points* en els instants finals dels dos partits: empatava a dos al camp de l'Aston Villa però va aconseguir un parell de punts als minuts 93 i 98; i també empatava a dos a l'Emirates Stadium contra el Bournemouth i Reiss Nelson el va rescatar al 97. Sense aquests gols agònics, l'equip d'Arteta només tindria un punt d'avantatge sobre el de Guardiola, però el seu brillant joc i el seu esperit indomable li van permetre mantenir-se ferm a la part alta de la classificació, cinc punts per davant del City.

Va ser llavors quan Guardiola va dir: «Els tres propers partits marcaran la nostra temporada. Si els guanyem, continuarem vius a les tres competicions. Si els perdem, estem fora i s'ha acabat». Amb l'experiència guanyada en els seus quinze anys com a entrenador, el Pep ha pres consciència plena que no pot fer plans a llarg termini, ni tan sols a mitjà termini. Cal anar dia a dia, partit a partit, sense mirar més lluny. Coneix perfectament la realitat de la lluita per la Premier League: el seu equip ha de guanyar tots els partits que queden, sense cap ensopegada més. L'última relliscada permesa va ser la del Nottingham, però ja no hi ha més marge. Cal guanyar els dotze partits que falten —la qual cosa suposa vèncer, entre d'altres, l'Arsenal a l'Etihad— i confiar en una relliscada de l'equip d'Arteta. És l'única manera de retenir el títol de campió. Per aquesta raó diu que els tres partits següents seran decisius. El de lliga perquè ja queda dit que només hi ha l'opció de guanyar. Els de Champions i FA Cup perquè són eliminatòries sense marxa enrere.

## UN DE TRES

El primer dels tres partits el supera amb dificultats perquè el Crystal Palace s'atrinxera a Selhurst Park en un 5-4-1 espès com una cota de malla. No hi ha per on penetrar la cuirassa. A canvi, és cert, Ederson viu una tarda plàcida, perquè el quadre local no dispara ni una sola vegada contra el porter brasiler, però a l'àrea contrària cohabiten tants homes per metre quadrat que amb prou feines hi ha aire per respirar. Una vegada i una altra, les rematades de Haaland, Grealish, Rodri, Foden o Julián s'escapen per escàs marge. Només una distracció inesperada, cap al final del partit, permet que Gündogan aprofiti un servei de córner llançat ràpidament per Bernardo i provoqui un penal que transforma Haaland. Per primer cop a la temporada, el City suma quatre victòries seguides a la Premier. De Selhurst Park surt un Rodri espectacular, cada dia millor, més estable i creatiu, un mig centre descomunal.

Arriba el Leipzig i no és un duel qualsevol. Encara que el Pep intenta mantenir el seu equip calmat i repeteix el mantra que tan sols és un partit més, és conscient de la seva transcendència. Suposa aconseguir els quarts de final de la Champions per sisena temporada consecutiva, implica arribar gairebé a la recta final. Està nerviós. Diumenge 12, a dos dies del partit, ja ha decidit el pla de joc, que difereix de l'habitual. El partit d'anada a Leipzig li va deixar bones lliçons per comprendre millor com juga el rival, especialment l'excel·lent connexió al costat esquerre entre Gvardiol, Raum i Werner. Per trencar-la decideix emprar Bernardo Silva en la posició teòrica d'extrem dret, convertit en «cutcircuitador» de la sortida de pilota del Leipzig.

Com en tots els grans partits, el Pep vol contrastar opinions amb Juanma Lillo. Connectats per FaceTime, dediquen la nit de diumenge a revisar el pla que explica el Pep: «Tres enrere (Akanji, Dias, Aké), tres al mig (Rodri, Gündogan, KDB), tres davant (Bernardo, Haaland, Grealish) i un per dins fent la superioritat (Mahrez)». Discuteixen els inconvenients de jugar sense lateral dret i els avantatges que Mahrez jugui per dins, a l'estil del que de vegades va fer Robben en l'última temporada del Pep al Bayern. Mahrez ja va jugar pràcticament com a atacant per l'interior a l'anada a Leipzig, deixant a la banda Walker. Ara l'entrenador pensa a repetir l'operació —perquè facilitaria el driblatge i el xut de l'algerià—, però deixant també Bernardo obert a la banda.

Durant hora i mitja, Guardiola i Lillo discuteixen el pla. Estan lluny l'un de l'altre, però es troben més a prop que mai quant a cultura futbolística. Repassen l'experiència viscuda la temporada anterior contra el mateix equip a la fase de grups (6-3 a l'Etihad, 2-1 a Leipzig) i intenten trobar els punts febles del rival. Al Pep no li importa arriscar-se en aquesta trobada i que hi hagi moltes transicions amunt i avall, cosa que a l'anada va intentar evitar al màxim. Ara el partit ja és a tot o res i, a més, De Bruyne i les seves veloces gambades tornen a estar disponibles. És un partit per ser valent i l'entrenador promou trencar una mica el seu habitual equilibri entre control i vertigen. Bernardo és la peça clau, com resumeix el Pep: «Amb pilota ha de donar-nos superioritat al mig del camp; sense pilota ha de trencar la connexió esquerra del Leipzig». És mitjanit quan s'acomiaden. La planificació del partit sembla haver acabat.

Però el Pep sempre fa una volta de rosca més a qualsevol idea i aquella nit no dorm tranquil. Durant l'entrenament de dilluns continua madurant la seva proposta i s'exigeix una revisió a fons. El pla és bo perquè encerta en el paper clau de Bernardo pel costat dret, però té un punt dèbil: l'absència de lateral dret pot obligar a realitzar cobertures defensives excessivament arriscades a Akanki, Rodri i al mateix Bernardo. El preocupa que el pla sigui massa arriscat i ho verbalitza en privat de la següent manera:

—Potser estic exposant massa els jugadors. Potser en comptes de donar-los seguretat els provocaré massa incertesa.

Pensa a modificar el pla. Mantenir Bernardo Silva com a peça clau en les dues funcions que li encomana —curtcircuitar el *build-up* alemany i guanyar superioritat al centre—, però retirar l'opció de Mahrez i substituir-lo per un lateral-interior. Així, no només podrà guanyar superioritat a dalt amb Bernardo, sinó també per darrere, en avançar al lateral. La seva elecció és John Stones. Per què? Perquè Rico Lewis, idoni per al paper, encara és jove per jugar-se-la en un desafiament tal i perquè Kyle Walker, òptim per contenir Werner, tot i que una mica menys com a lateral-interior, està «congelat» després d'haver-se conegut el seu comportament poc edificant durant el cap de setmana lliure de què van gaudir els jugadors després de vèncer el Newcastle.

A mitjanit de dilluns, el Pep corregeix el seu primer pla: «Em fa la impressió que la meva proposta pot descol·locar una mica els jugadors en un moment tan delicat. Em sembla que serà millor posar Stones com a lateral-interior i mantenir la idea de Bernardo obert». Torna a revisar els avantatges i inconvenients i avalua possibles alternatives. Stones compleix tots els requisits: pot defensar bé els atacs de Werner i acoblar-se amb Rodri al mig del camp, a més de cobrir l'esquena de Bernardo perquè el portuguès pugui moure's amb plena llibertat. Ara sí, dilluns a la mitjanit la idea queda tancada. Mahrez és el sacrificat.

## DOS DE TRES

Cinc gols d'Erling Haaland han dinamitat l'RB Leipzig. El noruec s'endú merescudament tots els focus de l'Etihad Stadium. Ha tocat la pilota trenta vegades, ha fet setze passades, ha rematat vuit cops, tots a porteria, marcant en cinc ocasions, cap amb passada prèvia d'un company, quatre gols obtinguts a partir de serveis de cantonada. Suma trenta-tres gols en vint-i-cinc partits de la Champions League, deu dels quals en aquesta edició.[81] Ha igualat el rècord de cinc gols marcats en un partit d'eliminatòries de la màxima competició continental, que estava en poder de Leo Messi i de Luiz Adriano.[82]

81. Leo Messi va necessitar cinquanta-dos partits per anotar trenta-tres gols.

82. Messi va marcar cinc gols el 7 de març de 2012, quan el Barcelona entrenat per Guardiola va eliminar el Bayer Leverkusen (7-1), a vuitens de final. Luiz Adriano, el davanter del Shakhtar Donetsk, també en va marcar cinc contra el Bate Borisov el 21 d'octubre de 2014, però en partit de fase de grups (7-0).

Haaland ha aprofitat gairebé totes les pilotes que li han caigut als peus aquesta nit gelada a Manchester. Tres de les seves rematades, ben dirigides, no han rebut premi gràcies a la bona intervenció de Janis Blaswich, el porter alemany, però les altres cinc han estat gol. El primer l'ha obtingut llançant des del punt de penal. L'àrbitre ha sancionat com a tal un frec de la pilota amb el braç d'un defensa del Leipzig, però ha estat un frec mínim, pràcticament inexistent. Són decisions que ridiculitzen cada dia més els àrbitres, el reglament i l'ús del VAR, quan un recorda que fa tres setmanes un altre defensa del Leipzig, Benjamin Henrichs, va aturar amb les dues mans una rematada de Rodri dins de l'àrea i els àrbitres no se'n van donar per assabentats. Més que mai, l'arbitratge desprèn aromes de loteria.

En qualsevol cas, Haaland ha marcat el seu sisè gol en sis llançaments de penal i només divuit segons després del servei de centre ha pressionat agressivament Blaswich, que s'ha tret de sobre la pilota, reenviada cap endavant per Akanji perquè KDB controlés i rematés al travesser. Haaland, qui si no?, era al punt de caiguda de la pilota i l'ha rematat de cap a la xarxa. En vint segons, el Leipzig ha quedat enderrocat. Gairebé en el moment de retirar-se al vestidor, Haaland ha anotat el seu tercer gol, per sumar cinc *hat-tricks* amb el City, en un córner tret per Grealish, picat de cap per Dias al pal, salvat per Blaswich i finalment rematat pel cíborg noruec.

Gündogan ha obtingut el quart gol després d'una precisa combinació entre Ederson, Bernardo, KDB, Haaland i Grealish. En un altre servei de córner rematat de cap inicialment per Bernardo, Halland ha marcat el cinquè. I als cinquanta-set minuts Haaland ha obtingut el seu repòquer personal de gols en reblar un centre de Mahrez que Akanji havia desviat i el porter alemany havia salvat. Als noranta-un minuts, De Bruyne ha tancat el marcador, un 7-0 tan aclaparador com inesperat donada la qualitat real de l'adversari.

És la quarta ocasió en què un equip dirigit per Guardiola obté xifres similars a vuitens de final de la Champions: amb el Barcelona va golejar 7-1 al Bayer Leverkusen el 7 de març de 2012; amb el Bayern de Múnic va derrotar per 7-0 el Shaktar Donetsk l'11 de març de 2015; amb el Manchester City va vèncer per 7-0 el Schalke 04 alemany el 12 de març de 2019. I avui, de nou al març, un altre 7-0 en la mateixa fase eliminatòria de la competició.

Darrere dels focus que il·luminen l'exuberant Haaland hi ha dos homes que han intervingut decisivament en l'èxit: Stones i

Bernardo. El defensa ha estat clau per aconseguir una bona sortida de pilota, que el City ha establert en 3+2. Atès que el Leipzig ha emprat el seu habitual 4-2-2-2, els tres defenses *citizen* han pogut iniciar el joc sense excessives dificultats en disposar-se amb més amplitud que els oponents. Per dins, Rodri i Stones s'han esglaonat amb encert, i han aconseguit sumar innombrables passades cap als cinc atacants. Stones potser no posseeix la finor de peus de Rico Lewis, però sí el seu mateix atreviment, i ha afegit una defensa agressiva sobre Werner en qualsevol zona de la banda, fins a anullar el davanter alemany. D'altra banda, Bernardo ha estat crucial en la pressió local perquè ha dinamitat la sortida entre Gvardiol i Raum i ha pressionat amb energia el porter Blaswich, que ha comès diversos errors en les passades. «Bernardo és molt intuïtiu, té l'habilitat de pressionar tres jugadors al mateix temps. No hi ha ningú capaç de fer res semblant», ha dit el Pep, elogiant aquesta especial intuïció del portuguès que li permet situar-se de tal manera que inutilitza tres rivals de cop. La glòria i la pilota són per a Haaland, però els elogis del cos tècnic recauen en Stones i Bernardo. El Pep se'n va cap a casa convençut que la pressió alta mitjançant els extrems pot marcar diferències a la Champions.

## TRES DE TRES

Vincent Kompany ha catapultat el Burnley de nou a la Premier League amb registres excepcionals. Quan s'han complert quaranta jornades del dur torneig de la Championship, l'antic capità del City ha tornat a demostrar la seva qualitat com a entrenador, després del seu magnífic pas per l'Anderlecht belga. Va recollir un Burnley malferit i l'ha transformat en un equip guanyador que sorprèn pel joc i per la set de triomf. Ha guanyat vint-i-quatre dels trenta-set partits de la segona divisió anglesa i només n'ha perdut dos. A mitjan març només li falten vuit punts dels vint-i-set en joc per assegurar matemàticament que disputarà la propera Premier League.[83]

Kompany no només ha convertit l'equip en una màquina de guanyar, sinó que ha canviat de manera radical el seu estil de joc. El Burnley era l'últim banderer del joc directe anglès, el primer dels

83. El 7 d'abril, a falta de set jornades perquè acabés el campionat, el Burnley va assegurar l'ascens matemàtic.

estils amb què es va practicar aquest esport a partir del 1863, un estil nascut a partir de l'esperit aguerrit dels genets anglesos, llança al rest, pit al descobert, sense por de res ni de ningú. Aquell estil directe s'ha anat perdent amb el pas dels segles fins a quedar tot just en un record borrós en mans d'uns pocs practicants. El Burnley n'era un, però Kompany ha acabat amb l'estil nostàlgic del passat i ha abraçat postulats moderns. Els seus jugadors l'han acompanyat en aquest viatge i els resultats li somriuen.

Tan atrevits se senten els homes de Kompany que desembarquen a l'Etihad amb el coratge de marcar el City a l'home, com va fer l'Arsenal en aquesta mateixa competició d'FA Cup a finals de gener. Sembla casual, però els líders de les dues categories (Arsenal a la Premier, Burnley a la Champions) s'enfronten de la mateixa manera a l'equip de Guardiola, amb enganxosos marcatges a l'home per tot el camp. El City demostra que va aprendre la lliçó del seu enfrontament amb l'Arsenal i tempera el joc a partir del porter Ortega, home lliure en gairebé totes les accions. Ortega refreda les passions i distribueix la pilota amb encert per minar l'energia visitant fins que apareix Haaland i destrueix els plans del rival. A la mitja hora, Ortega troba en llarg Haaland, que cedeix a Julián Álvarez i arrenca a córrer. L'argentí filtra una passada mesurada i el noruec emboca la xarxa. Tres minuts més tard torna a fer-ho després d'una precisa carrera i passada per l'esquerra de Foden, a qui ha llançat De Bruyne com si fos una projecció d'ell mateix. I als cinquanta-nou minuts, Haaland obté el seu sisè *hat-trick* del curs, i el seu vuitè gol en els últims cent vint-i-quatre minuts jugats, que conclou una excel·lent acció col·lectiva que Foden acaba amb un xut al pal. Després, Julián Álvarez per partida doble i Cole Palmer tanquen un 6-0 que permet al City accedir per cinquè any consecutiu a les semifinals de copa de Wembley, on es mesurarà amb el Sheffield United un cop haver eliminat el Chelsea (4-0), l'Arsenal (1-0), el Bristol (0-3) i el Burnley (6-0), catorze gols a favor per cap en contra.

Els de Guardiola han aconseguit l'objectiu assenyalat pel seu entrenador: arribar al mes d'abril vius a les tres competicions. Serà molt difícil guanyar algun dels tres títols, però estan vius per intentar-ho. A la Premier, l'Arsenal té vuit punts d'avantatge —amb un partit més—, a la Champions ha d'enfrontar-se ni més ni menys que al Bayern de Múnic i l'FA Cup és una competició imprevisible, però l'equip ha recuperat l'energia i la fam després del seu trist inici d'any. Avui ha sumat la cinquena porteria a zero i la sisena victòria consecutiva, ha marcat el gol número mil dos-cents a l'Etihad Stadium (tretze d'ells en els últims quatre dies), i sobretot s'ha confirmat com un equip que ha aconseguit l'estat òptim de forma en el moment en què comença l'esprint final.

Per damunt de tot això, adverteixo tres petits detalls en el joc de l'equip que em criden l'atenció. Són tres microdetalls, possiblement sense importància, però que vull esmentar.

El primer és que el servei de centre ja no es dirigeix des del davanter cap al mig centre (en aquest cas, Rodri), com era norma a l'equip des de feia anys, sinó que des de fa una setmana la pilota és enviada per Haaland directament al seu porter. En els tres partits en què s'ha posat en marxa aquest microdetall (contra el Newcastle, el Leipzig i Burnley), el porter ha esperat uns instants perquè tots els seus companys s'avancessin una desena de metres i ha reexpedit la pilota molt lluny i cap a un costat, a la recerca d'un control per part de l'extrem o, si no és possible, d'un fora de banda en contra que obligui el rival a reiniciar el joc des de molt enrere, amb la qual cosa el City pot exercir la seva forta pressió en una zona de risc. És cert que en alguna ocasió ja es va treure d'aquesta manera l'any passat, però va ser puntual. Ara s'ha convertit en un detall estructural.

El segon microdetall ha estat la permuta dels dos interiors. S'ha produït cap als vint-i-cinc minuts del primer temps. De Bruyne ha començat el partit a la seva zona preferida, la dreta, probablement per mantenir la bona connexió que té amb Mahrez, mentre que Julián Álvarez ho ha fet a la «zona Gündogan», l'esquerra. Però ni l'un ni l'altre no han aconseguit connectar amb els seus mitjos centre ni amb els seus extrems a causa del marcatge a l'home tan enganxós del Burnley. En aquest punt, el Pep ha ordenat la permuta de zones i ha estat com si sortís el sol després de la tempesta. Julián ha pogut enganxar directament amb Haaland pel carril dret —primer gol— i De Bruyne ha estat el fil que ha cosit el costat esquerre, unint els punts suspensius que separaven Rico Lewis i Phil Foden, propers entre ells però allunyats per la manca d'un connector. Desembussat el partit i connectades les dues zones del camp, KDB i Julián s'han mantingut respectivament a esquerra i dreta del terreny fins al final.

El tercer microdetall ha sorgit als seixanta-cinc minuts, després de la substitució de Rúben Dias per Manuel Akanji. En comptes d'ocupar la part dreta de la defensa, Akanji ha ocupat l'esquerra, deixant la dreta per a Aymeric Laporte. És a dir, el City ha jugat l'última mitja hora amb els seus defenses a cama canviada. El motiu ha estat l'entrada de Sergio Gómez com a lateral esquerre en lloc de Rico Lewis, encara que tots dos han fet el mateix paper de lateral-interior, però la posició corporal de Gómez és, òbviament, l'oposada a la de Lewis, en ser esquerrà. En situar Laporte a la dreta, les seves passades a Gómez han permès que aquest es pogués orientar cap a la porteria rival sense necessitat d'efectuar cap gir corporal, guanyant unes dècimes de segon.

Tres de tres i ben vius en les tres competicions. Els objectius a curt termini del Pep s'han complert. Ho celebra al restaurant Musu, amb un sopar *omakase* a menú complet. Ara mateix està encreuant els dits perquè ningú no torni lesionat després dels partits de seleccions nacionals i perquè l'equip sencer pugui afrontar el duríssim esprint final de la temporada. Serà un esprint a vida o mort.

## ESCENA 25

# Stones, pedra angular

### *Manchester, 1 d'abril de 2023*

El Màrius llegeix amb atenció un tuit d'Opta, l'empresa especialitzada en dades aplicades al futbol. «Mira el que diu de Stones». Seu al cotxe a l'esquerra del Pep, que condueix de tornada a casa, des de l'Etihad. «Només ha fallat vuitanta-set passades de mil tres-centes en tota la temporada». És una dada colossal. Suposa un 93,3 % d'encert en les passades, una ràtio magnífica per a un jugador a qui se li demana que assumeixi riscos. El Pep assenteix amb el cap: «El John és un monstre».

Avui ha estat un monstre, la pedra angular sobre la qual s'ha forjat la demolició del Liverpool. L'exhibició de Stones ha estat una de les més impactants de la temporada al futbol anglès. Ha jugat de «lateral-interior» i la seva influència en el joc ha superat de molt el seu encert en les passades. S'ha mogut per dins, proper a Rodri, encara que a altura diferent. Tots dos han esglaonat i coordinat els seus moviments fins compondre una simfonia a l'inici del joc que ha desarborat tota la pressió del Liverpool, la gran especialitat de Klopp.

Després d'haver provat com a «lateral-interior», amb èxit dispar, Zabaleta i Clichy, Danilo i Fernandinho, Delph i Zíntxenko, Cancelo, Rico Lewis i Walker, avui el Pep ha tornat a triar Stones per a una funció que s'ha convertit en essencial dins del seu model. I Stones ha brodat la missió encomanada. Per l'esquerra i per la dreta, per dins i també per fora, en defensa i en atac, Stones ha dirigit el seu equip cap a un triomf aclaparador (4-1) i una exhibició col·lectiva de joc que ha facilitat el següent comentari entre membres del cos tècnic: «Ara sí que és clar que podem competir per tot».

El Pep reflexiona en veu alta sobre l'èxit de Stones en aquesta funció:

—És mèrit de Rico Lewis. El xaval va ser qui va il·luminar el camí. Ja són molts anys jugant amb laterals interiors, però el Rico va fer una classe magistral sobre el que cal fer en aquesta funció. Els seus moviments ens van donar fluïdesa i ens van fer enlairar en un moment en què no aconseguíem arrencar. Evidentment no té l'experiència del Kyle [Walker], però va ser ell qui ens va ensenyar a tots que hi havia petits trucs en aquesta funció. I ara el John [Stones] ho està aprofitant per fer un recital.

El Màrius vol saber-ne més i el seu pare continua parlant:

—Soc molt pesat en aquest tema, però sempre us he dit que la tàctica no són números de telèfon. La tàctica són els jugadors, és la manera en què ells interpreten una idea de joc. La tàctica és que ells sàpiguen en tot moment què han de fer. I són ells els qui ens ensenyen a nosaltres, no jo a ells. Jo puc donar-los indicacions i consells, puc oferir una proposta de joc, però són ells els qui creen la veritable tàctica a partir de la seva manera de comportar-se, de la seva naturalesa, del que els surt de dins. Per això dic que Rico Lewis és qui ha obert camí, per la manera en què va jugar com a lateral-interior. Va ser qui ens va ajudar a enlairar-nos en un moment en què érem molt feixucs.

Hi ha un altre tema que l'ocupa i al qual dona voltes. Sense Haaland, lesionat, aquest migdia l'equip ha jugat com els àngels, ha recordat els millors moments de la temporada anterior, quan l'absència d'un davanter centre pur va obligar a usar el fals 9, cosa que facilitava tenir sempre superioritat al mig del camp. Avui la suma de Stones al costat de Rodri, més la presència inesgotable de Julián Álvarez desdoblant-se com a punta i mitjapunta, ha permès desarborar el Liverpool. En anys anteriors hi va haver victòries més àmplies del City sobre el conjunt de Klopp (el 5-0 del 2017 o el 4-0 del 2020), però en cap ocasió es va produir un domini tan exuberant de l'equip de Guardiola com el d'avui. El 31,9 % de possessió de pilota és la xifra més baixa en les vuit temporades de Klopp a la Premier League.

És indubtable que el tècnic alemany està vivint un moment amarg, molt semblant al que va tenir el 2014 amb el Borussia Dortmund. Resulta xocant, pel seu paral·lelisme, observar la seva trajectòria dels dos equips. Va estar set anys al BVB, on va començar de manera discreta (sisè i cinquè en les dues primeres lligues que va disputar), però aviat es va convertir en líder del futbol alemany: va conquerir dos títols seguits de Bundesliga, un de Copa i va accedir a la final de la Champions el 2013, on només la monstruosa exhibició de Neuer i un gol agònic de Robben li van impedir aixecar el trofeu. Després d'aconseguir el cim es va mantenir en segon lloc del campionat alemany, però quan el Bayern de Guardiola va prémer l'accelerador el seu Borussia Dortmund es va diluir, fins acabar setè de la Bundesliga del 2015, ni més ni menys que a trenta-tres punts de l'equip del Pep. I no, no va ser un simple tema de pressupost: el BVB de Klopp va invertir 44,15 milions d'euros nets —fitxatges menys traspassos— durant els tres anys en què va coincidir amb el Bayern de Guardiola, que en aquell període en va invertir 53,4, és a dir, només nou milions més, una diferència que no serveix per justificar la diferència de rendiment entre un equip i l'altre el darrer any que van coincidir.

El recorregut de Klopp al Liverpool, després de gairebé vuit temporades, està vivint una corba idèntica. Inicis difícils a la Premier (vuitè, quart, quart), seguits d'un pols gran i llarg contra el City (segon, campió, tercer, segon), coronat pel triomf a la Champions del 2019, per després anar caient fins al moment actual, en què transita per la lliga a vint-i-un punts del City i a vint-i-nou de l'Arsenal. La inversió neta en l'últim lustre ha estat molt semblant als dos clubs: 252,60 milions de lliures el Liverpool per 224,74 milions el City, molt lluny tots dos de les inversions netes fetes per l'Arsenal (549,61), el Manchester United (611,40) o el Chelsea (850,39). Per si sola, la inversió en futbolistes no explica la dura caiguda patida aquesta temporada pel Liverpool, tan similar a la que Klopp va viure el seu últim any a Dortmund. En qualsevol cas, res d'això no pot tacar de cap manera l'extraordinària categoria de Klopp, un dels millors entrenadors d'aquest segle. I sense cap mena de dubte, el tècnic alemany tornarà a construir al seu voltant un Liverpool potent i formidable.

Les claus de la demolició al partit de l'Etihad s'han evidenciat de manera clara damunt la gespa. La defensa del City aporta seguretat i certesa: Rúben Dias i Nathan Aké es troben en un moment de forma excel·lent i juntament amb Manuel Akanji ocupen amb encert tot l'ample del camp, treuen la pilota jugada amb precisió i es defensen a camp obert amb contundència. Rodri i Stones han completat una actuació sense alts i baixos, han aconseguit cadascú l'altura necessària en cada moment, formant un mur en els passadissos centrals. Per davant de tots dos, De Bruyne i Gündogan s'han manejat amb la finor dels seus millors dies, desequilibrant el centre del camp visitant. I a dalt, els tres davanters han mostrat les seves millors qualitats: Mahrez, el seu control espectacular i finor en el driblatge; Julián Álvarez, la seva puntualitat amb el gol i una fenomenal aportació a la superioritat col·lectiva, més pròpia d'un Bernardo Silva que d'un davanter pur; i Grealish ha completat un altre partit memorable, cada dia millor, més oportú per pastar la pilota i controlar el *tempo*, i més efectiu dins de l'àrea rival.

L'exhibició de joc ha estat portentosa, com si el City hagués ajustat tots els mecanismes per arribar en forma al moment decisiu de la temporada, fins i tot si pel camí ha perdut momentàniament Haaland (lesió a l'engonal), Foden (apendicitis) i Bernardo (intoxicació). La intervenció quirúrgica a què s'ha sotmès Foden li impedirà jugar durant aquest complicat mes d'abril, però els altres estaran disponibles per al gran duel contra el Bayern i el pols de lliga davant de l'Arsenal, que es manté ferm a la part alta de la classificació. El Pep i els seus homes són plenament conscients que estan obligats a guanyar tots els partits que queden per davant tant a la Premier League (deu) com a l'FA Cup (dos), a més del potent desafiament que afronten a la Champions. Seran setmanes d'exigència màxima, i encara que Guardiola condueix taciturn cap a casa, malgrat el gran triomf que acaba de viure, sap que Haaland és imprescindible. El que li ronda el cap és com encaixar Julián prop del noruec sense trastocar l'harmonia de l'excel·lent 3-2-2-3. Possiblement haurà de ser en un paper «a la De Bruyne»...

## ESCENA 26

# «Aquest cap de setmana podem guanyar la Premier»

***Manchester, 9 d'abril de 2023***

De vegades penso que Manel Estiarte és mig bruixot.

Fa mitja hora que ha acabat d'esmorzar però continua assegut a taula perquè acaba d'arribar el Pep. Aviat s'hi incorporen Txiki Begiristain i Joan Patsy, habituals dels esmorzars a la ciutat esportiva. Després de la victòria contra el Liverpool va haver-hi tres dies de festa per als jugadors, encara que el cos tècnic va continuar acudint a treballar. Avui, dijous 6 d'abril, les converses se centren en el Bayern, en Tuchel, en Magelsmann, en els veloços Sané, Mané i Gnabry, en els tres defenses que presentarà Tuchel. Bayern, Bayern i més Bayern, fins que Estiarte talla la tertúlia:

—Ja n'hi ha prou de Bayern. Centrem-nos en el Southampton, que aquest cap de setmana podem guanyar la Premier.

El comentari cau com una bomba a la taula. El Txiki, sempre el més ràpid, dispara primer:

—El Manel té raó.

Estiarte s'explica ràpid:

—Si guanyem el Southampton, i ells [l'Arsenal] empaten a Liverpool, el títol és a les nostres mans. No descobreix res de nou, però ho diu d'una manera tan concreta que sembla una sentència. Cal guanyar al camp del cuer, el mateix Southampton que va eliminar el City a la Copa de la Lliga, i deixar que Klopp i els seus jugadors facin la resta. Ningú a la taula no necessitava que l'hi detallessin, però les paraules d'Estiarte ho aclareixen d'una manera especial.

Al cap de dos dies, el Pep presenta la seva millor alineació al St Mary's Stadium. L'equip ha interioritzat la sortida en 3+2 amb

Stones desdoblant-se de lateral en mig centre d'acompanyament de Rodri, la qual cosa facilita el desplegament en amplitud dels tres defenses, Akanji, Dias i Aké. Al seu torn, KDB i Gündogan poden moure's amb llibertat a l'esquena dels mitjos centre rivals i connectar amb els tres davanters, que tornen a ser Grealish, Haaland i Mahrez. Malgrat la bona organització defensiva del Southampton, el partit es desencalla al minut 44 amb una nova combinació entre KDB i Haaland, i es defineix en el segon temps amb una magnífica exhibició de Grealish. Gündogan i De Bruyne, que juguen desfermats. De Bruyne suma la seva assistència número cent a la Premier League, cinquè jugador a aconseguir-ho i el més ràpid a fer-ho, perquè només ha necessitat dos-cents trenta-set partits (per dos-cents noranta-tres de Fàbregas o tres-cents seixanta-set de Giggs). Al seu torn, Haaland aconsegueix els trenta gols en vint-i-set partits disputats, també el més veloç a obtenir aquesta xifra, ja que Andy Cole va necessitar trenta-dos partits. La victòria per 1-4 suposa la cinquena consecutiva a la Premier, cosa que no succeïa des del maig de 2022, i la vuitena a totes les competicions. El City ha complert la seva part de l'equació que va plantejar Estiarte.

Vint-i-quatre hores més tard, el Pep seu al tamboret de la seva cuina. A l'ordinador portàtil repassa els tres últims partits del Bayern, tots ja amb Thomas Tuchel com a entrenador: l'aclaparador triomf contra el Borussia Dortmund, la derrota a la Copa alemanya davant del Freiburg i la victòria contra el mateix rival a la Bundesliga tot just el dia abans. Tuchel ha presentat tres alineacions i tres sistemes de joc diferents, encara que l'estructura no difereix en excés. El Pep està bastant convençut que el tècnic alemany es presentarà a l'Etihad amb un 3-2-4-1 i reflexiona sobre els mecanismes que emprarà dimarts al gran duel de la Champions League. Té decidit el nucli de l'equip, que serà el mateix que va jugar el dia abans a Southampton, si bé encara no ha decidit els noms del costat dret: Stones o Walker? Bernardo o Mahrez? Avui, de manera provisional, s'inclina per Stones i Bernardo, és a dir, el mateix equip que va derrotar per 7-0 el Leipzig a vuitens. Però queden dos dies per al partit i la decisió encara pot variar.

Mentre revisa el joc del Bayern a l'ordinador, aixeca de tant en tant la vista cap al televisor que té a un costat per comprovar si finalment John Rahm aconseguirà remuntar els dos cops de desavantatge que té davant de Brooks Koepka en començar la quarta jornada del Masters de golf. Inevitablement troba una semblança òbvia amb la remuntada que el seu equip prova de fer contra l'Arsenal. El Pep alterna l'anàlisi del Bayern amb el seguiment del Masters, on Rahm recupera cop a cop. Ha preferit no veure el Liverpool-Arsenal, encara que a les sis i vint-i-set minuts de la tarda s'assabenta del resultat quan li apareix al mòbil el missatge d'Edu Mauri: «Mitja lliga!!!», ha escrit el doctor. El Liverpool ha remuntat un 0-2 que semblava sentenciar la lliga i l'empat final confirma el pronòstic d'Estiarte. El City redueix la distància amb l'Arsenal a sis punts, amb un encara pendent de jugar i el duel entre tots dos que s'ha de celebrar a l'Etihad. Si l'equip del Pep guanya els nou partits que té per davant, revalidarà el títol de campió una altra vegada.

La resta de membres del cos tècnic responen amb missatges molt semblants: «És a les nostres mans», «Depèn de nosaltres», «Serem campions si no fallem»... Estiarte fa broma amb el doctor Mauri: «Al final tindràs raó».

El lector necessita una explicació. En els anys recents, quan el City ha obtingut un resultat decisiu a la lliga, o quan el Liverpool o el Manchester United —els seus rivals en els quatre títols obtinguts pel Pep— han sofert una ensopegada decisiva als partits finals, el doctor Mauri ha escrit el mateix missatge al grup privat: «Mitja lliga!!!». A l'inici d'aquesta temporada, un físio del club es va permetre una broma quan a la primera jornada el City va vèncer al camp del West Ham i, simultàniament, el Liverpool va empatar al del Fulham i el Manchester United va perdre a casa contra el Brighton. Aquella tarda va fer broma imitant la frase del doctor en els grans dies, cosa que va despertar els riures dels seus companys, perquè al cap i a la fi el calendari deia que només era 7 d'agost i quedaven trenta-set jornades per disputar.

Però ara sí, ara s'ha entrat ja al territori que un dia Guardiola va definir com a decisiu: «Les lligues es guanyen en les últimes vuit jornades». A l'Arsenal li queden vuit partits per jugar i sent l'alè del City al clatell —amb nou partits en joc—, de la mateixa manera que Brooks Koepka ha estat igualat per John Rahm al forat quatre i es veu superat al sisè, abans de ser àmpliament batut pel golfista basc. Ja ho va anunciar Haaland al desembre: «Hem de caçar l'Arsenal». La caça està arribant a la seva culminació. Ha arribat el tauró blau.

El Pep no es vol distreure. Sap que Estiarte tenia raó i que el cap de setmana podia deixar el títol de la Premier a les seves mans, com així ha estat; no obstant això, ara aparca el golf i la Premier i se centra en el Bayern.

El passadís entre Pavard i Upamecano pot ser una zona molt atacable. L'endemà en parlarà amb Gündogan i Grealish.

ESCENA 27

# «Estic baldat»

*Múnic, 19 d'abril de 2023*

—Estic baldat. He gastat tota l'adrenalina. No puc més. Estic esgotat. Me'n vaig a dormir.

És la una de la matinada. Fa dues hores que ha acabat l'eliminatòria contra el Bayern. L'expedició del City acaba d'arribar al seu hotel, el Mandarin Oriental, a Neuturmstrasse, un petit carrer del centre de Múnic, a quatre passes de Marienplatz. Quan al sorteig van quedar aparellats dos dels tres principals aspirants al títol europeu —juntament amb el Reial Madrid—, ningú no podia imaginar que acabaria amb tanta diferència al marcador (4-1). Tot apuntava a la màxima igualtat entre Bayern i City, i el joc durant els cent vuitanta minuts no ha mostrat una diferència tan gran entre tots dos que justifiqui tal resultat. Parlo amb Manel Estiarte durant el trajecte amb autobús des de l'Allianz Arena fins a l'hotel, però gairebé no pot articular paraula:

—Hi ha hagut moments de por durant el partit per una raó que entendràs. Si arribes aquí amb un 0-0 o un 1-0 del partit d'anada, ets conscient que pot passar qualsevol cosa. Però si arribes amb un 3-0 a favor com nosaltres, l'única cosa que no et pot passar és que et remuntin. I cada arribada del Bayern podia suposar un gol i una sacsejada a les emocions, i qui sap si un possible inici de remuntada. Era una cosa que no podíem permetre'ns perquè hauria estat una derrota molt dura. Per aquest motiu he viscut noranta minuts d'angoixa. Bé, seixanta, fins al gol de Haaland.

L'angoixa per una hipotètica remuntada del Bayern li ha generat fins i tot dolor físic.

—Estic rebentat. Me'n vaig a dormir.

La recepta d'Estiarte per a nits com la d'avui és sempre la mateixa: retirar-se a la seva habitació, demanar una truita a la francesa de dos ous amb un got d'aigua, i posar-se a dormir immediatament. El Pep també està esgotat. La seva recepta és la contrària a la d'Estiarte. Necessita sopar en companyia d'amics i del cos tècnic, parlar del que ha passat, imaginar noves propostes, compartir un parell de copes de xampany i estirar la nit fins molt tard. Només així s'anirà calmant l'excitació amb què acaba partits d'aquest nivell. Avui no és diferent. Mentre Estiarte ja dorm, Guardiola pica una mica de pernil i menja un plat de pasta. És el moment de més loquacitat i clarividència del Pep. El moment de després del partit, que aprofitem per repassar el que ha succeït en aquesta eliminatòria contra un gegant europeu.

—El primer que hem de reconèixer és que no hem estat superiors al Bayern. No ens podem enganyar. No hem estat superiors. Al contrari, ha estat un gran Bayern. Hem aprofitat bé les oportunitats, però no hem jugat millor que ells. Hem tingut el que ens ha faltat altres vegades: ser molt millors a les dues àrees. Hem defensat fantàsticament bé i hem atacat a meravella. No té més.

Bernardo Silva va dir una cosa molt similar una setmana enrere al final del partit d'anada: «No hem estat superiors, però ho hem fet tot bé. Ederson ha aturat, els defenses han defensat bé i els davanters han marcat». Aquesta nit muniquesa, comencem parlant del partit disputat a l'Etihad, on va sorprendre amb la doble funció de Stones, que aquella nit no va ser lateral-interior, sinó defensa-mig centre.

—Va ser un matís sobre la nostra estructura 3+2. El John és molt bo i vam pensar que des de la posició central hauria de recórrer molt pocs metres per col·locar-se de mig centre de suport a Rodri. Si el col·loques de lateral, ha de recórrer més distància en diagonal fins al mig, i el mateix quan ha de defensar. I davant de paios com Sané o Coman, tan ràpids, una dècima de segon pot ser decisiva. I, sent Akanji tan bo en la marca a l'home, vam decidir fer aquest matís. Akanji de lateral marcador i Stones de central sense pilota i de mig centre amb pilota.

## UN 3+2 NO ÉS IGUAL A UN ALTRE 3+2

El lector permetrà en aquest punt que faci un breu parèntesi a la conversa amb Guardiola per detallar l'estructura 3+2, que és bastant més profunda que la simple suma de dues xifres. Un 3+2 pot no ser igual a un altre 3+2.

El Pep atorga molta importància a l'estructura durant la sortida de pilota, però al mateix temps reconeix la transcendència de la dinàmica interna del joc i la naturalesa dels futbolistes que l'interpreten. En altres paraules, l'estructura és important, però ho és més la sensibilitat dels jugadors. Puntualitzat això, passem a estudiar l'estructura del seu *build-up*, que ell considera la base del seu model.

El fonament principal és tenir superioritat durant aquesta fase d'inici per poder superar la pressió rival i establir-se amb pilota en camp contrari. Per tant, la manera en què pressioni el rival influirà molt en l'estructura que adopti l'equip en aquesta fase. En general, a Guardiola li agrada emprar cinc jugadors en el *build-up*, a part del seu porter, que adopta una funció més o menys proactiva en funció de com es comporti l'oponent. Això condueix a distribuir els cinc jugadors en una estructura de 3+2 o 2+3, la qual cosa, al seu torn, genera una altra estructura per davant d'ells que compon la forma d'un «rellotge de sorra», en la qual els interiors i els davanters solen distribuir-se en forma de 2+3.

L'ús del 3+2 i del 2+3 s'ha anat alternant des dels inicis del Pep al City amb més o menys encert, gairebé sempre en funció de la pressió rival. En molts casos ha hagut d'afegir un sisè home —un interior— que descendís per conservar la superioritat durant la sortida, si el rival pressiona amb cinc jugadors, com acostuma a fer el Liverpool, per exemple. Però en general alterna el 3+2 amb el 2+3 més el suport permanent del porter.

Al llarg d'aquest llibre hem vist com des del principi va emprar jugadors com Zabaleta, Clichy, Sagna o Fernandinho en aquesta funció de «laterals-interiors», que més endavant van interpretar Delph, Danilo, Zíntxenko o Cancelo i els actuals Walker, Rico Lewis i Sergio Gómez. Però la realitat del joc a Anglaterra va matisar la proposta del Pep, atès que la tipologia dels contraatacs a la Premier League és diferent de la que existeix a la Bundesliga, com ja va advertir Juanma Lillo abans del debut de Guardiola al City: «La manera de fer els contraatacs a Anglaterra és diferent que a Alemanya. Generalment consisteixen en un suport en llarg i, a partir d'aquí, es genera el contraatac mitjançant un tercer home que fa la passada al passadís exterior. Els jugadors corren per fora i en tenen prou amb un suport interior per fer-ho així. Això obligarà el Pep a mantenir els seus habituals valors del joc, com ara la pressió per recuperar la pilota, i probablement també serà útil que els laterals juguin per dins, però haurà de vigilar més i molt bé els avançats de l'equip rival».[84]

Aquesta realitat ha anat matisant l'evolució tàctica de Guardiola en matèria de *build-up* i d'ubicació dels laterals. Durant les seves set temporades a Manchester ha alternat l'inici 3+2 amb el 2+3, a més del 3+3, en funció del rival i dels jugadors disponibles. I aquesta temporada ha fet un altre pas endavant en l'assentament de les seves idees. Ho va iniciar amb el 2+3 en format «capseta De Zerbi», tancant Walker i Cancelo al voltant de Rodri, però la visita a Newcastle va liquidar la proposta i el Pep va virar de nou al 3+2. Fins la Copa del Món va mantenir sempre a la defensa un lateral amb capacitat per interioritzar-se. D'aquesta manera, la primera línia de tres homes la formaven generalment Walker o Stones com a lateral destre i un parell de defenses, cosa que permetia que el lateral esquerre (Cancelo o Gómez) s'ajuntés amb Rodri. Si col·locava Rico Lewis a la dreta amb l'objectiu d'aproximar-se a Rodri, llavors situava Nathan Aké de tercer defensa amb la missió d'ocupar el lateral esquerre. És a dir, el Pep buscava un determinat equilibri funcional a la defensa: tenir sempre tres jugadors de «perfil defensa», encara que un d'ells fos Walker, que donessin amplitud a la primera línia a l'inici, i complementar-ho amb un «lateral-interior» que es desdoblés com a mig centre.

Però des del final de la Copa del Món, coincidint amb la gran crisi de joc de l'equip, la derrota dels suplents a Southampton, la defecció i posterior marxa de Cancelo i la plena recuperació física de Rúben Dias, la composició interna d'aquesta idea ha canviat profundament a mesura que s'acostaven els partits més transcendentals. Així, des de la visita al Crystal Palace l'11 de març, la defensa ha estat formada per Stones, Akanji, Dias i Aké en cinc dels sis partits disputats (només va canviar a l'FA Cup davant del Burnley). En aquests cinc partits, Stones s'ha ocupat de desdoblar-se prop de Rodri, assolint una magnífica coordinació amb ell, perquè han aconseguit conviure a diferents alçades i posicions del camp. Sense pilota, Stones ocupava la zona del lateral dret i amb pilota exercia de segon mig centre. I al partit d'anada contra el Bayern, el Pep ha donat una nova volta de rosca a la idea, ja que sense pilota Stones

84. Perarnau, Martí. *Pep Guardiola. La metamorfosi*. Córner Editorial, Barcelona, pàgs. 445-446.

passa a ocupar la zona del defensa central destre, i Akanji és qui es desplaça fins a la banda per defensar a l'extrem rival.

En aquest punt és rellevant insistir en la importància que té la naturalesa dels jugadors i les connexions socioafectives entre ells per damunt fins i tot de l'estructura que s'adopti. Ara mateix, el Pep està emprant quatre defenses, de la mateixa manera que al Bayern va formar la línia defensiva amb quatre laterals (Lahm, Kimmich, Alaba, Bernat) en cinc partits, tres d'ells vitals de la Champions, el febrer i el març del 2016. Però si a Múnic ho va fer perquè no disposava de defenses en condicions de jugar, a Manchester està usant quatre defenses per convicció, rendiment i connexió eficaç entre ells, a més de la polivalència que demostren Stones i Aké. Són quatre defenses que gaudeixen defensant la seva àrea com colossos, quatre «defenses iugoslaus».

Per tot això cal afirmar amb rotunditat que un 3+2 pot ser molt diferent d'un altre 3+2. En aquest equip ho hem comprovat en una mateixa temporada.

Tanquem el parèntesi i tornem a la taula de l'hotel Mandarin Oriental de Múnic, on el Pep assaboreix ara una exquisidesa japonesa del xef Nobu Matsuhisa, que ha fet una excepció i avui tanca molt més tard la cuina. Guardiola torna a la importància de disposar de jugadors polivalents com John Stones, una veritable navalla suïssa: defensa, lateral i mig centre.

—La posició del John a l'Etihad va contribuir també que Rodri jugués una mica més avançat.

Així va arribar al partit d'anada el primer gol del City, gràcies al fet que Stones cobria la posició del mig centre i va facilitar que Rodri s'avancés fins a les proximitats de l'àrea alemanya, on va engaltar un xut corbat esplèndid. Un golàs que no s'hauria produït si trenta segons abans Rúben Dias no hagués bloquejat amb un esforç majúscul un xut letal de Musiala.

—És una de les claus. Ja saps com m'agrada treballar la línia defensiva. Ara mateix tenim una defensa excepcional, amb defenses espectaculars. Ederson va estar finíssim a l'Etihad, salvant les rematades de Sané, però els defenses són un espectacle. Guanyen tots els duels.

La «defensa iugoslava» és un factor que pot ser decisiu en l'èxit final de la temporada. A l'anada contra el Bayern, l'equip va concedir quatre trets a porteria, tots de Sané en a penes set minuts (del 45 al 52), però Ederson els va salvar amb més solvència de l'habitual, mostrant-se molt ferm. Després d'aquest esforç de l'extrem alemany, el City va canviar la manera de pressionar el Bayern i aquesta decisió va acabar amb els atacs bavaresos.

—Ho vam decidir al descans perquè ens estaven trencant pel centre. Sense pilota sempre pressionem en 4-4-2, però no arribàvem a tancar bé i Musiala o Gnabry baixaven a rebre molt sols i ens trencaven pel centre. Per això vam passar al 4-2-4 a partir del minut 55. En comptes de pressionar els centrals amb Haaland i el Kevin, ho vam fer amb els nostres extrems. Però per fer això s'ha de ser molt valent.

Va ser a partir del minut 58 quan el City va modificar el seu 4-4-2 sense pilota per un agressiu 4-2-4 que ja havia utilitzat la nit en què va massacrar el Leipzig per 7-0. Grealish va deixar de vigilar Pavard i va passar a ocupar-se d'Upamenaco, el defensa dret del Bayern, mentre Bernardo feia el mateix a l'altre costat, deixava lliure el velocíssim Davies i pressionava De Ligt. Molt de risc, moltíssim, perquè els dos laterals alemanys quedaven sense marca fixa, de manera que qualsevol atac per fora podia ser molt perillós. A canvi, Haaland i De Bruyne van baixar la seva posició, fent d'ombra del doble pivot alemany (Kimmich-Goretzka) i Rodri i Gündogan podien tancar amb solvència els passadissos centrals, amb què anul·laven Musiala i Gnabry. El Bayern va perdre l'opció d'atacar per dins i no va trobar la manera de fer-ho per fora. Va ser un èxit aclaparador de la nova estructura de pressió.

—Cal molt de coratge per pressionar d'aquesta manera. Diem que és una cosa tàctica, però en realitat és purament emocional. Tens el coratge per pressionar agressivament i arriscar-te a despullar-te l'esquena? I, sobretot, tens els jugadors per fer-ho? Nosaltres sí, tenim Grealish, que és una bèstia d'intel·ligència i de cames, i tenim Bernardo, que és el millor del món en això, l'únic capaç de marcar dos o tres rivals al mateix temps perquè té un do, una màgia especial per fer-ho.

Amb aquesta pressió, el City va punxar la zona més feble del Bayern, la «zona Upamenaco», que el Pep havia visionat un parell de dies abans.

—Vam tenir sort i les emocions negatives d'Upamenaco li van jugar una mala passada. També ens va ajudar l'extra d'energia que va aportar el Julián en entrar. El seu paper és el de davanter, però amb Haaland a aquest nivell de rendiment el Julián també ens ajuda molt com a interior-davanter, una espècie de mitjapunta una mica escorat a un costat.

El Pep ha esmentat les emocions dues vegades seguides, per motius diferents. Aprofito per recordar el que va dir Rodri en acabar aquest partit a l'Etihad: «Hem aprofitat els moments i no ens hem precipitat, com ens passa altres vegades. No sempre pots tenir el 80 % de possessió. Avui hem sabut tenir paciència quan no teníem la pilota».

—Rodri té raó. A vegades no hem estat estables després de rebre un cop. Estable significa defensar-se igual, com si res no hagués passat, i fer vint passades seguides per calmar-ho tot. Estable és tenir mentalitat de migcampista: agafar la pilota i fer cinquanta passades per refredar al rival. I si estàs guanyant 3-0 com nosaltres a l'Etihad, igual. Si no pots rematar-los i cal esperar al partit de tornada, doncs calma, fredor i a fer passades passis. Cal ser estables per damunt de les emocions.

Ja són gairebé les tres de la matinada a Múnic. Al costat del Pep seuen el seu germà Pere, Txiki Begiristain, Joan Patsy, Rodolfo Borrell, Enzo Maresca i Carles Planchart, que resisteixen la temptació d'anar-se'n a dormir. Els jugadors ja han marxat a les habitacions, tan esgotats que amb prou feines han celebrat l'empat del partit de tornada que els dona accés a les semifinals. S'han limitat a sopar el menú preparat pel xef Jorge Gutiérrez, fer algunes abraçades, llançar alguns tuits i a dormir. Tenen les cames de plom després d'aquesta eliminatòria. Dissabte anterior l'entrenador va introduir tres homes de refresc davant del Leicester (Walker, Laporte i Mahrez), però el nucli dur de l'equip es va alinear per a aquell partit crucial per al seu futur a la Premier League. Per sort, als vint-i-quatre minuts el marcador ja era favorable per 3-0, cosa que va facilitar un carrusel de canvis a la segona part que va tenir dues conseqüències: una de bona, que va ser el descans de jugadors com Stones, Haaland, Grealish i De Bruyne; i una altra de menys bona, que va ser una segona part nerviosa i tibant en la qual el Leicester va escurçar distàncies i fins i tot va amenaçar d'igualar la disputa. El 3-1 final va suposar la desena victòria seguida de l'equip i, atès que l'Arsenal va ensopegar l'endemà a l'estadi del West Ham (2-2), la distància a la classificació es redueix a quatre punts (setanta-quatre contra setanta) amb un partit menys per al

City. El líder està a l'abast de Guardiola, però a hores d'ara l'equip està exhaust, encara que Bernardo Silva reconeix: «Al cap i a la fi, és el que volíem quan érem petits: jugar sense parar, cada dia; aquí juguem sense parar, cada tres dies; és el que ens agrada».

El partit de fa unes hores ha estat molt dur. A l'Allianz Arena fa un fred d'acer, com sempre que s'hi juga la Champions League. És un fred que va més enllà del clima i que provoca una sensació gairebé de dolor físic, molt agut. He viscut aquest dolor quan el Pep dirigia el Bayern i el percebo de nou ara, quan està a l'equip visitant.

—La pressió de la primera part no ha funcionat gaire bé.

Guardiola ha plantejat d'entrada la pressió dels extrems sobre els defenses, és a dir, el 4-2-4 amb què va arreglar els problemes a l'Etihad, tot i que amb un lleuger matís a cada costat, perquè per moments ha estat un 4-3-3. Però com que dels mals moments se n'aprèn, tant Pavard com Coman han sabut gestionar molt millor la pressió que patien i han obligat el Pep a mutar en el descans i tornar al seu habitual 4-4-2 sense pilota, en un moviment invers al que va fer a l'anada. Bàsicament ha endarrerit Grealish, l'ha retirat de la vigilància d'Upamenaco, que ha passat a ser responsabilitat de Haaland, amb la qual cosa Grealish s'ha ocupat de les incursions de Pavard i ha fet una altra actuació superba, tant en defensa com en control i en reactivació de l'atac.

—Ens han dominat en el joc, però hem dominat les àrees.

Carles Planchart, que en la seva joventut va ser defensa, intervé:

—Per descomptat, però jo pateixo quan ens tenen tancats a prop de la nostra àrea.

El partit d'avui ha d'interpretar-se en funció del 3-0 obtingut a l'anada, que explica la majoria de les actituds damunt del camp. El City ha jugat a controlar els esdeveniments, i ha evitat que el Bayern pogués pujar a una onada d'emocions. Tres jugadors tenien sentiments especials de revenja contra el Bayern, els tres que van pertànyer al Borussia Dortmund (Gündogan, Haaland i Akanji), però no s'han deixat influir per això, excepte el noruec, que ha celebrat el seu dotzè gol en aquesta Champions amb gestos cap a la graderia. Abans ha fallat un penal, el tercer de la seva carrera després de trenta-tres llançaments.[85] De nou Ederson ha fet magnífi-

85. Va disparar al pal un penal contra l'Union Berlín, li va aturar un llançament el porter de l'Augsburg i avui ha xutat por sobre del travesser de Sommer.

ques intervencions —han estat nou entre l'anada i la tornada— i la defensa de quatre ha resultat una veritable muralla. Cada bloqueig defensiu s'ha celebrat com mig gol i fins i tot Haaland ha baixat a xocar la mà amb Rúben Dias després d'una acció providencial del portuguès. L'equip ha entès que l'èxit es forja allà on sempre ha incidit Guardiola: en la bona organització defensiva.

Hi ha hagut una decisió important al Bayern que ha sorprès: l'alineació de Cancelo com a lateral esquerre en lloc d'Alphonse Davies, que és un coet. Sigui com sigui, gairebé en cap moment del partit s'ha percebut la possibilitat d'una remuntada real del Bayern. El més perillós ha estat un contraatac de Sané que ha xutat a prop del pal després d'una internada excessivament arriscada de Dias, a qui el Bayern facilita la sortida per ser el menys hàbil en la conducció, mentre tapava Rodri i Stones. De fet, el gol de l'empat ha arribat molt al final (minut 83) i en un penal que ha sorprès tothom, excepte Sadio Mané, que l'ha vist de prop. Fins i tot Kimmich ja se n'havia anat cap al córner a treure la pilota quan el VAR ha decretat la pena màxima que ha suposat la igualada definitiva. La pitjor notícia és la lesió muscular de Nathan Aké, en el que sembla un microtrencament als isquiotibials. El doctor Mauri ha dit a l'estadi que sembla poc important, però dues setmanes de baixa no les hi treu ningú. Si la recuperació surt bé, estarà a punt per a la semifinal europea contra el Reial Madrid, que serà la dècima que dirigeixi Guardiola, rècord absolut de la competició, i la tercera consecutiva per als *citizen*.[86] El Pep ha obtingut un altre rècord aquesta nit: ha estat l'entrenador que ha aconseguit més ràpidament cent victòries a la Champions League, en cent cinquanta-vuit partits. I també avui suma quatre-cents partits al capdavant del City i vuit-cents cinquanta en tota la seva carrera com a entrenador, amb un balanç prodigiós en els dos casos.[87] Però el Pep no té el cap per a rècords, sinó només per a una cosa ben diferent:

86. Carlo Ancelotti ha disputat nou semifinals de la Champions, José Mourinho, vuit, i Sir Alex Ferguson, set.

87. Com a entrenador de Barcelona B, Barcelona, Bayern i City, Guardiola suma vuit-cents cinquanta partits dirigits, dels quals n'ha guanyat sis-cents divuit (72,7 %), empatat cent trenta i n'ha perdut cent dos, amb dos-mil cent un gols favorables (2,47) i sis-cents seixanta-dos en contra (0,78), havent guanyat trenta-dos títols. Al Manchester City ha complert quatre-cents partits, amb dues-centes noranta victòries (72,5 %), cinquanta-tres empats i cinquanta-set derrotes, nou-cents vuitanta-vuit gols a favor (2,47) i tres-cents vint-i-nou en contra (0,82), amb una diferència de gols positiva de sis-cents cinquanta-nou i onze títols conquerits.

—Una altra vegada el Madrid.

Les semifinals fan olor de revenja. Dels tres favorits al títol ja només en queden dos i tornen a enfrontar-se.

—He perdut deu anys de vida en aquesta eliminatòria. I encara queda el Madrid…

La nit ha estat molt curta a l'hotel. Dijous al matí els suplents que el dia abans, sota els focus il·luminats de l'Allianz Arena, van fer una tanda de carreres de seixanta metres i avui fan treball de força en un gimnàs llogat pel club. Els titulars, baldats i amb les cames pesades, fan uns estiraments lleugers, uns minuts de bicicleta i es destensen a la piscina, on els físios han instal·lat les lliteres per suavitzar els músculs fatigats. A les sis de la tarda aterren a Manchester. Grealish es queda fins a tard a la ciutat esportiva del club fent més teràpia de recuperació. L'entrenament de l'endemà serà breu com un sospir, tot just vint minuts, però a bon ritme. Arriben a la semifinal de l'FA Cup amb molta fatiga.

Com diu Planchart amb ironia, «ànims, queden tretze finals com a màxim».

## ESCENA 28

# La fatiga primaveral

***Londres, 22 d'abril de 2023***

A mitjan abril, les roses comencen a florir suaument a Manchester, els al·lèrgics al pol·len inauguren les lletanies d'esternuts i la fatiga cognitiva s'aferra a les cames dels futbolistes del City per intentar que ensopeguin.

Podríem pensar que la fatiga cognitiva també és un fenomen de la naturalesa, com els altres que esmento, però no és així. És fruit de l'ambició col·lectiva per competir per tots els títols. Des de fa cinc anys, el City de Guardiola encara el mes d'abril amb possibilitats de lluitar pels tres títols en joc —Premier, FA Cup i Champions—, per la qual cosa els partits s'acumulen en una successió repetitiva i fatigant, fent de l'abril un mes esgotador, d'infinits partits. La seqüència es repeteix amb una mecànica mil·limètrica: partit-recuperació-entrenament-partit-recuperació-entrenament-partit…, i així setmana rere setmana. Dimecres, Champions; dissabte, Premier; dimecres, Champions; dissabte, FA Cup; dimecres, Champions; dissabte, Premier…, una setmana i una altra, i una altra.

Les cames pesen, els músculs s'engarroten i els cervells s'esmussen, víctimes de la cadena extenuant de partits. L'equip lluita per guanyar els títols en joc i cada partit és una agonia, sigui per la categoria de la competició, sigui perquè el rival també s'hi juga la vida, sigui perquè aquest rival té les cames fresques degut a un calendari molt més lleuger.

En els últims cinc anys, el City ha arribat cinc vegades a les semifinals de l'FA Cup, sempre celebrades a mitjan abril al Wembley Stadium. El 2019 va aconseguir vèncer el Brighton (1-0) pocs dies abans d'enfrontar-se a quarts de la Champions al Tottenham. Ja al maig, va aconseguir guanyar el títol d'FA Cup a la final contra el Watford (6-0), cosa que va suposar la culminació d'una temporada excepcional en la qual va conquerir els quatre títols anglesos. La temporada següent es va alterar el calendari a causa de la pandèmia i la semifinal de copa va tenir lloc a mitjan juliol. El City va caure davant de l'Arsenal (0-2) poc abans d'acudir a la fase final de la Champions. El 2021, la semifinal va tornar al mes d'abril i l'equip del Pep va perdre de nou, aquest cop contra el Chelsea (0-1), tot just tres dies després d'eliminar al Borussia Dortmund a la Champions i poc abans d'enfrontar-se al Paris Saint-Germain, mentre amarrava les darreres victòries per reconquerir el campionat de lliga. I finalment fa un any va disputar i va perdre la semifinal d'FA Cup contra el Liverpool en les mateixes dates d'abril (2-3), només tres dies després d'una batalla terrible davant de l'Atlètic de Madrid a la Champions, prèvia a jugar contra el Reial Madrid, i mentre lluitava amb el mateix Liverpool per una Premier que es decidiria a l'últim sospir. En cada cas, i de manera reiterada, l'ambició de l'equip per guanyar tots els títols l'ha conduït irremeiablement a un escenari esgotador, del qual de vegades n'ha sortit airós i de vegades malparat, però sempre amb una elevada fatiga cognitiva. Avui no és diferent.

La fatiga cognitiva és la fatiga mental, i es tradueix en símptomes com l'esmussament i l'alentiment cognitiu. En l'esport es manifesta amb l'afegit d'una sensació de cansament general, pesadesa de cames i dificultat per afrontar amb energia física i mental els esforços competitius. La primera persona del futbol a la qual vaig sentir referir-se a la fatiga cognitiva que pateixen els futbolistes en moments de gran densitat de competicions va ser Juanma Lillo, fa ja molts anys, així que un parell d'hores abans que el City s'enfronti a Wembley al Sheffield United li demano una reflexió sobre aquest fenomen que tan bé coneix; després de tot, va estar present en tres de les recents semifinals de copa de l'equip:

—Tot es torna més lent, menys espurnejant, menys alegre, menys veloç en totes les direccions, la mental i la física. I a conseqüència d'això, les decisions es tornen molt més complexes. Als jugadors els costa acceptar-ho perquè al futbolista d'avui no sé si li agrada jugar, però el que segur que li agrada és que el vegin jugar. Perquè si no em veuen, no soc.

Lillo enfoca el problema, per tant, no tan sols en la dimensió de la fatiga cognitiva *per se*, que en si mateixa provoca una forta caiguda del rendiment del jugador, sinó també en l'actitud del futbolista davant d'aquesta fatiga:

—Quan apareix la fatiga cognitiva? Quan el jugador no pren consciència d'aquesta fatiga o quan pren consciència tard de les situacions del joc. M'explico: si l'entrenador adverteix que un futbolista està esgotat i l'hi comunica, llavors el jugador sap des de dies abans que no jugarà un determinat partit, sap que no competirà, i això mitiga la fatiga que pateix, sens dubte. Però, a canvi, li augmenta l'angoixa perquè no el veuran competir, que és un dels seus propòsits. Per aquest motiu, de vegades prefereix sortir a competir, encara que estigui lent de decisions i de reaccions.

Amb aquesta mena d'experiències viscudes, Guardiola ha reclamat més que mai la cooperació dels seus futbolistes, ja que no tots els jugadors són com Bernardo Silva, capaços de comunicar setmanes enrere a l'entrenador «estic destrossat», sense por de perdre la plaça a l'equip. A força de patir adversitats en aquest nivell de la competició, els jugadors del City ja han pres consciència de la classe de fatiga que sofreixen i el seu entrenador s'ha obstinat a trobar-hi remeis. Durant el matí de dijous, els futbolistes s'han relaxat a la piscina d'un gimnàs que el club ha reservat a Múnic i a mitja tarda han tornat als seus domicilis. Després d'eliminar el Bayern estaven tan esgotats que ni tan sols no van tenir energia per celebrar-ho en gran al vestidor de l'Allianz Arena. Alguns titulars com Rodri, Stones o De Bruyne ja intueixen que dissabte seran a la banqueta, en vista dels comentaris que els ha fet arribar l'entrenador, que ha repetit el seu mantra habitual en aquestes situacions: «Mengeu bé, dormiu molt, no penseu gaire». Amb el pas dels anys, el Pep i Estiarte han destil·lat una cultura assimilable a la de l'esportista olímpic pel que fa a cures estrictes.

Guardiola entén que en aquest moment de la temporada el cansament resideix molt més al cap que a les cames, que si es mostren pesades és només com a reflex de l'esgotament mental. Per a divendres programa un entrenament que és tot just un sospir, només vint minuts per desentumir cos i ment. Quan aterren a Londres reben una bona notícia: l'Arsenal només ha aconseguit empatar al seu estadi contra el cuer Southampton (3-3). El tauró flaira la sang...

A Wembley, el Pep alinea un equip mixt. Dels titulars contra el Bayern només repeteixen Akanji, Bernardo, Gündogan, Haaland i Grealish, encara que únicament aquests dos últims conserven la seva posició. Els altres tres canvien de lloc i de funció, la qual cosa l'entrenador considera un lleuger estímul contra la fatiga. Una organització defensiva en 5-4-1 fa del Sheffield un os dur de rosegar, però a força d'insistència el City acaba accedint a la seva setena final de copa després d'un *hat-trick* de Mahrez, el primer que algú marca en una semifinal disputada a Wembley. El 3 de juny és la data anotada al calendari per a la final, la segona per al Pep després del triomf del 2019. El City hi arribarà amb disset gols a favor i cap en contra, després d'enfrontar-se al Chelsea, l'Arsenal, el Bristol, el Burnley i el Sheffield, i com el primer equip que aconsegueix arribar a la final sense encaixar gol des que l'Everton va guanyar l'FA Cup la temporada 1965-1966.

Abril, abril, el mes dels partits infinits, de l'esgotament absolut, el mes en què floreix la fatiga cognitiva...

## ESCENA 29

# El tauró ja és aquí

***Manchester, 6 de maig de 2023***

Ding Liren aixeca la mirada directament als ulls d'Ian Nepómniasxi perquè no pot creure el que acaba de passar.

És la dotzena partida del Mundial d'escacs, Nepo juga amb negres i el marcador global l'afavoreix per 6-5. Està dominant la partida amb facilitat. Si la guanya, com sembla, es proclamarà campió i prendrà el relleu de Magnus Carlsen. Les posicions al tauler mostren una clara superioritat de Nepo sobre el seu adversari, que està al límit del precipici. Tots dos van faltats de temps per fer els següents moviments. Tots els analistes pronostiquen que el xinès Liren no té cap possibilitat real de resistir l'atac del rus Nepo, però una jugada audaç al moviment vint-i-set canvia les expectatives. Ara és Liren qui té un avantatge que malgasta a les jugades següents i torna a situar-se al límit de l'abisme, fins que al moviment trenta-quatre Nepo comet un error fatal i destrueix tota la seva posició avantatjosa. Així que Nepo mou el seu peó a f5, Ding Liren el mira, perplex, atònit, perquè no comprèn com és que el seu rival ha malgastat tal avantatge. Ara Liren no deixa anar la seva presa, mou les peces amb encert i quatre jugades més tard aconsegueix el triomf, iguala el marcador general i se centra a culminar una remuntada fins al títol que fa quatre dies semblava impossible.

### BUSCAR ELS ALLUNYATS

Aliè a la proesa del jugador d'escacs xinès, a la mateixa hora Guardiola explica als seus homes el pla de joc contra l'Arsenal, que avui visita l'Etihad Stadium. L'equip d'Arteta arriba amb cinc punts d'avantatge (setanta-cinc contra setanta) havent disputat dos partits més. Si el City guanya els dos partits que té pendents, contra el West Ham i el Brighton, serà líder virtual, encara que per a això com a mínim ha d'empatar aquesta nit de dimecres, 26 d'abril.

El pla s'ha perfeccionat gràcies a l'experiència dels dos partits jugats contra el mateix Arsenal al gener i al febrer. El City va guanyar els dos partits però va patir els efectes d'una formidable pressió home contra home dels jugadors d'Arteta. Al partit de copa, Haaland no va aconseguir retenir cap de les pilotes enviades per Ortega o els seus defenses i l'equip es va ofegar amb la pressió rival. Al partit de lliga (1-3 a l'Emirates), al primer temps va tornar a patir el mateix mal però el Pep va corregir les posicions sense pilota i l'agressivitat a les marques i després del descans tot va girar a favor. Les dues experiències han deixat un pòsit de coneixement a entrenador i futbolistes, que afrontaran aquest duel decisiu amb un pla detallat en cinc punts:

- Ederson ha de posar la pausa, Stones i Dias executen la sortida, i Rodri i Gündogan marquen els temps i trien la via de sortida.
- Davant de la pressió *gunner*, repetir passada. Contra la impaciència, esperar i provocar el salt del contrari.
- Contra el risc, doble sis en comptes de doble vuit.
- La pressió serà molt selectiva i orientada a determinats rivals.
- Per fer mal, dos jugadors alliberats d'altres ocupacions: Haaland i De Bruyne.

Aquest és el pla. Senzill i basat en els dos enfrontaments anteriors. Ampliem-ne els detalls.

**1. PAUSA I SORTIDA**

Ederson ha de ser el jugador amb més pausa de l'equip. Ha d'esperar tant com faci falta. Ha de provocar que l'Arsenal se'n vagi a dalt i, d'aquesta manera, es despulli a baix, perquè Haaland i KDB puguin aprofitar el duel dos contra dos que es generarà gràcies a la provocació d'Ederson. A la xerrada, el Pep assenyala que aquí rau la clau per guanyar el partit. Pausa, provocar i passar la pilota als allunyats perquè ells resolguin. L'entrenador veu el porter com l'iniciador del joc. No es tracta només que posseeixi un bon joc de peu; és una bona qualitat, però no la més important. El porter ha de tenir qualitat amb els peus, de la mateixa manera que ha de tenir una gran velocitat de reacció i, per descomptat, saber aturar o rebutjar les rematades del contrari. Són trets obvis avui dia i qui no en tingui algun té un gran hàndicap per triomfar a l'elit. El que busca el Pep en el porter és que, a més de tot això, disposi d'un plus pel que fa visió i comprensió del joc, concentració, atreviment i implicació en l'organització col·lectiva. El futbol de Guardiola comença amb les decisions que pren el porter i amb l'orientació del joc que tria. Per tant, no es tracta de «tocar-la bé amb els peus», sinó de jugar bé a futbol; no es tracta d'una qualitat concreta, sinó d'un valor global. El porter de Guardiola continua sent un especialista de la porteria, però a més ha de ser un jugador complet. El primer futbolista de l'equip. Avui, Ederson ha d'exercir més que mai de gran iniciador del joc.

El *build-up* és la pedra angular del futbol del Pep. És un aspecte clau que guarda una immensa similitud amb les obertures als escacs, tot un art mil·limètricament estudiat i documentat. El City té codificats deu tipus diferents de sortida de pilota, però avui ha triat una variant molt especial i la sortida s'estructura en 1+2+4+1+3. És un «joc de provocació» perquè busca provocar el contrari perquè salti i permeti sortir fàcilment. Vol fer que vinguin a dins per fer una passada a fora, eliminar un munt de rivals i situar el seu extrem a dalt amb la pilota.

## 2. REPETIR PASSADA

Davant de la pressió, repetir passada. Senzill, però fonamental. Repetir passada és una eina que dona fruits sensacionals. Com diu Paco Seirul·lo, «repetir passada és l'essència del joc. Repetir passada danya el rival: la repetició avorreix». Quan dos jugadors repeteixen passada entre ells generen mecanismes psicològics de frustració en el contrari que intenta impedir-ho, així que perd la paciència i la tensió, modifica la seva posició corporal correcta i acaba facilitant una sortida que no volia.

### 3. DOBLE 6

Per prevenir riscos, el Pep alinea un doble 6 en comptes de l'habitual doble 8. A ell li agrada més que els seus tres migcampistes nominals formin un triangle invertit (1+2), amb el mig centre al vèrtex baix i els dos interiors entre línies uns quants metres per davant. Òbviament, és més arriscat que el triangle bàsic (2+1) que empra avui, però també genera més oportunitats creatives. Aquesta nit prefereix endarrerir Gündogan a prop de Rodri i que el seu únic interior entre línies sigui KDB, que posseeix un olfacte especial per moure's a l'esquena dels mitjos centre rivals per rebre pilotes ja enfocades a generar perill a la porteria de l'Arsenal.

### 4. PRESSIÓ SELECTIVA

El disseny de la pressió és molt selectiu. Haaland i KDB es balancegen entre Holding, Ramsdale i Gabriel Magalhaes, i deixen Bernardo i Grealish davant dels laterals. Però, com bé saben tots, la sortida de l'Arsenal busca centralitzar Zíntxenko perquè llanci una primera passada vertical cap a algun dels seus homes de punta, que descendeix, toca de cara i es gira perquè els mitjos centre reiniciïn l'atac. El Pep replica amb mesures molt específiques. Així, Rúben Dias persegueix Odegaard inclús fins a l'àrea rival i Stones fa el mateix amb Gabriel Jesús. Si qualsevol d'ells descendeix la seva posició, el defensa *citizen* el persegueix, embruta les seves passades i evita que es giri i doni continuïtat al joc. Així que Zínchenko acudeix a la zona central per organitzar les accions, Rodri salta a buscar-lo i l'obliga a suspendre les seves intencions. Si Rodri està ocupat a controlar Xhaka, llavors és Gündogan qui s'encarrega de Zincheko. Amb aquests simples tres moviments (acordió davant del defenses, Rodri sobre Zíntxenko i defensa perseguint davanter que baixa a descarregar), el City enterboleix tot el *build-up* dissenyat per Arteta i converteix l'harmonia *gunner* en una nit de desafinaments constants.

### 5. DOS ELECTRONS LLIURES

La xarxa de seguretat formada al mig amb el doble 6 facilita que De Bruyne es passi el partit desmarcant-se de Partey o de Xhaka, indistintament, buscant juntament amb Haaland el duel dos contra dos amb els defenses visitants. En els enfrontaments previs ja es va advertir el gran avantatge que suposa aquest mà a mà, però avui es buscarà de manera premeditada i constant. «Buscar els allunyats», heus aquí el resum de la proposta.

Una cosa és el pla i una altra és l'execució. El pla comença perfecte. Als seixanta-set segons d'iniciar el partit, Dias i Gündogan repeteixen passada tres cops davant d'Odegaard fins aconseguir que el capità de l'Arsenal perdi lleugerament la concentració i obri una porta que mantenia tancada, amb què regala a Gündogan una formidable via d'aprofundiment que Grealish i De Bruyne no poden materialitzar en gol. És un avís en tota regla: el City ha decidit emprar a fons aquesta eina per danyar els *gunners* i continuarà fent-ho en diverses fases del partit.

El *build-up*, però, no s'executa com està dissenyat. A l'estructura en 1+2+4+1+3, la primera línia (1+2) la formen Ederson com a element capital, perquè és qui disposa de la millor visió del camp, Stones i Dias. Els quatre components de la segona línia són Walker i Akanji, enganxats a les respectives línies exteriors del camp, i Rodri i Gündogan molt junts entre ells i molt pocs metres per davant d'Ederson. A dalt es mou De Bruyne, que ocupa l'espai que queda lliure a causa dels moviments que es veuen obligats a fer els mitjos centre de l'Arsenal. I més amunt, Grealish, Haaland i Bernardo s'ocupen d'allunyar els defenses *gunners* de qualsevol temptació de pressionar. Però Ederson no espera, sinó que es precipita i envia una pilota complicada a Stones a prop de la línia de fons. El defensa replica de la mateixa manera que una setmana enrere a l'Allianz Arena, quan va enviar una pilota en llarg perquè Haaland la baixés, combinés amb KDB i marqués el gol *citizen* a Múnic. Aquesta nit, Stones repeteix la mateixa pilota en llarg perquè Haaland, subjectat per Holding, la baixi amb un toc dolç i cedeixi a De Bruyne, que aprofundeix amb la seva àmplia gambada perseguit pels defenses. Des de fora de l'àrea, el belga llança un xut imparable per a Ramsdale, un *swing* amb *curl*, amb la corba precisa perquè s'allunyi de la mà del porter i s'introdueixi a la seva xarxa per la zona més propera al pal. En només sis minuts, el pla del City li atorga un avantatge que pot ser decisiu en la remuntada cap al títol.

Guardiola celebra el gol, però immediatament esbronca Ederson per haver-se precipitat. És una esbroncada breu però intensa, amb els escarafalls clàssics del Pep, mentre el porter intenta explicar-se en va. «Ell a tu! Ell a tu!», repeteix l'entrenador diverses vegades, mentre deixa anar renecs. Intenta recordar a Ederson que no ha de precipitar-se en la passada al seu defensa, sinó aguantar-se el màxim de temps possible, provocar el salt del contrari i, llavors, sí, cedir la pilota al company. Provocar, no precipitar-se. Ell ha de provocar i són Rodri o Gündogan els qui decideixen el moment d'aprofitar aquesta provocació per treure la pilota. Tenir pausa i fredor fins a l'últim instant, provocar el rival i cedir a l'home lliure. En l'acció del gol, Ederson ha fet tot el contrari del que havien parlat, però l'esbroncada del Pep servirà perquè a partir d'ara compleixi de manera esplèndida les instruccions.

Als quinze minuts, el Pep esbronca Stones per intentar repetir l'acció del gol, però en una situació de desavantatge per a Haaland. L'entrenador li demana que no es precipiti i que, si no està en avantatge, millor retornar la pilota a Ederson per reiniciar. Aquests dos petits ajustos seran decisius per al curs del partit perquè marquen el ritme de joc. Mentre a prop de la seva àrea l'Arsenal s'ofega davant la pressió de Rodri sobre Zíntxenko i la conseqüent ofuscació col·lectiva, a les proximitats d'Ederson s'estableix una calma que condiciona totes les accions. La pilota està més temps en poder dels *gunners*, però és una possessió estèril, gairebé tota en el seu propi camp, del qual li costa sortir. En canvi, el City aplica dos ritmes diametralment oposats que li donen bons rèdits: una pausa gairebé de migdiada estiuenca a la sortida i un vertigen demolidor a la finalització. Res explica millor aquesta pausa que el període que transcorre entre el minut 28,08 i el 30,15, quan Gündogan i Rodri dirigeixen totes les operacions. Ederson té la pilota als peus, sense la més mínima intenció de moure-la, mentre els seus defenses estan oberts, els laterals encara més oberts i Rodri i Gündogan estan quiets fora de l'àrea, escanejant-li sense parar l'esquena. Gabriel Jesús i Odegaard no saben si anar-hi o si esperar, perquè els enganyen una vegada i una altra. Gündogan és qui dona les ordres, qui dicta a qui retornar la pilota, qui aixeca el polze felicitant Stones o Ederson per la seva última acció, qui es queda quiet perquè Rodri es mogui i arrossegui un contrari, qui s'avança per descarregar la pilota a un costat... Només són dos minuts que semblen hores, durant els quals l'Arsenal es congela, enfavat, i perd tota la dinàmica febril que volia aplicar-li al partit. L'equip del Pep suma fins a quatre ocasions clamoroses de gol que salven entre Ramsdale i Ben White.

El gol de Stones al minut 46, rematant de cap una falta lateral llançada per KDB, tanca un primer temps primorós en el qual es compleixen totes les premisses del pla de joc, una vegada fetes les esmentades correccions. Tots els detalls s'executen amb encert i la parella Haaland-De Bruyne fa festa grossa a esquenes dels mitjos centres *gunners*, enfrontant el duel dos contra dos amb els defenses. Especialment Haaland fa una actuació superba, la millor de la temporada, encara que no hagi marcat gol, malgrat les ocasions de què ha disposat. Als cinquanta-tres minuts de nou la parella combina entre si, després d'arrabassar la pilota a Odegaard, i obté el 3-0 que ja sentencia el partit i confirma que el City està llançat a revalidar el seu títol de campió.

Amb la cabellera al vent, Haaland anota el 4-1 final als noranta-cinc minuts, assistit per Phil Foden, que ha pogut tornar a l'equip després de la intervenció quirúrgica soferta per una apendicitis. Per a Big Erl és el gol número trenta-tres a la Premier League, un més que el rècord de Salah a lligues de trenta-vuit partits. La seva actuació ha estat colossal i el jugador ha mostrat una millora inaudita en el control de les pilotes i encert en la descàrrega i la passada. De Bruyne, que acaba amb molèsties musculars als isquiotibials, ha estat la seva formidable parella en aquest ball que deixa noquejat el líder, que ja només compta amb dos punts d'avantatge, però havent jugat dos partits més que el City. És una victòria crucial en la remuntada, una victòria que pot sentenciar el campionat, i així se celebra al vestidor. És la tretzena victòria de Guardiola, més un empat, davant de l'Arsenal a la Premier League en catorze enfrontaments.

No només la parella atacant ha tingut una nit formidable: Grealish ha tornat a confirmar el seu explosiu estat de forma, sigui aprofundint, sigui congelant la pilota, sigui defensant, on s'ha convertit en un element diferencial. La línia defensiva ha resolt una altra nit «a la iugoslava», amb Akanji ocupant el lateral esquerre, on no ha desmerescut a Aké en el seu paper d'assecant de Buyako Saka. Els defenses Stones i Dias s'han mostrat contundents i Walker ha tornat al seu millor nivell de concentració, amb el qual és insuperable. Akanji és el setè jugador que el Pep empra aquesta temporada com a lateral esquerre, després de Cancelo, Sergio Gómez, Aké, Laporte, Rico Lewis i Bernardo. L'entrenador té clar el concepte:

—La defensa, fixa't en la defensa. És la línia en la qual hem millorat més des del febrer.

Els *happy flowers* s'han transformat en un grup que desafia qualsevol que miri malament un dels seus. Al desembre, Haaland va escriure a les seves xarxes socials: «Arsenal, l'hem de caçar» (*Arsenal, we have to hunt them*). Aquesta nit és fins i tot més concís: «*Hunting*» (De caça). Així és. Han deixat que el tauró s'acostés... i el tauró blau ja és aquí.

## «RODRI ESTÀ FOS»

És el primer que Lorenzo Buenaventura li comenta al Pep quan es reuneixen al vestidor de Craven Cottage. El cos tècnic coincideix en ple a assenyalar Rodri com el més imminent dels problemes a resoldre, molt més important que les preocupants molèsties musculars que pateix De Bruyne o que la recuperació de Nathan Aké. Senzillament, Rodri no té recanvi al City. Ortega pot suplir amb solvència Ederson; Julián Álvarez és un magnífic golejador. I així un per un, excepte Rodri, que és l'únic jugador de la plantilla que no té un substitut del seu nivell després de l'adeu de Fernandinho. La realitat és que Kalvin Phillips podria ser-ho, però fins a avui ha rendit molt lluny del nivell del mig centre espanyol. Guardiola, que va ser mig centre, i molt brillant, és molt exigent amb qui exerceix aquesta funció als seus equips, tots ells noms de primer nivell mundial: Yayá Touré, Sergio Busquets, Philipp Lahm, Xabi Alonso, Fernandinho, Gündogan i ara Rodri. El Pep no en té prou amb el nivell actual de Kalvin Phillips. Potser només és el típic problema d'adaptació que han patit gairebé tots els fitxatges de Guardiola al City, o potser és que el jugador posseeix qualitats diferents a les que necessita l'equip.

Sigui com sigui, avui el Pep no té al cap Phillips com a substitut immediat de Rodri. Però Rodri està fos. Travessa un període de gran fatiga física després d'haver disputat 3.836 minuts al llarg de la temporada, dels quals 2.269 han estat des del seu retorn del Mundial (a més de 180 minuts més jugats amb la selecció espanyola). Acumula quaranta-set partits amb el City, quaranta-cinc d'aquests com a titular, i la projecció assenyala que acabarà la temporada havent jugat uns 4.500 minuts, molts més dels 3.928

del curs passat.[88] En els últims partits pateix visiblement al tram final. Li va costar acabar el partit a Múnic i encara més davant de l'Arsenal, i això que l'entrenador el va deixar a la banqueta a la semifinal de copa contra el Sheffield. Avui ha viscut uns últims minuts duríssims davant del Fulham, d'aquí que el Pep hagi entrat al vestidor, després de sostenir una llarga ovació davant de la graderia d'aficionats *citizen*, amb el propòsit de plantejar el problema físic de Rodri.

—Rodri està al límit i no el podem perdre. Hem d'inventar el que sigui per donar-li oxigen. Hem de gestionar bé els dos propers partits a casa perquè estigui en condicions contra el Madrid —intervé Carles Planchart sense titubejos.

—Doncs a veure què ens inventem —conclou el Pep.

L'enfrontament dominical amb el Fulham ha estat complicat. El rival ha regalat la pilota sense cap problema, i ha facilitat que el City es mogués relativament còmode, sobretot després que Haaland obrís el marcador al segon minut de partit i igualés el nombre màxim de gols a la Premier League (trenta-quatre) sense importar els partits disputats. Guardiola ha suplert l'absència de De Bruyne amb l'entrada de Julián Álvarez, la qual cosa modifica l'enfocament dels jugadors interiors, perquè Gündogan s'aproxima a Rodri i Julián exerceix de mitjapunta alliberat d'obligacions, excepte la pressió alta contra la defensa. És un paper interessant perquè Julián no és migcampista d'ofici, sinó un davanter centre que està aprenent a moure's per zones intermèdies sense perdre l'eficàcia rematadora, com demostra als trenta-sis minuts, quan desplega un esplèndid xut corbat des de fora de l'àrea que suposa l'1-2 al marcador, amb què remunta la igualada que Carlos Vinícius havia aconseguit una estona abans, en l'única rematada local del partit.

La superfície seca i alta del camp propicia que les transicions siguin complicades perquè la pilota s'enreda i els jugadors no aconsegueixen que flueixi bé, la qual cosa també es tradueix en un baix percentatge d'encert en les passades del City (només el 86 %). S'aconsegueix un triomf «professional», res més. Els golejadors són els mateixos que en el partit jugat al novembre a l'Etihad, Haaland de penal i Julián, amb idèntica durada de partit

88. El còmput final, sense comptar prolongacions, serà de 4465 minuts disputats pel jugador espanyol en cinquanta-sis partits.

(noranta-vuit minuts) i la mateixa complexitat per superar el Fulham. L'equip suma tres punts més i es col·loca líder de nou. L'Arsenal ho ha estat durant dos-cents setanta-quatre dies, i el City, només catorze, però ho està aconseguint en el moment important. Queden sis partits de lliga i els dos propers seran els més decisius. Si l'equip del Pep els guanya, acaronarà el trofeu de campió.

L'entrenador torna a Manchester preocupat per la fatiga de Rodri. Cal donar-li oxigen. Podria suplir-lo davant del West Ham amb Gündogan, però el jugador alemany també està esgotat...

L'endemà, dilluns, 1 de maig, el Pep té temps per veure com Ding Liren conquereix el títol mundial d'escacs. No és un triomf qualsevol, sinó forjat remuntant un marcador molt negatiu i una situació anímica penosa. Quan Liren es trobava a un pas de l'abisme va treure de dins seu una fortalesa imprevista i va acabar guanyant el campionat a força d'arriscar de manera desmesurada al mà a mà final. El Pep té en el jugador d'escacs xinès una altra inspiració més per mantenir aquest colossal esprint final de temporada. Entrevistat pel magnífic periodista Leontxo García, el nou campió mundial explica com va poder suportar la pressió quan tot feia preveure que cauria esclafat pel seu rival, Ian Nepómniasxi: «Em vaig recordar del que li vaig llegir a Albert Camus: "Si no pots guanyar, cal resistir"».

Apassionat dels escacs i de les seves estratègies, el Pep coneix bé una frase del gran mestre Rudolf Spielmann: «Juga l'obertura com un llibre, el mig joc com un mag i el joc final com una màquina». L'aplicació d'aquesta idea al futbol és senzilla: cal jugar el *build-up* de memòria, ser creatiu en el joc intermedi i implacable en la finalització. Un mantra que el Pep té gravat a foc. Spielmann, austríac, va ser capaç de derrotar dues vegades el llegendari José Raúl Capablanca i es va distingir per un estil de joc diabòlic, replet de sacrificis, jugades brillants i belles idees, per la qual cosa va ser conegut com «el mestre de l'atac».

El Pep sent que està vivint un moment especial, com el de Ding Liren al Mundial d'escacs o com el de John Rahm al Masters de golf. És el moment de la remuntada imparable.

## DIA DE RÈCORDS

Dimarts, 2 de maig, l'Arsenal polvoritza el Chelsea en una altra molt bona actuació (3-1), complementada per un rendiment pèssim dels *blues*, un equip que està més prop del descens que de les posicions europees. Arteta recupera el lideratge, si bé només li dura vint-i-quatre hores perquè el City venç a casa contra el West Ham per 3-0.

Rodri torna a ser titular. És Gündogan qui descansa, i també KDB, que no s'ha recuperat. En canvi, Aké ja està en condicions i juga de lateral esquerre. Stefan Ortega ocupa la porteria. Pregunto si hi ha algun problema amb Ederson: «Cap ni un, només volem que Ortega estigui activat perquè serà el porter a la final de l'FA Cup». Julián Álvarez torna a ser l'interior dret amb funcions de mitjapunta/segon davanter, aquesta funció que tant em recorda a la que va fer molt poques vegades Arjen Robben al Bayern, encara que un i altre jugador no tinguin cap similitud en el seu perfil. A l'època del Bayern, el Pep em va dir: «Vull el millor driblador per dins, perquè pugui driblar per qualsevol part, sense la limitació de la línia de banda, i que quan es col·loqui bé pugui rematar a gol». Les nombroses lesions de Robben van impedir que l'assaig tingués continuïtat, però va resultar molt il·lustratiu i ara el Pep està provant una cosa similar amb Julián: aprofitar la seva qualitat de driblador per dins i la seva gran rematada des de lluny. A més, aquesta posició permet que pugui conviure en l'alineació amb Haaland de manera harmònica.

Un West Ham amb abundants absències es tanca al voltant de la seva porteria en un 5-2-3 que replica com un mirall el 3-2-5 del City, que té la pilota el 80 % del temps. L'equip londinenc es fa tan estret i atapeït que provoca que Stones jugui per moments com a mitjapunta. Durant quaranta-cinc minuts, l'èxit somriu a l'equip de David Moyes, que marxa al descans amb empat a zero, un marcador que s'esquerda de seguida amb un precís cop de cap d'Aké en una falta lateral treta per Mahrez; després d'això, Haaland trenca el rècord històric de gols a la Premier que compartien Alan Shearer i Andy Cole. L'implacable noruec ha marcat vint-i-tres dels seus trenta-cinc gols amb el peu esquerre, sis amb el dret i altres sis amb el cap. Cada quatre rematades i cada vint-i-un tocs de pilota ha obtingut gol, amb què ha aconseguit ja el lloc número quaranta-vuit entre els golejadors històrics del club, quan encara no ha complert el seu primer any com a *citizen*. Gairebé al final del partit, Phil Foden anota el gol número mil de l'era Guardiola. Si l'entrenador hagués pogut triar un dels seus jugadors perquè marqués aquest punt no ho hauria dubtat: «Foden, recorda aquest nom».

A instàncies del Pep, tota la plantilla i tot el cos tècnic formen una guàrdia d'honor per celebrar el rècord de Haaland. Quan el noruec passa corrent per sota, qui més fort colpeja és el mateix Pep, que mostra així el seu entusiasme. Està exultant.

## GÜNDO PER SUMAR PASSADES

El Pep està furiós.

—Erling, mai més! Havies de llançar el penal tu, tu ets el llançador!

No sols està furiós amb Haaland, sinó també amb Gündogan.

—Gündo, *fuck*! Ets el capità, deixa't de ximpleries!

Després de l'esbroncada, s'abraça amb un i altre. Dins seu sap que ha estat un pecat de bondat. Haaland és un bon noi, amb un cor immens, que ha preferit que Gündogan obtingués el seu primer *hat-trick* a sumar un gol més al seu rècord. Més tard, l'entrenador elogiarà la bondat del seu davanter, però ara tocava amonestar els dos jugadors per la decisió sobre el camp. Per descomptat, el *hat-trick* del capità hauria estat un tancament d'or al seu excepcional partit com a mig centre i director d'operacions de l'equip en substitució de Rodri, qui per fi ha pogut descansar, cosa que era primordial per al curs dels propers partits. Però el llançament de Gündogan al pal ha torçat la festa d'un partit jugat meravellosament bé pel City, sense la finalització eficaç d'altres dies. Érem al minut 83 i per un d'aquests rars atzars del futbol ha bastat aquest error en el penal més un altre d'Akanji en una refusada còmoda perquè el marcador mostrés un preocupant 2-1 en lloc d'un còmode 3-0. D'aquí l'empipament de l'entrenador.

L'incident revela, per si el lector en necessités cap més exemple, el caràcter agut del Pep quan la competició s'aferrissa. Podem dir que Guardiola «és molt anglès», en el sentit d'aquell vell aforisme segons el qual «els anglesos van a la guerra amb esperit esportiu i practiquen esport amb ànim guerrer». En els moments crucials de la competició, el Pep se sent enmig d'una batalla durant la qual no hi ha espai per a gestos amigables i bondadosos com el de Haaland cap a Gündogan. Per descomptat, valora i elogia la generositat del davanter noruec, una qualitat formidable en algú que ha fet del gol el seu gran objectiu, però prioritza l'eficàcia per davant d'altres virtuts. No és temps de gestos bonics, sinó de ser implacable. D'aquí que hagi estat tan cru amb el seu capità i amb el seu golejador.

En setmanes de competició tan atapeïda i agònica, dins de Guardiola hi conviuen dos esperits contraposats: la calma i l'agitació. Avui està més tranquil que mai perquè sent que l'equip està preparat, disposat i harmònic per afrontar amb èxit els desafiaments imminents. Al mateix temps està irritable en grau superlatiu perquè no suporta que qualsevol petit detall trenqui o modifiqui els plans, com si aquest minúscul detall fos una pedra enorme que trenqués la dinàmica del grup. Aquests dos esperits contraposats conviuen i s'expressen diàriament en el Pep, que alterna moments de serenitat absoluta amb altres d'irritació profunda. Senzillament, és el seu caràcter.

El Leeds s'ha presentat a l'Etihad conscient que només tenia una oportunitat ínfima: tancar-se molt a prop del seu porter i llançar algun contraatac precís. La mà del seu nou tècnic, el veterà Sam Allardyce, s'ha notat immediatament en el 5-4-1 amb què ha pretès lligar de mans Haaland. No ha estat sorpresa per a ningú, així que el Pep ha presentat una alineació apropiada per atacar en 3-2-5. Gündogan i Rico Lewis han dirigit l'equip des de l'eix central amb encert i una habilitat especial. A estones han estat dos mags fent diableries amb la pilota i sumant passades.[89] En menys de mitja hora, Gündogan ha marcat els dos gols del City, tots dos idèntics: obertura des de l'esquerra per a Mahrez, que fixa dos rivals mentre Julián i Rico Lewis penetren a l'àrea i arrosseguen els mitjos centre rivals, i passada horitzontal per a la rematada letal de Gündogan, a qui ningú no vigila a la frontal de l'àrea. A prop del pal dret el primer gol, a prop de l'esquerre el segon, en les dues rematades el capità es mostra quirúrgic, com un any enrere al mateix escenari, quan els seus dos gols van portar l'equip al triomf final a la Premier League.

89. Gündogan ha sumat cent vuitanta-dues passades, de les quals cent setanta han estat encertades (93,4 % d'encert). Tot el Leeds United ha sumat cent vint passades encertades, cinquanta menys que el capità *citizen*.

Només l'incident del penal errat més l'inesperat gol visitant enterboleix lleugerament el plàcid ambient. A més, Nathan Aké ha recaigut de la seva lesió muscular. «El Nathan diu que està bé, que només és cansament. Ja ho veurem», em diu el cos tècnic en acabar el partit. Diversos dels jugadors essencials han pogut descansar avui: Stones, Dias, Grealish, i també Bernardo i Rodri, que només han disputat mitja dotzena de minuts.[90] Els objectius del dia s'han complert, encara que Halland s'hagi quedat sense marcar tot i fer sis rematades a porteria, dues d'aquestes als pals.

Momentàniament igualat amb l'Arsenal a partits disputats, l'equip del Pep compta aquesta tarda amb un avantatge de quatre punts (vuitanta-dos a setanta-vuit) i sembla llançar un missatge dantesc als homes d'Arteta: «*Lasciate ogni speranza...*».[91] La desena victòria consecutiva a la lliga s'ha forjat a partir d'un joc deliciós i fiable, amb un 82 % de temps de pilota, executat sense fissures, excepte per l'incident del penal. L'autoconfiança del grup és la més alta de la temporada, com si tots els factors s'haguessin coordinat per arribar al moment clau en el millor estat de forma.

90. Bernardo ha disputat avui el partit número tres-cents amb el Manchester City i Rodri, el partit dos-cents.

91. L'endemà, l'Arsenal es converteix en el segon equip a derrotar el Newcastle a Saint James' Park. Venç per 0-2 (mateix resultat que va obtenir a Liverpool) i redueix la distància amb el City a un punt. L'equipo d'Arteta té tres partits per jugar, i el del Pep, quatre.

ESCENA 30

# Kevin el roig

### *Madrid, 9 de maig de 2023*

El rostre del Kevin està més vermell que la samarreta de l'equip. Fa molta calor a Madrid, una calor que asfixia els pulmons del futbolista que corre 11,41 quilòmetres en un partit agònic contra el rei d'Europa. És culpa de l'eumelanina.

El City ha sobreviscut a l'infern del Bernabéu. «En tenim prou de guanyar per 1-0 a casa i serem a la final». És un resum molt simple, però irrefutable, que el cos tècnic transmet als jugadors mentre es dutxen al vestidor de l'estadi madridista. El futbol és molt complex, però de vegades la seva resolució és tan simple com aquesta frase: 1-0 i a la final.

Evidentment, ningú no espera que el partit de tornada sigui senzill. «Serà una final a casa nostra», diu el Pep. Al cap d'una setmana farà menys calor a Manchester però el Kevin es tornarà a posar vermell fins a entrar en ebullició. És un fenomen que aixeca comentaris entre el cos tècnic: «Quan el Kevin es posa vermell, bon senyal; significa que passarà una cosa bona».

És culpa de l'eumelanina. KDB és pèl-roig. Les persones pèl-roges tenen unes característiques genètiques entre les quals hi ha la mutació del gen encarregat de regular la pigmentació de la pell. Els pèl-rojos tenen molt poca eumelanina, la qual cosa provoca que la seva pell sigui molt clara, amb abundants pigues, i que no es bronzegin. També són més sensibles al fred, però suporten millor el dolor i sintetitzen més vitamina D, la qual cosa suposa un avantatge per a la seva salut òssia. En De Bruyne destaca especialment el rostre enrogit per l'esforç i la calor, fruit de la vasodilatació sanguínia. És una mesura de protecció del seu cos, que busca captar més oxigen per als músculs i alhora rebaixar la temperatura interna del cos. La calor es dissipa a la pell com a mesura de protecció per evitar un sobreescalfament, un cop de calor. No hi ha més secrets al voltant de l'enrogiment de KDB en els partits. És culpa de l'eumelanina. Però quan es posa vermell, passen coses. Coses saboroses.

Aquesta nit, el Kevin ha jugat hora i mitja vermell fora mida. No ha fet un partit brillant, però ha xutat dos cops amb molt de perill fins que al tercer intent ha connectat un obús imparable per a Courtois que ha igualat la superba canonada de Vinícius al primer temps. El City ha sobreviscut a una altra nit infernal al Bernabéu (1-1) i ho ha fet des de tres fonaments que Guardiola va insuflar en els seus homes: defensar-se a partir de controlar la pilota, resistir compactes quan no es té la pilota i mantenir-se forts de ment per no caure abatuts emocionalment. No ha estat un partit esplèndid en cap dels tres aspectes, però sí notable en tots aquests. Vegem els dos primers amb més detall.

## DEFENSAR-SE AMB LA PILOTA

Sumar passades és l'eina per aconseguir l'objectiu de minimitzar els demolidors contraatacs del Reial Madrid.

Dos dies abans del partit vaig voler saber si aquest seria el pla al Bernabéu i el Pep m'ho va confirmar: «Dimarts farem servir la pilota per defensar-nos, com fem sempre».

I, en efecte, l'equip surt del Bernabéu havent fet cinc-centes seixanta-sis passades encertades, amb un grau d'encert del 90 %, i un 56 % de temps de possessió de la pilota. És un balanç millor que el de l'any anterior, quan va perdre: quatre-centes vuitanta-vuit passades, 85 % d'encert, 52 % de temps de possessió. Al seu torn, el Madrid ha fet quatre-centes quaranta-nou passades amb el 87 % d'encert, una mica millor que un any enrere: quatre-centes cinquanta-tres passades i 83 % d'encert.

Disposar de la pilota, passar-la al company i no perdre-la era i continuarà sent el millor pla defensiu de Guardiola. No obstant això, n'hi ha prou amb un únic error perquè el Reial Madrid cavalqui tan majestuosament com sap fer-ho. Al partit d'avui ha estat una pressió tímida de Rodri que Modric ha sabut aprofitar per girar de direcció amb un toc subtil, que ha permès l'acceleració portentosa de Camavinga i el xut monstruós de Vinícius.

Els migcampistes del City no han comès gaire errors d'aquesta mena. Rodri només ha fallat quatre passades de les vuitanta-cinc intentades, i Gündogan cinc de les seixanta-quatre. Una mica pitjor ha estat Bernardo Silva, amb vuit passades fallades de seixanta-dues intentades. Massa per a un mag com ell. La ràtio d'encerts de De Bruyne és molt més baixa (81 %), però les seves passades es fan en zones properes a la finalització i, per tant, no són comparables amb les dels seus companys, atès que aquestes pèrdues també es produeixen en zones menys perilloses per a l'equip.

Els propòsits del Pep quan juga el partit d'anada fora del seu estadi són sempre molt semblants, tant ara com quan dirigia el Bayern i el Barcelona: defensar-se amb pilota i minimitzar riscos.[92] D'aquí també que no sigui propens a fer canvis durant el partit si observa que el control de la pilota és elevat. Enguany ho va fer així contra el Leipzig i fins i tot contra el Bayern a casa, on només va substituir KDB per lesió. La idea que hi ha darrere d'aquest «immobilisme» és que els jugadors que aquesta nit poden entrar des de la banqueta (Foden, Julián, Mahrez) són ben capaços de canviar la dinàmica del partit, però això és precisament el que no vol l'entrenador: «He pensat a fer canvis, però al final no els he fet perquè se m'ha acudit que si entrava un jugador vertical potser provocaria que el rival anés també més vertical i volia evitar-ho».

## CONTROLAR SENSE PILOTA

El segon gran propòsit era resistir compactes en els moments sense pilota.

El Reial Madrid només ha aconseguit disparar tres vegades contra la porteria del City: en el gol de Vinícius i en dues rematades de Benzema —en probable fora de joc— i de Tchouaméni que han estat repel·lits amb encert per Ederson. Vuit xuts madridistes més han estat bloquejats per jugadors *citizen*, la qual cosa parla bé del concepte de defensa compacta, «a la iugoslava». Les tretze rematades del Madrid es desglossen de la manera següent: un gol, dos rebuigs

92. Els cinc darrers partits del City a la Champions aquesta temporada fora del seu estadi han ofert els resultats següents: 0-0 contra el FC Copenhagen; 0-0 contra el Borussia Dortmund; 1-1 davant de l'RB Leipzig; 1-1 contra el Bayern de Múnic; i 1-1 contra el Reial Madrid.

d'Ederson (en total, tres rematades a porteria), dues rematades fora i vuit xuts bloquejats per defensors del City.

La xifra total de rematades madridistes és molt similar a la de l'any anterior: onze a l'Etihad (cinc a porteria) i dotze al Bernabéu (tres a porteria). La diferència és que llavors el grau d'encert de l'equip d'Ancelotti va ser molt superior: va obtenir tres gols a l'anada i dos a la tornada.[93]

Podem concloure que el grau de control sense pilota aconseguit pel City ha estat notablement millor que l'any anterior. Ha permès poques penetracions en transició i pocs xuts nets a porteria. A canvi, l'equip també ha rematat menys que l'any anterior, perquè a l'Etihad va disparar setze vegades (sis a porteria) i al Bernabéu dotze (nou a porteria) per obtenir un total de cinc gols, mentre que avui ha reduït el total a deu rematades, de les quals sis contra la porteria de Courtois.

Cal matisar un detall molt rellevant d'aquesta nit. Els dos temps han estat molt diferents entre si, bàsicament pel canvi de posició ordenat per Ancelotti, que en situar després del descans Camavinga de lateral-interior, replicant l'habitual moviment de Guardiola de centrar un dels seus defensors al costat de Rodri, missió que avui ha tornat a executar Stones en el seu nou rol de defensa-mig centre. La posició interioritzada de Camavinga no ha aconseguit ser contrarestada amb encert pels homes del Pep, cosa que ha atorgat una enorme superioritat a la sortida de pilota al Madrid, evidenciada en tots els àmbits. Si el City ha disposat de la pilota un 68 % del primer temps, només l'ha tinguda el 46 % del segon. El nombre de passades intentades per l'equip de Guardiola ha caigut de tres-centes quaranta-sis a dues-centes vint després del descans i les de l'equip d'Ancelotti han pujat de cent seixanta-vuit a dues-centes vuitanta-set. De la mateixa manera, les rematades *citizen* han estat sis al primer temps i quatre al segon, mentre que el Madrid només ha rematat una vegada a la primera meitat (el gol) per dotze a la segona. No podem atribuir tal canvi radical únicament a la posició de Camavinga, tot i que sí en bona part.

Finalment, i no menys important, la ment i els seus dimonis.

El Bernabéu és un estadi infernal perquè la seva gent coneix

93. Les dades de la semifinal de tornada de l'any anterior es refereixen únicament als noranta minuts reglamentaris, sense comptabilitzar la pròrroga.

l'efecte que genera en el cervell dels rivals durant aquestes nits de competició europea. És un fenomen que es retroalimenta. Com més infernal és l'estadi, millors resultats obté el seu equip. Com més guanya el seu equip a Europa, més infernal és l'estadi. I així van augmentant el mite i els triomfs. Les remuntades de l'any anterior a la Champions van flirtejar amb el miracle i tenen un efecte encara més gran sobre l'ànim madridista i, per consegüent, atemoreixen encara més els equips visitants. Aquesta nit, el Manchester City lluitava en el terreny de joc contra un gran equip, però també contra els seus propis sentiments, els d'aquella nit de malson, dotze mesos enrere gairebé exactes. De nou el mateix escenari, el mateix ambient, el mateix rival... Com no hi han de pensar els jugadors del Pep! Excepte Haaland i Akanji, els altres nou futbolistes van viure el malson, aquells cinc minuts nefastos en què tota la glòria es va ensorrar. Com no han de ressorgir els vells dimonis!

Heus aquí l'autèntic mèrit dels jugadors del City aquesta nit. Han sabut resistir l'ambient, la frustració d'encaixar un gol en ple domini del partit, el resultat advers, l'amenaça d'un rival que ha jugat de manera portentosa en tots els terrenys; i, especialment, han sabut superar els seus dimonis, menysprear els seus records i aparcar la por que es repetís la catàstrofe.

El Bernabéu només ha vist dues derrotes del seu equip en els deu últims partits d'eliminatòries de la Champions League. Únicament el Manchester City el febrer del 2020, poc abans que començés la pandèmia de la covid-19, i el Chelsea un any enrere, en un triomf inútil per als seus propòsits, han aconseguit superar el colós blanc.[94] Arrencar avui un empat a casa del campió és més que un èxit per a l'equip del Pep i així ho sent el vestidor. Si un any enrere, a l'Etihad, els rostres dels jugadors *citizen* mostraven amargor malgrat la victòria per 4-3 i els madridistes expressaven una eufòria elevada, avui passa exactament el contrari, encara que les narratives periodístiques vulguin explicar una altra cosa. Els qui es troben aquest vespre

94. Els últims deu resultats del Reial Madrid al seu estadi en eliminatòries de la Champions han estat els següents. Temporada 2019-2020: derrota contra el Manchester City (1-2). Temporada 2020-2021: victòries contra l'Atalanta (3-1) i el Liverpool (3-1), empat contra el Chelsea (1-1). Temporada 2021-2022: victòria contra el PSG (3-1), derrota contra el Chelsea (2-3), victòria contra el City (3-1). Temporada 2022-2023: victòries contra el Liverpool (1-0) i el Chelsea (2-0), empat contra el City (1-1).

a la zona on conflueixen els dos vestidors perceben amb claredat meridiana que al Madrid hi ha una decepció moderada per no haver aconseguit la victòria i que al City hi ha abundant alegria per haver sobreviscut a aquesta nova visita al dentista.

El pla dissenyat s'ha complert prou bé. El City ha emprat la pilota per defensar-se, i fent-ho ha reduït les probabilitats del contrari de guanyar. Quan millor estava ha arribat el gol del Madrid, i després, curiosament, ha succeït el contrari i ha arribat el gol de De Bruyne. Ha quedat clar que l'equip ha jugat pensant més a no perdre la pilota que a agredir-hi. El preu que paga pel control es pot mesurar en la dificultat de generar importants accions de perill, amb Haaland engolit per una gran organització defensiva del Madrid. La majoria de les ocasions del partit s'han produït des de fora de les àrees. Els dos gols han arribat en rematades llunyanes, així com totes les parades de Courtois i Ederson. Ni un ni altre equip no han pogut generar perill dins de les àrees.

El partit de tornada, en contra del que pugui semblar en aquests moments en què els ànims dels dos equips estan exacerbats, no pot ser gaire diferent al viscut al Bernabéu, tal com em diu Lillo hores després:

—Ja vam comentar amb el Pep que jugaríem dos partits a casa, un amb públic aliè i un altre amb públic propi. I que el Madrid jugaria dos partits fora. Perquè el Madrid se sent bé així. Ara veurem fins a quin punt estaran còmodes a Manchester. Nosaltres no hem d'anar al ritme del nostre públic ni per casualitat, que això jo ja ho he viscut; no seria bo que ens precipitéssim, perquè llavors ens poden enxampar. És el que tenen aquests equips tan bons com el Madrid, amb jugadors tan suprems, que en totes les situacions que fan a velocitat elevada et poden matar. Per això nosaltres hem de jugar el segon partit d'una forma bastant semblant a la d'avui. Amb els matisos que el Pep afegirà per ser més eficaç per dins.

El sopar posterior al partit se celebra en un menjador del primer pis del restaurat hotel Villa Magna, proper al Bernabéu. L'ambient entre el cos tècnic i la plantilla és de molta serenitat, no hi ha eufòria però tampoc intranquil·litat. Els jugadors mostren cares relaxades i sopen de gust, lluny de l'esgotament extrem que presentaven després d'eliminar el Bayern. De Bruyne ja no té les galtes vermelles i ara el seu rostre està gairebé tan blanc com la camisa del patrocinador Dsquared2 que vesteixen tots els jugadors. A mig matí de dimecres, l'equip vola cap a Manchester i el Pep dona indicacions que ningú no vagi a la ciutat esportiva divendres, excepte els jugadors que hagin de rebre tractament de fisioteràpia. Vol que descansin amb les seves famílies, lluny de la gespa. Ell ha fet el mateix. A primera hora de dimecres ha volat a Barcelona per passar dos dies amb la Cristina.

Dijous al matí la ciutat esportiva és buida i, per tant, és un bon moment per compartir cafè i reflexions amb Manel Estiarte:

—Com estem? Som on volíem, lluitant per tots els títols al mes de maig. Estem contents i al mateix temps esgotats, perquè és molt estressant. Juguem una final cada tres dies des de fa tres mesos. Sense parar, una final darrere l'altra. Champions, Premier, FA Cup... Tot sense descans i, sobretot, sense possibilitat d'ensopegar. Cal guanyar-ho tot, sense parar. I al davant tenim equipassos. El Madrid, un gegant, l'Arsenal, el Chelsea, el Liverpool, el Manchester United...

Li pregunto per Haaland i la seva formidable temporada, però també per les dificultats que va tenir al Bernabéu per rebre i rematar:

—Al Bernabéu va patir molt pel doble marcatge, però és una cosa que tot golejador ha de viure un dia o altre. Havia d'anar a aquest gran estadi i patir un marcatge d'aquest tipus. Crec que l'experiència l'haurà alliberat encara més. Ja ha patit una nit al Bernabéu, ja està. Ara se sentirà més lliure i rendirà encara millor. I mira que la seva temporada està sent genial, cosa que costa el primer any amb el Pep. Tots han necessitat un any d'adaptació: recorda't del primer any de Bernardo, de Sané, de Rodri, de Mahrez, de Grealish... Tots van necessitar un any d'aprenentatge i es van disparar a la segona temporada. Haaland també necessita aquest aprenentatge, però el seu primer any ja està sent brutal.

Estiarte, que com a waterpolista va ser un golejador excepcional, destaca un altre factor de Haaland que va molt més allà dels seus gols:

—Al vestidor hi ha un ambient sensacional i en aquest sentit Haaland ha estat vital. Jo no he vist res igual. Un golejador bestial que, tot i això, és un paio encantador, desprès, sense egoisme. Un paio que està igual de content si marca cinc gols que si els marquen els seus companys. Fixa't en això del penal de l'altre dia, donant-li la pilota a Gündogan perquè fes un *hat-trick*. És un gest d'algú noble i sense egoisme. És poc habitual en l'esport d'aquest nivell. Haaland ha creat un grup de WhatsApp genial, divertidíssim, i tot això ha generat un clima estupend a la plantilla.

Entre cafè i cafè tanquem la conversa amb la mirada posada en els imminents partits que s'acosten: Everton, Reial Madrid, Chelsea, Brighton, Brentford, la final de l'FA Cup, la hipotètica final de la Champions League...

—Queden quatre setmanes i mitja com a màxim. Els tres propers partits són els vitals. Si som capaços de guanyar-los, tindrem pràcticament la lliga a la butxaca i serem a les dues finals de copa. Deu dies i tres partits. Diumenge el Pep farà canvis contra l'Everton, n'estic segur. Serà un partit duríssim perquè l'Everton s'hi juga la vida, però si els guanyem i després vencem el Chelsea a casa ja gairebé tindrem la Premier. I del Madrid, bé, no hi ha gaire a analitzar. Serà molt dur. Són molt bons i haurem d'estar molt fins. Però és el nostre estadi i és a les nostres mans guanyar-ho tot. Al cap i a la fi, és el que desitjàvem. Volíem arribar a l'esprint final amb la possibilitat de guanyar títols i estem en ple esprint. Les cames potser estan cansades, però crec que passa igual en tots els equips, i hi ha tanta il·lusió pel que tenim entre mans que ningú no se sent cansat de debò. Cal seguir. Queden trenta dies per complir tots els somnis i els lluitarem a totes. Els jugadors estan endollats, el Pep està endollat, hi ha bon ambient, tenim davant grans rivals, però també nosaltres som bons. Així que som-hi, a lluitar. Serà una lluita brutal, ens donarem cops sense parar, però tenim ganes de colpejar. Anirem a totes fins al final.

## ESCENA 31

# El pla és la simplicitat

***Manchester, 16 de maig de 2023***

—Simple, simple, simple! Simplicitat!

És l'única cosa que se sent avui a l'entrenament previ a rebre el Reial Madrid. A Manchester hi brilla un sol ben bonic, encara que l'aire és fresc. Durant l'escalfament, el Txiki i Lillo conversen animadament, asseguts sobre un matalasset que han acostat a una paret del camp d'entrenament. S'hi acosten el Pep i Estiarte i ara són quatre els qui parlen del partit de l'endemà. Contra tot pronòstic, hi ha més calma que tensió. Tant si mires els jugadors com si parles amb els tècnics, l'esperit general és molt més tranquil que abans d'enfrontar-se al Bayern. En el cas del Pep més que en cap altre. Està relaxat i serè com si el de l'endemà fos un partit intranscendent i no la revenja del gran drama viscut un any enrere. Per moments em venen ganes de comentar que són unes semifinals de Champions i que el duel està totalment igualat, que n'hi ha prou amb un gol del Madrid per tornar a caure en el mateix graó del 2022, però no sembla haver-hi res que hagi de trencar la placidesa de la tarda.

El Pep dona molt poques instruccions. El pla de joc per a l'endemà és la simplicitat. Jugaran els mateixos onze que al Bernabéu, de nou amb Akanji al lateral esquerre perquè Nathan Aké encara no està recuperat de la lesió que va patir contra el Leeds. Excepte per aquesta variació és el mateix equip que va golejar el Leipzig, el que va eliminar el Bayern i el que va desarborar l'Arsenal. El Pep ha trobat l'onze que li ofereix més garanties, un híbrid entre fortalesa defensiva i agressivitat atacant, amb l'harmonia i l'equilibri que busca en els seus conjunts. No pensa modificar aquest onze inicial en els partits grans fins a final de curs, tret que hi hagi alguna altra baixa. Només canvia petits matisos.

—Gündo, quinze metres més amunt; Kevin, arrenques des de lluny; Manu i John, entreu pels espais intermedis; Erling, tindràs dos marcadors tota l'estona, hem d'aprofitar-ho per guanyar superioritat a altres parts.

Juanma Lillo em «tradueix» les instruccions del Pep: «El Madrid, en marcar a l'home els nostres dos interiors, ens convida a situar-los a diferent altura. Gündogan té més capacitat per trencar des de prop i De Bruyne ha de ser just tot el contrari, ha de treure de lloc el seu marca per després trencar amb aquestes pilotes que Bernardo li llança en profunditat. I, per com es col·locarà el Madrid, deixaran Akanji i Stones amb un munt de temps. L'única cosa que han de fer aquests dos és utilitzar aquest temps que els regalaran. No han de fer res més. Emprar el regal en forma de temps. La resta de coses es donaran de manera natural. A Haaland tothom li té por, per la qual cosa tindrà els dos defenses tota l'estona enganxats a ell i hem d'aprofitar aquesta superioritat en una altra zona».

El Pep ja ha dit en roda de premsa que no hi haurà excés de pensament, aquest concepte que els seus crítics empren davant de qualsevol decisió tàctica de Guardiola quan el resultat és desfavorable. De fet, l'entrenador sí que hi ha dedicat el seu habitual excés de pensament perquè és una actitud consubstancial amb la seva naturalesa. Ha revisat dues vegades el partit d'anada, ha estudiat un altre cop els punts febles de l'adversari i ha dissenyat un minuciós pla de joc. El que succeeix és que això d'avui és molt simple perquè els seus jugadors ja han adquirit un nivell d'experiència i coneixement del joc que simplifica la proposta de l'entrenador. Si s'hi té la ment preparada, no hi ha millor manera de comprendre com jugar contra un adversari que enfrontar-s'hi repetidament. Els jugadors intel·ligents —i els entrenadors que ho són— aprenen del rival.

Per la seva clarividència i intel·ligència destaca el capità, Ilkay Gündogan, a qui l'afició ha posat el sobrenom de Mr. Whippy.[95] Quan arriba el maig, Gündogan floreix. Només cal recordar la seva

95. Mr. Whippy és una marca de gelats i també el sobrenom que un comentarista especialitzat en realitzar vídeos alternatius li va posar a Gündogan, probablement relacionat amb l'elevat nombre de gols (disset) que va marcar la temporada 2020-2021, en la qual va ser el màxim golejador de l'equip.

exhibició a l'últim i decisiu partit de la lliga anterior, per descomptat al maig. Ara acaba de complir el partit tres-cents com a *citizen* i l'ha celebrat marcant els dos gols del triomf contra el Leeds, donant la passada de gol a KDB al Bernabéu, i fa dos dies tornant a marcar dos gols —el segon, en una execució malabarista— i assistint a Haaland per vèncer amb solvència l'Everton (0-3) en el que suposa el triomf número cinc-cents del City a la Premier League. Guardiola es va acomiadar diumenge de Goodison Park dient als seus aficionats que només faltaven dues victòries més per retenir el títol de lliga, però una estona més tard l'Arsenal va ensopegar a l'Emirates Stadium contra el potent Brighton (0-3) i la Premier League es va tenyir de blau cel. L'equip va veure el partit a l'autobús que els portava de Liverpool a casa, i quan va arribar a la ciutat esportiva ningú no en tenia dubtes: la tercera lliga consecutiva estava a punt de caure.

Diumenge va cridar l'atenció un detall. En general, quan es torna d'un partit, els jugadors entren al vestidor, recullen el que hi han deixat a les taquilles i marxen ràpid cap a casa. Els tècnics sempre triguen una mica més perquè revisen el calendari de feina de l'endemà, així que a la sortida sempre troben el pàrquing buit, sense els cotxes dels futbolistes. Diumenge, però, quan Carles Planchart va sortir de l'edifici va veure que l'aparcament era ple de vehicles. Sorprès, es va preguntar si hi havia cap problema i va tornar sobre els seus passos. Va entrar al vestidor, però era buit. Tampoc no hi havia ningú a la sauna ni a la zona de piscines. Va anar a la sala de fisioteràpia i es va emportar una sorpresa: sobre les lliteres hi havia deu jugadors que estaven rebent un massatge. Ningú no havia marxat cap a casa. Tots volien estar a punt per a la cita contra el Reial Madrid.

Gündogan és un dels cinc jugadors a qui el Pep ha instruït específicament de cara al duel de l'endemà contra els madridistes. Al capità li ha dit que avanci quinze metres la seva posició respecte del Bernabéu quan l'equip estigui atacant. La forma que adoptaran els tres migcampistes serà 1+2, en comptes del 2+1 del partit d'anada. El Pep vol que Gündo estigui molt a prop de l'àrea perquè els seus atacs siguin penetracions agressives i de pocs metres. A De Bruyne li demana que jugui a una altura inferior a la de Gündogan per allunyar el seu marcador de l'àrea i poder burlar-lo en combinació amb Bernardo. A Stones i a Akanji els instrueix perquè aprofitin els moviments en horitzontal de Gündogan i De Bruyne, que buidaran els passadissos entre lateral i central madridista. I la quarta observació és per a Haaland, a qui recomana calma davant del doble marcatge que patirà.

Comento aquest últim punt amb Joan Patsy, qui, per la seva llarga experiència al costat de Johan Cruyff, coneix tots els secrets del fals 9: «És curiós, perquè Haaland és tot el contrari d'un fals 9, però demà pot aconseguir un efecte semblant al que es busca amb el fals davanter: concentrar tota l'atenció dels defenses rivals en ell i obrir passadissos per als companys». Fem broma sobre aquesta paradoxa, que bategem com el «fals veritable 9».

La sessió acaba aviat, sense grans instruccions tàctiques a part de les esmentades. Tranquil·litat i simplicitat és el resum. El Pep està tan tranquil que només intenta transmetre normalitat. Com diu Lillo: «No hi ha res fora del normal. Simplement, pressionar el desajustament que ells tenen més per una banda que per l'altra, tot i que això ja es va fer l'any passat. Sense grans intencionalitats tàctiques».

El lector es preguntarà per la presència de Lillo a l'entrenament previ al duel contra el Madrid. Ha acabat la temporada amb el seu equip, l'Al-Sadd de Qatar, i avui és un convidat del Pep; el va cridar durant el cap de setmana perquè acudís a donar suport a l'equip. Al cos tècnic ningú no oblida el missatge que va deixar escrit quan es va acomiadar al juny de l'any passat: «Jo no me'n vaig. Continuaré sent el vostre ajudant. Aquesta temporada ho guanyarem tot, Premier i Champions. Tranquils, ho guanyarem tot, sense cap mena de dubte. I jo seré al vostre costat, donant-vos el meu suport i els meus ànims. Sempre seré el vostre ajudant».

Guardiola desitja que el seu «ajudant» estigui ara amb el grup. Avui al matí li ha enviat un avió privat que l'ha dut fins a Manchester i ha tingut una rebuda formidable per part de jugadors i del cos tècnic. Quan acaba l'entrenament, cadascú torna a casa seva, excepte Lillo, que ha triat dormir a la «seva» habitació de la ciutat esportiva, la número 30.

ESCENA 32

## Una obra d'art

***Manchester, 17 de maig de 2023***

Aquesta nit s'ha complert un vell somni de Guardiola:

—El meu somni és ficar els onze contraris dins de la seva àrea des del minut 1 i no deixar-los passar de mig camp.

El Pep ho ha complert, ni més ni menys que contra el Reial Madrid en una semifinal de la Champions League. A més, ha curat completament aquella vella ferida que va patir gairebé una dècada enrere a Múnic, aquell 0-4 tan dolorós. Avui ha vençut pel mateix resultat el mateix equip i el mateix entrenador, de manera que aquell dolor residual ha desaparegut.

Hem assistit a una obra d'art. Art efímer, però art al cap i a la fi. Ha estat l'expressió creativa d'una visió concreta del futbol que ha emprat recursos físics, tècnics, tàctics i emocionals fins a confluir en una peça coral que serà recordada durant molt de temps per qualsevol aficionat a aquest esport. El futbol fet art.

L'obra d'art ha durat quaranta-cinc minuts, els necessaris per sentenciar l'eliminatòria. Repassem els principals trets d'aquesta nit extraordinària.

Abans del servei inicial, l'equip es reuneix en la rotllana habitual i Gündogan pronuncia les últimes paraules d'ànim: «Serenitat, juguem amb calma, siguem nosaltres mateixos», diu el capità, que immediatament fa el servei inicial i envia la pilota directament a Ederson. En els minuts següents, la sortida del City es configura en 3+2 davant d'una tímida pressió madridista en 1+3. Si Stones travessa la línia central, Walker retrocedeix. Si Stones es manté en camp propi, Walker s'avança. Una primera passada llarga de Rodri a Bernardo es perd per la banda. Als tres minuts, Walker llança la primera amenaça en forma de xut des de lluny. La pilota marxa molt desviada, però la rematada és un advertiment davant dels espais oberts que deixa el Madrid a la frontal de la seva àrea.

Un minut més tard, Haaland baixa fins al mig del camp en advertir problemes en Akanji per superar la pressió, ja que en ser destre pateix per treure la pilota per la banda esquerra. Dos jugadors del City ocupen posicions molt altes: Gündogan es mou pels límits de l'àrea contrària i Stones se situa per davant de Rodri, trepitjant el terreny habitual de De Bruyne. Al minut 6, Courtois envia una pilota en llarg fins a camp contrari i només aconsegueix que, després d'un rebuig de Rodri, el City contraataqui amb KDB i que Haaland aconsegueixi driblar el porter madridista, encara que la seva passada enrere no troba rematador. El domini *citizen* és tan aclaparador que el Madrid no aconsegueix sortir de la seva àrea, així que vint-i-cinc segons més tard Rodri s'hi interna, supera Kroos i Modric i remata creuat sense èxit. Guardiola agita els braços demanant a l'afició que redobli el seu suport en vista de l'aclaparant domini que s'aprecia damunt la gespa. Al minut 10, Rúben Dias li pren la pilota a Benzema a cinc metres de la porteria del Madrid, amb la qual cosa confirma que el City vol ser com una màquina llevaneu que empenyi el rival contra la seva porteria. Vint segons més tard, Stones emula Walker i dispara des de l'eix central, però la seva pilota també surt desviada.

Cada partit et deixa un ensenyament i els bons n'aprenen. Al Bernabéu, el Madrid va deixar carrils amples entre els seus laterals i els seus centrals, que aquell dia van tapar amb encert entre Kroos, Modric, i Valverde. Però el Pep va aprendre que per aquí es podia entrar i va decidir aprofitar-ho. Per a això era necessari arriscar-se i que Walker per la dreta i Akanji per l'esquerra s'avancessin prou per fixar Vinícius i Valverde. Atès que Kroos havia d'intentar tapar Rodri, i Modric s'enfrontava a un John Stones que jugava una altra vegada de mitjapunta, un home quedava totalment alliberat per entrar per la porta que el Madrid deixava oberta: Gündogan. I si algun madridista aconseguia tapar l'entrada del capità mitjançant una cobertura lateral, a canvi obria la porta de l'altre costat, per on De Bruyne o Bernardo trobarien un passadís similar per on penetrar. Aquest era el pla i exactament d'aquesta manera van ocorrent les coses a l'Etihad quan només s'han disputat deu minuts. El City pressiona sense treva i el Madrid no surt del seu camp.

Després d'una repetició de passades entre Rodri i Stones es genera un avantatge per a Grealish, la centrada del qual és rematada de cap a boca de canó i de manera esplèndida per Haaland, però Courtois replica amb un rebuig fabulós. Arribats al primer quart d'hora, el nombre de passades de cada equip explica millor que les paraules el que està passant: el City n'ha fet cent vint-i-quatre i el Madrid només tretze. És la diferència més gran de la història en una semifinal de la Champions.

El Madrid només aconsegueix que la pilota travessi la línia de mig camp gràcies a llançaments de Courtois que, inevitablement, acaben als peus dels defensors locals, que una vegada i una altra pugen amb facilitat pel camp fins envoltar l'àrea visitant. La pressió del City és molt eficaç. Akanji ocupa una posició intermèdia entre Carvajal i Rodrygo, va contra l'un o contra l'altre indistintament però és molt agressiu quan salta contra Carvajal, mentre que la resta de l'equip marca a l'home i impedeix que el Madrid pugui construir joc per la seva banda esquerra, que tan perillosa va ser a l'anada amb Vinícius, Modric, Benzema i Camavinga. Al seu torn, KDB pressiona Kroos, Grealish se situa entre Militao i Courtois, Haaland sobre Alaba, Bernardo damunt de Camavinga, i Gündogan tapa Valverde. La conseqüència de la bona pressió és que el City robarà dotze pilotes en l'últim terç de camp (cinc Bernardo i tres Rodri), i que Courtois es veurà obligat a multiplicar les pilotes en llarg, que és tant com donar-les per perdudes. [El Madrid només aconseguirà robar una pilota en l'últim terç de camp en tot el partit].

Als disset minuts, KDB sorprèn en llançar de manera directa una falta lateral. La pilota passa prop del pal. Tres minuts més tard, un córner en curt entre Bernardo i KDB culmina amb centrada del belga, passada de cap d'Akanji i nou cop de cap a boca de canó de Haaland que Courtois torna a salvar amb una reacció prodigiosa tot i que l'enganxen a contrapeu. Finalment, al minut 22,42 cau el mur madridista amb un gol de Bernardo Silva que s'origina després de moltes passades i un moviment trencador de Stones, que penetra pel «passadís De Bruyne» i acaba de manera inesperada com a extrem dret, i arrossega Camavinga, Kroos i Vinícius, la qual cosa desorganitza tota la cobertura madridista. El caos que provoca Stones és aprofitat per De Bruyne, que després de rebre la pilota de Walker aconsegueix filtrar una passada suau i vertical per a la rematada inapel·lable de Bernardo, que atorga al City el seu primer avantatge a l'eliminatòria.

Durant aquests vint-i-dos minuts i quaranta-dos segons, l'equip del Pep ha tingut la pilota el 81 % del temps i ha fet dues-centes dues passades, per vint-i-vuit del Madrid. Només entre Rodri i Bernardo han fet més passades que tot el Madrid junt. De fet, Vinícius i Valverde ni tan sols no han aconseguit completar una sola passada durant aquests vint-i-dos minuts. La distribució del joc en cadascun dels tres terços en què dividim el camp parla ben clar: el 59 % del temps s'ha jugat al terç més proper a l'àrea de Courtois, el 34 % al terç central i només un 7 % al terç proper a Ederson, que encara no ha intervingut. Quan al minut 24,06 el Madrid serveix de centre, després d'encaixar el gol, es produeix la seva primera passada en camp contrari, amb un enviament de Carvajal a Rodrygo, que perd la pilota immediatament davant d'Akanji. La pilota torna a estar en peus del City i en zona madridista als tres segons. L'equip d'Ancelotti aconsegueix fer una altra passada en camp contrari, entre Valverde i Modric, al minut 25,10. A la mitja hora de partit, el Madrid no ha aconseguit fer dues passades seguides en camp contrari i el balanç general mostra un 76 % de possessió per al City, que ha sumat dues-centes setanta-tres passades per quaranta-cinc del Madrid.

Indistintament, Stones o Akanji entren per uns passadissos enormes que s'obren quan el City mou el rival d'un costat a un altre, al ritme que imposa Rodri, que es mostra superb a la frontal de l'àrea, exercint com a distribuïdor constant del joc d'atac. Mentre els defensors madridistes fan les preceptives cobertures, deixen grans passadissos sense tancar i Rodri només ha de canviar la pilota de banda perquè un dels dos, Stones o Akanji, l'aprofiti i penetri fins a l'àrea.

Una rematada desviada de Haaland amb la cama dreta permet reflexionar sobre l'actuació del davanter noruec, que en aquesta semifinal no marcarà però provocarà un pànic atroç en els rivals, la qual cosa es tradueix en un avantatge que el City aprofita en altres zones. El Madrid usa una gàbia contra ell, però aquesta mateixa doble marca implica un problema per als defenses d'Ancelotti perquè el City l'empra com el judoka aprofita la força de l'oponent per abatre'l. És alguna cosa així com un fals 9 a l'inrevés. Com és evident, amb Haaland a l'equip ja no té cabuda la funció del fals 9 per arrossegar els defenses rivals fora de l'àrea i obrir espais als companys; però el noruec també pot ser un esquer [esquer és sinònim de fals 9].

A partir de la mitja hora, el Madrid s'espolsa una mica la pressió i obté, per un rebot en Akanji, un servei de córner que aprofita Kroos, a la segona jugada, per llançar des de lluny una formidable rematada al travesser. Malgrat la seva manifesta feblesa, el Madrid ha pogut empatar de manera inesperada, encara que una de les seves grans armes, la velocitat de Vinícius Jr, és desactivada per l'energia immensa de Kyle Walker, que accepta el repte de l'esprint i li pren la pilota quan el brasiler trepitja l'àrea local. Després del partit, Walker explicarà que les dues últimes setmanes ha aprofitat cada minut lliure per revisar petits vídeos que li van preparar els analistes sobre el seu rival, especialment respecte a la forma en què Vinícius deixa córrer la pilota entre les cames per enganyar el defensor, és a dir, exactament l'acció que va protagonitzar l'any anterior davant de Fernandinho: «Cada cop que he pogut ho he mirat al mòbil, per aprendre a defensar-lo». Walker completarà una eliminatòria espectacular assecant un prodigi com Vinícius. Un altre jugador que es multiplica és Grealish, la pressió del qual és clau en l'èxit del City, perquè pressiona Courtois, tapa la línia de passada a Militao i és capaç de córrer cap a Carvajal en una mateixa acció. El seu paper és impagable.

Als trenta-sis minuts, Bernardo Silva obté el seu segon gol de la nit. L'acció comença mig minut abans, quan el portuguès s'acosta a Grealish i arrossega Camavinga fins al costat dret, l'allunya de la seva banda, de manera que tot el Madrid queda descol·locat i fora de lloc. Gündogan adverteix el buit que ha quedat obert entre lateral i central i s'hi endinsa sense que Valverde pugui frenar-lo, mentre KDB «aclareix» dos rivals. Després de la rematada de Gündogan, que salva un defensa, Bernardo aprofita que la defensa madridista està descol·locada per rematar de cap a gol i arrodonir un primer temps apoteòsic en el qual ha recuperat cinc pilotes a prop de la porteria rival, ha guanyat tres dels quatre driblatges intentats, ha rematat tres vegades i ha marcat dos gols: és el tercer jugador de la història a marcar doblet en una semifinal contra el Madrid, després de Messi el 2011 i Lewandowski el 2013.

Cap minut resumeix millor aquest primer temps històric com l'últim, el que transcorre del 44 al 45, quan nou jugadors del City pressionen com bojos fins robar la pilota que Modric intentava cedir a Camavinga. El Madrid està completament enfonsat, esquinçat, fet miques per un City que en aquest simple minut acumula fins a tres ocasions consecutives de gol que no materialitza. Tots els jugadors locals han rematat contra la porteria de Courtois en aquest primer temps, excepte Ederson i Rúben Dias. Al descans es comptabilitzen tres-centes cinquanta-una passades del City per cent trenta-set del Madrid. Si s'observen les fetes en camp contrari, el City ha arribat a les dues-centes i el Madrid s'ha quedat en dinou.

Així es resumeix un primer temps per a la història, un primer període en el qual Guardiola ha complert la seva vella aspiració: «El meu somni és ficar els onze contraris dins de la seva àrea des del minut 1 i no deixar-los passar de mig camp».

El pas pel vestidor serveix perquè els dos conjunts acceptin la realitat del que ha succeït i adoptin un posicionament ben diferent per afrontar el tram final d'una eliminatòria que sembla completament decidida. Guardiola opta per conservar el resultat, sense assumir més riscos. Ancelotti demana fer un pas endavant per si de cas el City pateix una distracció, però ho fa sense un ímpetu excessiu i amb esperances nul·les. No obstant això, el partit que es reprèn té un altre aire.

Gündogan perd la primera pilota als sis segons en una zona de perill. Mig minut més tard, Walker ha de llançar-se a terra i fer una gran entrada per tallar una internada de Vinícius, i després De Bruyne falla una passada que semblava molt prometedora. Seixanta segons més tard el jugador belga es precipita, falla un control senzill i perd l'oportunitat de fer una passada d'or a Haaland. En aquest minut, el 49.01, es produeix un fort intercanvi de crits entre jugador i entrenador:

Guardiola li crida: «*Pass the ball! Pass the ball!*».

De Bruyne li replica, irat: «*Shut up! Shut up!*».[96]

L'entrenador volia que KDB congelés el joc, que en pocs instants havia embogit a causa de la millor dinàmica madridista. El Madrid havia necessitat els quaranta-cinc minuts complets de la primera part per sumar dinou passades en camp contrari, i en canvi ara només ha trigat quatre minuts i mig a acumular-ne el mateix nombre, si bé la majoria s'han produït a prop del cercle central i amb escàs risc, i s'han secundat en tot moment en els seus defenses, que

96. Guardiola: «Passa la pilota! Passa la pilota!». De Bruyne: «Calla! Calla!».

no travessen la línia de mig camp. El City ha perdut la pilota i no aconsegueix retenir-la uns pocs segons, ni fer tres passades seguides, a l'inrevés que en el primer temps. D'aquí que el Pep s'esgargamelli a la banda demanant calma i passades als seus homes.

Però res no és tan senzill com sembla. El lector ha de saber que De Bruyne travessa uns dies molt difícils. Algú proper a ell pateix un problema i el Kevin està molt afectat, la qual cosa se suma al fet que des de mitjan abril té profundes molèsties als isquiotibials. El cos mèdic li ha aplicat totes les cures possibles i l'entrenador li ha estalviat esforços per evitar un trencament que seria fatal a aquestes alçades de la competició. Des de l'11 d'abril, quan va jugar l'anada de quarts contra el Bayern, partit que no va poder acabar, De Bruyne només ha estat titular en cinc dels nou matxs disputats: s'ha quedat a la banqueta en dos i a la graderia en dos més (Fulham i West Ham). Dels vuit-cents deu minuts jugats per l'equip, KDB només n'ha disputat la meitat (quatre-cents nou), i únicament ha completat dos partits d'aquests nou, la qual cosa deixa clara la preocupació del club per l'estat del jugador. El Kevin juga avui contra el Madrid tenallat per unes condicions físiques i anímiques miserables, i això cal saber-ho per entendre les causes del seu baix rendiment.[97]

La bona dinàmica del Madrid a l'inici de la segona part es confirma amb el 60 % de possessió que atresora entre els minuts 45 i 60, quan disposa d'una bona ocasió en llançament de falta directa que Alaba dirigeix amb molt mala intenció, i que Ederson rebutja. Són minuts durant els quals el City ha perdut la brúixola, amb Gündogan i Rodri perseguint la pilota i De Bruyne perdent-la una vegada i una altra. Durant un servei de córner, Rúben Dias s'acosta al belga, l'abraça i li diu a cau d'orella paraules afectuoses per donar-li ànims.

La seqüència de les accions de KDB entre els minuts 52 i 71 és inversemblant, perquè falla passades senzilles i per segon cop al partit llança rasa una falta lateral, que malgasta. A partir del minut 59 se'l veu esgotadíssim, doblega el cos i arrepenja les mans als genolls, cosa que fa repetidament fins i tot després d'una carrera suau. Mai no s'ha vist De Bruyne tan esgotat com en aquest tram

97. Els següents tres partits de lliga, contra Chelsea, Brighton i Brentford, De Bruyne només jugarà un total de setanta minuts, amb el propòsit de preservar-lo per a les dues finals.

de la semifinal; fins i tot s'ha de desentendre de dues accions d'atac del seu equip per tornar a arrepenjar les mans als genolls, malgrat trobar-se a la frontal de l'àrea madridista. Als seixanta-vuit minuts es fa un massatge als isquiotibials de la cama esquerra; onze minuts després pateix una rampa al bessó dret. És indubtable que el Kevin es troba malament, possiblement malalt, i després d'intentar filtrar una passada formidable a Haaland però veure's obligat a fer-ho amb el peu esquerre a causa de la rampa, demana el canvi, que encara trigarà tres minuts a arribar, durant els quals recorre el camp en un últim esforç gairebé agònic. Quan Foden el substitueix enmig de l'ovació del públic, De Bruyne rep una gran i llarga abraçada del Pep, que reconeix així l'esforç de la seva estrella, que ha jugat un bon primer temps i una mala segona part, però que ho ha fet sota una condició física terrible, posant en risc les seves cames i sotmès a una situació anímica molt dura. Com el Pep sol dir: «El que defineix els esportistes és com reaccionen en els moments dolents». De Bruyne ha comès nombrosos errors avui, però el coratge per jugar en condicions extremes, físiques i emocionals, demostra la seva extraordinària talla com a esportista.

Mentre De Bruyne ha viscut aquest malson damunt la gespa, els seus companys han aconseguit calmar el joc, especialment Grealish, convertit en «àrea de descans» de l'equip, ja que aconsegueix combinar els desitjos d'aprofundir i atacar amb la necessitat de refredar el ritme i conservar la pilota, fins al punt que el Pep acaba llançant-li petons des de la banda. Grealish aconsegueix amb això liquidar el ritme que pretenia imposar el Madrid, que en tot el partit només aconseguirà trepitjar dues vegades l'àrea local amb la pilota als peus, poquíssim perill real. Tot el seu joc mor a la frontal de l'àrea, excepte en dues rematades consecutives de Benzema i Ceballos als vuitanta-dos minuts que Ederson resol amb facilitat.

Una estona abans, Gündogan ha fet un cop de taló d'or per a una nova rematada a boca de canó de Haaland, aquesta vegada amb la cama dreta, però Courtois li torna a negar el gol, enviant la pilota al travesser. El porter belga ha evitat aquesta nit tres gols cantats de Haaland (minuts 12, 21 i 72) i ha impedit que el seu equip surti de l'Etihad amb una bossa repleta de gols encaixats. El que no pot impedir és que una falta ben treta per De Bruyne sigui rematada de cap a gol per Akanji al minut 75, amb la involuntària ajuda de Militao, que provava de desviar-la.

La culminació del sensacional partit és dels tres homes de recanvi, Mahrez, Foden i Julián Álvarez, especialment, els dos últims. L'argentí només juga quatre minuts i tres segons, però en aquest temps, entre el 88.58 i el 93.01, fa cinc esprints a màxima velocitat, quatre d'aquests en el primer minut i mig. En el minut 90.28 roba la pilota que estava en poder de Vinícius. És la primera pilota que toca Julián, que deu segons més tard marca el quart gol de la nit després d'una progressió de Mahrez i una subtil passada al buit de Foden. Només és el segon toc de pilota de Julián al partit, després d'haver fet el seu cinquè esprint en noranta-quatre segons.

El 4-0 dona pas a la final d'Istanbul, on espera l'Inter de Milà, i sobretot és la culminació d'una obra d'art, quaranta-cinc minuts que són històrics en el futbol europeu per la manera en què el City ha aniquilat un gegant com el Reial Madrid. Ho havia predit Wayne Rooney («El City no guanyarà el Madrid, el destruirà»), i així ha estat. L'equip del Pep aconsegueix un resultat memorable i afegeix una altra golejada important a l'Etihad, que ja és un fortí,[98] invicte a la Champions des del 2018.[99] Al seu torn, Guardiola s'anota la seva victòria número tretze contra el Madrid en vint-i-tres enfrontaments.[100] També és el seu triomf número cent a la Champions: quaranta-set amb el City, vint-i-tres amb el Bayern i trenta amb el Barça, la qual cosa suposa un rècord de la competició, en haver-ho aconseguit en cent seixanta partits disputats, vint menys que Ancelotti, vint-i-quatre menys que Sir Alex Ferguson.

El partit deixa algunes actuacions descomunals. La de Courtois a la porteria madridista ha estat colossal. També la de Rodri com a mig centre: participa amb èxit en cent vint-i-quatre accions, recupe-

98. Els principals triomfs del City a l'Etihad aquesta temporada han deixat les golejades següents: 6-3 al Manchester United, 5-0 al Copenhagen, 4-0 al Southampton, 4-0 al Chelsea, 4-2 al Tottenham, 7-0 al Leipzig, 6-0 al Burnley, 4-1 al Liverpool, 3-0 al Bayern, 4-1 al Arsenal i 4-0 al Reial Madrid.

99. El City fa vint-i-sis partits que està invicte al seu estadi a la Champions League (2018-2023), amb què supera els vint-i-quatre partits de l'Arsenal (2004-2009), i a prop dels vint-i-nou del Bayern (1998-2002) i els trenta-vuit del FC Barcelona (2013-2020).

100. El Pep ha dirigit vint-i-tres partits contra el Reial Madrid: tretze victòries, cinc empats i cinc derrotes; quaranta-set gols a favor i vint-i-set en contra. La seva pitjor derrota va ser un 0-4 entrenant el Bayern el 2014. Les seves majors victòries, a més del 4-0 d'avui, van ser un 5-0 amb el Barcelona el 2010 i un 2-6 el 2009. A la Champions ha eliminat el Madrid el 2011, el 2020 i el 2023 i ha estat eliminat pel conjunt madrileny el 2014 i el 2022.

ra onze pilotes i guanya set de nou duels. Grealish ha generat nou de les vint-i-tres ocasions de gol del City entre l'anada i la tornada. I Stones ha confirmat la seva transformació: ja no és un defensa que s'avança a jugar com a mig centre, sinó un mig centre que defensa. La diferència d'alçades en què s'han situat les dues línies defensives defineix el que ha estat la semifinal: la defensa del City ha jugat a cinquanta-tres metres d'Ederson i la del Madrid a trenta-nou de Courtois. Al contrari que en el partit del Bernabéu, avui tots els gols s'han produït des de l'interior de l'àrea, així com les portentoses rematades de Haaland que Courtois ha rebutjat.

Amb la Premier gairebé a la butxaca i la classificació confirmada per a les finals de la copa i la Champions, per primer cop es parla obertament de triplet en un vestidor que desborda eufòria. Guardiola celebra l'èxit amb la seva família i els principals dirigents del club fins ben entrada la matinada. Tres anys enrere deia que el que ara té a l'abast de la mà era impossible.

## ESCENA 33

# Guanyador en sèrie

***Manchester, 20 de maig de 2023***

Ja està.

L'Arsenal ha estat líder durant dues-centes quaranta-set nits, però el City és campió quan falten tres jornades. Ningú en bon seny no hauria pronosticat res semblant quatre mesos enrere, quan l'equip d'Arteta marxava imparable amb vuit punts d'avantatge sobre el de Guardiola, després de la derrota dels *citizen* a Old Trafford. Bé, ningú excepte dos bojos.

Carles Planchart n'és un: «Nosaltres, a la nostra. Nosaltres, a guanyar. L'Arsenal fallarà en algun moment». (22 de gener).

Domènec Torrent n'és l'altre: «L'Arsenal punxarà. És molt bon equip i el Mikel és boníssim, però crec que el City els acabarà superant perquè té més plantilla i més experiència en els esprints finals». (25 de gener). Tots dos van encertar la diana, i no per casualitat, sinó pel seu coneixement profund de la competició anglesa.

Des de la derrota del City a White Hart Lane, el 5 de febrer, el pols contra l'Arsenal ha estat profundament desigual.

L'equip del Pep ha disputat catorze partits, n'ha guanyat tretze i n'ha empatat un, amb la qual cosa suma quaranta punts. L'equip d'Arteta ha disputat disset partits, n'ha guanyat nou, n'ha empatat quatre i n'ha perdut quatre més, per la qual cosa ha sumat trenta-un punts. El balanç és rotund a favor dels *citizen*, que han marcat trenta-nou gols i n'han encaixat deu, mentre que els *gunners* n'han anotat trenta-dos i n'han rebut vint-i-sis. L'enfonsament de l'Arsenal ha estat tan colossal com la consistència i fortalesa del City. Les dues últimes jornades han estat letals per a Arteta, derrotat a casa pel Brighton i a Nottingham pel Forest, moment en què lliura les claus del trofeu a l'equip de Guardiola, que es reuneix a mitja tarda del dissabte 20 de maig a la ciutat esportiva. A les sis, l'Arsenal perd al descans a Nottingham i tots abarroten el menjador de la primera planta per veure què passa a la segona part. El que veuen és la impotència de l'Arsenal per remuntar el resultat davant d'un equip —l'únic que ha aconseguit un punt davant del City des del febrer— que es juga la permanència a la primera divisió del futbol anglès. A les set i trenta-un minuts de la tarda, després d'onze de prolongació del partit, l'Arsenal cau i l'eufòria es desferma entre els homes i dones liderats per Guardiola. La conquesta del títol és un fet i també el *three peat*, la triple corona consecutiva.[101]

Vist amb la perspectiva que dona el pas del temps, l'esprint final ha estat molt diferent de com es va imaginar. Tots crèiem que seria una lluita aferrissada fins a l'últim centímetre, una d'aquelles rectes finals que protagonitzaven Sebastian Coe i Steve Ovett en els 1500 metres i que només es resolien a la *photo-finish*, però no ha estat així. Al City li han sobrat tres partits i ha acabat per conquerir el campionat amb relativa comoditat, la qual cosa no deixa de ser irònic si tenim en compte que l'Arsenal ha estat líder durant el 93 % del torneig. Mai ningú no havia encapçalat la Premier League durant dos-cents quaranta-set dies per després perdre el títol.[102]

Han passat vint hores i el City celebra el *three peat* vencent el Chelsea en un Etihad Stadium enfervorit. És dia de coronació per a

101. Només cinc clubs anglesos han aconseguit tres títols de lliga consecutius: Huddersfield Town 1923-1926, a les ordres de Herbert Chapman i Cecil Potter; Arsenal 1932-1935, dirigit per Herbert Chapman fins a la seva mort i per George Allison després; Liverpool 1981-1984, dirigit per Bob Paisley i més endavant per Joe Fagan; i Manchester United en dues ocasiones, sempre sota la direcció de Sir Alex Ferguson: 1998-2001 i 2006-2009.

102. Altres equips que van dominar gran part del campionat i no van aconseguir el títol de la Premier League van ser: Newcastle el 1995-1996, amb dos-cents dotze dies com a líder (campió, Manchester United); Arsenal el 2002-2003, amb cent vuitanta-nou dies (campió, Manchester United); Manchester United el 1997-1998, amb cent-vuitanta-set dies (campió, Arsenal); Arsenal el 2007-2008, amb cent cinquanta-sis dies (campió, Manchester United); Liverpool el 2018-2019, amb cent quaranta-un dies (campió, Manchester City); i Arsenal el 2013-2014, amb cent vint-i-vuit dies (campió, Manchester City).

l'altre rei d'Anglaterra. A més, ho és per triplicat, perquè tant l'equip filial que juga la Premier League-2 com l'equip sub-18 de l'Academy han guanyat també les respectives lligues nacionals per tercer any consecutiu. El club ha aconseguit el *three peat* en les tres categories, la qual cosa demostra una fortalesa colossal i aventura un futur brillant.

La consistència del joc del *Pep City* es manifesta en les xifres que presenta al llarg d'aquestes tres extenuants lligues, durant les quals ha guanyat vuitanta-quatre dels cent catorze partits disputats, n'ha empatat setze i n'ha perdut només catorze. Durant tres anys seguits ha vençut en el 73,68 % dels partits de Premier, amb una mitjana de 2,42 gols marcats (dos-cents setanta-sis en total) i només noranta-un d'encaixats, amb què la mitjana és de 0,79 per partit i es compleixen els objectius del cos tècnic.

El triomf contra el Chelsea és només un tràmit que resol Julián Álvarez als onze minuts amb el gol número cent que s'aconsegueix aquesta temporada a l'Etihad. El Pep alinea homes poc habituals, com Kalvin Phillips de mig centre, Rico Lewis d'interior dret, Ortega a la porteria, i una banda esquerra formada per Sergio Gómez i Cole Palmer. De fet, el partit és només l'aperitiu per a la gran celebració dels aficionats sobre la gespa i serveix per completar una nova ratxa de victòries consecutives en lliga, la cinquena vegada que l'equip acumula dotze o més triomfs.[103] Quan Gündogan aixeca el trofeu, l'estadi es converteix en una festa familiar, però darrere dels petons i les abraçades multitudinàries s'amaga un desig més profund. Conquerida la lliga, l'equip en vol més. Vol el triple triomf.

Aquella nit parlo amb Domènec Torrent i li recordo el seu gran encert pronosticant que l'Arsenal punxaria i que el City guanyaria la Premier. Avui concreta encara més: «Hi haurà triplet».

## VUIT MINUTS D'HISTÒRIA

Guardiola ha conquerit la seva cinquena Premier League i el seu primer *three peat*, la qual cosa el confirma com el número u de la història en els tornejos de lliga. Des del seu debut com a entrenador

103. Les cinc millors ratxes de victòries consecutives del City a la Premier League són: divuit entre l'agost i el desembre del 2017; quinze entre el febrer i l'agost del 2019 i entre el desembre del 2020 i el març del 2021; i dotze entre el novembre del 2021 i el gener del 2022 i entre el febrer i el maig del 2023.

ha guanyat onze títols en catorze lligues disputades (en realitat, dotze de quinze),[104] un balanç únic i inigualable que retrata la seva personalitat minuciosa, obsessiva i stakhanovista. Per al Pep, la lliga és el seu autèntic greal, la vara de mesurar la seva capacitat, el gran objectiu anual, perquè s'aconsegueix dia a dia. També és un bon moment per recordar a tots els que intenten desmerèixer el seu èxit argumentant que voldrien veure'l dirigint un equip petit. La resposta és al seu propi historial: el Pep va debutar com a entrenador amb l'equip de tercera divisió del Barcelona, tot just un grapat de joves, i el va portar a conquerir el títol de lliga el 2008. Així doncs, en un equip petit o en un equip gran, en les dues condicions ha aconseguit el triomf, i ell mai no s'oblida de recordar que el seu primer títol com a entrenador el va aconseguir en una categoria inferior, però molt dura, com és la tercera divisió espanyola.

Calculem el veritable pes de Guardiola en la història del futbol. Si poguéssim resumir, a velocitat rapidíssima, en una pel·lícula de noranta minuts, tota l'evolució del futbol al llarg dels seus cent seixanta anys (1863-2023), el Pep Guardiola entrenador apareixeria en els últims vuit minuts de pel·lícula. Heus aquí un ordre de magnitud que ens permet comprendre la seva transcendència en el joc. Només apareixeria en els últims vuit minuts, però la seva influència en la pel·lícula del futbol seria enorme, en el seu paper d'home que al segle XXI va canviar la manera de practicar aquest esport.

Al Barcelona va aconseguir l'excel·lència a través d'una manera molt concreta de jugar. Al Bayern va aprendre que hi havia altres maneres també magnífiques de jugar i va absorbir noves idees. Al Manchester City ha pogut combinar tot el que ha viscut i ha experimentat amb anterioritat, fins trobar una síntesi esplèndida. El Pep ha sabut reconstruir-se a ell mateix. Des d'aquell primer apòstol ortodox d'un estil canònic del joc de posició a l'actual monarca eclèctic del gran futbol híbrid que engloba les virtuts dels millors conceptes històrics.

Els errors han estat la benzina que li ha permès progressar, créixer i reconstruir-se.

104. Guardiola ha guanyat les lligues següents: Tercera divisió espanyola 2007-2008 (amb el Barcelona B); Primera divisió espanyola 2008-2009, 2009-2010 i 2010-2011 (amb el FC Barcelona); Bundesliga alemanya 2013-2014, 2014-2015 i 2015-2016 (amb el FC Bayern); i Premier League anglesa 2017-2018, 2018-2019, 2020-2021, 2021-2022 i 2022-2023 (amb el Manchester City).

Sense discussió, el millor dels moments que he viscut al seu costat des que el 2013 vaig poder acostar-me a la seva evolució com a entrenador va tenir lloc l'estiu del 2016 quan, asseguts al sofà del seu pis de Barcelona, vam repassar una llista amb els seus defectes. Va ser una estona dura, durant la qual vaig haver d'empassar saliva diverses vegades, esperant una mala reacció del Pep davant de les meves crítiques. No es va produir. Aquella llista de defectes que jo havia escrit per al llibre *La metamorfosi,* que aleshores encara era només un esborrany, va ser l'única cosa que li va cridar l'atenció del llibre: «Ja saps que no llegiré cap dels llibres que escriguis sobre mi. Només ho faré d'aquí vint anys, després de jugar a golf, amb una copa de vi, al costat de la xemeneia. Llavors sí que em vindrà de gust llegir el que vam fer. Però només quan ja sigui gran. Ara no m'interessa».

No obstant això, es va interessar per aquests defectes als quals jo dedicaria un capítol. Em va demanar, gairebé exigir, que els hi detallés, sense embuts. I així vam passar una bona estona d'aquella tarda barcelonina, asseguts al sofà, mentre jo li parlava de la seva malaptesa amb el metge del Bayern, de la seva falta d'empatia amb les emocions dels jugadors o d'aquesta mania seva de guardar-se les coses a dins com una olla de pressió. Aquell dia vaig comprovar la seva capacitat d'acceptar les veritats. Possiblement li va fer mal, però ho va acceptar sense ni un mal gest. I mai m'ha retret que llegís aquella llista de defectes i errors que, en el meu modest judici, havia comès a Múnic. Va servir per res? Per descomptat, a mi em va servir per saber una cosa molt simple: el Pep era capaç d'acceptar una crítica raonada i directa, que no va tenir cap conseqüència en la nostra relació. Ho va acceptar, ho va assumir i no va passar res, tret que aquesta mútua sinceritat va obrir noves portes en el camí que tots dos recorreríem.

El Pep s'ha encarregat de reconstruir-se sempre a partir de l'acceptació dels seus defectes. Quan va arribar a Manchester no va cometre cap dels vells errors que l'havien llastrat a Múnic. Va posar un cos mèdic i de fisioterapeutes d'absoluta confiança; va evitar silenciar i controlar de manera fèrria les seves emocions; va deixar de callar davant del que considerava errors, fossin aliens o del propi club; i, per sobre de tot, va establir una relació d'empatia emocional amb els seus jugadors, lluny de la relació freda que havia volgut mantenir en els seus projectes anteriors. Es va presentar sense vestit ni corbata, despullat d'aquesta espècie d'armadura moderna que aparentava elegància però amagava fredor i distanciament. Va oblidar el seu anterior posat de jerarca absolut del futbol. Es va abraçar a jugadors i aficionats, va llançar discursos inspiradors, va prometre construir un esperit d'equip abans que qualsevol altre objectiu i es va proposar fer gaudir la seva gent. Caldria patir, sens dubte, però el desig era gaudir i que gaudissin. I guanyar, per descomptat.

Per reconstruir-se, el Pep va decidir augmentar el desafiament i viatjar a Anglaterra, la pàtria del futbol, per intentar jugar conforme a les seves idees, malgrat que tots els indicis assenyalaven que seria una missió gairebé impossible. Intentar dominar el joc a partir de la pilota, reduir la incertesa del futbol des de la voluntat ofensiva, establir-se en camp contrari com a norma i atacar sense descans equips formidables era alguna cosa semblant a un repte suïcida. Van ser nombrosos els analistes que li van pronosticar una catàstrofe majúscula. «El Pep no sap on es posa», va ser un comentari recurrent. No va faltar qui assegurava que el vaixell de Guardiola s'enfonsaria en les nits ventoses de Stoke-on-Trent, allà on les tempestats han fet naufragar els més agosarats. I també va haver-hi qui immediatament va titllar el Pep de «prepotent i superb» per voler jugar el seu joc a Anglaterra. Per a aquesta mena de gent, tal propòsit era gairebé indecent...

El Pep va guanyar fàcilment a Stoke la primera vegada que li va tocar jugar allà. Va ser un migdia d'agost del 2016 i no bufava vent al Britannia Stadium, ni plovia, ni feia fred. Es va estrenar amb deu jugadors que ja eren a l'equip el curs anterior i només un reforç, John Stones. Va vèncer sense gaire dificultat, va dominar totes les fases del joc, en el que va ser una arrencada primorosa de la temporada que es va allargar durant deu triomfs consecutius. El primer desafiament va ser apartat d'una manotada, cosa que s'aniria repetint en anys següents, quan va superar amb el seu equip tots els rècords històrics. T'ho miris com t'ho miris, en punts o en gols, en ratxes o en títols, et trobes el Manchester City del Pep al capdamunt de qualsevol rècord que existeix en el futbol anglès.

El Pep forma part del selecte i exclusiu grup de «guanyadors en sèrie» del futbol mundial. Al llarg de gairebé quinze anys com a entrenador ha construït una idea ferma i al mateix temps dúctil que li ha permès adaptar-se a diferents escenaris i jugadors, sempre amb la voluntat de ser protagonista amb la pilota i com a equip ofensiu. Tot això l'ha conduït a l'èxit persistent, a ser un *serial winner*, a posseir una consistència formidable en el màxim rendiment. I no pot dir-se que la nòmina d'entrenadors als quals s'ha enfrontat a Anglaterra sigui de poca categoria, al contrari: Klopp, Mourinho en tres equips diferents, Ancelotti, Conte en anada i tornada, Tuchel, Arteta, Potter, Bielsa, Wenger, Howe, Emery, Sarri, Moyes, Rodgers, Hasenhüttl, Benítez, Pochettino, Hodgson, Ranieri, Solskjaer, Ten Hag, De Zerbi... Tots ells han competit dur, i amb magnífics resultats en molts casos, encara que cap d'ells ha pogut comparar-se a la consistència de Guardiola en el triomf continuat, malgrat el gran talent que ha mostrat Jürgen Klopp, l'altre gran «monstre» de les banquetes, que ha sabut lluitar contra el Pep de tu a tu. Però fins i tot amb la superlativa qualitat de Klopp, si comparem el que un i altre han aconseguit a la Premier League en les set temporades en què han coincidit (2016-2023), les dades s'inclinen poderosament a favor de l'entrenador català, que suma sis-cents vint-i-cinc punts amb el City per cinc-cents setanta-cinc del tècnic alemany amb el Liverpool. Cinquanta punts són molts, si bé la resta dels contrincants queda molt lluny de tots dos.

A Manchester resideix el professor Sergio Lara-Bercial, que s'ha dedicat a estudiar i investigar els comportaments dels entrenadors considerats *serial winners*. El professor Lara-Bercial va visitar disset tècnics de deu països diferents que en total acumulen més de cent cinquanta medalles d'or en Jocs Olímpics i campionats del món de diferents disciplines esportives. Vaig tenir el plaer de conèixer les conclusions d'aquesta recerca a Manchester mateix, per descomptat en una tarda plujosa i davant d'un cafè fumejant.

El professor Lara-Bercial va tenir la gentilesa de detallar-me els trets característics que havia trobat en la seva formidable recerca i que va resumir de manera succinta: «L'entrenador "guanyador en sèrie" es distingeix per la recerca incansable de l'excel·lència, equilibrada per una autèntica passió i un desig fervent d'ajudar els altres, els seus esportistes, i a ell mateix».

Aquesta seria una definició molt ajustada del que és Pep Guardiola. I el que segueix a continuació s'hi acosta igualment.

Els «guanyadors en sèrie —explica el professor— volen guanyar, no els val res més. [...] I volen guanyar sempre. Nosaltres trobem cinc característiques principals i comportaments típics que els porten a aquest punt: exigència constant, elevat sentit del deure i de la missió vital, necessitat patològica de guanyar, compromís absolut i visió bifocal». El professor em va detallar altres dels seus trets, que recomano conèixer en profunditat al seu extraordinari llibre, que he tingut l'oportunitat de llegir:[105] «En els tests de personalitat que fem ens trobem un grup d'entrenadors amb perfils psicològics relativament estables, cosa que van contrastar els seus atletes i que vam veure amb els nostres propis ulls. Ens trobem setze de disset entrenadors que fa vint o trenta anys que estan casats, tenen fills i les vides dels quals són relativament normals».

Així doncs, el Pep encaixa com un guant en el perfil psicològic de l'entrenador *serial winner* i, per descomptat, ho és sense discussió des del punt de vista numèric: en tot just quinze anys haurà guanyat un títol al Barça B, catorze títols al Barcelona, set al Bayern, i camí dels catorze amb el City, en total trenta-sis fins avui, si es consuma el triplet.

Aquests trets de Guardiola s'han accentuat si fos possible durant la seva estada a Manchester, on fa una mitjana d'un 72,64 % de triomfs, pràcticament idèntic al que va obtenir a Barcelona (72,47 %) i una mica menys que a Múnic (75,78 %) per a un total en la seva carrera del 72,77 %. És a dir, amb lleus diferències, el Pep acumula quinze anys en què guanya sempre més de set partits de cada deu que disputa. La regularitat en el triomf és, probablement, el seu tret més contundent i sensacional.

Tot i que en alguna cosa sí que ha canviat. El Pep tenia un gran enemic: ell mateix.

Es negava temps a ell mateix, per precipitació, per ànsia, per angoixa o per les ferides patides. O pels èxits, no en va el primer que va fer va ser escalar l'Everest, i sempre recorria a aquesta metàfora per recordar que no era possible millorar el que havia fet en el passat.

105. El setembre del 2023, Sergio Lara-Bercial i Cliff Mallett van publicar el llibre *Learning from Serial Winning Coaches. Caring Determination* (Routledge).

Amb el pas del anys va aprendre a donar-se temps. A Manchester ha fet el que no va fer abans, regalar-se temps.

És la millor decisió que ha pres mai, encara que hagi trigat molt a donar-se aquest temps.

ESCENA 34

# El joc d'intenció

***Londres / Manchester, 3 de juny de 2023***

Fa vuitanta minuts que Elton John ha acabat el seu segon concert de la setmana a l'AO Arena de Manchester. Ara descansa, assegut al seu avió privat, a l'espera que s'iniciïn les operacions d'enlairament a l'aeroport de Ringway. Un assistent s'acosta per informar-lo que els jugadors del Manchester City acaben d'aterrar, procedents de Londres, on han conquerit el trofeu de l'FA Cup davant del gran rival ciutadà, el Manchester United. A l'instant, Elton John s'aixeca i demana permís al pilot per baixar de l'avió.

Tres minuts més tard, el cèlebre músic anglès abraça d'un en un els setanta membres de l'expedició del City, encapçalada per Guardiola, un gran fan del cantant. De fet, el Pep va acudir el dimecres anterior a l'AO Arena per veure el primer concert d'Elton John a la ciutat, a la mateixa hora en què diversos jugadors —Gündogan, Grealish, Bernardo, Aké, De Bruyne, Akanji— tornaven a l'Etihad per gaudir del concert de Coldplay. L'assistència a aquests esdeveniments potser va sorprendre en produir-se enmig d'una setmana que culminava amb la gran final de copa, però l'entrenador va entendre que després de tants mesos de tensió extrema era positiu que els jugadors, i ell mateix, deixessin el futbol de banda per una estona.

Sobre la pista de l'aeroport, es comprova que Elton John és un gran seguidor del Manchester City. Es fotografia amb cada membre del cos tècnic, s'abraça amb tots els jugadors, alça la copa com si fos un aficionat *citizen* més, i finalment entona cançons amb un grup nombrós de l'expedició, entre els quals el Pep es mostra com el més feliç i eufòric. Durant quinze minuts, la pista número 3 de l'aeroport mancunià, buida, contempla una escena impensable de comunió entre el gran compositor i el City.

L'entrenador ha programat dos dies complets de festa per als seus jugadors després de l'esforç fet a Wembley. Aquesta és una pauta tradicional en ell, atès que no li agrada entrenar més de tres dies seguits. Considera que els jugadors, a aquestes alçades de temporada i amb tant d'esgotament com acumulen, han de sotmetre's a poc entrenament: «En pretemporada, sí. Però durant la temporada no m'agrada entrenar més de tres dies seguits. Prefereixo donar-los descans, que es despreocupin i estiguin amb les seves famílies. Després, tres dies seguits de bon entrenament i a competir». És el que va fer la setmana anterior, després d'acabar la Premier League empatant en camp del Brighton i perdent al del Brentford, en aquest últim cas amb una alineació integrada pels menys habituals. I ara, ja en l'última setmana del curs, amb la final de la Champions League com a objectiu, farà el mateix. Diumenge i dilluns seran festius, encara que alguns jugadors hauran d'anar a la ciutat esportiva per rebre tractament de fisioteràpia, especialment Haaland, que gairebé passarà els dies sencers damunt de les lliteres. Dimarts, dimecres i dijous, entrenament de preparació per enfrontar-se a l'Inter de Milà. El mateix dijous, viatge a Istanbul en dos avions, un per a l'equip i un altre per als familiars. La sessió de divendres a l'Atatürk Stadium serà molt lleugera, poc més de trenta minuts de pilota. I l'endemà, la segona final europea en tres anys.

De moment, avui tornen a casa amb el segon títol de la temporada. Després de la Premier, l'equip ha conquerit l'FA Cup. És el segon doblet del City, tots dos aconseguits amb Guardiola,[106] i el tretzè de la història del futbol anglès.[107] El triomf s'ha produït, a més, en el primer derbi mancunià en una final d'FA Cup, la qual cosa suposava un estímul majúscul per als homes del Manchester United en el seu propòsit manifest d'impedir el triplet dels «veïns sorollosos», vint-i-quatre anys després d'haver-lo aconseguit ells.

106. La temporada 2018-2019, el City va guanyar els quatre títols nacionals: Premier League, FA Cup, Copa de la Lliga i Community Shield.

107. Preston North End (1888-1889), Aston Villa (1896-1897), Tottenham (1960-1961), Arsenal (1970-1971, 1997-1998 i 2001-2002), Liverpool (1985-1986), Manchester United (1993-1994, 1995-1996 i 1998-1999), Chelsea (2009-2010) i Manchester City (2018-2019, 2022-2023).

Als dotze segons de partit, Ilkay Gündogan ha marcat el gol més ràpid de la història en una final de copa anglesa. El capità ha servit de centre, ha passat en llarg al seu porter, com és norma de l'equip des del passat 4 de març, quan el cos tècnic va adoptar aquesta acció com a estructural (partit de lliga contra el Newcastle). Ortega ha mirat a l'horitzó i ha enviat en llarg cap a Haaland, que carregava el costat dret i ha guanyat per alçada el duel amb Casemiro. La pilota ha sortit projectada cap a un duel entre Lindelöf i De Bruyne, que ha aconseguit tocar lleument amb el cap. L'acció s'ha resolt amb una volea inesperada de Gündogan a la xarxa. En comptes de rematar creuat, el capità ha disparat recte, d'una manera molt més difícil, la qual cosa ha enxampat totalment a contrapeu el porter espanyol De Gea. El gol dinamitava la final.

Es presumia que el City duria la iniciativa en el joc i que el Manchester United pressionaria per prendre la pilota i contraatacar. Així és, però l'avantatge *citizen* al marcador augmenta els trets previsibles dels dos contrincants. La pressió del United s'executa en forma d'1+3, amb Eriksen més avançat que els seus companys Fernandes, Rashford i Sancho, intentant tapar els passadissos centrals perquè Rodri i Stones no puguin rebre amb comoditat. Fins a set ocasions aconsegueixen els jugadors de Ten Hag arrabassar la pilota en la sortida *citizen*, una xifra elevada, si bé en cap cas serveix per generar una acció d'atac solvent. D'altra banda, el City surt en forma de 3+2, variant al 3+3 si cal, amb el porter Ortega que se situa entre Walker i Dias si Akanji puja a l'altura dels dos mitjos centre. En les dues variants, l'equip del Pep sol sortir per fora amb certa facilitat, encara que amb poc perill. Per la dreta Walker encerta a combinar millor amb Bernardo o KDB, però per l'esquerra Akanji no troba receptors lliures ni en Grealish ni en Gündogan. Al descans l'entrenador instrueix Bernardo perquè iniciï des d'una posició més baixa, Walker perquè centri la seva ubicació, De Bruyne perquè s'obri i Stones perquè es col·loqui a l'esquena dels atacants rivals. Aquests canvis modifiquen l'escenari i faciliten que Bernardo aprofundeixi amb llibertat pel costat dret o que Stones ho faci directament pel passadís central; a mesura que els jugadors del United es van fatigant, la seva pressió va sent menys precisa. L'única cosa que aconsegueixen és perseguir amb retard la passada entre defenses fins que, inevitablement, Bernardo o Stones queden lliures, amb la qual cosa el City aconsegueix sortir amb facilitat.

La final es resol després del descans amb el segon gol de Gündogan, que anota el seu desè doblet, tot un rècord en la història del club per a un jugador que no ha fet mai un *hat-trick*. Des del mes de maig, el capità ha aconseguit tres doblets, el 35 % dels gols totals de l'equip en els últims vuit partits. Sabíem que a Gündogan li agrada florir al maig i juny... La defensa del United li facilita les coses. Sis dels seus homes se situen a l'àrea petita per defensar una falta lateral que treu De Bruyne. Aquests sis defensors vigilen únicament tres atacants: Stones, Haaland i Akanji. Uns metres més enrere, Fred marca Dias i Shaw, Rodri; quan els dos *citizen* es llancen cap endavant, acaben comprimint la línia defensiva de vuit homes contra els cinc atacants, i deixen totalment lliures al límit exterior de l'àrea Bernardo, Gündogan i Grealish. El servei de falta de KDB enganxa Gündogan amb el cos perfilat al revés, per la qual cosa ha de rematar amb la cama menys hàbil en comptes d'amb la dreta; a més, es veu entorpit per la presència de l'àrbitre Paul Tierney, que només en l'últim instant se separa del capità *citizen* perquè pugui rematar. És la vint-i-vuitena assistència de gol de De Bruyne a la temporada.

No hi ha hagut ni un sol minut d'aquesta final en què el City s'hagi sentit en perill. Òbviament, marcar als dotze segons facilita aquest sentiment, però ni tan sols després del penal amb què el Manchester United ha empatat, ni en els minuts finals, quan ha carregat amb tot, no es percep en el rival capacitat per superar l'equip del Pep, que respira alleujat amb el xiulet final perquè dins seu estava convençut que aquesta final podia ser fins i tot més complicada que la imminent de la Champions.

Al Pep se li desencadenen les emocions. Com li va passar després de guanyar el Mundial de clubs amb el Barcelona el 2009 o la Pokal alemanya amb el Bayern el 2016, les llàgrimes li ennuvolen els ulls sense que pugui contenir-les. Hi viatja la tensió dels últims mesos. És la batalla que semblava impossible contra l'Arsenal; és la lluita contra els dos colossos europeus, Bayern i Reial Madrid; és la final de copa contra el gran rival ciutadà. Aquell cop de puny sobre la taula del mes de gener, després de la remuntada contra el Tottenham, va donar pas a trenta partits consecutius que han estat com trenta finals, dels quals n'ha guanyat vint-i-tres i n'ha empatat cinc. Excepte els tres últims partits de lliga, ja amb el títol a la butxaca, la resta han estat duels a vida o mort, i avui el Pep ha esclatat per dins, amb unes ganes boges d'assaborir el triomf a Wembley, el seu jardí particular.[108]

El capità aixeca la copa, el segon trofeu de la temporada, a un sol pas d'un triplet, que serà històric si es culmina, però qui baixa els graons des de la llotja amb el trofeu entre braços és Rúben Dias, líder indiscutible de l'equip i previsible futur capità conjuntament amb Rodri, l'altre gran líder. Així arriben a l'hotel Hilton Wembley per festejar el triomf, brindar amb les famílies, fotografiar-se amb les dues copes guanyades fins al moment i començar dos dies de vacances que els serviran per refrescar cames i caps abans de l'últim combat.

L'equip del Pep aborda l'esprint final amb una maduresa que ningú no podia intuir sis mesos enrere. Probablement ens trobem davant de la millor feina de Guardiola com a entrenador. Més que «joc de posició», el seu equip practica «joc d'intenció», per a la qual cosa necessita incorporar una sèrie de funcions molt concretes i, a canvi, prescindir d'unes altres. En aquest City no hi ha laterals, ni pivot únic, ni interiors habituals dels conjunts del Pep, ni tan sols extrems obligatòriament oberts.

L'equip empra elements tradicionals del joc de posició, com repetir passada, buscar superioritats a l'esquena dels rivals, superar línia rere línia, encara que per a això necessiti fer dues passes endavant i una enrere i tornar a començar, i per descomptat disposar de la pilota i deixar-s'hi la vida per recuperar-la si la perd. Però aquests elements tradicionals s'han convertit en simples eines. El nucli central del joc que el City ha construït a partir del febrer resideix en el ritme i les intencions, com bé deia Lillo ja fa un parell d'anys.

Quan i amb quin propòsit. A quin ritme i amb quina intenció.

L'equip ha aconseguit el mestratge en el domini d'aquests dos elements. Ara sap quin ritme necessita cada acció, cada moviment i cada moment del partit. I, de la mateixa manera, sap triar la intenció de cada passada, de cada pilota llarga, de cada fase del joc.

Rúben Dias és el líder de l'eix horitzontal, amb un acompa-

108. Guardiola ha disputat dinou partits a Wembley, dels quals n'ha guanyat catorze i n'ha perdut cinc. A Wembley va guanyar la seva única Champions League com a jugador el 1992 (Barcelona-Sampdoria, 1-0) i la seva segona Champions com a entrenador (Barcelona-Manchester United, 3-1). Dirigint el City ha disputat disset partits, dels quals n'ha guanyat dotze i n'ha perdut cinc, amb vint-i-quatre gols a favor i dotze en contra. Nou d'aquests partits han estat finals, de les quals n'ha guanyat vuit.

nyant poc amant de pujar i amb bona marca personal (Akanji o Aké) i un altre veloç per corregir (Walker). John Stones és el líder de l'eix vertical, i hi suma una capacitat xocant de jugar com a segon pivot proper a Rodri i de transformar-se, per a sorpresa de l'oponent, en mitjapunta, interior destre o extrem esquerre capaç d'aprofundir fins a la línia de fons i fer una passada de la mort. A prop de l'àrea pròpia, Rodri és el primer distribuïdor en la sortida de pilota i Gündogan és el segon cooperador. A prop de l'àrea rival, Rodri és el distribuïdor horitzontal, Gündogan n'és el vertical i KDB, l'improvisador. Bernardo i Grealish són defensors avançats a la posició d'extrem. Haaland és un pivot invertit.

Penseu-hi: res no és el que sembla. No parlem de defenses, de laterals, d'interiors o d'extrems, sinó del líder horitzontal, del líder vertical, dels distribuïdors, dels connectors i dels cooperadors. No parlem de posicions, no parlem de funcions tradicionals, sinó de papers específics que es desenvolupen amb una intenció concreta, de vegades únicament durant un partit determinat.

Cap d'aquests papers no ha estat inventat pel Pep, però la combinació de tots a la recerca d'una harmonia col·lectiva és una innovació extraordinària de l'entrenador català. Avui no pot dir-se que el City practiqui el joc de posició. S'ha de dir, amb rotunditat, que practica el joc d'intenció.

A les onze de la nit, sobre l'asfalt de l'aeroport de Manchester, diversos jugadors, la major part del cos tècnic i un Pep desfermat canten a ple pulmó:

> *How wonderful life is while you're in the world.*[109]

Elton John els respon posant les mans en forma de botzina al voltant de la boca i acomiada la nit amb un crit: «*One more! One more! One more trophy!*». I puja a l'avió...

109. Famós vers de «Your song», cançó composta per Elton John el 1970.

## ESCENA 35

# Tan sols és un partit més

***Istanbul, 9 de juny de 2023***

L'hotel JW Marriott és un edifici imponent que s'erigeix sobre el mar de Màrmara, allà on Europa i Àsia s'uneixen a través dels estrets del Bòsfor i dels Dardanels. És un mar interior, enorme, de dos-cents quilòmetres de longitud i setanta-cinc d'ample, sota les aigües del qual discorre la falla del nord d'Anatòlia, causa de terribles terratrèmols. En aquestes ribes s'ha escrit una part no menor de la història de la humanitat. Aquí van arribar els argonautes liderats per Jàson, a la recerca del velló d'or. Herman Melville es va inspirar per al seu *Moby Dick* en les antigues balenes que poblaven el mar i va ser també en aquestes mateixes aigües on van sucumbir les tropes enviades el 1915 per Winston Churchill, amb el tràgic balanç d'un quart de milió de baixes, desastre que va provocar la dimissió del llavors jove primer lord de l'Almirallat. Va ser al voltant d'aquest mar on el sultà Mehmet II va tenir l'audàcia de traslladar per terra els seus vaixells per assestar el cop definitiu al setge de Constantinoble, cosa que, en la pràctica, va suposar la fi de l'Imperi romà. El Màrmara, en poques paraules, és un mar replet d'història.

Des d'ahir a la nit, dijous dia 7, el Pep i els seus homes descansen en aquest hotel, les habitacions del qual donen al mar, amb unes vistes impactants. L'estadi on es jugarà la final, l'Atatürk Olympic Stadium, és a mitja hora amb autobús. La setmana ha transcorregut sense ensurts i la programació dels tres entrenaments d'alta qualitat s'ha complert segons estava planificat. El Pep ha tornat a repetir l'estructura de dos dies de descans després de la final de copa, seguits per tres entrenaments d'intensitat elevada, com li agrada.

Dimarts va ser el dia més dur, no perquè Lorenzo Buenaventura programés una sessió llarga, sinó perquè el Pep va dedicar noranta minuts a una exhaustiva explicació tàctica del joc de l'Inter i la manera d'afrontar la final. Els jugadors —alguns ja havien estudiat pel seu compte l'equip italià— van ser informats del que els espera al partit que culmina una temporada brillant que pot ser excepcional. Van revisar la defensa italiana de tres defenses i dos laterals, els seus migcampistes enganxosos, els moviments verticals de Lautaro, la recerca del cap de Dzeko com a pròleg de segones jugades... El Pep va disseccionar minuciosament l'Inter i va començar la preparació del partit.

En aquest punt de la setmana, l'entrenador no albergava cap interrogant sobre l'alineació. Si de cas, Phil Foden podia lluitar pel lloc de Jack Grealish. Durant els últims mesos, Grealish havia estat indiscutible per tres motius: generava moltes ocasions de perill per partit, aportava control i pausa al joc —recordeu els petons que li va dedicar el Pep contra el Madrid— i era un colós en els esforços defensius. Mentrestant, Foden havia passat d'un estat de forma paupèrrim a mostrar-se cada dia més fi i veloç, fins al punt de generar molts dubtes sobre qui havia d'ocupar el lloc d'extrem esquerre a la final. El Pep tenia decidit que fos Grealish, però els entrenaments de la setmana podien fer-lo canviar d'opinió. La resta de l'equip seria el mateix de les grans nits d'aquests mesos, amb Akanji de lateral dret i Aké d'esquerre. A la final no hi ha cap Vinícius que requereixi ser replicat per Walker, que dimarts va necessitar un dia extra de descans per recuperar-se dels mals d'esquena amb què va acabar la final de Wembley.

Dimecres queda definitivament explicat el pla de joc i, tot i que el Pep no ha revelat encara l'alineació, tothom intueix que jugaran els mateixos que van eliminar el Leipzig i el Bayern, així que Walker seurà a la banqueta. Foden es mostra agut en totes les intervencions que fa, intenta fer prou mèrits per desbancar Grealish. L'equip ha treballat avui aspectes de força explosiva i ha assajat el format de la sortida de pilota, que serà en 3+1+3, diferent del dels últims partits. Tant el Madrid com el Manchester United van pressionar en 1+3, així que el City va sortir en forma de 3+2. Contra l'Arsenal es va emprar bàsicament el 4+2 a causa del tipus de pressió de l'equip d'Arteta, que va ser en 1+4. Davant de l'Inter, que pressionarà gairebé en rombe, el Pep tria aquesta variant, així com la defensa de quatre homes que tan bon resultat li ha donat en els últims grans compromisos. L'amenaça per alt de Dzeko i els defenses italians aconsellen tenir defensors contundents.

## ELS QUATRE DEFENSES

La decisió d'alinear quatre defenses és la culminació d'un llarg procés innovador que el Pep va posar en marxa gairebé una dècada enrere a Múnic i que, òbviament, ha fluït de manera natural, com ho fa un riu, i no d'una manera planificada. Primer va avançar els laterals, Rafinha, Alaba, Lahm, a prop del mig centre per crear un mur de contenció dels contraatacs rivals. A Manchester va anar afegint intencions ofensives gràcies al caràcter dels jugadors que va incorporar. Per exemple, Danilo i Mendy miraven més cap endavant que cap enrere. Després, Cancelo va afegir nous registres, ja que no només va exercir de lateral interioritzat, sinó que va empènyer els interiors cap endavant i es va desenganxar del mig centre per a construir el joc d'atac.

I llavors va aparèixer Rico Lewis. Petit i fràgil, va afegir una osca més. Era el lateral que s'aproximava al mig centre i suplia l'interior, empenyent-lo com un èmbol cap a l'àrea rival, i que a més es plantava a la frontal de l'àrea com un pur mitjapunta. Després tornava a tota velocitat per defensar. I com en totes les grans obres creatives, el tot hi era abans que les parts, encara que l'autor no ho sàpiga. Simfonies que semblen individuals acaben confluint en obres colossals. És el miracle de la *liaison*, aquest fil que uneix les obres humanes fins a compondre un tot harmònic. Igual passa en el futbol, on un equip comença d'una manera i acaba d'una altra de diferent, dona pas al següent, s'encadena.

El jovenet Lewis, capaç d'actuar en quatre posicions, passant de l'una a l'altra sense titubejos, va ser una il·luminació per a Guardiola. La idea sorgida a Múnic arribava a una altra dimensió a Manchester, gràcies a aquell noi que va servir d'inspiració als seus companys.

Però Lewis té un punt feble. El seu físic lleuger encara no li permet mesurar-se en un cos a cos contra atacants d'altíssim nivell. I Guardiola sabia per experiència que un altre jugador de la plantilla podia replicar sense dubtar-ho els moviments de Lewis i ser capaç de tractar de tu a tu qualsevol davanter. Sí, Johnny Stones podia ser lateral, mig centre, interior i mitjapunta sense solució de continuïtat i mantenint el pols defensiu, com ja havia mostrat en algunes aparicions esporàdiques el 2019.

Per quina raó és tan important que algú faci totes aquestes funcions a l'equip? Per guanyar superioritat al mig del camp, que és un dels fonaments essencials del joc que proposa Guardiola. Les dues últimes temporades va guanyar la superioritat a través del fals 9, funció exercida normalment per Bernardo Silva, però l'arribada de Haaland va modificar tota l'estructura prèvia i, atès que no podia generar-se a partir de la zona superior del camp, va caldre crear-la des de la inferior. D'aquí la importància dels moviments de Rico Lewis, perquè van proporcionar aquesta superioritat buscada, encara que fos de manera inversa a anys anteriors.

La versió final d'aquesta *liaison* de petites modificacions introduïdes durant una dècada l'ha protagonitzada Stones, tant des del lateral com de defensa central. L'única diferència és el recorregut diferent que realitza des d'una posició o una altra, però la seqüència és similar: lateral/defensa que es converteix en mig centre, transita a interior i esdevé en mitjapunta, amb la qual cosa guanya la superioritat per al seu equip a la zona central del camp.

Aquest procés ha tingut una conseqüència potser no buscada, però que per a Guardiola ha estat una benedicció. La multifunció de Stones li ha permès alinear quatre defenses en els grans partits, excepte si ha necessitat Kyle Walker per fer una «operació especial» contra algun extrem especialment veloç, com en el cas de Martinelli de l'Arsenal o Vinícius del Reial Madrid. Quan no ha existit un rival d'aquest perfil, Guardiola ha format amb quatre defenses i n'ha explicat el motiu: «Són defenses acostumats a defensar, que gaudeixen defensant la posició, que mantenen la línia».

La versió dels quatre defenses ha aportat una consistència defensiva dins de l'àrea pròpia que el Manchester City no havia conegut mai. El seu balanç defensiu en els sis partits que han jugat junts és d'únicament tres gols encaixats, una ràtio de mig gol per partit. Els quatre defenses han estat la clau del triomf de l'equip del Pep a la Champions League.

## ALINEACIÓ I BARBACOA

L'equip viatja a Istanbul dijous. La sessió matinal està integrada per uns primers minuts de mobilitat lliure i exercicis tècnics amb pilota, seguits d'uns rondos en els quals el cos tècnic exigeix màxima precisió a la major velocitat possible, així com conservacions de pilota. Seguidament, dos exercicis per reafirmar la manera de sobrecarregar els costats, amb les seves possibles variants. La part general de la sessió acaba amb unes finalitzacions, i després s'hi afegeixen llançaments de penals. La sessió de massatge i l'àpat a la pròpia ciutat esportiva són el preludi del viatge, que conclou sis hores més tard amb l'arribada a l'hotel banyat per les aigües del Màrmara.

Abans de sopar es produeix una sorpresa majúscula.

El Pep convoca una reunió multitudinària amb tota l'expedició, els setanta que han viatjat des de Manchester en l'avió oficial. Minuts després d'entrar a les seves habitacions els avisen perquè es reuneixin abans de sopar en una de les sales de l'hotel. Tota la plantilla de jugadors, tot el cos tècnic, la direcció esportiva, tots els cossos auxiliars, metges, fisioterapeutes, encarregats de material, gent de logística i organització, i fins i tot els cuiners. Tots cridats a una reunió sorpresa que el Pep s'ha tret de la màniga. Ningú no ho sabia, a part d'Estiarte.

La sala és espaiosa, amb miralls a les parets i grans làmpades formades per innombrables bombetes LED. Una enorme catifa de tons blaus cobreix el terra. A un costat, una vidriera de grans dimensions permet veure el mar de Màrmara.

Quan es fa el silenci, Guardiola comença parlant de Jorge Gutiérrez, el cap dels cuiners del club:

—Vull comunicar-vos a tots que el Jorge ens deixa després d'aquesta final. La seva feina amb nosaltres ha estat formidable i té tot el nostre agraïment per aquests anys tan saborosos. Ho celebrarem ara amb una barbacoa. Us demano un aplaudiment per al Jorge.

La sala on s'han reunit els setanta expedicionaris esclata en una tancada ovació per a l'excel·lent cuiner canari que tan bons aliments ha preparat des de fa més d'un lustre. Crits de «Jorge, Jorge, Jorge!» tanquen un llarg minut d'aplaudiments.

Quan ha aconseguit que l'ambient a la sala sigui d'alegria i celebració, el Pep canvia radicalment de rumb:

—Escolteu, trencaré els meus costums i us anunciaré que dissabte jugaran d'entrada l'Eddy, el John, el Manu, el Rúben, el Nathan, el Rodri, el Kevin, el Gündo, el Bernardo, l'Erling i el Jack.

Ho diu com si hagués recitat el menú de la barbacoa que hi ha per sopar, sense donar-hi més transcendència, però deixa tots els presents amb la boca oberta. Guardiola acabava de trencar un dels seus hàbits més sagrats, ja que sempre es reservava l'alineació del seu equip fins poques hores abans dels partits. Ara, quaranta-vuit hores abans de la final, tot just arribats a Istanbul, ha trencat la norma i ha confirmat el que s'intuïa. Jugarà la final el mateix equip que ha disputat els grans partits dels últims mesos, contra el Leipzig, contra l'Arsenal, contra el Bayern i contra el Reial Madrid, amb l'únic matís obvi de la reincorporació d'Aké un cop solucionada la seva lesió, suplint Walker.

El gest del Pep, a més de sorprenent, és una mostra del seu convenciment davant de la final. Aquesta vegada no té dubtes sobre el tipus d'equip que ha de disputar el partit, no vacil·la sobre cap posició ni sobre l'estat de forma de cap jugador, encara que alguns dels titulars es trobin al límit de les seves forces, com Haaland, De Bruyne, Grealish o Rodri. Guardiola creu haver trobat l'equilibri amb aquesta alineació i pensa anar-hi fins a la final. Per dins pateix per Mahrez, un dels seus davanters preferits, al qual no ha alineat en gairebé cap partit important; per Foden, el seu «segon fill»; per Julián Álvarez, en qui confia cegament; i sobretot pateix per Walker, un gladiador sempre fidel, sempre disposat. El Pep ha parlat amb ell minuts abans d'iniciar-se la reunió i li ha explicat els motius pels quals no el farà jugar. És un altre detall no habitual en Guardiola, però creu que Walker mereix aquesta explicació. Davant de l'Inter no caldrà la seva velocitat extraordinària, aquesta capacitat de frenar qualsevol fletxa rival. Walker, l'home de les «operacions especials», no serà imprescindible d'entrada perquè no hi ha cap peça italiana per caçar. Per al jugador és un cop dur, però l'accepta amb esportivitat britànica. El Pep fa un prec abans de concloure la reunió i passar al menjador:

—Ara que tots sabeu l'alineació, us demano que anem tots junts. Només aconseguirem guanyar la Champions si anem tots junts. Els que juguen, els que no juguen i els que estem fora del camp. És l'única manera que ho aconseguim. Si tots ens proposem ajudar perquè sigui possible, serà possible.

En la consciència de tots es recorda que a la final de dues temporades abans, contra el Chelsea, l'equip no va marxar en la mateixa direcció de manera unànime. La majoria va remar a favor, però va haver-hi qui es va mantenir escèptic o al marge dels interessos col·lectius. El Pep ha dit sempre que un factor clau en les grans victòries és la unitat de tots, la voluntat col·lectiva de triomfar, i que n'hi ha prou que hi hagi una sola persona que no remi a favor perquè el vaixell no arribi a bon port. Ha demanat que a Istanbul tothom estigui a la mateixa embarcació.

Encara té una altra cosa per dir:

—L'última xerrada al vestidor no la faré jo. Dissabte, uns minuts abans de saltar al camp, qui farà la xerrada serà el meu estimat Kyle Walker.

La sala esclata en una altra gran ovació, s'acaba el discurs i a la terrassa de l'hotel que dona al Màrmara s'inicia una barbacoa preparada per Jorge Gutiérrez i el seu equip. Hi ha estufes de gas que protegeixen de la fresca nit d'Istanbul. Les petites taules rodones de la terrassa han estat substituïdes per quatre llargues taules rectangulars on sopen els jugadors, el cos tècnic i tots els auxiliars. Mentre els futbolistes se serveixen el menjar que ofereix una gran cuina exterior, el Pep fa broma gravant un vídeo amb el mòbil, gairebé com si fos el càmera del documental que el club realitza cada temporada.

Com explicarà Joan Patsy dies després, «durant la setmana ha anat creixent el convenciment que la final era nostra. Es va començar a parlar que seria el títol catorze per al Pep, que feia catorze anys del seu triplet amb el Barcelona, del número catorze de la samarreta del Johan... Tot es va anar unint per aconseguir un convenciment general de la victòria. Es va començar a escoltar allò que "està escrit a les estrelles que és el nostre any". I es va anar creant un estat d'ànim poderós que feia que ens creguéssim invencibles».

La sessió de divendres desperta músculs i serveix per conèixer al detall el terreny de joc. Moment per comprovar la pilota, la gespa, les botes, la llum i les dimensions d'un estadi que acull el gran somni del City. La gespa és una preocupació per un motiu que Juanma Lillo m'explica ja el dia abans: «Només arribar, el Pep i jo hem estat mirant el camp i hem vist que l'herba és molt espessa, la qual cosa et fa pensar que està una mica alta, i és el típic camp que tira de bessó. "Com no el reguin...", he dit, però el Pep m'ha assegurat que el regaran per a la final. Ara, en aquestes circumstàncies, en ser la gespa tan espessa i seca, el que passa és que l'aigua no filtra i es queda a la superfície, tret que s'hi tiri un munt d'aigua. Però si no n'hi tires molta serem més temps a terra que drets perquè l'herba és tan densa que els tacs no hi entren i acabes relliscant». Adverteixen els jugadors del problema.

La sessió es compon d'escalfament i mobilitat, rondos, jocs de posició i centrades laterals finalitzades de cap. Com he apuntat, Lillo ha tornat a incorporar-se a l'expedició, com va fer davant del Reial Madrid, la qual cosa aporta encara més serenitat a un equip que, des del punt de vista emocional, té molt poc a veure amb el que va arribar a la final de Porto dos anys enrere. Aquell era un conjunt que va viure la final amb molta tensió. Hi havia més dubtes, començant pels de l'entrenador. El d'avui és un equip madur, segur d'ell mateix, tranquil davant del desafiament, àvid per guanyar i que somriu àmpliament durant l'últim entrenament. El Pep és un dels més serens. «Sent» que el seu equip arriba en plena forma al moment final. El missatge des de l'autobús de tornada a l'hotel és clar: «El ritme de la pilota ha estat molt bo en el joc de posició. Bon senyal».

Pep està lluny d'aquell entrenador que anteposava les seves emocions a les dels seus jugadors. El Guardiola que va mostrar als seus jugadors un vídeo de *Gladiator* abans de la final de Champions del 2009 intentant provocar una gran emoció —i que només va aconseguir fer-los plorar i que sortissin a jugar com flams— ha desaparegut i ha deixat pas a un Guardiola que únicament pretén ajudar els seus homes a rendir de la millor manera possible. Sorprèn a tothom durant el sopar previ al partit amb un nivell de serenitat mai vist. El president Khaldoon s'acosta a saludar durant el sopar i el Pep es queda una hora amb ell i amb altres dirigents, assegut a la taula, parlant de coses intranscendents, calmat, sense nervis, sense presses, com si estiguessin en un sopar de vacances. No sembla el Pep, que el dia abans d'un partit mai no pot contenir els nervis. És un altre.

Aquest ha estat el seu canvi més profund en els quinze anys com a entrenador. Abans creia que havia d'«emocionar» els seus jugadors. Ara entén que només ha de «facilitar» que s'expressin tal com se senten. Per aquest motiu ha limitat al mínim els discursos motivacionals, aquells que pretenien estimular, emocionar i enfervorir els seus homes, i els ha substituït per xerrades serenes en les quals intenta tranquil·litzar l'ambient general perquè els futbolistes rendeixin al seu millor nivell. Del Pep «emocional» al Pep «calmant», heus aquí una de les seves grans metamorfosis.

Per a la final no hi haurà cap vídeo especial amb missatges emotius i la xerrada tàctica la protagonitzarà Kyle Walker. L'únic propòsit del Pep és que sigui un dia tan normal com sigui possible. Un dia més de partit. Un partit més de la temporada. Un més, un altre. Un partit on es jugui de la mateixa manera que en els darrers vint o vint-i-cinc, amb idèntica serenitat, construint bé el joc des de darrere, amb una sortida pausada i neta que faciliti les intervencions dels interiors, amb un mur de defenses contundents, a la «iugoslava», amb uns extrems dúctils que s'adaptin al que exigeixi cada moment del partit i amb un Haaland participatiu, que col·labori amb la pilota i acapari l'atenció de tots els defensors italians. El Pep no vol un partit excepcional. Només un de normal, en la línia dels últims vint-i-cinc, que es jugui amb paciència i temprança. De Bruyne ho ha resumit bé: «No cal fer res diferent del normal. Ha estat una setmana una mica més agitada, però no cal fer res especial, sinó el més normal possible». El Pep ha afegit un altre matís a la necessitat de ser pacients: «En aquesta mena de partits és clau tenir paciència i no creure que per estar empatant a zero vas perdent el partit. Els equips italians van 0-0 i es pensen que van guanyant, i no és veritat». Per segona vegada en set anys —la primera va ser una setmana enrere, a la final de l'FA Cup—, tota la plantilla del Pep està sana i en forma, a punt per a la batalla. Missió complerta per al doctor Mauri.

Sobre la gespa de l'Ataürk Stadium seran els líders, Gündogan, Dias, Rodri, els qui facin l'últim crit a la rotllana de jugadors, un crit que tots coneixen ja i que repeteixen: «*One more, guys! One more!*».

Tan sols és un partit més. Tot està a punt. Des de la serenitat.

## ESCENA 36

# Estava escrit a les estrelles

***Istanbul, 10 de juny de 2023***

Lorenzo Buenaventura té un humor especial que li permet adoptar perspectives interessants que de vegades xoquen amb el pensament establert. Per exemple, cada temporada, mentre la resta del cos tècnic fa elucubracions sobre les possibilitats de guanyar la lliga i la fortalesa dels rivals directes, el Lorenzo planteja cada dilluns la mateixa pregunta: «A quants punts estem del cinquè classificat?». No ho pregunta de broma, sinó seriosament. Vol saber quin és l'avantatge exacte del Manchester City sobre el cinquè classificat perquè això indica amb precisió quant d'esforç haurà de fer l'equip per entrar a la següent Champions League. Al lector potser li sembla poca cosa, però Buenaventura valora en grau extrem poder competir cada any, sense fallar mai, al màxim torneig europeu: «Jugar la Champions cada any és el que mesura el teu nivell com a equip», afirma, i no li falta raó. El Pep sempre ha dit que el Lorenzo posseeix una saviesa molt plana i molt pràctica, i cada dilluns escolta la pregunta amb interès. A mesura que s'engrandeix la distància amb el cinquè classificat, creix l'autoestima de l'equip.

Aquesta tarda, Buenaventura n'ha deixat anar una altra de les seves: «El que fa gran un equip és guanyar quan no està bé».

El City ha arribat a aquesta final de la Champions molt just de forces. Tota la plantilla està disponible, però la condició individual dels seus puntals deixa molt a desitjar. L'equip s'ha buidat per complet en l'esforç sense respir que manté des del gener. Haaland ha passat tota la setmana en mans dels fisios, que intenten recompondre-li els abductors malparats a força de cinc hores diàries de tractament. Rodri es va fondre a finals d'abril i té energia per a molt poc més. De Bruyne té els isquiotibials a punt de trencament, subjectats per un fil des de fa sis setmanes. Aké només ha pogut jugar seixanta minuts en l'últim mes. Stones mostra signes d'haver-se buidat durant aquestes setmanes i Grealish ha perdut molta agudesa.

L'equip ha arribat a Istanbul amb la bateria esgotada, gairebé al límit de les seves forces després de seixanta partits de competició i només se sosté gràcies a la immensa il·lusió per conquerir la Champions i al desig gegant de guanyar el triplet. L'equip, com diu Buenaventura, no està bé, però és en aquests dies quan cal guanyar encara que s'estigui malament.

Entre els mateixos jugadors la percepció del problema no és tan aguda com en el cos tècnic, probablement perquè es moren de ganes de jugar la final, i totes les dificultats queden aparcades en un racó de la ment. Un dels que més desitjava jugar avui era Kyle Walker, el quart capità, però no podrà fer-ho d'entrada, i malgrat això fa una emotiva xerrada al vestidor de l'Ataürk Stadium, pocs minuts abans d'iniciar-se el partit. Walker ha pensat bé el que ha de dir als seus companys perquè ho ha meditat durant dos dies, després que el Pep tingués la deferència d'informar-lo personalment. Les seves paraules són fermes i ressonen com un fuet en el vestidor en silenci: «Nois, tots sabeu que el somni de la meva vida és guanyar la Champions League. Jugar avui era el meu somni, era el que em feia aixecar-me cada dia i entrenar amb més ganes. Jo no podré defensar al camp aquest somni i sereu vosaltres els qui haureu de fer-ho realitat. Us demano que jugueu amb valentia i sense pressió. El meu somni és a les vostres mans». El Pep es limita a dir-los: «Avui jugueu per ser immortals».

La final és molt poc vistosa. El joc resulta lent, espès i no brilla. No és aspre perquè l'Inter és un rival noble, net i amb gust per la pilota, a més d'agressiu, però hi haurà poquíssimes accions memorables al llarg dels noranta minuts: l'excepcional rematada de Rodri que suposa el gol del triomf *citizen*, els xuts creuats de Haaland i Foden que Onana salva i els cops de cap de Di Marco, Lukaku i Gosens que no arriben a destí.

La pressió de l'Inter està encapçalada per Dzeko i Lautaro, que alternen un 1+3 en forma de piràmide o de minirombe amb un 2+3 més dens al qual s'afegeixen els salts alternatius als costats de Dumfries o Di Marco sobre el receptor. El Pep disposa el City amb una sortida en 3+1+3, component un rombe al mig del camp, amb Rodri al vèrtex inferior, Gündogan al superior i De Bruyne i Stones als costats. Stones defensa avui com a lateral i s'hi incorpora per davant de Rodri, amb la qual cosa s'afirma molt aviat com l'home lliure de l'equip. A la zona esquerra, De Bruyne queda desconnectat de la pilota, la qual cosa, al seu torn, l'allunya i desconnecta de Gündogan, problema que se soluciona als vint minuts quan tots dos intercanvien les posicions. La pressió alta del City es constitueix en 4-2-4, encara que amb prou feines tindrà incidència en el joc italià gràcies al brillant joc de peus i la visió panoràmica d'André Onana, el porter camerunès, l'home que es converteix en «àrea de descans» de l'Inter en els moments turbulents.

Simone Inzaghi introdueix alguns petits matisos que desconcerten el City, per exemple la posició molt avançada de Di Marco en els serveis de porteria d'Ederson o les incursions de Bastoni en camp rival perseguint el seu parell. Aquests matisos, units a la poca destresa que manifesten Rodri, Akanji i Aké, dificulten l'habitualment fluida circulació de pilota del City, els jugadors del qual es passen la pilota al peu amb gran desencert.[110] Des de molt aviat s'adverteix que l'equip no està bé en el que és fonamental, la pitjor notícia per a un conjunt la identitat del qual es basa en aquests fonaments. Maldestre en la passada, pesat en els desmarcatges i cec per trobar l'home lliure. Tot allò que marca la personalitat del City ha desaparegut sobre l'espessa herba de l'Atatürk, que provoca relliscades contínues, primer De Bruyne, després de Rúben Dias, més tard d'Onana, després de Haaland i finalment dues vegades d'Ederson.

Des del primer minut, l'equip interpreta molt malament que l'home lliure sigui John Stones, i tan sols als vint-i-quatre minuts Ederson és capaç de connectar amb ell. Una llàstima de minuts malgastats en va, amb passades intranscendents en zones superpoblades mentre Stones estava lliure al costat dret, si bé és cert que el mateix Stones tampoc no fa gaire per fer-se visible com a home lliure, al contrari que en els grans partits que ha jugat les últimes setmanes.

Guardiola ja esperava dificultats en la circulació a causa del marcatge que preveia de Brozovic sobre Rodri més el rombe de pressió

110. L'encert en la passada del City a la final va ser de tan sols el 84,4 %, cinc punts menys que la mitjana de la temporada.

de Barella, Lautaro i Dzeko sobre el posseïdor de la pilota, la qual cosa al seu torn provocaria la reculada de Gündogan, perseguit per Çalhanoglu, i que Stones quedés completament alliberat. De fet, el cos tècnic havia fet broma la nit anterior: «Si ho fem bé, el John quedarà tan lliure que tindrà temps per prendre's un cafè bullint». La realitat no és tan exagerada, però sobre el camp Stones té temps i espai per moure's a gust, encara que també ell es mostra una mica més tímid que en exhibicions precedents. En qualsevol cas, ni Rodri ni els defenses, ni De Bruyne o Gündogan no troben Stones i l'equip s'estavella contra la bona organització de l'Inter.

Només un espurneig de Bernardo Silva, que dribla dins de l'àrea i remata prop del pal, ha salvat uns primers vint-i-cinc minuts amorfs, marcats per tres errors d'Ederson: un mal enviament de la pilota que es perd per la banda, un excés d'optimisme en una centrada cap a Lautaro que l'argentí aconsegueix salvar quan Ederson creia que anava fora i, sobretot, una passada terrible a Dias que acaba als peus de Barella, qui remata molt desviat des de lluny. El Pep s'esgargamella cridant: «*Relax! Relax!*», perquè és obvi que el seu equip no aconsegueix guanyar ni el seu sistema nerviós ni les seves emocions. El City està lluitant contra ell mateix i no aconsegueix vèncer-se.

L'error d'Ederson no és més que una expressió del pànic intern i, com succeeix tantes vegades a l'esport, aquest error propicia el consegüent alliberament. Pocs segons després, Gündogan i De Bruyne aprofiten el salt que fan els defenses de l'Inter per burlar-los amb una passada i filtrar la pilota perquè Haaland penetri a l'àrea i remati creuat. La mà esquerra d'Onana evita el gol; segons després torna a aturar una altra pilota xutada per De Bruyne des de fora de l'àrea i esmorteït per Çalhanoglu, després del qual el City encadena dos minuts de joc ofensiu molt amenaçador que no es materialitza. Quan la balança del joc comença a desequilibrar-se a favor dels homes del Pep, els isquiotibials de Kevin de Bruyne es trenquen mentre persegueix una pilota i, per segona vegada consecutiva, el gran jugador belga ha d'abandonar el camp durant una final de la Champions, per més que s'esforça durant cinc minuts a mantenir-se en joc. Inevitablement, ha de ser substituït per Foden, que se situa al vèrtex alt del rombe central, mentre KDB es col·loca gel a la cama dreta i s'asseu abatut a la banqueta entre Walker i Ortega. Té el rostre d'un vermell encès, com en les grans nits, però després de dos mesos d'agonia els músculs només li han resistit trenta-quatre minuts de final. De Bruyne ha fet un esforç extraordinari per conduir el seu equip fins al cim i mai no podrà oblidar-se com es va deixar la pell en aquest camí.

Foden aporta cames fresques, si bé és Rúben Dias, amb tres tallades formidables davant de Lautaro i Dzeko, qui s'erigeix com el millor jugador del City, sense discussió. És el líder d'una defensa menys ferma que altres dies i també qui es manifesta emocionalment més sobri i anímicament poderós. Dias és qui més s'acosta al seu millor nivell, i això anima Stones, que protagonitza uns últims minuts del primer temps esplèndids, quan regateja tres vegades seguides els migcampistes de l'Inter amb una habilitat que impressiona. També mostra signes preocupants d'esgotament quan només som al minut 42. Si la primera part ha estat espessa i complicada, la segona promet més dificultats perquè el City, senzillament, està buit i mort.

—Estàs jugant una merda de partit.

El Pep no té pèls a la llengua per explicar-li a Rodri quin nivell de joc està mostrant. L'espanyol ha estat el jugador més regular i constant de la plantilla en els seixanta partits previs a la final. Les seves actuacions han estat superbes en general, sempre han oscil·lat entre el notable i l'excel·lent, gairebé mai discret. Rodri ha estat el motor de l'equip, l'eix sobre el qual ha pivotat tota la dinàmica. Ha repartit el joc a la sortida, fins i tot assumint riscos brutals; ha percudit com un trepant pels passadissos centrals; ha repartit regals als atacants gràcies a la seva qualitat com a distribuïdor horitzontal; i ha intervingut a dalt, a baix o al mig amb una energia i un coratge impagables. Cap altre jugador no ha estat tan constantment excel·lent com ell en aquesta immensa temporada. Però avui és una ombra. La seva ràtio de passades encertades és bona (92,4 %), però és enganyosa perquè dos terços les ha lliurades en horitzontal als seus defenses i només un terç han estat cap endavant. El Pep l'hi ha fet saber amb cruesa al vestidor. Amb la cruesa amb què han de dir-se les coses en una final, que no és lloc per a mitges paraules. L'entrenador retoca altres detalls. Gündogan acosta la seva posició a la de Rodri i Bernardo cau una mica més enrere, amb la qual cosa el rombe del centre del camp es converteix en un poliedre irregular. El City també canvia la pressió, passa del 4-2-4 al 4-3-3, amb Foden per darrere de Haaland i els dos extrems una mica més tancats que en el primer temps.

Stones s'ofereix. Des del primer minut de la represa reclama la pilota i l'equip comença a trobar-lo amb facilitat. Rodri es mou menys i exerceix com el pivot a través del qual es trenen les passades, més tranquil en tenir a prop Gündogan, amb qui connecta ràpid. Als cinquanta-tres minuts, i en menys de deu segons, Stones fa quatre driblatges seguits, dos al mig del camp i dos més al semicercle de l'àrea de l'Inter, com si es tractés d'un *trequartista* italià dels anys noranta. És el jugador que una vegada i una altra desconcerta l'Inter amb els seus inesperats moviments. En paral·lel, continua fent mostres d'esgotament, es col·loca les mans sobre els genolls, a l'estil De Bruyne, per la qual cosa el cos tècnic envia Walker a escalfar quan només han transcorregut cinquanta-quatre minuts d'una final que continua sent opaca i densa, però que acumula dosis creixents d'emoció per la incertesa que es desprèn des de la gespa. L'esport, al cap i a la fi, és el regne de la incertesa, i el gran desafiament consisteix a enfrontar-s'hi, buscar conquerir un territori impossible anomenat certesa. El futbol és una peregrinació constant cap a aquesta certesa, i la final d'Istanbul no fa més que confirmar com de complicat és enfrontar-se a la incertesa.

Ederson Moraes no ha necessitat aturar cap pilota en el primer temps perquè l'Inter no ha disparat contra els tres pals de la seva porteria. Al marge dels tres errors ja esmentats, el porter del City només ha tocat la pilota amb els peus per reiniciar el joc, generalment amb els seus defenses. Aquesta situació de poca participació en el joc és habitual per a ell: «És complicat concentrar-se quan gairebé no tens contacte amb la pilota. Jo m'estic comunicant constantment amb els meus companys, però fins i tot quan no intervinc gaire acabo cansat mentalment».

Als cinquanta-vuit minuts de la final té l'oportunitat de demostrar que està ben concentrat. Des de la banda dreta, Bernardo envia una passada enrere que Akanji interpreta com a dirigida al porter, que es troba massa lluny per ser-ne el receptor. L'enviament de Bernardo no és bo i Akanji també s'equivoca deixant passar l'esfèrica sense controlar-la, però quan s'adona del greu error, Lautaro ja ha aconseguit la pilota i es dirigeix cap a la porteria, on arriba també Lukaku, perseguit per Dias i Rodri, que li tanquen una possible recepció a canvi de deixar lliure Brozovic uns metres per darrere. Ederson ha sortit ràpid de la porteria i ha tapat tots els angles fins a acabar refusant amb el braç esquerre la rematada a gol del davanter de l'Inter. Un error clamorós ha regalat la primera oportunitat al rival, però Ederson ha fet també el primer pas del que serà una actuació brillant i redemptora.

Stones continua sent l'home lliure i l'atacant més desequilibrant, i suma sis driblatges reeixits, amb un cent per cent d'efectivitat, rècord en una final de la Champions, amb l'excepció dels deu que va fer Leo Messi el 2015 davant de la Juventus. Però és Akanji qui trenca, inesperadament, la muralla italiana.

El gol del triomf, obra de Rodri al minut 67,31, neix vint segons abans en un globus que Grealish envia des del costat esquerre fins a l'àrea per a Foden, que en el duel aeri amb Brozovic perd la pilota. Però aleshores arriba Gündogan pel passadís que condueix a les porteries rivals, en una d'aquelles aparicions indetectables que tant li agrada protagonitzar. El capità aconsegueix retornar a Foden, que en veure's tapat retrocedeix dos metres, cinc metres, deu metres, a causa de la pressió defensiva. Encara que en aparença Foden «mata» l'atac, de fet el rellança pel costat oposat a través d'Akanji, que sorprèn amb la seva punyent penetració vertical, que provoca que Bastoni hagi de saltar d'emergència contra ell. Quan Bernardo adverteix aquest ínfim desajustament en l'esplèndida organització defensiva de l'Inter es llança en profunditat i Akanji li regala una passada deliciosa que hauria signat De Bruyne i que esclafa vuit rivals contra la seva porteria. La inevitable devolució enrere de Bernardo, afavorida per un lleu desviament al braç de Acerbi, és rematada a la xarxa per Rodri per conquerir la Champions i el triplet.

Paradoxes del futbol, l'home que havia jugat «un primer temps de merda» és qui obté el gol de la glòria. La seva rematada serà disseccionada durant hores perquè és una obra d'art, un llançament des del límit de l'àrea executat com un *swing* de golf amb un efecte corbat que s'allunya primer dels dos obstacles que té davant, Çalhanoglu i Darmian, i al final gira per entrar prop del pal d'un Onana petrificat. Rodri explicarà que «primer vaig pensar a xutar dur, però en veure tantes samarretes davant vaig decidir col·locar-la amb suavitat». La pilota penetra per un espai ínfim, gairebé fregant el maluc esquerre de Darmian, i converteix el migcampista espanyol en icona històrica del Manchester City.

Instants abans de besar la glòria, Rodri protagonitza un detall que passa desapercebut, però que és tan capital en el gol com la precisió del seu xut. Quan Foden, pressionat per Brozovic, abandona l'àrea per a decepció dels aficionats del City i retrocedeix de manera continuada, Rodri li indica amb el braç estès que canviï el joc al costat oposat. En les poques dècimes de segon en què Foden fa aquest moviment cap endarrere, Rodri escaneja dues vegades el camp i adverteix la posició molt oberta de Stones, que amenaça Di Marco, i la més interior d'Akanji, que té un prat lliure per davant. En aquest instant tan breu, Rodri sap que per allà pot crear-se una oportunitat i ordena a Foden que faci ràpid aquest canvi de joc que acabarà decidint la final. És un petit detall que val un títol, encara que no serà l'únic que inclini la balança. Hi haurà un travesser, el rebuig d'un rival, un cop de cap a boca de canó, un rebuig de punys...

Walker celebra el gol creuant el camp per abraçar-se amb els seus companys i només un segon més tard arriba Kalvin Phillips, que també ha corregut a unir-se a la pinya. En el sector 203-B de la tribuna principal de l'estadi Atatürk, Màrius Guardiola ha embogit, abraçat a la seva mare Cristina i a les seves germanes Maria i Valentina. La família al complet festeja el gol de Rodri amb un crit que surt de les entranyes perquè perceben que aquesta vegada és la bona, que està escrit a les estrelles que la Champions League del 2023 tornarà a casa.

El Pep es mostra molt més moderat que els seus fills i els seus jugadors. Tanca el puny i l'obre immediatament, com demanant-se calma. Sap que la final encara serà molt llarga, que el seu equip està fos, i coneix bé la naturalesa dels equips italians. Segur que l'Inter gaudirà de «l'episòdica», i si no l'aprofita, llavors intentarà «l'heroica». Així que el City només podrà vèncer des de la fredor anímica. Quan torna a la zona d'escalfament, Walker rep la instrucció d'accelerar. L'equip necessita imperiosament la seva energia perquè Stones ja està buit.

Uns metres per darrere de la banqueta, Estiarte també s'ha calmat després de l'eufòria i intueix que l'Inter tindrà «l'episòdica». Vint metres més amunt, Màrius Guardiola acaba de recordar allò que el seu pare ens va explicar fa anys, quan el seu Bayern havia d'enfrontar-se a la Juventus. «L'episòdica» i «l'heroica». Li ve un calfred de pensar-hi:

—Sabem el que buscaran: «l'episòdica». Buscaran un episodi: un córner, una falta, qualsevol cosa. Arribar vius al minut 75 i llavors carregar contra nosaltres amb tres davanters. I si no hem aconseguit matar-los abans, viurem un quart d'hora final terrible. Buscaran «l'episòdica». Són italians, i si «l'episòdica» no funciona, llavors passaran a «l'heroica» i patirem com gossos.

El Pep, Estiarte, el Màrius, tots tres alhora han reviscut aquell sopar del 2016, quan es va parlar a fons de «l'episòdica» i ara els tres miren la gespa esperant la seva aparició vestida amb els colors blau i negre de l'Inter.

No triga a aparèixer.

Només han transcorregut cent cinquanta-un segons des del gol de Rodri quan Di Marco envia una pilota contra el travesser d'Ederson. L'Inter ja carrega l'àrea *citizen* amb tres davanters, però l'ocasió no és fruit de cap acció ben elaborada, sinó d'un mal centre de Brozovic que pica primer al cap de Çalhanoglu i després al de Grealish. Finalment la pilota cau rebotada a l'àrea del City i enganxa la seva defensa mal col·locada. Akanji xoca amb Lukaku i es torça el turmell, i Stones no s'adona de l'arribada per l'esquena de Di Marco, que s'ha escapat de la vigilància de Bernardo. El lateral italià, que no està en fora de joc malgrat les aparences, remata de cap bombat davant la sortida d'Ederson, la pilota s'estavella al pal, torna a Di Marco, que torna a picar de cap, aquesta vegada cap a terra, i la seva rematada xoca contra el peu esquerre de Lukaku, si bé Rúben Dias defensava la línia un metre per darrere i sense cap mena de dubte hauria evitat el gol. En qualsevol cas, Lukaku es trobava en fora de joc durant el segon cop de cap de Di Marco.

Ha estat una acció esporàdica, fruit de rebots que primer han afavorit l'Inter i després el City, que ha aconseguit salvar-se de «l'episòdica», però a la banda Guardiola sap que als italians encara els queda «l'heroica» i decideix que Walker entri a jugar. La seva energia física i emocional sembla imprescindible en aquest moment, sobretot perquè dos minuts més tard Lukaku aconsegueix rematar des de lluny després que Akanji es mostri poc contundent davant de Lautaro. El defensa suís té mal al turmell i l'àrbitre assistent mostra el seu dorsal perquè el substitueixin. El número 2 entra pel número 25: Walker substitueix Akanji. Però quan el canvi està en marxa, el Pep s'adona que hi ha alguna cosa que no va bé i el frena:

—*Wait, Kyle, wait. Sorry, not yet.* [Espera, Kyle, espera. Perdona, encara no].

L'entrenador és conscient del mal que té Akanji, però entén que Stones es troba en una situació límit. Avui no és dia per fer gaires canvis i s'han de mesurar bé. Hi ha altres jugadors que estan jugant a un nivell pobre. Haaland i Grealish són potser els dos de pitjor rendiment, però què fas en aquest moment? Fas entrar Julián Álvarez i Mahrez per ells dos? En un moment en què el poder aeri de Haaland pot ser important i la voluntat defensiva de Grealish també, els canvies? I si hi ha pròrroga? El mateix succeeix amb Akanji. Ha estat el defensa menys brillant en aquesta final, malgrat la seva preassistència de gol, però si Stones està fos, treus el suís i deixes l'anglès durant quinze minuts que prometen ser agònics? El Pep fa voltes a aquest jeroglífic dins del seu cap i no troba la resposta adequada, així que congela el canvi. Walker s'agita, nerviós, a prou seu, delint-se per entrar a jugar.

Mentre això succeeix al cap de l'entrenador, Phil Foden rep una bona pilota de Rodri, burla la pressió de Di Marco amb un revers antològic i es llança a buscar el gol definitiu. Cinc gambades, dos tocs amb el peu esquerre i rematada creuada des del punt de penal. És la sentència de la final. Dos defensors italians estan per terra, altres tres miren l'acció amb impotència, Haaland, Bernardo i Grealish contenen l'alè… Onana atura sense problemes la rematada rasa de Foden, que ha buscat col·locar l'esfèrica al pal llunyà en comptes de creuar-la a mitjana altura. El City ha perdut l'oportunitat de tancar el partit. La mala rematada de Foden el condicionarà dos minuts després, quan trepitgi de nou el punt de penal i prefereixi cedir la pilota a Haaland en lloc de rematar a porteria.

El City ha arribat a la seva màxima cota d'esgotament físic i emocional. A cada jugada s'adverteix com de dura ha estat la temporada i la gran quantitat de batalles que han lliurat en aquests seixanta-un partits. A la tribuna, a quinze minuts del xiulet final, Juanma Lillo li diu a Pablo Barquero, el representant de Rodri: «Aquests nois porten seixanta partits a les cames i estan esgotats. Ja ho estaven a la final de copa, però avui estan totalment buits. No ens queda energia». A la banda, a les graderies, als caps, les paraules del Pep ressonen de manera formidable:

—Si no hem aconseguit matar-los abans, viurem un quart d'hora final terrible, patirem com gossos.

Stones ha abandonat el camp adolorit i amb la samarreta esquinçada de dalt a baix. Walker ja és al camp i la seva potència per la banda facilita que Bernardo centri una mica la posició per ajudar els migcampistes. Passen els minuts, Ederson rellisca, passen més minuts, Ederson torna a relliscar, però el partit llangueix sense més fins que arriba «l'heroica» de l'Inter, aquella oportunitat que no saps com ni per què sorgeix, però que es produeix.

Bernardo i Grealish s'han convertit en dos ajudants dels seus laterals, Walker i Aké, per evitar la darrera càrrega italiana, la desesperada, que ataca amb set homes l'àrea *citizen*. Gosens centra sense encert des de l'esquerra fins al costat oposat, on Bellanova recull la pilota i, en veure's ben tapat, cedeix enrere perquè Brozovic torni a centrar al costat original, on apareix Gosens, que li guanya el duel a Bernardo i aconsegueix rematar de cap al centre de l'àrea. El City té superioritat numèrica (vuit contra cinc), però Akanji i Rodri no aconsegueixen obstaculitzar Lukaku, que rep l'esfèrica a plaer. El davanter belga pot rematar de cap amb comoditat, sense pressió ni ningú que el destorbi dins de l'àrea petita, a menys de quatre metres de la línia de gol. El seu cop de cap és bo, dur, compacte, amb tot el front, picant la pilota al terra per fer inevitable el gol, però Ederson està beneït i aconsegueix desviar la pilota amb la cama esquerra. El rebot és perillós i es dirigeix contra el cap de Rúben Dias, que aconsegueix girar-lo en un escorç àgil i enviar la pilota a córner. El City s'ha salvat. L'Inter ha malmès la seva «episòdica» i també la seva «heroica». Incrèduls, els homes d'Inzaghi s'emporten les mans al cap, desesperats perquè l'oportunitat d'empatar se n'ha anat pel desguàs.

Encara tindran una ocasió més, en un servei de córner que concedeix Aké. Fa trenta-nou segons que s'han superat els cinc minuts de temps afegit decretats per l'àrbitre polonès Szymon Marciniak. Di Marco llança el córner en curt per al cop de cap cap endarrere de l'alemany Robin Gosens, a qui el seu compatriota Gündogan no ha perseguit. La pilota pren la direcció del gol, però Ederson treu el puny dret i l'envia lluny. En el minut 95,46 acaba la final.

S'ha acabat l'agonia. El City guanya la Champions. El City conquereix el triplet.

Guardiola respira alleujat. Ho ha tornat a aconseguir.

Estava escrit a les estrelles. El que fa gran un equip és guanyar quan no està bé.

## ESCENA 37

## «Ja està, ja està»

***Manchester, 12 de juny de 2023***

Les finals es guanyen, no es recorden.

Jack Grealish, amb un cubata a la seva mà dreta i un micròfon a l'esquerra, cantant, ballant i fent broma, serà la imatge icònica de les quaranta-vuit hores de celebracions del Manchester City. Des que Gündogan va elevar el trofeu al cel d'Istanbul fins que uns focs blaus van tancar la desfilada de la plantilla pels carrers de la ciutat de Manchester han passat dos dies interminables de gresca i celebracions durant els quals s'han desfermat totes les emocions, les tensions i les dificultats acumulades en onze mesos de competició.

Cap jugador no ha dormit més que petites becaines als avions. A Istanbul van menjar i van beure, van ballar i van cantar a la vora del Màrmara fins que va sortir el sol. Grealish, Haaland i Walker van destacar per damunt de la resta, barrejats amb aficionats i familiars que poblaven els jardins de l'hotel JW Marriott, que va acomiadar l'expedició al migdia. El Boeing 787-9 Dreamliner pintat amb els colors corporatius del club es va enlairar a les dues de la tarda de la capital turca i va arribar a la ciutat anglesa quatre hores després. Amb el temps just per deixar la maleta a casa i canviar-se de roba, la plantilla sencera va agafar un avió privat en direcció a Eivissa, amb què van completar cinc mil quilòmetres de vol en un dia. A mitjanit, els jugadors es van allotjar en una planta reservada a l'hotel Ushuaïa Ibiza i van continuar la festa en un club privat fins a l'hora de l'esmorzar, a temps per tornar a la seva ciutat, dinar al club i viure el que

Kevin de Bruyne va catalogar com «la millor celebració mai vista a Manchester».[111]

Poques celebracions són en solitari. El futbolista i l'entrenador necessiten l'abraçada intensa del company per compartir i assaborir de veritat la glòria del triomf. Tots ells necessiten l'aficionat per sentir-se acompanyats en el dur ascens fins al cim, no cal dir en les nits de derrota. Els seguidors del City van poblar les graderies de l'Atatürk Stadium i no es van abstenir de fer la seva clàssica celebració «a la Poznan» mentre sonava l'himne de la Champions League, amb els braços entrellaçats, donant l'esquena al camp. Van patir pel desenllaç del partit, pel joc, per la càrrega final de l'Inter... i també per la desastrosa organització, de nou, de la UEFA, que ha convertit aquests esdeveniments finals en un suplici per a qualsevol aficionat. Ja a la seva ciutat, els aficionats *citizen* confirmen un cop més que «*Manchester is blue*», com cridarà Rodri amb totes les seves forces.

La pluja presideix la celebració, la qual cosa impedeix que el Pep i els seus encenguin els cigars Partagás que havien comprat per a l'ocasió. El diluvi és colossal, però no desanima ningú. Ni un sol aficionat es queda a casa i l'avinguda Deansgate es tenyeix de blau, de confetis, de música, de càntics i d'una cridòria eixordadora, estimulats tots per una plantilla que continua bevent i celebrant com si s'acabés el món. Només hi ha un absent: Manel Estiarte es va separar de l'expedició a Istanbul perquè la seva filla gran, Nicole, estava a punt de donar a llum. Quan les celebracions a Manchester arriben al clímax, Estiarte ja és avi. Ha nascut la Sophie.

És el moment d'escoltar la veu d'alguns dels protagonistes de la final.

Primer, el capità, Ilkay Gündogan, que després de disputar tres finals de Champions per fi ha conquerit el trofeu: «Hem fet història amb el triplet, encara que a la primera part de la final no vam estar al nostre millor nivell. Vam dubtar. Sabíem que havíem de fer-ho millor a la segona. Va ser un partit al 50 % i vam tenir la sort que la moneda va caure del nostre costat».

111. La lesió de Kevin de Bruyne es va diagnosticar dimarts a Manchester com un trencament de grau 3. L'endemà el jugador va marxar de vacances acompanyat per un fisioterapeuta del club que durant les setmanes següents el va tractar diàriament i va dirigir el seu procés de recuperació.

L'autor del gol coincideix amb el seu capità: «No va ser fàcil. Ens vam enfrontar a un equipàs! Quina manera de defensar i de contraatacar! Ho vam donar tot. Jo no vaig estar bé a la primera part, però no pots esperar jugar bé sempre. Les finals són així. Les emocions i els nervis estan presents, però vam competir com animals». Rodri és un dels molts que fixa el seu pensament en els aficionats: «Tota aquesta gent ha esperat no sé quants anys. S'ho mereixen, ens ho mereixem. Els últims anys hem estat tan a prop... Només vull donar les gràcies a tothom. Volem més. Més ambició. Més somnis».

Kyle Walker, l'home que desitjava jugar una final de Champions per damunt de totes les coses: «Estic vivint un somni. La meva mare i el meu pare eren a les graderies. Des de Sheffield, d'on soc jo, no és fàcil arribar a una final de la Champions. Recordo quan la meva mare no tenia ni una lliura per comprar-me un gelat. Gaudir d'aquest triomf amb ells és el màxim». El tercer capità resumeix com ningú el que s'ha aconseguit: «Vam ser els Centurions, els que per primera i única vegada vam fer cent punts a la millor lliga del món. Vam ser els *Fourmidables*, els que per primera i única vegada vam guanyar els quatre títols nacionals anglesos. Ara som immortals amb aquest triplet».

Scott Carson reclama la seva porció d'immortalitat: «Cada cop que vaig a Istanbul en torno amb una Copa d'Europa», diu molt seriós, cosa que provoca les riallades de tothom.[112] Jack Grealish aplica un dia més la seva reconeguda sinceritat: «Això és pel que treballes tota la teva vida. A la final vaig jugar fatal, però no m'importa. Guanyar el triplet amb aquest grup de jugadors és molt especial. Tots els que em coneixen saben com m'agrada el futbol i que he treballat tota la meva vida per aconseguir-ho. Veure la meva família entre el públic d'Istanbul va ser emocionant». Grealish dona les gràcies a Guardiola: «Ha confiat molt en mi. És un geni».

Guardiola ho va celebrar amb sobrietat a Istanbul al costat de tota la família i amb eufòria a Manchester al costat del seu fill Màrius. Va voler fotografiar-se amb Domènec Torrent subjectant la Copa d'Europa, amb què reconeixia el suport de qui ha estat el

112. Carson va guanyar amb el Liverpool la Champions League 2004-2005, final coneguda com «el miracle d'Istambul», ja que l'AC Milan guanyava per 3-0 al descans. Els anglesos van empatar al segon temps i van guanyar a la tanda de penals (2-3).

seu gran ajudant durant anys. Torrent, l'ull clínic del qual no falla mai un pronòstic, és explícit: «El Pep és el millor entrenador de la història del futbol».

I què diu el Pep?: «L'Inter va ser com ho havíem imaginat. Difícil, difícil. Més l'episòdica i l'heroica que té tot equip italià. Així és la Champions. Aquest fotut trofeu és esmunyedís i es fa difícil conquerir-ho. De vegades sembla impossible. Però ja està».

Ja està?

—Sí, ja està, ja està.

Sona a final del procés, a obra acabada.

El City és el primer campió de la Champions en els últims quinze anys que no ha perdut cap partit de la competició. Perquè Gündogan aixequés el trofeu, el seu equip va guanyar vuit partits, en va empatar cinc i no en va perdre cap, va marcar trenta-dos gols i en va encaixar només cinc. És el primer campió des del curs 2008-2009 que no perd cap dels tretze partits. Curiosament, l'últim campió que tampoc no n'havia perdut cap va ser el rival ciutadà, el Manchester United, la temporada 2007-2008, igualment amb vuit triomfs i cinc empats.[113]

La pluja cau implacable sobre l'escenari on els jugadors ofereixen els trofeus als seus entusiasmats aficionats, que s'enfervoreixen quan senten que Guardiola, gran amant del sol, reclama més aigua:

—*We want rain, rain!* [Volem pluja, pluja!]

Darrere de l'escenari parlo amb Joan Patsy, que fa trenta anys va viure al costat de Cruyff el primer triomf del Barcelona a la Champions League (Wembley, 1992), que va suposar un brutal punt d'inflexió a la història del club català, i ara acaba de viure una cosa molt semblant al costat del «fill de Cruyff»:

—La memòria és molt enganyosa, però ha estat bastant similar. El Johan es ficava la pressió al damunt perquè els jugadors se sentissin alleujats. És aquella famosa frase que va dir al vestidor de Wembley: «Sortiu i passeu-vos-ho bé». Els jugadors tenien la sensació que no passava res, que era només l'inici d'un cicle. Allà hi havia el Pep i el Txiki. Si no guanyaven a Wembley, ja guanyarien un altre any, aquesta era la sensació que els transmetia el Johan.

113. El Bayern de Múnic es va proclamar campió el 2020 també sense patir cap derrota, però el format de la competició es va reduir a només onze partits degut a la pandèmia de la covid-19.

Arribaven verges a Wembley. No havien jugat cap final de Copa d'Europa, ni tan sols una semifinal. I el gol de Koeman va obrir el tap de l'ampolla. Des d'aquell gol tot va ser diferent al Barça. Ara ha passat igual al City.

Comento a Patsy la frase del Pep, el «ja està, ja està» que sembla posar la cirereta al pastís.

—És que és una sensació autèntica de «ja està». Per als qui vam arribar fa deu o dotze anys, per al Ferran, per al Txiki, és la culminació de tots els nostres projectes, de tots els nostres millors somnis. Ja està. Ho hem aconseguit. És molt probable que sense el Pep no hi haguéssim arribat, però ell va tenir la generositat de voler sumar-se al projecte, i amb ell tot ha estat possible. Ja està. Feina feta. Missió complerta. I ara, què? Ara, més. Coneixent el Pep, amb set títols per davant el proper curs, els quatre de sempre més tres més que ens hem guanyat el dret a jugar, sortirà a totes. Amb el seu gen competitiu ho voldrà tot, sumar més i més títols. Farà falta sang nova, és clar. Unes quantes sortides, unes quantes entrades. I tots a córrer encara més.

·

El gran somni de Guardiola i de tot el club s'ha complert. Ja no hi ha obres inacabades. La Champions League, el triplet, el *three peat* a la Premier League…

Ha estat un procés llarg, lent, replet d'alts i baixos, de dubtes. Un procés minuciós que ha exigit paciència, tenacitat, fortalesa d'ànim i resistir molt de dolor. Crear un esperit d'equip, construir una identitat reconeixible, ser fidel als fonaments del joc, entendre els triomfs com a simples passes del camí, acceptar les derrotes amb l'enteresa de l'estoic. Viure nits d'agonia, gaudir dies de glòria.

El procés ha durat set anys que semblen segles, durant els quals el Pep i els seus han dedicat tota la seva energia, el seu temps i el seu coneixement a conrear l'equip amb paciència, amb estima i passió fins fer-lo florir. «Ja està, ja està».

És el temps que perds amb la teva rosa el que fa que la teva rosa sigui tan important.

## RESUM D'ESTADÍSTIQUES 2022-2023

| | P | V | E | D | GF | GC |
|---|---|---|---|---|---|---|
| Community Shield<br>*Finalista* | 1 | 0 | 0 | 1 | 1 | 3 |
| Premier League<br>*Campió* | 38 | 28 | 5 | 5 | 94 | 33 |
| FA Cup<br>*Campió* | 6 | 6 | 0 | 0 | 19 | 1 |
| Copa de la Lliga<br>*Cinquena ronda* | 3 | 2 | 0 | 1 | 5 | 4 |
| Champions League<br>*Campió* | 13 | 8 | 5 | 0 | 32 | 5 |
| **Total** | **61** | **44** | **10** | **7** | **151** | **46** |

## DADES

| | |
|---|---|
| 72,1 % | Percentatge de victòries a la temporada |
| 73,7 % | Percentatge de victòries a la Premier League |
| 2,47 | Gols a favor a la temporada |
| 2,47 | Gols a favor a la Premier League |
| 0,75 | Gols en contra a la temporada |
| 0,87 | Gols en contra a la Premier League |
| 105 | Diferència de gols a favor a la temporada |
| 89 | Punts a la Premier League |
| 19 | Rematades al pal a la Premier League (5 Haaland) |
| 63,2 % | Possessió de pilota a la temporada |
| 64,7 % | Possessió de pilota a la Premier League |
| 82 % | Màxima possessió de pilota (contra el Leeds, maig del 2023) |
| 36 % | Mínima possessió de pilota (contra l'Arsenal, febrer del 2023) |
| 660 | Mitjana de passades per partit |
| 850 | Màxim nombre de passades (contra el Copenhagen, octubre 2022) |
| 89 % | Passades encertades per partit |
| 15,1 | Rematades per partit / 5,7 a porteria |
| 8 | Rematades en contra per partit / 2,4 a porteria |
| 12 | Victòries consecutives a la Premier League |
| 52 | Màxim golejador: Erling Haaland (36 a la Premier League) |
| 28 | Màxim assistent: Kevin de Bruyne (16 a la Premier League) |
| 56 | Més partits jugats: Rodri (36 a la Premier League) |
| 7-0 | Major victòria (contra el Leipzig) |
| 1-3 | Major derrota (contra el Liverpool) |

## EPÍLEG

# Paraula de Pep

***Barcelona, 12 de juliol de 2023***

Quan llegiu aquest llibre, la temporada 2023-2024 ja estarà en marxa i fins i tot s'hauran disputat dos dels set títols pels quals competirà el Manchester City durant el vuitè any de Guardiola a Anglaterra. El 6 d'agost de 2023, el City va perdre la Community Shield contra l'Arsenal a la tanda de penals, després d'empatar el partit a un gol. El 16 d'agost va conquerir la Supercopa d'Europa contra el Sevilla també a la tanda de penals, després d'empatar a un gol.

En les set temporades ja completades, l'equip ha disputat quatre-cents tretze partits oficials amb un resultat de tres-centes victòries, cinquanta-cinc empats i cinquanta-vuit derrotes. És a dir, el 72,64 % dels partits va acabar amb victòria *citizen*, percentatge que a la Premier League va ascendir al 74,06 %. L'equip ha marcat mil quinze gols (amb una mitjana de 2,46 per partit) i n'ha encaixat tres-cents trenta-sis (0,81 per partit).

L'èxit de Guardiola no es pot entendre sense la formidable estructura d'un club que li dona suport sense fissures. Khaldoon Al Mubarak ha estat el president idoni per a l'entrenador, una combinació entre serenitat i atreviment que en cada ocasió ha sabut prendre la decisió adequada. Ferran Soriano, com a conseller delegat, ha actuat amb tremp i molta precaució, ha anteposat en general la seguretat al risc. I Omar Berrada, des de la direcció de futbol, ha aportat una clarividència inhabitual en aquest esport. Des de la cúpula dirigent fins al més humil dels empleats, tothom al City ha remat a l'uníson en la mateixa direcció i ha donat abric a l'entrenador sense titubejos en els bons i, sobretot, en els mals moments.

Txiki Begiristain ha estat com el germà gran del Pep. Ha construït un ecosistema perfecte per a l'entrenador, l'ha dotat dels millors mitjans humans i tecnològics perquè el rendiment de l'equip fos insuperable. Ha sabut acomiadar cada any les grans figures i portar saba nova a la plantilla, sense accedir a pretensions desmesurades, encara que això li hagi costat més d'una mala cara del Pep. En aquests anys hi ha hagut fitxatges que no s'han pogut consumar simplement perquè el Txiki no ha volgut pagar cinc milions que considerava excessius o fora de mercat. Sens dubte ha fallat en alguna contractació, però ha encertat en la majoria i ha regalat al seu amic i entrenador un planter d'alta qualitat i, sobretot, modelable. Tots els jugadors que han arribat han estat millorats per la mà del Pep. Quant al cos tècnic, el Txiki ha sabut modular cada temporada les necessitats, ha passat de l'experiència de Dome Torrent a la joventut d'Arteta, ha emprat el *know-how* de Rodolfo Borrell, ha apel·lat un altre cop a la joventut amb Maresca i ha trucat a la porta del coneixement oceànic de Lillo, que ha tornat a Manchester, de nou com a ajudant del Pep.

El Txiki ha invertit molts diners per construir una plantilla multicampiona, però els ha invertit bé. Des de l'arribada de Guardiola, l'estiu del 2016, el club ha gastat mil dos-cents quaranta milions d'euros per fitxar cent vuitanta jugadors (6,8 milions per jugador). És una quantitat pràcticament idèntica a la gastada pel Manchester United per contractar noranta-vuit jugadors, i són quatre-cents milions menys que el Chelsea per fitxar cent noranta-cinc futbolistes. Respecte als altres grans equips anglesos, en aquests set anys el City ha gastat dos-cents vint milions més que l'Arsenal i cinc-cents més que el Liverpool i el Tottenham, clubs que han contractat la meitat de jugadors que el campió de Manchester.

Però, com és obvi, no es poden analitzar les despeses en fitxatges sense tenir en compte la contrapartida dels ingressos per traspassos. El Chelsea ha venut cent noranta-tres jugadors per un import de vuit-cents disset milions i el City ha traspassat cent setanta-set futbolistes per un total de cinc-cents setanta-cinc milions. Són els dos clubs que encapçalen aquest apartat, amb molta diferència sobre la resta.

Així doncs, la inversió neta realitzada o *net spend* (despeses menys ingressos) és la següent en milions d'euros, per al període 2016-2023:[114]

114. Font: Transfermarkt.com.

| | |
|---|---|
| Manchester United | 903 milions |
| Chelsea | 805 milions |
| Manchester City | 668 milions |
| Arsenal | 613 milions |
| Tottenham | 426 milions |
| Liverpool | 267 milions |

La comparació entre aquesta inversió neta i el nombre de títols obtinguts per cada club en les set temporades que analitzem ofereix el següent cost per títol:[115]

| | |
|---|---|
| Liverpool | 38 milions |
| Manchester City | 47 milions |
| Chelsea | 134 milions |
| Arsenal | 160 milions |
| Manchester United | 225 milions |

Tot i que l'eficàcia en els fitxatges del City —i del Liverpool— és molt alta en el període 2016-2023, encara ho és més si es tria el paràmetre més ortodox i comú per mesurar el rendiment financer d'un club de futbol, que és la perspectiva del mitjà termini, és a dir, cinc anys. En aquest cas, la inversió neta per al període 2018-2023, en milions d'euros, ha estat la següent:

| | |
|---|---|
| Chelsea | 716 milions |
| Manchester United | 613 milions |
| Arsenal | 549 milions |
| Tottenham | 378 milions |
| Liverpool | 284 milions |
| Manchester City | 259 milions |

Entre el 2018 i el 2023, el lustre analitzat, el Manchester City ha conquerit dotze títols amb una despesa neta de poc més de dos-cents cinquanta milions d'euros, a una mitjana de vint-i-un milions per

115. Entre el 2016 i el 2023, el Manchester City ha guanyat catorze títols; el Liverpool, set; el Chelsea, sis; l'Arsenal i el Manchester United, quatre. El Tottenham no n'ha guanyat cap en aquest període.

títol, la qual cosa suposa un rendiment de gran eficàcia en comparació amb el dels seus contrincants, excepte el Liverpool, que ha fet una mitjana de quaranta milions per títol obtingut. El Chelsea ha invertit cent setanta-nou milions per cada títol; l'Arsenal, dos-cents setanta-quatre; i el Manchester United, sis-cents tretze milions per a un únic trofeu aconseguit des d'estiu del 2018. Davant de totes aquestes dades podem concloure que la tasca feta per Begiristain i Berrada és sensacional.[116]

El que ens diu tot això és que l'èxit d'un club no està directament relacionat només amb la inversió realitzada —sigui neta o bruta—, i el Tottenham i el Manchester United en són exemples contundents. Existeixen molts altres factors tan o més transcendents que els diners. A tall d'exemple, mentre el City i el Liverpool han tingut un únic entrenador en set temporades, clubs com el Chelsea o el Tottenham n'han tingut sis, i el Manchester United, cinc.

L'anàlisi de la inversió realitzada per Begiristain i Berrada durant l'era Guardiola mostra un altre aspecte molt interessant: no hi ha hagut fitxatges de grans estrelles, Haaland al marge. Només Gündogan havia disputat una final de la Champions, i Bernardo una semifinal, abans de ser contractats pel director esportiu. Pràcticament tots els jugadors que han arribat posseïen perfils molt específics i amb gran potencial per ser modelats i perfeccionats. Els clubs de procedència de la majoria d'ells no pertanyen al *top-5* mundial: Benfica, Borussia Dortmund, Wolfsburg, Everton, Athletic de Bilbao, Leicester, Aston Villa, Mònaco, Bournemouth, Arminia Bielefeld...

Gran part del mèrit resideix en el desig d'aquests futbolistes de formar part d'un procés estressant i arriscat, acceptant fortes càrregues de preparació i sotmetent-se a tensió competitiva permanent. Són ells els qui han donat suport al pensament disruptiu que proposa Guardiola. Va ser Bernardo Silva qui va acceptar ser lateral esquerre i extrem dret en un mateix partit. Va ser John Stones qui es va acoblar a qualsevol posició i es va transfigurar en un mig centre que defensa. Va ser Jack Grealish qui va entendre que ser «àrea de descans» de l'equip valia més que fer la guerra pel seu compte. Van ser Aké i Akanji els qui van acceptar ser «bombers»

116. Només en els dos últims mercats, el City ha ingressat dos-cents setanta-cinc milions d'euros per la venda de jugadors del planter de la seva Academy, la majoria amb clàusula de recompra.

en qualsevol zona defensiva. Va ser Rodri qui va voler aprendre a moure's menys, entenent que guardar la posició era el millor favor que podia fer i fer-se. I així d'un en un fins arribar al més jove, Rico Lewis, que va ser una inspiració meravellosa enmig del malson que estava vivint l'equip el darrer Nadal. Els futbolistes han estat els qui han secundat sense discussió les idees a contra corrent de Guardiola.

Ningú no ho ha explicat millor que Rúben Dias: «Quan es fitxa un jugador cal saber quin tipus de futbolista estàs buscant. Des que vaig arribar a Manchester he vist com el City ha buscat jugadors amb unes qualitats molt específiques, que tinguin un bon driblatge, o laterals ràpids, o bons defensors, però amb alguna cosa més. Des del principi he tingut la sensació que aquest club contractava molt més que una qualitat específica. El City contracta personalitat. Contracta el tipus d'home que ets. I aquesta és una de les raons per les quals l'ambició mai no serà un problema en aquest equip».

A Barcelona fa una calor infernal. El Pep es remulla una estona a la piscina i torna a asseure's davant del televisor per veure els últims dies del torneig de tennis de Wimbledon. També són els seus últims dies de vacances. En setanta-dues hores canviarà el sol català per la pluja mancuniana, una vella amiga. Durant un mes ha desconnectat de la pilota, ha visitat les piràmides egípcies amb tota la família, ha jugat a golf, ha sopat i ha gaudit, ha fet classes al seu campus de tecnificació i ja es torna a sentir ple d'energia. S'ha engreixat dos quilos i té la pell morena, tot i que no tant com Estiarte, que als matins s'ha torrat a la platja de Pescara i a les tardes ha cuidat de la seva preciosa neta acabada de néixer.

S'han complert deu anys d'aquella primera trobada que vam tenir al Trentino, durant la pretemporada del Bayern, en què el Pep em va obrir les portes del vestidor, de casa seva i també del seu cap. Des de llavors m'ha permès observar el que ha succeït al seu voltant durant tres anys vibrants a Múnic i set apassionants temporades a Manchester. Arriba el punt final d'aquest llarg viatge.

—Pep, és hora de fer balanç personal de les teves set temporades a Manchester, on has viscut èxits, fracassos, drames i alegries. Fa gairebé set anys justos, també vaig venir a veure't a Barcelona per parlar del projecte del Manchester City que estaves a punt d'iniciar.

Què esperaves realment d'aquell projecte, que tenia una durada prevista de tres anys? Tan a gust et sents a Manchester que, en lloc de tres anys, ja vas pel vuitè?

—No esperava quedar-m'hi set anys, per descomptat. Ara començaré el vuitè i suposo que hi estaré nou anys en total. No esperava guanyar tantes Premier Leagues. El que sí que esperava era tenir la confiança que he tingut dels qui estan per sobre meu, el Txiki, el Ferran, l'Omar... En tenir la seva confiança, automàticament tens guanyada la confiança dels jugadors en un vuitanta per cent. L'altre vint te l'has de guanyar dia a dia al camp. Però el fet que els de dalt sàpiguen que els resultats no seran l'única raó que em farà continuar al club i que jo sàpiga que no em faran fora, que és el que passa al noranta per cent dels equips del món, m'ajuda molt perquè no em pren temps ni energia per estar negociant la meva supervivència al club.

»Durant tot aquest procés mai vaig arribar a pensar que el setè any jugaria com hem jugat, sinó que, com tota cosa oberta, és qüestió d'anar polsant i veient. El Paco (Seirul·lo) i el Juanma (Lillo), els veritables savis, sempre ho diuen: comencem a jugar i comencem a entrenar, comencem a jugar partits, a veure quins jugadors tenim. I ja ho anirem veient i ja anirem fent. Quan vaig arribar al City no esperava que Zíntxenko acabés sent fonamental, perquè el noi era un mitjapunta, el 10 d'Ucraïna, que jugava bastant bé, i al primer rondo ja vam veure que jugava molt bé, però en canvi al primer partit amistós a Alemanya no va tocar ni una pilota. En aquell moment, no podia imaginar-me que Zíntxenko acabaria sent fonamental en moltes lligues de les que hem guanyat, ni en els processos d'aprenentatge que hem desenvolupat, jugant com a lateral esquerre per dins.

»Com pots entendre, aquestes són coses que vas veient amb el pas del temps, i precisament això és el més bonic. Hi he estat set anys, per ara, gràcies al fet que hem guanyat molt. Si no hagués guanyat, no hauria durat tants anys. I quant al procés de construcció de l'equip, l'hem fet tal com t'he dit: veient com reaccionava el pols de cadascun.

»Potser l'any vinent em trobaré un jugador fent coses que no esperava. Et posaré un exemple del que és el futbol. Jo no volia convocar Rico Lewis a la pretemporada de l'any passat, que vam fer a la Xina, simplement perquè no el coneixia. Però el Carles Vicens, que està amb mi i havia estat entrenador al planter, em va dir: per què no t'emportes Rico Lewis, que pot jugar de lateral per la dreta i per l'esquerra, o d'interior? I com que a les pretemporades de vegades no has incorporat encara tots els jugadors i fa molta calor i necessites més gent per completar els entrenaments i els partits, doncs, *pam*, decidim que també ens l'emportarem. Va jugar una estona contra el Bayern de Múnic i vaig dir: hòstia, que bé que ho fa aquest noi!

»I resulta que aquesta temporada ha estat ell qui ens ha ensenyat a tots nosaltres com havia de ser el procés d'aprenentatge i què havíem de fer. Ha estat ell, mentre jugava els partits i s'entrenava, qui ens ha ensenyat a nosaltres exactament els moviments que ha de fer un lateral per dins. Ha estat ell, jugant, el que ha fet un tipus de moviments que abans no fèiem. Però així és el futbol. Aquestes coses passen.

»I així és com ha de ser un equip de futbol: obert..., i que les coses sovint flueixin sense esperar-les. És així i ja està, no té més.

—Quin sents que ha estat el teu veritable triomf a Manchester?

—Haver jugat durant tant de temps a un nivell tan alt malgrat que hi hagués molta gent dient i creient que d'aquesta manera no es podia jugar en una lliga tan forta com l'anglesa. Evidentment, tots els grans títols conquerits fan que sigui molt més fàcil que ens respectin i ens admirin per la forma en què ho hem fet i per com hem guanyat. Això no és fàcil. Imagina que ara comences novament un procés d'aquest tipus i dius que guanyaràs cinc títols de lliga en els propers sis anys. Ningú no s'ho creuria. Costa visualitzar-ho, oi? Doncs això és el que hem fet.

»Bàsicament, és això. Recordo que molts deien que el Pep no podria fer-ho, que no podria jugar d'aquesta manera a Anglaterra... Bé, sí, es podia fer. I a més ho hem fet amb Rico Lewis. I ho hem fet amb Haaland!

—És aquell cèlebre pronòstic que jugaries a Stoke-on-Trent i naufragaries...

—Exacte, és això. I bàsicament ho hem fet durant molt de temps. Perquè tu pots anar a Anglaterra i guanyar un any. O potser, com a molt, fins i tot guanyar dos anys. Però quan ho fas durant tants anys com ho hem fet nosaltres, demostres que hi ha un pòsit d'identitat, de club, d'estabilitat de club, d'idea de club, de construir el futbol base a partir de caçar talents des que són nens petits, treballar-los bé, pujar-los en el moment just, ser tu qui dicta els preus i no els agents o els altres clubs... En fi, són moltes coses que el club ha fet molt bé, que ens han atorgat aquesta confiança que ens ha permès arribar fins on som ara.

—Si parlem del joc, el d'aquesta temporada del triplet s'ha distingit especialment per la manera de defensar més que per les associacions o el joc en general, que potser ha estat menys brillant que els dos anys anteriors.

—No crec que hàgim jugat malament. Amb la incorporació de Haaland segurament hem necessitat un procés una mica més llarg per ajustar-ho tot, però no ho crec. Tampoc penso que hàgim defensat millor, perquè sempre hem defensat bé. Segons les estadístiques que ens arribaven, les ocasions que ens generaven sempre han estat molt poques, però és veritat que ens feien gols.

»Ara bé, hem jugat bona part de la temporada amb quatre centrals que gaudeixen del plaer de defensar, i en aquest aspecte hem fet un pas endavant. A l'àrea hem defensat millor. És l'any que hem defensat més bé l'àrea.

—Hem d'interpretar el paper actual de John Stones com un procés que ha durat diversos anys i que comença amb Lahm i Rafinha al Bayern fins aconseguir el que veiem ara, que Stones és un mig centre que defensa? Va tot lligat, una cosa amb l'altra, dins del teu cap?

—No, no, no. A Alemanya no imaginava estar fent el que fem ara amb Stones. Ara bé, és cert que en tot hi ha un fil comú, un fil que ho cus tot: l'home de més al mig del camp. Ho fas amb el davanter o ho fas amb els de darrere. O avances un dels de darrere o retrocedeixes un dels davanters. Però sempre busques tenir un home més al mig del camp. Ara, com que tenim Haaland a la davantera, no ho podem fer amb ell; per tant, aquest home de més l'hem de treure de darrere i portar-lo al centre.

»Segons les condicions pots fer-ho amb un dels laterals, Delph, Zíntxenko, Cancelo, Rico Lewis, o amb un central, com Stones. De què depèn? De la qualitat del jugador. I de l'adaptació a la funció, de com se senti ell fent-ho. Però el fons de la qüestió és el mateix: els dos laterals per dins, un home de més al mig del camp per ser quatre en aquesta zona, un fals 9... Sempre hem jugat més o menys així.

—Imagines quin lloc ocuparà Pep Guardiola a la història del futbol?

—Ni idea, ni idea. La història s'ha de viure, l'has de viure tu. No s'ha de viure per ser recordat ni res d'això. L'has de viure i ja està. Ara bé, que ens ho hem passat molt bé? Sens dubte! Mira, abans de la semifinal de tornada contra el Madrid em van preguntar si passar a la final podia significar fer història, i vaig dir que no en tenia ni idea, però que una cosa era segura: ens ho hem passat genial. I t'asseguro que ha estat així. Ens ho hem passat de meravella. I si ens han d'envejar per alguna cosa, que sigui per com de bé ens ho hem passat.

»La vida és el dia a dia. És avui. Quan ens morirem, no ens vindran a dir que ocupem tal lloc dins de la història. Quan et mors, ja estàs mort, i la història no importa.

—Per tant, et centres en el dia a dia, no a mitjà termini ni en el que et queda per fer.

—Ara mateix estic de vacances, i l'única cosa en la qual penso és que arribaré a Manchester i veuré quins jugadors tinc per fer la primera sessió d'entrenament. Només això. No em preocupo molt pels microplans, els microprogrames o els macroprogrames. Vaig començar a preparar-los quan era al filial del Barça, i ja llavors el Juanma [Lillo] em deia que no serveixen per res. El Juanma tenia raó i continua tenint-la. Es tracta d'arribar a l'entrenament i preguntar: quants som avui? Som tants, doncs comencem fent una bona sessió d'entrenament, recordant els principis del joc en què ens fonamentem i tot el que en penja, i anem avançant cap al primer partit amistós. Intentem guanyar aquest primer partit, recordant el que vam fer en el passat, millorant cosetes, i ja està, res més que això. Després vindrà el segon amistós i farem el mateix. Després el tercer i els primers partits oficials. Sempre és enfocar-nos en el següent partit, res més que això.

—Has dirigit quatre-cents tretze partits amb el City i només has patit cinquanta-vuit derrotes, un 14 %. Si hagués d'esmentar les tres que han estat més doloroses, triaria aquell 4-0 a Goodison Park contra l'Everton el gener del 2017; la de Lisboa contra l'Olympique de Lió l'any de la pandèmia; i la del Bernabéu fa un any, quan el Madrid va remuntar a l'últim moment. Estàs d'acord que han estat les més dures?

—La de l'Everton sí, perquè no acabava de trobar l'equip i va ser dolorós. Però després, aquell any, vam acabar tercers i jugant molt bé, i l'estiu del 2017 el club va fer un pas endavant invertint en el que necessitàvem, perquè érem un equip molt molt veterà, molt bo, però veterà, on onze jugadors tenien més de trenta anys, i calia fer la renovació que va fer el club.

»La segona derrota que esmentes, la de Lisboa als quarts de final, també va fer mal perquè la Champions sempre té una cosa molt especial. Va ser una derrota per detalls, bàsicament per errors defensius, no perquè juguéssim pitjor que el nostre rival. Allà ja es va demostrar la fortalesa del club quan el nostre president, en el seu discurs al grup després del partit, ens va dir: «Tornarem, i tard o d'hora la guanyarem». Mira, aquestes coses jo no les oblido. En aquell moment, enmig d'un sopar en el qual tots estàvem enfonsats, Khaldoon es va aixecar i va dir: «La propera temporada tornarem a la Champions, i algun dia la guanyarem».

»La del Madrid potser va fer menys mal. El cop al Bernabéu va ser dur, però l'eliminatòria la vam perdre a casa nostra, simplement perquè Déu nostre Senyor no va voler que les semifinals s'acabessin en el partit d'anada. Mira, el futbol té aquestes coses, però l'equip va estar molt bé, tant a casa com fora, evidentment una mica menys a la tornada, perquè el Bernabéu sempre és un estadi difícil, però aquesta derrota no pensis que em va afectar tant. I, a més, va ser una derrota que ens va servir per fer el que després hem fet, és a dir, per arribar a la final d'Istanbul. Aquesta mena de coses, aquests fenòmens, solen passar en el futbol.

»Sense cap dubte, aquell 4-0 contra l'Everton és la derrota que més mal m'ha fet perquè era un moment en el qual no acabava de trobar-li el punt a l'equip.

—Aquell Nadal de 2016-2017 va ser difícil perquè es van ajuntar un munt de derrotes fortes: contra el Chelsea, el Leicester, el Liverpool i, finalment, contra l'Everton.

—Sí, sí, va ser un moment en el qual no trobava el fil de l'equip, però en aquells moments tan dolents el meu cos tècnic em va donar suport, vaig rebre algunes trucades de gent a qui admiro i que em van aixecar els ànims, i vam aconseguir superar-ho. Les coses costen. Aquells dies durs fan que ara valorem molt més tot el que hem aconseguit.

—En aquests set anys hi ha hagut un munt de victòries, tres-centes en total, és a dir, més del 72,5 %. Quines són les que més t'han impactat o emocionat?

—Les victòries que més il·lusió em fan són les lligues. A Anglaterra, la Premier League és molt especial, molt especial, perquè és molt molt dura. I després, quan n'has guanyat una, et sembla que ja està, ja ho he fet, ja l'he guanyada, però després guanyes la segona i més tard el Liverpool et passa per damunt i hem de veure com reaccionem. I ens tornem a posar en forma i la tornem a guanyar, i ens convertim en guanyadors consistents, i després encara en guanyem dues més.

»La lliga és la consistència del dia a dia, de ser aquí. La que no et deixa viure ni respirar, i també la que et regala la satisfacció més gran.

»Així mateix, hi ha un detall important que és la Copa de la Lliga, que hem guanyat quatre vegades seguides. És una competició que sembla que no li interessa a ningú i guanyar-la quatre vegades consecutives demostra que tu sí que li dones importància a tot; a cada entrenament, a cada detall. Penso que guanyar un títol considerat menor com la Copa de la Lliga demostra humilitat perquè deixes ben clar que a més de guanyar la Premier League també treballes per guanyar la Carabao Cup i que no la regales amb el propòsit de tenir setmanes llargues i descansar més, recuperar jugadors i estar més frescos de cap i de cames. No, tu vas i lluites per guanyar-ne quatre de seguides i aquest és un factor que em fa sentir orgullós perquè diu molt de l'equip i del club. Del caràcter i de la cultura competitiva que s'ha instaurat al club.

»Tot l'equip, els jugadors i tots els que hem estat aquests anys al club, hem apujat el nivell. Avui dia, el nivell competitiu del Manchester City és molt alt, i això s'ha de mantenir els propers anys i fins i tot les properes dècades. Mentre Khaldoon sigui aquí dalt pressionant fort, estic convençut que ho continuarem fent. I sé que quan jo ja no hi sigui el club ho continuarà fent. Els títols són molt importants però la competitivitat encara ho és més. Penso que en el futur es dirà que aquest equip lluitava per tot. Diran que anàvem per totes les competicions, que vam perdre quatre vegades les semifinals de copa però que en vam guanyar dues. I que a la Champions mai no passàvem, semifinal, final, semifinal, fins que a la fi ho vam aconseguir. I quan un posa el llistó tan alt és fotut perquè has deixat un nivell que el club ha de continuar mantenint. I això està molt bé, perquè no és qüestió d'arribar un any i guanyar una Premier o una Champions. És qüestió de guanyar de manera consistent i continuada cada any.

—Parlem del «ja està, ja està» d'Istanbul. Suposo que volies dir que finalment la feina ja estava feta, que l'obra s'havia completat. El triplet del 2009 amb el Barça va ser sempre una motxilla molt pesada, un llistó molt alt...

—Guanyar el triplet amb el Barça el teu primer any sembla que et permet somniar a guanyar-lo cada any, i això no és possible. Soc un bon entrenador, però no prou per guanyar el triplet cada any. Jo mai no he pretès guanyar el triplet cada any. Però és cert que després de guanyar cinc títols de la Premier, si vols fer un salt i posicionar-te com un equip gran d'Europa, és clar que has de guanyar també a Europa. Guanyar a Europa ens ha servit per donar sentit i valor a les cinc Premier Leagues. I, evidentment, vam acabar com dèiem que volíem fer-ho. Per això vaig dir: «Ja està, ja ho hem fet! Hem jugat bé, hem guanyat la Premier i hem guanyat a Europa. Ja està». Però te'n vas de vacances, descanses, et recuperes, i ara tornarem a entrenar i ja ens coneixem tots... Continuarem treballant dur per intentar-ho de nou.

»Però és evident: al final tens la sensació que ja ho has fet!

—Durant tot aquest temps m'has repetit que seria impossible tornar a fer-ho, que allò del Barça era inassolible. Però al final ho has aconseguit.

—Mira, si guanyar la Champions és difícil, ni t'imagines com de complicat és guanyar un triplet. Aquestes coses passen una vegada a la vida, per això sempre t'he dit que era impossible, perquè a mi ja m'havia passat al Barça. El triplet passa una vegada a la vida, i a mi ja m'ha passat dues vegades. No puc demanar més.

»Quan encara ets en un club, el teu dia a dia es passa entrenant, jugant i competint, i pensant en els rivals, contra qui has de jugar, quin equip està bé, quin està més feble, si nosaltres tenim punts febles, en quines coses hem de millorar, etcètera. En resum, es tracta de veure com podem mantenir un equip que ha guanyat el triplet. I no només mantenir-lo, que ja és molt, sinó fins i tot millorar-lo si és possible. Però quan acabes la teva etapa en un club i signes el rebut de feina feta... és llavors quan fas balanç i veus el que realment s'ha aconseguit. Quan me'n vaig anar del Barça va ser quan vaig veure la magnitud del que havíem fet. Al Bayern ens va quedar la tasca pendent d'Europa. I a Manchester, el mateix que al Barça. El que havíem de fer ja ho hem fet, encara que el balanç només es podrà fer amb certesa el dia que marxem, perquè et dic una cosa: mentre siguem aquí, continuarem treballant per aconseguir encara més.

»El club no havia guanyat cap Champions i hem trigat set anys a aconseguir-ho, però ja està, ja l'hem guanyada. Ara bé, quants equips han guanyat una Champions? Molts. I d'equips que n'han guanyat dues, tres o quatre també n'hi ha bastants. Per tant, el que hem fet és una cosa excepcional per al club, però no és gens excepcional en el futbol. Excepcional és guanyar catorze Roland Garros com Rafa Nadal o els vuit títols de Wimbledon que ha guanyat Roger Federer, això sí que ho és. Excepcional és guanyar onze lligues de catorze, això també ho és. Això sí. Guanyar una Champions està molt bé, ens posa molt contents, però no és gens excepcional. Si en guanyéssim dues o tres, llavors tot canviaria i potser sí que seria excepcional.

—Encara tens temps per guanyar dues Champions més!

—He, he, he, sí, dos anys més. Exacte, l'has encertada de ple.

—Tinc la impressió, pel que et conec i per tot el que t'he vist fer, que el teu gran canvi com a entrenador en aquests últims set anys, que suposo que està molt influenciat per la teva maduració com a persona, té molta més relació amb la gestió de les emocions de la gent, amb les teves emocions i les dels teus jugadors, que amb res relacionat amb el terreny tàctic. És així?

—Sí, sens dubte. Totalment d'acord. Sí, sí, sí, totalment d'acord. Encara que no ho sembli, soc molt més pacient, molt més optimista en la prèvia, en el postpartit; les meves anàlisis són més fredes i menys emocionals, encara que les decisions tàctiques veritablement continuen sent molt emocionals, malgrat tanta intel·ligència artificial o del *big data* que ens arriba. La majoria de les decisions tàctiques encara les fem per instint, pel que flaires a la gespa, pel *feeling* que tens.

»Però és cert que, si deixem de costat que les decisions tàctiques les continuo prenent d'acord amb les emocions, he canviat molt. L'angoixa prèvia als partits s'ha apaivagat molt, ara soc molt més optimista amb mi mateix i amb l'equip. Li he tret pes i valor a la negativitat i a les coses dolentes. Ho prenc com una part més de la vida, del procés de l'esport. I també totes les coses bones les assumeixo millor, les tolero millor. I, com que soc més optimista i més positiu durant l'acostament als partits, m'ho passo molt millor i visc molt millor. Aquest factor ha estat clau per allargar la meva carrera d'entrenador a Anglaterra. Si no hagués patit aquest canvi positiu, ja hauria marxat fa temps.

El temps, sempre el temps.

Ningú no tria el temps que li toca viure.

Cap esportista decideix quina època li ha correspost per competir, ni contra qui li toca fer-ho. Són atzars de la vida que s'han d'acceptar sense més. Tampoc no és possible triar si el teu creixement esportiu es courà a foc lent o a ritme desenfrenat. Senzillament, es produeix. No ets amo del temps, ni el pots modelar al teu gust, ni domesticar-lo, només el pots administrar.

No pots decidir el quan, però sí el com.

Triar com competiré és l'únic poder que té l'esportista. Com afronto els desafiaments i de quina manera m'enfronto a aquests rivals que el temps m'ha designat. Quina és l'actitud, l'estil i la intenció amb els quals em presento a la competició. Aquest és l'autèntic poder de l'esportista, i en això resideix el seu veritable èxit. Triar el com i acceptar que el temps compleixi el seu destí.

Guardiola mai no va pretendre guanyar tots els títols del món el seu primer any com a entrenador, però va passar. Després va intentar acostar-se una altra vegada a aquest cim, però va patir innombrables ensopegades, com un Sísif castigat pels déus a empènyer, una vegada i una altra, la pedra fins al capdamunt de la muntanya per veure-la tornar a caure irremeiablement. Tossut, va insistir en l'obstinació, cada vegada més conscient que no podia triar els temps, però sí les maneres.

«El temps sempre ens derrotarà», li va advertir Garri Kaspàrov fa anys. El temps és l'aigua que se'ns escorre entre els dits.

Avui parlo amb el Pep del temps, aquest gran escultor que ens modela i que decideix per nosaltres, i comprovo que a la fi ha comprès la magnitud del gran rival de tot ésser viu:

—La vida és avui. Quan mors, ja estàs mort, i la història no importa.

Altres llibres en català
de Martí Perarnau

## *Herr Pep*

CRÒNICA DES DE DINS DEL SEU PRIMER ANY
AL BAYERN DE MÚNICH

Una crònica íntima de Guardiola al Bayern de Múnich: els èxits, els problemes i les claus del nou equip d'en Pep. Martí Perarnau ha tingut accés al vestidor, a l'entrenador i als jugadors, des del fitxatge de Pep i fins al final de la temporada oficial, i ens ofereix un relat minuciós de la vocació pel treball de Pep Guardiola, la seva obssessió pels detalls i la seva tossuderia a la recerca de l'excel·lència.

## *Pep Guardiola. La metamorfosi*

AUTOR DEL BEST-SELLER INTERNACIONAL
*HERR PEP*

Guardiola ha viscut a Alemanya una metamorfosi que l'ha canviat en nombrosos aspectes. Si bé és cert que conserva les seves característiques fonamentals (el joc de posició com a model i la competitivitat insaciable com a motor), no és menys cert que ha incorporat trets nous aportats per l'experiència a Munic. Aquesta obra és una peça singular en l'univers dels llibres de futbol.

Aquest llibre fa servir la tipografia Aldus, que pren el nom
de l'impressor avantguardista del Renaixament
italià Aldus Manutius. Hermann Zapf
va dissenyar la tipografia Aldus per a la impremta
Stempel el 1954, com una rèplica
més lleugera i elegant de la
popular tipografia
Palatino

*Déu salvi el Pep*
es va imprimir
un dia de tardor del 2023,
als tallers gràfics de Liberdúplex, s.l.u.
Crta. BV-2249, km 7,4, Pol. Ind. Torrentfondo
Sant Llorenç d'Hortons (Barcelona)